공동소유 주택과 상가, 토지
지분경매 실전투자의 비밀

공동소유 주택과 상가, 토지
지분경매 **실전투자**의 비밀

초 판 1쇄 2016년 01월 28일
    :   :
   3쇄 2017년 03월 20일
개정판 1쇄 2018년 01월 15일
    :   :
   3쇄 2020년 02월 05일
증개정1판 1쇄 2022년 09월 14일

지은이 | 김동희
펴낸곳 | (주)채움과 사람들

판매처 | (주)채움과 사람들 Chaeum and People, Inc.

출판등록 | 2016년 8월 8일 (제 2016-000170호)
주 소 | 서울시 서초구 사평대로 52길 1, 3층(서초동)
전화번호 | 02-534-4112~3
팩스번호 | 02-534-4117

이 책의 저작권은 저자와 출판사에 있습니다.
서면에 의한 저자와 출판사의 허락없이
책의 전부 또는 일부 내용을 사용할 수 없습니다.

ISBN : 979-11-88541-35-5-13320

저자와 협의에 의해 인지는 붙이지 않습니다.
잘못 만들어진 책은 구입처나 본사에서 교환해 드립니다.

공동소유 주택과 상가, 토지

지분경매 **실전투자**의 비밀

저자 | 김동희

채움과 사람들

머리말

공유물의 관리와 남들이 꺼리는 지분 으로 고수익 올리는 실전투자 교과서!

  첫째, 공동소유 주택과 상가, 토지에서 기본적으로 알고 있어야 할 공유물의 관리행위와 보존행위, 그리고 처분, 변경하는 과정에서 공유자 간의 다툼이 발생했을 때 협의하는 과정, 협의가 안될 때 법원에 공유물분할 청구의 소를 제기하여 해결하는 방법까지 초보자도 알기 쉽게 기술한 책이다.

  둘째, 필자가 그동안 지분물건에 투자해서 성공한 사례와 다양한 상담사례를 가지고 돈 되는 우량한 물건을 어떻게 찾아서, 권리분석 후 낙찰 받아 탈출하게 되는가를 기술해 놓은 것이다.

  셋째, 이 책은 <u>01 하나의 부동산을 지분으로 공동소유하고 있는 다양한 사례에 투자하는 비법</u>! <u>02 하나의 주택과 상가 등에서 건물과 토지 소유자가 다른 경우</u> (단독주택에서 법정지상권이 성립 여부와 집합건물에서 토지별도등기와 대지권 미등기)와 <u>03 재건축과 재개발구역내에서 지분투자로 성공하는 비법</u>! <u>04 NPL을 지분경매와 특수물건에서 찾으면 대박이다</u>! 그리고 마지막에 <u>05 나 홀로 대법원 전자소송으로 공유물분할청구 소장과 가처분신청서 작성방법</u>을 기술해서, 지분투자 후 누구나 쉽게 소장 등을 작성할 수 있도록 했다.

  필자는 2011년 11월에 『지분경매의 비밀』과 2012년도에 『지분경매의 완성』 그리고 2014년도에 『이제 지분경매와 특수물건에서 NPL을 찾아라!』 책을 출간한 바 있다. 그동안 독자분들의 성원에 힘입어 2018년도에는 지분 분야를 『지분경매 실전투자의 비밀』과 『지분경매 완성과 NPL투자 비법』으로 일반적인 지분

투자와 심층적인 지분완성과 NPL투자로 이원화해서 개정하게 되었다.

이제 경매도 남들과 다른 방식으로 접근해야 성공할 수 있다!
　과거에는 경매시장이 투자만 하면 황금알을 낳는 시장이었지만, 이제는 누구나 쉽게 배워서 투자할 수 있는 재테크 분야가 되었다. 그만큼 경매투자가 투자하는 순간부터 이익이 보장된다는 점을 아는 분들이 많아졌다는 것이다.
　새롭게 시작하는 분들에게 기회의 땅이 될 수 있지만, 기존 투자자들에게는 경쟁 상대가 그만큼 늘어날 것이다. 그래서 경매투자가 예전만큼 재미가 없다고 말하는 사람들이 많다. 그러나 되짚어 생각해 보면 아직도 기회가 있고 그러한 사실을 증명하는 것이 젊은 직장인들은 부족한 연봉을, 퇴직한 분들은 노후연금을 경매로 채우고 있다는 사실이다. 이 상황에서 경매나 공매를 깊이 있게 연구해서 남들이 하지 않고 있거나 꺼리는 특수한 물건에 관심을 가져야 한다.

　필자가 연구한 특수한 물건 중에는 지분경매, 법정지상권과 집합건물, 공매, 그리고 배당과 계약서 작성의 비밀 등의 여러 분야가 있지만, 그 중에서도 상당한 시간을 투자해 완성한 분야가 공유물 관리와 지분경매 분야이다. 그만큼 이 분야는 사례도 다양하고, 분석이 복잡해서 남들이 쉽게 접근하기 어려운 특수물건에 해당한다. 하지만 그 원리를 정확하게 알고 정복할 수만 있다면, 한번 배워 평생 써 먹을 수 있는 훌륭한 기술을 습득하게 되는 것이다.
　이 책은 공유물의 관리와 우량한 지분투자 방법, 전자소송(공유물분할청구, 가처분 등)으로 탈출해서 고수익 올리는 비법! 후순위저당권(NPL)을 사서 황금알을 낳는 방법 등을 알려주고 있다.

부동산의 일부가 지분경매로 매각된다면 어떻게 입찰에 대처할까?
　주택에는 일반주택으로 단독주택, 다가구주택과 집합건물로 아파트, 연립주택, 다세대주택 등이 있다. 상가건물도 마찬가지이다. 그리고 토지 시장도 그 사용 용도에 따라 대지와 전, 답, 임야 등으로 분류하고 있다. 이러한 부동산이 지분경매 등으로 나온다면 어떻게 대처하면 될까?

주택과 상가건물, 토지를 2인 이상으로 공동으로 소유하고 있다면!
　이러한 공유물을 어떻게 사용·수익(관리행위)해야 하고, 처분·변경(보존행위)을 하려면 어떻게 해야 적법한가? 그리고 적법하게 사용·수익을 하지 않는 지분권자가 있다면 비록 그 지분이 소수지분권자라도 보존행위로 그 사용·수익을 배제시킬 수 있는 권리가 있다는 사실을 똑바로 알고 지분경매물건에 투자해야 성공할 수 있다. 이 책은 이러한 사실에 그치지 않고 필자가 낙찰 받았던 사례를 통해 우량한 물건을 찾아 권리분석 하는 법과 매수 후에 탈출하는 방법 등을 초보자도 알기 쉽게 기술해 놓았다.

주택과 상가건물에서 건물과 대지 소유자가 경매 또는 일반 매매로 달라지는 경우
　건물이 법정지상권 또는 관습법상 법정지상권 인정 여부에 따라서 철거 또는 지상권이 설정된 것으로 볼 수 있어서, 최장 30년의 법정지상권을 보장받을 수 있다. 그래서 법정지상권 성립 여부에 관한 판단력이 필요한 것이다. 이 분야도 지분으로 확대 해석하고 기술해 놓은 것이 이 책의 장점이다.

집합건물의 구분소유권과 대지 소유권이 경매 또는 일반 매매로 달라지는 경우
　집합건물이 신축되기 전 즉 나대지 상의 권리나 채권 등으로 인해 집합건물의 구분소유권과 대지 소유권이 달라지는 사례가 발생한다. 이는 토지별도등기(근저당권, 가압류, 가처분, 가등기 등)에 의해서 발생되는 경우가 대부분인데, 그 권리 등이 실행되기 전에는 집합건물 표제부 오른편에 토지별도등기로 남아 있지만, 그 권리 등이 실행(토지별도등기 채권자의 경매청구)되면 대지권을 상실하게 되어 대지권미등기가 될 수 있다. 그래서 토지별도등기가 있는 상태에서부터 대지권 상실의 위험을 예견하고 대응해야 한다.

공유물의 지분경매 또는 주택과 상가건물에서 토지나 건물 중 일부를 매수하는 경우라면 어떻게 대처할까? 에 대한 정확한 분석력과 판단, 지식 등을 적절히 갖추고 지분물건에 투자해야 한다.

그래서 필자가 낙찰 받은 물건과 상담 사례를 통해 실전투자에서 곧바로 써먹을 수 있도록 다양한 사례와 다음과 같이 나 홀로 전자소송 등으로 지분에서 탈출하는 방법 등을 기술해 놓은 것이다.

매수하고 나 홀로 전자소송을 통해서 지분에서 탈출하는 방법이다!

공유물 중 일부지분이 경매로 매각될 때에는 소액투자인 경우가 많으므로 지분매수자들의 대부분은 지분물건을 낙찰 받은 후 다른 지분권자와 협의로 해결하지 못하고, 소송으로 해결하는 사례도 종종 발생한다.

필자는 이러한 소송 즉 점유자에 대한 인도명령 신청이나 건물명도청구 소송, 부당이득반환청구 소송, 공유물분할청구 소송, 부동산 처분금지가처분 신청서 등을 법률전문가의 도움 없이 나 홀로 진행하여 소송비용을 줄이기를 희망한다.

그래서 누구라도 쉽게 대법원 전자소송 등을 통해서 법원에 제출할 수 있도록 그 방법을 Part 19에 매뉴얼화해 기술해 놓았다. 이 파트를 보고 소장을 전자소송으로 법원에 제출하면 된다.

마지막으로 이 책을 출간하는데 도움을 주신 여러분들께 감사드리며, 미흡한 책이지만 끝까지 정독해 주신 독자 분들께 감사의 마음을 전한다.

2022년 09월 05일

저자 **김 동 희**

차 례

PART 01 공유물의 관리 방법과 지분권자의 권리와 의무

01 공유물의 관리행위와 각 공유자의 권리   32
- ◆ 대지와 건물 전체를 갑·을·병이 각각 3분의 1지분씩 공유등기 된 경우   32
- ◆ 한 필지의 토지면적인 3,000㎡를 갑·을·병이 각 1/3씩 공유지분으로 소유하고 있는 경우   33
- ◆ 공유물의 관리행위와 그 요건   34

02 공유물의 처분, 변경과 보존행위에 따른 명도와 방해배제 청구   36
- ◆ 공유물의 처분, 변경과 그 범위   36
- ◆ 공유물의 보존행위와 그에 기한 공유물 방해배제청구 또는 공유물 반환청구   37
- ◆ 공유물의 보존행위에 관한 대법원 판결   37

03 공유물의 사용·수익과 부당이득   41
- ◆ 각 공유자의 공유물 사용·수익권은?   41
- ◆ 일부 지분공유자가 점유하는 경우 다른 공유지분에 대한 부당이득   42

04 공유물에 대한 임대차계약 체결 및 계약해지와 인도청구 방법   44
- ◆ 주임법 및 상임법으로 보호받는 임차인과 보호받지 못하는 임차인   44
- ◆ 공유물에 대한 임대차계약 체결   45
- ◆ 공유물의 임대차계약 해지 방법   52
- ◆ 채무자, 다른 공유자, 임차인 등이 공유물을 점유하고 있는 경우 인도청구   52

05 공유자 우선 매수신청   54
- ◆ 공유자 우선 매수신청 방법   54

◆ 공유자 우선 매수신청을 할 수 없는 경우 … 55
06 일부 지분권자가 다른 지분권자를 대위하여 임차보증금을 지급한 경우 … 57
07 공유물의 지분경매에서 배당방법과 후순위 저당권자 및 매수인의 대위행사 … 58
08 농지나 임야가 지분경매로 매각될 때! … 60
09 공유자의 공유물 분할청구와 분할방법 … 61
10 공유물 분할로 인한 담보책임(민법 270조)과 공유물의 부담(민법 266조) … 62
    ◆ 공유물 분할 전 토지 일부지분에 근저당과 가압류 등이 있는 경우 … 63
    ◆ 공유물 분할 전 일부지분에 등기된 권리를 분할된 토지에서 말소하는 방법 … 65
    ◆ 공유물의 부담(민법 제266조) … 66
11 공유물 분할의 제한 … 70

PART 02 지분투자의 비밀과 어떤 물건을 선택해야 성공하나?

01 지분을 바로 알고 투자해야 성공할 수 있다! … 73
02 지분경매 실전투자의 비밀을 푸는 열쇠는? … 77
    ◆ 주택이나 상가건물, 토지를 2 이상 공유로 소유하고 있는 경우 … 78
    ◆ 공동저당물과 유사공동저당물의 일부가 매각되는 경우 … 83
    ◆ 다가구주택이나 일반 상가건물에서 토지와 건물의 소유자가 다른 경우 … 86
    ◆ 집합건물에서 구분건물 소유자와 대지소유자가 다른 경우 … 90
03 이런 지분경매 물건을 선택해서 투자해라! … 91
    ◆ 지분경매에서 돈 되는 물건을 선택하는 비법은? … 91
    ◆ 근린주택 2/9 지분을 경매로 낙찰 받아 성공한 사례 … 94

PART 03 지분 물건을 어떻게 분석하고 입찰해야 성공하나?

01 채무자 또는 물상보증인 지분 매각인가를 알고 투자해라! ... 97
02 아파트의 2분의 1 지분이 경매로 매각된 경우 분석과 매수 이후 대응방법 ... 98
- ◆ 사설경매정보 사이트상의 입찰정보내역 ... 98
- ◆ 지분경매 입찰대상 물건분석표 ... 98
- ◆ 지분경매에서 공유물 인도 청구와 권리분석 및 배당 방법 ... 99
- ◆ 선순위 농협저당권의 말소방법과 후순위 저당권자의 대위행사 금액은 어떻게 될까? ... 107
- ◆ 매각 이후 대응방법과 건물인도청구와 부당이득 ... 109
- ◆ 지분경매절차에서 아파트의 사진과 주변 현황도 ... 111

03 공동담보물에서 공동채무자의 1/2 지분이 먼저 매각되면 어떻게 할까? ... 112
04 공동담보물에서 채무자 1/3 지분이 먼저 매각되면 물상보증인은? ... 114
05 2분의 1 지분은 압류공매, 2분의 1 지분은 법원경매로 동시에 진행된 경우 ... 117
- ◆ 한국자산관리공사(KAMCO)의 지분공매 입찰정보내역 ... 118
- ◆ 지분공매 입찰대상 물건분석표 ... 119
- ◆ 지분공매 물건에 대한 권리분석과 배분표 작성 ... 120
- ◆ 공유지분에서 전체지분이 동시매각 절차에 의한 동시배분 사례 ... 121

06 재개발구역에서 수인의 공유지분 중 일부가 경매로 매각되는경우 ... 123
- ◆ 이한동 건물과 대지 각 5분의 1 지분 매각현황 ... 123
- ◆ 지분에서 배당표 작성방법 ... 124
- ◆ 후순위채권자의 대위 ... 124
- ◆ 분양대상(분양자격) 여부 판단 ... 125

07 다가구주택 7분의 2를 공매로 낙찰 받아 성공한 사례 ... 125
- ◆ 다가구주택 공매물건의 사진과 주변 현황도 ... 127
- ◆ 다가구주택의 7분의 2지분 온비드 입찰정보 내역 ... 128
- ◆ 다가구주택의 7분의 2지분 공매 물건에 대한 권리분석 ... 129

◈ 필자가 다가구주택을 1등으로 낙찰 받았다!   131

◈ 매수 이후의 대응과 기대수익은 얼마나 올렸나?   131

PART 04 채권과 물권간의 우선순위와 충돌할 때 배당하는 방법

01 채권과 물권의 종류   134

◈ 광의의 채권의 종류   134

◈ 물권의 종류와 물권 상호 간의 우선순위   135

◈ 채권의 종류와 채권 상호 간 우선순위   136

◈ 물권과 채권 상호 간의 우선순위   137

02 물권과 일반채권 등이 혼재 시 배당사례 연습   138

◈ 선순위 물권 → 후순위 일반채권 → 후순위 물권 순인 경우   138

◈ 선순위 확정일자부 임차인 → 후순위 일반채권인 경우   138

◈ 선순위 일반채권 → 후순위 물권인 경우   138

03 배당에서 우선순위 결정방법   140

04 실전 배당사례에서 어떤 점에 유의해서 배당해야 하나?   143

◈ 말소기준권리를 기준으로 인수할 권리가 있는지 확인!   143

◈ 임차인이 있는 경우 대항력 여부와 배당요구 여부를 먼저 판단해라!   144

◈ 조세채권 등이 있다면 이러한 절차로 배당하면 된다!   144

◈ 경매에서 배당은 다음과 같은 순위로 하면 된다!   145

05 주택임차인의 권리와 다른 채권자 간에 배당방법은?   146

◈ 임차인이 최우선변제금을 받으려면 어떻게 해야 되나?   146

◈ 확정일자부 우선변제권의 성립요건과 우선변제권은?   148

◈ 경매물건에서 소액임차인에 따라 다르게 배당한 사례   149

06 상가건물에서 임차인과 다른 채권자 간에 배당 방법은?   151
- ◆ 상가임차인의 권리분석과 배당은 어떻게 하나?   151
- ◆ 서울 문래동의 상가건물에서 임차인과 다른 채권자 간의 배당방법   154

07 배당순위가 평등한 관계와 충돌한 사례에서 배당 방법은?   158
- ◆ 평등한 채권자와 후순위채권자가 병존할 때 안분 후 흡수배당   158
- ◆ 소액임차인으로 상호모순관계에 놓일 때 배당사례   159

08 다세대주택에서 배당순위가 순환관계에 있을 때 배당 방법   161
- ◆ 경매 입찰대상 물건정보내역과 매각결과   162
- ◆ 임차인과 다른 채권자와의 순환흡수 배당 방법   163

PART 05 공동담보물이 동시에 매각 또는 이시에 매각될 때?

01 공동저당이란?   166

02 공동저당물이 동시에 매각될 때 배당하는 방법   167
- ◆ 채무자이건 물상보증인이건 공동저당부동산의 소유자가 동일인인 경우   168
- ◆ 공동저당부동산 일부가 채무자 소유, 일부가 물상보증인 소유인 경우   168
- ◆ 동일절차에서 이시배당   169

03 동시에 매각되어 동시배당하는 실전연습   171
- ◆ 공동담보물이 동시에 매각되어 동시배당한 사례   171
- ◆ 공동담보물의 일부에 공동저당권자와 동순위의 다른 권리가 있는 경우 배당   173
- ◆ 공동저당물이 채무자 소유 부동산과 물상보증인 소유 부동산이 동시에 매각되는 경우   175

04 공동담보물이 이시에 매각될 때 배당 방법과 배당연습   176
- ◆ 공동담보물의 이시 매각절차에서 배당하는 방법   176
- ◆ 공동담보물 중에서 A 부동산이 먼저 매각되고, B 부동산이 나중에 매각된 사례   178

PART 06 지분경매에서 물건분석과 배당은 이렇게 해라!

01 유사공동저당권은 무엇을 말하는 것일까!   181
- ◆ 지분경매에서 전체지분에 설정된 근저당   181
- ◆ 지분경매에서 전체지분에 우선변제금을 가지고 있는 임차권   183
- ◆ 나대지에 근저당 설정 후 토지가 집합건물의 대지권으로 공유등기된 경우   184
- ◆ 유사공동저당과 후순위 저당권자의 대위행사에 대한 판례   184

02 왜 지분경매에서 동시배당과 이시배당을 알아야 하나?   186
- ◆ 사설경매정보 사이트 상의 입찰정보 내역   187
- ◆ 지분경매 물건 권리분석   188
- ◆ 유사공동저당권자에 대한 배당방법   188
- ◆ 배당방법과 후순위 채권자의 대위청구   189
- ◆ 이 사건에서 채무자의 후순위채권을 양도받으면 돈이 되나?   191
- ◆ 실질적 물상보증인인 채무자에게 실질적 채무자가 구상권을 청구할 수 없다   191

03 주택이 갑·을·병 각 3분의 1 지분에서 갑 지분만 매각되는 경우   192
- ◆ 지분경매물건에 대한 물건분석표   192
- ◆ 지분경매물건에 대한 권리분석과 배당표 작성   193
- ◆ 후순위 채권자 등이 선순위 공동저당권자를 대위하여 청구가 가능한 금액   194
- ◆ 종합적인 물건분석   196

04 주택이 김각형·김민기·이철민 각 3분의 1 지분에서 김각형 지분만 매각된 사례   197
- ◆ 지분경매물건에 대한 권리분석 및 배당표 작성   198
- ◆ 후순위 임차인의 대위와 공동임대인에 대한 보증금 반환 청구   199
- ◆ 후순위 송유만 근저당권과 김각형 채무자의 법정대위   199
- ◆ 대항력 있는 이현중 임차인에 대한 낙찰자의 인수범위   200
- ◆ 전체지분이 강제경매가 진행된 경우 말소기준권리   200
- ◆ 전체지분이 동시에 매각되었다면 배당은 어떻게 작성하나?   201
- ◆ 김각형 지분이 먼저 매각된 경우 후순위 저당권자와 채무자의 대위   202

PART 07 지분경매 입찰사례에서 배우는 권리분석과 매수 후 탈출방법

01 지분경매에서 입찰자와 채권자가 유의할 점은 어떤 것이 있나?   204
- 경매정보 사이트 상의 입찰정보내역   204
- 최근 낙찰 받은 아파트 2분의 1 지분으로 물건분석   205
- 반포 미도아파트의 현재적 가치와 미래적 가치분석   206
- 유사공동저당권자에 대한 배당방법   206
- 예상배당표를 통한 권리분석과 후순위 채권자의 대위청구 금액은?   207
- 지분경매된 아파트나 다가구주택에 임차인이 거주하는 경우   209
- 낙찰받고 공유물분할청구 소송과 부당이득에 기한 채권가압류   210

02 다가구주택에서 임대인의 지분이 매각될 때 잘못하면 큰코 다친다!   211
- 다가구주택 3분의 1 지분경매 물건 정보 및 입찰결과   211
- 종전 낙찰자가 입찰보증금을 포기하게 된 사연   213
- 재매각절차에서 낙찰자가 돈을 벌고 지분에서 탈출할 수 있을까?   214
- 공동소유주택에서 임대인 지분을 취득하면 임대인의 지위가 승계된다   215
- 실질적 물상보증인인 채무자에게 실질적 채무자인 물상보증인은 구상권 청구 불가!   215

03 지분경매에서 다른 공유자의 잘못된 판단으로 수 억을 손해 본 사례   216
- 다가구주택 2분의 1 지분경매 물건 정보 및 입찰결과   216
- 이 다가구주택의 2분의 1을 낙찰 받아도 될까?   218

04 밭(田)의 3분의 1 지분만 경매로 매각되는 경우   222
- 사설경매정보사이트 상의 입찰정보 내역   222
- 경매 입찰대상 물건 내역   223
- 경매물건에 대한 분석 및 배당표 작성   224

05 근린생활시설 중 일부지분이 경매된 경우 낙찰받고 나서 대응방법   227
- 지분경매물건 정보내역과 매각결과   227
- 지분경매 물건에 대한 권리분석과 매수 이후 대응방안   228

- ◆ 공유물분할청구 소송을 위한 소장 표지와 소장 본문 작성 방법　　229
- ◆ 공유물에 대한 처분금지가처분 신청서 표지와 본문 작성　　233

06 지분매수 후 공유물분할청구 소송 도중에 공유자가 변경된 사례다　　237
- ◆ 지분경매물건 정보내역과 매각결과　　237
- ◆ 지분경매 물건에 대한 권리분석과 매수 이후 대응방안　　238
- ◆ 공유물분할청구 소송을 위한 소장과 공유물에 대한 가처분　　238

07 공유물분할 경매에서 일부지분에 가등기가 있는 경우에 대응방법　　241
- ◆ 공유물 분할을 위한 형식적 경매물건 입찰결과 내역　　241
- ◆ 물건분석과 매수 이후 대응방법　　242
- ◆ 이 물건과 같이 일부지분에 가등기가 있을 때 배당방법　　243
- ◆ 가등기권자가 본등기 또는 말소 시에 부당이득금 반환　　246
- ◆ 지상건물 소유자에게 법정지상권이 성립하고 있을까?　　248

08 선순위로 가등기나 가처분이 있는 물건에 투자하는 방법　　249
- ◆ 선순위로 가등기나 가처분이 있을때 이렇게 투자해라!　　249
- ◆ 선순위 가등기를 채권자가 소송으로 말소하면서 경매를 진행한 사례　　254

09 공유물의 형식적경매에서 일부 지분에 선순위가등기가 있는 경우　　258
- ◆ 선순위가등기를 매수인이 인수하나? 인수하지 않고 소멸하나?　　258
- ◆ 형식적경매에서 선순위가등기가 말소된 사례　　258
- ◆ 대법원 2021. 3. 11. 선고 2020다253836 판결[가등기 말소]　　260

PART 08 지분공매에서 낙찰받은 사례로 권리분석과 탈출하는 방법

01 연립주택의 8분의 1 지분공매 절차에서 권리분석과 매수 이후 대응방법　　263
- ◆ 지분공매 입찰대상 물건분석표　　263
- ◆ 지분공매 절차에서 아파트의 사진과 주변 현황도　　264

- ◆ 지분공매 물건에 대한 권리분석과 배분표 작성 — 265
- ◆ 재개발로 인한 분양자격 유무와 매수인의 건물인도청구 및 부당이득 — 266

02 양재동 다가구주택의 일부가 지분공매된 경우 어떻게 대응하면 될까? — 267
- ◆ 2분의 1 지분공매물건 입찰대상 정보 — 267
- ◆ 공매물건의 위치 및 다가구주택 사진 — 268
- ◆ 물건분석 및 권리분석, 그리고 배분방법 — 269
- ◆ 대위청구 가능 금액과 우선순위 — 271
- ◆ 배분요구 시기와 배분요구하지 아니한 임차인의 보증금 회수 여부 — 272
- ◆ 이 물건에 투자시 수익성분석과 기대 임대수익율은? — 273
- ◆ 공유자우선매수신청 여부와 매수 이후 어떻게 대응해야 하나? — 274

03 토지가 지분공매로 진행되고 그 지상에 법정지상권이 성립하는 건물이 존재하는 경우 — 277
- ◆ 토지 지분공매 입찰대상 물건분석표 — 277
- ◆ 토지 지분공매 절차에서 공매물건의 위치와 주변 현황도 — 279
- ◆ 토지 지분공매에 대한 권리분석과 배분표 작성 — 279
- ◆ 전 소유자의 가압류와 압류채권자의 처분금지효력과 다른 채권 간의 우선순위 — 281

04 봉천동의 연립주택 2분의 1을 공매로 낙찰 받고 탈출하는 방법은? — 282
- ◆ 연립주택 2분의 1 지분 온비드공매 입찰정보 내역 — 282
- ◆ 토지 지분공매 절차에서 공매물건의 사진과 주변 현황도 — 283
- ◆ 지분공매 물건에 대한 권리분석과 배분표 작성 — 284
- ◆ 매수 후 공유물분할청구 소장 작성 방법 — 285
- ◆ 점유자의 부당이득반환 채권을 보전하기 위한 채권가압류 — 287

05 3분의 1지분을 낙찰 받고 공유물분할청구 소송과 가처분을 신청한 사례 — 290
- ◆ 다세대주택 3분의 1 지분공매 입찰정보 내역 — 290
- ◆ 토지 지분공매 절차에서 공매물건의 사진과 주변 현황도 — 291
- ◆ 지분공매 물건에 대한 권리분석과 배분표 작성 — 292
- ◆ 매수 후 공유물분할청구 소장 작성 방법 — 293

◆ 점유자의 부동산 처분금지가처분 신청서 작성	296
06 건물 전부와 대지 2분의 1을 공매로 낙찰 받아 성공한 사례	**299**
◆ 다가구주택 공매물건의 사진과 주변 현황도	300
◆ 다가구주택 건물전부와 대지 2분의 1 지분 온비드 입찰정보 내역	301
◆ 건물전부와 대지 2분의 1 지분공매 물건에 대한 권리분석	302
◆ 이 주택은 법정지상권이 성립한다. 그런데도 낙찰 받은 이유는?	303
◆ 필자가 다가구주택을 단독으로 받았다	304
◆ 매수 이후의 대응 현황	305
07 중원빌라 4분의 3 지분 매수 후 나머지를 매수해서 성공한 사례	**306**
◆ 재개발 예상 중원빌라 사진과 내부 및 주변 현황도	306
◆ 중원빌라 4분의 3 지분공매 입찰정보 내역	307
◆ 박OO가 7대 1의 경쟁률을 뚫고 중원빌라를 낙찰 받았다!	309
◆ 이OO의 4분의 1지분 매수 당시 작성했던 계약서	310

PART 09 공유자 또는 임차인이 점유하고 있는 경우 명도 대상과 인도명령신청서 작성법

01 종전 공유자였던 채무자가 점유하고 있는 경우	**313**
◆ 공유물의 지분경매절차에서 종전 공유자였던 채무자가 점유하고 있는 경우	313
◆ 채무자가 점유하고 있는 경우에도 그 공유물의 임차권(용익권)에 의한 점유인 경우	314
02 채무자가 아닌 다른 공유자가 점유하고 있는 경우	**315**
◆ 매수인이 취득한 공유지분이 과반수 이상이면 인도청구가 가능하다!	315
◆ 매수인이 취득한 공유지분이 과반수 미만이면 인도청구가 불가하다!	317
◆ 매수지분을 과반수 미만으로 점유하면 인도청구가가능할까?	317
03 남편 1/2과 부인 1/2로 공동소유지분 중 부인 지분만 경매된 경우	**318**
◆ 부부가 공동소유 주택에서 부인 1/2 지분만 경매된 경우 부인만의 인도청구	319

- ◈ 부부 공동주택에서 채무자와 다른 지분권자를 동시에 인도명령 신청한 경우   320

04 임차인이 점유하고 있는 경우, 명도는 어떻게?   321
- ◈ 매수지분이 과반수 이상이면 임차인의 명도는?   321
- ◈ 매수지분이 과반수 미만이면 임차인의 명도는 어떻게 하나?   326

05 임대차 계약에서 임대인과 동의한 사람, 동의하지 않은 사람 간의 책임   335
- ◈ 질문   335
- ◈ 답변   336

PART 10 공유물 관리와 보존행위에 따른 법률과 대법원 판례 핵심 정리

01 공유물 관리에 관한 법률과 대법원 판례 핵심 요약 정리   338
- ◈ 공유물의 관리와 각 공유자의 권리행사 방법   338
- ◈ 공유물의 관리행위와 그 요건   339

02 공유물의 처분, 변경과 보존행위에 따른 명도와 방해배제 청구   340
- ◈ 공유물에서 처분과 변경행위에 관한 핵심요약정리   340
- ◈ 공유물의 보존행위에 관한 대법원 판결   341
- ◈ 공유물의 본질적 변화는 다수지분권자의 관리행위에 해당되지 않는다!   342

03 다수지분권자의 다른 소수지분권자에 대한 공유물 인도청구(= 적극)   344
- ◈ 다수지분권자의 소수지분권자에 대한 인도청구와 부당이득의 범위   344
- ◈ 공유지분 과반수 소유자의 공유물인도청구   345
- ◈ 대법원 2021. 7. 8. 선고 2018다286642 판결   345

04 소수지분권자의 다른 소수지분권자에 대한 공유물 인도청구(= 적극)   346
05 1/2 지분권자의 다른 1/2 지분권자에 대한 공유물 인도청구(= 적극)   348
06 과반수 지분권자와 계약한 임차인을 소수지분권자가 인도청구(= 소극)   349

07 소수지분권자와 계약한 임차인은 소수지분권사가 인도청구(적극) ... 350
- ◈ 제3자가 정당한 권원 없이 공유물을 점유하고 있는 경우 ... 350
- ◈ 2분의 1지분권자와 계약한 임차인을 다른 지분권자가 명도청구한 사례 ... 351
- ◈ 대법원 2014. 5. 16. 선고 2012다43324 판결 ... 351

08 계약 당시 전체소유에서 그후 다수지분이 매각 시 임차인의 대항력은? ... 352

09 공유자간 사용·수익·관리에 관한 특약의 승계 및 변경 ... 353

PART 11 지분경매에서 후순위 채권을 매입하면 꿩먹고 황금알을 낳는다!

01 상속된 상가주택에서 7분의 2 지분이 경매로 매각되는 경우 ... 355
- ◈ 입찰대상 물건 정보 ... 355
- ◈ 지분경매 물건에 대한 권리분석과 배당표 작성 ... 357
- ◈ 선순위저당권자가 전액 배당받게 되어 후순위저당권자가 적게 배당받는다 ... 359

02 아파트와 농지가 채무자 소유인데 그 중 일부가 먼저 매각되면? ... 361
- ◈ 아파트가 먼저 경매로 매각된 경우 배당은? ... 361
- ◈ 아파트 후순위근저당권자인 신한은행의 농지에서 대위권은? ... 362
- ◈ 아파트가 먼저 경매로 매각되고 나서 농지가 매각되는 경우 ... 362
- ◈ 아파트만 매각되고 농지가 장기간 매각되지 않는다면 부기등기를 해둬라! ... 363
- ◈ 선행된 채무자의 후순위 채권에서 숨은 진주 NPL(부실채권)을 찾아라! ... 365

03 공동담보물이 채무자와 물상보증인소유인데 채무자 소유부동산이 먼저 매각되면? ... 366
- ◈ 공동담보물이 채무자와 물상보증인 소유인데 채무자소유부동산이 먼저 매각되면? ... 366
- ◈ 공동담보물이 채무자와 물상보증인 소유인데 물상보증인 소유부동산이 먼저 매각되면? ... 367
- ◈ 선행된 물상보증인 소유 후순위채권에서 숨은 진주 NPL(부실채권)을 찾아라! ... 373

◆ 선행된 물상보증인의 매각대금에서 공동저당권이 변제받고 채무자 소유에서 말소한 경우 377

04 채무자와 물상보증인 소유부동산이 동시에 매각될 때 잘못된 배당에 대한 이의소송 390

PART 12 법정지상권 성립여부와 그 건물 임차인에 배당방법

01 법정지상권이란 어떠한 권리인가? 398
- ◆ 민법이 인정하는 법정지상권의 종류 398
- ◆ 법정지상권의 성립 요건 400
- ◆ 법정지상권의 성립 시기 401
- ◆ 법정지상권의 존속기간 401
- ◆ 법정지상권이 인정되는 범위 402
- ◆ 지료청구대상과 지료 결정 방법 402

02 법정지상권이 성립되는 사례와 그 건물임차인에 대한 배당 405
- ◆ 토지에 저당권이 설정될 당시 그 지상에 건물이 존재한 경우 405
- ◆ 신축 도중에 설정된 저당권으로 건물소유자가 변경된 경우 407
- ◆ 법정지상권 성립 후, 증축, 개축 또는 신축된 경우에 법정지상권 성립 여부 409
- ◆ 법정지상권이 있는 건물을 낙찰받을 경우 법정지상권의 승계 취득 여부(적극) 410
- ◆ 공동근저당권이 설정되고 나서 그 건물과 토지소유자가 달라진 경우 411

03 법정지상권이 성립되지 않는 사례와 그 건물임차인에 배당분석 414
- ◆ 나대지에 저당권이 설정되고 건물을 신축 후 토지만 경매된 경우 414
- ◆ 나대지에 저당권이 설정되고, 신축건물만 다른 저당권을 설정한 경우 416
- ◆ 토지에 저당권이 설정될 당시 그지상에 건물이 존재한 경우 417
- ◆ 토지와 그 지상 미등기건물을 양수하였다가 토지만 매각 시 법정지상권은? 419
- ◆ 토지와 건물에 공동저당권이 설정되고 나서 건물을 멸실하고 신축한 경우 422

04 관습법상 법정지상권은 어떻게 분석하면 되나? — 424
- ◆ 관습법상 법정지상권 성립요건 — 424
- ◆ 관습법상 법정지상권의 존속기간 — 425
- ◆ 토지사용의 범위(법정지상권과 동일하다) — 426
- ◆ 지료 산정 방법 — 426
- ◆ 지상권자의 갱신청구권, 매수청구권(민법 제283조) — 426
- ◆ 관습법상 법정지상권의 성립 여부에 대한 판단 — 426

PART 13 공유물에서 법정지상권이 성립되는 사례와 성립되지 않는 사례분석

01 토지와 건물의 공유물에서 법정지상권이 성립되는 경우 — 431
- ◆ 토지가 갑의 단독소유이고, 건물은 갑·을·병의 공유인 사례 — 431
- ◆ 토지가 갑·을·병의 공유이고, 건물도 갑·을·병의 공유인 사례 — 435
- ◆ 구분소유적 공유관계에 의한 법정지상권 성립 여부 — 436

02 토지와 건물의 공유물에서 법정지상권이 성립되지 않는 경우 — 439
- ◆ 토지가 갑·을·병의 공유이고, 건물이 갑의 단독소유인 사례 — 439
- ◆ 토지가 갑·을의 공유이고, 건물도 갑·을의 공유인 경우 — 446
- ◆ 토지가 갑·을의 공유이고, 건물은 갑·정의 공유인 경우 — 448

PART 14 토지 또는 건물만 경매될 때 권리분석과 수익모델을 찾는 기법

01 주택에서 토지 또는 건물만 매각되면 이러한 물건을 선택해라! — 451
02 나대지상에 기업은행이 근저당설정 후 건물이 신축된 경우는 어떨까! — 455
- ◆ 입찰대상물건 분석표 — 455

◆ 물건분석과 권리분석에 따른 배분표 작성	456
◆ 이 사례에서 토지만 매각되었다면 법정지상권 성립 여부	458

03 공동저당권이 설정되고 나서 건물 멸실하고 신축한 경우   459
- ◆ 입찰대상물건 분석표   459
- ◆ 물건분석과 권리분석에 따른 배당방법   460
- ◆ 이 사례에서 토지만 매각되었다면 법정지상권 성립 여부   461

04 토지만 경매되는 경우 지상에 다가구주택이 존재한다!   462
- ◆ 입찰대상물건 정보내역   462
- ◆ 경매 물건에 대한 권리분석과 배당표 작성   463

05 토지를 낙찰받고 난 다음 토지사용료로 건물을 강제경매 신청한 사례   464
- ◆ 토지가 먼저 경매돼 이선수가 낙찰 받았다   464
- ◆ 건물만 경매가 진행돼 토지 소유자 이선수가 낙찰 받았다   468

PART 15 토지별도등기가 있는 집합건물에 투자하는 비법

01 토지별도등기의 의미와 발생하게 되는 과정   473
- ◆ 토지별도등기란 어떠한 의미인가?   473
- ◆ 재건축사업에서 대지권 정리과정과 토지별도등기 심화학습   473

02 경매절차에서 토지별도등기가 소멸, 또는 인수 여부?   475
- ◆ 토지별도등기는 경매로 소멸되는 것이 원칙이다   475
- ◆ 토지별도등기를 인수조건으로 매각하면 매수인이 부담   477

03 토지별도등기가 있는 물건에 대한 권리분석과 대응전략   478
- ◆ 토지별도 등기된 경매물건 분석표   478
- ◆ 토지별도 등기된 경매물건에 대한 권리분석   479
- ◆ 토지별도 등기된 저당권자 등이 배당요구 시 배당표 작성   481

PART 16 대지권 미등기가 있는 집합건물에 투자하는 비법

- 01 왜 대지권 미등기가 발생하고 언제 등기가 되나? … 484
- 02 대지 지분이 있는데도 전유부분만 매각되는 이유? … 485
- 03 집합건물을 분양받았으나 대지권 미등기인 경우 … 486
  - ◆ 대지지분까지 분양받았거나 대지권 미등기인 사례 … 486
  - ◆ 대지지분이 정리되고도 분양대금이나 등록비용을 미납 시 … 486
  - ◆ 대지권 미등기인 아파트를 낙찰 받았는데 수분양자가 분양대금을 미납했다면 … 487
- 04 대지권 미등기인 아파트가 대지가격을 포함해 매각되면 … 489
  - ◆ 대지권 미등기 아파트도 대지가격이 감정평가돼 매각되면 … 489
  - ◆ 전유부분만 경매로 낙찰 받아도 대지권등기를 할 수 있다! … 489
- 05 대지권 평가 없이 전유부분만 매각돼도 대지권등기가 가능 … 491
  - ◆ 전유부분만 매수해서 대지권 등기와 토지별도등기를 말소한 사례 … 491
  - ◆ 대지권 평가 없이 전유부분만 매각돼도 대지권 등기가 가능 … 493
- 06 대지권이 본래부터 없는 경우(아파트, 다세대, 연립 등) … 495
- 07 대지권 미등기인 집합건물이 경매로 매각된 사례 분석 … 496
  - ◆ 대지권 미등기(대지가 평가됨) 아파트에 입찰시 대응전략 … 496
  - ◆ 대지권 미등기(대지가 평가됨) 아파트에 입찰해서 성공한 사례 … 502
  - ◆ 대지권이 없는 아파트만 낙찰 받은 경우 대응 사례분석 … 504

PART 17 집합건물에서 건물과 대지의 일부가 매각 시 대응방법

- 01 대지권미등기와 토지별도등기가 있는 아파트 2/3 지분을 낙찰받은 사례 … 507
  - ◆ 경매물건 현황과 매각결과 … 507
  - ◆ 위 경매물건에 대한 권리분석 … 508

- ◆ 매수 이후에 임차인 명도와 토지별도등기 말소 및 대지권등기 청구 ... 509
- ◆ 대지권등기청구와 가압류, 가처분 등의 토지별도등기 말소청구소송 ... 511

02 재건축으로 종전 아파트가 철거돼 구분소유권이 소멸되면 분리처분이 가능하다 ... 516
- ◆ 이 사건에 대한 기본적인 사실관계 ... 516
- ◆ 재건축이 진행중인 대지만 강제경매가 진행된 물건현황 ... 517
- ◆ 이 사건 청구원인에 대한법원의 판단 ... 518

03 구분소유자 간에 대지 지분 비율이 다를 때 투자방법 ... 519
- ◆ 서울 청량리에 위치한 다세대주택의 현황은 다음과 같다 ... 519
- ◆ 위 다세대주택이 경매로 다음과 같이 매각되었다 ... 520
- ◆ 지층 01호 매수인 황○○의 부당이득금 반환청구 소송 ... 524
- ◆ 이러한 이유로 제지층 01호가 또 다시 경매가 진행되고 있다 ... 525

04 구분소유자가 아닌 자만 구분소유자들에게 부당이득을 청구할 수 있다 ... 528
- ◆ 이 사건에 대한 기본적인 사실관계 ... 528
- ◆ 위 경매 물건과 공매물건 정보내역과 매각결과 ... 530
- ◆ 이 사건 2심 서울고등법원 2009나31873 판결내용 정리 ... 532
- ◆ 이 사건에 대한 대법원(대법 2011다58701 판결)의 판단 ... 532
- ◆ 파기환송심 서울고등법원 2013나22449 판결내용 ... 534

05 집합건물에서 건물 또는 대지만 낙찰받았다면 누가 성공했을까? ... 540
- ◆ 대지권 미등기(대지가 평가제외) 아파트가 경매로 매각 시 ... 540
- ◆ 대지지분만 별도 경매가 진행돼 최선수가 낙찰받았다 ... 543
- ◆ 이소령의 지료청구 및 부당이득반환청구 소송 ... 545
- ◆ 집합건물 매수인과 대지 지분을 매수한 자 중에 누가 성공했나? ... 546

06 대지만에 설정된 저당권을 사서 경매를 신청하면 성공과 실패? ... 547
- ◆ 경매절차에서 토지별도등기는 소멸되는 것이 원칙이다 ... 547
- ◆ 근저당권 설정 당시 대지사용권이 성립되지 못한 경우 ... 548
- ◆ 압류 당시 대지사용권이 성립하지 않아 분리처분이 가능한 사례 ... 551
- ◆ 원고의 건물철거, 토지인도 및 부당이득반환에 대한 판단 ... 553

- ◆ 피고들의 주장 및 항변에 대한 판단 553
- ◆ 공매로 매수한 대지 지분이 또 다시 경매로 매각되고 있다 554

07 황장군이 토지를 낙찰받고 그 지료로 건물을 강제경매 신청한 사례 556
- ◆ 황장군이 지상에 주택이 있는 토지만 경매로 낙찰받았다 556
- ◆ 황장군은 건물을 낙찰받아 주택에서 완전한 소유권을 취득하게 되었다 557

08 지상에 다세대주택이 있는데 그 대지만 매각되는 사례 559
- ◆ 입찰대상물건 정보내역과 매각결과 559
- ◆ 경매 물건에 대한 권리분석과 배당표 작성 560
- ◆ 낙찰받고 난 다음 대응방법 562

PART 18 재건축과 재개발에서 지분투자로 성공하는 비법!

01 조합원분양권자가 현금청산자보다 훨씬 더 돈을 벌고 있다! 565
- ◆ 재건축사업에서 조합원 분양자격은? 565
- ◆ 재개발사업에서 분양자격은? 566

02 재개발사업 분양대상 조합원과 현금청산자의 경우 566
- ◆ 단독·다가구주택 등에서 토지와 건물 전체 소유자 566
- ◆ 타인의 토지 위에 건물만 소유한 경우 567
- ◆ 토지 90㎡ 이상을 단독 또는 공유지분으로 소유한 경우 568
- ◆ 단독필지로 30㎡ 이상~90㎡ 미만인 토지소유자 568
- ◆ 권리가액이 분양용 최소규모 공동주택 1가구의 추산액 이상인 자 569
- ◆ 1주택 또는 1필지의 토지를 여러 명이 소유하고 있는 경우 569
- ◆ 수 필지나 대지 소유자 각자 90㎡ 이상인 경우 569
- ◆ 한 세대원이 한 재개발구역 내에서 여러 필지나 여러 주택을 소유한 경우 570
- ◆ 다세대주택의 분양자격과 유의할 점은? 570
- ◆ 단독주택 또는 다가구주택을 다세대주택으로 전환한 경우 572

- ◆ 토지와 주택을 건축물 준공 이전, 이후 분리 소유한 경우 ... 572
- ◆ 재개발사업에서 현금청산 대상 조합원 ... 573

03 분양권을 경매로 사려면, 꼭 알고 있어야 할 내용 ... 574
- ◆ 조합원분양권이 경매로 매각되는 경우 ... 574
- ◆ 일반분양권이 경매로 매각되는 경우 ... 575
- ◆ 조합원분양권이나 일반분양권을 매수 후 수익분석 ... 575

04 재건축 조합원분양권에서 대지만 경매될 때 실전투자 비법! ... 576
- ◆ 입찰물건 정보내역과 입찰결과 ... 576
- ◆ 조합원분양권이 경매로 매각되는 물건에 대한 권리분석 ... 577
- ◆ 매각에서 제외된 건물분에 대한 권리분석은? ... 579

05 재건축에서 건물이 멸실되어 토지만 경매로 낙찰 받은 경우 ... 580

06 재개발로 건물이 철거되고 토지만 경매가 진행되는 경우 ... 582
- ◆ 토지경매 입찰대상 물건분석표 ... 582
- ◆ 재개발로 건물 철거 후 토지만 경매되는 물건에 대한 권리분석 ... 583
- ◆ 배당표 작성방법과 분양대상 유무에 대한 판단 ... 584

07 지상에 다세대주택 14세대가 있는 토지만 공매로 낙찰받은 사례 ... 585
- ◆ 한국 자산관리공사(KAMCO)의 지분공매 입찰정보 내역 ... 585
- ◆ 입찰결과 상세 확인 ... 586
- ◆ 공매 입찰대상 물건 분석표 ... 587
- ◆ 토지만 공매가 진행된 물건에 대한 권리분석과 배분표 작성 ... 588
- ◆ 다세대주택의 사진과 주변현황 ... 590
- ◆ 토지만 매수 시 분양자격 여부와 낙찰 받고 대응방법 ... 590

08 재개발구역 상가주택 2분의 1을 공매로 낙찰받아 성공한 사례 ... 593
- ◆ 토지 지분공매 절차에서 공매물건의 사진과 주변 현황도 ... 593
- ◆ 상가주택 2분의 1 지분 온비드공매 입찰정보 내역 ... 594
- ◆ 지분공매 물건에 대한 권리분석과 배분표 작성 ... 596
- ◆ 지분공매에서 2대1의 경쟁률을 뚫고 상가주택을 낙찰 받았다 ... 596
- ◆ 매수 이후의 대응 현황 ... 597
- ◆ 성남시 금광1구역 재개발사업에서 현금청산금으로 탈출한 사례 ... 597

09 토지투자와 도로투자 어떻게 해야 성공하나? — 600
- 건축을 목적으로 토지에 투자한다면 진입 도로가 중요하다! — 600
- 건축법상 도로(건축법 제2조 11호 나목)와 서울시 건축조례(제27조) — 601
- 건축법상 도로가 되면 이는 법정도로가 된다! — 603
- 건축허가를 위한 진입도로 요건과 건축법상 도로를 확인하는 방법 — 604

10 재건축과 재개발구역 내의 도로에 투자해서 성공하는 비법! — 605
- 재건축사업 내 도로를 사면 분양권, 또는 현금청산금을 받을 수 있을까? — 605
- 재개발사업 내의 도로를 사면 분양권을 받을 수 있을까? — 606

11 도로 지분으로 분양권을 선택한 사람과 현금청산금을 받은 사람들! — 608

PART 19 나 홀로 전자소송으로 공유물분할 청구 소송과 가처분 신청서를 작성 제출 방법?

01 공유물분할청구 소장을 작성하여 법원에 직접 제출하는 방법 — 614
- 소장부분의 중요한 기재사항 및 순서 — 614
- 공유물분할청구 소장 표지 작성 방법 — 615
- 목적물 가액을 계산하는 방법 — 616
- 송달료와 인지대 계산 방법 — 617
- 소장부분(소장본문)을 작성하는 방법 — 617
- 소장을 관할법원 종합 민원실을 방문해 직접 제출하는 방법 — 620

02 나 홀로 대법원 전자소송으로 소장을 작성하여 제출하는 방법 — 621
- 대법원 전자소송 홈페이지에서 사용자 등록 후 소장 작성 방법 — 621
- 전자소송에서 1단계로 문서를 작성하는 방법과 그 화면 — 622
- 전자소송에서 2단계로 입증서류와 첨부서류를 제출하는 방법과 그 화면 — 625
- 전자소송에서 3단계로 작성문서를 확인하는 방법과 그 화면 — 627
- 전자소송에서 4단계로 작성한 문서를 법원에 제출 방법과 그 화면 — 629
- 제출된 소장 확인과 법원에 준비서면 및 답변서를 제출하는 방법 — 630
- 전자소송 전에 전자소송 체험하기를 통해서 실전 연습 — 632

03 상가주택(겸용주택)의 공유물분할 청구 소장 작성방법 ... 635
- 공유물분할 청구 소장 표지와 목적물 가액 등을 계산하는 방법 ... 635
- 상가주택 소장부분을 작성하는 방법 ... 637
- 대법원 전자소송 홈페이지에서 사용자등록 후 소장 작성 방법 ... 639

04 공유물에 대한 처분금지가처분 신청서 표지와 본문 작성방법 ... 641
- 부동산 처분금지가처분 신청서 표지와 목적물 가액 계산 ... 641
- 부동산 처분금지가처분 신청서 본문 작성방법 ... 642
- 전자소송으로 처분금지가처분 신청서 작성하여 법원에 제출하는 방법 ... 644

05 실제 작성했던 공유물분할 청구 소장과 부동산 가처분 신청서 ... 645
- 근린생활시설 중 일부지분에 경매된 경우 낙찰받고 나서 대응방법 ... 645
- 공유자가 변경되어 공유물분할 청구 소송 등을 다시 하게 된 사례 ... 645
- 봉천동의 연립주택 2분의 1을 공매로 낙찰 받고 탈출하는 방법은? ... 645
- 3분의 1지분을 낙찰 받고 공유물분할 청구 소송과 가처분을 신청한 사례 ... 646

06 공유물분할을 위한 형식적 경매 신청서 작성방법 ... 646

PART 20 공유물에 대한 부당이득반환청구 소송, 권리배제 및 인도명령 신청방법

01 공유물 점유 또는 임대행위에 따른 부당이득의 범위 ... 649
- 공유물의 지분권자 중 1인이 점유하고 있는 경우 부당이득의 범위 ... 649
- 공유자 중 1인이 임대한 경우 다른 지분권자에 반환해야 될 부당이득 ... 650

02 제3자가 토지 또는 건물 사용시 권리배제 및 부당이득반환 청구는 어떻게 할까! ... 653
- 토지 사용에 대한 배제신청 및 부당이득반환(지료) 청구권 ... 653
- 건물 사용에 대한 배제신청 및 부당이득반환(임료) 청구권 ... 661

03 지분매수 후 인도명령 신청서를 작성하는 방법 ... 665
- 2/3 지분을 매수 후 1/3 지분권자를 상대로 작성한 인도명령 신청서 ... 665
- 2/3 지분을 매수 후 대항력 없는 임차인을 상대로 작성한 인도명령 신청서 ... 665
- 1/2 지분을 공매로 낙찰 받고 대항력 없는 임차인을 상대로 작성한 건물명도 청구의 소장 ... 665
- 과반수 미만인 경우 인도명령을 신청할 수 있는지? ... 665

Part
01

공유물의 관리 방법과 지분권자의 권리와 의무

01 공유물의 관리행위와 각 공유자의 권리

공유물건이란 하나의 물건이 한 사람의 소유가 아니라 여러 사람의 소유로 되어 있는 것을 말하는데 그 공유물건이 부동산인 경우라면 등기부에 수인의 소유로 각 지분비율로 공유등기가 되어 있다(민법 제262조 제1항).

공유지분은 다음 사례와 같이 주택과 상가건물 등에서 공유지분으로 등기되는 경우와 토지에서 공유지분으로 등기되어 있는 경우가 있다.

◆ **대지와 건물 전체를 갑·을·병이 각각 3분의 1지분씩 공유 등기된 경우**

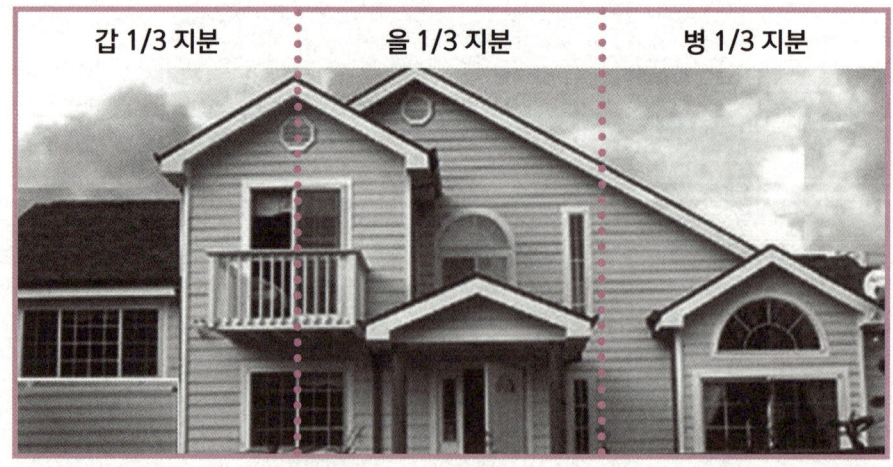

◆ 한 필지의 토지면적인 3,000m²를 갑, 을, 병이 각 1/3씩 공유지분으로 소유하고 있는 경우

공유지분이란 공유물에 대한 각 공유자의 권리(각 공유자가 공유물에 대해 서 가지는 권리), 즉 공유물에 대한 소유비율을 말한다. 다만 공유지분비율을 등기하지 않고 공유등기만 되어 있는 경우에는 균등한 것으로 추정한다(민법 제262조제2항).

공유자는 그 지분을 자유로이 처분할 수 있고 공유물 전부를 자기지분의 비율로 사용·수익할 수 있다(민법263조).

① 공유자는 각자의 지분을 자유롭게 처분할 수 있지만, 공유물 전부의 처분이나 변경하는 행위는 다른 공유자 전원의 동의가 있어야 한다.

② 모든 공유자는 공유물 전부를 지분의 비율로 사용·수익할 수 있다(민법 제263조). 이는 공유물 관리에 관하여 공유자들 사이에 합의나 과반수 지분에 의한 결정(민법 제265조 본문)이 없는 경우에도 마찬가지이다. 민법 제263조는 이러한 사용·수익권이 소유권인 공유지분권의 내용을 구성하되, 1개의 소유권

이 여러 공유자에게 나뉘어 귀속됨에 따라 소유권을 행사하는 데 일정한 제약이 따른다는 것을 뜻한다. 따라서 소수지분권자인 피고가 공유물을 독점적으로 점유하여 사용·수익하고 있더라도, 공유자 아닌 제3자가 공유물을 무단으로 점유하는 것과는 다르다. 대법원 2018다287522 판결에서 피고가 다른 공유자를 배제하고 단독 소유자인 것처럼 공유물을 독점하는 것은 위법하지만, 피고는 적어도 자신의 지분 범위에서는 공유물 전부를 점유하여 사용·수익할 권한이 있으므로 피고의 점유는 그 지분비율을 초과하는 한도에서만 위법하다고 봐야 한다.

따라서 피고가 공유물을 독점적으로 점유하는 위법한 상태를 시정한다는 명목으로 원고의 인도청구를 허용한다면, 피고의 점유를 전면적으로 배제함으로써 위에서 본 바와 같이 피고가 적법하게 보유하는 '지분비율에 따른 사용·수익권'까지 근거 없이 박탈하는 부당한 결과를 가져온다고 판결했다(대법원 2020. 5. 21. 선고 2018다287522 전원합의체 판결).

◈ 공유물의 관리행위와 그 요건

공유물의 관리행위는 공유자 지분의 과반수로 결정되지만, 보존행위는 각 공유자가 단독적으로 할 수 있다(민법 265조).

관리행위란 공유물의 처분이나 변경에 이르지 않을 정도의 이용이나 개량하는 행위를 말한다. 여기서 관리행위는 ① 과반수 지분권자가 직접 사용·수익(=점유)하거나 ② 과반수 지분권자와 임대차계약을 체결한 임차인이 사용·수익(=점유)하는 경우, ③ 임대차 계약기간 만료 시에 계약을 갱신하거나 계약을 해지하는 행위, 그리고 ④ 과반수 지분권자가 아닌 소수지분권자가 불법적으로 사용(=점유)하는 경우 사용·수익을 배제 시키는 행위, ⑤ 경매로 낙찰 받고 대항력 없는 임차인 등에게 인도명령을 신청하는 행위 등을 말한다.

이와 같은 행위는 과반수의 동의로 결정되지만, 1인 지분이 과반수 이상이면 단독적으로 관리행위를 할 수 있다.

그러나 이는 임의규정이므로 공유자 간에 다른 관리방법을 정한 경우, 즉

2/3 이상의 찬성으로 관리행위를 할 수 있다고 결정한 경우에는 그 결정이 우선한다.

이러한 관리행위는 타인에게 임대하거나 공유자 중 1인이 공유물을 사용하게 하는 등 공유물을 어떻게 사용·수익할 것인가를 결정하는 것이 대부분이다. 부동산에 관하여 과반수 공유지분을 가진 자는 공유자 사이에 공유물의 관리방법에 관하여 협의가 미리 없었다 하더라도 공유물의 관리에 관한 사항을 단독으로 결정할 수 있으므로, 공유토지에 관하여 과반수 지분권을 가진 자가 그 공유토지의 특정된 한 부분을 배타적으로 사용·수익할 것을 정하는 것은 공유물의 관리방법으로서 적법하다(대법 88다카33855).

 알아 두면 좋은 대법원 판례

01 대법원 2019. 5. 30. 선고 2016다245562 판결
① 공유자 사이에 공유물을 사용·수익할 구체적인 방법을 정하는 것이 공유자의 지분의 과반수로 결정하여야 하는 공유물의 관리에 관한 사항인지 여부(적극) 및 과반수 지분의 공유자가 공유물의 특정 부분을 배타적으로 사용·수익하기로 정하는 것이 공유물의 관리방법으로서 적법한지 여부(적극)
② 공유자가 공유물을 타인에게 임대하는 행위 및 그 임대차계약을 해지하는 행위가 공유자의 지분의 과반수로 결정하여야 하는 공유물의 관리행위에 해당하는지 여부(적극)

02 대법원 2002. 5. 14. 선고 2002다9738 판결
① 과반수 지분의 공유자로부터 사용·수익을 허락 받은 점유자에 대하여 소수 지분의 공유자가 점유배제를 구할 수 있는지 여부(소극)
② 과반수 지분의 공유자로부터 공유물의 특정 부분의 사용·수익을 허락받은 점유자는 소수지분권자에 대하여 그 점유로 인하여 법률상 원인 없이 이득을 얻고 있다고 볼 수 있는지 여부(소극)

02 공유물의 처분, 변경과 보존행위에 따른 명도와 방해배제 청구

◆ 공유물의 처분, 변경과 그 범위

공유물의 처분, 변경은 다른 공유자의 동의 없이 처분하거나 변경할 수 없다(민법 264조).

공유자는 각자의 지분을 자유롭게 처분할 수 있지만, 공유물 전부의 처분이나 변경하는 행위는 다른 공유자 전원의 동의가 있어야 한다.

왜냐하면 공유자 1인이 공유물을 마음대로 처분하거나 변경하게 된다면 다른 공유자의 권리를 침해하게 되는 것이기 때문이다.

따라서 공유물 전부의 처분이나 변경하는 행위가 아닌 공유자가 자기 지분만을 양도하거나 담보로 제공하는 등의 행위는 다른 공유자의 동의가 필요 없이 단독적으로 행사 가능하고, 공유자 사이에 지분을 처분하지 않겠다는 특약을 하는 경우에도 이는 약정을 한 당사자 간의 채권적 효력밖에 없다.

그러나 자기만의 일부 지분에 지상권, 전세권 등의 용익물권이나 임차권 등을 설정하는 것은 불가하다. 이를 허용하면 하나의 물건에 지상권 등이 중복하여 성립하게 되어 일물일권주의에 반하기 때문이다. 이러한 지상권, 전세권, 임차권 등의 용익권은 부동산 일부에 설정할 수 없고 전부에만 설정할 수 있다. 그래서 일부 지분에 설정된 채권에 의해 경매가 진행되면, 근저당권과 같이 다른 지분으로 전부 변경 등기되는 것이 아니라 전부 말소된다는 사실에 주의해야 한다.

처분 · 변경 행위는 다음과 같은 의미로 해석하면 된다.

① 처분행위는 공유물을 양도하거나 물권을 설정하는 행위를 말한다. 공유자 1인이 공유물 전부를 처분한 경우 자기지분에 대해서는 유효하지만 다른 공유지

분에 대해서는 타인의 물건을 처분한 것이 되어 무효가 된다.

② 변경행위는 공유물에 대한 사실상의 물리적인 변화를 가져오는 것을 말한다. 이때 다른 공유자는 그 변경행위에 대해서 금지를 요구할 수 있다.

이렇게 처분과 변경하는 행위를 하는 경우 과반수 지분권자는 물론이고, 소수 지분권자 역시 보존행위로 그 행위를 금지할 것을 요구할 수 있다.

◆ 공유물의 보존행위와 그에 기한 공유물 방해배제청구 또는 공유물 반환청구

공유물의 보존행위는 공유물의 멸실, 훼손을 방지하고 그 현상을 유지하기 위해서 하는 행위이다. 사실적 행위는 물론 법률적인 행위도 포함된다.

보존행위는 단독으로 할 수 있으므로 보존행위로 제기하는 방해배제청구나 공유물반환청구는 필수적 공동소송이 아니다.

공유물에 대한 제3자의 방해 등에 대하여 방해배제나 공유물 반환을 청구하는 것은 물론, 공유자 1인이 배타적, 독립적 사용·수익 행위에 대한 다른 공유자에 대한 방해배제 내지 반환청구 역시 공유물에 대한 보존행위에 속한다.

지분을 소유하고 있는 공유자나 그 지분에 관한 소유권이전등기청구권을 가지고 있는 자라고 할지라도 다른 공유자와의 협의 없이는 공유물을 배타적으로 점유하여 사용·수익할 수 없는 것이므로, 다른 공유권자는 자신이 소유하고 있는 지분이 과반수에 미달되더라도 공유물을 점유하고 있는 자에 대하여 공유물의 보존행위로서 공유물의 인도나 명도를 청구할 수 있다(대법 93다9392, 93다9408).

◆ 공유물의 보존행위에 관한 대법원 판결

공유물은 과반수 이상이면 민법 제265조에 따른 관리행위로 사용·수익(=점유)과 계약해지, 인도명령 신청 등을 할 수 있다. 과반수 미만인 경우에는 관리행위를 할 수 없다.

이렇게 관리행위는 계약을 체결하는 것에 끝나지 않고, 계약을 해지하거나 계약갱신을 거절하는 경우 역시 과반수 이상이어야만 권리를 행사할 수 있다.

따라서 과반수 지분권자는 관리행위와 보존행위 모두 할 수 있지만, 소수지분권자는 관리행위를 할 수 없고, 보존행위만 가능하다.

<u>소수지분권자가 관리행위 즉 사용·수익(=점유)하는 경우</u> 과거 판례에서는 다른 소수지분권자가 보존행위로 인도명령을 신청할 수 있었지만, 다음과 같이 판례의 변경 등에 따라 현재는 인도명령 신청은 불가하고, 민법 제214조에 따른 방해배제 청구권만 행사할 수 있다.

<u>여기서 유의할 점은</u> 소수지분권자와 계약한 임차인은 지분권자가 점유하는 것과 달리 기존 판례대로 변경 없이 다른 소수지분권자가 보존행위로 인도명령을 신청할 수 있다는 점이다.

(1) 대법원 2020. 5. 21. 선고 2018다287522 전원합의체 판결

공유물의 소수지분권자가 다른 공유자와 협의 없이 공유물의 전부 또는 일부를 독점적으로 점유·사용하고 있는 경우, 다른 소수지분권자가 공유물의 보존행위로서 공유물의 인도를 청구할 수 있는지 여부(소극) 및 자신의 지분권에 기초하여 공유물에 대한 방해 상태를 제거하거나 공동 점유를 방해하는 행위의 금지 등을 청구할 수 있는지 여부(적극)

알아두면좋은 내용

다른 소수지분권자를 상대로 방해배제 청구권을 어떻게 행사할 수 있는가?

㉮ 모든 공유자는 공유물 전부를 지분의 비율로 사용·수익할 수 있다(민법 제263조). 공유물을 구체적으로 어떻게 사용·수익할지, 예를 들어 공유 토지를 교대로 혹은 면적을 나누어 사용할지, 전체를 특정인에게 이용하게 하고 그 대가를 받을지 등은 원칙적으로 공유자들이 지분의 과반수로써 결정한다(민법 제265조). 그러한 결정이 없는 경우 개별 공유자는 누구도 공유물을 독점적으로 사용·수익할 수 없다(대법원 2000다13948 판결).

㉯ 일부 공유자가 공유물의 전부나 일부를 독점적으로 점유한다면 이는 다른 공유자의 지분권에 기초한 사용·수익권을 침해하는 것이다. 공유자는 자신의 지분권 행사를 방해하는 행위에 대해서 민법 제214조에 따른 방해배제청구권을 행사할 수 있고, 공유물에 대한 지분권은 공유자 개개인에게 귀속되는 것이므로 공유자 각자가 행사할 수 있다.

㉰ 공유물에 대한 방해배제 청구권의 행사 방법으로, ❶ 공유 토지에 피고가 무단으로 건축·식재한 건물, 수목 등 지상물이 존재하는 경우 지상물은 그 존재 자체로 다른 공유자의 공유 토지에 대한 점유·사용을 방해하므로 원고는 지상물의 철거나 수거를 청구할 수 있다(이는 대체집행의 방법으로 집행된다). 지상물이 제거되고 나면 공유 토지는 나대지 상태가 되고 피고가 다시 적극적인 방해 행위를 하지 않는 한 원고 스스로 공유 토지에 출입하여 토지를 이용할 수 있으므로, 일반적으로 공유 토지에 피고의 지상물이 존재하는 사안에서 지상물의 제거만으로도 공유 토지의 독점적 점유 상태를 해소시킬 수 있다. ❷ 지상물 제거 후에도 피고가 원고의 공동 점유를 방해하는 행위를 하거나 그러한 행위를 할 것이 예상된다면, 원고는 피고를 상대로 그러한 방해 행위의 금지, 예를 들어 원고의 공유 토지에 대한 출입이나 통행에 대한 방해금지를 청구할 수 있다.
❸ 그 밖에도 원고는 공유물의 종류(토지, 건물, 동산 등), 용도, 상태(피고의 독점적 점유를 전후로 한 공유물의 현황)나 당사자의 관계 등을 고려해서 원고의 공동 점유를 방해하거나 방해할 염려 있는 피고의 행위와 방해물을 구체적으로 특정하여 그 방해의 금지, 제거, 예방(작위·부작위의무의 이행)을 청구하는 형태로 청구취지를 구성할 수 있다. 법원은 이것이 피고의 방해 상태를 제거하기 위하여 필요하고 원고가 달성하려는 상태가 공유자들의 공동 점유 상태에 부합한다면 이를 인용할 수 있다. 위와 같은 출입 방해금지 등의 부대체적 작위의무와 부작위의무는 간접강제의 방법으로 민사집행법에 따라 실효성 있는 강제집행을 할 수 있다.

(2) 대법원 1962. 4. 4. 선고 62다1 판결

과반수공유자의 결의 없이 한 임대차계약은 무효이므로 결의에 참가하지 아니한 공유자의 보존행위로서의 명도청구는 적법하다.

(3) 대법원 1994. 3. 22. 선고 93다9392,93다9408 전원합의체 판결

제3자가 정당한 권원 없이 공유물을 점유하고 있는 경우, 소수지분권자도 공유물의 보존행위로서 단독으로 공유물 전부의 인도를 청구할 수 있다.

(4) 대법원 2022. 6. 30. 선고 2021다276256 판결

건물 소유자가 건물의 소유를 통하여 타인 소유의 토지를 점유하고 있다고 하더라도 토지 소유자는 토지 소유권에 기한 방해배제청구권의 행사로써 그 지상 건물의 철거와 대지 부분의 인도를 청구할 수 있을 뿐, 자기 소유의 건물을 점유하고 있는 사람에 대하여 건물에서 퇴거할 것을 청구할 수 없다. 이러한 법리는 건물이 공유관계에 있는 경우에 건물의 공유자에 대해서도 마찬가지로 적용된다.

(5) 대법원 2001. 11. 27. 선고 2000다33638, 33645 판결

공유자 사이에 공유물을 사용·수익할 구체적인 방법을 정하는 것은 공유물의 관리에 관한 사항으로서 공유자의 지분의 과반수로써 결정하여야 할 것이고, 과반수의 지분을 가진 공유자는 다른 공유자와 사이에 미리 공유물의 관리방법에 관한 협의가 없었다 하더라도 공유물의 관리에 관한 사항을 단독으로 결정할 수 있으므로, 과반수의 지분을 가진 공유자가 그 공유물의 특정 부분을 배타적으로 사용·수익하기로 정하는 것은 공유물의 관리방법으로서 적법하며, 다만 그 사용·수익의 내용이 공유물의 기존의 모습에 본질적 변화를 일으켜 '관리' 아닌 '처분'이나 '변경'의 정도에 이르는 것이어서는 안 될 것이고, 예컨대 다수지분권자라 하여 나대지에 새로이 건물을 건축한다든지 하는 것은 '관리'의 범위를 넘는 것이 될 것이다.

(6) 대법원 1993. 4. 13. 선고 92다55756 판결

토지공유자의 한 사람이 다른 공유자의 지분 과반수의 동의를 얻어 건물을 신축한 후 토지와 건물의 소유자가 달라진 경우 토지에 관하여 관습법상의 법정지상권이 성립되는 것으로 보게 되면 이는 토지공유자의 1인으로 하여금 자신의 지분을 제외한 다른 공유자의 지분에 대하여서까지 지상권설정의 처분행위를 허용하는 셈이 되어 부당하다.

03 공유물의 사용·수익과 부당이득

◆ **각 공유자의 공유물 사용 · 수익권은?**

공유물 사용·수익은 자기지분에 의해 제약되므로 구체적인 사용·수익방법에 대해서 공유자 간에 합의가 필요하다.

합의가 있는 경우에는 공유자 중 1인이 공유물 전부를 사용·수익하는 것이 적법하지만, 합의가 없는 경우에는 공유자 중 1인이 다른 공유지분권자의 사용·수익을 침해한 불법행위가 되어 손해를 배상할 의무가 발생된다.

이 경우 나머지 지분권자는 공유물 보존행위로서 그 배타적 사용의 배제를 구할 수 있다.

그리고 모든 공유자는 공유물을 자기지분의 비율로 사용·수익할 권리가 있기 때문에 합의가 있든, 없든 상관없이 다른 공유자들 중 지분은 있으나 사용·수익을 하지 않고 있는 다른 지분권자들에 대해 그 지분에 해당하는 부당이득을 보고 있다고 보아야 한다.

이러한 공유물 사용·수익은 관리행위로 민법 제265조에 따라 과반수로 결정한다. 공유자가 직접 사용하거나 임차인 이 사용하는 경우에도 공유자지분 과반수 이상의 동의를 얻어 결정한다(민법 제265조).

◈ 일부 지분공유자가 점유하는 경우 다른 공유지분에 대한 부당이득

공유물을 과반수 지분권자가 사용·수익하는 경우, 지분은 있으나 사용·수익하지 못하는 다른 소수지분권자는 자기 지분 비율에 해당하는 임료 상당의 부당이득반환 청구가 가능하다. 지분경매절차에서 종전 채무자(지분경매에서 채무자)와 특약이 있는 경우 그 특약을 승계한다고 보고, 특약이 없었던 경우에는 협의하여 주택의 지분 비율에 해당하는 임료(부당이득에 상응하는 임료) 청구가 가능할 것이다.

협의가 이루어지지 못하면 법원에 임료청구소송을 통한 판결로 임료를 청구하면 되는데, 이 임료를 지급하지 않는 경우에는 그 공유자의 지분에 대해서 강제경매를 신청하고 공유자로서 공유자우선매수 신청하면 그 지분을 낮은 가격으로 취득할 수 있는 기회도 얻을 수 있다.

지분경매에서는 공유자가 우선매수할 것을 예상하거나 또는 매매나 사용·수익 등의 관리에서 많은 제약이 따르므로 입찰가가 낮아지지만, 공유자가 나머지 공유지분을 매수하면 공유물 전체 소유권을 취득하게 되어서 공유지분권자의 지위보다 높은 기대수익이 예상된다.

알아 두면 좋은 대법원 판례

01 대법원 2002. 10. 11. 선고 2000다17803 판결

일부 공유자가 공유 토지의 전부를 배타적으로 점유·사용하고 있는 경우, 공유 토지를 전혀 사용·수익하지 않고 있는 다른 공유자에 대하여 그 지분에 상응하는 부당이득 반환의무가 있는지 여부(적극)

02 대법원 2014. 2. 27. 선고 2011다42430 판결

공유건물에 관하여 과반수 지분권을 가진 자가 공유건물의 특정 부분을 배타적으로 사용·수익할 것을 정하는 것이 공유물의 관리방법으로서 적법한지 여부(적극) 및 특정 부분이 자기 지분비율에 상당하는 면적의 범위 내라도 공유건물을 사용·수익하지 않고 있는 다른 공유자에 대하여는 모든 사용·수익을 하고 있는 공유자가 그 자의 지분에 상응하는 부당이득을 하고 있는지 여부(적극)

03 대법원 2011. 7. 14. 선고 2009다76522,76539 판결

1동의 건물의 구분소유자들이 당초 건물을 분양받을 당시 대지 공유지분 비율대로 대지를 공유하고 있는 경우, 구분소유자들 상호간에 공유지분 비율의 차이를 이유로 부당이득반환을 청구할 수 있는지 여부(원칙적 소극)

04 대법원 2022. 8. 25. 선고 2017다257067 판결 부당이득금반환

집합건물의 구분소유자 아닌 대지 공유자가 전유부분 면적 비율에 상응하는 '적정 대지지분'을 가진 구분소유자를 상대로 대지의 사용·수익에 따른 부당이득반환을 청구할 수 있는지 여부(소극)

과거 대법원 2001. 12. 11. 선고 2000다13948 판결 "일부 공유자가 배타적으로 점유·사용하는 공유 토지의 특정된 한 부분이 그 지분 비율에 상당하는 면적의 범위 내라고 할지라도, 공유 토지를 전혀 사용·수익하지 않고 있는 다른 공유자에 대하여 그 지분에 상응하는 부당이득 반환의무가 있는지 여부(적극)"은 앞의 대법원 2017다257067 판결과 같이 변경 되었다.

따라서 현재는 구분소유자가 아닌 대지 공유자가 적정한 대지지분을 가진자에 대해서는 부당이득을 청구할 수 없고, 다만 대지지분을 전혀 가지지 못하거나 적정한 대지 지분을 소유하지 못한 자에 대해서만 부당이득 반환을 청구할 수 있다.

04 공유물에 대한 임대차계약 체결 및 계약해지와 인도청구 방법

◆ **주임법 및 상임법으로 보호받는 임차인과 보호받지 못하는 임차인**

공유물에서 임대차계약은 과반수 이상의 동의를 얻어 계약을 체결하면 그 효력은 전체에 미치게 된다.

① 주택이나 상가건물 임대차계약은 임차인이 대항요건과 확정일자를 갖추면 대항력과 우선변제권을 갖게 되는데 반해서, 주임법이나 상임법으로 보호를 받을 수 없는 일반건물이나 토지(나대지, 농지 등) 등은 소유자가 변경되면 대항력이 인정되지 못하고(매매는 임대차를 깨게 된다), 임차부동산이 경매되면 배당요구를 해도 우선변제를 받지 못하게 된다(별도로 채권가압류 후 배당요구를 해야 한다). 이러한 법리는 공유물에도 그대로 적용되고 있다.

② 주택이나 상가 등의 공유물에서 과반수로 임대차계약을 하고 대항요건과 확정일자를 갖춘 경우 선순위 임차인은 대항력(임대차 기간동안 사용·수익)과 우선변제권(경매절차에서 배당요구해서 우선변제)을, 후순위 임차인은 대항력이 없고 우선변제권(최우선변제금과 확정일자부 우선변제금)만 가지고 있어서 미배당금이 발생해도 권리가 소멸된다.

③ 주임법이나 상임법으로 보호를 받을 수 없는 일반건물이나 토지(나대지, 농지 등) 등의 공유물의 임대차에서 과반수로 임대차계약을 하면 민법 제265조에 의한 적법한 임대차가 되지만 대항력과 우선변제권이 없어서 소유자가 변경되거나 경매당하게 되면 임차권을 상실하게 된다. 그러나 농지에 한해서 2013

년 1월부터 농지법의 개정으로 대항력만 인정되고 있다(선순위로 대항요건을 갖춘 농지 임차인만 대항력이 인정되고, 경매절차에서 배당요구해서 우선변제 받을 수 있는 우선변제권은 없다).

 김선생의 한마디

농지임대차 · 사용대차 계약 방법과 확인과 임대인의 지위 승계
(시행시기 2012. 7. 18.)
① 농지법 제24조 제1항 임대차계약과 사용대차계약은 서면계약을 원칙으로 한다.
② 제1항에 따른 임대차계약은 그 등기가 없는 경우에도 임차인이 농지 소재지를 관할하는 시·구·읍·면의 장의 확인을 받고, 해당 농지를 인도받은 경우에는 그 다음 날부터 제삼자에 대하여 효력이 생긴다.
③ 농지법 제26조 임대농지의 양수인은 이 법에 따른 임대인의 지위를 승계한 것으로 본다.

◆ 공유물에 대한 임대차계약 체결

(1) 과반수 이상의 공유지분권자 또는 과반수 이상의 동의로 임대차계약을 체결한 경우

동의는 구두상으로 추인을 받은 경우에도 유효하다.
다만 분쟁 시 입증책임이 어렵기 때문에 위임장과 인감증명서 등을 받아 놓는 것이 좋다.
과반수(=과반수는 50%가 아니라 절반을 초과하는 수 즉 50.01% 이상)의 지분을 가진자 또는 과반수 이상의 동의를 얻어 행한 공유물의 관리행위는 동의하지 않은 다른 공유자와 공유물의 관리방법에 대해서 협의가 없었더라도 과반수 지분 이상의 동의에 의한 공유물의 관리행위가 적법하므로 이들과 공유물의 계약을 체결한 임차인은 주택 및 상가건물임대차보호법상 적법한 임차권을 갖게 되어 동의하지 않은 다른 공유자에게도 대항력을 행사할 수 있다.

① 과반수 이상과 계약하면 주임법의 보호대상이 된다.

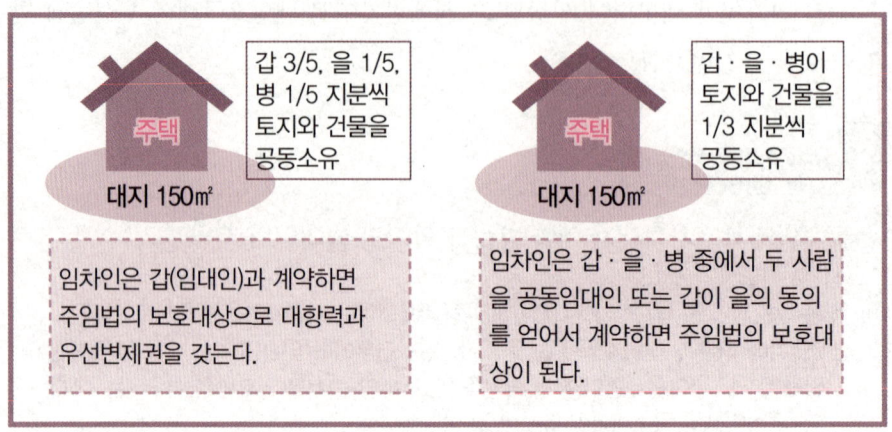

② 토지와 건물소유자 또는 소유지분이 다른 경우 임대차계약은

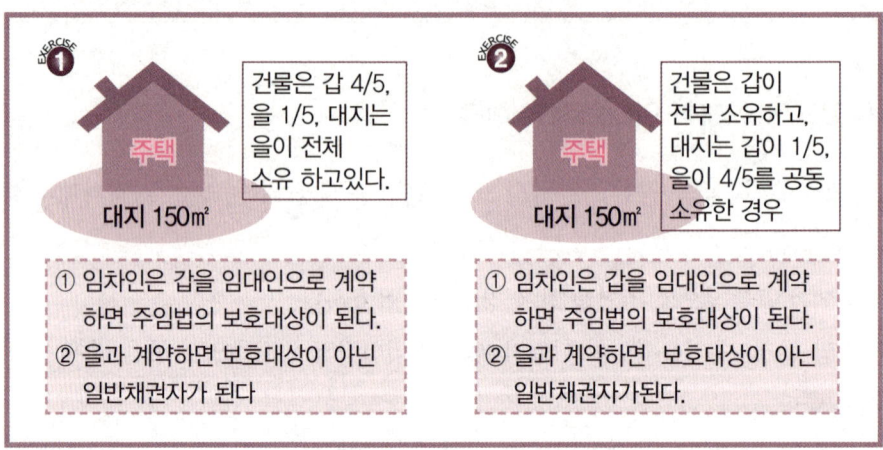

앞의 ① 사례 주택에서 갑 4/5지분하고 임대차계약서를 작성하면 임차인은 주임법상 대항력이 인정되지만 갑의 건물 지분과 대지 지분이 일괄경매가 진행되어 임차인에게 미배당금이 발생되면 임차인은 을에 대해서 청구할 수 있는 책임한도는 어떻게 될 수 있을까?

① 을이 갑의 임대차계약에서 동의하지 않았기 때문에 임차인은 을에게 대항력은 주장할 수 있지만[여기서 대항력은 보증금 반환청구권까지 행사할 수 있는

것이 아니라 임차인의 사용·수익권(=점유)만 인정됨], 을 지분경매에서 배당을 요구할 수 있는 우선변제권과 을 지분에 대한 경매신청권은 없다.

② 을이 갑의 임대차계약에 동의를 했다면 을은 채무자가 아닌 물상보증인과 유사한 지위에 놓이게 되는데, 임차인의 대항력은 건물만 가지고 판단하게 되므로 건물지분에 한해서 임차보증금에 대한 물상보증인의 담보책임을 지면 될 것이다.

③ 그러나 갑과 을을 공동 임대인으로 임대차계약서를 작성했고 갑 지분이 먼저 매각되어 미배당금이 발생하면 임차인은 을의 건물 지분과 대지 전체에 대해서 청구가 가능하다.

이렇게 판단하는 이유는 과반수 이상의 판단은 건물을 기준으로 하게 되고 건물의 과반수 이상과 계약한 임차인 대항력 역시 건물만을 기준으로 하게 되므로 임대차계약에 동의한 을의 책임은 건물을 한도로 하지만, 임대인이 공동임대인인 경우 을 역시 채무자가 되므로 건물 지분과 토지매각대금 전체에 대해서 임차인의 우선변제권을 주장할 수 있다(자세한 내용은 Part 9의 05번 335~336쪽 "임대차계약에서 임대인과 동의한 사람, 동의하지 않은 사람간의 책임"을 참고하면 된다).

EXERCISE 2 앞의 ② 사례 주택에서 갑하고 임대차계약서를 작성한 임차인은 주임법상 대항력이 인정되지만, 갑의 건물 전부와 대지 지분이 일괄경매가 진행되어 임차인의 미배당금이 발생하면 임차인은 을의 대지 전체에 대해서 청구할 수 없다.

왜냐하면 임차인의 대항력은 건물만을 대상으로 하는 것이므로 을의 대지에 대해서 청구가 불가한 것이다.

(2) 과반수 미만의 공유지분권자와 임대차계약을 체결한 경우

과반수의 동의를 갖추지 못한 임대차는 주택 및 상가건물임대차보호법상 적법한 임대차의 효력을 가지지 못하게 되어 주임법 또는 상임법상 대항력, 최우선변제금, 획정일자우선변제권 등이 인정되지 못하고, 동의하지 않은 공유지분권자 등에게 대항력이 없다. 단지 계약당사자 간에서만 민법상 유효한 임대차관계가 성립하게 된다(민법 제618조). 과반수 공유자 결의 없이 한 임대차계약은 무효이므로, 결의에 참가하지 아니한(임대차계약에 참여하지 않은) 다른 소수지분권자가 보존행위로 명도를 청구하는 것은 적법하다(대법원 62다1 판결).

(3) 관리권한 위임을 해지당하기 전에 한 건물사용대차계약에 관한 임대차의 효력

공유건물에 대한 관리의 위임을 받은 자가 그 관리권한 위임을 해지당하기 전에 한 건물사용대차계약은 관리권한 위임을 해지당한 후에 당연히 실효되는 것이 아니다(대법 67다2442).

(4) 공유지분의 임대차계약에서 유의할 점

소유자들 간의 분쟁으로 인하여 문제가 발생할 경우 계약서에 "본 계약과 관련하여 소유자 간의 분쟁으로 인하여 임차인이 입게 될 손해에 대하여는 전적으로 갑이 책임진다"라는 약정을 하지 않은 경우에는 임대차계약에 동의한 지분권자 갑·을·병 모두에게 대항할 수 있지만, 계약서에 본 계약과 관련하여 소유자 간의 분쟁으로 인하여 임차인이 입게 될 손해에 대하여는 전적으로 갑이 책임을 지기로 하는 특별한 약정을 한 경우라면 갑에 대해서만 그 권리를 주장할 수 있는 경우가 발생될 수도 있다.

따라서 공유지분의 과반수 동의로 계약을 하는 경우는 이와 같은 특약을 하지 않아야 전체에 대하여 임차인의 권리를 주장할 수 있다.

(5) 공유물에서 적법한 임대차계약서 작성방법

① 홍길동($\frac{1}{3}$), 이도령($\frac{1}{3}$), 춘향이($\frac{1}{3}$)의 공유물에서 홍길동과 이도령을 공동 임대인으로 임대차계약서를 작성하면 주임법상 보호를 받을 수 있어서 대항력과 우선변제권이 있다.

No. _____

[아파트] 임대차계약서

☐ 임대인용
☐ 임차인용
☐ 사무소보관용

부동산의 표시	소재지	서울시 서초구 서초동 109번지 삼성아파트 101동 605호			
	구조	철근콘크리트조 스래브지붕	용도	주거용	84.98m²
					48.18m²
임차보증금	금 3억원정 (₩300,000,000)				

제1조 위 부동산의 임대인과 임차인 합의하에 아래와 같이 계약함.
제2조 위 부동산의 임대차에 있어 임차인은 임차(전세) 보증금을 아래와 같이 지불키로 함.

계약금	금 3천만원 정은 계약 시에 지불하고 영수함.
잔금	금 2억7천만원 정은 2012년 00월 00일 지불하기로 한다.

제3조 [존속기간] 임대인은 위 부동산을 임대차 목적대로 사용·수익할 수 있는 상태로 년 월 일까지 임차인에게 인도하며, 임대차기간은 인도일로부터 년 월 일 까지로 한다.

제4조 [계약의 해지] 임차인이 계속해서 2회 이상 차임의 지급을 연체하거나 제3조에 위반했을 때는 임대인은 즉시 본 계약을 해지할 수 있다.

제5조 [계약의 종료] 임대차계약이 종료한 경우 임차인은 위 부동산을 원상으로 회복하여 임대인에게 반환한다.

제6조 [중개수수료] 중개수수료는 본 계약체결과 동시에 계약당사자 쌍방이 각각 지불하며, 중개업자의 고의나 과실 없이 거래당사자 사정으로 본 계약이 무효·취소 또는 해약되어도 중개수수료는 각각 지급한다.

[특약사항]

1. 위 아파트는 홍길동($\frac{1}{3}$), 이도령($\frac{1}{3}$), 춘향이($\frac{1}{3}$)의 공동소유하고 있으나 임대차계약은 민법 제265조 규정에 따라 공유물의 관리행위는 공유자의 과반수 지분권자 또는 과반수의 동의로 결정되는 바, 홍길동($\frac{1}{3}$)과 이도령($\frac{1}{3}$)을 공동임대인으로 해서 민법 제265조 규정에 따라 적법하게 임대차계약을 체결하였다.
2. 임차보증금은 홍길동과 이도령의 계좌로 각 2분의 1에 해당하는 금액을 이체하기로 한다.

위 계약조건을 확실히 하고 후일에 증하기 위하여 본 계약서를 작성하고 각 1통씩 보관한다.
2012 년 00 월 00 일

임 대 인(I)	주소	서울시	구	동	번지	아파트	동	호		
	주민등록번호			전화번호				성명	홍 길 동 ⑳	
임 대 인(II)	주소	서울시	구	동	번지	아파트	동	호		
	주민등록번호			전화번호				성명	이 도 령 ⑳	
임 차 인	주소	서울시	구	동	번지	아파트	동	호		
	주민등록번호			전화번호				성명	○○○ ⑳	
중 개 업 자	사무소주소						사무소			
	등록번호			전화번호			대표	○○○ ⑳		

② 홍길동($\frac{1}{3}$), 이도령($\frac{1}{3}$), 춘향이($\frac{1}{3}$)가 공동소유하고 있으므로 3명의 지분권자 모두를 공동임대인으로 임대차계약서를 작성하면 주임법상 보호를 받을 수 있어서 대항력과 우선변제권이 있다.

[특약 사항] - - 〈3명의 지분권자 모두와 임대차계약서를 작성한 경우〉

1. 위 아파트는 홍길동($\frac{1}{3}$), 이 도령($\frac{1}{3}$), 춘향이($\frac{1}{3}$)의 공동소유하고 있으므로 3명의 지분권자 모두를 임대인으로 임대차계약을 체결하기로 한다.
2. 공동임대인이 직접 계약서를 작성하고 서명날인하는 것이 원칙이나 대리인이 작성하고 서명날인하는 경우 위임장과 위임용 인감증명서를 첨부한다.
3. 임차보증금은 홍길동, 이도령, 춘향이의 계좌로 각 3분의 1에 해당하는 보증금을 이체하기로 한다.
4. 공동임대인 홍길동외 2인
   ① 주소   (전화번호   )
      주민번호   이 도 령 ㊞
   ② 주소   (전화번호   )
      주민번호   춘 향 이 ㊞

위 계약조건을 확실히 하고 후일에 증하기 위하여 본 계약서를 작성하고 각 1통씩 보관한다.
2012년 00월 00일

임 대 인(l)	주소	서울시	구	동	번지	아파트	동	호
	주민등록번호			전화번호		성명	홍길동외 2 ㊞	
임 차 인	주소	서울시	구	동	번지	아파트	동	호
	주민등록번호			전화번호		성명	○○○ ㊞	
중 개 업 자	사무소주소					사무소		
	등록번호			전화번호		대표	○○○ ㊞	

---

③ 홍길동($\frac{1}{3}$), 이도령($\frac{1}{3}$), 춘향이($\frac{1}{3}$)의 공유물에서 홍길동 임대인이 다른 지분권자 이도령의 동의를 얻어서 임대차계약서를 작성하면 주임법상 보호를 받을 수 있어서 대항력과 우선변제권이 있다.

No._____

[아파트] 임대차계약서

☐ 임대인용
☐ 임차인용
☐ 사무소보관용

부동산의 표시	소재지	서울시 서초구 서초동 109번지 삼성아파트 101동 605호			
	구조	철근콘크리트조 스래브지붕	용도	주거용	84.98m²
					48.18m²

임차보증금	금 3억원정 (₩300,000,000)

제1조 위 부동산의 임대인과 임차인 합의하에 아래와 같이 계약함.
제2조 위 부동산의 임대차에 있어 임차인은 임차(전세) 보증금을 아래와 같이 지불키로 함.

계약금	금 3천만원 정은 계약 시에 지불하고 영수함.
잔금	금 2억7천만원 정은 2012년 00월 00일 지불하기로 한다.

제3조 [존속기간] 임대인은 위 부동산을 임대차 목적대로 사용·수익할 수 있는 상태로 년 월 일까지 임차인에게 인도하며, 임대차기간은 인도일로부터 년 월 일 까지로 한다.

제4조 [계약의 해지] 임차인이 계속해서 2회 이상 차임의 지급을 연체하거나 제3조에 위반했을 때는 임대인은 즉시 본 계약을 해지할 수 있다.

제5조 [계약의 종료] 임대차계약이 종료한 경우 임차인은 위 부동산을 원상으로 회복하여 임대인에게 반환한다.

제6조 [중개수수료] 중개수수료는 본 계약체결과 동시에 계약당사자 쌍방이 각각 지불하며, 중개업자의 고의나 과실 없이 거래당사자 사정으로 본 계약이 무효·취소 또는 해약되어도 중개수수료는 각각 지급한다.

[특약사항]
1. 위 아파트는 홍길동($\frac{1}{3}$), 이도령($\frac{1}{3}$), 춘향이($\frac{1}{3}$)의 공동소유하고 있으나 임대차계약은 민법 제 265조 규정에 따라 공유물의 관리행위는 공유자의 과반수 지분권자 또는 과반수의 동의로 결정되는 바, 홍길동($\frac{1}{3}$)과 이도령($\frac{1}{3}$)을 공동임대인으로 해서 민법 제265조 규정에 따라 적법하게 임대차계약을 체결하였다.
2. 이도령은 위 아파트를 임대인 홍길동으로 하는 임대차계약에 동의한다 [이도령 서명날인]

위 계약조건을 확실히 하고 후일에 증하기 위하여 본 계약서를 작성하고 각 1통씩 보관한다.
2012 년 00 월 00 일

임 대 인	주소	서울시	구	동	번지	아파트	동	호	
	주민등록번호			전화번호			성명	홍 길 동 ㊞	
임 차 인	주소	서울시	구	동	번지	아파트	동	호	
	주민등록번호			전화번호			성명	○○○ ㊞	
중 개 업 자	사무소주소						사무소		
	등록번호			전화번호			대표	○○○ ㊞	

◈ 공유물의 임대차계약 해지 방법

　임대차계약의 해지 행위도 공유물의 관리행위로 공유자 지분의 과반수로 결정된다. 공유자가 공유물을 타인에게 임대하는 행위 및 그 임대차계약을 해지하는 행위는 공유물의 관리행위에 해당하므로 민법 제265조 본문에 의하여 공유자 지분의 과반수로써 결정하여야 한다.

　상가건물임대차보호법이 적용되는 상가건물의 공유자인 임대인이 같은 법 제10조 제4항에 의하여 임차인에게 갱신 거절의 통지를 하는 행위는 실질적으로 임대차계약의 해지와 같이 공유물의 임대차를 종료시키는 것이므로 공유물의 관리행위에 해당하여 공유자의 지분의 과반수로써 결정하여야 한다(대법 2016다245562판결, 대법 2010다37905 판결).

◈ 채무자, 다른 공유자, 임차인 등이 공유물을 점유하고 있는 경우 인도청구

　공유지분 과반수 소유자의 공유물 인도청구는 민법 제265조의 규정에 따라 공유물의 관리를 위하여 구하는 것으로서 그 상대방인 타 공유자는 민법 제263조의 공유물의 사용·수익권으로 이를 거부할 수 없다(대법 2016다245562판결, 대법 81다653).

(1) 종전 공유자였던 채무자가 점유하고 있는 경우

　공유지분 경매 등의 절차에서 종전 공유자였던 채무자가 점유하고 있는 경우 그의 공유물의 점유사용이 공유자인 지위에 기한 것이면 경매로 그 지위를 상실하고 매수인이 그 지위를 승계하게 되므로 매수인은 보존행위로서 채무자를 상대로 인도명령 신청이 가능하다.

(2) 채무자가 아닌 다른 공유자가 점유하고 있는 경우

　매수인이 취득한 공유지분이 과반수 이상이면 보존행위 여부와 상관없이 관

리행위로서 인도명령 신청이 가능하고, 과반수 미만이면 인도명령을 신청할 수 없다.

(3) 채무자가 아닌 임차인이 점유하고 있는 경우

① 매수인의 지분이 과반수 이상이고 매수인에게 대항력이 없는 임차인

매수인(=낙찰자)의 지분이 과반수 이상이고 주택에 점유하고 있는 자가 매수인에게 대항력이 없는 경우(말소기준권리 이후에 대항요건을 갖춘 경우) 임대차계약의 해지 행위도 공유물의 관리행위로 공유자 지분의 과반수로 결정(대법 2010다 37905) 되기 때문에 인도명령을 청구할 수 있다.

이 경우 매수인은 인도명령을 통해서 강제집행을 하여 인도받고, 매수인에 대항력이 없는 임차인은 다른 공유자에 대해서 보증금 반환청구를 할 수 있는데, 보증금 반환을 이행하지 아니하면 보증금 반환청구소송을 통해서 강제 경매를 신청하게 되고 그 경매절차상에서 공유자우선매수신청을 하면 전체 공유지분을 낮은 가격으로 매수할 수 있다.

② 매수지분이 과반수 이상이고 임차인이 대항력이 있는 경우

과반수 이상이더라도 매수인에게 대항력이 있는 임차인 등은 인도명령을 청구할 수 없다. 대항력이 있는 임차인이 있는 경우 매수인은 임차인의 권리를 인수해야 한다. 이때 인수금액은 자기 지분비율만큼 인수하게 되나 대항력 있는 임차인으로부터 주택을 인도받기 위해서는 자신의 지분비율만큼 인수해서 인도를 청구할 수 있는 것이 아니라 전체 임차보증금을 지급해야만 주택 인도를 청구할 수 있다(자기지분비율은 채무자로 인수하고, 다른 지분은 물상보증인의 담보책임으로 인수하게 된다. 그러나 다른 지분권자가 자기지분 비율만큼 책임질 수 있는 경우에는 물상보증인의 담보책임이 없으므로 채무자는 자기지분 비율만큼만 인수하면 된다. 그러나 임차인 명도를 위해서는 다른 지분권자의 보증금까지 임차인에게 지급해야 되므로, 일단 대위변제하고 다른지분권자에게 구상권을 청구하거나 민법 제481조와 482조에 따른 물상보증인의 변제자 대위을 하면 될 것이다.

이는 공동임대인이 임차인에 대하여 부담하는 임차보증금 반환의무는 불가분의 관계에 있기 때문이다(대법 67다328)(민법 제409조 불가분채권).

③ 매수인의 지분이 과반수 미만인 경우에 인도명령을 신청할 수 없다.

(4) 단독소유자와 계약체결 후 그 토지에 다른 공유자가 생긴 경우

단독으로 토지를 소유하고 있을 당시에 그 소유자로부터 토지에 대한 사용수익권을 부여받았다 하더라도 그 후 그 토지에 다른 공유자가 생겼을 경우 그 사용·수익이 지분 과반수로써 결정된 공유물의 관리방법이 아닌 이상 그 사용·수익권을 가지고 새로이 지분을 취득한 다른 공유자에 대하여는 이를 주장할 수 없다(대법 89다카19665, 65다2618).

이 판례 내용은 일반 민법상의 임대차계약에 관한 사항이므로 그 임대차가 주임법 또는 상임법의 적용을 받는 임차인이라면 대항력이 있다는 것을 유의해서 분석해야된다.

05 공유자 우선 매수신청

◆ 공유자 우선 매수신청 방법

공유물의 일부 지분경매에 있어서 다른 공유자는 경매지분에 대하여 우선 매수청구권을 할 수 있는데 공유자의 우선매수 신고는 집행관이 매각기일을 종결한다는 고지를 하기 전까지 할 수 있다(민사집행법 제76조제1항).

공유지분 공매(KAMCO의 압류공매) 절차에서는 공유자우선매수신청이 매각 결정 전까지 가능하다.

공유지분이 경매 등의 절차에서 낙찰 되더라도 다른 공유지분권자 등이 공유자우선매수신청을 하게 되면 당초 낙찰자는 차순위 매수신청인의 지위에 놓이게 되고 공유지분권자가 최고가 매수신고인이 된다.

그런데 지분경매가 개시된 이후에 다른 공유지분(지분경매 이외에)을 취득하여 공유자우선매수신청을 할 수 있는가에 대해서는 가능하다고 판단된다.

 알아두면좋은 내용

공유자의 우선매수권(민사집행법 제140조)

① 공유자는 매각기일까지 제113조에 따른 보증을 제공하고 최고가 매수신고 가격과 같은 가격으로 채무자의 지분을 우선매수하겠다는 신고를 할 수 있다.
② 1항의 경우에 법원은 최고가매수신고가 있더라도 그 공유자에게 매각을 허가하여야 한다.
③ 여러 사람의 공유자가 우선매수하겠다는 신고를 하고 제2항의 절차를 마친 때에는 특별한 협의가 없으면 공유지분의 비율에 따라 채무자의 지분을 매수하게 한다.
④ 1항의 규정에 따라 공유자가 우선매수신고를 한 경우에는 최고가매수신고인을 제114조의 차순위매수신고인으로 본다. 이는 호가경매, 기일입찰, 기간입찰 모두에게도 적용된다(규칙 제71조, 제72조 4항).

◈ 공유자 우선 매수신청을 할 수 없는 경우

(1) 공유물 분할을 위한 경매절차상에서는 공유자 우선 매수신청이 인정되지 않는다.

(2) 일괄매각으로 진행되는 경매절차에서 그 부동산 중 일부에 대한 공유자

경매사건번호 2008타경4928호에서 토지 일부와 건물 전체가 일괄매각 절차로 진행되었는데 토지 중 일부 다른 공유자가 공유자 우선 매수신청을 한 사건(수원지방법원 2009라120)에서 토지공유지분 일부의 공유자에 해당되므로 부

동산 전체(토지 일부와 건물 전체)에 대해서 공유자우선매수신청을 할 수 없다고 판단하였다.

(3) 구분소유적 공유관계에 있는 공유자

구분소유적 공유란 1필지의 토지 중 위치, 평수가 특정된 일부를 양수하고서도 분필에 의한 소유권이전등기를 하지 않고 그 필지의 전체평수에 대한 양수부분의 면적비율에 상응하는 공유지분 등기를 경료한 경우를 말한다.

이러한 구분소유적 공유관계에 있는 다른 공유자에 대해서 공유자우선매수신청권이 인정되지 않는다(대법 2008다44313).

(4) 집합건물에서 구분소유자의 대지권으로 그 부지에 공유지분으로 등기된 경우

이와 같은 집합건물 등에 있어서 그 부지의 수많은 공유자에게는 공유자우선매수신청권이 인정되지 않는다.

(5) 갑과 을의 공유지분 전체에 대하여 경매 등이 진행될 경우

① 공유지분 전체가 일괄매각되는 경우에 경매개시기입등기(압류효력) 이후에 일부지분을 취득한 지분권자는 압류 후의 소유권을 취득한 제3자에 해당되어 매수인에 대항할 수 없으므로 말소촉탁의 대상이 된다. 그러므로 압류 이후에 취득한 제3자는 공유자우선매수를 할 수 없다.

집행법원이 여러 개의 부동산을 일괄매각하기로 결정한 경우, 집행법원이 일괄매각결정을 유지하는 이상 매각대상 부동산 중 일부에 대한 공유자는 특별한 사정이 없는 한 매각대상 부동산 전체에 대하여 공유자의 우선매수권을 행사할 수 없다고 봄이 상당하다(대법 2005마1078).

② 공유지분이 각 개별매각되는 경우에는 먼저 진행된 을 지분의 매각절차에서 매수인 병이 소유권을 취득하고 갑 지분에 대해서 공유자로서 우선매수 신청이 가능하다.

06 일부 지분권자가 다른 지분권자를 대위하여 임차보증금을 지급한 경우

　공동임대인 중 일부 지분권자가 임차인의 보증금을 대위하여 지급한 경우 나머지 지분권자에게 대위변제한 보증금에 대해서 구상권을 청구할 수 있다.

　1) 공동임대인이 임차인에 대하여 부담하는 임차보증금 반환의무는 그 성질상 불가분이므로(대법 67다328), 공동임대인 중 1인의 공유지분에 대한 경매절차에서 주택 전체 임차인의 보증금은 경매법원의 지분비율에 따라 해당하는 금원만을 배당하는 것이 아니라 전액 배당하여야 한다.
　다만 집행채무자(지분경매에서 채무자)는 공동임대인인 다른 공유자에게 그 지분에 상응하는 금원에 대한 구상권을 청구하거나 민법 제481조와 482조에 따른 물상보증인의 변제자 대위을 통해서 청구하면 된다.

　2) 지분경매의 배당순위는 후순위 임차인에게 남은 재원이 있을 때에 순위에 따라 배당이 가능하다.

　3) 배당받지 못한 임차인의 보증금은 대항력이 없는 경우라면 공동임대인(=공동채무자)인 다른 공유자 등에게 청구가 가능하고, 대항력이 있는 임차인이라면 낙찰자가 인수하게 되는데 인수금액은 지분경매비율만큼 인수하게 되고 나머지 금액은 다른 공유자가 부담하게 된다. 이를 대위지급한 자는 다른 공유자에게 구상권을 청구하거나 민법 제368조 제2항에 따른 차순위저당권자의 법정대위를 통해서 청구하면 된다.

4) 지분경매의 경우 지분부동산에 선순위 저당권이 등기되어 있으면 후순위 임차인은 그 지분만큼 보증금의 손실을 가져올 수도 있다는 사실에 유의해야 한다.

07 공유물의 지분경매에서 배당방법과 후순위 저당권자 및 매수인의 대위행사

1) 공동임대인 중 일부의 공유지분이 경매가 진행되는 경우 즉 공유지분 중 2분의 1에 대한 경매라 하여도 공동임대인의 보증금 반환채무는 불가분채권이므로 경매 대상 공유지분인 2분의 1 부분만 배당받는 것이 아니고 전액 배당 신청하고 전액 배당받을 수 있다. 그리고 소액임차인의 판단도 경매가 진행되는 2분의 1을 기준으로 하는 것이 아니라 임차보증금 전액을 기준으로 소액임차인 여부를 판단하게 된다.

2) 후순위 채권자들은 배당순위에 따라 배당을 실시한다. 1)번 사유로 못받은 배당금은 1)번에서 초과배당으로 부당이득을 보게 된 나머지 공유지분권자에게 민법 제368조 제2항에 따른 차순위저당권자의 법정대위를 통해서 청구하면 된다.

3) 대항력이 있는 임차인이 있는 경우 매수인은 임차인의 권리를 인수해야 한다. 이때 인수금액은 자기지분비율만큼 인수하게 되나 대항력 있는 임차인으로부터 주택을 인도받기 위해서는 자신의 지분비율만큼 인수해서 인도를 청구

한 수 있는 것이 아니라 전체 임차보증금을 지급해야만 주택인도를 청구할 수 있다.

이는 공동 임대인이 임차인에 대하여 부담하는 임차보증금 반환의무는 불가분의 관계에 있기 때문이다(대법 67다328)(민법 제409조 불가분채권).

다만 매수인은 자기지분을 벗어나는 임차보증금(다른 공유자의 1/2 지분)에 대해서 나머지 공유자에게 구상권을 청구하거나 민법 제368조 제2항에 따른 차순위저당권자의 법정대위를 통해서 청구하면 된다.

4) 선순위 공동저당권자가 공동저당의 목적인 채무자와 물상보증인의 공유 지분 중 '물상보증인의 공유지분'에 대하여 먼저 경매가 실행되어 그 경매대금배당 및 임의변제로 피담보채무가 소멸하자 '채무자의 공유지분'에 대한 저당권설정등기의 말소등기를 한 사안에서, 그 말소등기는 아무런 권원없이 마쳐져 무효이므로 '물상보증인의 공유지분'에 대한 후순위저당권자는 물상보증인을 대위하여 채무자에게 말소된 선순위 저당권설정등기의 회복 등기절차 이행을 구할 수 있다고 한 사례[부산지방법원 2008가단165261]

김선생의 특별과외

과반수 지분권자와 계약한 임차인은 주택전체를 경매신청할 수 있는지?

과반수 이상의 지분권자 또는 동의를 얻어서 임대차계약을 체결하면 임대인과 동의한 지분권자에 대해서는 대항력과 우선변제권(경매시 배당요구로) 전세보증금반환청구소송을 통해서 강제경매가 가능하다. 동의하지 않은 다른 지분권자에게는 대항력은 가능하나 채무자가 아닌 다른 지분권자의 지분까지 우선변제권(경매에서 배당요구)과 강제경매신청은 어렵다고 볼 수 있다. 왜냐하면 공유물에서 민법 제 265조의 관리행위는 사용·수익에 관한 규정이지 처분행위까지 용인하는 것으로 볼 수 없기 때문에 과반수 이상의 지분권자와 임대차계약서를 작성하는 경우도 과반수라는 이유만으로 모두가 해결되지는 않는다는 사실을 유의해야 한다.
(자세한 내용은 Part 9의 05번 335~336쪽을 참고하면 된다)

08 농지나 임야가 지분경매로 매각될 때!

① 직사각형 토지에 남측만 도로에 접해 있는 경우에 A와 B가 2분의 1씩 지분을 공유했다면 A의 공유지분이 경매된 경우에는 완전히 동등한 권리를 행사한다. 자기 지분만 거래하는 경우에는 다른 지분권자의 동의가 필요없고, 허가구역인 경우 시·군·구청의 허가만 받으면 된다.

② 공유지분인 경우도 농지자격증명 취득이 가능한지 여부 – 공유지분일지라도 농지자격증명 취득이 가능하다. 또한 공동 소유로 구입하는 경우도 가능하다.

③ 토지거래허가구역 내에서 다른 지분권자의 동의를 받아야 매매가 가능한지 여부 – 토지거래허가구역 내에서는 지분거래는 허가되지 않는다.
지분거래를 위해서는 다음의 세 가지 방법이 있다.
첫째, 공유자와 협의 분할한 후 거래하는 방법
둘째, 다른 공유자지분을 매입 후 일단의 필지로 거래하는 방법
셋째, 공유자의 토지사용승낙(농지의 경우 임대차계약)을 받아 지분을 거래하는 방법 등이 있다. 따라서 토지거래허가구역 내에서 지분거래 시에는 위 세 가지 방법 모두 다른 지분권자의 협의 또는 동의가 전제되어야만 토지거래허가를 받을 수 있다. 지분거래 시 지분권자가 다수이거나 토지거래허가구역이라면 자금이 오랫동안 묶일 수 있으므로 장기적인 투자를 고려해서 시세보다 상당히 저렴한 경우만 투자대상으로 삼는 것이 좋다.

그러나 경매나 공매로 취득 시에는 토지거래허가 대상이 아니므로 지분을 구입하는 데에는 문제가 없다. 다만, 구입 후 타인에게 매도하는 경우에는 매수인이 허가를 받아야 하는 문제가 발생한다. 그래서 농지나 임야 나대지 등을 낙찰

받을 때에는 분할 방법보다는 내 지분을 매도하거나 상대방 지분을 매수하는 전략이 필요하다.

09 공유자의 공유물 분할청구와 분할방법

공유자는 공유물 분할을 청구할 수 있으며(민법 제268조 1항), 공유물 분할은 협의분할을 원칙으로 하고, 분할 협의가 당사자들 간에 이루어지지 못할 때에는 분할을 청구한 공유자는 법원에 그 분할을 청구할 수 있다(민법 제 269조 1항).

현물로 분할할 수 없거나 분할로 인하여 현저히 그 가액이 감손될 염려가 있는 때에는 법원은 물건의 경매를 명할 수 있다(동법 제269조 2항).

즉 법원은 공유물을 분할하는 것이 불합리할 경우에는 부동산을 경매로 매각하여 그 대금으로 각 지분에 비례하여 지불하도록 하는 판결을 내리기도 한다(민법 제262조 내지 제270조).

공유물 분할은 재판에 앞서 공유자들 간의 협의에 의하는 것이 원칙이고, 분할 청구는 각자가 할 수 있지만 분할 실행에 있어서는 공유자 전원이 참여해야 된다. 모든 공유자는 분할에 대해서 직접적인 이해 당사자이기 때문이다. 공유자 전원이 참여하지 아니한 분할 절차는 무효이다. 이는 재판상 분할 절차에서도 마찬가지이다.

재판으로 공유물 분할을 신청하기 위해서는 공유자 간에 분할에 관한 협의가 성립되지 않았어야 한다. 여기서 협의가 성립되지 않은 것에는 공유자 간 협의를 진행했지만 협의가 이루어지지 않은 경우는 물론, 공유자 중 1인이 협의에 반대의사를 명백히 한 경우뿐만 아니라 행방불명으로 협의가 불가능한 경우 모두가 포함된다.

공유물 분할청구소송이 진행되면 법원은 ① 조정에 의한 분할 ② 판결에 의한 분할 ③ 경매로 매각하여 그 대금을 공유자 지분비율로 나누게 하는 판결을 하게 된다. 그런데 현물분할(부동산을 나누는 것)이든, 가격분할(매각하여 나누는 것)이든, 그 자체는 낙찰자나 다른 공유자에게도 실익이 많지 않다. 현물분할로 부동산의 경제적 가치가 하락될 수 있고, 가격분할 또한 경매를 진행함에 따라 시세 이하로 매각되는 경우도 발생되기 때문이다. 그래서 공유물 분할이나 경매절차보다는 합의하여 어느 한쪽이 다른 지분을 적당한 가격으로 매수하거나 일반거래로 매각하여 각 지분별로 나누는 방법으로 진행하게 되는 것이 대부분이다.

어쨌든 지분경매절차에서는 온전한 물건에 비해서 상당히 저감된 가격(반값 이하로)으로 매수할 수 있으므로 투자자에게는 좋은 틈새시장임에는 분명하다. 공유물 분할의 효력은 협의분할의 경우 협의가 성립되어 부동산 물권변동을 갖춘 시기인 등기할 때(민법 제186조), 재판상 분할의 경우에는 등기 없이도 판결 확정 시에 발생(민법 제187조)하지만, 처분을 위해서는 등기가 필요하다.

10 공유물 분할로 인한 담보책임(민법 270조)과 공유물의 부담(민법 266조)

공유자는 다른 공유자가 분할로 인하여 취득한 물건에 대하여 그 지분의 비율로 매도인과 동일한 담보책임이 있다. 즉 공유물이 분할된 경우에 지분 위의 담보물권(擔保物權) 등은 분할된 물건(物件)이나 대가(代價) 등에 존속한다.

◆ 공유물 분할 전 토지 일부지분에 근저당과 가압류 등이 있는 경우

(1) 공유물 분할에 대해서 분할 전 등기된 권리자에 동의를 구해야 되는지 여부

공유물을 분할할 때 분할 전 토지의 일부 지분에 대한 가압류 또는 가처분권자 등을 상대로 공유물 분할에 대한 승낙을 소로써 구할 이익이 있는지 여부에 대해서, 승낙을 구할 필요가 없다고 판단(제주지법 98나611)하였다.

(2) 분할 전 일부 지분에 등기된 권리자 등이 분할 후 각 단독토지에 미치는 효력

공유물 분할 이후 각 단독소유로 될 토지의 등기용지에도 위 근저당권 설정등기 등이 그대로 남거나 전사되어 그 효력이 인정되는 것이지, 근저당권 설정자인 봉영 앞으로 분할된 토지에만 집중되어 전사되는 것이 아니다. 즉 공유물 분할로 종전 토지의 등기부 상 공유관계나 권리관계가 분할된 토지에 그대로 전사된다(제주지법 98나611).

(3) 갑, 을의 공유인 부동산 중 갑의 지분 위의 근저당권이 분할 후 미치는 효력

갑, 을의 공유인 부동산 중 갑의 지분 위에 설정된 근저당권 등의 담보물권은 특단의 합의가 없는 한 공유물 분할이 된 뒤에도 종전의 지분비율대로 공유물 전부의 위에 그대로 존속하고 근저당권 설정자인 갑 앞으로 분할된 부분에 당연히 집중되는 것은 아니므로, 갑과 담보권자 사이에 공유물 분할로 갑의 단독소유로 된 토지 부분 중 원래의 을 지분 부분을 근저당권의 목적물에 포함시키기로 합의하였다고 하여도 이런 합의가 을의 단독소유로 된 토지 부분 중 갑 지분 부분에 대한 피담보채권을 소멸시키기로 하는 합의까지 내포한 것이라고는 할 수 없다(대법 88다카24868, 대구고법 70나30).

이 밖에도 부동산의 일부 공유지분에 관하여 저당권이 설정된 후 부동산이 분할된 경우, 그 저당권은 분할된 각 부동산 위에 종전의 지분비율대로 존속하고, 분할된 각 부동산은 저당권의 공동담보가 된다(대법원 2011다74932 판결).

갑 2분의 1 지분	을 2분의 1 지분 국민은행 근저당 1억원

갑 2분의 1 지분 국민 근저당 1억	갑 2분의 1 지분	을 2분의 1 지분 국민 근저당 1억	을 2분의 1 지분

이렇게 갑과 을의 두 필지로 분할된 경우 공유자는 공유물 분할로 인한 담보책임으로 국민은행의 근저당권에 대해서 을과 동일한 담보책임이 있어서 종전을 지분에 등기된 비율대로 분할된 필지에 그대로 전사되어 근저당권은 분할된 물건(物件)이나 대가(代價) 등에서 우선변제권이 존속하게 된다. 이러한 상황에서 국민은행이 갑의 2분의 1과 을의 2분의 1지분이 일괄 경매가 진행되어 매각되었다면 동시배당 시 민법 제368조 제1항에 따라 경매대가를 기준으로 안분배당하게 되므로 갑은 자신의 채무가 아니지만 공동담보책임을 질 수 밖에 없으므로 매각 이후 매각되지 않은 을 지분에 대해서 대위변제를 원인으로 채권가압류 후 집행권원을 얻어 강제경매절차를 진행하여 채권을 회수하여야 한다.

이러한 경우에는 갑과 을은 매각되지 아니한 공유지분권자가 되므로 공유자 우선매수가 가능할 것이다.

 알아두면좋은 내용

공유물 분할 전 일부 지분에 근저당권, 가압류, 가등기 등이 있는 경우에 대응

① 협의에 의한 분할 절차에서는 약정에 의해서 공유물 분할 전 일부 지분에 설정된 근저당권자와 가압류채권자의 동의를 얻어 분할된 채무자 지분만에 전사하기로 약정하고 분할하면 된다.

공유물 분할 전 일부 지분에 근저당권, 가압류, 가등기 등이 있는 경우에 대응

① 협의에 의한 분할 절차에서는 약정에 의해서 공유물 분할 전 일부 지분에 설정된 근저당권자와 가압류채권자의 동의를 얻어 분할된 채무자 지분만에 전사하기로 약정하고 분할하면 된다.

② 재판에 의한 분할 절차에서는 공유물 분할로 인한 담보책임(민법 제270조)에 따라 분할 후 단독소유가 될 부동산 전체에 대해서 종전 그 지분 비율대로 존속하게 되어 채무가 없던 지분권자가 예측하지 못한 손실을 보게된다.
따라서 이러한 상황을 방지하기 위해서 다음과 같이 대응해야 한다.

첫 번째로 재판 과정에서 어느 일부 지분에 등기된 권리자가 있다면 그 문제를 가지고 조정절차를 가지게 되는데, 이때 채무자로 분할된 부동산에만 종전 등기권리자가 그 효력이 미치도록 하는 판결을 구하거나 다른 지분권자에게 채무자가 현금으로 보상하게 하는 방법으로 공유물 분할 방법을 유도해야 한다. 이 주장이 받아들여지지 않는다면 다음 두 번째와 같은 방법으로 대응해라!

두 번째로 원고 소유지분에 대하여 소외 한국외환은행 명의로 근저당권이 설정되어 있고, 이 근저당권은 분할 후 피고 단독소유가 될 토지에도 그 지분비율대로 존속하게 될 것이어서 원고는 피고에게 이로 인한 가액 감손을 보상하여야 할 것이므로 상호보상관계가 매우 복잡해진다(원고는 위 은행으로부터 피고 단독소유가 될 토지부분에 대한 근저당권을 포기 받았다고 주장하고 있으나, 위 은행의 근저당권 포기는 원고의 단독소유가 될 토지면적이 분할 전의 소유지분에 상응한 것임을 전제로 한 것이 명백하다). 위와 같은 여러가지 사정에 비추어 이 사건 토지를 경매에 부쳐 그 대금 중 경매비용을 공제한 나머지 금액을 원·피고의 각 지분비율에 따라 분배함이 상당하다(대법원 92다30603 판결).

◆ 공유물 분할 전 일부지분에 등기된 권리를 분할된 토지에서 말소하는 방법

(1) 공유물 분할 전에 일부 다른 지분에 등기된 채권자 등이 있는 경우, 그 지분이 분할된 토지에만 전사하기로 약정하고 그 권리의 등기명의인이 분할 전 등기되지 않은 지분에 대해서 그 권리의 소멸을 승낙한 것을 증명하는 서면을 첨부하여 종전 채무자 소유토지에만 등기하도록 하면 될 것이다(제주지법 98나611).

(2) 그런데 이러한 절차 없이 분할된 경우에는 가압류채권자에게 채무자 몫으로 분할된 토지에 대하여 경매신청하여 채권을 회수하도록 하거나, 또는 가압류채무자에 가압류채무의 상환을 독촉하여 자신의 몫으로 분할된 토지에 대한 가압류를 취소하여야 한다.

(3) 공유물분할은 지분의 교환 또는 매매의 실질을 가진다는 점에서 담보책임을 인정하고 있다. 그런데 협의분할의 경우 일종의 유상계약의 성질을 가진다는 점에서 민법 제270조의 규정이 없더라도 매도인의 담보책임(민법 제567조)을 준용하여 앞의 (1)과 같은 약정을 통해서 그 권리의 등기명의인의 동의를 구해서 종전 채무자 소유토지에만 등기하면 될 것이다.

그러나 공유물 분할로 인한 담보책임(민법 제270조)이 큰 의미를 가지는 것은 협의분할이 아닌 재판의 분할의 경우라 할 수 있다.

이 경우도 법원의 소송절차에서 어느 일부지분에 등기된 권리자에 대한 처리문제를 가지고 조정절차를 하게 되는데 이때 채무자 지분에만 등기하도록 하거나 다른 지분권자에게 채무자가 현금 보상하도록 하는 방법으로 공유물의 분할절차를 유도해야 한다.

그러나 이러한 절차 없이 분할된 필지에 종전 지분비율대로 그대로 전사되었다면 앞의 (2)번과 같은 방법으로 하거나 협의가 안 될 경우 채무자의 필지에 담보가치가 충분하다는 증빙서류(감정평가서)를 가지고 채무자가 아닌 다른 필지에 등기된 채권의 말소를 법원에 청구해서 말소하는 방법도 가능하다고 본다. 그러나 그 권리가 채무자에게 한정되는 가처분인 경우 사전변경에 의한 가처분취소신청도 가능할 것이다. 어쨌든 이러한 문제점을 예상해서 분할 전에 협의 또는 법원의 조정으로 해결하는 것을 공유물분할시 유의해야 한다.

◈ 공유물의 부담(민법 제266조)

공유자는 그 지분의 비율로 공유물의 관리비용 기타 의무를 부담한다(1항).

공유자가 1년 이상 전항의 의무이행을 지체한 때에는 다른 공유자는 상당한 가액으로 지분을 매수할 수 있다(2항).

김선생의 특별과외

당사자 간의 협의 분할 방법과 재판에 의한 공유물 분할에 관한 판례

1. 대법원 2004다10183, 10190 판결

1) 재판에 의한 공유물 분할의 방법

공유물의 분할은 공유자 간에 협의가 이루어지는 경우에는 그 방법을 임의로 선택할 수 있으나 협의가 이루어지지 않아서 재판에 의하여 공유물을 분할하는 경우에는 법원은 현물로 분할하는 것이 원칙이고, 현물로 분할할 수 없거나 현물로 분할을 하게 되면 현저히 그 가액이 감손될 염려가 있는 때에 비로소 물건의 경매를 명하여 대금분할을 할 수 있다.

2) 경제적 가치가 지분 비율에 상응하도록 토지를 현물 분할하는 방법의 허용 여부(적극)

토지를 분할하는 경우에는 원칙적으로는 각 공유자가 취득하는 토지의 면적이 그 공유지분의 비율과 같도록 하여야 할 것이나, 반드시 그런 방법으로만 분할하여야 하는 것은 아니고, 토지의 형상이나 위치, 그 이용 상황이나 경제적 가치가 균등하지 않을 때에는 이와 같은 제반 사정을 고려하여 경제적 가치가 지분 비율에 상응되도록 분할하는 것도 허용된다.

3) 금전으로 경제적 가치의 과부족을 조정하게 하는 현물분할의 허용 여부(적극)

일정한 요건이 갖추어진 경우에는 공유자 상호 간에 금전으로 경제적 가치의 과부족을 조정하게 하여 분할을 하는 것도 현물분할의 한 방법으로 허용된다.

〈보충설명〉 공유물분할의 소에서 공유물분할 방법 및 각 공유자가 취득하는 토지의 경제적 가치를 지분비율에 상응하도록 하거나 금전으로 경제적 가치의 과부족을 조정하게 하는 방법으로 현물분할하는 것이 허용되는지 여부(적극)(대법원 2011다24104 판결)

2. 대법원 2004다30583 판결

1) 공유물 분할의 소는 형성의 소로서 공유자 상호 간의 지분의 교환 또는 매매를 통하여 공유의 객체를 단독소유권의 대상으로 하여 그 객체에 대한 공유관계를 해소하는 것을 말하므로, 법원은 공유물 분할을 청구하는 자가 구하는 방법에 구애받지 아니하고 자유로운 재량에 따라 공유관계나 그 객체인 물건의 제반 상황에 따라 공유자의 지분 비율에 따른 합리적인 분할을 하면 된다.

2) 공유관계의 발생원인과 공유지분의 비율 및 분할된 경우의 경제적 가치, 분할 방법에 관한 공유자의 희망 등의 사정을 종합적으로 고려하여 당해 공유물을 특정한 자에게 취득시키는 것이 상당하다고 인정되고, 다른 공유자에게는 그 지분의 가격을 취득시키는 것이 공유자 간의 실질적인 공평을 해치지 않는다고 인정되는 특별한 사정이 있는 때에는 <u>공유물을 공유자 중의 1인의 단독소유 또는 수인의 공유로 하되 현물을 소유하게 되는 공유자로 하여금 다른 공유자에 대하여 그 지분의 적정하고도 합리적인 가격을 배상시키는 방법에 의한 분할도 현물분할의 하나로 허용된다.</u>

3. 대법원 2006다37908 판결

민법 제269조에 의하여 실시되는 '공유물 분할을 위한 경매'가 목적부동산 위의 부담을 소멸시키는 것을 법정매각조건으로 하는지 여부(원칙적 적극) 및 위와 달리 그 부담을 매수인에게 인수시키는 경우 집행법원이 취할 조치(=매각조건 변경결정과 고지)

공유물 분할을 위한 경매도 강제경매나 담보권 실행을 위한 경매와 마찬가지로 목적 부동산 위의 부담을 소멸시키는 것을 법정매각조건으로 하여 실시된다고 봄이 상당하다. 다만, 집행법원은 필요한 경우 위와 같은 법정매각조건과는 달리 목적부동산 위의 부담을 소멸시키지 않고 매수인으로 하여금 인수하도록 할 수 있으나, 이때에는 매각조건 변경결정을 하여 이를 고지하여야 한다.

4. 대법원 2012. 3. 29 선고 2011다74932 판결

1) 부동산의 일부 공유지분에 관하여 저당권이 설정된 후 부동산이 분할된 경우, 그 저당권은 분할된 각 부동산 위에 종전의 지분비율대로 존속하고, 분할된 각 부동산은 저당권의 공동담보가 된다.

2) 저당권이 설정된 1필의 토지가 전체 집합건물에 대한 대지권의 목적인 토지가 되었을 경우에는 종전의 저당목적물에 대한 담보적 효력은 그대로 유지된다고 보아야 하므로 저당권은 개개의 전유부분에 대한 각 대지권 위에 분화되어 존속하고, 각 대지권은 저당권의 공동담보가 된다고 봄이 타당하다. 따라서 집합건물이 성립하기 전 집합건물의 대지에 관하여 저당권이 설정되었다가 집합건물이 성립한 후 어느 하나의 전유부분 건물에 대하여 경매가 이루어져 경매 대가를 먼저 배당하는 경우에는 저당권자는 매각대금 중 대지권에 해당하는 경매대가에 대하여 우선변제받을 권리가 있고 그 경우 공동저당 중 이른바 이시배당에 관하여 규정하고 있는 민법 제368조 제2항의 법리에 따라 저당권의 피담보채권액 전부를 변제받을 수 있다고 보아야 한다.

공유물의 부담과 공유물의 분할방법, 분할로 인한 담보책임

1) 공유물의 부담(민법 제266조)
제1항 공유자는 그 지분의 비율로 공유물의 관리비용 기타 의무를 부담한다. 제2항 공유자가 1년 이상 전항의 의무이행을 지체한 때에는 다른 공유자는 상당한 가액으로 지분을 매수할 수 있다.

2) 지분포기 등의 경우의 귀속(민법 제267조)
공유자가 그 지분을 포기하거나 상속인 없이 사망한 때에는 그 지분은 다른 공유자에게 각 지분의 비율로 귀속한다.

3) 공유물 분할청구(민법 제268조)
제1항 공유자는 공유물의 분할을 청구할 수 있다. 그러나 5년 내의 기간으로 분할하지 아니할 것을 약정할 수 있다. 제2항 전항의 계약을 갱신한 때에는 그 기간은 갱신한 날로부터 5년을 넘지 못한다. 제3항 전 2항의 규정은 제215조, 제239조의 공유물에는 적용하지 아니한다.

4) 분할의 방법(민법 제269조)
제1항 분할의 방법에 관하여 협의가 성립되지 않으면 공유자는 법원에 그 분할을 청구 수 있다. 제2항 현물로 분할할 수 없거나 분할로 인하여 현저히 그 가액이 감손될 염려가 있는 때에는 법원은 물건의 경매를 명할 수 있다.

5) 분할로 인한 담보책임(민법 제270조)
공유자는 다른 공유자가 분할로 인하여 취득한 물건에 대하여 그 지분의 비율로 매도인과 동일한 담보책임이 있다. 즉 공유물이 분할된 경우에 지분 위의 담보물권 등은 분할된 물건(物件)이나 대가(代價) 등에 존속한다.

11 공유물 분할의 제한

① 공유자는 5년 내의 기간으로 분할하지 않을 것을 약정할 수 있다(민법 제268조 1항 단서). 이 약정은 갱신할 수 있지만, 그 기간은 갱신한 날로부터 5년을 넘지 못한다(민법268조 2항).

분할금지 약정기간 내라도 공유자 전원의 합의가 있으면 분할이 가능하다. 분할금지 특약은 공유자의 특별승계에게도 효력이 미치지만, 부동산의 경우 부동산등기법 제89조 후단에서 분할금지 약정에 대해 등기할 것을 요구하므로 등기해야만 승계된다고 보면 된다.

공유물을 분할한다는 공유자 간의 약정이 공유와 서로 분리될 수 없는 공유자 간의 권리관계라 할지라도 그것이 그 후 공유지분권을 양수받은 특정승계인에게 당연 승계된다고 볼 근거가 없을 뿐 아니라 공유물을 분할하지 않는다는 약정(민법 제 268조 1항 단서) 역시 공유와 서로 분리될 수 없는 공유자 간의 권리 관계임에도 불구하고 이 경우엔 부동산등기법 제89조에 의하여 등기하도록 규정하고 있는 점을 대비하여 볼 때 다 같은 분할에 관한 약정이면서 분할 특약의 경우에만 특정승계인에게 당연 승계된다고 볼 수 없다(대법 75다82).

② 한 채의 건물을 구분 소유하는 경우의 공용부분(민법 제215조), 경계에 설치된 공용의 경계표, 담, 구거(민법 제239조)에 대해서는 일방적인 분할이 인정되지 않는다(민법 제268조 3항).

건물의 구분소유(민법 제215조) ① 수인이 한 채의 건물을 구분하여 각각 그 일부분을 소유한 때에는 건물과 그 부속물 중 공용하는 부분은 그의 공유로 추정한다. ② 공용부분의 보존에 관한 비용 기타의 부담은 각자의 소유부분의 가액에 비례하여 분담한다.

경계표 등의 공유추정(민법 제239조) 경계에 설치된 경계표, 담, 구거 등은 상린자의 공유로 추정한다. 그러나 경계표, 담, 구거 등이 상린자 일방의 단독 비용으로 설치되었거나 담이 건물의 일부인 경우에는 그러하지 아니하다.

③ 대지공유자의 분할청구 금지(집합건물의 소유 및 관리에 관한 법률 제8조) 대지위에 구분소유권의 목적인 건물이 속하는 1동의 건물이 있을 때에는 그 대지의 공유자는 그 건물 사용에 필요한 범위의 대지에 대하여는 분할을 청구하지 못한다.

Part
02

지분투자의 비밀과 어떤 물건을 선택해야 성공하나?

01 지분을 바로 알고 투자해야 성공할 수 있다!

🙋 선생님, 지분경매가 왜 발생하게 되는 거에요?

👨 주택이나 토지와 같은 부동산에서 소유자가 한 사람이 되는 것이 일반적인 상황인데, 종종, 하나의 부동산을 두 사람 이상이 공동으로 소유하게 되는 상황이 발생하곤 합니다. 그 원인을 살펴보면 첫 번째로 부모님 소유주택을 상속을 받게 되는 경우 민법상 상속지분 비율대로(배우자 3/9, 큰아들 2/9, 작은 아들 2/9, 막내딸 2/9) 공유지분으로 등기되거나 협의분할에 의한 공유지분으로 등기되는 경우가 있고, 두 번째로 부동산을 공동투자한 경우에도 매수한 지분 비율대로 공유등기가 되므로 하나의 부동산에서 다수의 지분권자가 발생하게 됩니다.

아버지가 돌아가시게 되어 어머니는 온전한 주택에서 살다가 지분권자로 전락하게 되는 안타까운 현실로 이 법은 배우자에게 최소한 50% 지분이 보장되는 선으로 변경되어야 한다는 생각을 계속해 왔습니다.

👴 아버지가 돌아가시게 되면 어머니는 지분권자가 되는군요. 주택은 부부가 함께 고생해서 마련했을 텐데요….

"어쨌든 자녀들의 채무로 인해서 또는 다른 지분권자의 채무로 인해서 공유물의 일부 지분이 경매나 공매로 매각되는 경우가 발생하게 되는데, 이러한 지분경매는 전체지분이 매각될 때보다 복잡한 이해관계로 입찰참여를 꺼리는 경향이 있어서 낮은 가격으로 매각되고, 그만큼 소액투자가 가능하게 되므로 틈새시장으로 지분물건에 관심이 높아지고 있습니다.

그래서 지분 공동 투자를 목적으로 동아리도 생겨나고, 이들은 서로 협력해서 돈도 벌고 지분에 대한 연구도 함께하고, 소액투자로 인한 성공담의 이야기를 함께 나누고 있죠"

🧑 박사장! 내가 얼마 전에 아파트 2분의 1지분을 낙찰 받았는데 글쎄 점유하고 있는 다른 지분권자가 자기에게 팔라는 거야, 그래서 얼마를 주겠느냐고 물어 봤더니 그 사람도 얼마에 팔겠냐고 되묻더군.

🧑 뭐라 대답했는데...

🧑 생각해 보겠다고 하고 그 다음날 감정가로 사라고 하니깐, 조금 싸게 팔면 안되겠냐고 사정을 하는 거야, 그래서 당신이 잔금을 치루고 소유권이전등기해 가는 조건으로 감정가의 80%선에서 조정을 했지 ...

🧑 얼마나 번거야!

감정가의 50% 에 사서 80% 가격에 팔았으니 30/50=60% 정도 수익이 발생했는데 문제는 현금투자 대비로 계산하면 더 재미있어, 입찰보증금 10%만 투자하고 번돈이니 30/10=300%의 수익이 발생한 거지, 물론 세금이나 등기비용은 계산하지 않고 간단하게 계산해서 친구에게 설명한거지만...

🧑 듣기만 해도 기분 좋은 이야기고 돈 냄새가 난다.

🧑 ㅎㅎㅎ 계속 이런 일이 있으면 좋게, 해결이 안돼 소송으로 다투게 되어 고생하는 경우도 있으니, 제대로 배워서 투자해야 돼!

"그렇겠지, 나도 친구처럼 열심히 지분 공부를 해서 돈을 벌어봐야지"

이들에게도 한계가 발생하고 있다. 그도 그럴 것이 그동안 다른 사람들이 지분에 관심을 보이지 않아 단순한 지식만을 가지고 투자 이익을 높일 수 있었지만, 이제는 이 분야도 복잡해지고 있다.

지분만 낙찰 받고 나면 쉽게 대화로 풀어서 해결할 수 있었던 일들이 모두가 법으로 해결하기를 희망하는 시대가 되었으니(이런 이유는 대화로 실마리를 찾기보다 법으로 해결하려는 사람들이 증가하고 있기 있기 때문임), 그리고 그것이 전부이야 지분을 매수하고 소장부터 쓰려고 준비하고 있으니(그래서 지분사례에서 소장 작성방법을 기술해 놓았다)…….

지분에 대한 연구와 경험 없이 쉽게 법으로 해결하려다 스스로 벽에 부딪혀 버린다.

세상엔 공짜가 없다는 말이 새삼 떠오르게 하는 대목이다.

이제는 지분도 전문 분야로 많은 지식과 사전 준비 작업이 필요한 시기가 되었다.

<u>무작정 지분이 많이 떨어졌다고 낙찰 받던 시기로 회귀해서 성공할 수 없으니 입찰 전부터 다른 지분 투자자와 다르게 생각해야 돈을 벌 수 있다.</u>

필자가 이렇게 이야기하면 어떻게? 라는 말을 자주 듣게 된다.

지분투자는 일부지분을 매수해서 그 지분을 팔아 시세차익을 보는 것이라고 생각하는 분들이 많다. 물론 이 방법으로 성공할 수 있다. 하지만 부자가 되려면 나머지 지분에 대한 영향력을 발휘해서 공유물 전체를 자신의 것으로 만들어서 매도하거나 임대수익을 높이는 전략이 필요하다.

우량한 전체지분을 나의 것으로 만들기 위해서는 많은 경쟁자들을 제치고 1등을 해야 하니 그것도 쉬운 일은 아니다.

우량한 공유물의 일부지분이 경매로 나왔을 때 경매된 지분을 분석하는 것은 물론이고, 경매 당하지 않은 다른 지분도 분석해서 그 지분이 선행된 매각 절차 이후 경매가 진행될 수 있는가 등을 입찰 전에 파악하고 계획대로 매각 된다면 공유자우선매수신청을 하여 온전한 물건으로 만들면 어떠하겠는가?

지분을 가벼이 생각하는 분들은 이상하리 만큼 등잔 밑을 보지 못한다. 생각이 매수지분에 한정되고 그 지분 분석에도 최선을 다하지 않고 있다.

이제는 다른 지분을 분석하는 단계에서 한 단계 전진해서 먼저 매각된 후순위 저당권을 양도받아 자신이 직접 다른 지분에 권리를 행사하면서 그 공유물에서 콘서트의 지휘자가 되자!

그래서 지분 선정 단계에서부터 세심한 연구가 필요한 것이다.

그런데 요즘 지분에 입찰하는 분위기가 심상치 않다.

지분이 쉽다고 우선 낙찰받고 나서 대응책 미비로 어떻게 할지 몰라서 당황하고 있는데 이러한 요인은 경쟁율이 낮아 쉽게 낙찰 받았지만 매수 이후의 대비가 없었기 때문이다.

쉽게 낙찰 받을 수 있는 것과 돈이 되는 지분 물건은 다른 것이다!

어떻게 지분 물건이 온전한 물건을 매수하는 경우보다 권리분석이 쉬울 수가 있겠는가? 일반 물건에서 한 사람을 상대하기도 벅찬데, 지분에서는 두 사람 또는 세 사람 이상을 상대해야 하므로 어려울 수밖에 없다.

그래서 지분을 생각할 때 신중하게 접근해야 한다.

필자가 지분 낙찰자와 상담을 하다보면 일단 지분이라 많이 떨어져서 낙찰 받으면 이익이 발생할 것이라는 막연한 생각으로 낙찰 받는 경우가 많은데, 그에 따른 책임도 본인의 부담으로 돌아간다는 사실을 왜 입찰 전에는 생각하지 못했느냐는 볼멘소리를 해 보지만, 이미 낙찰받고 나서 그 소리는 별 도움이 되지 못한다. 지분을 쉽게 생각해서도 안되지만, 그렇다고 어렵게 생각할 필요도 없다. 다만 신중하게 계획을 세워서 접근할 필요가 있다.

지분에서 매수자의 입장만을 고려하고 낙찰 받고 있는데, 채무자의 입장과 임차인이 점유하고 있다면 임차인의 입장에서, 그리고 경매당하지 않은 다른 지분권자의 입장이 되어 생각해 볼 필요가 있다. 새롭게 취득한 사람이나 다른 지분권자 역시 똑같이 그 공유물의 지분권자로 자신의 지분 비율만큼의 권리를 행사할 수밖에 없다. 그래서 이해관계가 충돌하게 되고 그에 따라 다툼이 발생하는 것은 당연한 것으로, 온전한 주택을 낙찰 받는 자세와 다르게 접근해야 한다.

알아두면 좋은 법률

지분투자에서 감정가가 시세보다 낮은가와 높은가에 따라 다르게 대응해야 한다!

01. 첫째, 지분 투자로 성공하는 최고의 방법은 낙찰 받은 지분과 별도로 다른 지분까지 매수해서 온전한 주택으로 매도하는 전략이다. 협의로 상대방 지분을 매수하는 방법은 쉽지 않아서 별도로 공유물분할청구 소송을 진행하고, 그 과정에서 매도청구를 하게 되는데, 이때 법원이 매수가를 판단하는 기준은 감정가로 하기 때문이다.

02. 둘째, 차선책으로 내 지분을 다른 지분권자에게 매도하는 방법인데, 이 때 역시 법원에서 판단하는 기준은 감정가로 하기 때문이다.

그래서 우량한 물건이 감정가보다 시세가 높은 경우 상대방지분을 매수하고, 감정가보다 시세가 낮은 경우 내 지분을 매도하면 된다.

02 지분경매 실전투자의 비밀을 푸는 열쇠는?

우리 생활에서 큰 비중을 자지하고 있는 부동산 시장은 주택, 상가건물, 공장 그리고 토지 등으로 크게 분류할 수 있다.

주택에는 집합건물로 아파트, 연립주택, 다세대주택 등과 일반주택으로 단독주택 다가구주택 등이 있다.

상가건물도 집합 상가건물과 일반 상가건물로 나누어지고, 토지시장도 그 사용 용도에 따라 대지와 전, 답, 임야 등으로 분류되어 사용되고 있다. 이러한 부동산은 단독으로 소유하고 있는 경우가 대부분이다.

그런데 상황에 따라 2이상의 공유지분(하나의 물건을 다수가 공유하고 있는 경우) 또는 2이상의 소유(주택에서 토지와 건물의 소유가 다른 경우)로 나누어지는 경우가 발생하게 되는데 단독소유에 비해서 관리행위나 처분행위를 하는 과정에서 다툼이 발생하게 된다.

이러한 상황에서 공유물의 관리방법과 이들 공유지분이 일반매매나 경매, 공매 등으로 매각된다면 어떻게 될까?

이 문제의 비밀을 풀기 위해서 발생되는 사례와 문제점 그리고 대응방법 등을 살펴보면 다음과 같다.

◆ 주택이나 상가건물, 토지를 2이상 공유로 소유하고 있는 경우

① 대지와 건물 갑 · 을 · 병이 각 3분의 1지분씩 공유한 경우

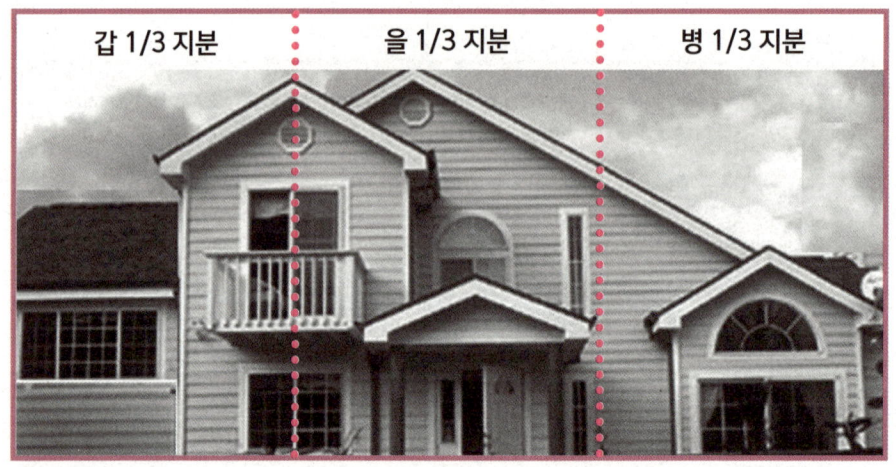

② 토지를 갑·을·병이 각 3분의 1지분씩 공유한경우

이러한 공유지분 물건에서 누가 어떻게 점유하고 있느냐에 따라서 대항력 있는 점유가 될 수도 있고, 대항력 없는 불법점유로 명도대상이 될 수 있다.

(1) 주택을 임차인이 점유하고 있는 경우를 생각해 보자!

임차인이 과반수 미만과, 즉 갑의 3분의 1 지분과 임대차계약을 체결하였다고 가정해 보자. 이 경우 임차인의 권리는 보장받을 수 있을 것인가가 문제가 된다.

예를 들어 3분의 1 지분을 가진 갑과 임차보증금 7,500만원으로 임대차 계약서를 작성한 임차인 정이 있다면 정 임차인은 분명 주택 전체의 가치를 분석하고 그 주택가액의 60% 이내에서 자신의 임차보증금이 포함되리라는 예상을 하고 계약을 체결하였을 것이다. 그런데 이러한 생각은 추후 다른 과반수 지분을 가진 공유자(관리행위) 또는 과반수 미만의 지분을 가진 공유자(보존 행위)가 갑(소수지분권자)과의 임대차 계약은 적법한 관리행위(민법 제265조)에 해당되지 못하므로 무효임을 주장하여 임차인에게 주택에서 나가라고 한다면 임차인은 주택을 인도해 주어야 한다.

이에 응하지 않는다면 과반수 지분권자(관리행위) 또는 소수지분권자(보존행위)는 건물인도청구 소송 절차를 진행하여 강제집행을 하게 될 것이다.

독자분들에게 이런 일이 발생하면 얼마나 황당하고 억울한 일이 되겠는가!

알아두면 좋은 법률

민법 제265조(공유물의 관리, 보존) 공유물의 관리에 관한 사항은 공유자지분의 과반수로서 결정된다. 그러나 보존행위는 각자가 할 수 있다.

(2) 과반수 미만의 지분과 체결한 임차주택이 경매가 되면 어떻게 될까?

공유물 전체지분이 경매로 매각되거나 갑 지분만 또는 다른 지분만이 경매 당하게 되면 임차인은 다음과 같이 손해를 보게 된다.

갑(3분의 1 지분)과 임대차 계약서를 작성한 임차인은 주택 전체가 경매된 경우에도 을·병 지분에 대해서는 그 권리를 행사할 수 없고, 갑 지분에 대해서 만 그 권리를 행사할 수 있다. 행사할 수 있다고 해도 주택임대차보호법 적용대상이 아니어서 대항력과 우선변제권(최우선변제권과 확정일자부 우선변제권)을 행사할 수 없는 일반채권자에 불과하다. 따라서 갑 지분에 대해서 별도 채권가압류(임차보증금을 채권원인으로)를 해서 배당요구해야 배당 절차에 참여가 가능하지만, 다른 일반채권자와 동순위로서 안분 배당받게 되어 채권의 손실을 가져올 수밖에 없게 되므로 유의해야 한다. 이러한 법리는 갑 지분만 매각되는 상황에서도 마찬가지이다.

그러나 을·병 지분만 경매로 매각되는 경우라면 더욱 심각해지는데, 임차인은 일반채권자로서도 배당 절차에 참여조차 할 수 없다.

결론적으로 얘기하면 과반수 미만과의 임대차로는 임차인의 권리를 보호받지 못한다는 사실이다.

왜냐하면 공유물의 관리행위로 적법한 임대차계약은 과반수 이상 즉 최소한 갑과 을 또는 을과 병, 갑과 병 등의 동의를 거쳐서 임대차계약을 작성한 경우만 보호대상으로, 주택임대차보호법상 대항력과 우선변제권이 인정되어 동의하지 않은 다른 지분권자에 대하여도 그 권리를 주장할 수 있다. 임대인과 동의한 사람에게도 대항력과 우선변제권은, 동의하지 않은 사람에게는 대항력만 인정되고, 경매나 공매절차에서 우선변제권을 주장할 수 없다. 반면 과반수 미만과 임대차계약을 작성한 경우는 공유물의 적법한 관리행위에 해당되지 못하여 주임법 등의 보호 대상에서 제외되므로, 임대인, 동의한 자, 동의하지 않은 자 모두에 대해서 주임법상 대항력과 우선변제권을 주장할 수 없고, 오로지 임대인과 동의한 자에 대해서만 일반채권자로 청구할 수 있는 채권만 가지고 있다.

(3) 공유물의 관리행위와 처분방법은 다음과 같이 이해하고 있어야!

부동산이 공유물인 경우에는 관리방법과 처분방법 등에 대해서 이해할 필요가 있고, 이러한 공유지분에 대해서 사용·수익하고자 하는 사람이 누구인가와 어떠한 권리에 의해서 사용·수익하는가에 따라 적법한 권리에 해당될 수도 있고 부당이득이 발생될 수도 있다.

그 권리가 임대차에 기한 것인 경우 임차인 등이 계약체결을 어떻게 해야 주택임대차보호법 및 상가건물임대차보호법상 보호를 받게 되는가와 보호대상이 아니라 일반임대차(민법618조)의 효력밖에 주장할 수밖에 없는가 등은 임차인에게 상당히 중요하고, 한순간의 잘못된 선택으로 임차보증금의 손실을 가져오는 경우가 발생될 수 있다.

왜냐하면 주임법과 상임법의 보호대상으로 과반수 이상과 임대차를 체결하였다면 임대인과 전임대인과 동의한 사람 지분에 대해서 대항력과 우선변제권이 있고, 동의하지 아니한 지분에 대해서는 대항력만 인정되고, 우선변제권은 없다. 과반수 미만과 체결하였다면 주임법 등의 보호대상이 아니므로 대항력과 우선변제권이 발생되지 못하고 계약서를 작성한 당사자에게만 그 권리를 주장할 수 있고, 동의하지 않은 다른 공유자에게 주장할 수 없다. 계약당사자에게도 우선 변제권이 없는 일반채권자에 불과하여 그 지분이 경매 등으로 매각 시 별도 채권가압류(압류)등을 해야 배당절차에 참여가 가능하다.(자세한 내용은 Part 9의 05번 335~336쪽 임대차 계약에서 임대인과 동의한 사람, 동의하지 않은 사림과 책임을 참고하면된다.)

(4) 이런 사실은 지분경매 물건에 입찰하는 입찰자에게 중요하다

점유자가 공유자 중의 1인으로 그 지분(채무자 지분)이 경매로 매각되는 경우 그 점유자는 인도명령신청 대상이 된다.

그러나 점유자가 임차인인 경우로 과반수 이상과 계약을 체결한 경우 매수인에게 대항력의 행사가 가능할 수 있지만, 과반수 미만이라면 대항력의 행사가 불가하다.

과반수 이상과 체결한 임차인이라도 지분경매 절차에서 매수인의 지분이 과반수 이상이고 매수인에게 대항력 있는 임차인(선순위 임차인)은 매수인이 인수가 되지만, 대항력이 없는 임차인은 인도명령신청 대상이다.

(5) 대항력 있는 임차인을 매수인이 인수한다면 인수금액은?

보통 경매로 매각되는 지분에 해당하는 비율만큼 인수하면 된다고 생각하지만, 공동임대인 간에는 채권불가분성에 따라 전액 책임이 따른다. 다만 인수 방법에서 자기 지분이 채무자로 인수되고, 다른 지분권자의 지분은 물상 보증인의 담보책임이다. 어쨌든 그 지분매각 절차에서 이미 배당받은 금액이 있는 경우에는 그 배당금액을 제외한 금액이 될 것이다.

이를 확인하기 위해서 입찰 전에 다음 두 번째 방법의 경우와 같이 예상배당표를 작성하여 배당금액을 정확하게 이해해야 한다. 이는 지분경매 역시 공동저당물의 일부가 먼저 매각되거나 동시매각 시의 배당방법과 같고, 일부 지분이 먼저 매각 시 공동저당물의 일부가 먼저 매각된 경우에 해당되어 동시매각 시 배당 받을 수 있었던 금액을 한도로 후순위 저당권 등과 지분경매의 채무자(물상보증인)가 선순위공동저당권자를 대위하여 행사할 수 있기 때문이다.

◆ 공동저당물과 유사공동저당물의 일부가 매각되는 경우

보통의 경우 하나의 물건 위에 하나의 담보물권을 설정하는 경우가 대부분 이지만, 담보력이 부족할 때에는 여러 개의 부동산을 공동담보물로 저당권을 설정하게 되는데, 이 경우에도 저당물의 일부가 먼저 매각되는 경우가 발생한다.

이러한 공동저당권과 이와 유사한 유사공동저당권으로 ① 공유물 전체에 설정된 저당권, ② 공유물에서 과반수 이상과 또는 이상의 동의를 거쳐 임대차계약을 체결하고 확정일자를 받은 임차권 등은 공유물의 일부가 지분경매로 진행되는 경우 채권불가분성의 원칙에 따라 전액 우선변제 받을 수 있는 유사공동저당권자의 지위를 갖게 된다.

이밖에도 나대지상에 저당권이 설정된 경우에도 그 이후 건물구분소유자 등에게 토지가 대지권으로 등기 되었다면, 이 또한 토지등기부에서 구분소유자에게 대지 지분으로 공유등기되기 전에 설정된 저당권등은 유사공동저당권에 해당된다.

(1) 공동저당물에 대한 동시매각과 이시매각 절차에서 배당방법

① 아파트 갑 소유자(국민은행 10억원 공동근저당)

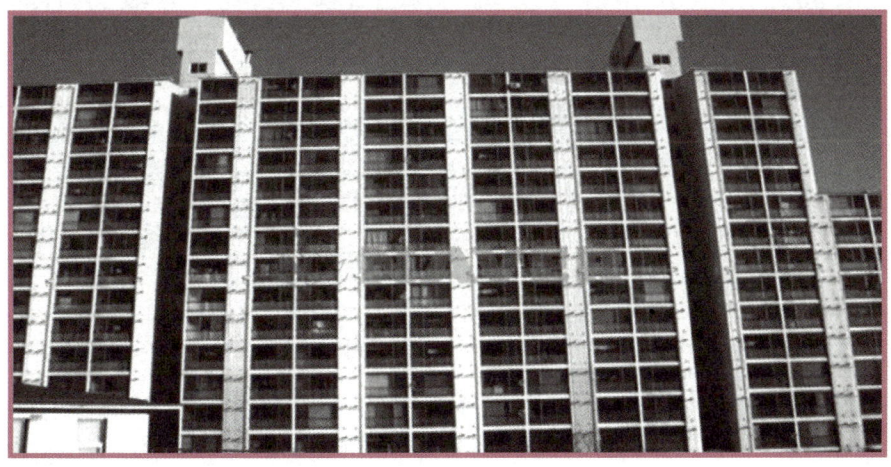

② 단독주택 갑 소유자(국민은행 10억원 공동근저당)

③ 농지 갑 소유자(국민은행 10억원 공동근저당)

　채무자가 금융기관에서 돈을 대출받기 위해서 아파트, 단독주택, 농지를 공동담보로 하여 국민은행에 공동저당권을 설정하고 10억원을 대출받는 경우인데 이러한 상황은 하나의 담보물건으로 담보력이 부족한 경우에 많이 이용하는 대출방식이다.

이 경우 공동저당권자가 경매신청 시에는 일괄매각하여 동시배당 절차가 진행되나, 다른 채권자 즉 아파트나 단독주택 또는 농지에만 설정된 채권자가 경매신청 시에는 공동저당권자 입장에서는 이시매각 절차가 된다. 이 경우 공동저당권자는 채권불가분성에 따라 먼저 진행된 경매절차에서 채권 전액을 우선변제받게 되어 후순위 저당권자 등의 배당금이 그만큼 적어지므로, 공동저당권자가 동시배당 시 배당받을 수 있는 금액을 한도로 후순위 저당권자 등의 대위권을 인정하고 있다(민법 제368조 제2항).

(2) 유사공동저당물에 대한 동시매각과 이시매각 시 배당방법

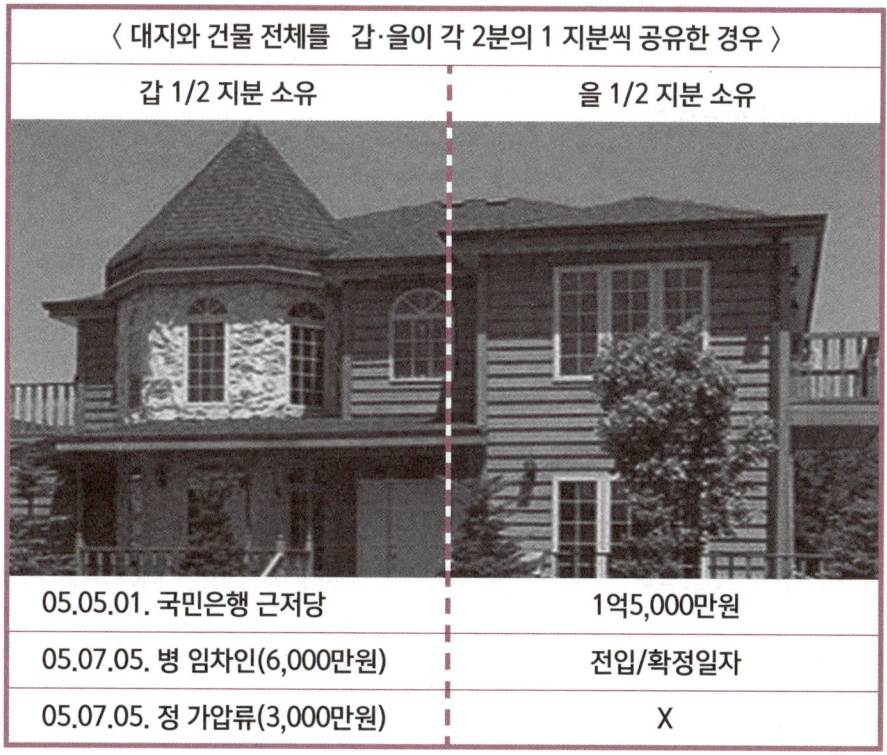

이러한 유사공동저당권자 등은 그 물건이 지분경매로 매각되면 채권불가분성에 따라 자신의 채권 전액을 먼저 진행된 매각지분에서 우선변제 받을 수 있다. 이 경우 후순위 저당권자 등과 지분경매의 채무자가 동시매각 시 배당 받을

수 있는 금액을 한도로 선순위 유사공동저당권자를 대위하여 행사가 가능하다.

이런 이유로 해서 지분경매를 정확하게 파악하기 위해서는 공동저당물에서 동시배당과 이시배당을 공부해야 한다.

이 배당 방법을 이해하지 못하면 지분경매 절차에서 배당표를 작성할 수 없고, 그에 따라 매수인의 인수금액을 정확하게 파악할 수 없기 때문이다.

◆ 다가구주택이나 일반 상가건물에서 토지와 건물의 소유자가 다른 경우

단독·다가구주택이나 일반상가 등은 토지와 건물의 소유자가 같아야 주택이나 건물에서 온전한 권리행사가 가능한데 토지소유자와 건물소유자가 다른 경우나 일반매매 또는 경매 등의 절차로 인해서 소유자가 달라지는 경우에는 어떻게 대응하면 될까?

(1) 처음부터 토지소유자와 건물소유자가 다른 경우

처음부터 타인의 토지에 지상권 또는 임대차계약 체결과 같은 토지 사용권원에 의해서 건물을 신축하여 토지소유자와 건물소유자가 달랐던 경우에도 추후 일반매매 또는 경매 등으로 토지 또는 건물소유자의 변경이 있을 경우 건물소유자에게 대항력이 있으려면 어떻게 해야 되는가는 건물소유자에게는 중요한 변수가 된다.

왜냐하면 권원기간(지상권존속기간 또는 계약기간) 동안 토지를 사용·수익할 수도 있지만, 건물을 철거해야 되는 경우가 발생될 수도 있기 때문이다.

1) 약정지상권에 의해서 타인 토지사용권원을 갖게 되는 경우

지상건물 소유를 목적으로 토지에 지상권등기를 하고 나서 건물신축 후 지상권자 명의로 건물을 보존등기를 한 경우이다.

① 지상건물이 경매된 경우

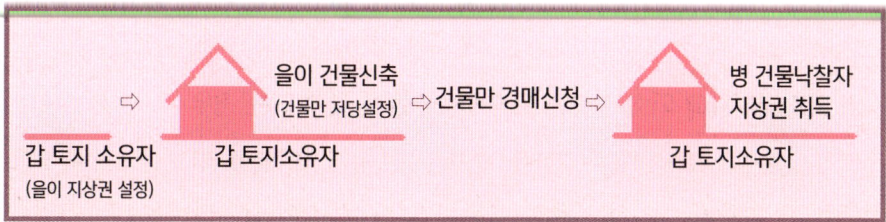

건물이 경매가 진행되어서 제3자가 낙찰받은 경우 저당권의 효력은 저당부동산에 부합된 물건과 종물에도 미친다. 따라서 경락자는 지상권을 취득하게 되므로 지상권의 존속기간 동안 사용·수익할 수 있고 지상권 존속기간 만료 시 지상권의 계약갱신청구권과 이를 원하지 않을 시 지상물에 대한 매수청구권은 토지소유자에게 청구할 수 있다.

② 토지가 경매된 경우

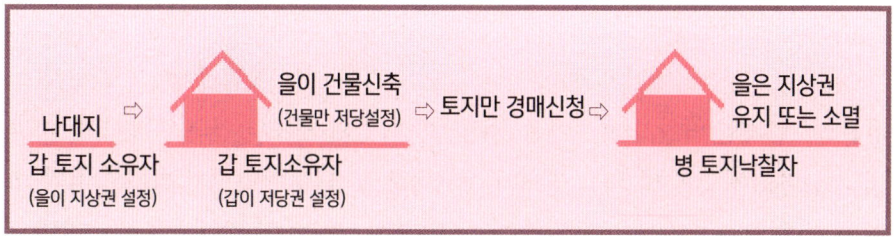

지상건물의 소유를 목적으로 하는 지상권이 설정된 토지를 낙찰받았다면 지상권이 선순위인가 후순위인가에 따라 다음 사례와 같이 달라질 수 있다.

❶ 갑 지상권 → 을 저당권 → 병 임차인 → 을 임의경매신청 → 정 낙찰자

선순위 지상권은 낙찰자가 인수하는 것이 원칙이다.

❷ 갑 저당권 → 을 지상권 → 병 가압류 → 갑의 임의경매 또는 병의 강제경매 시 → 정 낙찰자

말소기준권리보다 후순위 지상권은 소멸되므로 낙찰자기 인수할 필요 없이 소멸된다.

2) 토지임대차에 의해서 타인 토지사용권원을 갖게 되는 경우

토지소유자와 토지임대차계약을 맺고 이 토지사용권원에 의해서 지상건물을 신축한 후 임차인 명의의 건물을 보존등기하는 동시에 근저당권을 설정하였다면 어떻게 될 것인가에 대해서 살펴보기로 하자.

① 지상건물이 경매된 경우

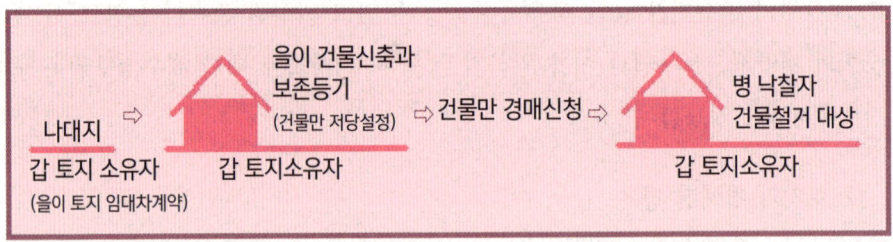

건물이 경매가 진행되어 제3자가 낙찰받은 경우 이는 채권계약이므로 토지 소유자는 제3자인 낙찰자와는 아무 상관없이 종전의 임차인 간의 관계이고, 따라서 지상권도 성립이 안 되고 권리의 승계대상도 아니다. 따라서 건물은 철거 대상이 된다. 이는 건물매수자가 토지의 임차권도 승계하게 되지만 지상권과 달리 채권계약이므로 토지 임대인에게 대항력이 없다.

② 토지가 경매된 경우

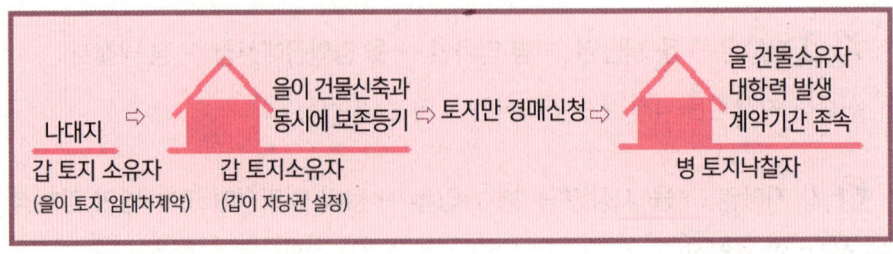

민법 제622조 제1항 건물의 소유를 목적으로 한 토지 임대차는 이를 등기 하지 않은 경우에도 임차인이 그 지상건물을 등기한 때에는 토지에 관하여 권리를 취득한 제3자에 대하여 임대차의 효력을 주장할 수 있다. 제3자에 대하여도 대항력이 있다.

즉 토지에 임차권등기를 하지 않은 경우에도 임차인 소유의 지상건물을 등기하면 제3자(일반거래를 통해 취득한 자 또는 낙찰자)에게 대항할 수 있게 되어서 기존 임대차 기간에서 정한 잔여 임대차 기간 등을 제3자에게 주장할 수 있고, 계약기간 종료 시에는 계약갱신청구권과 지상건물 매수청구권의 권리를 가지게 된다.

그러나 유의할 점은 을이 건물을 보존등기하기 이전에 토지에 먼저 저당권이 설정되고 이 저당권에 의해 토지만 경매로 매각되는 경우에는 건물 소유자는 낙찰자에게 민법 제622조 제1항에 따른 토지임대차로 대항력을 주장할 수 없다.

(2) 토지와 건물이 동일인의 소유였다가 추후 소유자가 달라지는 경우

토지와 건물이 동일인의 소유였다가 추후 일반매매 또는 경매 등으로 소유자가 달라지는 경우가 있는데, 이 경우에도 건물이 법정지상권 또는 관습법상 법정지상권 성립 여부에 따라서 철거 또는 지상권이 설정된 것으로 볼 수 있어서 최장 30년간 법정지상권으로 보장받을 수 있다.

이러한 사례는 "PART 12 법정지상권 성립 여부와 그 건물임차인에 배당방법(397쪽)"과 "PART 13 공유물에서 법정지상권이 성립되는 사례와 성립되지 않는 사례분석(430쪽)"을 참고하면 될 것이다.

◈ 집합건물에서 구분건물 소유자와 대지 소유자가 다른 경우

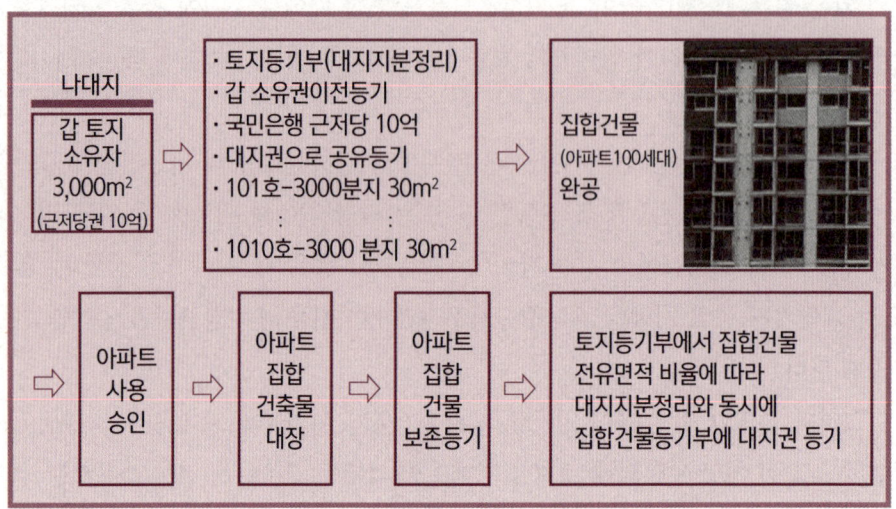

이는 신축되기 전 즉 나대지 상의 권리(집합건물이 신축되기 전 토지에 국민은행 근저당 10억원) 등으로 토지소유자와 집합건물 구분소유자의 권리가 달라지게 되는 경우로 대부분 토지별도등기채권에 의해서 발생되는 경우가 대부분인데, 그 권리가 실행되기 전에는 집합건물등기부 표제부 오른편에 토지별도등기로 남아 있지만, 그 권리가 실행(토지별도채권자의 경매청구가 있으면)되면 대지권을 상실하게 되어 대지권이 없게 된다. 따라서 토지별도등기 상태에서부터 대지권 상실의 위험을 예견하고 대응해야 된다.

이는 나대지 상에서 등기된 토지별도등기채권(국민은행 근저당 10억원)에 대해서 집합건물의 신축은 법정지상권이 성립하지 않기 때문에 추후 토지소유자에게 건물구분소유권을 매도청구당하는 경우가 발생될 수 있다(집합건물의 소유 및 관리에 관한 법률 제7조).

앞의 사례 등에서 어떻게 대처하는가가 그 비밀을 푸는 열쇠가 되므로 다음부터 기술한 내용 등을 참고하여 그 문제를 해결하면 될 것이다.

03 이런 지분경매 물건을 선택해서 투자해라!

◈ **지분 경매에서 돈 되는 물건을 선택하는 비법은?**

(1) 부동산의 현재와 미래 가치가 높은 위치에 선점하고 있나 ?

　부동산을 공동으로 소유하고 있더라도 즉 공유물 중 일부만, 또는 주택에서 토지만, 건물만 매각되더라도 그 가치는 변하지 않는다.

　그래서 그 정확한 판단을 위해서 현장답사를 통해 부동산 시세와 전·월세가, 대중교통 및 교육·문화 등의 편익시설을 먼저 고려하고 판단해야 한다.

(2) 현임대, 재임대로 높은 임대수익이 발생하는 주택을 찾아라!

　현 임대상태로도, 기존 임대를 재임대하는 방법만으로도 투자금액을 확보할 수 있는 주택 등이 있다. 또는 리모델링 및 신축 등을 통해 임대수익을 높일 수 있는 주택 등이 있다. <u>이러한 임대수익의 증가가 그 부동산의 가치를 증가시키게 된다.</u> 그것이 지분이라도 임대수익을 지분비율대로 나눈다는 차이만 있지 마찬가지이다.

(3) 공동소유 주택에 공유자가 거주하면 해결의 실마리가 쉽다!

　공동소유자가 거주하는 경우에 낙찰자의 부당이득반환청구 및 공유물분할청구 소송 등을 진행하면 다른 공유자 입장에서는 신속하게 해결을 보려고 한다.

　그러나 공유자가 거주하지 않고 임차인 등만 있거나 등기된 채무가 많으면 어렵게 해결되고, 해결된다고 하더라도 실익이 없을 수도 있다.

(4) 대항력 있는 임차인이 적어야 매수 또는 매도 협상이 수월하다.

지분경매에서 또는 주택에서 토지만 건물만 매각되더라도 임차인은 배당요구해 전체 매각대금에서 배당받을 수 있다. 이때 임차인의 대항력 유무는 건물과 토지 전체지분이 매각될 때는 그 지분에서 말소기준이 되지만, 주택에서 건물만 또는 토지만 매각되는 상황에서는 이렇게 판단해야 한다. 건물만 매각되면 건물을 기준으로 대항력 유무를 판단하면 되지만, 토지만 매각되는 상황에서는 임차인은 토지 매수인에게 대항력을 주장하지 못하고 우선변제권만(최우선변제권과 확정일자부 우선변제권)있다. 그렇다고 임차인을 분석하지 않고 토지만 낙찰 받게 되면 훗날 건물을 매수하는 과정에서 어려움을 겪게 되니 토지만 매수하더라도 건물의 임차인이 대항력이 얼마나 있는지, 그 대항력 있는 임차인이 토지에서 배당요구해서 훗날 건물을 매수할 때 쉽게 해결할 수 있는가 등을 입찰할 당시부터 예상하고 있어야 성공적인 투자로 이어갈 수 있다.

건물에서 대항력 있는 임차인들이 다수 존재하면 낮은 가격으로 매각되는 원인이 될 수 있다. 즉 실제로 취득하는 주택가격이 상승되는 요인(주택낙찰가 + 인수금액 증가)이 되므로 투자수익도 그 만큼 적어지고 건물소유자도 실익이 없어서 해결하지 않고 장기간 방치하는 경향이 있다. 그러므로 지상에 건물이 있는 토지가 경매되면 싸다고 무조건 입찰할 것이 아니라 그 지상건물의 임차인들이 토지 매각절차에서 배당요구해서 전액 배당받았는지, 배당요구를 하지 않았더라도 건물의 말소기준권리로 인해서 대항력이 있는 임차인이 없거나 적은 주택을 찾아야 투자수익을 높일 수 있다.

(5) 등기된 주택이 미등기주택보다 훨씬 낫다.

등기된 주택에서는 부당이득반환청구와 공유물분할청구의 소, 임차인을 활용해서 경매를 신청할 수가 있어서 해결의 실마리가 미등기주택보다 훨씬 쉽게 정리할 수 있다. 특히 전세보증금반환 청구 등으로 경매를 신청하면 신속하게 ~~신청되고, 그 매각절차에서 공유자우선매수제도를 활용하여 넛은 가서으로 취~~
득할 수 있다.

(6) 주택에서 토지만 매각되면 법정지상권이 성립하는 가를 봐라!

법정지상권이 성립되면 그 존속기간동안은 토지사용료(지료)만 청구할 수 있지만, 법정지상권이 성립되지 않으면 토지인도 및 건물철거소송과 임차인 퇴거명령 등으로 쉽게 해결의 실마리를 찾을 수 있다.

(7) 결국 정리하자면 이렇게 투자해야 한다.

주택의 현재 및 미래가치가 높고, 임대수익을 높일 수 있는 주택이고, 대항력 있는 임차인이 적고, 등기된 주택이면서 소유자가 거주하면, 그것이 지분경매에서든 또는 주택에서 토지만 매각되더라도 법정지상권이 성립하든, 하지 않든 빠른 실마리를 찾을 수 있다.

그 다음에 법정지상권이 성립하느냐, 않느냐를 분석해서 법정지상권이 성립하지 않으면 토지사용료를 청구하기 전에 토지인도 및 건물철거 소송에 따른 처분금지 가처분을 하고, 토지사용료를 원인으로 하는 부당이득반환청구 소송을 진행해 그 판결문으로 경매신청하면 건물을 싸게 취득할 수 있다.

이때도 임차인 등을 활용해서 협상력을 높이고, 그래도 해결되지 않는다면 임차인을 활용해 경매를 신청하는 방법과 낙찰자가 직접 부당이득을 원인으로 채권가압류와 동시에 부당이득반환청구 소송, 그리고 공유물분할청구 소송 등을 통해서 협의 매수 또는 현금분할 방식인 공유물분할청구 소송에 따른 형식적 경매를 신청해서 매각대금으로 나누어 갖는 방식으로 진행하면 된다. 그래서 최근에 낙찰 받고 쉽게 정리할 수 있었던 사례를 다음과 같이 소개하기로 한다. 그리고 나서 다음 4번 사례와 같이 분석을 이어가면 지분경매로 성공할 수 있다.

◆ 근린주택 2/9지분을 경매로 낙찰받아 성공한 사례

(1) 구로동 근린주택 2/9지분 매각현황

2015타경1861 • 서울남부지방법원 본원 • 매각기일 : 2015.10.20(火) (10:00) • 경매 7계(전화:02-2192-1337)

소재지	서울특별시 구로구 구로동 000-00 도로명주소검색						
물건종별	근린주택	감정가	67,683,000원	오늘조회: 2 2주누적: 4 2주평균: 0 조회동향			
토지면적	16㎡(4.84평)	최저가	(64%) 43,317,000원	구분	입찰기일	최저매각가격	결과
				1차	2015-08-04	67,683,000원	유찰
				2차	2015-09-08	54,146,000원	유찰
건물면적	13.69㎡(4.141평)	보증금	(10%) 4,340,000원	3차	2015-10-20	43,317,000원	
매각물건	토지밎건물 지분 매각	소유자	홍OO	낙찰 : 51,118,800원 (75.53%) (입찰2명,낙찰:용인시 김철수 / 2등입찰가 48,400,000원)			
개시결정	2015-01-27	채무자	홍OO	매각결정기일 : 2015.10.27 - 매각허가결정			
사건명	강제경매	채권자	상록수제일차유동화전문 유한회사	대금지급기한: 2015.12.01 대금납부 2015.11.06 / 배당기일 2015.12.22 배당종결 2015.12.22			

● 매각토지.건물현황 (감정원 / 김일수감정평가 / 가격시점 : 2015.02.06)

목록	지번	용도/구조/면적/토지이용계획		㎡당 단가 (공시지가)	감정가	비고
토지	구로동 000-00	도시지역, 제2종일반주거지역(7층이하), 도로(접합),가축사육제한구역...	대 16㎡ (4.84평)	3,990,000원 (2,178,000원)	63,840,000원	☞ 전체면적 72㎡중 홍OO 지분 2/9 매각
건물	구로동로21길 26 (구로동 000-00) 벽돌 및 세면부록조 슬래브 및 와즙	1층	주택(방3, 주방, 욕실, 창고, 현관 등)	12.59㎡(3.808평)	300,000원	3,777,000원	* 도시가스 ☞ 전체면적 56.66㎡중 홍OO 지분 2/9 매각 * 내역:주택 42.86㎡, 점포 13.80㎡ * 공부상 세면부록조 와즙 1층 주택 및 점포

● 임차인현황 (말소기준권리 : 2015.01.28 / 배당요구종기일 : 2015.04.14)

임차인	점유부분	전입/확정/배당	보증금/차임	대항력	배당예상금액	기타
우리영상씨스템	점포	사업자등록: 2008.08.18 확 정 일: 미상 배당요구일: 없음	보2,000,000원 월200,000원 환산2,200만원	없음	배당금 없음	회사대표:홍OO (채무자겸 소유자임)
홍OO	주거용	전 입 일: 2015.01.23 확 정 일: 미상 배당요구일: 없음	미상		배당금 없음	

● 건물등기부

No	접수	권리종류	권리자	채권금액	비고	소멸여부
1(갑2)	2014.07.02	소유권이전(상속)	홍OO, 조OO		협의분할에 의한 상속, 홍OO 2/9 지분 소유, 조OO 7/9 지분 소유.	
2(갑4)	2015.01.28	홍OO 지분 강제경매	상록수제일차유동화전문 유한회사	청구금액: 23,448,057원	말소기준등기 2015타경1861	소멸

● 토지등기부는 건물등기부와 같은 내용이므로 생략함.

(2) 입찰할 때 권리분석은 어떻게 했나 ?

이 공매물건은 구로구 구로동에 위치하는 근린주택으로 인근에는 고려대학교 병원과 구로시장이 위치해 있고, 대중교통으로 지하철 7호선 남구로역과 버스 등으로 대중교통이 발달해 있다.

그런데 이 근린주택은 전부가 매각되는 것이 아니라 9분의 2지분이 매각되는 상황이라 매수 이후에 인수할 권리가 있는가와 이 주택이 매도되는 시세 및 전·월세 시세 등을 참고해서 입찰해야 한다.

이 지분물건은 위 (1) 구로동 근린주택 2/9지분 매각현황에서 임차인 현황과 등기부 현황을 확인해 보면 알 수 있듯이 거주하고 있는 분들이 조○○(채무자 홍○○의 모친이면서 7/9 지분소유자)와 채무자 홍○○만이 점유하고 있어서 대항력이 있는 임차인이나 인수할 권리가 없는 상황이다. 그리고 채무자인 아들과 모친인 다른 지분권자만 거주하고 있어서 아들 지분인 홍○○ 지분을 경매로 낙찰 받으면 다른 지분권자와 협의해서 쉽게 매도가 가능하겠다는 판단하에 필자가 지인에 소개했고 지인이 낙찰 받았다.

(3) 낙찰 받고 다른 지분권자에게 협의로 매각한 사례

낙찰 받고 지인이 채무자와 모친인 다른 지분권자와 수차례 협의하는 과정을 통해서 지인이 낙찰 받은 지분을 감정가로 매각해서 지분에서 탈출한 사례이다.

이 같이 적은 지분이라도 다른 지분권자가 전부 또는 일부를 점유하고 있고, 그 지분에 채무가 없는 경우라면 다른 지분권자가 매수하는 사례를 쉽게 찾아볼 수 있다. 독자분들도 마찬가지로 이렇게 적은 돈으로 투자해서 돈을 벌 수 있는 지분물건을 찾아야 성공할 수 있다.

Part 03

지분 물건을 어떻게 분석하고 입찰해야 성공하나?

01 채무자 또는 물상보증인 지분 매각인가를 알고 투자해라!

공동담보물에서 공동채무자의 일부지분이 먼저 매각되는 경우, 매각되는 지분의 후순위저당권자는 민법 제368조 제2항에 따라 선순위근저당권을 대위할 수 있고, 채무자(물상보증인) 역시 민법 제481조, 482조에 따라 변제자대위의 권리를 가지게 되므로 구상권 및 근저당권을 대위할 수 있는데, 이는 다른 지분권자 역시 자기지분에 해당하는 비율만큼 책임이 있기 때문이다.

따라서 다른 지분권자가 이러한 책임을 지고서도 공유자우선매수신청을 하기가 어렵고, 추후 대위권자들의 권리에 의해 다른 지분권 역시 경매 당하게 되는 경우를 예상할 수 있는데 그 과정에서 공유자우선매수신청을 하면 좋은 결과를 얻을 수 있다.

공동담보물이 일부지분은 채무자 소유, 일부지분은 물상보증인 소유인 경우라면 채무자지분이 매각되는 것인지, 물상보증인지분이 매각되는 것인지가 중요하다.

① 채무자지분이 매각되는 경우에는 매각되는 지분의 후순위저당권자와 채무자가 물상보증인 소유지분에 대해서 법정대위권이 인정되지 않으므로 **다른 지분권자의 공유자 우선매수가 예상**된다.

② 물상보증인 소유지분이 매각되는 경우 후순위저당권자의 법정대위와 물상보증인의 법정대위권이 발생하게 되는데 동시 매각 시 책임비율만큼 대위권이 인정되는 것이 아니라 변제자대위로서 대신 변제한 금액 전부에 대해서 대위권이 인정되므로 **채무자가 공유자우선매수를 한다는 것은 예상할 수 없다.** 이러

한 사정은 등기부에서 을구 근저당권 기재란의 권리자 및 기타사항에서 채무자가 누구로 되어 있는지 확인하는 것이 중요하므로, 입찰 전에 분석하고 나서 입찰에 참여해야 낙찰 받고 나서 다른 지분권자들의 선택을 예측할 수 있다. 이에 따라서 매수 이후의 발걸음이 가벼워질지, 무거워질지가 결정되고 소송을 통해 해결을 봐야 할 수도 있다.

02 아파트의 2분의 1 지분이 경매로 매각된 경우 분석과 매수 이후 대응방법

이 사례는 성남시 수정구 신흥동의 한신아파트 2분의 1 지분만 경매로 매각되는 사례입니다.

◆ 사설경매정보 사이트상의 입찰정보내역

사설경매정보 사이트를 통해서 입찰대상물건을 검색하면 다음과 같은 입찰대상물건을 검색할 수 있다.

이 성남시 수정구 신흥동의 한신아파트 2분의 1 지분만 경매로 매각되는 사례이다.

◆ 지분경매 입찰대상 물건분석표

법원경매정보와 사설경매정보를 통하여 다음과 같이 물건분석표를 작성해 보았다.

주소	면적	경매가 및 진행과정	1) 임차인조사내역 2) 기타청구	등기부상의 권리관계
경기도 성남시 수정구 신흥동 0000-1 한신아파트 6동 제14층 0000호 채무자겸 소유자: 백경희1/2 지분경매 강제경매 : (주) 명성 (2010-00000) 중복경매: 김병기 (2011-0000)	대지 21.74m² (6.58평) [전체지분 43.48m²] (1/2지분) 건물 42.45m² (12.84평) [총면적 84.90m²] (1/2 지분) 토지와 건물의 1/2 지분 백경희 지분만 경매	감정가 190,000,000원 최저가 1차 190,000,000원 유찰 2차 152,000,000원 유찰 3차 121,600,000원 낙찰 135,609,000원 정병희 〈11. 07. 11.〉	1) 임차인 ① 이한국 전입 00. 11 .01. 이한국은 나머지 -1/2 지분권자로 채무자 백경희의 전 남편임 2) 기타청구 ① 수정구청 교부청구 재산세 15만원 (법정기일 10. 7. 10.) ② 파주세무서 부가세 500만원 (법정기일 10. 17. 25.)	공유자 지분등기 지분1/2 이한국 지분1/2 백경희 00. 11 .02. 근저당농협중앙회 00. 11. 25. 6,000만원 02. 11. 07. 8,400만원 배당요구금액 1억2,000만원 백경희 지분 근저당 김병기 07. 11. 02. 1억원 백경희 지분 강제경매 (주)명성 10. 10. 25. 청구금액 1억원 백경희 지분 압류 파주세무서 10. 11. 24. 백경희 지분 가압류 제일은행 11. 01. 06. 19,500,000원 백경희 지분 임의경매 김병기 11. 02. 11. 청구금액 1억원

◈ 지분경매에서 공유물 인도 청구와 권리분석 및 배당 방법

이 경매사건은 백경희의 2분의 1 지분만 경매로 매각되는 것으로 말소기준은 농협근저당권으로 2000.11.25.이 되나 임차인이 없으므로 매수인의 인수사항은 없다.

그러나 전체지분을 매수하는 것이 아니라 2분의 1 지분을 매수하는 것이므로 권리행사의 제약이 예상되고, 지분경매이므로 다른 공유자가 공유자우선매수신청이 가능한데, 나머지 공유지분권지는 채무자의 전남편으로 이혼 전에 공유지분으로 등기되었다가 이혼으로 인해서 채무자의 지분만 경매가 신청되었고 전남편인 이한국이 점유하고 있는 상태였다.

공유물에서 과반수 지분 이상이면 민법 제265조에 따른 관리행위로 **사용·수익(=점유)과 계약해지, 경매절차에서 인도명령을 신청**할 수 있다[대법원 2016다245562 판결, 대법원 2010다37905 판결]. 과반수 미만으로는 즉 소수지분권자는 관리행위를 할 수 없고, 단지 보존행위만 할 수 있다[대법원 62다1 판결, 2012다43324 판결].

따라서 이 사례에서 2분의 1지분을 지분경매로 낙찰 받는다면 매수인 지분이 과반수 미만이므로, 관리행위로 인도명령을 신청할 수 없고, 보존행위만 가능하다.

이렇게 소수지분권자가 사용·수익(=점유)하는 경우 과거 판례에서는 소수지분권자가 보존행위로 인도명령을 신청할 수 있었지만, 다음과 같이 판례의 변경 등으로서 현재는 인도명령 신청은 불가하고, 민법 제214조에 따른 방해배제 청구권만 행사할 수 있다. **여기서 유의할 점은** 소수지분권자와 계약한 임차인은 지분권자가 점유하는 것과 달리 기존 판례대로 변경 없이 다른 소수지분권자가 보존행위로 인도명령을 신청할 수 있다는 점이다.

(1) 1/2 지분권자가 다른 1/2 지분권자에 대한 공유물 인도 청구 가능 여부 판단

① 물건을 공유자 양인이 각 1/2 지분씩 균분하여 공유하고 있는 경우 1/2 지분권자로서는 다른 1/2 지분권자와의 협의 없이는 이를 배타적으로 독점 사용할 수 없고, 나머지 지분권자는 공유물 보존행위로서 그 배타적 사용의 배제, 즉 그 지상 건물의 철거와 토지의 인도 등 점유배제를 구할 권리가 있다[대법원 2002다57935 판결, 대법원 80다1280 판결].

과거의 대법원 판례는 1966년부터 ①번 판결 내용과 같은 취지로 선고되어 오다가 다음 ②번 판례와 같이 변경되었다. 이제 소수 지분권자는 공유물의 전부 또는 일부를 독점적으로 점유하는 다른 소수지분권자를 상대로 공유물의 인도를 청구할 수는 없다. 그럼 자신의 지분 권이 침해당하는 것을 그냥 눈 뜨고 보고 있어야만 하나? 어떻게 대응하면 될까?

② 대법원 2020. 5. 21. 선고 2018다287522 전원합의체 판결

공유물의 소수지분권자가 다른 공유자와 협의 없이 공유물의 전부 또는 일부를 독점적으로 점유·사용하고 있는 경우, 다른 소수지분권자가 공유물의 보존행위로서 공유물의 인도를 청구할 수 있는지 여부(소극) 및 자신의 지분권에 기초하여 공유물에 대한 방해 상태를 제거하거나 공동 점유를 방해하는 행위의 금지 등을 청구할 수 있는지 여부(적극)

가. 이렇게 판단한 대법관들의 다수 의견은?

공유물의 소수지분권자인 피고가 다른 공유자와 협의하지 않고 공유물의 전부 또는 일부를 독점적으로 점유하는 경우 다른 소수지분권자인 원고가 피고를 상대로 공유물의 인도를 청구할 수는 없다고 봐야한다는 것이 대법관들의 다수 의견으로 판결했는데, 그렇게 판단한 이유는 다음과 같다.

(가) 원고의 피고에 대한 물건 인도청구가 인정되려면 먼저 원고에게 인도를 청구할 수 있는 권원이 인정되어야 한다(필자의 해설: 권원이란 민법 제265조에 따른 과반수공유지분을 말한다). 원고에게 그러한 권원이 없다면 피고의 점유가 위법하더라도 원고의 청구를 받아들일 수 없다. 그런데 원고 역시 피고와 마찬가지로 소수지분권자에 지나지 않으므로 원고가 공유자인 피고를 전면적으로 배제하고 자신만이 단독으로 공유물을 점유하도록 인도해 달라고 청구할 권원은 없다.

(나) 공유물에 대한 인도 판결과 그에 따른 집행의 결과는 원고가 공유물을 단독으로 점유하며 사용·수익할 수 있는 상태가 되어 "일부 소수지분권자가 다른

공유자를 배제하고 공유물을 독점적으로 점유"하는 인도 전의 위법한 상태와 다르지 않다.

(다) 원고는 공유물을 독점적으로 점유하면서 원고의 공유지분권을 침해하고 있는 피고를 상대로 지분권에 기한 방해배제 청구권을 행사함으로써 피고가 자의적으로 공유물을 독점하고 있는 위법 상태를 충분히 시정할 수 있다.

따라서 피고의 독점적 점유를 시정하기 위해 종래와 같이 피고로부터 공유물에 대한 점유를 빼앗아 원고에게 인도하는 방법, 즉 피고의 점유를 원고의 점유로 대체하는 방법을 사용하지 않더라도, 원고는 피고의 위법한 독점적 점유와 방해 상태를 제거하고 공유물이 본래의 취지에 맞게 공유자 전원의 공동 사용·수익에 제공되도록 할 수 있다.

(라) 다른 소수지분권자를 상대로 방해배제 청구권을 어떻게 행사할 수 있는가?

㉮ 모든 공유자는 공유물 전부를 지분의 비율로 사용·수익할 수 있다(민법 제263조). 공유물을 구체적으로 어떻게 사용·수익할지, 예를 들어 공유 토지를 교대로 혹은 면적을 나누어 사용할지, 전체를 특정인에게 이용하게 하고 그 대가를 받을지 등은 원칙적으로 공유자들이 지분의 과반수로써 결정한다(민법 제265조). 그러한 결정이 없는 경우 개별 공유자는 누구도 공유물을 독점적으로 사용·수익할 수 없다(대법원 2000다13948 판결).

㉯ 일부 공유자가 공유물의 전부나 일부를 독점적으로 점유한다면 이는 다른 공유자의 지분권에 기초한 사용·수익권을 침해하는 것이다. 공유자는 자신의 지분권 행사를 방해하는 행위에 대해서 민법 제214조에 따른 방해배제청구권을 행사할 수 있고, 공유물에 대한 지분권은 공유자 개개인에게 귀속되는 것이므로 공유자 각자가 행사할 수 있다.

㈐ 공유물에 대한 방해배제 청구권의 행사 방법으로, ❶ 공유 토지에 피고가 무단으로 건축·식재한 건물, 수목 등 지상물이 존재하는 경우 지상물은 그 존재 자체로 다른 공유자의 공유 토지에 대한 점유·사용을 방해하므로, 소수지분권자인 원고도 보존행위로 지상물의 철거나 수거를 청구할 수 있다(이는 대체집행의 방법으로 집행된다). 지상물이 제거되고 나면 공유 토지는 나대지 상태가 되고 피고가 다시 적극적인 방해 행위를 하지 않는 한 원고 스스로 공유 토지에 출입하여 토지를 이용할 수 있으므로, 일반적으로 공유 토지에 피고의 지상물이 존재하는 사안에서 지상물의 제거만으로도 공유 토지의 독점적 점유 상태를 해소시킬 수 있다. ❷ 지상물 제거 후에도 피고가 원고의 공동 점유를 방해하는 행위를 하거나 그러한 행위를 할 것이 예상된다면, 원고는 피고를 상대로 그러한 방해 행위의 금지, 예를 들어 원고의 공유 토지에 대한 출입이나 통행에 대한 방해금지를 청구할 수 있다.

❸ 그 밖에도 원고는 공유물의 종류(토지, 건물, 동산 등), 용도, 상태(피고의 독점적 점유를 전후로 한 공유물의 현황)나 당사자의 관계 등을 고려해서 원고의 공동 점유를 방해하거나 방해할 염려 있는 피고의 행위와 방해물을 구체적으로 특정하여 그 방해의 금지, 제거, 예방(작위·부작위의무의 이행)을 청구하는 형태로 청구취지를 구성할 수 있다. 법원은 이것이 피고의 방해 상태를 제거하기 위하여 필요하고 원고가 달성하려는 상태가 공유자들의 공동 점유 상태에 부합한다면 이를 인용할 수 있다. 위와 같은 출입 방해금지 등의 부대체적 작위의무와 부작위의무는 간접강제의 방법으로 민사집행법에 따라 실효성 있는 강제집행을 할 수 있다.

나. 대법관 김재형과 안철상의 다수의견에 대한 반대의견과 보충의견을 통한 심층 분석

(가) 소수지분권자가 공유자가 아닌 제3자에 대해서는 공유물의 인도를 청구할 수 있는 근거는 무엇인가?

다수의견이 원고가 공유자 아닌 제3자에 대해서는 방해배제와 인도청구를 모두 할 수 있다고 판단하면서, 공유자에 대해서는 방해배제청구만 할 수 있고 인도청구를 할 수 없다고 하는 것은 서로 모순된다.

(나) 공유자들 사이의 방해금지 청구에 관하여 좀 더 구체적으로 살펴본다.

공유 토지가 원래 나대지였는데, 피고가 그 지상에 무단으로 건물, 담장, 수목 등 지상물을 설치하는 경우 원고는 우선 피고를 상대로 지상물의 설치행위에 대한 중지를 청구할 수 있고, 위반행위의 결과로 지상물이 설치된 경우 설치된 지상물의 철거·수거를 청구할 수 있다. 지상물 설치행위의 중지와 함께 지상물이 제거되고 나면 토지는 나대지 상태가 되어 피고가 적극적으로 어떤 행위를 하지 않아도 원고 스스로 토지에 출입하여 토지를 이용할 수 있다. 대부분의 경우 지상물만 제거하여도 피고의 독점적 점유 상태가 해소되고, 지상물이 제거된 다음에도 피고가 같은 방법으로 또는 다른 방법으로 원고의 공동 점유를 방해하는 행동을 하거나 그러한 행동을 할 것이 예상된다면 원고는 피고를 상대로 그러한 행위의 금지(지상물 설치 금지, 토지에 대한 출입 방해금지)를 청구할 수 있다.

공유 토지에 원래 담장과 출입문이 설치되어 있었고 피고가 출입문을 시정한 채 토지를 독점적으로 점유하고 있다면, 담장이나 출입문이 공유물인 이상 원고가 그 철거를 청구할 수는 없다. 하지만 피고는 공유물인 출입문 시정장치의 열쇠를 원고에게도 주어야 하고(부대체적 작위의무) 원고가 공유 토지에 출입하는 것을 방해해서는 안 되므로(부작위의무) 원고는 피고를 상대로 이러한 내용의 작위·부작위의무를 이행할 것을 청구할 수 있다.

공유자인 원고와 피고가 1/2 지분씩 공유하는 주택에 함께 거주하는 경우 원고와 피고 사이에 각 방은 따로 사용하기로 합의하였지만 거실과 주방 등의 공동 공간에 대해서는 별다른 합의가 없고 피고가 원고를 배제한 채 이를 독점적으로 점유·사용하고 있는 경우가 있을 수 있다. 이때 원고는 거실과 주방에 대한 공동 점유·사용을 방해하는 피고의 행위, 예를 들어 원고의 거실, 주방 사용을 피고가 물리적으로 방해하는 행위라든가 피고가 자신의 가구 등을 쌓아두는 행위 등을 금지해 달라고 청구할 수 있다.

피고가 공유물인 주차장을 영업적으로 이용하면서 다른 공유자인 원고의 주차장 사용 자체를 방해하는 경우에는 원고는 피고를 상대로 주차장 사용을 방해하는 행위를 금지해 달라고 청구할 수 있다.

(다) 소수지분권자로부터 임차한 제3자에 대해 인도청구가 가능한가?

소수지분권자가 제3자에게 공유물을 임대하여 제3자가 공유물을 점유하는 경우 다른 공유자들은 임차인을 상대로 공유물 인도를 청구할 수 있다고(대법원 62다1 판결, 대법원 2012다43324 판결)하며 다수의견도 마찬가지일 것이라고 한 다음 이러한 다수의견은 소수지분권자가 스스로 점유하는 경우와 이를 임대한 경우를 달리 취급하는 것으로서 부당하다.

소수지분권자는 공유물을 공동으로 점유할 권리가 있고, 임차인은 임대차계약을 통해 그 소수지분권자로부터 점유할 권리를 이전받았으므로, 다른 공유자가 공유자인 임대인에게 공유물 인도를 청구할 수 없다면 그 임차인을 상대로도 인도를 청구할 수 없다고 볼 수 있다.

이상과 같은 이유로 다수 의견의 논거를 보충하고자 한다.

알아두면 좋은 필자의 보충 대법원 판례

① 공유물을 제3자가 불법점유하고 있는 경우에 소수지분권자라고 하더라도 공유물의 보존행위로서 명도청구를 할 수 있다는 당원의 확립된 판례이다(대법원 1994. 3. 22. 선고 93다9392,93다9408 전원합의체 판결).

② 제3자가 권원 없이 공유토지 지상에 건물을 소유함으로써 토지를 점유하고 있는 경우라면,각 공유자는 공유토지의 인도뿐만 아니라 건물의 철거 및 퇴거(건물소유자가 아닌 자가 건물을 점유하고 있는 경우)도 청구할 수 있다(대법원 2014. 5. 16. 선고 2012다43324 판결).

(2) 이 사례에서 권리분석과 배당표 작성 방법

이 지분경매절차에서 농협저당권자는 전체지분에 대해서 저당권을 설정한 것이므로 공동저당권자와 유사한 지위에 놓이게 된다.

이 경우 농협저당권은 어느 일부지분이 먼저 매각되는 경우 채권불가분성에 따라 그 지분에서 채권 전액을 우선변제 받게 되고 그에 따라 배당받지 못하게 되는 후순위 저당권자와 채무자가 선순위 농협유사공동저당권지를 대위하여 행사가 가능한데, 이들 대위행사금액 내에서 후순위저당권자가 채무자보다 우선하게 된다.

어쨌든 대위행사금액은 동시매각 시 배당받을 수 있는 금액을 한도로 실행된다. 이때 유의할 점은 농협유사공동저당권자가 전체금액을 우선 변제받는다고 하여도 지분경매절차에서 촉탁으로 말소되는 것은 매각지분에 해당하는 2분의 1 지분만 말소되고 나머지 부분은 후순위 채권자와 채무자의 대위를 위해서 남겨두어야 하며 실무에서도 경매집행기관도 매각절차가 진행된 부분만 촉탁으로 말소하게 되는 것이지 매각 절차가 진행되지 않은 지분에 해당되는 채권까지 말소할 수 있는 것은 아니다.

이와 같이 2분의 1 지분경매절차에서 배당방법과 후순위저당권자와 채무자의 대위행사 범위를 살펴보자!

매각대금이 135,609,000원이고 경매비용이 2,712,180원이면 배당금액은 132,896,820원이 된다.

- 1순위 : 수정구청 150,000원(백경희지분 재산세 우선변제금 1)
- 2순위 : 농협근저당권 배당요구금액 12,000만원(우선변제금 2)
- 3순위 : 김병기 근저당권 12,746,820원(우선변제금 3)으로 배당 절차가 종결된다.

◆ 선순위 농협저당권의 말소방법과 후순위 저당권자의 대위행사 금액은 어떻게 될까?

실무에서 농협유사공동저당권은 매각이 진행된 지분에서는 근저당권이 촉탁으로 말소되고, 매각이 진행되지 않은 나머지 1/2지분에만 근저당권의 채권 전액이 변경등기(목적 갑구 2번 이한국지분 전부근저당권설정)로 다음 등기부와 같이 부기등기가 이루어진다.

【갑 구】

순위번호	등기목적	접수	등기원인	권리자 및 기타사항
2	소유권 이전	2000년 11월 2일 제105244호	2000년 10월 1일 매매	공유자 지분 2분의 1 이한국 56XXXX-1XXXXXX 지분 2분의 1 백경희 62XXXX-1XXXXXX
10	백경희 지분전부 소유권 이전	2011년 8월 16일 제346 50호	2011년8월10일 강제경매로 인한 매각	소유자 정 병 희

【을 구】(소유권 이외의 권리에 관한 사항)

순위번호	등기목적	접수	등기원인	권리자 및 기타사항
4	근저당권 설정	2000년 11월 25일 제10927호	2000년 11월 24일 설정계약	채권최고액 금 60,000,000원 채무자 이한국 성남시 수정구 신흥동 000-000 근저당권자 농업협동조합중앙회 서울 중구 충정로 1775 (상대원지점)
4-1	4번 근저당권 설정 변경	2011년 8월 16일 제34651호	2011년 8월 10일 강제경매로 인한매각	목적 갑구 2번 이한국 지분 전부 근저당권설정
5	근저당권 설정	2002년 11월 7일 제78106호	2002년 11월 7일 설정계약	채권최고액 금 84,000,000원 채무자 이한국 성남시 수정구 신흥동 000—000 근저당권자 농업협동조합중앙회 서울 중구 충정로 17

5-1	5번 근저당권 설정 변경	2011년 8월 16일 제34651호	2011년 8월 10일 강제경매로 인한 매각	목적 갑구 2번 이한국 지분 전부 근저당권실정

다음으로 지분경매의 후순위저당권자의 대위행사 금액은 이한국 지분에 대해서 농협 근저당권의 2분의 1에 해당하는, 즉 6,000만원이 아니라 1억 2,000만원이 된다.

왜냐하면 공동저당물이 채무자 소유와 물상보증인 소유 즉 이한국 1/2지분(채무자)과 물상보증인 1/2지분(물상보증인) 중 백경희 지분이 먼저 매각되어 물상 보증인은 민법 제481조, 482조에 따른 변제자대위를 할 수 있고, 이때 변제자대위청구 금액은 변제금액 전액을 대상으로 하기 때문이다. 후순위 김병기 근저당권자가 물상보증인의 변제금액을 한도로 민법 제368조 제2항에 따라 선순위농협 근저당권을 대위하여 청구할 수 있다. 대위청구 절차에서 다른 공유자가 채무이행을 하지 않으면 농협 근저당권을 대위하여 임의경매도 가능하다.

반대로 이한국 1/2지분(채무자)과 백경희 1/2지분(물상보증인) 중 이한국 지분이 먼저 매각 시에는 후순위저당권자의 대위권을 인정받지 못하게 되는데, 이러한 이유는 물상보증인의 변제자대위와 채무자의 후순위저당권자의 대위 간에는 변제자대위가 우선하기 때문이다.

그러나 선순위 농협 근저당권에 공동채무자인 경우라면, 즉 이한국 1/2지분(채무자)과 백경희 1/2지분(채무자) 중 백경희 지분이 먼저 매각 시에는 선순위저당권자가 동시 배당 시 배당받게 되는 금액 즉 6,000만원을 한도로 후순위저당권자는 민법 제368조 제2항에 따라, 백경희는 민법 제481조, 482조에 기한 변제자대위로서 대위행사를 할 수 있다. 그리고 공동담보물의 소유자가 2인 이상의 물상보증인 소유인 경우에도 그들 사이에 구상관계를 고려할 때 위 민법 제368조 제1항이 적용된다.

미리 알아두면 좋은 등기선례

일부 지분 매각 시 전체에 설정된 근저당권설정등기의 처리 방법

〔등기선례 200506 – 3〕
갑, 을 공유의 부동산에 대하여 공유자 전원의 지분 전부에 대한 근저당권설정등기가 마쳐진 후 을의 지분이 강제경매절차에서 매각된 경우, 위 근저당권설정등기 중 을의 지분에 대한 부분은 민사집행법 제144조 제1항 제2호 소정의 "매수인이 인수하지 아니한 부동산의 부담에 관한 기입"으로서 집행법원의 일부말소등기(또는 일부말소 의미의 변경등기))촉탁에 의하여 말소될 수 있는바, 이 경우 등기관은 근저당권설정등기의 목적을 갑의 지분으로 하는 변경등기를 하여야 할 것이다(2005. 6. 21. 부동산등기과 – 708 질의회답).

◆ 매각 이후 대응방법과 건물인도청구와 부당이득

매수지분이 과반수 이상이면 건물인도명령 신청이 가능하나 과반수 미만이므로 건물인도명령 신청은 할 수 없게 된다. 그러나 매수지분이 과반수 미만이더라도 이 사건과 같이 점유자의 지분이 과반수 미만인 경우라면 과거 대법원 판례에서는 보존행위로 인도명령 신청을 할 수 있었지만, 최근 대법원 판례의 변경으로 소수지분권자는 보존행위로 인도명령신청이 불가하고, 민법 제214조에 의한 방해배제 청구권 행사만 가능하다. 그렇지만 과반수 지분 미만의 공유자와 계약을 체결한 임차인이라면 매수인이 소수지분권자라도 보존행위로서 인도명령을 신청할 수 있다(이 내용은 99~105쪽을 참고하면 된다).

매수 이후 대응방법은?

첫째, 협의하여 매수지분을 다른 공유자에게 매각하여 수익을 올리는 방법이 있다.

둘째, 협의하여 다른 공유지분을 매수하는 방법이 있다.

셋째, 협의하여 주택사용료(차임)를 청구하여 임대수익을 올리는 방법

건물에 대한 임료(차임)청구권 역시 지료와 같이 합의하여 결정하는 것이 원칙이나 합의가 되지 못하면 법원에 건물 임료청구 소송을 월 단위로 청구하면 법원은 감정평가사로 하여금 평가하도록 하여 그 평가금액을 기준으로 연 4% 정도의 임료를 결정하고 있다.

넷째, 협의하여 매각하는 방법과 협의가 안 되는 경우 법원에 공유물분할청구 소송을 제기하여 경매 등의 절차에서 매수하든가 아니면 매각대금에서 자기지분에 해당하는 비율만큼 배당받는 방법이 있다.
이 경우 자기지분도 경매절차로 매각되는 것임을 유의해야 된다.

다섯째, 매수 이후 다른 공유지분이 경매 등으로 매각된다면 그 절차에서 공유자우선매수신청을 통해서 매수하여 수익을 올릴 수 있는 방법이 있는데 지분경매절차에서 가장 높은 수익을 올릴 수 있는 전략으로 입찰 전부터 이러한 내용 등을 주지하기 위해서 다른 공유자에 대한 종합적인 분석이 이루어져야 될 것이다.

이는 공유지분에만 한정되는 것이 아니하고 토지만 또는 건물만 매각되는 경우도 그 다른 물건이 현재 경매 등의 절차가 진행되지 않더라도 추후 매수하지 않으면 온전한 권리행사를 하지 못하게 되므로 사전에 분석하고 입찰에 참여해야 지분경매의 기대수익을 극대화할 수 있고, 이것이 지분경매의 비밀을 푸는 열쇠가 된다.

왜냐하면 주택이란 토지와 건물을 함께 소유해야 온전한 권리행사가 가능한데 주택의 일부지분만 소유하거나 토지와 건물 중 어느 하나만 소유하게 되는 경우 주택 전부의 사용가치를 가지지 못하게 되므로 그 다른 물건에 대해서 부당이득을 반환해야 하는 경우가 발생하기 때문이다.

◆ 지분경매절차에서 아파트의 사진과 주변 현황도

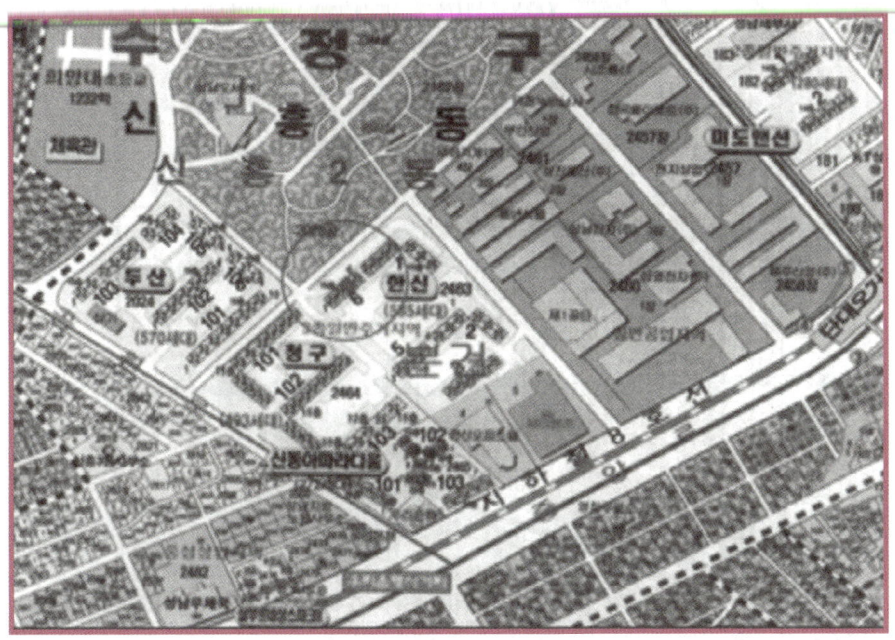

03 공동담보물에서 공동채무자의 1/2 지분이 먼저 매각되면 어떻게 할까?

공동담보물에서 공동채무자의 1/2 지분이 먼저 매각되면 후순위저당권자와 채무자(지분매각된 소유자)가 다른 지분으로 변경 등기된 선순위저당권을 대위하여 권리를 행사할 수 있으므로 **다른 공유자의 공유자우선매수신청이 어려워지고 (특히 물상보증인 지분의 경우 더욱 그러하다),** 이러한 지분물건에 투자하면 다른 지분권자와 협의가 쉽고, 다른 지분이 경매가 진행되면 낙찰자가 공유자우선매수도 가능하므로 기대수익의 증가를 가져오게 된다.

2012타경 00000		• 서울중앙지방법원 본원 • 매각기일: 2012.07.19(木) (10:00) • 경매 8계(전화:02-530-1820)						
소재지	서울특별시 강남구 개포동 12, 대치아파트 217동 000 도로명 주소검색							
물건종별	아파트		감정가	250,000,000원	기일입찰	【입찰진행내용】		
대지권	17.77m²(5.375평)		최저가	(64%) 160,000,000원	구분	입찰기일	최저매각가격	결과
					1차	2012-05-10	250,000,000원	유찰
건물면적	24.93m²(7.541평)		보증금	(10%) 16,000,000원	2차	2012-06-14	200,000,000원	유찰
					3차	2012-07-19	160,000,000원	
매각물건	토지 및 건물 지분매각		소유자	최수철	낙찰: 191,800,000원 (76.72%)			
사건접수	2012-01-18		채무자	최수철	입찰 8명, 낙찰: 양기자 2등 입찰가 188,171,000원			
사건명	강제경매		채권자	(주)한화손해보험	매각결정기일: 2012.07.26			

• 매각건물현황 (감정원 : 제일감정평가 / 가격시점 : 2012. 02. 06)

목록	구분	사용승인	면적	이용상태	감정가격	기타
건 1	개포동 12 (15층 중 8층)	92.10.14	24.93m² (7.54평)	방3,거실,주방/식당,욕실, 다용도실, 발코니, 창고	75,000,000원	▶전체면적49.86m²중 최수철 지분 1/2
토 1	대지권		121040.4m²중 17.77m²		175,000,000원	▶전체면적35.54m²중 최수철 지분 1/2 매각

• 임차인현황 (말소기준권리 : 1992. 12.31 / 배당요구종기일 : 2012. 04. 09)

임차인	점유부분	전입/확정/배당	보증금/차임	대항력	배당예상금액	기타
최기자	주거용 전부	전 입 일 : 2005. 04.04 확 정 일 : 2005. 04.13 배당요구일 : 2012. 04.03	보175,000,000원	없음	배당순위 있음	보:2007.02.26 4천만원 증액 2차확:2007.10.16
기타참고	임차인 최기자가 임차 거주하고 있음 (최기자의 자 최하중 진술)					

• 등기부현황 (채권액합계 : 31,200,000원)

NO	접수	권리종류	권리자	채권금액	비고	소멸여부
1	1992. 12. 31	소유권이전(매매)	강동진			
2	1992. 12. 31	근저당	국민은행	15,600,000원	말소기준등기 구)한국주택은행	소멸
3	1997. 02. 10	근저당	국민은행	15,600,000원	구)한국주택은행	소멸
4	2006. 12. 08	소유권이전(매매)	최수철, 김아름		최수철, 김아름 각1/2지분	
5	2012. 01. 19	최수철 지분 강제경매	(주)한화손해보험	청구금액 : 2,268,000,000원	2010타경00000	소멸

이 물건은 지하철 3호선 학여울역에 위치한 대치아파트로 주변 학원가 등이 위치하고 있어서 학부모들이 선호하는 위치이고, 소형평형이므로 실수요자들이 선호하는 아파트라 지분경매절차에서도 높은 가격으로 매각되었다.

이 물건은 필자의 제자가 입찰에 참여하게 되어 입찰 전에 배당표를 작성해 보았는데, 매각대금 191,800,000원 - 경매비용 2,877,000원으로 실제 예상배당금은 188,923,000원이 된다.

• 1순위 국민은행 31,200,000원
• 2순위 최기자 임차인 157,723,000원이 된다.

따라서 임차인 역시 미배당금 17,277,000원이 발생하나 나머지는 김아름 2분의 1지분에서 회수하면 될 것이다. 그런데 왜 이 아파트에서 배우자 김아름이 공유자우선매수신청을 하지 못했을까?

최수철의 지분매각절차에서 후순위저당권자가 없어서 후순위저당권자의 대위는 발생하지 않지만 공동채무자로서 다른 지분권자를 대신해서 변제하게 된 선순위 국민은행 근저당권 15,600,000원과 최기자 임차인이 2순위로 배당받은 157,723,000원-87,500,000원(보증금 175,000,000원의 1/2)=70,223,000원의 변제자대위가 예상된다.

그러나 최수철은 남편이므로 대위행사를 하지 않겠지만 (주)한화손해보험에서는 최수철을 채권자대위해서 김아름에 변경 등기된 국민은행 저당권과 임차권을 대위하여 청구가 가능하므로 이 물건의 매각절차에서 김아름이 공유자우선매수 신청을 하지 못한 것으로 판단되나(금액이 소액이라 판단이 다를 수 있으나 많은 경우에는 이렇게 판단) 다음 경매사건에서는 김아름이 공유자우선매수 신청을 하였던 것과는 대조적이다.

  그래서 필자는 입찰 전에 매각되는 지분은 물론이고, 나머지 다른 지분에 대해 분석해서 공유자우선매수 신청 여부와 매수 이후 대응방법에 대해서 연구를 한 다음 즉, 철저한 대비를 갖추고 입찰에 임해야 지분매수 이후 쉽게 정리할 수 있다는 것이 필자의 질언(質言)이다.

04 공동담보물에서 채무자 1/3 지분이 먼저 매각되면 물상보증인은?

  공동담보물에서 채무자의 1/3지분이 먼저 매각되면 후순위저당권자와 채무자(지분매각된 소유자)가 다른 지분으로 변경 등기된 선순위저당권을 대위하여 권리를 행사할 수 없다. 따라서 선순위저당권자가 선행된 매각절차에서 전액 변제받은 경우 말소를 구할 수 있으므로 다른 공유자의 공유자우선매수 신청이 예상되고, 이 물건 역시 공유자우선매수 신청을 한 사례이다. 그러나 모두가 하게 되는 것이 아니므로 이러한 물건을 낙찰 받았다면 나머지 지분권자의 자금 여력 등으로 낙찰받은 지분에 대해서 매수가 예상되어 투자자금을 빠르게 회수할 수 있게 된다.

2012타경 00000		• 서울중앙지방법원 본원 • 매각기일: 2012.07.19(木) (10:00) • 경매 8계(전화:02-530-1820)						
소재지	서울특별시 강남구 대치동 316, 은마아파트 00동 000				도로명 주소검색			
물건종별	아파트	감정가	310,000,000원	기일입찰	【입찰진행내용】			
대지권	16.09m²(4.867평)	최저가	(64%) 198,400,000원	구분	입찰기일	최저매각가격		결과
				1차	2012-05-10	310,000,000원		유찰
건물면적	30.65m²(9.272평)	보증금	(10%) 19,840,000원	2차	2012-06-14	248,000,000원		유찰
				3차	2012-07-19	198,400,000원		
매각물건	토지 및 건물 지분매각	소유자	최수철	낙찰 : 248,005,200원 (80%)				
사건접수	2012-01-18	채무자	최수철	입찰 4명, 낙찰 : 김아름(공유자우선매수신청) 2등 입찰가 235,009,000원				
사건명	강제경매	채권자	(주)한화손해보험	매각결정기일 : 2012. 07. 26				

• 매각건물현황 (감정원 : 제일감정평가 / 가격시점 : 2012. 02. 06)

목록	구분	사용승인	면적	이용상태	감정가격	기타
건 1	대치동 316 (14층 중 6층)	79.08.30	30.65m² (9.27평)	방3,거실,주방/식당,욕실, 다용도실, 발코니	93,000,000원	▶전체면적91.94m² 중 최수철 지분 1/3 매각
토 1	대지권		239225.8m중 16.09m²		217,000,000원	▶전체면적 48.3m² 중 최수철 지분 1/3 매각

• 임차인현황 (말소기준권리 : 2006. 06. 30 / 배당요구종기일 : 2012. 04. 09)
- 임차인이 없으며 전부를 소유자가 점유 사용합니다. -

• 등기부현황 (채권액합계 : 671,000,000원)

NO	접수	권리종류	권리자	채권금액	비고	소멸여부
1	2006. 06. 30	소유권이전(매매)	최수철, 김아름		최수철 지분 1/3 매각 김아름 지분 2/3 매각	
2	2006. 06. 30	근저당	하나은행 (목동3단지지점)	384,000,000원	채무자: 최수철 물상보증인 : 김아름	
3	2006. 11. 08	근저당	하나은행	287,000,000원		소멸
4	2012. 01. 19	최수철 지분강제경매	(주)한화손해보험	청구금액 : 2,268,000,000원	2012타경00000	소멸

이 물건은 지하철 3호선 북동 측에 위치한 은마아파트로 주변은 대단지 아파트단지, 관공서, 우수학군 등이 위치하고 있어서 학부모와 직장인들이 선호하는 위치이고, 중형 평형이므로 실수요자들이 선호하는 아파트다.

이 물건은 248,005,200원에 낙찰 되었으므로 이 금액을 가지고 예상배당표를 작성해 보면 매각대금 248,005,200원-경매비용 3,556,000원으로 실제 예상배당금은 244,449,200원이 된다.

• **1순위** 하나은행 244,449,200원이 된다.

따라서 하나은행은 미배당금 426,550,800원(671,000,000원-244,449,200원)이 발생하였지만 나머지 지분이 3분의 2지분이 있어서 채권을 회수하는 데에는 문제가 없으나 경매신청채권자의 배당금은 없다.

보통의 경우 남을 가망이 없어서 취소가 되는 것이 원칙이나 앞의 2번 대치아파트와 이 은마아파트를 일괄매각하는 경우이므로 매각절차에는 하자가 없다.

최수철의 지분매각절차에서 앞의 2번 사례와 같이 (주)한하손해보험에서는 최수철을 채권자 대위해서 김아름에 변경 등기된 하나은행 저당권을 대위하여 권리를 행사할 수 없고, 선순위 저당권자가 선행된 매각절차에서 전액 변제받은 경우 말소를 구할 수 있으므로 다른 공유자의 공유자우선매수신청이 예상되는 물건이고, 실제로 다른 지분권자 김아름(채무자의 부인겸 물상보증인)은 이 물건의 매각절차에서 공유자우선매수신청을 하였다.

이러한 사정은 공동담보물이 일부는 채무자 소유지분(1/3), 일부는 물상보증인 소유지분(2/3)일 때 채무자지분이 앞에서와 같이 먼저 매각되는 경우 민법 제368조 제2항의 대위는 인정되지 않으나, 반대로 물상보증인 소유지분이 먼저 매각 시에는 후순위 저당권자의 대위와 물상보증인의 변제자대위가 인정되고 있기 때문이다.

이 사례를 분석해 보니 채무자 최수철도 똑똑한 사람인데, 2번 대치동 아파트에서도 이렇게 했다면 2번과 3번의 사항보다 자신의 채권을 더 똑똑하게 지킬 수 있었을 텐데 하는 아쉬움이 남는다.

그런데 이러한 부분을 간과하고 앞의 사례와 정반대로 독자들이 했다면 여러분은 어떻게 되었을 것인가? 물론 입찰자 입장에서는 공유자우선매수가 어려워서 좋겠지만, 우리가 공부를 하는 것은 이런 사정, 저런 사정 모두를 대비하기 위함이고 또 그런 사람이 어려운 삶속에서도 지혜롭게 살 수 있다.

다음은 필자가 낙찰 받았던 사례를 가지고 분석해 보기로 하자!

05 2분의 1 지분은 압류공매, 2분의 1 지분은 법원경매로 동시에 진행된 경우

- 1/2은 한국자산관리공사 압류공매(물건관리번호 2005-00000-001 이철민(가명) 지분),
- 1/2은 법원경매(고양지원 2005타경00000 이철수(가명) 지분)가 동시에 진행되는 경우에서 권리분석과 배분사례를 연구하여 보자!

이 공매사건은 필자가 낙찰받아서 소유권이전등기하고 고양지원의 경매절차에서 공유자로서 우선매수청구한 사건이다.

이 등기부를 열람해 보면 알 수 있듯이 주식회사 에임피앤디가 시행하여 아파트부지로 개발 중인 지역으로 공매로 2분의 1 매수한 후 경매절차에서 공유자 우선매수를 신청한 사례이다.

이와 같은 공유지분에 있어서 전체지분에 설정된 저당권이나 임차인 등은 유사공동저당권의 지위에 놓이게 된다.

◆ 한국자산관리공사(KAMCO)의 지분공매 입찰정보내역

[물건명/소재지]: 경기 고양시 일산서구 일산동 000-000

기본정보

물건종류	부동산
처분방식	매각
물건상태	낙찰
조회수	570

기관정보

입찰집행기관	한국자산관리공사
담당자	조세정리1부 / 김자경
연락처	02-3420-5174/

물건정보

소재지	경기 고양시 일산서구 일산동 000-000		
물건관리번호	2005-21048-001	재산종류	압류재산
위임기관	인천광역시		
물건용도/세부용도	단독주택	입찰방식	
면적	대지 61m² 지분 (총면적 : 122.000m²), 건물 22.025m² 지분(총면적:44.050m²)		

감정정보

감정평가금액	183,000,000원	감정평가일자	-	감정평가기관	코리아감정평가법인 (감정평가서)

임대차정보

임대차내용	이름	보증금	차임(월세)	환산보증금	확정(설정)일	전입일
감정서상 표시내용 또는 신고된 내용이 없습니다.						

등기부등본 주요내용

순번	권리종류	권리자명	등기일	설정액(원)
1	공유자	이철수	2003/06/15	0원
2	근저당권자	농협(중앙회)	2004/12/31	80,089,956원
3	가압류	농협협동조합중앙회	2006/02/24	0원
4	압류	의정부세무서		미표시

입찰정보

입찰번호	공고일	대금납부	인터넷입찰시작	현장입찰일시	현장입찰장소	최저입찰가
회차/차수	입찰방식	납부기한	인터넷입찰마감	개찰일시	개찰장소	

입찰이력정보

입찰번호	처분방식	물건관리번호	개찰일시	최저입찰가	낙찰가	낙찰율	입찰결과	입찰상세
200521048001	매각	2005-21048-001	2006/03/22 11:00	109,800,000	125,090,000	113.9%	낙찰	

입찰결과

물건관리번호	2005-21048-001	조회수	571
물건명	경기 고양시 일산서구 일산동 000-000		
입찰자수	유효 2명 / 무효 0명 (인터넷)		
개찰결과	낙찰	낙찰금액	125,090,000원
물건누적상태	유찰 4회 / 취소 1회 [입찰이력보기]		
감정가격 (최초 최저입찰가)	183,000,000원	낙찰가율 (감정가격 대비)	68.4%
최저입찰가	109,800,000원	낙찰가율 (최저입찰가 대비)	113.9%

대금납부 및 배분기일 정보

대금납부기한	납부여부	납부최고일	납부여부	배분기일
2006-05-21	납부	—	—	2006-05-02

◆ 지분공매 입찰대상 물건분석표

KAMCO의 입찰정보내역과 감정평가서, 등기사항전부증명서, 건축물대장, 전입세대 열람 등을 통해서 물건분석표를 작성하면 되는데 다음 공매물건은 필자가 낙찰 받은 사례이다.

주소	면적	경매가 및 진행과정	1) 임차인조사내역 2) 기타청구	등기부상의 권리관계

경기도
고양시
일산서구
일산동
OOO-O번지
 	
체납자겸
소유자: 이철민
1/2지분
압류공매
 	
공매위임관서:
인천광역시
 	
공매집행기관:
자산관리공사
(관리번호:
2005-00000
-001)
	대지
	122m² 중
	이철민 지분
	61m²
	건물
	44.05m² 중
	이철민 지분
	22.025m²
		감정가
		183,000,000원
		최저가
		1차
		183,000,000원
		유찰1
		(공매는 최초
		감정가에서
		10%씩 계속
		저감한다)
		
		2차(10% 저감)
		164,700,000원
		유찰
		
		3차(10% 저감)
		146,400,000원
		유찰
		
		4차(10% 저감)
		128,100,000원
		유찰
		
		5차(10% 저감)
		109,800,000원
		유찰
			1) 임차인
			주변일대가
			재개발을 위하여
			폐가옥 상태임
			따라서
			임차인 없음
			
			2) 기타청구
			① 인천광역시
			취득세
			(법정04.11.30)
			2,850만원
			
			② 의정부세무서
			상속세
			(법정05.3.30)
			1,450만원
			
			③ 북인천세무서
			재산세
			(법정05. 7.10)
			64만원
				공유자 지분의 1/2
				이철수
				610140-1000000
				
				공유자 지분의 1/2
				이철민
				590430-1000000
				• 근저당
				  농업협동조합
				  (전체지분)
				  2004.12.31.
				  104,000,000원
				
				• 이철민 지분압류
				  인천광역시
				  2005.4.6
				• 이철민 지분압류
				  의정부세무서
				  2005.5.23.
				• 이철민 지분압류
				  북인천세무서
				  2005.10.31.
				  이철수 지분
				  강제경매신청
				  신희경
				  2005.10. 31.
				  (강제경매
				  2005-00000)
				  이철수 지분압류
				  고양세무서
				  2005.11. 8.

		④ 부천세무서 재산세 (법정 05.7.10) 25만원 <①~④는 당해세가 아닌 일반 조세 채권임> 낙찰 125,090,000원 낙찰자 (주)대신투자 <2006.3.22.>	이철수 지분압류 동수원세무서 2005.11.11. 이철수 지분압류 의정부세무서 2005.12.12. • 이철민 지분압류 부천세무서 2006.2.20. • 이철민 지분가압류 농협 2006.2.24. 31,402,543원 • 이철민 지분가압류 농협 2006.3.20. 6,022,462원 • 압류공매 : 인천광역시 청구 2,850만원 <공매의뢰 05.11.20. <공매공고 06.1.18. <공매지분 : 이철민 지분>

◈ 지분공매 물건에 대한 권리분석과 배분표 작성

이 공매사건에서 말소기준권리는 농업협동조합의 근저당권인데 이는 전체 지분에 대하여 근저당 설정한 것인데 반하여 압류공매는 이철민 지분인 1/2이고, 나머지 1/2지분권자인 이철수 지분은 강제경매가 진행되고 있는 것을 알 수 있다.

그런데 선순위 농협근저당권은 각 지분권자에 대하여 공동저당권자와 같이 볼 수 있다. 따라서 선행된 매각절차(선행된 공매 또는 경매절차)에서 전액 우선변제 받고 그 매각대상 지분공매(경매) 후순위 저당권 등은 나머지 지분매각 절차에서 동시매각 시 배분받을 수 있었던 금액을 한도로 하여 이철수 지분 경매절차에 대위행사(농협저당권 49,632,557원에 대하여)를 청구하여 후순위 저당권자 등의 채권을 만족할 수 있다.

이 공매사례를 가지고 배분표를 작성하면, 배분액이 123,340,000원(125,090,000원 – 공매비용 1,750,000원)이므로

- **1순위** : 인천광역시 28,500,000원(우선변제금 1)
- **2순위** : 농협근저당 94,840,000원(우선변제금 2)으로 배분 중 입니다.

이와 같이 지분공매 또는 지분경매절차에서 선순위 담보물권자 등이 1/2의 지분압류공매 또는 1/2 지분경매절차에서 전액 배분요구신청 시, 선순위 저당권자 등은 배분액이 남아 있는 한 우선적으로 채권 전액을 우선배분 받을 수 있는데, 미배당금이 존재하면 나머지 다른 지분권자로부터 우선 변제받게 된다. 그러나 선순위근저당권자와 선순위임차인 등이 전액 배분받았다면 그 권리는 소멸될 것이다. 이때 소멸되는 근저당권은 법원이나 자산관리공사로서는 지분경매나 지분공매된 지분에 대해서만 말소를 촉탁하게 되어 나머지 지분권자에 근저당권이 변경 등기되어 존재하게 되는데, 이 존재하는 근저당권은 나머지 공유자들이 채권액이 부존재 함을 이유로 말소시킬 수 있지만, 이 사건과 같이 지분공매된 후순위저당권자 등은 선순위 저당권자가 지분공매에 해당하는 채권만 변제받았다면 배분받을 수 있었던 금액(즉 49,632,557원)에 대하여 선순위저당권자를 대위해서 다른 지분권자의 지분경매 매각대금에서 대위권을 행사할 수 있다.

즉 이철수 지분이 경매로 매각 시 선순위 근저당권자가 이철민 지분에서 배분받지 못한 채권 9,160,000원은 선순위 농협근저당권자가 먼저 배분받고, 나머지 49,632,557원은 후순위 저당권 등이 대위권을 행사하게 된다.

자세한 내용은 다음 ◆번을 참고하기 바란다.

◆ 공유지분에서 전체지분이 동시매각 절차에 의한 동시배분 사례

앞의 지분공매물건에서 후순위 채권자의 대위행사 금액을 확인하기 위해서 선순위 채권자가 동시배당 시 배당받을 수 있는 금액에 대해서 다음과 같이 계산하고 그 금액이 후순위 채권자의 대위행사 금액이 된다.

이철민 지분(1/2) 123,340,000원 (공매비용 공제 후 배분금액)	이철수 지분(1/2) 123,340,000원 (공매비용 공제 후 배분금액)
1. 인천광역시 28,500,000원 2. 농협공동저당 104,000,000원 3. 의정부세무서 14,500,000원 4. 북인천세무서 640,000원 5. 부천세무서 250,000원 (4, 5는 재산세지만 당해세가 아니므로 일반 조세채권으로 압류선착주의만 적용함)	X 2. 농협공동저당 104,000,000원 : (후순위 채권자 등이 모두 농협저당권보다 후순위인 경우)

이 주택에서 두 개 지분 모두가 같은 금액으로 매각되고 공매비용은 제외 후 금액이 각 123,340,000원인 경우

1) 이철민 지분에서는 1순위로 인천광역시 28,500,000원 배당받는다.

2) 농협공동저당권의 채권액 104,000,000원은 이철민 지분에 대한 공매대가는 94,840,000원(123,340,000원 − 28,500,000원)이고, 이철수 지분에 대한 공매대 가는 123,340,000원이다.

그러므로 농협공동저당권은

① 이철민 지분에 대한 안분금액 = $104,000,000 \times \frac{94,840}{218,180}$ = 45,207,443원

② 이철수 지분에 대한 안분금액 = $104,000,000 \times \frac{123,340}{218,180}$ = 58,792,557원

3) 의정부세무서가 이철민 지분에서 14,500,000원

4) 북인천세무서가 이철민 지분에서 640,000원

5) 부천세무서가 이철민 지분에서 250,000원

6) 체납자 겸 소유자 이철민이 34,242,557원이 된다.

그런데 이철민 지분이 먼저 매각되어서 공동저당권자 농협이 이철민 지분에서 우선변제 받아서 후순위 저당권자 등의 대위행사가 예상된다.

그러면 이철수 지분매각 절차에서 후순위 채권자의 대위행사 청구금액을 알아보면 1차로 공동저당권자 농협이 미배당금 9,160,000원을 우선변제 받고, 즉 58,792,557원(동시에 매각 시 이철수 지분에서 안분 배당받을 금액) − 9,160,000원(농협) = 49,632,557원 − 14,500,000원(의정부세무서) − 640,000원(북인천세무서) − 250,000원(부천세무서) − 체납자(소유자) 34,242,557원 순으로 대위하여 청구하게 된다.

06 재개발구역에서 수인의 공유지분 중 일부가 경매로 매각되는경우

◈ **이한동 건물과 대지 각 5분의 1 지분 매각현황**

이한동지분만 경매된 경우이다. 이때 낙찰자가 분양대상자가 되는가와 지분권경매 시 배당표 작성방법

주소	면적	경매가 및 진행과정	1) 임차인조사내역 2) 기타청구	등기부 상의 권리관계

서울시 서초구 방배동 OOO번지 다가구주택 (재개발 예정지구)
 	
채무자겸 소유자:
이한동지분
 	
경매신청 :
송철민
	대지
	155m^2
	건물
	1층 65m^2
	2층 55m^2
	① 이한동 건물 대지 각각 1/5
	② 김기수 건물만 4/5
	③ 김철희 대지만 3/5
	④ 이기철 대지만 1/5
	(2007.12.25. 공유분할)
		감정가
		230,000,000원
		최저가
		1차
		230,000,000원
		유찰
		2차
		184,000,000원
		3차
		147,200,000원
		낙찰
		155,400,800원
		〈이준명〉
			1) 임차인
			② 우선명
			  전입 07.1.10.
			  확정 07.1.10.
			  배당 01.1.15.
			  보증 6,000만원
			② 이순희
			  전입 08.3.30.
			  확정 08.3.30.
			  배당 11.1.20.
			  보증 5,000만원
			② 유승민
			  전입 09.7.30.
			  확정 09.7.30.
			  배당 11.11.10.
			  보증 3,000만원
				공유지분권자별로 소유권이전등기
				2007.12.25.
				
				근저당 국민은행
				2007.12.25.
				9,600만원
				이한동지분 가압류 송철민
				2008.2.10.
				3,000만원
				김기수지분 가압류 한만복
				2008.3.10.
				2,500만
				김철희지분 가압류 이수만
				2009.4.10.
				1,500만원
				이한동지분 강제경매 송철민 청구
				2,000만원
				〈2010.8.30〉

첫번째 시례에서는 말소기순권리가 국민은행이 되고, 공유지분 분할 시점이 권리 산정기준일 이전이므로 분양대상요건에만 해당된다면 분양대상자가 될 수 있다. 배당표를 작성하자.

위 사례는 이한동지분만 경매가 진행되는 경우인데 이한동지분 매수자는 대지 1/5(31m²)과 건물을 1/5 지분을 소유하게 된다.

① 이 사건에서 공유지분권 중 경매가 진행된 것을 낙찰받았을 경우 분양 대상자인가와 ② 지분경매인 경우 배당표 작성방법과 ③ 후순위 채권자의 대위행사청구에 대해 연구하여 보자.

◈ 지분에서 배당표 작성방법

배당금 (155,400,800원—집행비용 200만원)153,400,800원이고 서초구청의 교부 청구(법정기일 2010. 7. 10. 재산세 40만원)가 있었다.

- **1순위** : 유승민 1,600만원(최우선변제금)
- **2순위** : 서초구청 40만원(당해세우선변제금)
- **3순위** : 우선명 6,000만원(확정일자부 우선변제금)
- **4순위** : 국민은행 77,000,800원(우선변제금)

◈ 후순위채권자의 대위

위와 같이 지분경매가 이루어진 경우에도 선순위 임차인이나 선순위 근저당권자들은 전액 우선 배당받을 수 있고 이로 인해 배당받지 못한 후순위채권자들을 나머지 공유지분권자들에게 동시배당 시 후순위채권자가 배당받을 수 있는 금액에 대하여 대위행사를 청구할 수 있다.

대위청구금액을 계산하는 방법은 다음 장의 지분경매를 참고하면 된다.

◈ 분양대상(분양자격) 여부 판단

　이한동 지분을 낙찰받아 소유권이전 시 분양대상자가 될 수 있는가에 대하여 알아보면 주택소유자이거나 또는 공유지분권자가 권리산정기준일 이전에 분할된 대지가 90m² 이상이어야 분양대상자가 될 수 있다. 따라서 낙찰자는 단독분양대상자는 될 수 없고, 김기수 지분(건물 4/5지분)과 이한동 지분(건물 1/5지분과 대지 1/5 지분)으로 종전 정평가금액 비율에 따라 청산금(추가 부담금)도 나누어 내고 그 비율로 공동분양대상자가 된다.

다가구주택 7분의 2를 공매로 낙찰 받아 성공한 사례

 김선생의 특별과외

다가구주택을 부친으로부터 모친이 7분의 3, 장녀가 7분의 2, 막내 아들이 7분의 2를 상속 받았다. 이 중에서 장녀의 세금체납으로 다음사례와 같이 장녀 7분의 2지분이 공매로 매각되는 사례에서 필자가 낙찰 받아 성공한 사례이다. 이 사례에서 선순위임차인의 보증금을 얼마나 인수하느냐와 낙찰 받지 못한 7분의 5지분을 어떻게 해결하느냐가 성공의 지름길이다. 왜냐하면 공매투자로 취득하는 금액은 입찰금액+인수할 권리나 금액이 포함되기 때문이다. 그런데 선순위임차인으로 예상되는 전입세대 2명이 있었다. 이때 다음과 같이 분석하면 될 것이다.

이 다가구주택은 건물과 대지 전체가 일괄매각되는 것이 아니고, 장녀지분 7분의 2만 공매로 매각되는 사례이다. 이 사례에서 지분 매수 후 다른 지분까지 매수할 수만 있다면 성공할 수 있다. 이 주택은 지하철 2호선 서울대입구역에서 도보로 7분 거리에 있고, 강남역까지 지하철로 여섯 정거장에 불과해서 제2의 강남으로 불리어지고 있다. 그래서 주변 주택과 상가건물 등의 가격이 상승하고 있다. 특히 지역주택조합이 매수하거나 매수를 준비하고 있어서 가격 상승을 유발하고 있는 지역이다. 어쨌든 주택가격은 대지 평당 가격으로 평가하기 때문에 주변부동산을 통해서 확인해 본 결과 평당 3,300만원을 형성하고 있었다.

감정가가 308,080,180원인데 반해서 시세는 440,550,000원(평당 3,300만원×13.35평)으로 감정평가가 낮게 평가된 것을 현장답사를 통해서 확인할 수 있었다. 이렇게 감정가가 낮게 평가된 물건을 찾아서 입찰에 참가하는 것, 역시 재테크에서 성공하는 지름길이다. 그런데 이 물건은 최저매각가가 184,849,000원으로 저감 되었다. 이는 지분공매물건이라는 사실과 인수금액 여부를 정확하게 판단하기 어려워서 그런 것 같았다.

어쨌든 필자가 196,409,800원으로 입찰해서 낙찰 받고, 지역주택조합에 팔아서 높은 수익을 올릴 수 있었다. 이 사례에서 주목할 점은 다른 지분을 매수해서 주택을 수선해서 파는 전략이있다면 더 높은 수익을 올렸겠지만, 필자가 낙찰 받고 다른 공유지분권자 등과 협의하는 과정에서 다른 지분이 지역주택에 팔려서 어쩔 수 없이 필자 지분도 팔았던 사례로, 그 과정을 다음과 같이 독자 분들에게 소개하고자 한다.

♠ 다가구주택 공매물건의 사진과 주변 현황도

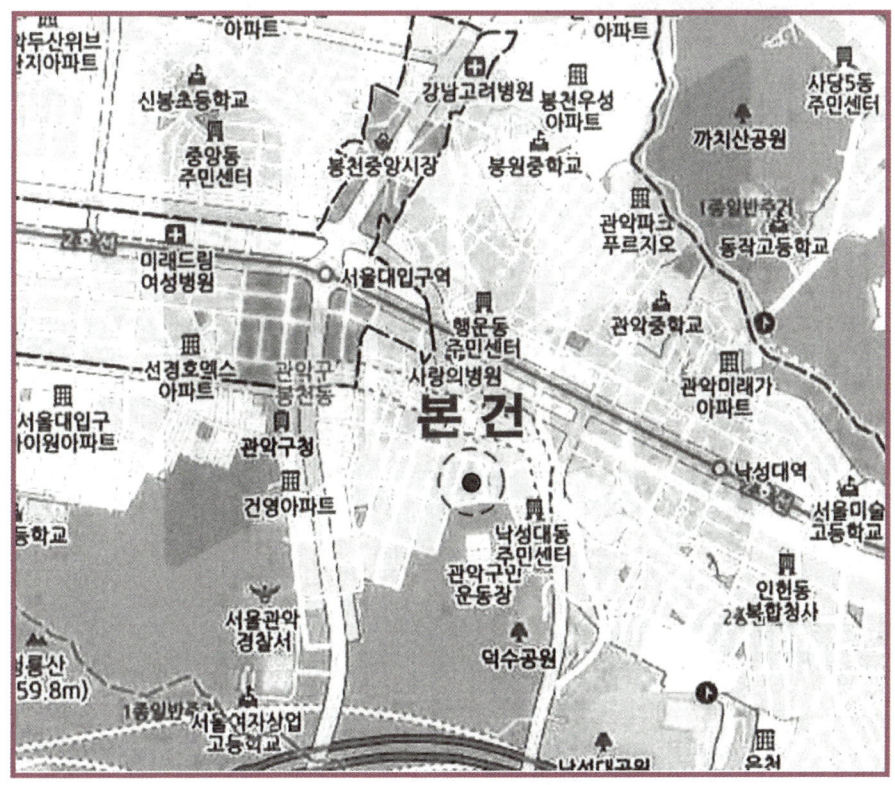

◈ 다가구주택의 7분의 2지분 온비드 입찰정보 내역

물건관리번호 : 2018-04412-003 물건상태 : 낙찰 공고일자 : 2018-07-25 조회수 : 2299

서울특별시 관악구 봉천동 0000-0

처분방식 / 자산구분	매각 / 압류재산(캠코)
용도	기타주거용건물
면적	대 44.142㎡, 건물 63.851㎡
감정평가금액	308,080,180원
입찰방식	일반경쟁(최고가방식) / 총액
입찰기간 (회차/차수)	2018-10-29 10:00 ~ 2018-10-31 17:00 (042/001)
유찰횟수	4 회
배분요구종기	2018-09-17
최초공고일자	2018-07-25

[입찰유형]
- ☐ 전자보증서가능   ☑ 공동입찰가능
- ☑ 2회 이상 입찰가능   ☑ 대리입찰가능
- ☐ 2인 미만 유찰여부   ☑ 차순위 매수신청가능

공매대행의뢰기관	고양세무서
집행기관	한국자산관리공사
담당자정보	서울서부지역본부 / 조세정리2팀 / 1588-5417

※ 공매재산명세서는 입찰시작 7일 전부터 입찰마감 전까지 입찰정보 탭에서 확인할 수 있습니다.

최저입찰가(예정금액)   184,849,000원

| 물건 세부 정보 | 압류재산 정보 | 입찰 정보 | 시세 및 낙찰 통계 | 물건 문의 | 부가정보 |

■ 임대차 정보 (감정평가서 및 신고된 임대차 기준)

임대차내용	성명	보증금(원)	차임(월세)(원)	환산보증금(원)	확정(설정)일	전입일
임차인	조O희(B02호 임차인)	70,000,000	-	-	2013-10-29	2013-10-29
임차인	임차인(B01호)	-	-	-	-	-
임차인	임차인(제1층)	1층 전체 모친인 신O분 (주택의 3/7지분권자임)	-	-	-	-
임차인	임차인(제2층)	-	-	-	-	-

■ 등기사항증명서 주요정보

번호	권리종류	권리자명	설정일자	설정금액(원)
1	위임기관	고양세무서	2017-08-29	미표시
2	압류	파주세무서	2017-07-19	미표시
3	공유자	신O분	-	미표시
4	공유자	오O환	-	미표시

◆ 다가구주택의 7분의 2지분 공매 물건에 대한 권리분석

토지.건물 감정평가명세표

일련번호	소재지	지번	지목 용도	용도지역 및 구조	면 적 (㎡) 공부	면 적 (㎡) 사정	감정평가액 단가	감정평가액 금액	비 고
1	서울특별시 관악구 봉천동	0000-0	대	제2종 일반주거지역	154.5×2/7	44.142	6,690,000	295,309,980	(오○주 지분 : 7분의 2)
가	서울특별시 관악구 봉천동 [도로명주소] 서울특별시 관악구 남부순환로 234길 00-0	0000-0 위지상	주택	연와조 스라브위기와 2층					
				1층	77.15×2/7	63.851	200,000	12,770,200	800,000 × 10/40 : 관찰감가
				2층	69.18×2/7				(오○주 지분 : 7분의 2)
				지하실	77.15×2/7				
	합 계			< 이 하 여 백 >				₩308,080,180.-	

 이 다가구주택은 위 감정평가명세표와 같이 공동소유였는데, 1층은 공유자인 모친(7분의 3)이 거주하고, 나머지 지층과 2층에서 선순위 임차인으로 예상되는 임차인 등이 3명이 있었다. 그 중 한 사람은 권리신고 및 배분요구신고서를 한국자산관리공사에 제출하고, 나머지 2명은 배분요구를 하지 않아서 낙찰자가 인수하는 상황이다.

(1) 필자가 권리분석을 하는 과정에서 확인한 사항은 다음과 같다!

 1차적으로 공매재산명세서를 통해서 지층B02호 임차인 조○희가 7,000만원으로 배분요구 했고, 전액 배분 받는 것이 예상되었다. 2차적으로 등기부를 통해서 1층 거주하는 분이 7분의 3지분권자인 신○분이라는 사실까지 확인할 수 있었다.

3차직으로 현상을 방문해서 배분요구한 지층B02호를 만났고, 이 임차인을 통해서 지층B01호와 2층에 임차인이 거주하고 있다는 사실을 확인할 수 있었다. 그런데 임차보증금은 확인할 수가 없어서, 지층B01호는 임차보증금을 지층B02호와 같이 7,000만원으로 분석하고, 2층 전체 현 임대 시세(구건물인 경우를 전제로) 2억5,000만원 정도 예상할 수 있었다.

4차적으로 주변부동산을 이틀에 거쳐 매매와 전·월세 시세를 확인했는데, 그 과정에서 시세가 평당 3,300만원 정도 되는 주택 등이 매물로 나온 사실과 임대차계약서를 작성한 중개업자도 만날 수 있었다. 그런데 다른 공유자들의 입단속으로 정확한 답변을 얻을 수 없었지만, 2억 이하라는 사실은 확인할 수 있었다.

(2) 인수금액은 이렇게 분석하고 입찰에 참여했다!

그래서 인수할 보증금을 지층B01호 7,000만원과 2층 임차인 2억원으로 계산해서 합계금액 2억7,000만원의 7분의 2지분에 해당하는 77,142,857원을 인수하는 것으로 분석하고 다음과 같이 입찰에 참여하게 되었다. 왜냐하면 이 주택은 상속으로 공유등기가 이루어졌고, 임차인 등은 부친이 사망하기 전에 임대차계약서를 작성했기 때문에 그 상속지분대로 공동임대인이 된다. 또 세금을 절세하기 위해서 매수인도 개인 명의로 한 것이 아니라 과밀억제권역 밖에 있는 법인으로 매수해 취득 시 등록세 3배 중과와 양도소득세를 절세할 수 있었다.

개인으로 매수해서 팔았다면 1년 미만 40% + 조정대상지역 내에서 3주택 이상인 경우 20%가 중과되므로 60%, 여기에 지방소득세 10%가 추가되니 66%를 납부해야 한다. 하지만, 법인명의로 취득 후 1년 이내에 팔면 기본법인세 10%와 주택양도차익에 대한 10%의 법인세만 납부하면 되므로 절세효과를 톡톡히 볼 수 있다.

◆ 필자가 다가구주택을 1등으로 낙찰 받았다!

상세입찰결과

물건관리번호	2018-04412-003		
재산구분	압류재산(캠코)	담당부점	서울서부지역본부
물건명	서울특별시 관악구 봉천동 0000-0		
공고번호	201807-27486-00	회차 / 차수	042 / 001
처분방식	매각	입찰방식/경쟁방식	최고가방식 / 일반경쟁
입찰기간	2018-10-29 10:00 ~ 2018-10-31 17:00	총액/단가	총액
개찰시작일시	2018-11-01 11:07	집행완료일시	2018-11-01 11:21
입찰자수	유효 2명 / 무효 1명(인터넷)		
입찰금액	196,409,800원/ 191,700,000원		
개찰결과	낙찰	낙찰금액	196,409,800원
감정가 (최초 최저입찰가)	308,080,180원	최저입찰가	184,849,000원
낙찰가율 (감정가 대비)	63.75%	낙찰가율 (최저입찰가 대비)	106.25%

대금납부 및 배분기일 정보

대금납부기한	2018-12-05	납부여부	납부
납부최고기한	2018-12-17	배분기일	2019-01-11

◆ 매수 이후의 대응과 기대수익은 얼마나 올렸나?

낙찰 받고 나서 인수금액을 확인했더니, 지층B01호 7,000만원과 2층 임차인 1억9,500만원으로 합계금액이 2억6,500만원이다. 이 금액의 7분의 2를 계산하니 실제로 인수할 금액은 75,714,285원이다. 그리고 다른 공유자인 모친 신○○와 막내 아들인 오○○와 협의하는 과정에서 감정가로 팔라고 했더니 알았다고 하더니 연락이 없었다. 얼마 후 부동산 중개업소에서 전화가 왔다. 우리부동산이 지역주택조합을 대신해서 매수활동을 하는 중개업소라고 하면서 7분의 2 지분을 팔라는 것이다. 그래서 고심하다가 평당 3,000만원에 팔았다.

이쨌든 닉찰가 196,409,800원 + 인수금액 75,714,285원으로 총 취득가는 272,124,085원이다. 소유권이전등기비용으로 500만원 정도 소요되었고, 400,500,000원에 팔았으니 양도차익은 128,375,915원이다. 여기에 법인세 20%를 공제해도 102,700,732원이다. 2019년 1월 7일 잔금납부하고 1월 20일 매매계약서를 작성하고, 열흘 뒤인 1월 31일에 잔금까지 완료했다. 이렇게 마무리가 되어 2억원 투자해서 한 달만에 1억300만원이라는 높은 수익을 올릴 수 있었던 사례이다.

Part 04

채권과 물권간의 우선순위와 충돌할 때 배당하는 방법

01 채권과 물권의 종류

채권은 광의적으로 해석하면 담보물권과 저당권부 채권(담보물권적인 효력을 가지고 있는 채권), 무담보채권이 있다. 무담보채권에는 우선특권이 있는 채권으로 특별우선채권과 일반우선채권이 있고, 우선특권이 없는 일반채권으로 배당 요구가 가능한 채권과 불가능한 채권으로 나눌 수 있다.

◈ 광의의 채권의 종류

(1) 특별우선채권
민법상 필요비·유익비 상환청구권, 주임법·상임법상 소액보증금 중 일정액, 근로자의 최우선변제금, 조세채권 중 당해세.

(2) 담보물권
근저당권(저당권), 전세권 등

(3) 저당권부채권
담보가등기(=채권을 담보로 가등기한 채권), 확정일자부 임차권(대항요건과 확정일자를 갖춘 임차인), 임차권등기(=등기한 임차권, 민법 제621조)

(4) 일반우선채권(우선특권 있는 채권)
일반조세채권(당해세 제외), 공과금(국민건강·국민연금보험, 고용·산재보험 등), 근로자의 일반임금채권(최우선변제금 제외)

(5) 일반채권

① 배당에 참여할 수 있는 채권 : 가압류, 강제경매신청채권, 집행법원에 의한 배당요구채권, 우선특권 없는 공과금채권

② 배당에 참여할 수 없는 채권 : 집행권원이 없는 차용증 등을 소지한 채권자, 확정일자 없는 주택임차인(소액보증금 중 일정액은 제외), 주임법 및 상임법상 보호 대상이 아닌 상가 또는 토지 임차인 등은 경매목적 부동산에 가압류등기를 하지 않거나 보증금에 대한 채권원인증서만으로는 배당 요구가 불가 하다.

◆ 물권의 종류와 물권 상호 간의 우선순위

(1) 물권의 정의와 종류

물권이란 특정물건을 직접적, 배타적으로 지배하여 이익을 얻을 수 있는 권리(사용, 수익, 처분할 수 있는 권리)로서 지배권이며, 대물권이다.

모든 사람에게 주장이 가능한 절대권이기 때문에 대부분 등기부에 공시된다.

물권은 설정계약에 의해서 성립되지만 법률 또는 관습법에 의해서도 발생된다. 이러한 물권의 종류에는 물건을 사용·수익·처분권을 모두 가지고 있는 소유권과 물건을 사실상 점유할 수 있는 점유권, 소유권을 제한할 수 있는 권리로 담보물권과 용익물권이 있다.

담보물권에는 유치권, 질권, 저당권 등이 있으며 용익물권에는 지상권, 지역권, 전세권 등이 있다.

이 밖에도 관습법상의 물권으로 분묘기지권과 관습법상의 법정지상권 등이 있다.

(2) 동일한 물권 상호 간의 우선순위(일물 일권주의)

먼저 성립된 물권이 이후에 성립된 권리보다 우선하지 못하는 일물 일권주의의 원칙상 하나의 물건 상에 2개 이상의 물권이 성립되지 못한다. 즉 1개의 물건 위에 2개의 소유권·전세권·지상권 등이 중복해서 성립할 수 없다.

(3) 동일한 물권이 아닌 경우에 우선순위

① 소유권과 제한물권(담보물권, 용익물권)이 동일 물건 위에 존재하는 경우 시간의 선후에 관계없이 항상 제한물권이 우선한다.

② 제한물권(담보물권과 용익물권) 상호 간의 우선순위는 먼저 등기된 담보물권이 우선한다. 같은 날짜에 설정된 것은 접수번호에 따라 선후가 정해진다.

③ 저당권부 채권 상호 간 우선순위는 등기일자와 효력발생 일시에 따라 우선순위가 정해지다.

(4) 물권우선주의(채권에 우선하는 효력)

하나의 물건 위에 물권과 채권이 함께 존재하는 경우 그 성립의 선후와 관계없이 물권이 채권에 우선하는 것이 원칙이다. 그러나 이 원칙에도 예외가 있다.

그 예외는 다음 채권설명에서 다루어 보겠다

◆ 채권의 종류와 채권 상호 간 우선순위

(1) 채권의 정의와 종류

채권이란, 특정인(채권자)이 특정인(채무자)에 대하여 일정한 행위(=급부)를 청구할 수 있는 권리로서 상대적이고 비배타적인 권리이다. 채권은 채무자에게만 주장할 수 있는 대인적 권리로서 채무자의 행위에 의하여 권리내용이 실행되는 권리이다. 채권은 특정한 사람에게만 주장이 가능한 상대권으로 대부분 등기부에 공시되지 않는다. 이러한 채권은 계약(청약과 승낙)에 의해서 성립된다. 그리고 채무자가 임의로 그 행위를 하지 않을 경우 채권자는 법원의 청구하여 강제집행을 청구할 수 있다. 채권의 종류는 우선특권이 있는 채권으로 특별우선채권(1순위 필요비와 유익비, 2순위로 최우선변제금, 당해세)과 일반우선채권(조세, 공과금, 임금채권)이 있고, 우선특권이 없는 일반채권으로 배당요구가 가능한 채권(가압류, 강제경매신청채권, 집행권원에 의한 배당요구채권, 우선특권 없는 공과금 채권)과 불가능한 채권(집행권원이 없는 차용증 등을 소지한 채권자, 확정일자 없는 주택임차인(소액임차인의 소액보증금 중 일정액은 제외)으로 나눌 수 있다.

(2) 채권 상호 간의 우선순위

원칙적으로 채권자 평등의 원칙에 따라서 우열이 없이 그 채권의 성립시기, 효력발생 시기를 불문하고 동순위로서 안분배당하게 된다. 그러나 채권이 특별우선 채권과 일반우선채권, 일반채권 간에는 동순위가 되는 것이 아니라, 항상 특별우선채권이 우선하고, 그 다음 일반우선채권, 일반채권 순이 된다.

◆ 물권과 채권 상호 간의 우선순위

(1) 물권우선주의가 원칙

'매매는 임대차를 깬다.' 라는 말이 있다. 이 말은 채권과 물권이 충돌하면 물권이 우선한다는 것으로 주택임대차보호법이 탄생하기 전 임차인이 대항력이 없던 시기로, 임차주택이 매매로 소유자가 변경되면 임차인은 새로운 소유자에게 대항할 수 없었다. 그래서 계약기간 중이라도 새로운 소유자가 주택을 비워달라고 요구할 수 있었다. 새로운 소유자는 소유권이전등기로 물권을 취득한 반면에, 임대차는 채권이기 때문이다. 이와 같이 민법에서는 물권이 채권에 우선한다는 물권 우선주의 원칙을 택하고 있다.

(2) 물권우선주의의 예외

채권은 물권과 같이 등기부에 등기되지 않아서 등기부에 등기된 물권에 우선할 수 없는 것이 대부분이다. 그러나 등기되지 않은 채권도 특별우선채권과 일반우선채권이라면 우선특권이 있어서 물권과의 관계에서 우선할 수도 있고, 우선특권이 없는 채권이라도 등기된 일반채권(가압류등기, 압류등기, 강제경매신청기입등기)이라면 물권과 선후 등기순위에 따라 일반채권이 선순위인 경우 처분금지효력이 물권에 미치게 되어 후순위 물권과 동순위로 안분 배당한다. 그러나 후순위 가압류등기는 물권이 우선하게 된다.

02 물권과 일반채권 등이 혼재시 배당사례 연습

◆ 선순위 물권 → 후순위 일반채권 → 후순위 물권 순인 경우

갑 저당권 → 을 가압류 → 병 임차인 전입/확정일자(최우선변제금은 계산하지 않음)

배당순위는 1순위 : 갑 저당권, 2순위 : 을 가압류 = 병 임차인(확정일자 임차인)이므로 동순위로서 안분배당 한다.

◆ 선순위 확정일자부 임차인 → 후순위 일반채권인 경우

갑 임차인 전입/확정일자 → 을 가압류 → 병 강제경매신청 → 정 가압류 → 을의 강제경매신청

배당순위는 1순위 : 갑 임차인의 확정일자 우선변제권, 2순위 : 을 가압류 = 병 강제경매신청 = 정 가압류는 동순위로서 안분배당한다.

◆ 선순위 일반채권 → 후순위 물권인 경우

갑 가압류 → 을 저당권 → 병 임차인 전입/확정일자 → 을의 임의경매

물권은 일반채권에 우선하고 물권은 우선변제권이 있으나 우선변제권은 물권보다 후순위 채권과 권리에 해당되는 것이지, 선순위로 등기된 가압류 등의 일반채권에 대해서는 가압류의 처분금지효력 때문에 우선하지 못한다. 이렇게 선순위 가압류 후 후순위 근저당권 등은 가압류의 처분금지효력으로 인해서 동순위로 안분배당하게 된다.

배당순위는 갑 = 을이고, 갑 = 병이므로 동순위로 1차로 ① 갑, ② 을, ③ 병을 안분배당하고, 2차로 흡수배당 : 을, 병보다 우선순위로 을, 병의 1차 안분액 한도 내에서 을의 채권이 만족할 때까지 안분 부족액을 흡수하는 절차를 거치게 된다.

 김선생의 특별과외

선순위 채권 → 물권 → 채권 순서일 경우 배당관계에 대한 판례

가압류등기 후에 경료된 담보가등기의 효력 및 가압류채권자와 위 담보가등기권자 간의 배당순위(대법 86다카2570)
부동산에 대하여 가압류등기가 먼저 되고 나서 담보가등기가 마쳐진 경우에 그 담보가등기는 가압류에 의한 처분금지의 효력 때문에 그 집행보전의 목적을 달성하는 데 필요한 범위 안에서 가압류채권자에 대한 관계에서만 상대적으로 무효라 할 것이고, 따라서 담보가등기권자는 그보다 선 순위의 가압류채권자에 대항하여 우선변제를 받을 권리는 없으나, 한편 가압류채권자도 우선변제 청구권을 가지는 것은 아니므로 가압류채권자보다 후순위의 담보가등기권자라 하더라도 (중략) 법원의 최고에 의한 채권신고를 하면, 가압류채권자와 채권액에 비례하여 평등하게 배당받을 수 있다.

03 배당에서 우선순위 결정방법

경매로 매각되면 그 매각대금에서 경매집행비용을 0순위로 공제하고 나면 채권자에게 실제 배당할 금액이 되는데 그 배당금을 가지고 채권자에게 다음 배당순으로 배당하게 된다.

(1) 1순위 [필요비, 유익비](민법 제367조)

저당물의 제3취득자나 임차권, 점유권, 유치권자가 그 부동산에 보존개량을 위하여 필요비, 유익비를 지불한 경우 매각대금에서 우선 변제한다.

(2) 2순위 [주택 및 상가임차인과 근로자의 최우선변제금]

① 주택임차인의 소액임차보증금 중 일정액(주임법 제8조 1항)
② 상가임차인의 소액임차보증금 중 일정액(상임법 제14조 1항)
③ 근로자의 최종 3개월분 임금, 최종 3년간 퇴직금, 재해보상금
위 ① + ② + ③은 동순위이며 배당금이 부족하면 안분배당하게 된다.

(3) 3순위 [당해세]

그 부동산에 대하여 부과된 국세나 지방세를 말한다.
① 국세 중 당해세의 종류는 상속세, 증여세, 종합부동산세를 말한다(국세기본법 제35조 5항). 여기서 상속세·증여세의 당해세 요건은 상당히 제한적이다. 즉 상속, 증여세의 경우 담보권 설정 당시 설정자(채무자)에게 납세의무가 있는 상속세, 증여세만 당해세가 될 수 있다. 즉 저당권 설정 전에 증여를 원인으로 부과된 증여세는 그 부동산자체에 대하여 부과된 것으로서 당해세이다(대법

2000다47972). 그러나 저당권이 설정되고 나서 상속·증여 등으로 소유자가 변경되었고 새로운 소유자에게 부과된 상속·증여세는 당해세가 아니다.

② 지방세 중 당해세는 그 부동산에 부과된 지방세로 재산세, 자동차세, 도시계획세, 공동시설세, 지방교육세(재산세와 자동차세에만 해당된다) 등이 있다(지방세법 시행령 제14조의 4).

지방세 중 재산세(재산세와 도시계획세 통합)·자동차세(자동차 소유에 대한 자동차세만 해당한다)·지역자원시설세(특정부동산에 대한 지역자원시설세만 해당한다)(공동시설세와 지역개발세통합) 및 지방교육세(재산세와 자동차세에 부가되는 지방교육세만 해당한다)를 말한다(지방세기본법 제99조 제5항)(2011.1.1. 시행).

(4) 4순위 [일반조세채권(당해세를 제외한 세금)]

저당권부채권보다 일반조세채권의 법정기일이 빠른 경우

(5) 5순위 [공과금(국민건강, 국민연금, 고용보험, 산재보험)]

저당권부채권보다 공과금의 납부기한이 빠른 경우

따라서 공과금의 납부기한이 근저당권설정등기일보다 빠르고 근저당권이 일반조세채권의 법정기일보다 빠르다면 순환관계가 발생된다.

예) 공과금 납부기한(2월 10일) 근저당권설정등기일(3월 10일) 일반조세채권의 법정기일(4월 10일) 순이면 공과금〉근저당권이고, 근저당권〉일반조세이고, 일반조세〉공과금이므로 순환흡수배당절차에 의해서 배당하게 된다.

(6) 6순위 [근저당권, 전세권, 담보가등기, 확정일자부 임차권, 등기된 임차권 (민법 제21조)]

① 담보물권(근저당권, 전세권 담보가등기) 상호간의 순위는 설정등기된 순위이다. 즉 접수일자가 빠른 담보물권이 우선하고 접수일자가 같은 경우 접수 번호에 따라 우선순위가 정해진다.

② 확정일자부 임차권은 대항요건(주택의 인도와 주민등록)을 먼저 갖추고 나서 임대차계약서에 확정일자를 받으면 그 당일 주간에 우선변제권이 발생한다. 그러나 대항요건과 확정일자를 같은 날에 부여받았다면 익일 오전 0시에 확정일자부 우선변제권이 발생한다(∵ 대항력이 대항요건을 갖춘 날 익일 오전 0시에 발생하기 때문이다).

③ 조세채권 확정일은 그 조세의 법정기일 및 납부기일이다.

④ 등기된 임차권은 등기일자가 아니라 그 전의 대항요건과 확정일자를 갖춘 시기이다. 그러나 대항요건을 갖추기 전에 민법 제621조에 의해 임대차등기가 이루어졌다면 임대차등기일자에 대항력과 확정일자부 우선변제권이 발생된다.

(7) 7순위 [일반임금채권(최우선변제금을 제외한 임금·퇴직금)]

일반임금채권은 6순위의 저당권부채권에는 항상 후순위가 되지만, 조세(당해세 포함), 공과금, 일반채권에 대해서는 우선한다. 그러나 6순위의 저당권부채권보다 우선하는 조세나 공과금에 대해서는 일반임금이 우선하지 못하기 때문에 배당에서 위와 같이 4순위에서 7순위로 정해지게 된다(근로기준법 제38조 제1항과 근로자 퇴직급여 보장법 제11조).

(8) 8순위 [일반조세채권]

저당권부채권보다 일반조세채권의 법정기일이 늦은 경우

(9) 9순위 [공과금(국민건강, 국민연금, 고용보험, 산재보험)]

저당권부채권보다 공과금의 납부기한이 늦은 경우

(10) 10순위 [일반채권자]

가압류채권, 강제경매신청채권, 집행권원이 있는 채권(확정된 판결문, 공증된 약속어음 등), 재산형, 과태료 및 국유재산법상의 사용료, 대부금 등이 모두 배당요구가 가능하며 배당절차에서 이들 순위는 모두 동순위로 안분배당하게 된다.

매각부동산에 담보권(저당권부채권) 등이 없는 경우
(1) 0순위 [집행비용]. (2) 1순위 [필요비, 유익비]. (3) 2순위 [임차인과 근로자의 최우선변제금]. (4) 3순위 [일반임금채권] 근로기준법 제38조(임금채권의 우선변제) 제1항은 임금, 재해보상금은 질권, 저당권(저당권부채권 모두 포함됨)을 제외하고는 조세, 공과금 및 일반채권에 우선한다.
(5) 4순위 [당해세]. (6) 5순위 [일반조세채권]. (7) 6순위 [공과금].
(8) 7순위 [일반채권] 순으로 배당받게 된다.

 실전 배당사례에서 어떤 점에 유의해서 배당해야 하나?

◆ **말소기준권리를 기준으로 인수할 권리가 있는지 확인!**

첫 번째, 말소기준권리 이전 권리는 인수, 이후의 권리는 소멸한다.

두 번째, 말소기준권리가 담보물권(근저당권, 담보가등기, 전세권)이냐, 무담보 채권(가압류, 압류, 강제경매신청)이냐를 구분해서 담보물권이면 소액임차인 결정 기준이 되고, 무담보채권이면 현행법상 소액임차인의 최우선변제금보다 항상 후순위가 된다는 판단을 해야 한다.

◆ **임차인이 있는 경우 대항력 여부와 배당요구 여부를 먼저 판단해라!**

① 말소기준권리 이전에 대항요건(주민등록과 주택인도)을 갖추고 있다면 대항력 있는 임차인이다. 이런 대항력 있는 임차인은 두 가지 권리 중 하나만을 선택해야 한다. 즉 대항력을 주장하여 잔존 계약기간동안 거주하거나 스스로 대항력을 포기하고 우선변제권으로 배당요구하여 배당받고 이사를 나가는 방법이다. 배당요구를 했다면 전액 배당받게 되는지, 미배당금이 발생하게 되는지(미배당금은 낙찰자 인수금액이 된다)를 확인해야 한다.

② 대항력이 없으면 경매로 소멸되는 권리지만, 그렇다고 하더라도 우선변제권이 있으니 예상배당표를 작성해서 배당받을 금액이 있는지를 파악하라(배당금이 있어야 명도가 쉽다).

③ 임차인이 배당요구했다면 대항력 있든, 없든 간에 두 가지 우선변제권으로 최우선변제금과 확정일자부 우선변제권을 갖게 된다.
소액임차인인 경우 최우선변제금과 확정일자부 우선변제금으로 배당받을 수 있고, 소액임차인이 아니면 확정일자부 우선변제금으로 우선해서 변제받을 권리만 있다.

④ 소액임차인에 해당하는 임차인이 있으면 최우선변제금을 먼저 배당하고 없으면 당해세 → 저당권부채권(근저당권과 담보가등기, 전세권, 확정일자 우선변제권, 등기된 임차권) 등 간의 우선순위에 따라 배당하면 된다.

◆ **조세채권 등이 있다면 이러한 절차로 배당하면 된다!**

1차적으로 당해세 유무와 당해세가 있다면 당해세는 저당권부채권과 압류한 조세채권 등의 여부와 상관없이 우선 배당하고, 당해세가 없으면 일반세금 등은 법정기일 등을 가지고 저당권부채권과 우선순위에 따라 배당하고 나서 조세채권끼리는 1차로 법정기일에 따라 배당받은 금액을 압류선착주의에 의해서 먼저 압류권자가 흡수하면 되고, 나머지 참가압류권자와 교부청구한 조세채권자 등은 동순위로 안분하면 된다.

저당권부채권 등이 없는 경우에는 조세채권끼리는 직접 압류선착주의를 적용하여 우선 배당받게 되고, 교부청구한 조세채권끼리는 배당 잔여금을 가지고 동순위로 안분배당하면 된다.

◈ 경매에서 배당은 다음과 같은 순위로 하면 된다.

경매로 매각되면 매각대금에서 0순위로 경매비용이 먼저 변제받고, 나머지 금액이 실제로 채권자에게 배당할 금액이 된다.

배당금 중에서 **1순위**로 배당받는 것이 필요비·유익비 상환청구권, **2순위**가 임차인과 근로자의 최우선변제금, **3순위**는 당해세에 배당하면 된다. 따라서 압류 및 교부청구한 조세채권이 있다면 당해세 유무를 확인하고 당해세만 3순위로 먼저 배당하고, 나머지 일반세금은 법정기일을 가지고 4순위부터 저당권부채권(근저당권, 담보가등기, 전세권, 확정일자부 우선변제권, 등기된 임차권) 등과 우선순위에 따라 다음과 같이 순위 배당하면 된다.

- **4순위** [일반조세채권] – 담보권보다 법정기일이 빠른 경우
- **5순위** [공과금] – 담보권보다 공과금의 납부기한이 빠른 경우
- **6순위** [담보권(저당권, 전세권, 담보가등기, 확정일자 임차권, 등기된 임차권)]
- **7순위** [일반임금채권]
- **8순위** [일반조세채권 – 담보권보다 법정기일이 늦은 경우]
- **9순위** [공과금 – 담보권보다 공과금의 납부기한이 늦은 경우]
- **10순위** [우선변제권이 없는 일반채권]

05 주택임차인의 권리와 다른 채권자 간에 배당 방법은?

◆ **임차인이 최우선변제금을 받으려면 어떻게 해야 되나?**

주택임차인이 최우선변제금을 받으려면 대항요건인 주민등록과 주택의 인도를 경매기입등기 이전, 또는 공매공고등기 이전에 대항요건을 갖추고 있으면서 소액임차인에 해당되면 보증금 중 일정액에 대하여 주택가액(대지가액을 포함한다)의 2분의 1 범위 안에서 다른 담보물권보다 우선해서 변제받을 수 있는 권리를 갖게 된다(주임법 제8조).

(1) 임차인이 최우선변제에 관한 사항과 적용대상범위?

이러한 소액임차인으로서 최우선변제금을 받으려면 다음 각 구간에 해당되는 보증금의 범위 내에 있어야 한다.

주택 소액임차인 최우선변제금			
담보물권설정일	지역	보증금 범위	최우선변제액
: (생략)	:	:	:
2001.09.15.~ 2008.08.20.	① 수도권 과밀억제권역	4,000만원 이하	1,600만원까지
	② 광역시(인천광역시, 군지역 제외)	3,500만원 이하	1,400만원까지
	③ 그 밖의 지역	3,000만원 이하	1,200만원까지
2008.08.21.~ 2010.07.25.	① 수도권 과밀억제권역	6,000만원 이하	2,000만원까지
	② 광역시(인천광역시, 군지역 제외)	5,000만원 이하	1,700만원까지
	③ 그 밖의 지역	4,000만원 이하	1,400만원까지

기간	지역	보증금 범위	최우선변제액
2010.07.26.~ 2013.12.31.	① 서울특별시	7,500만원 이하	2,500만원까지
	② 수도권 과밀억제권역(서울시 제외)	6,500만원 이하	2,200만원까지
	③ 광역시(과밀억제권역, 군지역은 제외), 안산시, 용인시, 김포시, 광주시(경기)	5,500만원 이하	1,900만원까지
	④ 그 밖의 지역	4,000만원 이하	1,400만원까지
2014.01.01.~ 2016.03.30.	① 서울특별시	9,500만원 이하	3,200만원까지
	② 수도권 과밀억제권역(서울시 제외)	8,000만원 이하	2,700만원까지
	③ 광역시(과밀억제권역, 군지역은 제외), 안산시, 용인시, 김포시, 광주시(경기)	6,000만원 이하	2,000만원까지
	④ 그 밖의 지역	4,500만원 이하	1,500만원까지
2016.03.31.~ 2018.09.17.	① 서울특별시	1억원 이하	3,400만원까지
	② 수도권 과밀억제권역(서울시 제외)	8,000만원 이하	2,700만원까지
	③ 광역시(과밀억제권역, 군지역은 제외), 세종시, 안산시, 용인시, 김포시, 광주시(경기)	6,000만원 이하	2,000만원까지
	④ 그 밖의 지역	5,000만원 이하	1,700만원까지
2018.09.18.~ 2021.05.10.	① 서울특별시	1억1,000만원 이하	3,700만원까지
	② 수도권 과밀억제권역(서울시 제외), 세종시, 용인시, 화성시	1억원 이하	3,400만원까지
	③ 광역시(과밀억제권역, 군지역은 제외), 안산시, 김포시, 광주시(경기), 파주시	6,000만원 이하	2,000만원까지
	④ 그 밖의 지역	5,000만원 이하	1,700만원까지
2021.05.11.~ 현재	① 서울특별시	1억5,000만원 이하	5,000만원까지
	② 수도권 과밀억제권역(서울시 제외), 세종시, 용인시, 화성시	1억3,000만원 이하	4,300만원까지
	③ 광역시(과밀억제권역, 군지역은 제외), 안산시, 김포시, 광주시(경기), 파주시	7,000만원 이하	2,300만원까지
	④ 그 밖의 지역	6,000만원 이하	2,000만원까지

(2) 현행법상 소액임차인이면 최우선변제금을 받는 것이 원칙이다

주임법 제8조 1항에서 임차인은 보증금 중 일정액을 다른 담보물권자보다 우선하여 변제받을 권리가 있다. 따라서 소액임차인에 해당되면 주택가액(대지가액 포함)의 2분의 1 범위 내에서 최우선변제금을 받을 수 있는 것이 원칙이다. 주택가액은 배당할 금액에서 경매비용을 공제한 금액을 말한다.

(3) 그러면 소액임차인 결정기준이란 용어는 왜 생긴 것일까?

담보물권자의 예측하지 못하는 손실을 막고자 ① 주임법 부칙 제4항(소액보증금의 보호에 관한 경과조치) 제8조의 개정규정은 이 법 시행 전에 임차주택에 대하여 담보물권을 취득한 자에 대하여는 이를 적용하지 아니한다. ② 주임법 시행령 부칙 제4조(소액보증금의 범위변경에 따른 경과조치) 이 영 시행 전에 임차주택에 대하여 담보물권을 취득한 자에 대하여는 종전의 규정을 적용한다는 예외 조항을 두었기 때문이다. 그래서 이 예외조항에 근거해서 우리가 알고 있는 소액임차인의 결정기준이 탄생하게 되었다. 담보물권자를 보호하기 위해 담보물권이 설정된 시기에 해당하는 소액임차인만 담보물권보다 우선해서 변제받을 수 있지만 그 구간에서 소액임차인에 해당하지 못하면 담보물권보다 우선하지 못하게 된 것이다.

예를들어 2001. 09. 15. ~ 2008. 08. 20.까지 설정된 근저당권이 있다면 소액임차인이 되기 위해서는 임차보증금이 4,000만원 이하여야 하고, 이 경우 일정액 1,600만원을 최우선변제금으로 담보물권보다 우선해서 배당받을 수 있다. 이때 현행법상 소액임차인에 대해서 예외조항을 둔 담보물권은 근저당권, 담보가등기, 전세권, 확정일자부 임차권, 등기된 임차권 등으로 보면 된다.

◆ 확정일자부 우선변제권의 성립요건과 우선변제권은?

주택임대차보호법 제3조 제1항의 대항요건인 주택의 인도(점유)와 주민등록

(전입신고)을 갖춘 임차인이 계약서에 확정일자를 부여 받았다면 주택이 경매나 공매로 매각되는 과정에서 후순위 제3채권자들보다 우선하여 변제받을 수 있는 권리이다.

여기서 확정일자에 의한 우선변제권은 반드시 대항요건을 갖추고 대항력이 발생해야 그 효력이 발생하게 된다.

◆ 경매물건에서 소액임차인에 따라 다르게 배당한 사례

서울시 대방동에 있는 다가구주택이 4억5,000만원에 매각되어 경매비용 600만원을 공제하고 실제 배당할 금액은 4억4,400만원이다.

① 2007.05.20. 기업은행 근저당권 4,800만원
② 2009.10.20. 박수진 임차인(전입/확정일자)(6,500만원)
③ 2012.05.25. MK새마을금고 근저당권 1억원
④ 2013.08.20. 김철수(전입/확정일자)(보증금 6,000만원)
⑤ 2018.09.25. 안영철(전입/확정일자)(보증금 7,000만원)
⑥ 2021.06.10. 정수민 근저당권 1억5,000만원
⑦ 2021.10.10. 우선명(전입/확정일자)(보증금 4,000만원)
⑧ 2022.01.10. 임의경매신청 ⇨ 배당기일 2019. 08. 10

이 사건에 대해서 배당표를 작성하면 다음과 같다.

- **1순위** : 우선명 임차인 1,600만원(최우선변제금 1) - 1차적 소액임차인 결정기준 : 2007. 05. 20. 기업은행 근저당권(4,000만원 이하/1,600만원).

- **2순위** : 기업은행 4,800만원(근저당권 우선변제금).

- **3순위** : ① 우선명 임차인 400만원(법개정에 따른 소액보증금 중 일정액 증가분) + ② 김철수 임차인 2,000만원(최우선변제금 2) - 2차적 소액임차인 결정기준 : 2009. 10. 20. 박수진 확정일자(6천만원 이하/2천만원).

- 4순위 : 박수진 임차인 6,500만원(확정일자부 임차권)

- 5순위 : ① 우선명 임차인 500만원(법개정에 따른 소액보증금 중 일정액 증가분) + ② 김철수 임차인 500만원(법개정에 따른 소액보증금 중 일정액 증가분) + ③ 안영철 임차인 2,500만원(최우선변제금 3) – **3차적 소액임차인 결정 기준 : MK새마을금고 근저당권, 김철수 확정일자**(7,500만원 이하/2,500만원).

- 6순위 : MK새마을금고 근저당 1억권(근저당권 우선변제금)

- 7순위 : 김철수 임차인 3,500만원(확정일자부 우선변제금)

- 8순위 : ① 우선명 임차인 1,200만원(법개정에 따른 소액보증금 중 일정액 증가분) + ② 안영철 임차인 1,200만원(최우선변제금 4) – **4차적 소액임차인 결정 기준 : 안영철 확정일자**(1억1,000만원 이하/3,700만원).

- 9순위 : 안영철 3,300만원(확정일자부 우선변제금)

- 10순위 : 우선명 임차인 300만원(법개정에 따른 소액보증금 중 일정액 증가분)(최우선변제금 4) – **5차적 현행 주택임대차보호법상 소액임차인**(2021.05.11.~현재, 1억5,000만원 이하/5,000만원).

- 11순위 : 정수민 근저당 6,100만원(우선변제금)

06 상가건물에서 임차인과 다른 채권자 간에 배당 방법은?

◈ 상가임차인의 권리분석과 배당은 어떻게 하나?

상가임차인은 임차보증금의 상한선이 있는데 중요한 점은 주택임차인과 다르게 월세도 보증금으로 환산해서 적용하여 다음과 같이 4개의 권역별로 각기 다르게 환산보증금을 적용하고 있다.

권역별	2002.11.1. ~ 2008.8.20. 까지	2008.8.21. ~ 2010.7.25. 까지
① 서울특별시	2억4천만원 이하	2억6천만원 이하
② 수도권 과밀억제권역(서울시 제외)	1억9천만원 이하	2억1천만원 이하
③ 광역시(인천, 군지역 제외)	1억5천만원 이하	1억6천만원 이하
④ 그 밖의 지역	1억4천만원 이하	1억5천만원 이하
비 고	환산보증금	환산보증금

권역별	2010.7.26. ~ 2013.12.31. 까지	2014.1.1. ~ 2018.1.25 까지
① 서울특별시	3억원 이하	4억원 이하
② 수도권 과밀억제권역(서울시 제외)	2억5천만원 이하	3억원 이하
③ 광역시(수도권 과밀억제권역과 군 지역 제외), 안산, 용인, 김포, 광주(경기)	1억8천만원 이하	2억4천만원 이하
④ 그 밖의 지역	1억5천만원 이하	1억8천만원 이하
비 고	환산보증금	환산보증금

권역별	2018.1.26. ~ 2019.4.1. 까지	2019.4.2. ~ 현재까지
① 서울특별시	6억1천만원 이하	9억원 이하
② 수도권과밀억제권역(서울시 제외), 부산시	5억원 이하	6억9천만원 이하
③ 광역시(과밀억제권역과 군 지역, 부산시 제외), 세종시, 안산, 용인, 김포, 광주(경기), 파주, 화성,	3억9천만원 이하	5억4천만원 이하
④ 그 밖의 지역	2억7천만원 이하	3억7천만원 이하
비 고	환산보증금	

(1) 상임법상 환산보증금을 초과하는 상가임차인은 대항력이 없었다!

종전에는 환산보증금을 초과하는 상가임차인은 상임법의 보호대상이 아니어서 대항력과 우선변제권(경매나 공매절차에서 배당요구해서 최우선변제금과 확정일자부 우선변제권으로 배당받을 수 있는 권리)이 없는 일반채권자에 불과했었다.

그러나 2015년 5월 13일부터 개정된 법률에 따라 환산보증금을 초과하는 임차인도 대항력을 인정받게 되었다.

이들 간의 차이점은 ① 상임법상 보호대상인 환산보증금 범위 내에 있는 임차인은 대항력과 우선변제권을 인정하고 있지만, ② 초과하는 임차인은 대항력(5년 계약갱신요구권까지 인정)만 있고, 우선변제권(최우선변제권과 확정일자부 우선변제권)이 없어서 경매나 공매절차에서 배당을 받을 수 없다. 그래서 상가건물이 일반 매매로 소유자가 바뀌면 대항력으로 보호받을 수 있게 되었다(5년 동안 계약갱신요구권까지 포함). 그러나 경매나 공매로 소유자가 변경되면 말소기준권리 이전에 대항요건을 갖춘 임차인은 대항력으로 보장받을 수 있지만, 이후에 대항요건을 갖춘 후순위임차인은 대항력도 없고, 배당요구할 수 있는 우선변제권도 없는 일반채권자에 불과하다. 이러한 임차인이 배당요구를 하기 위해서는 배당요구종기 전까지 임차보증금반환 채권을 원인으로 경매대상부동산에 채권가압류해 배당요구를 하면 되나 우선변제권이 없는 일반채권자에 불과해서 임차보증금을 손해 볼 수밖에 없다.

(2) 현행 상가건물임대차보호법으로 보호받는 환산보증금의 범위 내에 있더라도 다음과 같은 사항에 유의해야 한다.

첫째 말소기준권리가 누가 되고, 말소기준권리가 되는 근저당권 등이 상임법 시행일 전인가, 이후인가를 계산해서, 담보물권(근저당권, 전세권, 담보가등기) 등이 시행일 이전에 설정되었다면 이 법의 적용대상이 아니어서 상가임차인보다 우선해서 변제받게 된다(환산보증금을 초과하는 임차인 역시 마찬가지다).

둘째 담보물권 등이 시행일 이후에 등기된 경우, 상가임차인이 최우선변제 받을 수 있는 소액임차보증금의 범위 내에 있는지와 있는 경우에도 개정 전(소액보증금 4,500만원)이냐, 1차 개정 ~ 2차 개정 전(소액보증금 5,000만원), 2차 개정 이후(소액보증금 6,500만원)이냐로 구분해서 담보물권을 기준으로 소액임차인을 판단해 최우선변제금을 계산해야 한다.

개정 전			개정 후				
권역별	2002. 11. 1.~ 2010. 7. 25.까지		권역별	1차개정 2010.7.26 ~2013.12.31.		2차개정 2014.1.1. 이후~현재까지	
	보증금	최우선 변제금		보증금	최우선 변제금	보증금	최우선 변제금
① 서울특별시	4,500만원	1,350만원	① 서울특별시	5,000만원	1,500만원	6,500만원	2,200만원
② 수도권 과밀억제권역(서울 제외)	3,900만원	1,170만원	② 수도권 과밀억제권역(서울 제외)	4,500만원	1,350만원	5,500만원	1,900만원
③ 광역시(인천, 군지역은 제외)	3,000만원	900만원	③ 광역시 (수도권 과밀억제권역과 군지역은 제외) 안산, 용인, 김포, 광주(경기)	3,000만원	900만원	3,800만원	1,300만원
④ 그밖의 지역	2,500만원	750만원	④ 그 밖의 지역	2,500만원	750만원	3,000만원	1,000만원
환산보증금			환산보증금				

이때도 유의해야 할 사항은 2013. 12. 31. 이전에 설정된 담보물권에 대해선 소액보증금 중 일정액(최우선변제금)의 합계가 상가건물가액의 3분의 1범위 내에서만 우선변제 받고, 2014. 01. 01. 이후에 설정된 담보물권에 대해선 상가건물가액의 2분의 1(2014. 1. 1.부터 현재) 범위 내에서 다른 담보물권보다 우선해서 배당받을 수 있다는 사실이다.

셋째, 상임법으로 보호받을 수 있는 환산보증금 적용대상 범위 내에 있는 임차인이 소액임차인이 아니면, 또는 소액임차인으로 최우선변제금을 제외한 나머지 금액은 확정일자부 우선변제권으로 배당받을 수 있는데 이때도 다음과 같은 내용에 유의해야 한다.

상임법의 적용기준도 개정 전이냐(서울기준 현행 환산보증금 2억4천만원), 1차 개정 이후냐(2억6천만원), 2차 개정 이후(3억원), 3차 개정 이후냐(4억원)에 따라 적용대상금액이 달라지고, 상임법적용기준 이하인 경우만 대항요건을 갖추고 계약서에 확정일자를 부여받고 있으면 확정일자에 의해 후순위 채권자보다 우선해서 변제받을 권리가 있다는 사실에 입각해서 권리분석과 배당표를 작성하면 된다.

◆ **서울 문래동의 상가건물에서 임차인과 다른 채권자간의 배당방법**

이 물건은 상가건물이므로 상임법 시행 전, 시행 후의 근저당권이 있는 경우와 소액보증금 합계가 낙찰가의 2분의 1(2014. 1. 1.부터 현재)(개정 전 2013. 12. 31.까지는 3분의 1)을 초과하는 경우에 어떻게 권리분석과 배당표를 작성하는 지를 분석해야 한다.

주소	면적	경매가 및 진행과정	범위 임차인 조사내역	등기부상의 권리관계
서울시 영등포구 문래동 480번지	대지 181m² (54.75평) 건물 1층 108m² 2층 108m² 3층 54m² 지층 54m²	감정가 4억6천만원 대지 3억1,600만원 건물 1억4,400만원 경매진행과정 최저가 1차 4억6,000만원 유찰 2차 3억6,800만원 3차 2억9,400만원 낙찰 3억1,800만원	① 김종권 2,000/20만원 사업자등록 01.10.10. 확정일자 02.12.10. 배당요구 14.03.20. ② 김수철 5,000/50만원 사업자등록 10.12.10. 확정일자 10.12.10. 배당요구 14.03.16. ③ 심동준 2,000/15만원 사업자등록 11.07.10. 배당요구 14.03.20. ④ 이기철 1억/300만원 사업자등록 12.10.10. 확정일자 14.03.10 배당요구 14.03.10. ⑤ 최성식 4,500/20만원 사업자등록 12.03.10. 확정일자 12.08.15. 배당요구 14.03.15.	소유권자 김정숙 2001.10.01. 근저당권 기업은행 2001.12.10. (4,800만원) 근저당권 새마을금고 2008.05.10. (8,400만원) 가압류 이순신 2011.05.25 (3,500만원) 압류 영등포구청 2013.10.05. (취득세 1,500만원) (법정기일: 12.04.10) 새마을금고 임의경매 2014.01.15. (청구금액 8,400만원)

(1) 등기부상의 권리와 부동산상의 권리를 분석해 보자

첫째, 말소기준권리인 기업은행 근저당권의 등기일이 2001. 12. 10. 이므로, 상임법 시행일 2002. 11. 1. 전에 설정되어 이 법의 적용대상이 아니다.

둘째, 최우선 변제받을 수 있는 임차보증금의 범위 내에 있는 경우 즉 보증금이 4,500만원(개정전)이냐, 1차 개정 후 ~ 2차 개정 전(5,000만원), 2차 개정 후 (6,500만원)이냐로 구분해 소액임차인을 판단해서 최우선변제금을 계산해야 한다. 유의할 점은 주택과 달리 보증금 + 월세×100으로 하는 환산보증금이 소액임치보증금 범위 내에 있어야 한다.

셋째, 소액임차인이 아니면, 상임법의 적용대상에 해당되는 환산보증금 이내여야 상임법상 대항력과 우선변제권이 인정되지, 초과하면 선순위임차인만 대항력이 인정되고, 후순위는 대항력과 우선변제권이 없는 일반채권자에 불과하다.

이때 상임법의 적용기준도 개정 전이냐, 1차 개정 후냐, 2차 개정 후냐에 따라 적용대상 금액이 달라지는데, 상임법적용기준 이하인 경우만 상임법을 적용받을 수 있어서 대항요건을 갖추고 확정일자를 받으면 확정일자에 의해 후순위채권자보다 우선변제권이 발생한다.

(2) 배당순서와 금액은 다음과 같이 계산하면 된다

매각금액 3억1,800만원 − 경매비용 300만원으로 배당금액은 3억1,500만원이므로,

- **1순위** : 기업은행 4,800만원(근저당권우선변제금) − **상임법 시행이전.**
- **2순위** : ① 김종권 1,350만원[환산보증금 : 2,000+(20×100) = 4,000만원]+② 심동준 1,350만원[환산보증금 : 2,000+(15×100) = 3,500만원] (최우선변제금)−소액임차인 결정기준 : 새마을금고 근저당권(4,500만원 이하 / 1,350만원).
- **3순위** : 김종권 650만원(확정일자부 우선변제금)
- **4순위** : 새마을금고 8,400만원(근저당권 우선변제금)

그리고 5순위부터는 더 이상 담보물권이 없어서 배당 시점(2014. 01. 01. 이후가 되므로 6,500만원 이하 / 2,200만원)을 기준으로 현행법상 소액임차보증금을 계산하고 한도도 3분의 1이 아닌 2분의 1(2014년부터 개정됨)로 배당해야 한다.

- **5순위** : ① 심동준 650만원 + ② 최성식 2,200만원(최우선변제금 2)
- **6순위** : 김수철 5,000만원(확정일자부 우선변제금)

- ~~7순위 : 영등포구청 1,500만원(조세채권 우선변제금)~~
- **8순위**에서는 배당잔여금 5,600만원을 가지고 ① 가압류 3,500원 ⇨ ② 최성식 2,300만원(확정일자) ⇨ ③ 이기철 1억(확정일자)이므로 동순위로 1차 안분배당하고 2차로 최성식 확정일자부 우선변제권이 후순위 이기철 1차 안분배당금을 흡수하면 된다.

1차 안분배당

① 가압류 = 5,600만원 × 3,500/15,800 = 12,405,063원(종결)

② 최성식 = 5,600만원 × 2,300/15,800 = 8,151,899원

③ 이기철 = 5,600만원 × 10,000/15,800 = 35,443,038원

2차 흡수배당

② 최성식 = 8,151,899원(1차안분액) + 14,848,101원(③을 흡수) = 2,300만원(종결)

③ 이기철 = 35,443,038원(1차안분액) − 14,848,101원(②에 흡수당함) = 20,594,937원(종결)으로 배당이 끝난다.

그리고 대항력 있는 임차인 등이 없어서 낙찰자 인수금액이 없다.

이기철 임차인을 제외하고 모두 전액 배당받는다. 이기철만 보증금의 상당 부분 손실이 발생하지만 배당금 20,594,937원을 받으려면 낙찰자의 명도확인서가 필요하기 때문에 명도에 어려움은 없을 것으로 예상된다.

07 배당순위가 평등한 관계와 충돌한 사례에서 배당 방법은?

◆ **평등한 채권자와 후순위 채권자가 병존할 때 안분 후 흡수배당**

> 갑 가압류(2,000만원)(15.01.10.) ⇨ 을 근저당(3,000만원)(15.03.20.) ⇨ 병 가압류(4,000만원)(15.05.25.) ⇨ 병이 강제경매 신청(4,000만원)(15.07.30.) – 매각대금 7,150만원, 주택은 서울에 소재한다.

갑 가압류의 처분금지효력을 받아 후순위로 을 근저당이 설정되었으므로, 갑은 갑=을, 갑=병인 관계에 있고, 을은 을=갑, 을〉병인 관계에 있고, 병은 병=갑, 병〈을인 관계에 있어서 선순위 갑을 기준으로 판단하면 갑=을=병인 관계에 있지만, 을을 기준으로 판단하면 병은 후순위가 되므로 1차적으로 선순위 갑을 기준으로 동순위로 안분배당하고, 2차적으로 을이 병을 흡수하는 절차로 배당을 진행하면 된다.

배당할 금액이 7,000만원(매각대금 7,150만원−경매비용 150만원)을 가지고 동순위로 채권액에 비례해서 다음과 같이 안분배당하면 된다(채권 합계금액은 9,000만원이다).

1차 안분배당

- 갑 가압류 = 7,000만원(배당금) × $\dfrac{2,000만원}{9,000만원}$ = 15,555,555[55]
  = 15,555,556원(종결)

- 을 근저당 = 7,000만원(배당금) × $\dfrac{3,000만원}{9,000만원}$ = 23,333,333[33]
  = 23,333,333원

- 병 가압류 = 7,000만 원(배당금) × $\frac{4,000만원}{9,000만원}$ = 31,111,111[1]
  = 31,111,111원

2차 흡수배당 절차(∵ 을이 병보다 우선순위이므로)
- 을 근저당 = 23,333,333원(1차안분배당금액)+6,666,6667원(병에서 흡수)
  = 30,000,000원(종결)
- 병 가압류 = 31,111,111원(1차안분배당금액)−6,666,6667(을에 흡수당함)
  = 24,444,444원(종결)

따라서 최종적으로 배당결과는 갑 가압류 = 15,555,556원, 을 근저당 = 30,000,000원, 병 가압류 = 24,444,444원이 된다.

◆ 소액임차인으로 상호모순 관계에 놓일 때 배당사례

갑 가압류(2,000만원)(2006.01.10.) ⇨ 을 근저당(3,000만원)(2007.03.20.) ⇨ 병 임차인(7,000만원)(전입신고2008.05.30. 확정일자 없음) ⇨ 을 임의경매 신청(2016.04.13.)
– 실제 배당할 금액은 6,400만원, 주택은 서울 소재.

(1) 배당순위 분석

소액임차인은 가압류와 근저당보다 우선하는 것이 원칙이다.

이 사례에서 갑 가압류는 을 근저당권과 동순위가 되지만, 을 근저당권은 자기보다 후순위인 병 임차인보다 선순위가 되는데 여기서 선순위의 의미는 두 가지로 임차인의 최우선변제금과 확정일자에 의한 우선변제금이 있는데 두 가지 모두에 대해서 을 근저당권이 우선하게 된다. 왜냐하면 병 임차인은 근저당권 설정 당시에 해당하는 소액임차인이 아니기 때문이다. 그런데 병 임차인은 이 사례에서 확정일자가 없어서 논의의 대상은 아니지만 있다면 다음 사례와 같이 병 최우선변제금 3,400만원과 병 II 확정일자부 우선변제금 3,600만원으로 하면 된다. 어쨌든 이 사례에서 확정일자가 없어서 최우선변제금만 가지고 계산하면 되므로, 을 근저당권에 병 최우선변제금 3,400만원은 소액임차인임을 주장할 수 없지만, 갑 가압류채권에 대해서는 배당시점으로 현행법상 소액임차인에 해당하면 최우선변제금으로 항상 우선해서 변제받게 되므로 이들 간에는 순위가 상호모순관계가 형성되어 다음과 같이 순환·흡수배당을 해야 한다.

이 사례에서는 갑 = 을이고, 을〉병의 최우선변제(3,400만원)이고, 병〉갑 인 관계에 있다. 따라서 순위가 상호모순 관계에 있다.

따라서 배당할 금액 6,400만원을 가지고 1차 안분배당하고, 2차로 순환흡수 배당절차를 거쳐야 한다(채권 합계금액은 1억2,000만원 중 배당에 참여할 수 있는 채권은 8,400만원이다).

(2) 1차로 동순위로 안분배당하면

① **갑 가압류** = 6,400만원(배당액) $\times \dfrac{2,000만원}{8,400만원}$ = 15,238,095원

② **을 근저당** = 6,400만원(배당액) $\times \dfrac{3,000만원}{8,400만원}$ = 22,857,143원

③ **병 최우선변제** = 6,400만원(배당액) $\times \dfrac{3,400만원}{8,400만원}$ = 25,904,762원

(3) 2차 순환흡수 배당절차

갑 가압류는 흡수할 수 있는 지위에 있지 못하는 채권이므로, 흡수할 수 있는 지위에 있는 채권자 중에서 선순위인 을 근저당권이 먼저 흡수하고, 제일 열후한 ③ 병부터 흡수당한다(∵ 을은 갑과는 동순위이므로 흡수하지 못하고 흡수할 수 있는 후순위자는 ③ 병 밖에 없으므로). 따라서 선순위자인 ②부터 흡수하면

② **을 근저당** = 22,857,143원(1차 안분액) + 7,142,957원(③에서 흡수) = 3,000만원

③ **병 최우선변제** = 25,904,762원(1차 안분액) − 7,142,857원(②에서 흡수당함) + 8,095,238원 ①에서 흡수) = 26,857,143원

① **갑 가압류** = 15,238,095원(1차 안분액) − 8,095,238원(③에 흡수당함) = 7,142,857원으로 배당이 종결된다.

최우선변제금의 지급기준이 되는 담보물권 등이 있는 경우

여기서 담보물권은 저당권, 담보가등기권, 전세권, 확정일자부 임차권, 등기된 임차권 등으로 보면 될 것이다. 배당실무 사례, 즉 법원경매나 한국자산관리공사 공매의 배분에서도 이러한 기준 등이 적용되고 있어서 필자도 이러한 기준을 가지고 접근하고자 한다. 담보물권 등이 없고 무담보채권자만(가압류, 압류, 강제경매신청채권 등)있다면 소액임차인의 기준은 배당 시점에서 법적 최대한의 소액임차보증금을 소액임차인으로 보게 된다는 점만 유의해서 배당표를 작성하면 될 것이다.

08 다세대주택에서 배당순위가 순환관계에 있을 때 배당 방법

A 〉 B 이고, B 〉 C 이고, C 〉 A인 관계로 이들의 관계는 배당순위가 고정되지 않고 채권자들 사이의 우열 관계가 상대에 따라 변동되므로, 흡수권자인 동시에 피흡수자가 되어 순환배당 절차를 진행하게 된다. 따라서 1차로 안분배당한 후 2차로 순환흡수배당 절차를 다음 영등포구 신길동 다세대주택을 가지고 풀어보기로 하자.

◈ 경매 입찰대상 물건정보내역과 매각결과

2011타경 ○○○○ · 서울남부지방법원 본원 · 매각기일: **2011.12.05(月)(10:00)** · 경매 3계(전화:02-2192-1333)

소 재 지	서울특별시 영등포구 신길동 456-97 외 1필지, 삼성쉐르빌 0층 ○○○호 도로명주소검색						
물건종별	다세대(빌라)	감 정 가	380,000,000원	오늘조회: 1 2주누적: 0 2주평균: 0 조회동향			
대 지 권	49.85㎡(15.08평)	최 저 가	(64%) 243,200,000원	구분	입찰기일	최저매각가격	결과
건물면적	74.21㎡(22.449평)	보 증 금	(10%) 24,320,000원	1차	2015. 11. 10	380,000,000원	유찰
매각물건	토지·건물 일괄매각	소 유 자	김정민	2차	2016. 12. 11	304,000,000원	유찰
개시결정	2011-03-22	채 무 자	김정민	3차	2016. 01. 12	243,200,000원	
사 건 명	임의경매	채 권 자	미래신협	낙찰: 285,000,000원 매각결정기일: 2016. 01. 19 대금납부기한: 2016. 02. 19 배 당 기 일: 2016. 03. 20			

매각물건현황 (감정원: 진주감정평가 / 가격시점: 2011.03.26 / 보존등기일: 2009.09.01)

목록	구분	사용승인	면적	이용상태	감정가액	기타
건물	5층중 4층	09.07.10	74.21㎡ (22.45평)	방3, 화장실등	228,000,000원	* 1개동 총 8세대
토지	대지권		399.5㎡ 중 49.85㎡		152,000,000원	* 도시가스난방

임차인현황 (말소기준권리: 2010.05.12 / 배당요구종기일: 2011.05.26)

임차인	점유부분	전입/확정/배당	보증금/차임	대항력	배당예상금액	기타
최수철	주거용 일부 (방2칸)	전 입 일: 2010.06.21 확 정 일: 2010.06.21 배당요구일: 2015.08.25	보75,000,000원	없음	배당순위있음	임대차기간: 10.06.19~12.06.18

등기부현황 (채권액합계: 373,000,000원)

No	접수	권리종류	권리자	채권금액	비고	소멸여부
1	2010.05.12	소유권이전(매매)	김정민		거래가액 금390,000,000원	
2	2010.05.12	근저당	미래신협	338,000,000원	말소기준등기	소멸
3	2010.11.10	압류	서울특별시영등포구		세무과-711	소멸
4	2010.12.13	가압류	박이정	35,000,000원		소멸
5	2015.05.10.	임의경매	미래신협	청구금액: 300,137,912원		소멸

◈ 임차인과 다른 채권자와의 순환흡수 배당 방법

매각대금이 285,000,000원에 매각되고 경매비용이 4,550,000원으로 배당금액은 280,450,000원이 된다.

1순위에서 다음과 같이 순위가 순환관계가 발생되므로 순환흡수배당을 해야 한다.

① 영등포구청 재산세 550,000원(당해세)
② 영등포구청 취득세 10,380,000원(법정기일 2010. 05. 12)
③ 미래신협 300,137,912원(등기일 2010. 05. 12)
④ 최수철 3,200만원(최우선변제금 : 배당시점을 기준으로 소액임차보증금 중 일정액)(9,500/3,200만원)
⑤ 최수철 4,300만원(확정일자 효력발생 2010. 06. 22. 오전 0시)

> 임차인은 미래신협 근저당권에 대해서 소액임차인이 아니지만 배당시점으로 계산하면 소액임차인이 되므로 당해세와 일반세금에 대해서는 항상 최우선변제금이 우선한다. 조세의 법정기일과 근저당권의 등기일이 같으면 조세가 우선한다.

따라서 우선순위를 보면 영등포구청(당해세와 취득세)〉미래신협 근저당권, 미래신협 근저당권〉최수철 최우선변제금, 최수철 최우선변제금〉영등포구청(당해세와 취득세)인 관계에 있어서 서로 물고 물리는 순환관계에 있어서 순환흡수배당을 실시하면 다음과 같다.

1차 안분배당

① 영등포구청 = 2억8,045만원×10,930,000원/343,067,912원 = 8,935,020원
② 미래신협 = 2억8,045만원×300,137,912원/343,067,912원 = 245,355,728원
③ 최수철 최우선변제금 = 2억8,045만원×32,000,000원/343,067,912원 = 26,159,252원

2차 흡수배당

①과 ②와 ③은 서로 물고 물리는 관계에 있어서 흡수할 수 있는 선순위가 없어서 ①과 ②와 ③ 중 누가 먼저 흡수해도 똑같은 결과가 나온다. 이렇게 선순위가 없고 서로 물고 물리는 관계에 있을 때 흡수 방법은 동순위로 자기 채권금액에 비례해서 다음과 같이 안분해서 흡수하면 된다.

① 영등포구청 = 8,935,020원(1차안분액)+안분부족액 1,994,980원(본래의 채권 10,930,000원-1차 안분액 8,935,020원)(후순위인 ② 미래신협 근저당권에서 흡수함)-5,840,748원(선순위인 ③ 최수철 최우선변제금에 흡수당함) = 5,089,252원(배당종결).

② 미래신협 = 245,355,728원(1차안분액)-1,994,980원(선순위인 ① 영등포구청에 흡수당함)+안분부족액 26,159,252원(본래의 채권 300,137,912원-1차 안분액 245,355,728원)(후순위인 ③ 최수철 최우선변제금에서 54,782,184원을 흡수해야 하나, ③의 1차 안분 배당금이 26,159,252원밖에 없어서 이 금액만 흡수함) = 269,520,000원(배당종결).

③ 최수철 최우선변제금 = 26,159,252원(1차안분액)-26,159,252원(선순위인 ② 미래신협 근저당권에 흡수당함)+안분부족액 5,840,748원(본래의 채권 32,000,000원-1차 안분액 26,159,252원)(후순위인 ① 영등포구청에서 흡수함) = 5,840,748원(배당종결).

Part 05

공동담보물이 동시에 매각 또는 이시에 매각될 때?

01 공동저당이란?

동일한 채권의 담보를 위하여 수 개의 부동산 위에 설정된 저당권을 말한다(민법 제368조).

각각의 부동산마다 1개의 저당권이 성립하고 각 부동산을 등기된 채권전액에 대하여 책임지며 채권자가 어느 부동산에 의하여 채권전액을 변제받은 경우에는 다른 저당권은 목적의 도달로 인하여 소멸한다.

① 하나의 채권의 담보로서 수 개의 부동산 위에 저당권이 설정되면 공동저당권이 성립된다.

② 공동저당권은 반드시 각 부동산 위에 동시에 설정해야 되는 것이 아니며 일부를 먼저 설정하고 추가로 때를 달리해서도 설정할 수 있다.

③ 공동저당물이 모두가 동일소유일 필요가 없고, 일부는 채무자 일부는 물상보증인의 소유인 경우도 무방하며, 각 목적물에서 공동저당권의 순위가 동일순위이어야만 되는 것이 아니고 순위가 달라도 상관없다.

④ 각 부동산에 관하여 저당권설정의 등기를 요한다.

각 저당권의 등기에 있어서 다른 부동산과 함께 1개의 채권의 공동담보로 되어 있다는 것을 아울러 기재해야 한다(부동산등기법 제149조~제152조).

이는 수 개의 부동산이 공동저당관계에 있음을 공시하기 위한 것이다. 그리고 일정한 경우에는 절차의 번거로움을 피하기 위하여 등기신청서에 '공동담보목록'을 첨부함으로써 공동저당관계를 공시한다(부등기법 제145조~제147조, 제149조~제152조).

이 공동담보목록은 등기부의 일부로 간주된다(부등기법 제151조).

02 공동저당물이 동시에 매각될 때 배당하는 방법

　동시배당은 공동저당물권 등이 동시에 경매절차를 진행시켜 매각되어 동시에 배당되는 것이다.

　공동저당권의 목적부동산이 전부 매각되어 그 경매대가를 동시에 배당하는 경우에는 각 부동산의 경매대가에 비례하여 그 채권의 분담을 정한다.

　민법 제368조에서 각 부동산의 경매대가라 함은 매각대금에서 당해 부동산이 부담할 경매비용과 선순위채권의 배당금을 공제한 잔액을 말한다.

　수 개의 공동저당권부 목적부동산을 동시에 경매하여 동시에 배당하는 경우는 1순위 공동저당권자가 그의 채권액 만족을 위해서 선택적으로 우선변제 받는 것이 아니라 후순위권리자를 보호하기 위하여 각각의 부동산 경매가액에 비례하여 그 채권액의 부담액을 정한다. 여기서 남는 배당금은 후순위 채권자들에게 배당되는 것이다(민법 제368조 제1항). 따라서 동시배당의 경우 어느 특정 부동산의 경매대가에서만 선택적으로 우선변제 받는 것은 인정되지 아니한다.

알아두면좋은 법률

공동저당물에서 동시배당과 이시배당에 따른 후순위저당권자의 대위 (민법 제368조)

① 1항 동일한 채권의 담보로 수 개의 부동산에 저당권을 설정한 경우에 그 부동산의 경매대가를 동시에 배당하는 때에는 각 부동산의 경매대가에 비례하여 그 채권의 분담을 정한다.

② 2항 전항의 저당부동산 중 일부의 경매대가를 먼저 배당하는 경우에는 그 대가에서 그 채권 전부의 변제를 받을 수 있다. 이 경우에 그 경매한 부동산의 차순위저당권자는 선순위저당권자가 전항의 규정에 의하여 다른 부동산의 경매대가에서 변제를 받을 수 있는 금액의 한도에서 선순위자를 대위하여 저당권을 행사할 수 있다.

◆ 채무자이건, 물상보증인이건 공동저당부동산의 소유자가 동일인인 경우

공동저당물에서 후순위의 채권자가 모두 같은 경우에는 민법 제368조 1항의 적용 여부가 문제가 되지 않으나 즉 단독·다가구주택에서 토지와 건물의 공동저당권물에 대해서 후순위채권자가 모두 같은 경우에는 하나의 부동산으로 배당표를 작성해도 무방하다는 의미다.

공동저당물이 동일한 물상보증인 소유인 경우에는 후순위저당권자는 선순위 공동저당권의 부담을 각 부동산가액에 준하여 배분하면 후순위저당권의 담보물에도 담보가치가 잉여가 생길 것을 기대하여 저당권을 설정한 것이므로 모두가 채무자 소유인 경우와 마찬가지로 민법 제368조 제1항이 적용된다.

공동담보물의 소유자가 2인 이상의 물상보증인 소유인 경우에도 그들 사이에 구상관계를 고려할 때 위 민법 제368조 제1항이 적용된다.

◆ 공동저당부동산 일부가 채무자 소유, 일부가 물상보증인 소유인 경우

동시배당 시 물상보증인이 민법 제481조, 제482조의 규정에 의한 변제자대위에 의하여 채무자 소유 부동산에 대하여 담보권을 행사할 수 있는 지위에 있는 점 등을 고려할 때, ~민법 제368조 제1항은 적용되지 아니한다고 봄이 상당하다. 이 경우 경매법원으로서는 <u>채무자 소유 부동산의 경매대가에서 공동저당권자에게 우선적으로 배당</u>을 하고, 부족분이 있는 경우에 한하여 물상보증인 소유 부동산의 경매대가에서 추가로 배당을 하여야 한다(대법 2008다41475 판결).

즉 동시배당에 있어서 변제자대위가 우선하는 전제하에서 채무자 소유의 경매대가에서 먼저 배당하고 부족액이 있는 경우 물상보증인 소유의 경매대가에서 배당하면 된다.

이는 이시배당 시 물상보증인의 변제자대위와 후순위저당권자의 대위 중에서 변제자대위를 우선시키는 경우 즉 채무자 소유 부동산이 먼저 매각되고 그 후 물상보증인 소유가 매각된 경우 후순위저당권자가 선순위공동저당권자를 대위(368조 2항)하여 행사할 수 없다.

　이와 같이 동시배당 시와 이시배당 시에도 다를 바 없이 적용되어야 한다. 물상보증인은 타인의 채무를 위하여 자신의 부동산 위에 저당권을 설정한 자이다. <u>이러한 물상보증인은 채무자가 제공한 담보물의 담보력을 신뢰하고 변제자대위에 관한 규정에 의하여 최종적인 책임을 채무자에게 귀속시킬 수 있다는 기대 하에 담보를 제공하는</u> 것이므로, 그 후에 채무자 소유부동산에 후순위저당권이 설정되었다고 하더라도 그 기대이익을 박탈할 수 없는 것이고, 채무자 소유부동산에 후순위저당권자가 설정되고 나서 물상보증인 소유 부동산에 공동저당권이 추가되었다고 하더라도 애당초 후순위저당권자가 민법 제368조 제2항에 따른 차순위저당권자의 대위를 기대하지 않고 설정한 것이므로 보호할 필요가 없다는 것으로 후순위저당권자보다는 물상보증인의 변제자대위가 우선하게 된다.

◆ 동일절차에서 이시배당

　여러 개의 공동담보물이 동일한 매각절차가 진행되어 그 중 일부가 먼저 매각되는 경우 실무에서는 모두가 매각될 때까지 기다렸다가 동시배당하는 것이 원칙이지만 다른 부동산이 매각될 때까지 기다리지 않고 먼저 매각된 부동산의 매각대금만을 가지고 먼저 배당을 실시할 수도 있다.

　이 경우에도 이시배당과 마찬가지로 후순위저당권자의 대위가 인정된다. 그러나 공동저당물의 소유자가 다른 경우 A는 채무자 소유, B는 물상보증인 소유인데 동일한 절차로 매각되는 경우에는 물상보증인 소유 B부동산이 먼저 매각되면 채무자 소유 A부동산이 매각될 때까지 기다렸다가 동시배당하는 것이 올바르지만, 채무자 소유 A부동산이 먼저 매각될 때는 B부동산이 매각될 때까지 기다릴게 아니라 먼저 매각된 부동산을 먼저 배당하는 것이 올바르다.

이러한 이유는 후순위저당권자의 대위와 물상보증인의 변제자대위가 충돌하는 경우 변제자대위가 우선하기 때문이다.
　그러나 채무자 소유 부동산으로 공동저당권이 설정되었다가 일부가 제3취득자의 소유가 된 경우에는 수시배당절차를 진행하지 않고 민법 제368조 제1항에 따라 동시배당절차를 진행해야 한다.

 김선생의 핵심체크

민법 제368조 1항에서 공동저당권과 경매대가의 의미

1) 공동저당권의 의미는 공동저당권 뿐만 아니라 전세권과 가등기담보권 등의 담보물권, 그리고 임금채권, 임차보증금반환채권, 조세채권 등과 같은 법정 담보물권부 채권에 대해서도 유추 적용되고 있다.
2) 경매대가의 의미는 매각대금에서 매각부동산이 부담할 경매비용과 선순위 채권의 배당금을 공제한 잔액을 말한다.
　① 일괄매각된 경우 경매비용은 각 부동산의 최저매각비율에 의하여 안분산출(민집 268조, 101조2항)
　② 선순위채권에 해당하는 조세채권, 공과금채권 등도 당해세를 제외하고는 공동담보물의 소유자가 같으면 경매비용과 같이 안분하면 된다.
　③ 공동저당권보다 선순위 저당권이 있으면 각 부동산의경매비용과 선순위 저당권자의 채권을 공제한 나머지가 그 부동산에서 공동저당권자의 경매대가가 된다.

03 동시에 매각되어 동시배당하는 실전연습

◆ **공동담보물이 동시에 매각되어 동시배당한 사례**

공동저당된 물건 등이 동시에 경매절차로 매각되어 동시에 배당되는 경우 각각의 부동산경매가액에 비례하여 그 부동산의 채권액에 부담액을 정한다. 여기서 1순위 공동저당권자의 할당액을 초과하는 금액은 후순위 저당권자의 변제에 충당한다.

이 경우에는 후순위 근저당권자의 대위가 허용되지 아니하는 경우이다.

아파트(배당금 4,000만원)	다가구주택(배당금 3,000만원)	농지(배당금 2,000만원)
11.2.10. 갑 공동저당권 3000만원 11.3.10. 을 근저당권 3,000만원	11.2.10. 갑 공동저당권 3,000만원 11.4.10. 병 근저당권 1,500만원	11.2.10. 갑 공동저당권 3,000만원 11.5.10. 정 근저당권 1,000만원

아파트, 다가구주택, 농지가 동시에 경매로 매각되어 동시에 배당되면(배당금은 경매비용을 공제한 금액임) 각 부동산에서 경매대가는 아파트 = 4,000만원이고, 다가구 = 3,000만원, 농지 = 2,000만원이 된다.

1) 갑의 배당액

① 아파트에서 채권안분액 = $3{,}000만 \times \dfrac{4{,}000만}{4{,}000만 + 3{,}000만 + 2{,}000만}$
   = 13,333,333원

② 다가구주택에서 채권안분액 = $3{,}000만 \times \dfrac{3{,}000만}{9{,}000만}$ = 10,000,000원

③ 농지에서 채권안분액 = 3,000만 × $\frac{2,000만}{9,000만}$ = 6,666,666.[66]= 6,666,667원

따라서 갑은 아파트 = 13,333,333원, 다가구주택 = 10,000,000원, 농지 = 6,666,667원으로 3,000만원 모두 충족하게 된다.

2) 을은 아파트 = 4,000만원-갑 배당금 13,333,333원 = 26,666,667원으로 이 금액을 배당받고 배당받지 못한 채권금액이 3,333,333원이 있다.

3) 병은 다가구주택 = 3,000만원-갑 배당금 10,000,000원 = 20,000,000원으로 배당금 1,500만원 모두 충족하고도 잉여배당금이 5,000,000원이 발생한다.

4) 정은 농지 = 2,000만원-갑 배당금 6,666,667원 = 13,333,333원으로 배당금 1,000만원을 모두 충족하고도 잉여배당금이 3,333,333원 남는다.

앞에서 다가구주택에서 배당잉여금 5,000,000원과 농지에서 배당잉여금 3,333,333원이 있지만 을은 이 배당잉여금에 대하여 민법 제368조 제2항에 따른 대위행사를 할 수 없고 채무자겸 소유자에게 배당하게 된다.

다만, 아파트, 다가구주택, 농지가 같은 소유자인 경우 을은 채권자로서 소유자에게 돌아갈 다가구주택과 농지의 배당잉여금에 대하여 가(압류)하여 추심하는 것은 가능할 것이다.

◆ 공동담보물의 일부에 공동저당권자와 동순위의 다른 권리가 있는 경우 배당

농 지 (매각대금 3,000만원)	아 파 트 (매각대금 4,500만원) (서울소재)
경매비용 70만원	경매비용 100만원
01. 02. 10.　　갑 공동근저당 　　　　　　　　　2,500 만원 01. 03. 10.　　병 근저당 　　　　　　　　　2,000만원	01. 01. 10.　　을 가압류채권 　　　　　　　　　1,500만원 01. 02. 10.　　갑 공동근저당 　　　　　　　　　2,500만원 01. 04. 10.　　정 임차인 　　　　　　　　　3,000만원 (01. 4. 9. 전입과 4. 10. 확정)

1) 첫째로 아파트 배당금(4,500만원-100만원 = 4,400만원)에서 경매대가를 계산하면 1순위로 정 임차인이 소액임차인이므로 최우선변제금으로 1,200만원을 우선변제 2순위로 을 가압류(1,500) = 갑 공동근저당(2,500), 을 가압류 = 정의 확정일자(1,800)이므로 1차로 동순위로 안분배당하고 2차로 흡수해서 경매대가를 정한다.

1차 안분배당

① 을 가압류 = $3,200만원 \times \dfrac{1,500만}{1,500만+2,500만+1,800만}$

　　　　　　= 8,275,862.06 = 8,275,862원(종결)

② 갑 공동근저당 = $3,200만원 \times \dfrac{2,500만}{1,500만+2,500만+1,800만}$

　　　　　　　= 3,793,103.44 = 13,793,103원

③ 정 확정일자 = $3,200만원 \times \dfrac{1,500만}{1,500만+2,500만+1,800만}$

　　　　　　= 9,931,034.48 = 9,931,035원

2차 흡수절차

②는 ③보다 선순위이므로 ②의 안분부족액(본래의 채권 - 1차안분액)을 ③의 1차안분액에서 흡수하게 된다.

② 갑 공동근저당 = 13,793,103원(1차안분액)+9,931,035원(②에서 흡수) = 23,724,138원

③ 정 확정일자 = 9,931,035원(1차안분액)-9,931,035원(②에 흡수당함) = 0원

따라서 정 = 1,200만원(1), 을 = 8,275,862원(2-1), 갑 = 23,724,138원 등을 각 채권자의 경매대가로 하면 된다.

2) 공동저당권자 갑의 채권 2,500만원을 농지에 대한 경매대가는 [3,000만원-70만원] 29,300,000원이고, 아파트에 대한 경매대가는 23,724,138원이다. 따라서

① 갑은 농지의 채권안분액 = $2,500만 \times \dfrac{29,300,000원}{29,300,000원+23,724,138원}$

= 13,814,463원

② 갑은 아파트의 채권안분액 = $2,500만 \times \dfrac{23,724,138원}{53,024,138원}$ = 11,185,537원

3) 병 근저당권자는 농지의 배당금 = 29,300,000원 - 13,814,463원(갑의 배당금) = 15,485,537원(배당잔여금)으로 이 금액만 배당받을 수 있으므로 미배당금이 발생된다.

4) 을 가압류채권자는 아파트에서 1)과 같이 8,275,862원을 안분배당 받았다. 따라서 미배당금이 6,724,138원이 발생된다.

5) 정 임차인은 아파트에서 1)과 같이 1순위로 최우선변제금 1,200만원을 우선변제 받고 확정일자 우선변제금 1,800만원 배당금이 없어서 배당받지 못했다. 따라서 미배당금 1,800만원이 발생됐다.

6) 그러나 갑 공동저당권자가 농지와 아파트에 경매대가를 기준으로 안분배당 받으므로 인해서 아파트에서 배당잉여가 발생되게 된다. 이 금액은 아파트의 채권자인을 가압류채권자와 정 임차인에게 배당되는데 이들은 동순위이므로 배당잔여금을 가지고 안분배당하면 다음과 같다.

① 을 가압류채권 = 12,538,601원(아파트의 배당잉여금) $\times \dfrac{6,724,138원}{24,724,138원}$
= 3,410,080원

② 정 임차인의 확정일자 = 12,538,601원(아파트의 배당잉여금)
$\times \dfrac{18,000,000원}{24,724,138원}$ = 9,128,521원을 안분 배당받게 된다.

따라서 최종배당결과는 가) 갑 = 25,000,000원(2). 나) 을 = 8,275,862원(4)+3,410,080원(6)=11,685,942원. 다) 병 = 15,485,537원(3). 라) 정 = 1,200만원(5)+9,128,521원(6)=21,128,521원이 된다.

◆ **공동저당물이 채무자 소유 부동산과 물상보증인 소유 부동산이 동시에 매각되는 경우**

김갑돌 부동산(채무자 소유) (배당금 5,000만원)		홍길동 부동산(물상보증인) (배당금액 4,000만원)	
11. 04. 15.	국민은행 공동저당권 4,000만원	11. 04. 15.	국민은행 공동저당권 4,000만원
11. 10. 10.	기업은행저당권 2,000만원	11. 12. 10.	새마을금고 저당권 3,500만원

동시배당에 있어서 변제자대위가 우선하는 전제 하에서 채무자 소유의 경매대가에서 먼저 배당하고 부족액이 있는 경우 물상보증인 소유의 경매대가에서 배당하면 된다.

이는 이시배당 시 물상보증인의 변제자대위와 후순위저당권자의 대위 중에서 변제자대위를 우선시키는 경우 즉 채무자 소유부동산이 먼저 매각되고 그 후 물상보중인 소유가 매각된 경우 후순위저당권사가 선순위공동저당권자를 대위(368조 2항)하여 행사할 수 없다.

순위	김갑돌 부동산(채무자 소유) (배당금 5,000만원)	홍길동 부동산(물상보증인) (배당금액 4,000만원)
1순위	국민은행 공동저당권 : 40,000,000원	0원
2순위	기업은행 저당권 :　　　10,000,000원	새마을금고 저당권 :　　35,000,000원
배당잉여	배당잉여금 :　　　　　　　　　0원	배당잉여금 : 500만원　홍길동에 배당

04 공동담보물이 이시에 매각될 때 배당 방법과 배당연습

◆ **공동담보물의 이시 매각절차에서 배당하는 방법**

공동담보물 중 일부가 먼저 매각될 때에는 공동저당권자는 그 경매대가로부터 채권 전액을 우선해서 변제 받을 수 있다. 그리고 2순위로 배당잔여금을 가지고 후순위저당권자 등이 배당 받으므로 동시에 매각되어 배당할 때보다 적게 배당 받는 상황이 발생한다.

이러한 이시배당은 공동담보물 수개가 동일한 경매절차에 의해 매각이 진행되던 중 그 일부가 먼저 매각되는 경우, 다른 공동저당 부동산이 매각될 때까지 기다리지 않고 매각된 부동산을 먼저 배당을 실시하는 경우에도 발생한다.

이러한 문제점을 개선하고자 민법 제368조 제2항의 규정을 두어 먼저 매각된 부동산의 후순위저당권자 등은 동시에 배당했다면 다른 부동산에서 공동저당권을 부담하게 될 금액만큼 후순위저당권자 등이 공동저당권자를 대위할 수 있도록 한 제도이다.

(1) A부동산과 B부동산 소유자가 같을 경우에는 이시(異詩)배당에 따른 후순위저당권자가 동시에 배당하였을 경우의 채권안분액의 금액한도 내에서 선순위 공동저당권자를 대위하여 행사할 수 있다.

(2) A 부동산은 채무자소유, B 부동산은 물상보증인 소유에서 A 부동산(채무자소유)이 먼저 매각된 경우라면 A 부동산 후순위저당권자는 B 부동산 매각절차에서 A 부동산의 선순위공동저당권자를 대위하여 물상보증인 소유 B 부동산에 대하여 대위행사할 수 없다는 것이 대법원 판례이다(대법원 95마500 판결).

이러한 판단은 동시배당에 있어서 변제자대위가 우선하는 전제 하에서 채무자 소유의 경매대가에서 먼저 배당하고 부족액이 있는 경우 물상보증인 소유의 경매대가에서 배당하는 방법과 같은 법리다.

(3) A 부동산은 채무자소유, B 부동산은 물상보증인 소유에서 물상보증인 소유 B 부동산이 먼저 매각되는 경우에는 B 부동산 후순위저당권자와 물상보증인이 A부동산(채무자소유)의 매각절차에서 선순위 공동저당권자를 대위하여 청구할 수 있다. 이때 대위행사청구 순위는 B 부동산 후순위 저당권자가 먼저이고 그 후에 B 부동산 소유자 즉 물상보증인이 행사한다. 이때 변제자대위는 물상보증인이 대위변제한 금액 전액에 대해서 채무자 부동산에 등기되어 있는 선순위 갑 공동저당권을 대위할 수 있다.

(4) A 부동산과 B 부동산 모두 물상보증인 소유인데 A 부동산이 먼저 매각되는 경우라면 이들 물상보증인 간에도 민법 제481조, 제482조에 기한 채권자를 대위한 자는 자기의 권리에 의하여 구상할 수 있는 범위에서 채권 및 그 담보에 관한 권리를 취득할 수 있어서 각 부동산의 가액에 비례해서 대위의 범위가 결정된다.

◈ 공동담보물 중에서 A 부동산이 먼저 매각되고, B 부동산이 나중에 매각된 사례

A 부동산 (배당금 4,000만원)	B 부동산 (배당금액 3,500만원)
2015.03.10. 갑 공동근저당권 5,000만원 2015.07.10. 을 근저당권 3,000만원	2015.03.10. 갑 공동근저당권 5,000만원 2015.05.10. 병 근저당권 1,500만원

(A, B 부동산 모두 채무자가 소유, 또는 모두 물상보증인 소유인 경우이고, 배당금은 경매비용을 공제한 금액이다).

(1) 공동담보물 A와 B 중 A가 먼저 매각돼 이시배당한 사례

① 갑은 A 부동산에서 4,000만원 배당 받고, 채권을 회수하지 못한 금액은 1,000만원이다.

그리고 후순위 을 근저당권은 배당금액이 없다. 따라서 을은 B 부동산에서 동시배당 시에 갑 공동저당권자가 배당받을 수 있는 범위 내에서 후순위저당권자로서 대위청구를 할 수 있다.

② A 부동산 후순위저당권자 을 근저당권자와 A 부동산 소유자가 B 부동산에서 대위청구금액을 확인하기 위해서는 갑 공동근저당권자가 A, B 부동산이 동시에 매각되어 동시배당할 때 각 경매대가에서 안분배당 받을 금액을 알 수 있어야 한다.

갑이 A, B 부동산의 각 경매대가에 따라 안분배당하면

㉮ 갑은 A로부터 채권안분액 = 갑의 채권액 × $\dfrac{\text{A배당금액}}{\text{(A+B)배당금액}}$ = 5,000만원

× $\dfrac{4{,}000만}{4{,}000만+3{,}500만}$ = 26,666,667원이고,

㉯ 갑은 B로부터 채권안분액 = 5,000만원 × $\dfrac{3{,}500만}{7{,}500만}$ = 23,333,333원이 된다.

(2) A 부동산이 먼저 배당되고 나서, B 부동산이 배당되는 경우

① 갑 공동저당권자는 B 부동산 채권안분액 23,333,333원(동시배당 시 B 부동산에서 갑의 배당액) 중에서 A 부동산에서 배당부족분 1,000만원을 먼저 배당 받는다.

② 을은 갑의 B 부동산 채권안분액 23,333,333원 − 1,000만원(갑 배당금) = 13,333,333원을 갑 공동저당권자를 대위행사하여 배당받는다.

③ B 부동산의 후순위 병 근저당권자는 B 부동산 매각대금 3,500만원 − 23,333,333원(갑 1,000만원 + 을 13,333,333원) = 11,666,667원을 배당 받으면서 종료된다.

Part
06

지분경매에서 물건분석과 배당은 이렇게 해라!

01 유사공동저당권은 무엇을 말하는 것일까!

앞 장에서 공동담보물이 동시매각 또는 이시매각 시 공동저당권에 대한 배당방법과 그로인해 배당받지 못하게 된 후순위저당권자 및 물상보증인의 대위권에 대해서 살펴보았다.

간혹 지분경매에서 왜 동시배당과 이시배당을 그렇게 자세하게 정리해야 되는가에 대해서 반문하는 사람이 있는데 조금만 참으시라!

이 장을 위해서 앞 장과 같은 기초가 필요했던 것이다.

공유물로 분할되기 전에 설정 등기된 근저당권이나, 공유물로 분할되고 나서 공유자 전원을 공동채무자로 설정한 근저당권, 지분권자 일부가 다른 지분권자의 동의를 얻어 본인을 채무자로 다른 지분권자를 물상보증인으로 전체지분에 설정된 근저당권 등은 공동저당권과 유사한 지위에 놓이게 되고 이러한 근저당권을 유사공동저당권이라 부른다. 이 밖에도 지분경매에서 전체지분에 우선변제권(최우선변제금, 확정일자부 우선변제부)을 가지고 있는 임차권도 마찬가지이다.

지분실무에서 이와 같은 유사공동저당권을 많이 찾아볼 수 있는데, 배당방법은 공동담보물에서 동시배당, 이시배당 방법과 같이 하면 된다.

◆ 지분경매에서 전체지분에 설정된 근저당

한 개의 부동산이 여러 명의 소유자로 공유지분등기된 경우에 부동산 전체 지분을 담보로 근저당권을 설정하였다면 각 공유지분권자에 대하여 이 저당권은 공동저당권자와 같은 위치에 놓이게 된다.

이러한 경우에는 공유물로 분할되기 전에 설정 등기된 근저당권이나, 공유물로 분할되고 나서 공유자 전원을 공동채무자로 설정한 근저당권, 지분권자 일부가 다른 지분권자의 동의를 얻어 본인을 채무자로 다른 지분권자를 물상보증인으로 전체지분에 설정된 근저당권 모두가 해당된다.

이러한 사정은 등기부에서 을구 근저당권 기재란의 권리자 및 기타사항에서 채무자가 누구로 되어 있는가를 확인하는 것이 중요하므로,

(1) 공동채무자의 일부지분이 매각되는 경우

매각되는 지분의 후순위저당권자는 민법 제368조 제2항의 대위와 채무자(소유자)는 민법 제481조, 482조에 기한 변제자대위의 권리를 가지게 되므로 다른 지분권자 역시 자기지분에 해당하는 비율만큼 이들에게 책임을 지게 되므로 공유자우선매수가 어렵고, 추후 대위권자들의 권리에 의해 다른 지분권 역시 경매당하게 되는 경우를 예상할 수 있는데 그 과정에서 공유자 우선매수하면 좋은 결과를 얻을 수 있다.

(2) 일부는 채무자 일부는 물상보증인인 경우

채무자지분이 매각되는 것인지, 물상보증인지분이 매각되는지가 중요한데 채무자지분이 매각되는 경우에는 매각되는 지분의 후순위저당권자와 채무자가 물상보증인 소유지분에 대해서 대위권이 인정되지 못하므로 다른 지분권자의 공유자 우선매수가 예상된다.

물상보증인 소유지분이 매각되는 경우 후순위저당권자의 대위와 물상보증인의 대위권이 발생하게 되는데 ①번과 같이 동시매각 시 책임비율만큼 대위권이 인정되는 것이 아니라 변제자대위로서 대신 변제한 금액 전부에 대해서 대위권이 인정되므로 채무자가 공유자우선매수를 한다는 것은 커다란 오판이 될 것이다.

입찰 전에 분석하고 나서 입찰에 참여해야 낙찰받고 나서 다른 지분권자들의 선택을 예측할 수 있어서 매수 이후의 발걸음이 가볍지, 그렇지 않다면 발걸음이 무거워지고 소송으로 다투어 해결하게 된다.

◈ 지분경매에서 전체지분에 우선변제금을 가지고 있는 임차권

한 개의 부동산이 여러 명의 소유자로 공유지분등기된 경우에 부동산 전체 지분 소유자를 임대인으로 하여 임차인이 임대차계약을 체결할 수 있는데 이 경우 공동임대인의 지위와 공동채무자의 지위를 갖게 된다.

따라서 임차인이 대항요건을 갖추고 계약서에 확정일자를 받게 되면 우선변제권이 발생하게 되는데, 소액임차인이면 최우선변제금과 확정일자부 우선변제금, 소액임차인이 아니면 확정일자부 우선변제금을 다른 후순위 채권자보다 우선해서 변제받을 수 있다.

이러한 임차인은 각 공유지분권자에 대하여 공동저당권자와 유사한 지위에 놓이게 된다.

공유물에서 반드시 전체지분권자 모두를 임대인으로 계약해야 되는 것은 아니다.

공유물의 관리행위는 과반수 이상의 지분을 가지고 있는 자 또는 과반수 이상의 동의를 얻은 자를 임대인으로 해서 임대차계약을 체결하면 적법한 관리행위로 동의하지 아니한 지분까지 포함해서 전체지분에 대해서 그 임차권의 대항력이 발생하게 된다.

그런데 유의해서 살펴볼 점은 적법한 관리행위를 하게 되면 임대인이 아닌 동의만 한 자와 동의를 하지 아니한 자에 대해서도 그 책임을 물을 수 있다고 하더라도 그 책임의 한도는 어떻게 되는지에 대한 부분이다.

◆ 나대지에 근저당 설정후 토지가 집합건물의 대지권으로 공유등기된 경우

　나대지(주택이 없는 토지) 상에서 근저당권이 설정되고 나서 집합건물이 신축된 경우 토지는 집합건물의 대지권으로 공유 등기되는데 이 경우에도 토지에 설정 등기된 근저당권은 각 호수의 집합건물구분소유권의 대지권에 대해서 공동저당권을 설정한 것과 같은 위치에 놓이게 된다.

　즉 일반근저당권도 하나의 토지에 설정된 근저당권으로 토지가 분필되어 집합건물의 대지권으로 속하게 됨에 따라서 그 분필된 토지에도 저당권의 효력이 그대로 미치게 되어 공동저당권과 유사한 경우가 된다. 이 경우 집합건물의 대지권의 목적인 지분별로 매각되는 경우에도 공평의 원칙과 저당권의 불가분의 원칙상 같은 법리를 유추하여 전액 배당하고 후순위자와의 관계는 민법 제368조 제2항의 대위로 해결할 수 있다. 앞의 Part 05(165쪽~179쪽)에서 전체지분이 동시에 매각 또는 일부지분이 매각되는 경우에 공동저당권의 동시배당 또는 이시배당과 같이 배당표를 작성하여 각 채권자 등의 우선 순위에 따라 배당하면 될 것이다.

◆ 유사공동저당과 후순위 저당권자의 대위행사에 대한 판례

(1) 대법원 2004.11.25. 선고 2004다46502 판결

　토지별도등기(저당권) 있는 구분건물 경매에서의 배당(=유사공동저당) 및 토지상 후순위 저당권자의 대위 가부(=적극)

　나대지인 토지에 관하여 순위를 달리하는 여러 건의 근저당권설정등기가 완료되고 나중에 그 토지 위에 집합건물이 건축되고 이에 따라 그 집합건물에 관하여 소유권보존등기와 대지권등기가 모두 완료되면 위 각 토지 근저당권은 집합건물의 구분소유권의 대상이 되는 각각의 대지권 지분에 관한 근저당권으로 변하여 존속하게 되고, 이러한 경우에는 각 근저당권별로 동일한 채권을 담보하

기 위하여 각 건물 구분소유권의 대상인 대지권 지분에 관하여 공동으로 근저당권 설정등기를 마친 경우와 유사하게 된다고 보아야 한다.

따라서 그 후 그 집합건물의 일부 전유부분과 그에 대응하는 대지권 지분에 대한 경매절차가 진행된 결과 원래의 선순위 토지근저당권이 소멸되고, 그 경매목적물의 후순위 근저당권자가 민법 제368조 제1항에 의하여 토지 전체로부터 동시에 배당받는 경우보다 불리하게 된 경우에는, 이러한 불이익을 받은 후순위 근저당권의 보호를 위하여, 민법 제368조 제2항 후문을 유추 적용함으로써, 후순위 근저당권자는 만약 선순위 근저당권자가 토지 전체의 경락 대금으로부터 동시에 배당받았더라면 다른 대지권 지분의 경매대가에서 변제 받을 수 있었던 금액의 한도 내에서, 선순위 근저당권자를 대위하여 그 근저당권을 행사할 수 있고, 이에 의하여 위 집합건물의 다른 전유부분과 이에 대응하는 대지권 지분의 경매절차에서 우선배당을 받을 수 있다고 보아야 한다.

(2) 대법원 2012.3.29. 선고 2011다74932 판결

1) 부동산의 일부 공유지분에 관하여 저당권이 설정된 후 부동산이 분할된 경우, 그 저당권은 분할된 각 부동산 위에 종전의 지분비율대로 존속하고, 분할된 각 부동산은 저당권의 공동담보가 된다.

2) 저당권이 설정된 1필의 토지가 전체 집합건물에 대한 대지권의 목적인 토지가 되었을 경우에는 종전의 저당목적물에 대한 담보적 효력은 그대로 유지된다고 보아야 하므로 저당권은 개개의 전유부분에 대한 각 대지권 위에 분화되어 존속하고, 각 대지권은 저당권의 공동담보가 된다고 봄이 타당하다. 따라서 집합건물이 성립하기 전 집합건물의 대지에 관하여 저당권이 설정되었다가 집합건물이 성립한 후 어느 하나의 전유부분 건물에 대하여 경매가 이루어져 경매대가를 먼저 배당하는 경우에는 저당권자는 매각대금 중 대지권에 해당하는 경매대가에 대하여 우선변제 받을 권리가 있고 그 경우 공동저당 중 이른바 이시배당에 관하여 규정하고 있는 민법 제368조 제2항의 법리에 따라 저당권의 피

담보채권액 전부를 변제받을 수 있다고 보아야 한다.

3) 갑, 을 등의 명의로 지분이 나뉘어 있는 분할 전 대지 중 갑 지분에 관하여 병 명의로 근저당권이 설정되어 있었고, 이후 을 지분을 양수한 정이 위 대지를 분할하여 분할된 일부 대지 위에 집합건물을 신축하여 소유권보존등기를 하면서 위 일부 대지에 관하여 대지권등기를 마쳤는데, 그 후 집합건물 중 일부 전유부분과 그 대지권에 관하여 경매절차가 진행된 사안에서, 병은 근저당권의 피담보채권 전액을 기준으로 위 전유부분에 대한 전체 매각대금 중 대지권에 대한 부분에 관하여 우선변제받을 권리가 있다고 한 사례

02 왜 지분경매에서 동시배당과 이시배당을 알아야 하나?

지분경매 강의시간에 공동담보물의 동시배당과 이시배당을 강의하다보면 왜 지분경매를 공부하는 데에 동시배당과 이시배당을 공부해야 하는가에 대해서 많은 질문을 받는다.

필자는 최근의 입찰사례를 가지고 필요성을 간단히 설명해 보고자 한다.

왜냐하면 다음 지분경매편에서 공유물의 일부가 매각되는 많은 입찰사례를 다루고 있기 때문이다.

◈ 사설경매정보 사이트 상의 입찰정보내역

2011타경 00000		• 서울서부지방법원 본원 • 매각기일: 2011.08.25(木) (10:00) • 경매 5계(전화:02-3271-1325)						
소재지	서울특별시 서대문구 홍은동 22외 1필지, 유원홍은아파트 4동 000							
물건종별	아파트(32평형)	감정가	145,000,000원	기일입찰	【입찰진행내용】			
대지권	23.825m²(7.207평)	최저가	(80%) 116,000,000원	구분	입찰기일	최저매각가격	결과	
건물면적	42.3m² (12.796평)	보증금	(10%) 11,600,000원	1차	2011-07-21	145,000,000원	유찰	
매각물건	토지 및 건물 지분매각	소유자	이수만	2차	2011-08-25	116,000,000원		
사건접수	2011-03-22	채무자	이수만	낙찰 : 116,000,000원 (80%)				
사건명	임의경매	채권자	정주영	낙찰 : 김수철				
				매각결정기일 : 2011.09.01-매각허가결정				
				대금지급기한 : 2011. 10. 05				

■ 매각물건 현황

목록	구분	평형	면적	건축용도	감정가격	기타
1	홍은동 22	32평형	42.3m² (12.8평)	현관1,방3,거실1, 주방겸식당, 욕실 겸 화장실1,발코 니3 등	101,500,000원	• 전체면적 84.6m² 중 이수만 지분 1/2 매각 도시가스 개별난방
2	대지권		12219m² 중 23.925m²		43,500,000원	• 가격시점 : 11.04.11/ 서초감정평가 • 전체면적47.65m² 중 이수만 지분 1/2 매각

■ 임차인현황(말소기준권리 : 2004. 06. 11/배당요구종기일 : 2011. 06. 07)

임차인	점유부분	전입/확정/배당	보증금/차임	대항력	배당예상금액	기타
정수자	주거용 501호	전입일 : 2010.04.20 확정일 : 미상 배당요구일 : 없음	미상		배당금 없음	

■ 등기부현황(채권액합계 : 265,208,095원)

NO	접수	권리종류	권리자	채권금액	비고	소멸여부
1	2004. 06. 11	소유권이전(매매)	이수만, 정수자		지분 각 1/2	
2	2004. 06. 11	근저당	한국주택금융공사	144,000,000원	말소기준등기	소멸
3	2009. 08. 10	이수만 지분 가압류	신한카드(주)	4,030,380원		소멸
4	2010. 02. 09	이수만 지분 가압류	서울보증보험(주)	10,000,000원		소멸
5	2010. 03. 02	이수만 지분 가압류	동양파이낸셜(주)	13,177,715원		소멸
6	2011. 01. 06	이수만 지분 가압류	송철영	24,000,000원		소멸
7	2011. 01. 11	이수만 지분 전부 근저당	정주영	70,000,000원		소멸
8	2011. 03. 23	이수만 지분 임의경매	정주영		2011 타경00000	소멸

◆ **지분경매 물건 권리분석**

이 지분경매물건은 서울시 서대문구 홍은동에 소재하는 유원홍은 아파트 32평형으로 이수만과 정수자(가명)의 공동소유이다.

그런데 이수만 2분의 1 지분만 매각되는 것으로 2011년 8월 25일 김수철(가명)이 116,000,000원에 낙찰 받았으나 채무자의 배우자인 정수자(2분의 1 지분권자)가 공유자우선매수신청하여 전체지분을 취득하게 되었다.

그리고 1순위로 2004년 6월 11일 근저당권을 설정한 한국주택금융공사는 전체지분에 설정된 근저당권자로 공유물의 지분경매절차에서는 공동담보권자와 유사한 지위를 갖게 된다.

◆ **유사공동저당권자에 대한 배당방법**

유사공동저당권자인 한국주택금융공사 근저당권은 2분의 1지분만의 지분 경매절차라도 2분의 1지분만에 해당하는 채권만 배당요구하는 것이 아니라 채권 전액에 대해서 배당요구하게 되는데 이는 채권불가분성에 따라 채권최고액의 범위 내에서 자신의 채권전액을 우선변제 받을 수 있기 때문이다.

이와 같이 유사공동저당권자 등이 자신의 지분을 초과해서 배당받게 되므로 전체지분이 동시배당되는 경우에 비해서 후순위저당권자 등의 배당금이 적어지게 되므로 민법 제368조 제2항에 따라 후순위저당권의 대위행사권을 인정하고 있다.

◈ 배당방법과 후순위 채권자의 대위청구

이 지분경매물건은 116,000,000원에 매각되어 경매비용 2,320,700원을 공제한 잔여금이 실제 채권자 등에게 배당할 금액이 된다.

따라서 1순위로 유사공동저당권자인 한국주택금융공사 107,580,650원을 우선변제 받고, 2순위로 나머지 배당금 6,098,650원을 ① 신한카드 가압류권자 4,030,380원, ② 서울보증보험 가압류권자 10,000,000원, ③ 동양파이낸셜 가압류권자 13,177,715원, ④ 송철영 가압류권자 24,000,000원, ⑤ 김도영 근저당권자(경매신청채권자) 70,000,000원이 동순위로 안분배당받게 된다.

대부분의 입찰자나 채권자 및 채무자 등은 이 단계에서 배당받을 채권이 종결되는 것으로 오해를 하고 있다.

그러나 이 배당절차로 채권이 종결되는 것이 아니라는 점을 입찰자나 채권자 및 채무자는 유의해야 한다.

왜냐하면 한국주택금융공사는 전체지분에 설정된 근저당권으로 지분경매 절차에서는 공동저당권과 유사한 지위를 갖게 된다.

따라서 선행된 지분경매절차에서 자신의 채권전액 우선변제 받게 되므로 동시배당절차에 비해서 후순위채권자의 채권회수가 어렵게 되므로 이를 해결하기 위해서 만든 법률규정이 민법 제368조 제2항이다.

<u>따라서 후순위저당권자 등의 동시매각 시보다 적게 배당되는 금액을 한도로 다른 공유지분권자에게 한국주택금융공사의 근저당권을 대위하여 청구가 가능하다.</u>

그러나 유의힐 점은 공동채무자인 경우에 그렇게 배당한다는 것인데 이 경내 사건은 다음과 같이 공동채무자가 아니라 이수만이 채무자고 배우자 정수자는 물상보증인과 유사한 지위에 있다.

　이 경우 채무자 1/2 지분, 물상보증인 1/2 지분으로 공유하고 있다가 채무자 지분이 먼저 매각되는 경우 채무자지분의 후순위 저당권자는 민법 제368조 제2항에 따라 선순위 공동저당권을 물상대위가 인정되지 않는다는 것을 앞 장에서 공부한 내용을 참고하기 바란다.

【을 구】(소유권 이외의 권리에 관한 사항)				
순위번호	등기목적	접수	등기원인	권리자 및 기타사항
1	근저당	2004년 6월 11일 제22221호	2004년 6월 11일 설정계약	채권최고액 144,000,000원 채무자 이수만 서울 서대문구 홍은동 000 근저당권자 한국주택금융공사 서울 중구 남대문로5가 6—1

　그래서 정수자가 공유자 우선매수를 하게 되었고 이러한 판단은 올바른 선택이다.

　그러나 한국주택금융공사의 유사공동저당권이 공동채무자로 설정되었다면 경매대가를 기준으로 동시배당 시 채권안분액에 대해서 후순위저당권자나 채무자가 한국주택금융공사의 유사공동저당권을 물상대위할 것으로 예상되고, 정수자가 채무자이고 이수만이 물상보증인인 경우에 물상보증인 이수만 소유 부동산이 먼저 매각되고 그 지분에서 선순위 유사공동저당권이 전액 변제받았다면 후순위저당권자와 물상보증인은 대위변제한 금액 전액에 대해서 선순위 유사공동저당권을 물상대위할 수 있게 되는데 그때에도 정수자가 공유자우선 매수신청할 수 있는지에 대해 의문을 남게 되는데, 실무상 공유자우선매수신청이 어렵다고 이해하면 될 것이다.

　공유물의 일부지분의 입찰과정에서 이러한 문제를 분석하기 위해서 등기부상 선순위 유사공동저당권의 채무자가 매각지분에 해당하는 채무자가 단독으로 등기되어 있는가, 공동채무자로 등기되어 있는가와, 아니면 물상보증인 지분이 먼저 매각되는가 등을 분석해서 입찰에 참여해야 할 것이다.

특히 지분경매된 아파트나 다가구주택 등에 임차인이 거주하는 경우에 우리가 인수할 금액에 대해서 이야기하라면 어려워하고 있는데 그래서 동시배당과 이시배당을 이해해야 되는 것이다.

이러한 이유로 지분경매절차에서도 동시배당과 이시배당절차를 알아야만 되는 이유이다.

◈ 이 사건에서 채무자의 후순위채권을 양도받으면 돈이 되나?

공유물이 일부는 채무자 소유지분이고, 일부는 물상보증인 소유지분인 경우 채무자지분이 먼저 매각 시 후순위채권자의 대위권은 인정되지 못하게 되는데, 이 사례가 이 사항에 해당되므로 후순위채권을 양도받으면 대위권이 없어서 오로지 채무자에게만 청구할 수밖에 없는 무담보채권이 된다.

그런데 채무자가 무자력자이므로 채권회수가 어려워서 이는 곧 채권손실로 이어지게 될 것이다. 그러나 이 사례는 대출은행에 확인한 결과 매매대금으로 대출한 것이므로 형식상 담보제공자는 공동채무자로 볼 수 있다. 따라서 다른 2분의 1 지분권자에게 다음 판례들에 의해 직접 구상권을 청구하거나 민법 제368조 제2항에 따른 법정대위권을 행사할 수 있다. 독자 분들이 이런 권리를 양도 받으면 높은 수익을 얻을 수 있다.

◈ 실질적 물상보증인인 채무자에게 실질적 채무자가 구상권을 청구할 수 없다

1) 대법원 2013다41097 판결에서 실질적 물상보증인인 채무자와 실질적 채무자인 물상보증인 소유의 각 부동산에 공동저당이 설정되고, 이어 실질적 채무자인 물상보증인 소유의 부동산에 후순위저당권이 설정된 후 실질적 채무자인 물상보증인 소유의 부동산이 먼저 경매되어 공동저당권자가 변제를 받은 경우, 위

후순위저당권자가 실질적 물상보증인인 채무자 소유의 부동산에 대하여 선순위 공동저당권자의 저당권에 대하여 물상대위를 할 수 없다.

  2) 대법원 2013다80429 판결에서 타인의 채무를 담보하기 위하여 근저당권을 설정한 물상보증인이 채무를 변제한 때에는 채무자에 대한 구상권을 청구할 수 있고, 이렇게 자기의 권리에 의하여 구상할 수 있는 범위에서 민법 제481조, 482조에 따라 물상보증인의 변제자대위가 가능하다. 하지만, 물상보증인이 채무를 변제한 때에도 다른 사정에 의하여 채무자에 대하여 구상권이 없는 경우에는 채권자를 대위하여 채권자의 채권 및 담보에 관한 권리를 행사할 수 없다고 해석하여야 한다.

보충설명 등기부상 형식적 담보제공자로 되어 있더라도 실질적 채무자는 형식적 채무자에게 구상권을 청구할 수 없기 때문이다.

03 주택이 갑·을·병 각 3분의 1 지분에서 갑 지분만 매각되는 경우

◆ **지분경매물건에 대한 물건분석표**

  갑·을·병 각 1/3지분으로 지분등기되기 전에 근저당권이 설정되었거나 또는 지분등기 이후에도 전체지분을 담보로 은행에서 대출을 받고 근저당권을 설정하였거나 과반수 이상의 동의를 얻어 임대차계약을 작성한 임차권은 각 지분에 대해서 공동저당권과 유사한 권리를 갖게 된다.

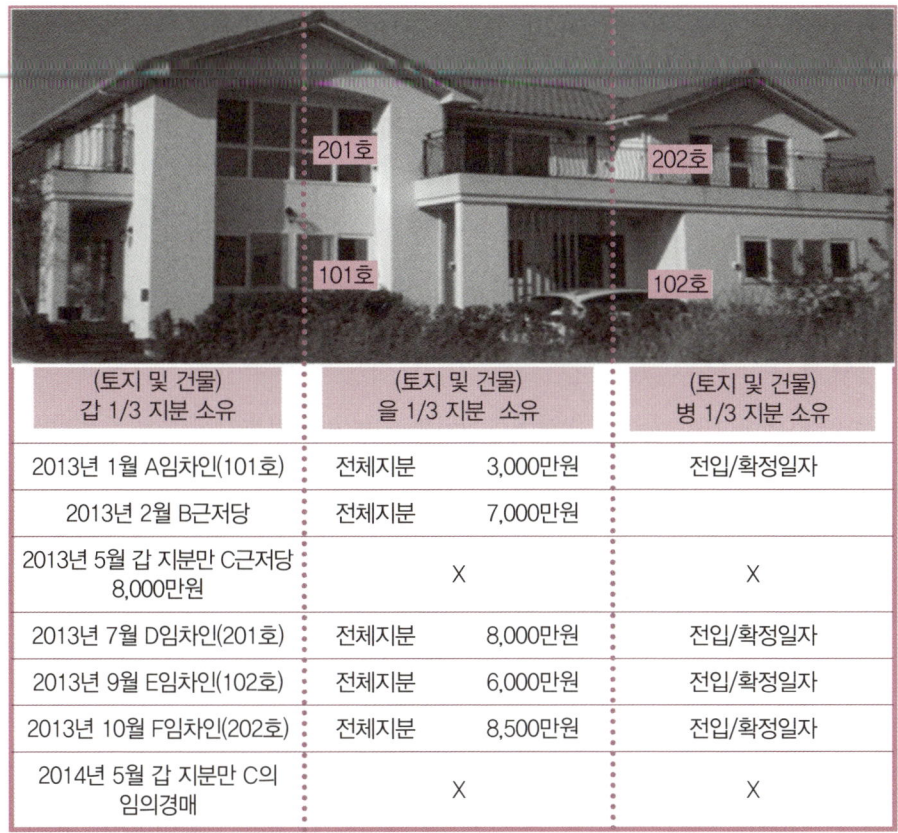

(토지 및 건물) 갑 1/3 지분 소유	(토지 및 건물) 을 1/3 지분 소유		(토지 및 건물) 병 1/3 지분 소유
2013년 1월 A임차인(101호)	전체지분	3,000만원	전입/확정일자
2013년 2월 B근저당	전체지분	7,000만원	
2013년 5월 갑 지분만 C근저당 8,000만원	X		X
2013년 7월 D임차인(201호)	전체지분	8,000만원	전입/확정일자
2013년 9월 E임차인(102호)	전체지분	6,000만원	전입/확정일자
2013년 10월 F임차인(202호)	전체지분	8,500만원	전입/확정일자
2014년 5월 갑 지분만 C의 임의경매	X		X

◆ 지분경매물건에 대한 권리분석과 배당표 작성

갑의 1/3지분만 C 근저당권자가 임의경매를 신청하였고 갑 1/3 지분이 1억 5,200만원에 매각되었고, 관할구청인 서초구청이 재산세 100만원을 당해세로 교부청구한 사례에서 배당표는 다음과 같이 작성될 것이다.

(주택이 서울 서초구에 소재하고 경매비용 200만원을 공제하면 실제 배당금은 1억5천만원)

- **1순위** : ① A 임차인 2,500만원, ② E 임차인 2,500만원(최우선변제금 1)
  - 소액임차인 결정기준 : (근저당권과 임차인들의 확정일자 7,500/2,500)

- **2순위** : 서초구청 재산세 100만원(당해세 2)
- **3순위** : A 임차인 500만원(확정일자우선변제 3)
- **4순위** : B 근저당 7,000만원((우선변제금 4)
- **5순위** : C 근저당 2,400만원((우선변제금 5)

◈ 후순위 채권자 등이 선순위 공동저당권자를 대위하여 청구가 가능한 금액

앞의 사례와 같이 선순위 공동저당권자는 공동저당 부동산의 일부가 먼저 매각 시 자신의 채권 전액에 대해서 후순위 채권자에 우선하여 변제받을 수 있다(민법 제368조 제2항). 이 경우 그 매각한 부동산의 후순위 채권자는 선순위 공동저당권자가 동시에 경매로 매각되어 다른 부동산의 경매대가에서 배당받을 수 있는 금액의 한도 내에서 선순위 공동저당권자를 대위하여 청구할 수 있다. 따라서 후순위 채권자가 선순위 공동저당권자를 대위하여 청구할 수 있는 금액을 알아보기 위해서는 동시매각 시 동시배당표를 작성해 봐야 한다.

(1) 갑 1/3지분, 을 1/3지분, 병 1/3지분 전부에 대해 B 근저당권이 임의경매를 신청하여 동시에 4억 5,600만원에 매각되었다면 배당표는?

(주택이 서울시 서초구에 소재하고 경매비용 600만원이고, 당해세는 각 100만원씩 교부청구함)

순위	채권자	갑지분 (1억5천 33.^{334} %)	을지분 (1억5천 33.^{333} %)	병지분 (1억5천 33.^{333} %)
1	A 임차인 2,500만원 E 임차인 2,500만원 (최우선변제금)	8,333,500	8,333,250	8,333,250
		8,333,500	8,333,250	8,333,250
2	당해세 (서초구청재산세)	1,000,000	1,000,000	1,000,000
3	A 임차인 500만원 (확정일자 우선변제금)	1,666,700	1,666,650	1,666,650

4	B 근저당 7,000만원	23,333,800	23,333,100	23,333,100
5	~~C 근저당 8,000만원~~	~~80,000,000~~	X	X
※ 선순위채권공제 후 갑의 경매대가를 다시 정하고, 이 경매대가를 기준으로 갑과 을과 병의 배당비율을 다시 정해야 한다. 잔여배당금합계 : 242,000,000원		갑 경매대가 = 27,332,500원 배당비율 = $\frac{27,332,500}{242,000,000}$ = 11.^{2944}%	을 경매대가 = 107,333,750원 배당비율 = $\frac{27,332,500}{242,000,000}$ = 44.^{3528}%	병 경매대가 = 107,333,750원 배당비율 = $\frac{27,332,500}{242,000,000}$ = 44.^{3528}%
6	D 임차인 8,000만원	9,035,520	35,482,240	35,482,240
7	E 임차인 3,500만원	3,953,040	15,523,480	15,523,480
8	F 임차인 8,500만원	9,600,240	37,699,880	37,699,880
9	G 소유자 4,200만원	4,743,648	18,628,176	18,628,176

(2) 갑 1/3 지분의 후순위 저당권자 등의 대위행사 청구금액과 을 1/3·병 1/3 지분의 후순위 저당권자에 대한 배당방법

(갑 1/3 지분이 먼저 매각되고 을과 병 1/3 지분이 동시에 매각된 경우)

① 먼저 C 근저당의 미배당금 5,600만원 → D 임차인 → E 임차인 → F 임차인 → G 소유자 순으로 선순위 채권자를 대위하여 청구하면

㉠ 을 지분에서는 A 임차인의 안분 배당액 9,999,900(최우선변제금 8,333,250+ 확정일자 1,666,650)+E 임차인의 최우선변제금 안분 배당액 8,333,250+B 근저당의 안분 배당액 23,333,100 = 41,665,250원을 대위하여 청구할 수 있다.

㉡ 병 지분에서는 A 임차인의 안분 배당액 9,999,900(최우선변제금 8,333,250+확정일자 1,666,650)+E 임차인의 최우선변제금 안분 배당액 8,333,250+B 근저당의 안분 배당액 23,333,100 = 41,665,250원을 대위하여 청구할 수 있다.

㉢ 따라서 83,333,250원(ⓐ 41,666,250원+ⓑ 41,666,250원)-5,600만원 (C 근저당의 대위행사금액) = 27,332,500원이 된다.

㉣ 27,332,357원-9,035,520원(D 임차인의 대위행사 청구금액)-3,953,040원 (E 임차인의 대위행사 청구금액)-9,600,240원(F 임차인의 대위행사 청구금액)- 4,743,648원(G 소유자의 대위행사 청구금액)

② 선순위 채권자에게 우선 배당한 후(을 지분과 병 지분에서 선순위 채권자의 대위행사 청구 후)의 배당금액은 214,667,500원(을:107,333,750원+병:107,333,750 원)이 남게 된다.

이 배당잔여금을 가지고 을 지분과 병 지분의 후순위 채권자에게 우선순위에 따라 배당하면 된다.

214,667,500원(배당잔여금)-D 임차인 70,964,480원(을 지분 35,482,240+병 지분 35,482,240)-E 임차인 31,046,960원(을 지분 15,523,480+병 지분 15,523,480)-F 임차인 75,399,760원(을 지분 37,699,880+병 지분 37,699,880)-G 소유자 37,256,352원(을 지분 18,628,176+병 지분 18,628,176) = 0원으로 배당이 종결된다.

◈ 종합적인 물건분석

앞에서 설명한 바와 같이 갑의 1/3지분만 C 근저당권자가 임의경매를 신청하였고 갑의 1/ 3지분이 1억원에 매각되었다면 배당표는 앞에서와 같이 작성하면 된다. 그런데 위와 같이 갑 지분이 매각되고 나서 을과 병 지분이 경매 등의 절차로 매각되지 않는 경우가 많다.

이 경우도 마찬가지로 후순위 저당권자가 선순위 공동저당권자를 대위하여 청구가 가능한 금액을 청구하거나 저당권을 대위로 실현, 즉 선순위 공동저당권자를 대위로 임의경매를 신청하여 그 매각대금으로부터 채권을 회수하면 된다.

후순위 저당권자 등의 대위행사 청구금액 범위를 초과하는 D 임차인, E 임차인, F 임차인의 임차보증금 채권금액은 을 지분과 병 지분 소유자의 책임으로 된다. 어차피 갑과 을과 병은 공동임대인(= 공동채무자)이므로 후순위자의 대위행사 청구 여부와 상관 없이 공동하여 책임질 수밖에 없기 때문이다. 이는 공동임대인이 임차인에 대하여 부담하는 임차보증금 반환의무는 불가분의 관계에 있기 때문이다(대법원 67다328)(민법 제409조 불가분채권).

따라서 이러한 상황이 발생하게 된다면 선순위 저당권자 등을 대위하여 행사할 수 있는 금액과 공동채무자로서의 연대책임을 지울 수 있는 금액 등을 분석할 수 있어야 한다.

이러한 배당연습은 실전 지분경매·지분공매 물건의 입찰에 있어서 중요한 역할을 할 수가 있으므로 평소에 이에 대한 많은 관심과 연구가 필요하다.

04 주택이 김각형·김민기·이철민 각 3분의 1 지분에서 김각형 지분만 매각된 사례

다음 다가구주택 2층 건물의 소유자가 김각형·김민기·이철민 등의 3명으로 각 3분의 1 지분씩 공유로 등기되어 있는데, 이 중 채무자 김각형 지분 1/3이 다음과 같이 임의경매에 들어갔다.

◆ 지분경매물건에 대한 권리분석 및 배당표 작성

> 이현중 전입/확정일자 2012.10.17.(3,000만원, 배당요구하지 않음) ➡ 김길수 전입/확정일자 2013.11.10.(6,000만원, 배당요구함) ➡ 김각형 지분 근저당권 송유만 2014.01.20.(6,000만원) ➡ 유기만 전입/확정일자 2014.02.10.(4,500만원, 배당요구함) ➡ 송유만이 김각형 지분만 임의경매 신청 2014.03.25.(청구금액 6,000만원)

이 사건에서 말소기준권리는 2014. 01. 20. 설정된 송유만의 근저당권이다. 그리고 임차인들이 전체지분권자와 계약했는지, 과반수 이상의 지분권자와 계약했는지(이때 임대인과 동의한 사람, 그리고 동의하지 않은 사람을 알고 있어야 한다)를 확인해야 한다.

이 사례에서는 임차인들이 전체 지분권자를 공동임대인으로 계약했으므로 이현중과 김길수 임차인은 대항력 있는 임차인이다(주택 서울 소재).

여기서 배당금이 1억2,000만원인 경우 배당하는 방법은?

- **1순위** : ① 김길수 2,500만원 + ② 유기만 2,500만원을 최우선변제금으로 배당 받는다 – 소액임차인결정기준은 2013. 11. 10. 김길수 확정일자 임차권(7,500만원 이하/2,500만원)(최우선변제금 1).
- **2순위** : 김길수 임차인 3,500만원(확정일자부 우선변제금) ➡ 전체 지분에 대하여 주임법상 확정일자 우선변제권을 가지고 있는 유사공동저당권자로 자기 지분만 배당 받는 것이 아니라 보증금채권 전액을 후순위자보다 우선 배당받을 수 있다.
- **3순위** : 유기만 700만원(법개정에 따른 소액임차보증금 중 일정액 증가분)(최우선변제금 2) – 2014. 01. 01.부터 현행법상 소액임차인은 9,500만원 이하일 때 최우선변제금 3,200만원이다.
- **4순위** : 송유만 근저당권 = 2,800만원(우선변제금 2)을 배당 받고 배당 절차가 종결된다.

◆ 후순위 임차인의 대위와 공동임대인에 대한 보증금 반환 청구

유기만에게 미배당된 보증금 1,300만원은 나머지 공유자인 김민기·이철민에게 청구할 수 있는데, 청구방법에는 두 가지 방법이 있다.

첫 번째로 후순위임차권으로 동시매각 시 배당 받을 수 있는 금액을 한도로 민법 제368조 제2항에 따른 대위(선순위 김길수 임차권이 나머지 지분권자인 김민기·이철민에서 동시배당 시 배당 받을 수 있는 금액)이고, 다른 하나는 공동임대인으로 임차인에 대하여 부담하는 임차보증금반환의무는 불가분의 관계에 있으므로 자기 지분 비율뿐만 아니라 초과하는 비율도 모두 책임져야 한다. 이는 공동채무자로서 연대하여 전액 변제하지 않으면 그 책임을 면할 수 없기 때문이다.

김선생 법정대위권자와 피법정대위권자 핵심체크

민법 제368조 제2항에서 후순위저당권자로 대위행사를 할 수 있는 후순위저당권자에 속하는 채권자는 담보물권으로 근저당권, 담보가등기, 전세권과 법정담보물권으로 조세채권·공과금채권·임금채권 그리고 주임법상의 임차권만 해당된다. 이 후순위저당권자들은 피대위권자(선순위공동저당권자)가 되기도 하고, 대위권자가 되기도 하는데 반해서 일반채권자(가압류채권, 강제경매신청채권, 집행권원에 의해 배당요구한 채권 등)들은 피대위권은 물론이고 대위권을 가지지 못하게 된다는 점에 유의해야 한다.

◆ 후순위 송유만 근저당권과 김각형 채무자의 법정대위

선순위 임차인 김길수는 전체 지분에 대하여 주임법상 우선변제권(최우선변제금과 확정일자부 우선변제권)을 가지고 있고, 후순위 임차인 유기만 역시 전체지분에 대해서 주임법상 우선변제권(최우선변제금)을 가지고 있는 유사공동저당권자인데 김각형의 3분의 1 지분경매에서 그 지분 비율에 해당되는 금액만을 배당 받은 것이 아니라 초과해서 배당 받음으로 인해서 후순위 송유만 근저당권자와 김각형 채무자가 적게 배당 받게 되었으므로 동시배당 시 배당 받을 수 있는 금액을 한도로 나머지 공유자 2명에게 선순위 임차권(1순위 김길수, 유기만의 최우선변제금과 2순위 김길수 확정일자부 우선변제금)을 대위하여 후순위 송유만 근저당권자는 민법 제368조 제2항의 차순위저당권자의 대위와 김각형 채무자는 민법 제481조와 제482조에 의한 물상보증인의 변제자 대위를 할 수 있다.

◆ 대항력 있는 이현중 임차인에 대한 낙찰자의 인수범위

임차인 이현중의 보증금 3,000만원은 대항력 있어서 인수해야 한다. 이때 낙찰자가 인수해야 하는 금액은 낙찰 받은 지분비율에 해당하는 금액만 인수하는 것이 아니라 채권불가분성에 따라 3,000만원을 인수하는 것이 원칙이나 인수하는 방식에서 조금 차이가 있다. 채무자로서 인수하는 금액은 1,000만원이고, 물상보증인의 담보책임(공동채무자 김민기의 1,000만원과 공동채무자 이철민의 1,000만원의 담보책임)으로 인수하는 금액이 2,000만원이다. 따라서 김민기와 이철민이 자기 채무를 다할 수 있다면 낙찰자는 채무자로서 1,000만원만 인수하면 되는 것이다. 여기서 선순위 임차인이 일부 배당 받은 경우 전액 보증금을 회수할 때까지 선순위 임차인으로서 대항력을 주장하여 결국 낙찰자에게 요구할 수 있다. 왜냐하면 공동임대인이 임차인에 대하여 부담하는 임차보증금 반환의무는 불가분의 관계에 있기 때문이다.

만일 낙찰자가 이현중의 보증금 전액을 지급하고 명도한 경우에는 나머지 공유자 2명에게 자신의 초과 지분금액에 대하여 각 공유지분비율만큼 구상권을 청구할 수 있다.

◆ 전체지분이 임의경매가 진행된 경우 말소기준권리

그러나 앞의 사례와 같은 조건에서 송유만 근저당권자가 김각형 지분에 대해서 임의경매신청한 것이 아니라 김길수 임차인이 전세보증금 반환청구소송으로 판결문을 득해서 공유지분 전체에 대해서 강제경매를 신청한 경우에는 임차인 에 대한 밀소시분권리는 김실수의 임의경매키십능기일로 봐아 된다.

왜냐하면 임차인 유기만은 김각형 지분에 대해서는 대항력이 없지만 다른 공유지분에 대해서는 대항력이 있고, 매수인(낙찰자)은 김각형 지분 이외에 다른 공유지분까지 매수하므로 다른 공유자에 대해서 대항력 있는 임차인에 대해서 채권불가분성의 원칙에 따라 김각형 지분을 제외하고 인수하는 것이 아니라 임차인의 보증금 전액을 인수해야 되므로 대항력을 주장하면 인수해야 되고, 배당요구해서 미배당금이 발생되면 이 금액을 인수해야 된다.

◈ 전체지분이 동시에 매각되었다면 배당은 어떻게 작성하나?

순위	채권자별 배당순위	김각형(33.34%) 1억2천만원	김민기(33.33%) 1억2천만원	이철민(33.33%) 1억2천만원
1	① 김길수 2,500만원 ② 유기만 2,500만원	8,335,000원 8,335,000원	8,332,500원 8,332,500원	8,332,500원 8,332,500원
	• 소액임차인결정기준 2013. 11. 10. 김길수 확정일자 임차권			
2	김길수 3,500만원	11,669,000원	11,665,500원	11,665,500원
3	유기만 700만원	2,333,800원	2,333,100원	2,333,100원
	• 소액임차인결정기준 2011. 01. 01.부터 현행법상 소액임차인			
4	송유만 6,000만원	60,000,000원	×	×
	배당잔여금 2억800백만원	29,327,200원 (14.10%)	89,336,400원 (42.95%)	89,336,400원 (42.95%)
5	유기만 1,300만원	1,833,000원	5,583,500원	5,583,500원
	배당잉여금은 채무자에게 배당한다.	27,494,200원	83,752,900원	83,752,900원
	낙찰자 인수금액	10,000,000원	10,000,000원	10,000,000원

◈ 김각형 지분이 먼저 매각된 경우 후순위 저당권자와 채무자의 대위

① 송유만은 후순위 저당권자로 민법 제368조 제2항에 따라 3,200만원[전체 지분이 동시매각 시의 배당금액 6,000만원-김각형지분이 먼저 매각으로 배당금2,800만원]을 김민기 지분에서 김길수와 유기만 임차권 중 미실현된 30,663,600원 중 1,600만원을, 이철민 지분에서 김길수와 유기만 임차권 중 미실현된 30,663,600원 중 1,600만원을 대위할 수 있다(미실현된 금액 : 동시배당으로 다른 지분에서 받을 수 있는 금액).

② 채무자 김각형은 물상보증인으로 민법 제481조와 제482조에 의한 대위로 김민기 지분에서 김길수와 유기만 임차권 중 미실현된 13,747,100원(30,663,600원-송유만1,600만원-유기만916,500원), 이철민 지분에서 김길수와 유기만 임차권 중 미실현된 13,747,100원(30,663,600원-송유만1,600만원-유기만916,500원)을 대위할 수 있다.

③ 후순위 유기만 임차인은 최우선변제금으로 매각된 지분비율보다 더 배당받았고, 나머지 지분권자가 공동채무자로 채권불가분성에 따라 청구가 가능하다는 점에서 논의에서 제외하기로 한다.

Part 07

지분경매 입찰사례에서 배우는 권리분석과 매수 후 탈출방법

01 지분경매에서 입찰자와 채권자가 유의할 점은 어떤 것이 있나?

경매의 덫에서 탈출

공유물의 지분경매에서 선순위 유사공동담보물권자(근저당권자, 전세권자, 확정일자부 임차권 등)는 채권전액을 우선 변제받게 된다. 그에 따라 후순위 채권자의 배당금이 그만큼 적게 배당되므로 다른 지분권자에 대해서 후순위 채권자의 대위가 가능하다.

◆ 경매정보 사이트상의 입찰정보내역

2017타경0000		● 서울중앙지방법원 본원	● 매각기일 : **2017.09.06(水) (10:00)**	● 경매 10계 (전화:02-530-2714)		
소 재 지	서울특별시 서초구 반포0000. 반포미도00			도로명주소검색		
새 주 소	서울특별시 서초구 서초중앙로0000. 반포미도00					
물건종별	아파트	감 정 가	535,500,000원	오늘조회: 1 2주누적: 0 2주평균: 0 조회동향		
				구분	입찰기일	최저매각가격	결과
대 지 권	29.3㎡(8.863평)	최 저 가	(100%) 535,500,000원	1차	2017-09-06	**535,500,000원**	
건물면적	42.48㎡(12.85평)	보 증 금	(10%) 53,550,000원	낙찰 : 538,888,000원 (100.63%)		
매각물건	토지및건물 지분 매각	소 유 자	조OO	(입찰1명,낙찰:서대문구 안OO)		
				매각결정기일 : 2017.09.13 - 매각허가결정		
개시결정	2017-04-13	채 무 자	조OO	대금지급기한 : 2017.10.27		
				대금납부 2017.10.19 / 배당기일 2017.11.21		
사 건 명	임의경매	채 권 자	임OO	배당종결 2017.11.21		

• 매각물건현황(감정원 : 인서감정평가 / 가격시점 : 2017.04.20 / 보존등기일 : 1987.06.27)

목록	구분	사용승인	면적	이용상태	감정가격	기타
건1	방○○	87.06.17	42.48㎡ (12.85평)	방3.주방.거실.욕실 등	107,100,000원	☞ 전체면적 84.96㎡ 중 조○○ 지분 1/2 매각
토1	대지권		75777㎡ 중 29.3㎡		428,400,000원	☞ 전체면적 58.6㎡ 중 조○○ 지분 1/2 매각

• 등기부현황 (채권액합계 : 953,929,447원)

No	접수	권리종류	권리자	채권금액	비고	소멸여부
1(갑4)	2008.12.09	소유권이전(상속)	조○○		협의분할에 의한 상속. 조○○.정○○ 각 1/2	
2(을13)	2014.01.09	근저당		360,000,000원		소멸
3(을14)	2014.09.01	근저당		60,000,000원		소멸
4(을16)	2015.04.02	조○○지분전부근저당	임○○	105,000,000원		소멸
5(갑5)	2015.04.07	조○○지분가압류	메○○	84,592,970원	2015카단0000	소멸
6(갑9)	2015.12.22	조○○지분가압류	하○○	14,336,477원	2015카단0000	소멸
7(을18)	2016.12.14	조○○지분전부근저당	서○○	200,000,000원		소멸
8(갑20)	2017.01.03	조○○지분가압류	임○○	70,000,000원	2016카단0000	소멸
9(을19)	2017.01.26	조○○지분전부근저당	한○○	60,000,000원		소멸
10(갑22)	2017.04.13	조○○지분임의경매	임○○	청구금액: 105,000,000원	2017타경0000	소멸

◆ 최근 낙찰 받은 아파트 2분의 1 지분으로 물건분석

이 지분경매물건은 서울시 서초구 반포동에 소재하는 반포미도아파트 32평형으로 정○○(모친)와 조○○(자녀)이 각 2분의 1씩 공동으로 소유하고 있는 아파트이다. 처음에는 아버지가 소유하다가 사망으로 인해서 배우자인 어머니 정○○와 아들인 조○○가 협의분할로 상속등기를 마친 상태로 볼 수 있다. 그런데 아들 채무로 채권자 임○○가 아들지분에 해당하는 2분의 1지분을 2017년 4월 13일에 경매를 신청했다.

이 아파트를 필자의 제자가 낙찰 받았다. 그래서 이 사례를 가지고 지분투자에서 유의할 점과 어떻게 낙찰 받고, 탈출은 어떻게 하면 되나? 를 가지고 분석해 보기로 한다.

◆ **반포 미도아파트의 현재적 가치와 미래적 가치분석**

현재적 가치를 분석하기 위해서 주변 중개업소를 방문해 확인해 보니 아파트 시세가 12억에서 13억을 호가하고 있었다. 그리고 아파트가 지은지 30년이 지나서 재건축으로 인한 미래가치도 높은 편이있다. 왜냐하면 미도 아파트 인근 북쪽에 있는 30평형 아파트로 LG자이 아파트와 삼성래미안퍼스티지가 20억에서 24억을 호가하고 있기 때문이다. 이밖에도 서초구 반포동에 재건축이 이루어진 30평형 아파트 대부분이 20억원에 거래되고 있었다. 그래서 이 아파트를 낙찰 받아 2년에서 3년 정도 보유하다가 팔면 20억 정도에 팔 수 있다는 판단이 섰다. 그런데 문제는 아파트의 전부를 취득하는 것이 아니라 2분의 1를 취득하니 그 가치는 12억에 2분의 1에 해당하는 6억 정도로 볼 수 있다.

이러한 판단 하에 1차 최초매각예정금액 5억3,550만원에서 538,888,000원으로 입찰해서 단독으로 낙찰 받았다. 낙찰받고 나서 거래되는 시세는 13억에서 14억에 거래되고 있다. 이렇게 재테크로 성공하려면 지금 당장 현재적 가치만을 가지고 판단하지 말고 미래적 가치 즉 앞으로 올라갈 수 있는 부동산에 투자해야 성공할 수 있다. 그것이 지분이라도 전체 가치가 증가되면 그 전체가치에 지분비율을 곱하면 되니 재테크로 성공할 수 있는 지름길이 된다.

◆ **유사공동저당권자에 대한 배당방법**

반포 미도아파트 전체지분에 1순위와 2순위로 설정된 농협은행 근저당권은 공유물의 지분경매절차에서는 공동담보권자와 유사한 지위를 갖게 된다. 이러한 유사공동저당권자는 2분의 1지분만의 지분경매절차라도 2분의 1 지분만에 해당하는 채권만 배당요구하는 것이 아니라 채권전액에 대해서 배당요구하게 되는데 이는 채권불가분성에 따라 채권최고액의 범위 내에서 자신의 채권전액을 우선변제 받을 수 있기 때문이다. 이와 같이 유사공동저당권자 등이 매각되는 지분을 초과해서 배당 받게 되므로 전체지분이 동시 배당되는 경우에 비해서 후순위저당권자의 배당금이 적어지게 되므로 민법 제368조 제2항에 따라 후순위저당권자의 법정 대위권을 인정하고 있다.

◈ 예상배당표를 통한 권리분석과 후순위 채권자의 대위청구 금액은?

이 지분경매물건은 538,888,000원에 매각되어 경매비용 380만원을 공제한 잔여금이 실제 채권자 등에게 배당할 금액이 된다.

따라서 1순위로 유사공동저당권자인 농협은행이 3억6,000만원을 우선 배당받고, 2순위로 유사공동저당권자인 농협은행이 6,000만원을 배당 받게 된다.

그리고 3순위로 임○○이 1억500만원, 나머지 10,088,000원은 4순위로 ① 메리츠종합금융증권과 ② 하나 가압류권자, ③ 서○○ 근저당권, ④ 임○○, ⑤ 한○○ 등이 동순위로 안분하고 흡수하는 순서로 배당이 마무리가 된다.

대부분의 입찰자나 채권자 및 채무자 등은 이 단계에서 배당받을 채권이 종결되는 것으로 오해를 하고 있다. 그러나 이 배당절차로 채권이 종결되는 것이 아니라는 점을 입찰자나 채권자 및 채무자는 유의해야 한다.

왜냐하면 1순위와 2순위인 농협은행 근저당권은 전체지분에 설정된 근저당권으로 지분경매절차에서는 공동저당권과 유사한 지위를 갖게 된다.

따라서 선행된 지분경매절차에서 자신의 채권전액을 우선변제 받게 되므로 동시배당절차에 비해서 후순위채권자의 채권회수가 어렵게 되므로 이를 해결하기 위해서 만든 법률규정이 민법 제368조 제2항이다.

따라서 후순위 저당권자 등은 동시매각 시보다 적게 배당되는 금액을 한도로 다른 공유지분권자에게 농협은행의 근저당권을 대위하여 청구가 가능하다. 그러나 유의할 점은 공동채무자인 경우에 그렇게 배당한다는 것인데, 이 경매사건은 등기부를 확인해 본 결과 공동채무자가 아니라 정○○(모친)이 채무자고, 아들인 조○○는 담보제공자(=물상보증인)이다.

이렇게 채무자 1/2 지분, 물상보증인 1/2 지분으로 공유하고 있다가 물상보증인 지분이 먼저 매각되는 경우, 물상보증인지분의 후순위 저당권자는 민법 제

368조 제2항에 따라 선순위 공동저당권을 물상대위할 수 있는데, ㄱ 청구금액은 물상보증인이 대신 변제한 전부가 된다.

(1) 공유물 전체의 담보물권이 수인을 공동채무자로 하는 경우

선행된 지분경매절차에서 자신의 채권전액 우선변제 받게 되므로 동시배당절차에 비해서 후순위저당권자의 채권회수가 어렵게 되므로 이를 해결하기 위해서 만든 법률규정이 민법 제368조 제2항이다.

따라서 Part 6의 02번 사례(186~192쪽 내용)를 분석해 보면 알 수 있듯이 후순위저당권자는 동시매각 시보다 적게 배당되는 금액을 한도로 다른 공유지분권자에게 한국주택금융공사의 근저당권을 대위하여 청구가 가능하다. 그래서 지분경매절차에서도 동시배당과 이시배당절차를 알아야만 되는 이유이다.

공유자우선매수신청채권자도 이러한 사실을 알고서 매수했는가에 대해서 살펴보면 매수시 후순위저당권자 등의 대위청구권을 모르고 공유자우선매수를 신청했다고 하면서 놀라워 했다. 그나마 다행인 것은 후순위저당권자의 대위(민법 제368조 제2항)에도 예외규정이 있어서 지분경매절차에서 후순위저당권자의 대위가 배우자 지분에 대해서 청구가 불가할 것으로 판단된다. 왜냐하면 우리 민법에서 부부 간에도 재산관계는 부부별산제를 채택하고 있는데, 이 사건에서 채무자는 공동채무자가 아니라 이수만이 채무자, 배우자인 정수자는 물상보증인의 지위에 있으므로 후순위저당권의 대위가 인정되지 못하는데 그 이유는 다음 (2)의 내용과 같다.

(2) 공동저당부동산 일부가 채무자, 일부가 물상보증인 소유인 경우

① 동시배당에 있어서 변제자 대위가 우선한다는 전제하에서 채무자 소유의 경매대가에서 먼저 배당하고 부족액이 있는 경우 물상보증인 소유의 경매대가에서 배당하면 된다(대법 95마500).

② 물상보증인 소유가 먼저 매각되는 경우에는 후순위저당권자와 물상보증인은 채무자 소유의 매각절차에서 선순위공동저당권자를 대위하여 청구할 수 있다(대법 93다25417).

③ ①번과 같은 법리에서 채무자 소유가 먼저 매각되는 경우 채무자의 후순위저당권자와 채무자는 물상보증인 소유의 매각절차에서 선순위공동저당권자를 대위하여 청구할 수 없다. 그래야만 이와 같은 상황에서 동시에 배당하든, 이시에 배당하든 같아지게 된다.

◈ **지분경매된 아파트나 다가구주택에 임차인이 거주하는 경우**

지분경매된 아파트나 다가구주택 등에 임차인이 거주하는 경우에 매수인이 인수할 금액에 대해서 이야기하라면 어려워한다.

(1) 매수인의 지분이 과반수 이상인 경우

매수인에게 대항력이 없는 임차인은 인도명령 신청대상이고, 임차인이 대항력이 있는 경우에는 인도명령을 청구할 수 없다.

대항력이 있는 임차인이 있는 경우 매수인은 임차인의 권리를 인수해야 한다. 이때 인수금액은 자기 지분비율만큼 인수하게 되나 대항력 있는 임차인으로 부터 주택을 인도받기 위해서는 자신의 지분비율만큼 인수해서 명도를 청구할 수 있는 것이 아니라 전체 임차보증금을 지급해야만 주택인도를 청구할 수 있다. 다만 매수인은 자기지분을 벗어나는 보증금에 대해서 나머지 다른 공유자에게 직접 구상권을 청구하거나 민법 제481조와 482조에 따른 물상보증인의 변제자대위를 통해서 청구하면 된다.

왜냐하면 자기 지분비율만큼은 채무자가 되고, 다른 지분권자의 비율만큼은 물상보증인이 되기 때문이다(다른 지분은 물상보증인의 담보책임이 있다).

(2) 매수인의 지분이 과반수 미만인 경우

매수인의 지분이 과반수 미만인 경우에 인도명령을 청구할 수 없다. 그렇다고 하더라도 임차인이 민법 제268조를 위반한 경우 즉 소수지분권자와 계약하고 대항력을 갖추고 있는 경우에는 주임법상 대항력이 없어서 소수 지분을 낙찰받더라도 보존행위로 인도명령을 신청할 수 있다(대법원 62다1 판결에서 과반수 공유자의 결의 없이 한 임대차계약은 무효이므로 결의에 참가하지 아니한 다른 공유자는 소수지분권자라해도 보존행위로 명도를 청구할 수 있다).

◆ 낙찰받고 공유물분할청구 소송과 부당이득에 기한 채권가압류

이 내용은 Part 19에서 01 공유물분할청구 소장을 작성하여 법원에 직접 제출하는 방법(614~620쪽)에 기술되어 있으니 참고하기 바란다.

이 곳에 대법원 전자소송을 통해서 나홀로 (1) 공유물분할청구 소송과 (2) 처분금지 가처분, 그리고 부당이득에 기한 채권가압류를 신청하는 방법이 자세하게 기술되어 있다.

02 다가구주택에서 임대인의 지분이 매각될 때 잘못하면 큰 코 다친다!

경매의 덫에서 탈출

다가구주택이 공유물이라면 임대차계약은 과반으로 결정하게 되는데, 그때 임대인 지분이 경매되면 낙찰자는 임대인의 지위를 그대로 승계하게 되므로 대항력 있는 임차인의 보증금을 전액 또는 미배당금을 인수하게 되는 상황이 발생할 수도 있다 (대법원 2012다5537판결).

◆ **다가구주택 3분의 1 지분경매 물건 정보 및 입찰결과**

소재지	서울특별시 양천구 신월동 000 (도로명주소검색)			경매사건번호 : 2012타경1754호			
				오늘조회: 1 2주누적: 1 2주평균: 0 (조회동향)			
물건종별	다가구(원룸등)	감정가	166,149,650원	구분	입찰기일	최저매각가격	결과
				1차	2012-10-30	166,149,650원	유찰
				2차	2012-12-04	132,920,000원	유찰
토지면적	60.37㎡(18.262평)	최저가	(33%) 54,444,000원		2013-01-09	106,336,000원	변경
				3차	2013-03-20	106,336,000원	유찰
건물면적	90.99㎡(27.524평)	보증금	(20%) 10,890,000원	4차	2013-04-24	85,069,000원	낙찰
				낙찰 93,690,000원(56.39%) / 1명 / 미납			
매각물건	토지및건물 지분 매각	소유자	이정민	5차	2013-08-07	85,069,000원	유찰
				6차	2013-09-10	68,055,000원	유찰
개시결정	2012-01-19	채무자	이정민	**7차**	**2013-10-22**	**54,444,000원**	
				낙찰 : 64,590,000원 (38.87%)			
				(입찰1명,낙찰:음성군 정○○)			
				매각결정기일 : 2013.10.29 - 매각허가결정			
				대금지급기한 : 2013.12.09			
사건명	강제경매	채권자	홍○○, 최○○	대금납부 2013.12.09 / 배당기일 2014.01.09			
				배당종결 2014.01.09			
관련사건	2012타경31229(중복)						

구분				면적	감정평가액	비고
토지		신월동 000	* 제2종일반주거지역(7층이하), 가축사육제한구역, 제3종 구역(다지구), 대공방어협조구역(위탁고도:77-257m), 과밀억제권역, 학교환경위생 정화구역, 수평표면구역, 진입표면구역	대 60.37㎡ (18.262평)	2,100,000원 126,777,000원	표준지공시지가: (㎡당)1,300,000원 □전체면적 181.1㎡중 이정민지분 1/3 매각
건물	1	위지상 벽돌조 슬래브지붕	1층 주택(2가구)	26.79㎡(8.104평)	19,562,700원	* 도시가스 개별난방 □전체면적 80.37㎡중 이정민지분 1/3 매각 * 감평서상 단가:@366,000원
	2		2층 주택(1가구)	26.66㎡(8.065평)	366,000원 9,757,560원	* 도시가스 개별난방 □전체면적 79.99㎡중 이정민지분 1/3 매각
	3		지하 주택(3가구)	29.87㎡(9.036평)	317,000원 9,468,790원	* 도시가스 개별난방 □전체면적 89.61㎡중 이정민지분 1/3 매각
			면적소계 83.32㎡(25.204평)		소계 38,789,050원	
제시외 건물	1	신월동 000 판넬조	1층 창고	1.67㎡(0.505평)	80,000원 133,600원	매각포함 □ 전체면적 5㎡중 이정민지분 1/3 매각
	2		옥탑 창고	3㎡(0.908평)	30,000원 90,000원	매각포함 □ 전체면적 9㎡중 이정민지분 1/3 매각
	3		옥탑 창고	3㎡(0.908평)	120,000원 360,000원	매각포함 □ 전체면적 9㎡중 이정민지분 1/3 매각
		제시외건물 포함 일괄매각		면적소계 7.67㎡(2.32평)	소계 583,600원	
감정가		토지:60.37㎡(18.262평) / 건물:90.99㎡(27.524평)			합계 166,149,650원	지분 매각

임차인	용도	전입/확정/배당	보증금	배당요구	비고
우미영	주거용 2층전부	전 입 일:2010.01.18 확 정 일:미상 배당요구일:미상	보80,000,000원	있음	낙찰자인수
김정수	주거용 미상	전 입 일:2010.03.03 확 정 일:미상 배당요구일:미상	미상		배당금 없음
박미순	주거용 미상	전 입 일:2008.06.16 확 정 일:미상 배당요구일:미상	미상		배당금 없음
이정선	주거용 미상	전 입 일:2010.03.31 확 정 일:미상 배당요구일:미상	미상		배당금 없음
김시민	주거용 미상	전 입 일:2009.09.23 확 정 일:미상 배당요구일:미상	미상		배당금 없음

● 건물등기부

No	접수	권리종류	권리자	채권금액	비고	소멸여부
1	2010.03.26	소유권이전(상속)	이정민,이순자,이준희		각 지분1/3	
2	2010.03.26	이정민지분가압류	박명기	28,500,000원	말소기준등기	소멸
3	2010.11.16	이정민 지분압류	서울특별시양천구			소멸
4	2011.04.14	이정민 지분압류	서울특별시			소멸
5	2011.04.19	이정민 지분압류	양천세무서			소멸
6	2011.06.22	이정민지분가압류	최OO	45,000,000원		소멸
7	2012.01.19	이정민지분강제경매	홍OO	청구금액: 9,595,561원	2012타경1754	소멸
8	2012.02.29	이정민 지분압류	서울특별시양천구			소멸
9	2012.03.23	이정민 지분가압류	최OO	58,000,000원		소멸
10	2012.09.14	이정민 지분압류	국민건강보험공단			소멸
11	2012.11.16	이정민 지분강제경매	최OO	청구금액: 58,000,000원	2012타경31229	소멸

● 토지등기부

No	접수	권리종류	권리자	채권금액	비고	소멸여부
1	2010.03.26	소유권이전(상속)	이정민,이순자,이준희		각 지분1/3	
2	2010.03.26	이정민 지분가압류	맹OO	28,500,000원	말소기준등기	소멸
3	2010.11.16	이정민 지분압류	서울특별시양천구			소멸
4	2011.04.19	이정민 지분압류	양천세무서			소멸
5	2011.06.22	이정민 지분가압류	최OO	45,000,000원		소멸
6	2012.01.19	이정민 지분강제경매	홍OO	청구금액: 9,595,561원	2012타경1754	소멸
7	2012.03.23	이정민 지분가압류	최OO	58,000,000원		소멸
8	2012.11.16	이정민 지분강제경매	최OO	청구금액: 58,000,000원	2012타경31229	소멸

◆ 종전 낙찰자가 입찰보증금을 포기하게 된 사연

| 14 | 소유권이전 | 2010년3월26일
제13411호 | 2004년5월26일
상속 | 공유자
지분 3분의 1
이정민 610501-1******
서울특별시 양천구 신월동 000
지분 3분의 1
이순자 620820-2******
서울특별시 양천구 신월동 341-1 길훈아파트 000호
지분 3분의 1
이준희 670206-2******
경기도 파주시 교하읍 동패리 1711 책향기마을 우남퍼스트빌 000호
대위자 이정민의대위신청인명지수
서울특별시 강남구 논현동 000호 |

다수 임차인들이 거주하는 다가구주택의 일부지분이 경매되면 지분물건에서 말소기준권리 이전에 대항요건을 갖춘 임차인은 대항력이 있어서 소멸되지 않고 낙찰자가 인수해야 되지만, 이후에 대항요건을 갖춘 임차인은 대항력이 없어서 소멸된다. 그런데 입찰자들이 대항력 있는 임차보증금을 인수하게 되는 것을 자기 매수지분 비율에 의해 인수한다고만 생각하고 낙찰받는 경향이 있다. 이러한 이유는 매사 자신이 알고 있는 상식대로 해석하려는 경향에서 나온 것이 아닌가 한다. 그러나 현실에서 잘못 알고 있는 상식대로 분석하고 투자해서 낭패를 보게 되는 일들이 많이 발생하니 제대로 이해하고 접근해야 한다.

이 다가구주택은 3명이 3분의 1씩 공동소유하고 있고 말소기준은 2010. 3. 26. 박명기 가압류채권이다. 그래서 임차인 중 우미영과 김정수, 박미순, 김시민은 대항력 있고 이정선은 대항력이 없다. 지하 한 호수는 이정민이 창고로 사용하면서 주민등록만 해놓고 실제로 거주하지는 않는다.

<u>어쨌든 종전 낙찰자 김○○는 낙찰받으면 임차보증금 3분의 1만 인수하면 된다는 생각으로 감정가 166,149,650원을 93,690,000원에 낙찰 받았다고</u> 한다. 이 낙찰자가 필자를 찾아와 상담하는 과정에서 알게 된 사실이지만 계약서를 작성한 사람이 이정민이고 나머지 지분권자인 여동생 이순자의 동의를 받아 계약서를 작성했다는 것이다. 이 경우 채무자가 임대인이고, 이순자는 임대차계약에 동의한 자로 물상보증인의 담보책임만 있다. 그러므로 낙찰자는 임대인 즉 채무자의 지위를 그대로 승계하게 되고, 이순자는 여전히 담보제공자로 물상보증인에 불

과하다. 그리고 동의하지 않은 이준희는 책임이 없다.

낙찰자가 주택을 방문해서 임대차 현황을 조사해 보니 지하 101호는 김시민이 5백만원에 월세 20만원과 지하 102호는 박미순이 700만원에 월세 10만원, 지하 103호는 채무자가 점유하고, 1층은 101호는 김정수가 1,000만원에 월세 50만원, 102호는 이정선이 3,500만원에 20만원, 2층 전체는 우미영이 8,000만원에 거주하고 있었다. 따라서 낙찰자가 채무자(=임대인)로부터 인수해야 할 금액은 대항력 없는 이정선을 제외하고 나머지 임차보증금 1억 200만을 인수하게 돼 낙찰받은 금액 93,690,000원을 포함하면 1억9,569만원에 취득한게 되니 감정가보다 훨씬 높게 낙찰받은 셈이 된다. 물론 계약에 동의한 3분의 1 지분권자 이순자와 임차보증금도 함께 나누어 가졌다면(계약서 형식보다 실제로 보증금을 나누었는지가 중요하다) 낙찰자가 인수할 금액은 절반으로 5,100만원만 인수하게 되니 실제 취득가는 1억4,469만원이지만, 그래도 그 가격이면 포기하는 것이 낫다는 낙찰자의 의견을 존중해서 입찰보증금을 포기하도록 조언했다.

◆ 재매각절차에서 낙찰자가 돈을 벌고 지분에서 탈출할 수 있을까?

이 물건을 재매각절차에서 음성에 사는 정○○이 6,459만원에 낙찰 받았다.

그렇다면 낙찰자가 인수해야 할 금액은 앞에서 얘기한 바와 같으니 채무자인 이정민이 임대인이고, 나머지 지분권자들은 동의만 했다면 인수금액은 1억 200만원으로 취득금액은 1억6,659만원이 되니 감정가와 같은 금액으로 낙찰받은 것이 된다. 그러나 임대차계약서에는 채무자 이정민이 계약하고 이순자가 동의한 것으로 되어 있지만, 실제로 보증금을 나누어 가졌다면 공동임대인과 같은 지위에 있어서 낙찰자의 인수금액은 5,100만원이 되고 취득금액은 1억 1,559만원이 되어 성공적인 투자가 될 수 있다.

필자의 사견이지만 낙찰자가 5,100만원만 인수하면 되지 않을 까하는 판단이다. 왜냐하면 보통 사람들이 주택을 공동소유하고 있다면 거기서 나오는 소득과 보증금을 나누어 가지려는 생각을 하기 때문이다.

필자가 이 사례를 기술한 이유는 다가구주택에서 다수의 임차인이 거주하고 그 일부 지분이 경매로 나왔다면 임차인이 누구와 계약했느냐에 따라 낙찰자의 인수금액이 달라질 수 있다. 채무자가 임대인인 경우 잘못하다간 전액 인수해야 하지만, 반대로 물상보증인 즉 동의하거나 동의하지 않은 지분을 낙찰받으면 인수금액이 없을 수도 있다는 사실에 유념해야 한다.

그렇다고 실망할 필요는 없다. 이러한 사실이 내게 유리하게 적용될 수도 있고, 불리하게 적용될 수도 있으니 그러한 사실을 제대로 알고 대응만 잘하면 성공할 수 있기 때문이다. 이 사례에서 제대로 대응하기 위해 다음 두 사례의 판례를 소개하고자 한다.

◆ 공동소유주택에서 임대인 지분을 취득하면 임대인의 지위가 승계된다.

대법원 2012다5537 판결에서 여러 사람이 공동임대인으로서 임차인과 하나의 임대차계약을 체결한 경우에는 민법 제547조 제1항의 적용을 배제하는 특약이 있다는 등의 특별한 사정이 없는 한 공동임대인 전원의 해지의 의사표시에 따라 임대차계약 전부를 해지하여야 한다. 이러한 법리는 임대차계약의 체결 당시부터 공동임대인이었던 경우뿐만 아니라 임대차목적물 중 일부가 양도되어 그에 관한 임대인의 지위가 승계됨으로써 공동임대인으로 되는 경우에도 마찬가지로 적용된다.

◆ 실질적 물상보증인인 채무자에게 실질적 채무자인 물상보증인은 구상권 청구 불가!

대법원 2013다41097 판결에서 실질적 물상보증인인 채무자와 실질적 채무자인 물상보증인 소유의 각 부동산에 공동저당이 설정되고, 이어 실질적 채무자인 물상보증인 소유의 부동산에 후순위저당권이 설정된 후 실질적 채무자인 물상보증인 소유의 부동산이 먼저 경매되어 공동저당권자가 변제를 받은 경우, 위 후순위저당권자가 실질적 물상보증인인 채무자 소유의 부동산에 대하여 선순위 공동저당권자의 저당권에 대하여 물상대위를 할 수 있는지 여부 (소극)

03 지분경매에서 다른 공유자의 잘못된 판단으로 수 억을 손해 본 사례

경매의 덫에서 탈출

다가구주택의 2분의 1 지분경매인데 대부분의 임차인들이 대항력이 있고 확정일자가 빨라서 배당요구하면 1순위로 전액 우선변제 받을 수 있었는데, 임차인 5명이 배당요구종기일까지 배당요구했다가 5명이 배당요구종기일이 이틀이나 지나서 배당요구를 철회했다. 법에서는 철회가 불가한데 어쩐 일인지 법원에서 철회를 받아 주었다. 그 문제는 나중에 따지더라도 누구의 코치를 받았는지 모르지만 배당요구를 철회함으로 인해서 공유자우선매수한 다른 지분권자는 1억5,000만원의 손해를 보게 된다.

◆ **다가구주택 2분의 1 지분경매 물건 정보 및 입찰결과**

2012타경37993		●서울중앙지방법원 본원	●매각기일 : 2013.10.10(木) (10:00)	●경매 2계(전화:02-530-1814)			
소재지	서울특별시 서초구 방배동 000-00 도로명주소검색						
물건종별	주택	감정가	941,430,390원	오늘조회: 2 2주누적: 2 2주평균: 0 조회동향			
				구분	입찰기일	최저매각가격	결과
토지면적	117.15㎡(35.438평)	최저가	(51%) 482,012,000원	1차	2013-06-20	941,430,390원	유찰
				2차	2013-07-25	753,144,000원	유찰
건물면적	283.41㎡(85.732평)	보증금	(10%) 48,210,000원	3차	2013-08-29	602,515,000원	유찰
				4차	2013-10-10	482,012,000원	
매각물건	토지및건물 지분 매각	소유자	이숙희	낙찰: 482,012,000원 (51.2%) (입찰1명,낙찰:박정순)			
개시결정	2012-12-17	채무자	이숙희	매각결정기일 : 2013.10.17 - 매각허가결정 대금지급기한 : 2013.11.27			
사건명	강제경매	채권자	우선명	대금납부 2013.11.26 / 배당기일 2014.01.15 배당종결 2014.01.15			

● 매각토지.건물현황 (감정원 : 이정희감정평가 / 가격시점 : 2012.12.24 / 보존등기일 : 1997.05.20)

목록		지번	용도/구조/면적/토지이용계획		m²당	감정가	비고
토지		방배동○○○-○○	도시지역, 제2종일반주거지역(7층이하), 가축사육제한구역, 대공방어...	대 117.15m² (35.438평)	6,650,000원	779,047,500원	표준지공시지가: (m²당)3,800,000원 * 전체면적 234.3m² 중 이숙희지분 1/2 매각
건물	1	방배로18길○○○-○○ 철근콘크리트조 평스라브지붕	지하	단독주택(2가구) 65.31m²(19.756평)	585,000원	38,206,350원	* 사용승인:1997.05.06 * 도시가스 개별난방 * 전체면적 130.61m² 중 이숙희 지분 1/2 매각
	2		1층	단독주택(2가구) 68.77m²(20.803평)	585,000원	40,230,450원	* 사용승인:1997.05.06 * 도시가스 개별난방 * 전체면적 137.54m² 중 이숙희 지분 1/2 매각
	3		2층	단독주택(2가구) 68.77m²(20.803평)	585,000원	40,230,450원	* 사용승인:1997.05.06 * 도시가스 개별난방 * 전체면적 137.54m² 중 이숙희 지분 1/2 매각
	4		3층	단독주택(2가구) 68.77m²(20.803평)	585,000원	40,230,450원	* 사용승인:1997.05.06 * 도시가스 개별난방 * 전체면적 137.54m² 중 이숙희 지분 1/2 매각
	5		옥탑	방, 창고, 욕실 등 8.69m²(2.629평)	351,000원	3,050,190원	* 사용승인:1997.05.06 * 도시가스 개별난방 * 전체면적 17.37m² 중 지분 1/2 매각
			면적소계 280.31m²(84.794평)			소계 161,947,890원	
제시외 건물	1	방배로18길 24-35 알루미늄새시조 새시지붕	옥탑	창고 1.85m²(0.56평)	100,000원	185,000원	매각포함
	2		옥탑	욕실 1.25m²(0.378평)	200,000원	250,000원	매각포함
		제시외건물 포함 일괄매각		면적소계 3.1m²(0.938평)		소계 435,000원	

● 임차인현황 (말소기준권리 : 2009.10.01 / 배당요구종기일 : 2013.03.11)

임차인	점유부분	전입/확정/배당	보증금/차임	대항력	배당예상금액	기타
권영미	주거용 102호	전 입 일: 2012.03.16 확 정 일: 미상 배당요구일:	보10,000,000원 월350,000원	없음	배당금 없음	
김수정	주거용 202호	전 입 일: 2006.08.11 확 정 일: 2006.08.11 배당요구일:	보140,000,000원	있음	예상배당표참조	
박정희	주거용 101호	전 입 일: 2012.09.26 확 정 일: 미상 배당요구일:	보10,000,000원 월800,000원	없음	배당금 없음	
박수영	주거용 201호	전 입 일: 2007.08.10 확 정 일: 2007.08.10 배당요구일: 2013.03.11	보140,000,000원	있음	배당순위있음	
오종상	주거용 201호	전 입 일: 2007.07.10 확 정 일: 2007.07.10 배당요구일:	보140,000,000원	있음	낙찰자인수	
이영화	주거용 301호	전 입 일: 1997.04.21 확 정 일: 1997.02.25 배당요구일:	보76,000,000원 월500,000원	있음	낙찰자인수	
장정환	주거용 103호	전 입 일: 2008.07.29 확 정 일: 미상 배당요구일:	보10,000,000원 월450,000원	없음	낙찰자인수	
황영란	주거용 302호	전 입 일: 1997.04.29 확 정 일: 2009.09.23 배당요구일:	보120,000,000원 월100,000원	있음	낙찰자인수	

임차인수: 8명 , 임차보증금합계: 646,000,000원 , 월세합계: 2,200,000원

● 건물등기부 (채권액합계 : 500,000,000원)

No	접수	권리종류	권리자	채권금액	비고	소멸여부
1	2009.06.17	이전선지분전부이전	홍기자		증여, 지분1/2	
2	2009.10.01	근저당	한국스탠다드차타드제일은행 (소매여신운영부)	240,000,000원	말소기준등기	소멸
3	2009.12.03	홍기자 지분가처분	유미란		사해행위취소를 원인으로 한 소유권이전등기말소청구권 서울중앙지법 2009카합4257	소멸
4	2009.12.04	홍기자 지분가압류	유미란	260,000,000원		소멸
5	2012.12.06	홍기자 분전부이전	이숙희		상속, 지분1/2	
6	2012.12.17	이숙희지분강제경매	우선명	청구금액: 2,000,000,000원	2012타경37993	소멸
7	2013.04.05	이숙희 지분압류	서울특별시서초구			소멸

◈ 이 다가구주택의 2분의 1을 낙찰 받아도 될까?

이 다가구주택은 서초구 방배동의 주택가에 위치하고, 가까운 거리에 2호선 방배역과 7호선 내방역이 있고, 주변 교육환경이 양호해서 학부모와 강남권으로 출근하는 직장인들이 선호하는 위치에 있다.

그래서 임대수요가 높아 전세 시세가 2억에서 2억5천만원에도 찾기 힘든 지역이다. 2분의 1 지분만 매각이지만 낙찰만 받을 수 있다면 재임대 방법만으로도 현재 임차보증금에 비해 높은 임대수익을 바라볼 수 있어서 다른 지분권자와 나누어 가져도 높은 임대수익을 얻을 수 있다. 그런데 지분과 대항력 있는 임차인 인수문제로 입찰자가 없어서 감정가의 50% 가격으로 떨어진 금액으로 다른 공유자가 공유자우선매수를 신청해서 소유권을 취득했다. 특이한 것은 자기가 공유자우선매수신청을 하면서도 배당요구한 임차인들에게 배당요구를 철회하도록 한 일이다.

과연 배당요구를 철회해서 다른 입찰자들이 입찰에 참여하지 못하도록 한 것과 배당요구해서 매각된 지분으로 선순위임차인들이 배당받고 소멸시키는 것과 어느 쪽이 더 유리한 가를 분석해 보기로 하자! 그래야만 이 사례와 똑같은 지분물건이 나올 때 대응할 수 있는 능력을 높일 수 있다고 생각해서 기술한 사례이다.

그리고 이 물건에서 선순위 홍기자 가처분은 걱정 안 해도 된다. 남편 홍기자가 사망해서 자동적으로 채무자 이숙희가 상속받게 돼 원상회복 해달라는 가처분의 목적이 달성되었기 때문이다.

(1) 선순위 임차인이 배당요구 철회로 낙찰자가 인수하는 금액은 얼마나 증가 했을까?

① 이 다가구주택에 거주 내역 및 임차인의 보증금은?

4층	401호 채무자거주 이숙희(딸)	402호 공유자거주 박정순(엄마)	
3층	301호 이영화 (전입97.4.21. /확정97.2.25.) 보증금 7천6백만/월세50만원	302호 황영란 (전입97.4.29. /확정09.9.23.) 보증금 1억2천만/월세10만원	
2층	201호 박수영 (전입07.8.10. /확정07.8.10.) 보증금 1억4천만원	202호 김수정 (전입06.8.11. /확정06.8.11.) 보증금 1억4천만원	
1층	101호 박정희(전입12.9.26. /확정 미상) 보증금 1천만/80만	102호 권영미(전입12.3.1. /확정 미상) 보증금 1천만/35만	103호 장정환 (전입08.7.29./확정미상) 보증금 1천만/45만

② 임차인이 배당요구 했다가 철회한 내역은 다음과 같다.

방문의 문건접수 내역

2013.03.11	임차인 이영화 권리신고 및 배당요구신청 제출	2013.03.23	임차인 이영화 권리신고 및 배당요구신청 철회서 제출
2013.03.11	임차인 김수성 권리신고 및 배당요구신청 제출	2013.03.23	임차인 김수정 권리신고 및 배당요구신청 철회서 제출
2013.03.11	임차인 황영란 권리신고 및 배당요구신청 제출	2013.03.23	임차인 황영란 권리신고 및 배당요구신청 철회서 제출
2013.03.11	임차인 장정환 권리신고 및 배당요구신청 제출	2013.03.23	임차인 장정환 권리신고 및 배당요구신청 철회서 제출
2013.03.11	임차인 권영미 권리신고 및 배당요구신청 제출	2013.03.23	임차인 권영미 권리신고 및 배당요구신청 철회서 제출
2013.03.11	임차인 박정희 권리신고 및 배당요구신청 제출	2013.03.23	임차인 박정희 권리신고 및 배당요구신청 철회서 제출
2013.03.11	임차인 박수영 권리신고 및 배당요구신청 제출		

어쨌든 이와 같이 임차인들이 배당요구를 철회한 덕분인지 아니면 지분이라 그런지 2분의 1의 감정가가 9억4,000만원인데 4억8,200만원에 낙찰되었고 경매비용이 500만원이라면 실제 배당금은 4억7,700만원이다.

그러면 이 금액으로 예상배당표를 작성해보자!

• **1순위로** 박수영 임차인 1억4,000만원(확정일자부 우선변제금 1)
• **2순위로** 제일은행 근저당 2억원(우선변제금 2)
• **3순위로** 나머지 배당금 1억3,700만원을 가지고 가압류권자 유미란 2억6,000만원과 강제경매를 신청한 우선명 20억원이 동순위로 안분배당하면서 배당이 종결된다.

다음은 대항력 있는 임차인들의 임차보증금을 인수해야 하는데 공동임대인으로 계약했기 때문에 낙찰자는 대항력 있는 임차인들의 임차보증금 2분의 1만 인수하면 되므로 인수금액은 202호 김수정 1억4,000만원, 301호 이영화 7,600만원, 302호 황영란 1억2,000만원, 103호 장정환 1,000만원으로 1억7,300만원 (3억4,600만원 × $\frac{1}{2}$)을 인수해야 한다.

그래서 낙찰자의 총 취득금액은 6억5,500만원이 된다.

그런데 이 금액으로 다른 공유자가 공유자우선매수를 신청했다.

이 공유자는 나머지 배당요구하지 않은 임차인들을 인수하게 돼 총 추가금액은 6억5,500만원과 1억9,300만원(1억7,300만원 + 권영미 1,000만원 + 박정희 1,000만원)으로 8억4,800만원이 된다.

(2) 배당요구를 철회하지 않았고 나머지 임차인도 배당 요구했다면!

매각대금은 조금 높게 매각되었을 것이므로 7억500만원에 매각되고 500만원 경매비용을 제외하면 실제 배당금은 7억원이 된다.

따라서 • **1순위로** ① 박정희 1,000만원 + ② 권영미 1,000만원 + ③ 장정환 1,000만원(최우선변제금 1)
• **2순위로** 이영화 7,600만원(확정일자부 우선변제금 1)
• **3순위로** 김수정 1억4,000만원(확정일자부 우선변제금 2)

- **4순위로** 박수영 1억4,000만원(확정일자부우선변제금 3)
- **5순위로** 황영란 1억2,000만원(확정일자부 우선변제금 4)
- **6순위로** 제일은행 1억9,400만원(우선변제금 5)

임차인들이 모두 배당요구 했다면 전액 우선 변제받을 수 있어서 낙찰자가 인수할 보증금이 없다. 공유자우선매수신청으로 낙찰자 역시 매수지분에서 인수할 금액이 없다. 뿐만 아니라 공동임대인으로서 나머지 임차보증금도 없게 돼 이 주택에서 남게 되는 채권은 제일은행 미배당금 600만원 또는 없을 수도 있다.

(3) 배당요구를 안 했을 때와 배당요구를 모두 했을 때 유리한 쪽은?

배당요구를 안하면 지분을 낙찰받고도 인수해야 할 임차보증금까지 합하면 8억4,800만원이다. 그러나 임차인이 모두 배당요구했고 제일은행이 모두 배당받았다면 낙찰받은 금액 7억500만원으로 모든 채무가 청산된 셈이 된다. 여기서 제일은행 근저당권은 2억을 초과하지 못할 것이 유력하다. 왜냐하면 제일은행 이자는 어머니가 지연이자 18%를 걱정해서 계속 납부하고 있었을테니 원금 2억으로 판단하면 무리가 없다. 실무에서 지분경매가 되면 선순위 유사공동저당권에 대해서 다른 지분권자가 지연이자율이 18%가 될 것을 걱정해서 이자를 납부하게 된다.

결론적으로 임차인들이 배당요구를 철회하므로 인해서 최소한 1억4,300만원의 손해를 보게 된 셈이다.

마지막으로 민법 제368조 제2항에 따라 후순위저당권자의 대위행사를 분석해 보면 후순위 채권자들이 일반채권자들이어서 대위행사를 할 수 없다. 물론 민법 제481조와 482조에 의해 물상보증인의 변제자대위를 후순위 채권자들이 채권자대위를 통해 권리를 행사할 수 있겠지만 여기까지 권리행사를 할 수 있는 후순위채권자는 실무에서 찾아보기 어렵다.

04 밭(田)의 3분의 1 지분만 경매로 매각되는 경우

◆ **사설경매정보 사이트 상의 입찰정보내역**

2007타경46854 · 수원지방법원 본원 · 매각기일 : 2008.07.23(水) (10:30) · 경매 11계 (전화:031-210-1271)

소재지	경기도 용인시 처인구 모현면 매산리 ○○○ 도로명주소검색					
물건종별	농지	감정가	80,333,000원	오늘조회: 1 2주누적: 0 2주평균: 0 조회동향		
				구분	입찰기일	최저매각가격	결과
토지면적	803.33㎡(243.007평)	최저가	(51%) 41,130,000원	1차	2008-03-05	80,333,000원	유찰
				2차	2008-05-14	64,266,000원	유찰
건물면적		보증금	(10%) 4,120,000원	3차	2008-06-18	51,413,000원	유찰
				4차	2008-07-23	41,130,000원	
매각물건	토지지분매각	소유자	홍순희	낙찰 : 52,709,600원 (65.61%) (입찰3명, 낙찰: 이철민 2등입찰가 46,003,000원)		
개시결정	2007-11-05	채무자	조마상	매각결정기일 : 2008.07.30 - 매각허가결정 대금지급기한 : 2008.08.25		
사건명	임의경매	채권자	홍순희	배당기일 : 2008.09.25 배당종결 2008.09.25		

· **매각토지.건물현황** (감정원 : 신관섭감정평가 / 가격시점 : 2007.11.21)

목록	지번	용도/구조/면적/토지이용계획	㎡당 단가	감정가	비고
토지	매산리 621-2	자연녹지지역,수질보전특별 대책지역,자연보전권역	전 803.33㎡ (243.007평)	100,000원	80,333,000원	표준지공시지가: (㎡당)83,000원 ☞ 전체면적 2410㎡중 홍순희 지분 1/3 매각
감정가		토지:803.33㎡(243.007평)	합계	80,333,000원	토지지분매각

· **임차인현황** (배당요구종기일 : 2008.02.06)

===== 조사된 임차내역 없음 =====

• 토지등기부 (채권액합계 : 117,485,602원)

No	접수	권리종류	권리자	채권금액	비고	소멸여부
1	1995.04.06	소유권이전(상속)	조미상외 2인		협의분할 상속 조미상, 조영구, 조승기	
2	2004.05.14	조미상 지분전부근저당	홍순희	15,000,000원	말소기준등기	소멸
3	2004.05.31	조미상 지분전부근저당	홍순희	15,000,000원		소멸
4	2004.11.10	조미상 지분가압류	신한은행	87,485,602원		소멸
5	2004.11.15	조미상 지분전부이전	홍순희		매매, 지분 1/3	
6	2007.11.05	홍순희 지분임의경매	홍순희	청구금액: 15,000,000원	2007타경46854	소멸

등기부 분석 ☞토지 전체면적 2410㎡중 홍순희 지분 3분의 1 매각이므로 주의 요망

◆ 경매 입찰대상 물건 내역

법원경매정보와 사설경매정보를 통하여 다음과 같이 물건분석표를 작성해 보았다.

주소	면적	공매가 및 진행과정	1) 임차인조사내역 2) 기타청구	등기부상의 권리관계
경기도 용인시 처인구 모현면 매산리 00-0 소유자 : 홍순희 채무자 : 조미상 채권자 : 홍순희 (경매 사건번호 2007타경 46854)	지목이 전(田) 으로 총 2410㎡ 중 홍순희 지분 송인803.33㎡ (243.01평)(총면적의 1/3 지분매각대상) 주의 ① 지상에 소유자 미상의 분묘 3기 소재 ② 농지취득 자격증명필요 ③ 전체지분의 1/3 홍순희 지분경매	감정가 80,333,000원 (감정일시 : 2017.11.21) 최저가 1차 80,333,000원 유찰 2차(20% 저감) 64,266,000원 유찰 3차 51,413,000원 유찰 4차 41,130,000원 (낙찰 52,709,600원) (입찰자 3명 낙찰자 이철민) (낙찰일시 : 2008.7.23) (매각결정기일 : 2008.7.30)	1) 임차인 없음 2) 기타 청구 없음	공유지분소유자 지분의 1/3 조수상 700000-1XXXXXX 지분 1/3 조두상 600000-1XXXXXX 지분 1/3 조미상 500000-1XXXXXX 조미상지분 전부근저당 채권자 홍순희 04.5.13. 1,500만원 조미상지분 전부근저당 채권자 홍순희 04.5.31. 1,500만원 조미상지분 가압류 채권자 조흥은행 04.11.10. 87,485,602원 조미상지분 전부소유권 이전 1/3홍순희 400000-2XXXXXX 홍순희지분 홍순희의 임의경매 청구금액 3,000만원 〈2007.11.05〉

◆ 경매물건에 대한 분석 및 배당표 작성

이 경매사건은 전체면적의 1/3 지분경매로 홍순희(전조미상)지분만 매각 대상이다. 따라서 최고가매수신고인이 되더라도 공유자들이 공유자우선매수 신청하면 최고가매수신고인에서 차순위매수신고인의 지위를 얻게 되고, 차순위 매수신고인의 지위를 포기하려면 집행관이 공유지분권자를 최고가매수신고인으로 결정하기 전까지만 하면 된다. 그러나 이 사건은 공유지분권자들이 공유자우선매수 신청을 하지 않아 낙찰자 이철민이 최고가매수신고인으로 결정되었다.

그리고 농지이므로 농지취득자격증명이 필요한데, 이는 매각기일로부터 7일 후인 매각허가결정기일까지 제출하여야만 집행법원이 매각허가결정을 내리고 미제출시에는 불허가결정과 동시에 입찰보증금은 배당재단에 몰수된다.

이 농지는 필자가 지인에게 낙찰받아준 것으로서 농지취득자격증명을 주말체험 영농목적으로 허가를 득하여 제출했던 사건이다.

참고로 농지취득자격증명을 신청하기 위한 증명서로 최고가매수신고인이 되고 나면 입찰보증금 영수증 발급과 동시에 증명서류(최고가 매수인 증명서)를 받게 되는데 이 증명서류를 가지고 읍·면·동사무소에 이 증명서류와 함께 농업경영계획서를 제출하여 허가를 득해서 집행법원에 제출하면 된다. 이에 대한 증명서류와 제출서류, 허가 등에 관한 서류는 다음 쪽에 첨부하였으니 참고하기 바라며 위 경매사건을 분석하여보면 다음과 같다.

(1) 등기부상의 권리관계와 말소기준권리를 살펴보면

① 등기부상의 말소기준권리는 2004.5.13. 설정등기된 홍순희 근저당권이다. 따라서 조흥은행 가압류는 후순위가 된다.

② 그런데 등기부를 자세히 살펴보면 홍순희가 소유자도 되고 근저당권자도 되고, 임의경매신청채권자도 되는 것을 보면 공유지분이기 때문에 매각하여 채권을 회수하는 데에 있어서 한계가 있었고 후순위 가압류채권액이 많아서 이를 인수하고 해결하기에는 어려웠을 것이다.

따라서 홍순희 입장에서는 소유자의 지위를 포기하고 채권자로서 임의경매를 신청한 것으로 풀이된다. 실제 거래에 있어서 지분권이나 후순위 가압류채권액이 많으면 매매가 어렵다. 따라서 이 사건에 대하여 배당표를 작성하여 보면 배당금액은 매각대금이 52,709,600원이고, 집행비용이 100만원이라면 51,709,600원으로, 1순위: 홍순희 1,500만원(04.5.13. 근저당권 배당) 2순위: 홍순희 1,500만원(04.5.31. 근저당권 배당) 3순위: 조흥은행 21,709,600원이 된다.

(2) 지분경매에서 전체지분에 설정된 저당권부 채권 등의 배당요구방법과 후순위채권자 등의 대위행사 청구방법

이 사건과 같이 지분에만 설정된 저당권의 지분경매에 있어서 배당은 문제가 없겠지만 전체지분에 대한 근저당권의 경매사건이든지 또는 주택임차인들의 임차보증금이 있는 주택인 경우는 다음과 같이 배당표를 작성해야 한다.

① 선순위근저당권자 등은 지분경매된 비율만큼 배당신청하여 근저당권의 일부를 변제받고, 일부를 말소해 주는 경우도 있을 수 있다.

그러나 실무상에서는 이러한 일은 거의 발생하지 않을 것이다. 왜냐하면 선순위채권자로서 채권전액을 우선 배당받을 수 있는데 나누어 청구할 채권자가 있겠는가?

② 선순위채권자 등이 전액 배당신청 시 문제점

1순위채권자는 3분의 1 지분경매의 매각대금에서 전액 우선변제받고 미배당금이 있는 경우 나머지 지분권자에게 권리를 주장할 수 있다.

그러나 선순위근저당권자나 선순위주택(상가)임차인이 전액 배당받았다면 그 권리는 소멸될 것이다. 이때 소멸되는 근저당권은 법원으로서는 지분경매된 지분에 대하여서만 말소를 촉탁하게 되고 나머지 지분권자에 존재하는 저당권은 나머지 공유지분권자들이 채권액이 부존재함을 이유로 말소를 신청하여야만 말소가 이루어질 것이다. 그러나 지분경매된 후순위채권자 등은 선순위채권자(저낭권 등, 임차인 등)가 지분경매에 해당하는 채권만 회수하였더라면 배당받을 수 있었던 금액에 대하여 선순위채권자가 지분경매에서 전액 배당 받음으로써 배당받지 못한 금액에 대하여 대위권을 행사할 수 있다고 본다.

(3) 공유지분을 공매나 경매를 통하여 앞에서와 같이 3분의 1 지분을 매수한 경우 부동산관리 및 처분방법

① 민법 제263조는 공유자는 그 지분을 처분할 수 있고, 공유물 전부를 지분의 비율로 사용·수익할 수 있다. 민법 제264조는 공유자는 다른 공유자의 동의 없이 공유물을 처분하거나 변경하지 못한다. 민법 제265조는 공유물관리에 관한 사항은 공유자 지분의 과반수로서 결정한다고 규정하고 있다.

그러나 실제로 공유지분권자의 합의에 따라 사용·수익하기가 어렵고 서로 협의하여 매각하는 것도 어려운 실정이다. 따라서 이러한 지분을 경매나 공매로 매수하고자 하는 경우는 낮은 가격으로 매수해야 수익성이 보장될 것이다. 그리고 나머지 지분권자 등이 채무가 많은 상태라면 나머지 지분도 경매나 공매 등이 예상된다. 따라서 지분경매절차에서는 매각되는 지분만 분석할 것이 아니라 다른 공유자의 지분도 분석해서 나머지 지분이 경매 또는 공매 등의 절차가 진행되면 공유자우선매수신청하여 전체지분을 낮은 가격으로 취득하면 높은 수익을 얻을 수 있다.

② 공유물 분할방법

공유지분권자 상호간에 사용·수익할 공유지분 분할 또는 제3자 매각에 대하여 서로 협의가 이루어질 수도 있겠지만 협의가 이루어지는 것은 쉽지 않다. 이러한 경우에는 법원에 그 분할을 청구할 수 있고 분할하는 것이 협의가 이루어지지 아니하거나 분할로 그 가액이 현저히 감소되는 경우에는 법원은 공유물을 경매에 부쳐서 그 매각대금을 각 지분율에 따라 분할하게 되는데 이와 같은 공유물분할경매에 있어서는 공유지분권자의 우선매수청구권이 인정되지 않는다.

05 근린생활시설 중 일부지분이 경매된 경우 낙찰받고 나서 대응방법

◆ 지분경매물건 정보내역과 매각결과

소 재 지	서울특별시 금천구 시흥동 ○○○ 도로명주소검색						
물건종별	근린시설	감 정 가	202,227,000원	오늘조회: 1 2주누적: 1 2주평균: 0 조회동향			
토지면적	46.22㎡(13.982평)	최 저 가	(64%) 129,426,000원	구분	입찰기일	최저매각가격	결과
				1차	2012-08-16	202,227,000원	유찰
				2차	2012-09-19	161,782,000원	유찰
건물면적	59.147㎡(17.892평)	보 증 금	(10%) 12,950,000원	3차	2012-10-30	129,426,000원	
				낙찰: 136,597,000원 (67.55%)			
매각물건	토지및건물 지분 매각	소 유 자	김정미	<입찰1명, 낙찰자 정소령> 매각결정기일: 2012.11.06 - 매각허가결정			
개시결정	2012-03-05	채 무 자	김정미	대금지급기한: 2012.12.06 대금지급기한: 2012.12.06 - 기한후납부			
사 건 명	강제경매	채 권 자	기술신용보증기금	배당기일: 2013.01.30 배당종결 2013.01.30			

● 매각토지.건물현황 (감정원: 한성감정평가 / 가격시점: 2012.05.22 / 보존등기일: 1982.10.28)

목록	지번	용도/구조/면적/토지이용계획		㎡당 단가	감정가	비고
토지	시흥동 954-29	제2종일반주거지역(7층이하),가축사육제한구역,대공방어협조구역,재정...	대 46.22㎡ (13.982평)	4,017,000원	185,665,740원	표준지공시지가 (㎡당)2,540,000원 ☞ 전체면적 323.6㎡중 김정미지분 1/7 매각
건물	1	위지상 철근콘크리트조	1층 점포및 사무실 21.85㎡(6.61평)	280,000원	6,118,000원	* 도시가스 개별난방 ☞ 전체면적 152.93㎡ 중 김정미 지분 1/7 매각
	2		2층 점포및 사무실 18.417㎡(5.571평)	280,000원	5,156,760원	☞ 전체면적 128.93㎡ 중 김정미 지분 1/7 매각
	3		옥탑 점포및 사무실 0.46㎡(0.139평)	280,000원	128,800원	☞ 전체면적 3.31㎡ 중 김정미 지분 1/7 매각
	4		지하 1층 교육연구 및 복지시설, 창고 2층 노유자시 18.42㎡(5.572평)	280,000원	5,157,600원	☞ 전체면적 128.93㎡ 중 김정미 지분 1/7 매각
			면적소계 59.147㎡(17.892평)		소계 16,561,160원	
감정가	토지:46.22㎡(13.982평) / 건물:59.147㎡(17.892평)			합계	202,227,000원	김정미 지분 매각

Part 7 지분경매 입찰사례에서 배우는 권리분석과 매수 후 탈출방법

• 임차인현황 (말소기준권리 : 2011.12.12 / 배당요구종기일 : 2012.07.27)

임차인	점유부분	전입/확정/배당	보증금/차임	대항력	배당예상금액	기타
박소위	점포 지출전부	사업자등록: 미상 확 정 일: 미상 배당요구일: 없음		미상	배당금 없음	
박상병	점포 1-2층	사업자등록: 미상 확 정 일: 미상 배당요구일: 없음		미상	배당금 없음	
최병장	주거용	전 입 일: 1998.01.22 확 정 일: 미상 배당요구일: 없음		미상	배당금 없음	

기타사항   임차인수: 3명

• 건물등기부 (채권액합계 : 390,079,292원)

No	접수	권리종류	권리자	채권금액	비고	소멸여부
1	2009.12.28	소유권이전(증여)	김정미 외 6인		김정미,김미숙,김미실,김미현,김미자,김인숙,김남선 지분 각7분의1	
2	2011.12.12	김정미지분 가압류	기술신용보증기금 (화성기술평가센터)	390,079,292원	말소기준등기	소멸
3	2012.03.06	김정미지분 강제경매	기술신용보증기금 (화성기술평가센터)	청구금액: 383,115,356원	2012타경5817 기술신용보증기금 가압류의 본압류로의 이행	소멸

• 토지등기부 (채권액합계 : 390,079,292원)

No	접수	권리종류	권리자	채권금액	비고	소멸여부
1	2009.12.28	소유권이전(증여)	김정미 외 6인		김정미,김미숙,김미실,김미현,김미자,김인숙,김남선 지분 각7분의1	
2	2011.12.12	김정미 지분 가압류	기술신용보증기금 (화성기술평가센터)	390,079,292원	말소기준등기	소멸
3	2012.03.06	김정미지분 강제경매	기술신용보증기금 (화성기술평가센터)	청구금액: 383,115,356원	2012타경5817 기술신용보증기금 가압류의 본압류로의 이행	소멸

◆ 지분경매 물건에 대한 권리분석과 매수 이후 대응방안

이 물건은 근린생활시설로 이용되고 있는데 그 중 채무자 지분 7분의 1이 경매로 매각되는 과정에서 정소령이 낙찰받고서 부동산처분금지가처분을 하고 공유물분할청구소송과 병행해서 『피고들은 연대하여 원고에게 2012. 12. 17. 부터 별지1 기재 부동산의 7분의 1에 대한 원고의 소유권 상실일까지 또는 피고들이 원고에게 인도할 때까지 월 1,000,000원의 금원을 지급하라』는 차임을 원인으로 하는 부당이득반환청구소송까지 진행하게 되었다. 이렇게 하면 비용도 절약하면서 부당이득으로 인한 차임을 반환받을 수 있으며 설령 소송과정에서 조정이 성립되더라도 유리한 고지를 점령할 수 있다. 공유물분할청구소송에서 작성했던 소장과 부동산처분금지가처분을 첨부했으니 참고하기 바란다.

어쨌든 이 물건은 낙찰받고 나서 채무자 김정미의 남편과 수차례의 통화와 만남을 통해서 협상을 하여 원만하게 해결될 듯해서 소송을 미루고 있다가 협상의 결렬로 결국 소송으로 문제를 해결하게 되었다.

소송 중 두 차례의 조정에도 협상은 실패하였고 공유자(피고) 중 김미현의 매수 청구에 의해 경매 당시 감정가격으로 가지고 법원의 판결 확정 후 피고들이 변제공탁 후 소유권이전등기를 해 갔고, 임료(차임)는 법원의 임료감정에 의하여 감정가격의 연 4%로 판결돼 부당이득금을 반환받을 수 있었던 사례이다.

김미현이 매수청구 당시 첨부한 대법원 2004다30583 판결은 『공유자 중의 1인의 단독소유 또는 수인의 공유로 하되 현물을 소유하게 되는 공유자로 하여금 다른 공유자에 대하여 그 지분의 적정하고도 합리적인 가격을 배상시키는 방법에 의한 분할도 현물분할의 하나로 허용된다』는 내용이다.

◈ 공유물분할청구 소송을 위한 소장 표지와 소장 본문 작성 방법

(1) 공유물분할청구 소송을 위한 소장 표지

```
                    소 장

              원고 : 정소령
              피고 :  1. 김미숙
                     2. 김미실
                     3. 김미현
                     4. 김미자
                     5. 김인숙
                     6. 김남선

          공유물 분할 청구의 소
              목적물가액            : 원정
              첨용인지액            : 원정
              송 달 료              : 원정

                서울중앙지방법원       귀중
```

(목적물가액과 첨용인지액, 송달료 계산방법은 Part 17을 참조해서 작성하면 된다)

(2) 공유물분할청구 소송을 위한 소장

소 장

원고 : 정 소 령 (800000-1000000)
서울시 서초구 반포동 70-1 한신서래아파트 4동 000호
전화 : 010-3793-0000

피고 : 김미숙 : 서울시 금천구 시흥동 954-00
김미실 : 경기도 군포시 당동 873 쌍용아파트 101동 0000호
김미현 : 서울시 금천구 시흥동 954-00
김미자 : 서울시 강서구 등촌동 632-2 태영아파트 102동 000호
김인숙 : 서울시 금천구 시흥동 954-00
김남선 : 서울시 강서구 염창동 295 강변성원아파트 103동 000호

공유물 분할 청구의 소

청 구 취 지

1. 별지1기재 부동산을 경매에 부쳐 그 매각대금 중에서 경매비용을 뺀 나머지 금액을 별지2 공유지분 목록기재의 비율에 따라 원고 및 피고들에게 분배한다.
2. 소송비용은 피고들의 부담으로 한다.
라는 판결을 구합니다.

청 구 원 인

1. 원고의 소유권 취득

원고는 별지1기재 부동산의 7분의 1을 서울남부지방법원 2012타경5817호 부동산강제경매 절차에서 낙찰받아 2012.12.17. 매각대금을 납부하여 소유권을 취득하였습니다.(갑제1호증1-2 부동산등기사항전부증명서, 갑제2호증 매각대금완납증명)

2. 공유물 분할 청구

가. 매각대금을 납부하기 전 원고는 위 부동산을 방문하였으나 피고들이 부동산 전부를 사용·수익하고 있어, 원고의 사용·수익이 어렵다고 판단되었고, 공유지분 해소를 위하여 잔금납부 후에 내용증명(갑제3호증1-6)으로 지분해소를 위한 협의를 요청하였으나 불응하여, 더 이상 협의가 불가하다고 판단되는바, 위 부동산 전부를 다시 경매하여 그 매각대금을 공유지분 비율에 따라 분할을 하는 것이 최선이라고 생각합니다.

나. 따라서 원고는 위 부동산 전부를 경매에 부쳐서 그 매각대금 중에서 경매비용을 공제한 나음 공유지분 비율에 따라 원고와 피고들에게 배당되도록하여, 공유관계를 해소하고자 합니다.

> 또는 2. 공유물 분할 청구 내용을 이렇게 작성해도 된다.
> ## 2. 공유물분할 청구
> 가. 별지1 기재 부동산을 공유지분권자가 7명씩이나 존재하다보니 사실상 사용·수익이나 지분매도도 사실상 불가능한 상태입니다. 원고가 잔금을 납부하고 피고들과 공유지분해소를 위하여 내용증명(갑제3호증1-6)을 보내어 협의를 요청하였으나 불응하여, 더 이상 협의가 불가하다고 판단되는 바, 위 부동산을 경매에 부쳐 그 매각대금을 공유지분 비율에 따라 분할을 하는 방법 외에는 달리 방법이 없는 실정입니다.
> 나. 따라서, 원고는 ~ (생략)

3. 결론

공유물분할의 소가 공유자가 다른 공유자 전원을 피고로 해야 하는 필수적 공동소송임에 터잡아 민법 제269조 제1항에 의거 이에 원고는 피고들을 상대로 청구 취지와 같은 판결을 구하기 위하여 부득이 이 건 청구에 이른 것입니다.

입 증 방 법

1. 갑제1호증의 1-2 각 부동산등기사항전부증명서 1부
2. 갑제2호증 매각대금완납증명 사본 1부
3. 갑제3호증의 1-6 잔금납부 전 공유지분해소를 위한 협의를 요청한 내용증명 사본 1부
4. 감정평가서 사본 1부

첨 부 서 류

1. 위 입증방법 각 1통
2. 소장부본 7통
3. 토지대장 1통
4. 건축물대장 1통
5. 송달료납부서 1통

2012. 12. 26.

위 원고 정 소 령

서울중앙지방법원 귀중

(3) 공유물분할청구소송에서 부당이득까지 포함해 소장을 작성한 사례

소 장

원 고 : 정 소 령 (800000 —1000000)
  ~ 이하생략
피 고 : 1. 김미숙 ~ 6. 김남선은 앞의 (1)번 소장과 동일한 내용이므로 생략함.

공유물 분할 청구의 소

청 구 취 지

1. 별지1기재 부동산을 경매에 부쳐 그 매각대금 중에서 경매비용을 뺀 나머지 금액을 별지2 공유지분 목록기재의 비율에 따라 원고 및 피고들에게 분배한다.
2. 피고들은 연대하여 원고에게 2012.12.17.부터 별지1기재 부동산의 7분의 1에 대한 원고의 소유권 상실일 까지 또는 피고들이 원고에게 인도할 때까지 월 1,000,000원의 금원을 지급하라.
3. 소송비용은 피고들의 부담으로 한다.
  라는 판결을 구합니다.

청 구 원 인

1. 원고의 소유권 취득
  이 내용은 앞의 (1)번 소장과 동일한 내용이므로 생략함.

2. 공유물 분할 청구
  이 내용은 앞의 (1)번 소장과 동일한 내용이므로 생략함.

3. 임료지급청구
  가. 피고들은 별지1 기재 부동산 전부를 사용·수익하고 있습니다. 그러나 원고 소유 지분 7분의 1에 대해서는 아무런 근거없이 점유하고 있는 것으로, 원고에 대해서 부당이득을 얻고 있는 자들에 해당합니다.
  나. 그 부당이득의 액수는 후일 임료 상당액의 감정을 통해 특정하겠지만, 서울남부지방법원 2012타경5717호의 경매절차에서 2012. 05. 22.자 감정평가금액이 202,227,000원(갑제5호증 감정평가서)이므로 적어도 매월 100만원 이상(202,227,000×연6% / 12 = 1,011,135)은 된다고 사료되므로, 원고는 청구취지 기재와 같은 판결을 구하고자 이 사건 소송을 제기합니다.

입증방법

1 ~ 4번 내용은 앞의 (2)번 소장과 동일한 내용이므로 생략함.

첨부서류

1 ~ 6번 내용은 앞의 (1)번 소장과 동일한 내용이므로 생략함.

2012. 12. 26.

위 원고 정 소 령

서울중앙지방법원 귀중

◈ 공유물에 대한 처분금지가처분 신청서 표지와 본문 작성

(1) 공유물에 대한 처분금지가처분 신청서 표지

부동산 처분금지 가처분 신청서

채권자 : 정 소 령
채무자 : 1. 김미숙
       2. 김미실
       3. 김미현
       4. 김미자
       5. 김인숙
       6. 김남선

목적물가액   : 원정
첩용인지액   : 원정
송 달 료   : 원정

서울중앙지방법원 귀중

(2) 과표 계산서(표지 뒷면)

〈과표 계산서〉

공시지가 :   원
건축년도 :   년
구조 : 철근콘크리트
용도 : 근린시설
m^2당 가격 :   원
면적 : m^2
m^2당 가격 :   원× m^2×0.5 =   원

(3) 공유물에 대한 처분금지가처분 신청서

부동산 처분금지 가처분 신청서

채권자 : 정 소 령 (800000-1000000)
　　　　　서울시 서초구 반포동 70-1 한신서래아파트 4동 000호
　　　　　전화 : 010-3793-0000
채무자 : 1. 김미숙 : 서울시 금천구 시흥동 954-00
　　　　　2. 김미실 : 경기도 군포시 당동 873 쌍용아파트 101동 0000호
　　　　　3. 김미현 : 서울시 금천구 시흥동 954-00
　　　　　4. 김미자 : 서울시 강서구 등촌동 632-2 대영아파트 102동 000호
　　　　　5. 김인숙 : 서울시 금천구 시흥동 954-00
　　　　　6. 김남선 : 서울시 강서구 염창동 295 강변성원아파트 103동 000호

- **목적물의 표시** : 별지목록 기재와 같음
- **목적물가액** :   원
- **피보전권리의 요지** : 공유물 분할 청구소송의 청구권 보전

신 청 취 지

별지목록 기재 부동산 중 채무자 김미숙은 1/7 지분에 관하여, 채무자 김미실은 1/7 지분에 관하여, 채무자 김미현은 1/7 지분에 관하여, 채무자 김미자는 1/7 지분에 관하여, 채무자 김인숙은 1/7 지분에 관하여, 채무자 김남선은 1/7 지분에 관하여 매매, 저당권, 전세권, 임차권의 설정 기타 일체의 처분행위를 하여서는 아니된다. 라는 재판을 구합니다.

신 청 원 인

1. 당사자 관계

가. 채권자는 별지1 기재 부동산의 7분의 1을 서울남부지방법원 2012타경5817호 부동산 강제경매 절차에서 낙찰받아 2012.12.17. 매각대금을 납부하여 소유권을 취득하였습니다.(갑제1호증 부동산등기사항전부증명서, 갑제2호증 매각대금완납증명)

나. 채무자 김미숙은 7분의 1지분을, 채무자 김미실은 7분의 1지분을, 채무자 김미현은 7분의 1지분을, 채무자 김미자는 7분의 1지분을, 채무자 김인숙은 7분의 1지분을, 채무자 김남선은 7분의 1지분을 각 공유지분을 가지고 있는 공유자들입니다.

2. 채권자의 공유물분할청구소송에 따른 이 건 가처분의 필요성

가. 이 사건 건물을 위 채권자와 채무자 1~6이 각 공유지분 1/7씩 소유하다보니 그 사용·수익의 제한은 물론 임대를 하더라도 최소 공유자 과반수의 동의를 받아야 하는 등 그 불편이 가중되고 있으므로

나. 채권자는 채무자들을 상대로 이 건 부동산을 경매에 부쳐 경매 제비용을 제외한 나머지 금액을 채권자들간 각 1/7씩 나누어 갖는 방식의 공유물분할청구의 소를 준비 중에 있으나

다. 동 소송은 채무자들의 개인의 사정으로 보아 장시간을 요할 것으로 예상되는 반면, 그 사이 채무자들이 의도적으로 명의변경 등을 시도할 시 채권자는 본안소송의 실익이 없을 것임이 분명하므로 본안 소송의 집행보전을 위하여 채권자는 시급히 이 건의 가처분 신청에 이른 것입니다.

라. 단지, 이 건 가처분 신청에 따른 담보 제공방법은 보증보험과의 계약을 체결한 증권으로 대체할 수 있도록 허락하여 주시기 바랍니다.

입증 및 첨부서류

1. 부동산등기사항전부증명서(갑제1호증)·················· 1부
1. 토지대장 ··· 1부
1. 건축물 관리대장 ·· 1부
1. 가처분할 부동산 목록 ·· 1부

2012. 12. 26.

위 원고 정   소   령 (인)

서울중앙지방법원 귀중

〈부동산목록〉

1. 서울시 금천구 시흥동 000-00 대 323.6m^2
2. 위 지상 철근 콘크리트 스래브 지붕 2층 근린생활시설
   1층 152.93m^2
   2층 128.93m^2
   옥탑 3.31 m^2(연면적 제외) 지하실 128.93m^2

(가처분할 지분-채무자 김미숙 1/7 지분, 채무자 김미실 1/7 지분, 채무자 김미현 1/7 지분, 채무자 김미자 1/7지분, 채무자 김인숙 1/7 지분, 채무자 김남선 1/7 지분)

06 지분매수 후 공유물분할청구 소송 도중에 공유자가 변경된 사례다

◆ 지분경매물건 정보내역과 매각결과

대지권	3.81㎡(1.153평)	최저가	(49%) 5,390,000원	1차	2012-12-24	11,000,000원	유찰
건물면적	5.37㎡(1.624평)	보증금	(10%) 540,000원	2차	2013-01-24	7,700,000원	유찰
매각물건	토지및건물 지분 매각	소유자	오영미	3차	2013-02-19	5,390,000원	
개시결정	2012-06-28	채무자	오영미	낙찰: 6,521,000원 (59.28%) <입찰2명, 낙찰 김병장> 2등입찰가 5,850,000원)			
사건명	강제경매	채권자	폴라리스에셋대부(주)	매각결정기일: 2013.02.26 - 매각허가결정 대금지급기한: 2013.03.25 대금납부 2013.03.21 / 배당기일 2013.04.24 배당종결 2013.04.24			

● 매각물건현황 (감정원: 청목감정평가 / 가격시점: 2012.07.13)

목록	구분	사용승인	면적	이용상태	감정가격	기타
건1	만수동 1097-12 (3층중3층)	92.05.11	5.37㎡ (1.62평)	주거용	6,600,000원	전체면적 34.92㎡중 오영미 지분 2/13매각
토1	대지권		198㎡ 중 3.81㎡		4,400,000원	전체면적 24.79㎡중 오영미 지분 2/13매각

● 임차인현황 (배당요구종기일: 2012.09.10)

임차인	점유부분	전입/확정/배당	보증금/차임	대항력	배당예상금액	기타
오정문	주거용	전 입 일: 2007.01.18 확 정 일: 미상 배당요구일: 없음	미상		배당금 없음	현황서상 임차인

● 등기부현황

No	접수	권리종류	권리자	채권금액	비고	소멸여부
1	2010.11.30	소유권이전(상속)	오영미 외 5명		차소령지분3/13, 오미경, 오영미, 오정문, 오일순, 오수미 각지분 2/13	
2	2012.06.28	강제경매	폴라리스에셋대부(주)	청구금액: 12,322,223원	2012타경50775	

◈ 지분경매 물건에 대한 권리분석과 매수 이후 대응방안

　이 경매물건은 부친인 오대령으로부터 상속되어 소유자가 6명으로 배우자 차소령이 3/13 지분을, 자녀들은 각 2/13 지분씩 소유하고 있는데 그 중 오영미 지분 2/13 지분만 경매로 나왔다. 이 다세대주택은 공유자들 중 오정문(2/13지분)을 제외한 공유자들이 점유하고 있어서 채무자 오영미 지분(2/13)을 승계한 낙찰자 지분을 제외하면 13분의 9지분이 되므로 적법하게 사용할 수 있는 권리를 가지게 되므로 인도명령을 신청할 수 없다. 그래서 낙찰자인 김병장은 공유물분할청구소송과 주택이 인도될 때까지 부당이득반환을 청구하는 소송을 진행하게 되었다. 그런데 앞의 사례에서와 같이 부동산 처분금지가처분을 하고 공유물분할청구를 하지 않아서 그런지 소송 도중에 오미경 지분(2/13)이 김일병으로, 오수미 지분(2/13)이 오일순으로 소유자가 변경되었는데, 이러한 사실을 알지 못하고 판결을 받아서 공유물분할에 기한 형식적 경매를 신청할 수 없게 되어 또다시 공유물분할청구소송을 하게 되었다. 그래서 이러한 상황이 반복되지 않게 하기위해서 다음과 같이 부동산 처분금지가처분 신청을 하고 진행하게 되었다.

◈ 공유물분할청구 소송을 위한 소장과 공유물에 대한 가처분

(1) 공유물분할청구 소송을 위한 소장 작성(생략)

(2) 공유물에 대한 처분금지가처분 신청서

부동산 처분금지 가처분 신청서

채권자 : 김병장
  인천 계양구 동양동 635-4 제 3층 제000호

채무자 : 1. 차소령
  인천 남동구 만수동 1097-1 2 송정다세대주택 나동 000호
  2. 김일병
  서울 강서구 허준로 175 가양아파트 612동 000호
  3. 오일순
  인천 남동구 만수동 1097-12 송정다세대주택 나동 000호
  4. 오정문
  인천 남동구 만수동 1097-1 2 송정다세대주택 나동 000호

- 목적물가액 : 17,578,178원정
- 피보전권리의요지 : 공유물분할청구 소송의 청구권 보전
- 가처분할부동산의표시 : 별지 목록 기재와 같음

신 청 취 지

채무자 차소령은, 별지목록 기재 부동산 중, 3/13 지분에 관하여, 채무자 김일병은 2/13지분에 관하여, 채무자 오일순은 4/13지분에 관하여, 채무자 오정문은 2/13지분에 관하여 매매, 저당권, 전세권, 임차권의 설정 기타 일체의 처분행위를 하여서는 아니된다. 라는 재판을 구합니다.

신 청 원 인

1. 당사자 관계
  가. 별지목록 기재 부동산이 인천시 남동구 만수동 1097-12 다세대주택 000호에 대하여 채권자는 경매 낙찰로 인한 공유 지분 2/13를 가지고 있는 자이고,
  나. 채무자 자소령은 3/13 지분을 채무자 김일병은 2/13 지분을, 채무자 오일순은 4/13 지분을 채무자 오정문은 2/13 지분을 각 공유지분을 가지고 있는 공유자들입니다.

2. 채권자의 인천지방법원 2012가단76699 공유물분할 확정된 화해권고 결정의 피고지분 변경으로 인한 이 사건 가처분의 필요성

가. 그런데, 별첨 인천지방법원 2012가단76699 공유물분할청구 사건의 확정된 화해권고 결정문(갑제1호증)에서도 보는 바와 같이, 채권자는 당시 채무자들일 차소령 (3/13), 신청 외 오미경 (2/13), 신청 외 오일순 (2/13), 오정문 (2/13), 오수미 (2/13)을 상대로 공유물 분할 청구소송을 제기하여,
나. 위 다세대주택이 현실적인 문제인 공유자의 다수로 인해 건물을 쪼갤 수도 없으며, 가사 분할을 한다손 치더라도 토지분할에서도 경계선이 건물을 지나는 등 정확하게 분할키가 실제상 불가능한 점등이 고려되어, 동건물을 경매에 부쳐 경매비용을 제외한 나머지 금원을 각 지분별로 배당하는 것(원고 김병장 2/13, 피고 차소령 3/13, 피고 오미경 2/13, 피고 오일순 2/13, 피고 오정문 2/13, 피고 오수미 2/13)으로 당시 (2012.12.24) 화해권고 결정이 확정된 바 있으나,
다. 이후, 위 오미경의 지분 2/13이 채무자 김일병에게 2013.03.25 매각 소유권 이전되고, 오수미 지분 2/13가 2012.06.08 채무자 오일순에게 증여되었으며 따라서 오일순 지분이 4/13이 되는 등 부동산 처분금지 가처분을 채권자가 하지 않은 탓에 소유자(공유자) 변경(오미경 → 김일병) 및 오수미의 오일순에 대한 지분(2/13)이전 등으로 위 화해 권고 결정은 사정변경에 따라 집행력을 상실한바 있습니다.(소유자 변동 등으로 승계집행문을 잡을 수도 없는 실정입니다)
라. 따라서 채권자는 이 사건 공유 채무자들(차소령 3/13, 김일병 2/13, 오일순 4/13, 오정문 2/13)을 상대로 재차 공유물분할청구의 소를 준비 중에 있으나,
마. 동 소송은 채무자들의 저간의 사정으로 보아 장시간을 요할 것으로 예상되는 반면, 그 안에 채무자들이 지분양도 및 지분변경 등을 또다시 감행할 시 채권자는 재차 제기한 공유물분할 청구의 소가 무용지물이 될 가능성이 농후하므로 본안 소송의 집행보전을 위하여 시급히 이 건 가처분신청에 이른 것입니다.

입증 및 첨부서류

1. 채권자가 보전소송인 피보전권리를 공유물 분할청구권으로 한 부동산 처분금지 가처분 신청 없이 본안을 제기하였다가 소유권 변동 등으로 무용지물이 된 인천지방법원 2012가단76699 공유물분할청구사건의 확정된 집행력 있는 화해권고 결정문(갑제1호증) 1부
1. 부동산등기사항전부증명서   1부
1. 토지대장   1부
1. 건축물관리대장   1부
1. 가처분할 부동산 목록   10부

2013. 5. .

위 채권자 김 병 장

인천지방법원 귀중

07 공유물분할 경매에서 일부지분에 가등기가 있는 경우에 대응방법

구정미(가명)와 구현미(가명)는 형제로서, 인천 남구 주안동 000-0번지 대 200.1m²와 같은 동 000-00번지 대 56.5m² 중 4/23 지분을 구정미가, 나머지 19/23 지분을 구현미가 소유하고 있었다.

그런데 구정미가 2004. 9. 15. 장소령에게 자신의 4/23 지분을 2,800만원에 매도할 것을 예약하고 같은 날 장소령으로부터 증거금으로 1,500만원을 수령한 다음, 장소령에게 위 매매예약을 원인으로 한 지분이전청구권가등기를 해 주었다.

그 후 구정미가 2004. 9. 15. 구현미를 상대로 공유물분할 청구의 소를 제기해, 경매를 통해 대금을 분할하라는 판결(인천지방법원 2004가단76069 판결)을 얻었고, 구정미가 이 판결에 기해 2009. 10. 22. 인천지방법원 2009타경0000호로 공유물분할을 위한 경매를 다음과 같이 신청하여 매각절차를 진행하게 되었다.

◆ 공유물 분할을 위한 형식적 경매물건 입찰결과 내역

2009타경 0000호				인천지방법원 본원 • 매각기일: 2011.02.14.(月)(10:00) • 경매 5계 (전화:032-860-1605)				
소재지	인천광역시 남구 주안동 000-00외 1필지 도로명주소검색				오늘조회: 2 2주누적: 1 2주평균: 0 조회동향			
물건종별	대지	감정가	410,560,000원		구분	입찰기일	최저매각가격	결과
토지면적	256.6m²(77.622평)	최저가	(49%) 201,174,000원		1차	2010-12-14	410,560,000원	유찰
건물면적	건물은 매각제외	보증금	(10%) 20,120,000원		2차	2011-01-14	287,392,000원	유찰
매각물건	토지만 매각	소유자	구정미 외 1		3차	2011-02-14	201,174,000원	
개시결정	2009-10-23	채무자	구현미		낙찰: 225,599,900원 (54.95%) (입찰2명,낙찰: 김수형 외 1 / 2등입찰가 221,000,000원)			
사건명	임의경매	채권자	구정미		매각결정기일: 2011.02.21 - 매각허가결정			
관련사건	인천지법 2005카단23320(가처분)				배당종결 2011.04.28			

◆ 물건분석과 매수 이후 대응방법

이 사건은 토지만 공유물분할청구 소송에 의한 분할 판결로 형식적 경매가 진행되는 것인데 그 지상에 토지 공유자인 구현미 소유 단독주택이 현존하고 있다. 그리고 토지 중 구정미 지분(4/23)에 선순위로 가등기가 있어서 낙찰자가 인수해야 하므로 추후 가등기권자가 본등기를 하면 이 지분에 대해서 소유권을 잃게 될 수도 있는 물건인데 2011. 2. 14. 김수현과 기인숙이 각 1/2지분씩 낙찰받아 2011. 3. 3. 대금 225,599,900원을 전부 납부하여 소유권을 취득한 사례이다. 2014. 01. 10. 현재까지도 그 가등기가 말소되지 않고 등기되어 있는 것을 필자가 확인할 수 있었다.

이러한 상황에서 낙찰자는 이렇게 대처하면 된다.

낙찰자는 잔금납부를 하고 나서 구정미의 배당받을 채권을 양수받은 이○○가 배당받게 될 배당금 채권에 대해서 지급정지가처분과 동시에 장소령 명의의 가등기 말소청구소송을 진행해야 한다. 이 소송에서 낙찰자가 승소하면 소유권에 문제가 없으나 가등기권자가 승소해서 소유권을 잃게 되면 낙찰자는 그 매각대금으로 실제로 배당받은 이○○에게 부당이득반환청구를 해야 하는데, 배당금이 지급되고 나면 회수가 어려우니 지급되지 못하도록 지급정지 가처분을 하고 다툰다면 설령 소송에서 낙찰자가 패소하더라도 쉽게 그 지분에 해당하는 매각대금을 반환받을 수 있다. 이러한 상황은 가등기권자가 본등기를 함으로 인해서 소유권을 잃게 되는 상황이 발생해도 마찬가지로 그 지분에 상응하는 매각대금을 쉽게 반환받을 수 있는 대처방법이 될 수 있다. 선순위 가등기를 말소청구소송을 해서 승소하거나 패소할 때 대비하는 방법에 대해선 다음 **Part 07**에서 8. 선순위로 가등기나 가처분이 있는 물건에 투자하는 방법(**249쪽**)을 참고하면 된다.

◈ 이 물건과 같이 일부지분에 가등기가 있을 때 배당방법

(1) 이 물건에 대한 경매법원의 배당 방법

집행법원은 2011. 4. 28. 구정미가 과거 매매예약증거금으로 수령한 1,500만원이 공유물 대금분할에서 반영되어야 한다는 전제 하에, 실제 배당금액(매각대금-집행비용) 222,510,066원에 구정미가 매매예약증거금으로 수령한 1,500

만원을 더한 금액에다가 구성미의 지분비율을 곱하여 구정미의 4/23 지분의 가치를 산정한 다음 여기에서 구정미가 수령한 매매예약증거금 1,500만원을 빼는 방법으로 구정미 채권양수인 이○○에게 먼저 배당하고, 구현미에게는 실제 배당할 금액 222,510,066원에서 이○○의 배당액을 빼는 방법으로 구현미의 배당액을 산출하는 방법으로 배당표를 작성했다.

① 구정미의 채권양수인 배당액 : 26,306,098원[(실제 배당할 금액 222,510,066원+1,500만원)×4/23-1,500만원]

② 구현미 배당액 : 196,203,968원[실제 배당할 금액 222,510,066원-채권양수인 이○○의 배당액 26,306,098원] 중에서 1순위로 현대제철신용협동조합 155,072,934원, 2순위로 구현미가 41,131,034원을 배당했다.

김선생의 도움말

공유물분할경매에서 공유자들 간에 이해관계인의 조정이 중요한 문제로 대두된다.
임의경매나 강제경매와 같은 실질적 경매에서는 과거의 사정을 반영해서 배당하는 것은 현행법상 법적 근거도 없고 확립된 실무관행에 배치돼 허용되지 않는다. 반면에 공유물분할경매에서는 공유자들 사이에 이해관계 조정이 중요한 변수로 대두되고 있다.
따라서 집행법원이 배당방법을 통해 공유자 일방이 사전에 매매예약가등기로 자신의 일부 가치를 회수한 사정과 가등기가 설정되어 있어서 다른 공유자에게 매각대금 저감의 손해가 발생한 사정을 모두 고려하여 양자 사이의 이익조정을 시도할 수 있는데, 이러한 배당방법은 형식적으로는 공유물분할 판결의 주문에 배치되는 것으로 보이지만 '공유물 가치의 공평한 배분'이라는 관점에서 실질적 정의에 부합한다.
이러한 이유로 배당함에 있어서 가등기를 설정한 공유자가 공유물분할 경매 이전에 자신의 지분가치를 환가하여 취득한 사정을 반영해 매각대금에 매매예약증거금을 더한 금액을 기준으로 각 공유자의 지분비율을 곱해서 각 공유자의 지분가치를 산정하는 방법이 타당하다.
(인천지법 2011가소249760 판결 내용).

(2) 경매법원의 배당에 대한 이의로 진행된 배당이의 소송결과

채권양수인 이○○가 피고 구현미를 상대로 이 사건 부당이득반환 청구의 소송을 제기하게 되었다.

① 원고의 청구취지

집행법원이 실제 배당할 금액 222,510,066원에다가 구정미의 지분비율을 곱하는 단순 명확한 방법으로 원고의 배당액을 산출하지 않고(38,697,403원 = 222,510,066원×4/23), 구정미가 매매예약증거금으로 수령한 1,500만원을 포함시켜 원고와 피고의 배당액을 산출한 것은 위법하므로, 정당하게 배당받아야 할 금액과 위법한 배당액의 차액 12,391,305원(=38,697,403원-26,306,098원)을 부당이득으로서 피고가 원고에게 반환하여야 한다고 주장했다.

② 법원의 판단

집행경매법원이 구정미가 매매예약증거금으로 수령한 1,500만원을 고려해 배당액을 산출한 것은 정당하다. 왜냐하면 피고(구현미)의 배당액을 산정함에 있어 구정미가 수령한 매매예약증거금 1,500만원을 고려하지 않는 것은 부당하기 때문이다. 만일 구정미가 자신의 4/23 지분에 관하여 장소령과 매매예약을 체결하고 증거금을 수령하지 않은 상태에서 경매분할이 이루어졌더라면, 위 매수인들은 장소령 가등기를 인수해야 하는 부담이 없어 훨씬 높은 가격으로 입찰에 응했을 것이고, 그 경우 실제 배당할 금액은 위 경매사건에서 실제로 배당할 금액보다 적어도 1,500만원은 높았을 것이라는 점을 명백히 추단할 수 있기 때문이다.

이 방법과 집행법원이 채택한 방법 사이에는 계산순서에서만 차이가 있을 뿐, 구정미가 매매예약증거금으로 수령한 1,500만원이 원고와 피고의 배당액 산정에서는 차이가 없다는 사실을 다음과 같이 확인할 수 있다.

㉠ 피고 구현미 배당액 : 196,203,968원[(222,510,066원+1,500만원)× 19/23] 중에서 1순위로 현대제철신용협동조합 155,072,934원, 2순위로 구현미 41,131,034원

㉡ 원고 구정미의 채권양수인 26,306,098원[222,510,066원-피고 구현미 배당액 196,203,968원)

이런 방법으로 산출되는 원고에 대한 배당액 26,306,098원이 원고가 주장하는 방법으로 산출한 금액 38,697,403원(실제 배당할 금액 222,510,066원×4/23)보다 적은 것은, 구정미가 자신의 지분 가치를 이미 매매계약증거금 1,500만원의 형태로 환가하여 취득했기 때문이다. 만일 구정미가 자신의 4/23 지분에 관하여 장소령과 매매예약을 체결하고 증거금을 수령하지 않은 상태에서 경매분할이 이루어졌더라면, 원고는 적어도 41,306,098원 [(222,510,066원+1,500만원)×4/23]을 배당받을 수 있었을 것인데, 이는 위 경매사건에서의 원고에 대한 정당한 배당액 26,306,098원에 매매예약증거금 1,500만원을 더한 것과 동일한 금액이다.

◆ 가등기권자가 본등기 또는 말소 시에 부당이득금 반환

(1) 구정미와 장소령 간에 매매예약이 완결돼 매매계약이 성립되었다!

매도예약자인 구정미가 증거금과 당사자 간에 미리 합의한 손해금 상당액을 2004. 12. 31.까지 매수예약자인 장소령에게 지급하면 매매예약은 해제되며, 만약 구정미가 위 기한까지 위 금액을 지급하지 않을 때에는 당사자 간 따로 의사표시가 없더라도 위 기한 다음날 당사자 간에 매매완결의 의사표시를 한 것으로 보고 장소령이 잔금을 구정미에게 지급함과 동시에 구정미가 장소령에게 이 사건 토지 중 구정미 4/23 지분에 관한 소유권이전등기 절차를 이행하기로 약정하였음을 알 수 있는데, 위 기한이 이미 도과하였으므로 2005. 1. 1. 매매

계약은 성립된 것이고, 이들 간에는 잔금 지급 의무와 지분이전의 본등기 의무가 동시이행의 관계에 있다.

(2) 가등기권자의 본등기로 매수인이 반환받아야 할 부당이득금

이 사건 토지 매수인들은 장소령 가등기를 인수할 것으로 매수가격을 정해 입찰에 참가한 것이므로, 장래에 장소령이 지분이전등기 청구권의 소멸시효 기간 내에 구정미에게 매매대금 2,800만원과 이미 지급한 증거금 1,500만원의 차액을 지급하면, 구정미는 이 사건 토지 중 4/23 지분에 관하여 가등기에 기한 본등기절차를 이행하여야 할 의무가 있으며, 가등기에 기한 본등기가 이루어지는 경우 등기관은 이 사건 토지 중 4/23 지분에 관한 소유권이전등기를 직권말소하게 된다. 이로 인해 이 지분 매수인들은 매수의 목적을 달성할 수 없게 되므로 하자담보책임으로서, 구정미에게 실제배당할 금액 222,510,066원의 4/23에 해당하는 금액 38,697,403원을 부당이득으로서 반환을 청구할 수 있다(이 부당이득 금액은 원고 이○○의 배당액 26,306,098원, 구정미가 수령한 매매예약증거금 1,500만원, 구정미가 장래에 수령할 매매잔금 1,300만원을 더한 금액보다 적으므로, 구정미에게 불이익하지 않다).

 김선생의 도움말

가등기권자가 본등기 시, 구정미는 지분 매각대금으로 15,608,695원 구정미(4/23)는 자신의 지분매각으로 15,608,695원[매매예약증거금 1,500만원+배당금 26,306,098원+매매예약잔금 1,300만원-매수인에 부당이득금반환 38,697,403원]만 귀속된다. 이 금액은 당초 가등기권자에게 매도한 2,800만원이나 매각대금에서 지분 비율대로 배당받을 41,306,098원보다 현저히 적은 금액으로 구정미가 부당이득반환을 청구할 수는 없을까?
41,306,098원과 수령한 15,608,695원 사이의 차이 25,697,403원 중 일부는 가등기권자에게 귀속되었고, 일부는 다른 공유자에게 특수한 배당방법을 통해 귀속되었다.

① 가등기권자가 41,306,098원의 가치를 2,800만원에 사서 13,306,098원의 이익을 본 것이므로 부당이득의 청구 대상이 아니고 그만큼 구정미가 손해를 볼 수밖에 없다.

② 다른 공유자 구현미는 25,697,403원 중 가등기권자에게 귀속된 13,306,098원을 제외하고 12,391,305원만 더 배당받은 것이 되지만 이 금액을 구현미에게 반환해야 한다면 애당초 배당은 지분비율대로 배당하는 것이 합당하고 앞에서와 같이 매각대금에 매매예약증거금을 포함시켜 배당할 의미가 없었다. 매매예약금 1,500만원을 포함해서 배당한 원인은 가등기가 설정되어 있어서 그로인해 매각대금 저감의 손해를 고려해서 배당한 것이기 때문에 부당이득반환청구 소송에서 승소하기가 어려울 것으로 판단된다.

(3) 가등기가 말소되므로 매수인이 반환해야 할 부당이득금

만일 장소령이 매매계약 성립일로부터 10년 이내에 구정미에게 가등기에 기한 본등기청구권을 행사하지 않을 경우 본등기청구권은 소멸하며, 가등기는 더 이상 존재할 이유가 없으므로 말소해야 한다. 이 경우 구정미는 과거에 수령한 매매예약증거금 1,500만원을 장소령에게 부당이득으로서 반환해야 하며, 위 매수인들은 가등기의 소멸로 인하여 적어도 매매예약증거금 1,500만원 상당의 부당이득을 얻게 되므로 이를 종전 지분권자인 구정미에게 반환해야 한다.

◆ 지상건물 소유자에게 법정지상권이 성립하고 있을까?

토지는 아버지 구정상 소유이고 그 지상 김○○ 소유 건물을 자녀 구현미가 일반 매매로 취득해서 소유하다가 아버지 사망으로 인해 토지가 상속인에 공유등기되었다가 공유물분할 경매로 김수형과 기인숙이 공동으로 낙찰 받게 되었다.

이러한 경우 어느 시기도 토지와 건물소유자가 동일 소유자가 아니어서 법정지상권은 성립하지 않는다.

08 선순위로 가등기나 가처분이 있는 물건에 투자하는 방법

◆ 선순위로 가등기나 가처분이 있을때 이렇게 투자해라!

선순위로 가등기나 가처분이 있는 경우 낙찰자가 잔금을 납부하고 소유권을 취득했더라도 소멸되지 않고 등기부에 그대로 남아 있어서 소유권을 잃게 될 수도 있다. 그런데 선순위로 가등기나 가처분이 존재하는 경우도 그 권리들이 유효한 것인지, 순위보전을 위한 가등기인지, 아니면 담보가등기인지 여부가 명확하게 밝혀지지 못한 채 경매가 진행되는 경우가 많다. 이러한 물건은 소유권을 잃게 되는 위험도 따르지만, 그 위험성 때문에 입찰자가 없어서 상당히 저감되고 있다. 따라서 다음과 같이 권리분석을 잘해서 입찰에 참여하거나 NPL을 사서 경매를 신청하게 되면 높은 수익을 얻을 수 있는 기회가 될 수 있다.

첫 번째로 가등기나 가처분에 관한 본 재판이 있었는지, 그 결과 어떠한 판결이 나왔는지를 먼저 확인한다. 실무에서는 이미 그 권리관계가 확정되었음에도 불구하고 등기부나 경매절차에서 반영되지 못하고 진행되는 경우도 많다.

두 번째로 첫 번째와 같이 조사를 했는데 그 권리관계가 명확하지 않다면 인수할 수도 있다는 위험성을 안고 입찰해야 한다.

선순위 가등기나 가처분은 낙찰자가 잔금납부로 소유권을 취득해도 말소되지 않고 남아 있어서 낙찰자가 가등기 등을 말소하기 위한 재판을 제기하거나 또는 가등기권자 등으로부터 소송을 제기당할 수 있는데, 이 소송과정에서 승소하면 낙찰자가 소유권을 정상적으로 유지할 수 있지만, 패소하게 된다면 소유권을 잃게 된다. 이러한 경우 민법 578조에 따라 채무자나 배당받은 채권자를 상대로 담보책임을 추궁할 수 있는데, 채무자는 무자력인 경우가 적지 않아서 배당받을 채권자의 능력이나 지위를 고려해야 한다.

배당받을 채권자가 금융기관과 세무서 등과 같이 향후 담보책임을 부담하기에 충분한 능력이 있는 경우에는 취득한 부동산을 상실하는 경우에도 매각대금 상당의 손해를 회복할 수 있어서 선순위가등기나 가처분이 있는 물건이라도 과감하게 입찰해도 되지만, 배당받을 채권자가 능력이 부족한 개인 등의 채권자라면 가등기 등을 말소할 수 있다는 정확한 판단하에서만 입찰해야하며 그렇지 않은 경우에는 입찰해선 안될 것이다.

 김선생의 특별과외 I

선순위 가등기의 본등기로 낙찰자가 소유권을 상실할 때 대응방법

선순위 가등기의 본등기로 낙찰자가 소유권을 상실하게 된 때에는 매각으로 인하여 소유권의 이전이 불가능하였던 것이 아니므로, 민사소송법 제613조에 따라 집행법원으로부터 그 경매절차의 취소결정을 받아 납부한 낙찰대금을 반환받을 수는 없다고 할 것이나, 이는 매매의 목적 부동산에 설정된 저당권 또는 전세권의 행사로 인하여 매수인이 취득한 소유권을 상실한 경우와 유사하므로, 민법 제578조, 제576조를 유추적용하여 담보책임을 추급할 수는 있다고 할 것인 바, 이러한 담보책임은 낙찰인이 경매절차 밖에서 별소에 의하여 채무자 또는 채권자를 상대로 추급하는 것이 원칙이라고 할 것이나, 아직 배당이 실시되기 전이라면, 이러한 때에도 낙찰인으로 하여금 배당이 실시되는 것을 기다렸다가 경매절차 밖에서 별소에 의하여 담보책임을 추급하게 하는 것은 가혹하므로, 이 경우 낙찰인은 민사소송법 제613조를 유추적용하여 집행법원에 대하여 경매에 의한 매매계약을 해제하고 납부한 낙찰대금의 반환을 청구하는 방법으로 담보책임을 추급할 수 있다(대법 96그64 결정).

세 번째로 10년 이상된 선순위 보전가등기가 있는 물건은 이미 상당한 시간이 지나 사실상 가등기된 원인관계가 어떤 식으로든 정리되지 않았는지(계약이 해제 또는 합의로 목적달성), 아니면 소멸시효나 제척기간이 도과하지 않았는지 여부를 살펴볼 필요가 있다.

먼저 선순위 가등기가 매매예약완결권을 피보전권리로 해 설정된 매매예약에 의한 가등기인지, 아니면 매매계약이 체결된 이후 소유권이전청구권을 보전하기 위해서 설정해 놓은 매매계약에 의한 가등기인지를 확인해야 한다. 이는 등기부상 가등기의 원인란을 살펴보면 매매예약 또는 매매계약으로 표시되어 있어서 쉽게 확인할 수 있다.

① **매매예약에 의한 가등기**는 매매예약의 단계에서는 완전한 계약이 성립되지는 않았기 때문에 예약 이후에 예약완결권이 제척기간 내에 제대로 행사 되었는지를 살피는 것이 우선해야 한다.

매매예약의 완결권은 일종의 형성권으로서 당사자 사이에 그 행사기간을 약정한 때에는 그 기간 내에, 그러한 약정이 없는 때에는 그 예약이 성립한 때로부터 10년 내에 이를 행사하여야 하고, 그 기간을 지난 때에는 예약완결권은 제척기간의 경과로 무조건 소멸되는 제도로 소멸시효와 같이 기간의 중단이 있을 수 없다.

그러므로 매매예약에 의한 가등기권자가 그 기간 내에 권리를 행사했을 수도 있어 그러한 사실을 확인하는 것도 중요하다.

매매예약의 완결권이 성립되었다면 계약이 체결된 것으로 가등기권자가 가등기에 기한 본등기 청구소송을 제기하게 되는데 이때 소유자를 변경하지 못하도록 처분금지가처분을 하고 소송을 진행하게 되므로 처분금지가처분이 등재되어 있다면 소송이 진행되고 있다고 판단하고 그 소송과정을 면밀하게 분석하고 나서 대응하면 된다.

그래서 매매예약에 의한 가등기를 분석할 때에는 먼저 매매예약의 완결권이 성립되지 못했다면 제척기간을 가지고 말소를 구하고, 성립되었다면 계약의 효력이 발생한 것으로 본 계약의 해제 여부, 소유권이전청구권의 소멸시효를 가지고 판단해서 말소청구소송을 진행해야 한다.

② **매매계약에 의한 가등기**는 계약을 체결하고 나서 순위를 보전하기위해 행한 소유권이전등기청구권은 10년의 제척기간의 대상이 되는 형성권이 아니고 소멸시효의 대상이 되는 권리이므로 소멸시효의 중단이나 정지가 있을 수 있다. 그리고 가등기권자가 혹시라도 목적물을 인도받아 사용하고 있다면 등기청구권의 소멸시효가 중단될 수도 있다는 사실에 유의해야 한다.

매매계약에 의한 가등기이후에 매매계약이 해제되었는지, 아니면 장기간에 걸쳐 권리행사를 하지 못해 소유권이전등기청구권이 10년의 소멸시효에 해당돼 가등기를 말소할 수 있는지 등을 확인하고 입찰에 참여해야 한다.

김선생의 특별과외 II

선순위 소유권청구권 보전가등기를 말소할 수 있는 방법

① 매매의 일방예약에서 예약자의 상대방이 매매예약 완결의 의사표시를 하여 매매의 효력을 생기게 하는 권리, 즉 매매예약의 완결권은 일종의 형성권으로서 당사자 사이에 그 행사기간을 약정한 때에는 그 기간 내에, 그러한 약정이 없는 때에는 그 예약이 성립한 때로부터 10년 내에 이를 행사하여야 하고, 그 기간을 지난 때에는 예약완결권은 제척기간의 경과로 인하여 소멸하고, 제척기간에 있어서는 소멸시효와 같이 기간의 중단이 있을 수 없다(대법 2000다26425 판결).

② 소유권이전등기청구권을 행사하지 않아 10년의 소멸시효에 걸린 경우
매매예약을 원인으로 하는 가등기권자는 가등기의무자에게 일방행위로써 매매예약 완결권을 행사하면 그 의사표시가 도달한 때, 또는 매매예약서에 예약완결권 행사시점을 특정한 경우에는 행사하지 않아도 그 시점에 매매계약으로 전환돼 소유권이전청구권을 취득하게 된다. 이러한 소유권이전등기청구권은 채권적 청구권으로 10년의 소멸시효 기간이 지나면 소멸하는 것인데, 만일 소유권이전청구권을 취득한 가등기권자가 목적물을 점유(직접점유, 간접점유 포함)하고 있는 한 소멸시효에 걸리지 않는다(대법 2000다12037 판결).

③ 소유권이전등기청구권은 채권적 청구권이므로 10년의 소멸시효에 걸리지만 매수인이 매매목적물인 부동산을 인도받아 점유하고 있는 이상 매매대금의 지급 여부와는 관계 없이 그 소멸시효가 진행되지 않는다(대법 76다148 참조)(대법 2009다73011 판결).

④ 부동산을 매수한 후 다른 사람에게 임대하는 등 점유를 하고 있는 것이라면 이 부동산에 대한 소유권이전등기청구권의 소멸시효는 진행되지 않는다(대법 86다카2634 판결).

⑥ 매수인이 매매목적물을 인도받아 사용·수익하고 있는 한 소유권이전등기청구권은 소멸시효에 걸리지 않으나, 매수인이 그 목적물의 점유를 상실하면 그 점유상실 시점부터 소멸시효가 진행한다(대법 91다40924 판결).

 알아두면좋은 내용

매매예약 가등기권자 사망시 가등기 말소 방법

상속인들의 인적사항을 모르면 사망하신 분을 피고로 가등기말소 청구소송을 제기하여 사실조회를 통해 상속인들의 인적사항을 알아낸 다음 당사자(피고)를 상속인들로 정정하면 된다. 대법원 판례는 채무자가 사망한 후에 채무자가 사망한 사실을 알면서도 채무자를 피고로 하여 소를 제기한 후 사실조회를 통하여 상속인을 알아낸 다음 당사자의 표시를 정정하는 것이 가능하다고 판시하고 있다. 이들의 인적사항을 알아내 당사자 표시를 정정한 다음에 주소보정명령이 나오면 주소를 보정하고 주민등록상 주소에 송달이 되지 않는다면 결국에는 공시송달을 통하여 소송을 진행할 수 밖에 없다.

네 번째로 가압류나 가처분 등은 3년 동안 본안소송을 제기하지 않으면 보전처분 취소를 신청할 수 있는 방법은 다음 김선생의 특별과외를 참고하면 된다.

 김선생의 특별과외 III

가압류와 가처분 등의 보전처분 취소신청 도과기간이란?

① 가처분집행 후 3년간 본안의 소를 제기하지 않으면 채권자의 보전 의사가 상실 또는 포기된 것이라고 볼 수 있으므로 채무자 또는 이해관계인은 보전처분취소를 신청할 수 있다. 이 기간이 경과되면 취소요건이 완성되고 그 후에 채권자가 소를 제기해도 가압류·가처분의 취소를 배제하는 효력이 생기지 않게 된다(대법 99다37887).

② 가처분의 경우 2002.6.30. 이전에 집행된 보전처분은 10년, 2002.7.1.~2005.7.27. 까지는 5년, 2005.7.28. 이후에 집행된 보전처분은 3년이 경과하면 취소신청이 가능하다.

◆ 선순위 가등기를 채권자가 소송으로 말소하면서 경매를 진행한 사례

(1) 선순위 가등기를 말소하고 경매를 진행한 입찰물건 내역

2007타경3073 • 대전지방법원 홍성지원 • 매각기일: 2009.11.23(月)(10:00) • 경매 4계(전화:041-640-3237)

소재지	충청남도 예산군 예산읍 예산리 000-0외 3필지 도로명주소검색					
물건종별	대지	감정가	258,750,000원	구분	입찰기일	최저매각가격	결과
토지면적	575㎡(173.938평)	최저가	(49%) 126,812,000원	1차	2009-09-14	258,800,000원	유찰
건물면적	건물은 매각제외	보증금	(10%) 12,690,000원	2차	2009-10-19	181,160,000원	유찰
매각물건	토지만 매각이며, 지분 매각임	소유자	김철수	3차	2009-11-23	126,812,000원	
개시결정	2007-03-22	채무자	김철수	낙찰: 127,000,000원 (입찰1명, 낙찰:임OO)		
사건명	강제경매	채권자	서울보증보험	매각결정기일: 2009.11.30 - 매각허가결정 대금납부 2009.12.29 / 배당기일 2010.02.10		

■ 매각토지.건물현황 (감정원: 대한감정평가 / 가격시점: 2007.06.26)

목록	지번	용도/구조/면적/토지이용계획	㎡당 단가	감정가	비고
토지 1	예산리 673-3	제1종일반주거지역, 제2일반주거지역, 도시계획구역, 소로3류(저촉)...	대 135㎡ (40.838평)	450,000원	60,750,000원	표준지공시지가: (㎡당)400,000원 전체면적 270㎡중 김철수지분 1/2 매각
토지 2	예산리 676-20	제2종일반주거지역, 도시계획구역, 소로3류(저촉), 국가지정문화재...	대 155.5㎡ (47.039평)	450,000원	69,975,000원	전체면적 311㎡중 김철수지분 1/2 매각
토지 3	예산리 676-21	제2종일반주거지역, 도시계획구역, 소로3류(저촉), 국가지정문화재...	대 75.5㎡ (22.839평)	450,000원	33,975,000원	전체면적 151㎡중 김철수지분 1/2 매각
토지 4	예산리 676-22	제2종일반주거지역, 도시계획구역, 소로3류(저촉), 국가지정문화재...	대 209㎡ (63.223평)	450,000원	94,050,000원	전체면적 418㎡중 김철수지분 1/2 매각
		면적소계 575㎡(173.938평)		소계 258,750,000원	

■ 임차인현황 (배당요구종기일: 2007.08.09)

임차인	점유부분	전입/확정/배당	보증금/차임	대항력	배당예상금액	기타
한만국	공장 전부	사업자등록: 미상 확 정 일: 미상 배당요구일: 없음	보10,000,000원 월600,000원			331-3330, 배당요구없음

■ 토지등기부 (채권액합계: 290,864,100원)

No	접수	권리종류	권리자	채권금액	비고	소멸여부
1	1982.11.03	소유권이전(경락)	김지철, 김철수		각1/2	
2	1980.05.04.	김철수지분소유권이전청구권가등기	임OO		매매예약	
2-1	2007.03.28.	2번 가등기소유권이전청구권가처분	서울보증보험(주)		소유권이전청구권가등기말소청구권	
3	1989.05.09	김철수지분전부가압류	서울보증보험(주)		말소기준등기	소멸
4	1991.04.19	김철수지분전부압류	예산군			소멸
5	2007.03.09	1번 김철수지분전부가압류	서울보증보험(주)	40,864,100원		소멸
6	2007.03.23	1번 김철수지분강제경매개시결정	서울보증보험(주)	청구금액: 40,864,100원	2007타경3073, 서울보증보험[주]가압류의본압류로의이행	소멸
7	2009.08.12	1번 김철수지분전부가압류		100,000,000원		소멸

(2) 가등기를 말소하고 경매를 진행해 채권회수에 성공한 채권자

가) 가등기말소청구소송과 판결결과

제1심은 대전지방법원 홍성지원 2008. 1. 11. 선고 2007가단4080 판결
제2심은 대전고등법원 2008. 10. 09. 선고 2008나2188 가등기말소

① **원고측 주장**

이 사건 가등기는 1988.5.2. 매매예약에 기한 것인데 그 매매예약 완결권이 10년의 제척기간이 경과하여 소멸하였다. 가사 이 사건 가등기가 망 임○○의 대여금채권을 담보하기 위한 담보가등기라고 하더라도 피담보채권인 위 대여금채권이 10년의 소멸시효기간이 경과하여 소멸하였으므로 가등기권리도 소멸하였다. 따라서 피고들은 김철수에게 원인무효인 이 사건 가등기를 말소할 의무가 있으므로, 원고(서울보증보험)는 김철수의 채권자로서 김철수를 대위하여 피고들에게 이 사건 가등기의 말소를 구한다.

② **법원의 판단**

㉠ 김철수의 가등기말소청구권의 존부

~생략, 이 사건 대여금채권에 대한 담보로 이 사건 가등기를 마친 사실을 인정할 수 있다. 이 사건 대여금채권은 10년이 경과되었으므로 시효로 소멸하였다. 따라서 담보가등기인 이 사건 가등기는 피담보채권인 대여금채권이 소멸하여 원인무효가 되었으므로, 망 임○○의 상속인들인 피고들은 김철수에게 가등기를 말소할 의무가 있다.

㉡ 결론

그렇다면, 피고들은 김철수에게 가등기의 말소등기절차를 이행할 의무가 있고, 원고의 피고들에 대한 청구는 이유 있어 이를 모두 인용할 것인 바, 제1심 판결은 이와 결론을 같이 하여 정당하므로, 이에 대한 피고들의 항소는 이유 없어 이를 모두 기각하기로 판결한다.

나) 경매를 진행해 채권회수에 성공한 채권자

채권자가 경매를 신청과 동시에 선순위 가등기 말소청구소송으로 가등기를 말소시키고 경매를 진행해서 채권 손실을 줄일 수 있었던 사례다. 만일 선순위 가등기가 있는 상태로 매각되었다면 더 낮은가격에 낙찰이 되었을 것이고 그로 인해 서울보증보험(주)는 손실을 볼 수밖에 없었을 것이다. 왜냐하면 가등기된 부동산을 낙찰받더라도 가등기권자가 본등기하면 소유권을 잃게 될 수도 있기 때문에 입찰자들이 꺼리는 경향이 있기 때문이다. 그러나 대부분의 가등기가 채무면탈을 목적으로 설정되거나 채권을 담보하기 위해 설정되는 경우가 많으므로 선순위 가등기가 있다고 회피만 할 것이 아니라 일반물건에 비해 높은 수익을 올릴 수도 있기 때문에 적극적으로 대응할 필요가 있다. 그렇다고 무작정 입찰했다가는 손실이 발생할 수 있다. 즉 앞에서 얘기한 바와 같이 낙찰 받고 나서도 가등기가 남아 있을 수 있으니 가등기가 사해행위에 해당되거나 제척기간, 소멸시효로 말소될 수 있다는 정확한 판단을 가지고 입찰하되 배당금이 지급되지 않도록 가처분을 하고 나서 가등기말소청구소송을 진행해 가등기를 말소하면 높은 기대수익을 올릴 수 있다. 그러나 다음 판례와 같이 패소할 수도 있다는 사실을 염두에 두고 입찰에 참여해야 한다.

(3) 가등기말소 청구소송에서 패소한 사례에서 배우는 실전투자요령 제1심 서울중앙법원 2007. 12. 18. 선고 2006가단313747판결

제2심 서울고등법원 2008. 12. 02. 선고 2018나4260 가등기말소
설령 패소한다고 해도 공탁된 배당금에서 매각대금을 회수하면 된다.

① 원고측 주장

원고는, ① 이 사건 매매예약은 최○○이 원고에 대한 채무를 면탈하기 위하여 피고와 통모하여 형식적으로 체결된 것에 불과한바, 이는 통정허위표시로서 무효이므로 이에 기하여 마친 이 사건 가등기 또한 원인무효로서 말소되어야 하고, ② 그렇지 않다 하더라도 이 사건 매매예약에 따른 매매예약완결권은 그 제

척기간인 10년이 도과함으로써 소멸하였으며, ③ 설령 1994.9.29. 위 매매예약완결권이 행사된 것으로 본다고 하더라도 위 예약완결권 행사에 따른 소유권이전등기청구권은 그 소멸시효가 완성됨으로써 소멸하였으므로, 최○○을 대위하여 피고에 대하여 무효인 이 사건 가등기의 말소를 구한다고 주장한다.

② 법원의 판단

㉠ 이 사건 매매예약이 통정허위표시로서 무효인지 여부
이 부분 원고의 주장은 이유 없다.
㉡ 예약완결권이 제척기간 도과로 소멸하였는지 여부
이 부분 원고의 주장은 이유 없다.
㉢ 소유권이전등기청구권이 시효로 소멸하였는지 여부

피고의 이 사건 건물에 관한 소유권이전등기청구권은 이 사건 매매예약이 완결된 1994.9.29.부터 10년간 행사하지 아니하면 시효로 소멸한다고 할 것이나, 피고는 자신이 매수한 건물을 점유개정의 방법으로 처남인 최○○으로부터 인도받아 최○○으로 하여금 사용·관리하게 함으로써 최○○의 점유를 매개로 이 사건 토지를 간접점유하고 있음을 인정할 수 있으므로, 이에 따라 피고의 이 사건 건물에 관한 소유권이전등기청구권은 시효로 소멸하지 않아서 원고의 주장은 이유 없다.

㉣ 결론

원고의 이 사건 청구는 이유 없으므로 이를 기각하고, 이와 결론을 달리한 제1심 판결은 부당하므로 이를 취소하고 원고의 청구를 기각하는 판결을 한다.

09 공유물의 형식적경매에서 일부 지분에 선순위가등기가 있는 경우

◆ **선순위가등기를 매수인이 인수하나? 인수하지 않고 소멸하나?**

공유물의 일부지분에 선순위로 가등기가 설정되고 나서 공유물 전체가 일반매매 또는 공유물분할에 의한 형식적경매절차에서 매수한 자는 앞의 8번 사례와 같이 선순위가등기를 인수하는 것이 원칙이다.

그러나 다음 사례와 같이 공유물분할청구 소송에서 대금분할을 명한 공유물분할 판결의 변론이 종결된 뒤(변론 없이 한 판결의 경우에는 판결을 선고한 뒤), 해당 공유자의 공유지분에 관하여 소유권이전등기청구권의 순위보전 등기가 경료되고, 그 후 공유물분할에 의한 형식적 경매가 진행되면, 그 경매 매각절차로 소멸되므로, 최고가매수인이 인수하지 않고 소멸된다[대법원 2021. 3. 11. 선고 2020다253836 판결].

◆ **형식적경매에서 선순위가등기가 말소된 사례**

이 공유물의 형식적 경매절차에서 낙찰 받은 매수인 OOO은 "공유물분할청구 소송에서 대금분할을 명한 공유물분할 판결을 선고한 뒤에 공유물 일부지분에 선순위로 소유권이전등기청구권보전가등기를 한 문OO을 상대로 말소청구 소송을 진행했고, 그 결과 다음과 같은 판결을 얻을 수 있었다.

소재지	서울특별시 관악구 봉천동○○○○ 도로명검색 D지도 지도 주소복사							
물건종별	주택	감정가	777,891,640원	구분	매각기일	최저매각가격	결과
토지면적	145㎡(43.86평)	최저가	(51%) 398,280,000원	1차	2017-12-19	777,891,640원	유찰
				2차	2018-01-16	622,313,000원	유찰
				3차	2018-02-13	497,850,000원	유찰
건물면적	264.64㎡(80.05평)	보증금	(10%) 39,828,000원	4차	2018-04-10	398,280,000원	
매각물건	토지·건물 일괄매각	소유자	남○○	매각 : 422,200,000원 (54.27%) (입찰2명,매수인:중○○ / 차순위금액 401,000,000원 / 차순위신고)			
개시결정	2017-06-26	채무자	남○○	매각결정기일 : 2018.04.17 - 매각허가결정 대금지급기한 : 2018.05.31			
사건명	임의경매(공유물분할을위한경매)	채권자	문○○	대금납부 2018.05.18 / 배당기일 2018.06.26 배당종결 2018.06.26			

· 임차인현황 (말소기준권리 : 2017.06.26 / 배당요구종기일 : 2017.09.08)

임차인	점유부분	전입/확정/배당	보증금/차임	대항력	배당예상금액	기타
김○○	주거용	전입일자: 2014.09.30 확정일자: 미상 배당요구: 없음	미상		배당금 없음	
이○○	주거용	전입일자: 2017.03.17 확정일자: 2017.08.10 배당요구: 2017.08.21	보10,000,000원 월300,000원	있음	소액임차인	
이○○	주거용	전입일자: 2005.12.20 확정일자: 미상 배당요구: 없음	미상		배당금 없음	[현황서상 이선행]

· 건물등기부

No	접수	권리종류	권리자	채권금액	비고	소멸여부
1(갑1)	1990.09.13	소유권보존	소○○		소승호,남맹순,소진호 각 1/3	
2(갑4)	2016.05.20	소○○지분전부이전	문○○		강제경매로 인한 매각 2015타경11503, 1/3	
3(갑6)	2016.08.24	소○○지분가처분	문○○		공유물분할청구소송의 청구권 보전, 서울중앙지방법원 2016카단44020 내용보기 사건검색	인수
4(갑7)	2016.11.10	문○○지분전부이전 청구권가등기	세○○		매매예약, 1/3	인수
5(갑8)	2017.06.26	임의경매	문○○		말소기준등기 2017타경103215	소멸

◆ 대법원 2021. 3. 11. 선고 2020다253836 판결[가등기 말소]

(1) 이 판결 요지는 다음과 같다!

 대금분할을 명한 공유물분할 확정 판결의 당사자인 공유자가 공유물분할을 위한 경매를 신청하여 진행된 경매절차에서 공유물 전부에 관하여 매수인에 대한 매각허가결정이 확정되고 매각대금이 완납된 경우, 매수인은 공유물 전부에 대한 소유권을 취득하게 되고, 이에 따라 각 공유지분을 가지고 있던 공유자들은 지분소유권을 상실하게 된다. 그리고 대금분할을 명한 공유물분할 판결의 변론이 종결된 뒤(변론 없이 한 판결의 경우에는 판결을 선고한 뒤) 해당 공유자의 공유지분에 관하여 소유권이전등기청구권의 순위보전을 위한 가등기가 마쳐진 경우, 대금 분할을 명한 공유물분할 확정 판결의 효력은 민사소송법 제218조 제1항이 정한 변론종결 후의 승계인에 해당하는 가등기권자에게 미치므로, 특별한 사정이 없는 한 위 가등기상의 권리는 매수인이 매각대금을 완납함으로써 소멸한다.

 알아두면 좋은 법률

> 민사소송법 제218조 제1항 확정판결은 당사자, 변론을 종결한 뒤의 승계인(변론 없이 한 판결의 경우에는 판결을 선고한 뒤의 승계인) 또는 그를 위하여 청구의 목적물을 소지한 사람에 대하여 효력이 미친다.

(2) 원심판결 이유와 기록에 의하면 다음과 같은 사실을 알 수 있다.

 대금 분할을 명한 공유물분할 판결이 무변론으로 선고된 뒤에 소외 1이 피고에게 이 사건 토지 중 소외 1의 2/8 지분과 이 사건 건물 중 소외 1의 1/3 지분에 관하여 이 사건 가등기를 마쳐준 다음, 위 공유물분할 판결의 당사자인 소외 1이 공유물분할을 위한 경매를 신청하여 진행된 경매절차에서 이 사건 토지와 이 사건 건물에 관한 최고가매수신고인인 원고에 대한 매각허가결정이 확정되고, 매각대금을 완납했다. 이에 따라 원고가 이 사건 토지와 이 사건 건물에 대한 소유권을 취득하게 되고, 이에 따라 이 사건 토지 및 이 사건 건물 중 각 공유지분을 가진 공유자들은 지분소유권을 상실하게 된다.

그리고 위 공유물분할 판결의 효력은 민사소송법 제218조 제1항이 정한 변론종결 후의 승계인에 해당하는 이 사건 가등기권자인 피고에게 미치므로, 원고가 이 사건 토지와 건물에 대한 매각대금을 완납함으로써 이 사건 가등기상의 권리는 소멸한다.

그러므로 이 사건 토지와 건물에 관하여 원고로부터 환매특약부 매매를 원인으로 한 소유권이전등기를 마친 원고 승계참가인은 소유자로서 소유권에 기한 방해배제 청구권 행사의 일환으로 피고를 상대로 이 사건 가등기의 말소를 구할 수 있다.

Part 08

지분공매에서 낙찰받은 사례로 권리분석과 탈출하는 방법

01 연립주택의 8분의 1 지분공매 절차에서 권리분석과 매수 이후 대응방법

◆ **지분공매 입찰대상 물건분석표**

KAMCO의 입찰정보내역과 감정평가서, 등기부, 건축물대장, 전입세대열람 등을 통해서 물건분석표를 작성하면 되는데 다음 공매물건은 지인이 낙찰받은 사례이다.

주소	면적	공매가 및 진행과정	1) 임차인조사내역 2) 기타청구	등기부상의 권리관계
서울시 영등포구 신길동 253-259 태양빌라 제1층 제000호 (관리번호) 2010-16741-001 체납자겸 소유자 고이선 지분공매 공매위임 관서: 영등포구청 공매집행 기관: 자산관리공사	대지 9.17m² (전체지분 73.36m²) 건물 11.6862m² (총면적 93.49m²) 대지와 건물의 1/8 지분공매 (신풍지구 단위계획 구역으로 재정비 촉진지구)	감정가 46,250,000원 (2010.10.27) 1차 46,250,000원 유찰 2차 (10% 저감) 41,625,000원 유찰 3차 (10% 저감) 37,000,000원 유찰 5차 (10% 저감) 27,750,000원 낙찰 정승기(가명) 29,290,000원 〈2011.06.30〉	1) 임차인내역 ① 배기민(가명) 전입 02.10.14. 2) 청구내역 ① 영등포구청 300만원 면허세외 46건 (가장빠른 법정기일 98.01.10.) ② 동작세무서 1,050만원 부가세 (법정 02.07.25.) ③ 반포세무서 350만원 소득세 (법정 01.05.31.) ④ 국민건강 150만원 (납부 03.12.10.) ⑤ 성남세무서 550만원 부가세 (법정 06.10.25.) ⑥ 금천구청 40,000원 교통행정과 과태료	소유권이전 최경희(가명)84.12.22. 가압류 박미희 99.03.03. 12,350,000원 소유권이전 고이선(가명)외 7인이 각 1/8씩 공유지분으로 박미희가 상속대위등기 03.01.23. 고이선 지분압류 영등포구청 03.05.19. 고이선 지분압류 동작세무서 03.08.23. 고이선 지분압류 반포세무서 03.10.30. 고이선 지분압류 국민건강 04.11.02. 고이선 지분가압류 쌍용캐피탈 05.09.30. 6,256,107원 고이선 지분압류 영등포구청 06.06.05. 고이선 지분압류 성남세무서 07.03.22 고이선 지분가압류 비케이에셋 08.04.11. 10,045,193원 고이선 지분압류 금천구청 과태료11.02.25. 압류공매 영등포구청 청구 3,000,000원 〈공매공고 11.05.12〉

◆ 지분공매 절차에서 아파트의 사진과 주변 현황도

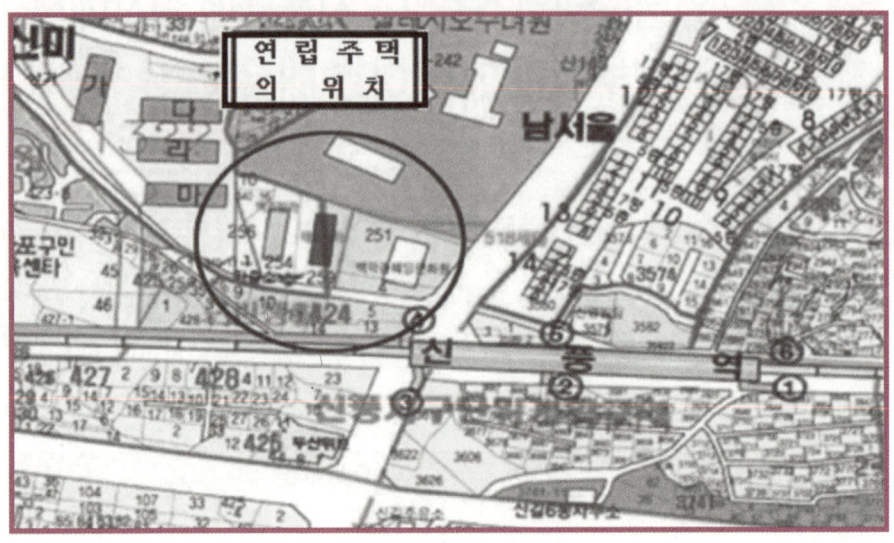

◈ 지분공매 물건에 대한 권리분석과 배분표 작성

이 공매물건은 영등포구 신길동 7호선 신풍역 근처에 위치하고 있는 공매물건으로, 재정비촉진지구 내에 위치하고 있는 일명 태양빌라로 호칭하고 있는 연립주택의 8분지 1에 해당되는 공유지분 공매절차이다. 말소기준권리는 전 소유자의 박미희 가압류채권으로 1999년 3월 3일이 되므로 인수할 권리 없이 모두가 소멸 대상이다.

이 공매물건은 단독으로 정승기가 29,290,000원에 낙찰받았으므로 이 금액을 가지고 배분표를 작성하면 다음과 같다.

매각대금이 29,290,000원-공매비용 877,500원으로 배분금은 28,412,500원이므로

- **1순위** : 전 소유자의 박미희 가압류채권 12,350,000원(우선변제 1)
- **2순위** : 영등포구청 300만원(압류선착주의에 의한 우선변제 2)
- **3순위** : 동작세무서 1,050만원(압류선착주의에 의한 우선변제 3)
- **4순위** : 반포세무서 2,562,500원(압류선착주의에 의한 우선변제 4)

이와 같이 자산관리공사의 배분절차에서는 참가압류권자도 압류선착주의를 적용하여 압류우선순위에 따라 우선배분받게 되고 낙찰자는 인수권리가 없다.

그러나 법원경매에서는 참가압류권자는 교부청구권자와 동순위로 안분배당한다는 점에서 차이가 있다.

이 공매물건에서 유의할 점은 배기민이 임차인으로 보증금 2,000만원으로 전입일인 02.10.14.에 확정일자까지 갖추고 소유자와 더불어 주택의 일부를 점유하고 있었으며 배분표 작성 시까지 배분요구를 하였다면 배분표는 다음과 같이 달라질 것이다.

- **1순위** : 전 소유자의 박미희 가압류채권 12,350,000원(우선변제 1)
- **2순위** : 배기민 14,206,250원(담보물권이 없으므로 배분시점으로 7,500만원 이하인 소액임차인은 2,500만원을 우선변제 받을 수 있으나 매각대금의 1/2

을 초과하므로 28,412,500원×1/2 까지만 최우선변제금으로 우선변제 받게 된다)

- **3순위** : 영등포구청 1,856,250원(압류선착주의에 의한 우선변제 2)

이와 같이 배분절차가 종료된다.

임차인의 미배분금은 대항력이 없어서 매수인의 인수사항은 아니고 채무자와 다른 공유자가 부담하게 될 것이다.

실무에서는 채무자가 부담능력이 없어서 다른 공유자가 미배분금을 전액 변제하게 되는데 이는 채권불가분성에 따라서 다른 공동임대인(공동채무자)은 자기지분에 해당되는 임차보증금만 책임지는 것이 아니라 임차보증금 전액에 대해서 변제의무를 갖게 된다.

◆ 재개발로 인한 분양자격 유무와 매수인의 건물인도청구 및 부당이득

이 공매물건에서 재개발로 인한 분양자격 유무와 매수인의 건물인도청구 및 부당이득에 대해서 살펴보면

① 재개발이 진행되면 하나의 주택에 하나의 분양자격이 주어지므로 매수 지분에 해당하는 비율만큼 공동분양자격을 갖게 된다.

② 채무자 고이선과 임차인 배기민 또는 다른 공유자가 점유하고 있었다면 매수인은 채무자의 지위를 승계하게 되므로 고이선에 대해서는 건물인도청구를 할 수 있는데 반해서 임차인과 다른 공유자는 매수지분이 과반수 미만이므로 건물인도청구를 할 수 없다.

그러나 과반수 미만이더라도 다른 공유자와 임차인 등이 과반수의 지분 또는 과반수의 동의로 점유하는 경우가 아니라면 보존행위로서 인도청구가 가능하다. 이밖에도 과반수동의를 얻어서 점유하든, 하지 아니하든 매수지분에 해당되는 부당이득에 대한 반환청구가 보존행위로서 가능하다.

02 양재동 다가구주택의 일부가 지분공매 된 경우 어떻게 대응하면 될까?

◈ 2분의 1 지분 공매물건 입찰대상 정보

캠코공매물건

[물건명/소재지] : 서울 서초구 양재동 00-00

기본정보
- 물건종류: 부동산
- 처분방식: 매각
- 물건상태: 낙찰
- 조회수: 471

기관정보
- 입찰집행기관: 한국자산관리공사
- 담당자: 조세정리부 / 공매1팀
- 연락처: 1588-5321

물건정보

소재지(지번)	서울 서초구 양재동 00-00		
소재지(도로명)			
물건관리번호	2010-22039-002	재산종류	압류재산
위임기관	서초세무서		
물건용도/세부용도	다가구주택/다가구	입찰방식	일반경쟁
면적	대지 132.6㎡ 지분(총면적 265.2㎡), 건물 338.655㎡ 지분(총면적 677.31㎡)		
배분요구종기		최초공고일자	2011/07/20

감정정보

감정평가금액	1,114,995,300 원	감정평가일자	2011/01/07	감정평가기관	(주)제일감 정평가법인
위치 및 부근현황	서울 서초구 양재동 소재 "영동2교" 남서측 인근에 위치하며, 대중교통사정은 보통임.				
이용현황	다가구용 단독주택으로 이용중임.				

임대차정보

임대차내용	이름	보증금	차임(월세)	환산보증금	확정(설정)일	전입일
임차인	김순미(206호)	15,000,000 원	0 원	15,000,000 원	2011/08/04	2011/05/02
임차인	박정아(307호)	20,000,000 원	0 원	20,000,000 원	2011/02/28	2011/02/28
임차인	구은수(801호)	20,000,000 원	0 원	20,000,000 원	2011/10/24	2007/12/12
임차인	전철수(207호)	20,000,000 원	0 원	20,000,000 원	2011/10/24	2011/04/04
임차인	정민기(205호)	30,000,000 원	0 원	30,000,000 원		
임차인	신동기(201호)	43,000,000 원	0 원	43,000,000 원	2007/01/08	2005/03/02

임차인	전수민(501호)	50,000,000 원	0 원	50,000,000 원	2011/10/25	2011/10/06
임차인	안민기(302호)	55,000,000 원	0 원	55,000,000 원		
임차인	김은미(505호)	70,000,000 원	0 원	70,000,000 원	2010/02/10	2010/02/10
임차인	박민수(301호)	75,000,000 원	0 원	75,000,000 원	2009/03/02	2009/03/02
임차인	임지민(503호)	75,000,000 원	0 원	75,000,000 원	2011/01/14	2011/01/14

■ 등기사항증명서 주요 정보

순번	권리종류	권리자 및 기타사항	등기일	설정액(원)
1	공유자	배철수 지분 2분의 1 이미란 지분 2분의 1	2003년9월24일	
2	근저당권	신한은행 방배지점	2002년1월2일	416,000,000원(배분요구 301,059,287원)
3	근저당권	신한은행 방배지점	2008년5월22일	65,000,000원(배분요구 50,000,000원)
4	배철수지분 압류	서초세무서	2010년1월13일(법정기일 2009년10월1일)	체납세액 198,000,000원
5	배철수지분 압류	반포세무서	2010년1월21일(법정기일 2009년9월20일)	체납세액 35,518,000원

■ 입찰이력정보

입찰번호	처분방식	물건관리번호	개찰일시	최저입찰가	낙찰가	낙찰가율	입찰결과	입찰상세
201022039002	매각	2010-22039-002	2011/10/13 11:00	668,998,000	701,100,000	104.8%	낙찰	보기

◆ 공매물건의 위치 및 다가구주택 사진

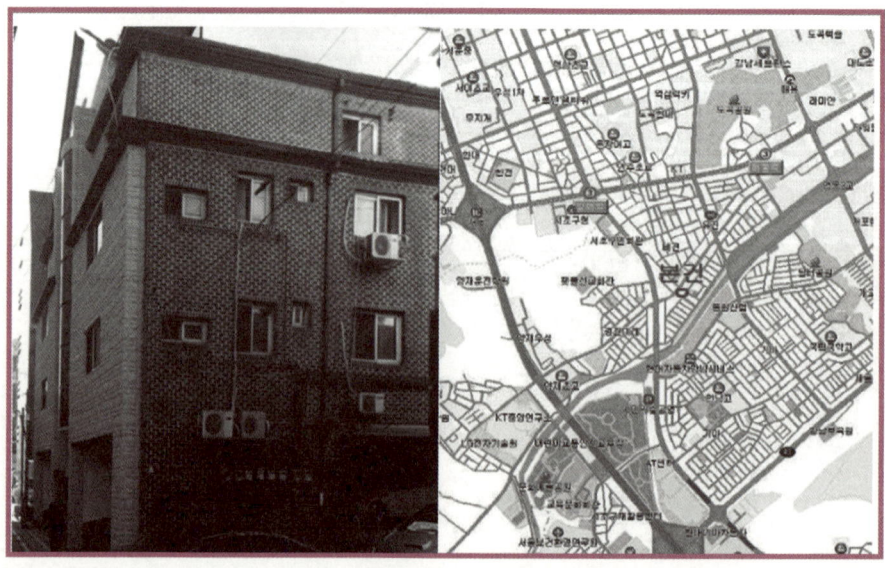

◈ 물건분석 및 권리분석, 그리고 배분방법

(1) 물건분석 및 주변현황

이 공매물건은 양재동에 위치하고 있는 다가구주택으로 19세대가 거주할 수 있는 주택으로 지하층에 3세대, 1층은 필로티 형식으로 주차장 및 창고, 2층은 6세대, 3층 6세대, 4층 4세대가 거주하도록 건축된 다가구주택이다. 대부분이 원룸형인데 지하층 1개와 4층 2개 세대만 투룸 형식을 갖추고 있다. 그리고 이 주택은 신분당선 양재시민의 숲(매헌) 역사가 인근에 위치하고 있어서 높은 임대 수익율이 발생될 수 있는 지역이다. 현장답사를 통해서 주변부동산 시세를 조사해 본 결과 대지면적당(평당) 2,500~3,000만원을 호가하고 있었다.

이 주택의 대지면적이 80.223평(265.2m2)×1/2=40평×2,500만원=10억원 정도이고 건물가격을 추가하면 12억 정도의 시세는 충분하게 예상되었는데 668,998,000원으로 가격이 하락된 이유는 매각대상이 전체지분이 아니라 2분의 1 지분이고 공매물건인 점에서 그러한 것으로 판단된다.

(2) 701,100,000원에 매각되었는데 이 경우 배분은 어떻게 될까?

입찰결과			
물건관리번호	2010-22039-002	조회수	474
물건명	서울 서초구 양재동 00-00		
입찰자수	유효 1명 / 무효 0명 (인터넷)		
입찰금액	701,100,000원		
개찰결과	낙찰 (배분종결)	낙찰금액	701,100,000원
물건누적상태	유찰 4회 / 취소 0회 [입찰이력보기]		
감정가격 (최초 최저입찰가)	1,114,995,300원	낙찰가율 (감정가격 대비)	62.9%
최저입찰가	668,998,000원	낙찰가율 (최저입찰가 대비)	104.8%
공매정보			
자산구분	압류재산	담당부점	조세정리부
회차/차수	039 - 001	개함일시	2011/10/13 11:01

집행완료일시	2011/10/13 11:10			
입찰일시	2011/10/10 10:00 ~ 2011/10/12 17:00			
입찰방식	일반경쟁			

대금납부 및 배분기일 정보

대금납부기한	납부여부	납부최고일	납부여부	배분기일
2011-12-13	납부	-	-	2011-12-29

　우선 공매비용 20,331,900원을 공제하면 실제 배당금은 680,768,100원이다.

- **1순위** ① 김순미 1,500만원 + ② 박정아 1,600만원 + ③ 구은수 1,600만원 + ④ 전철수 1,600만원(최우선변제금 1등) - 신한은행 근저당권과 신동기 확정일자 기준(4,000만원 이하/1,600만원)
- **2순위** 신한은행 301,059,287원(우선변제금 1등)
- **3순위** 신동기 43,000,000원(우선변제금 2등)
- **4순위** 신한은행 50,000,000원(우선변제금 3등)
- **5순위** ① 박정아 400만원 + ② 구은수 400만원 + ③ 전철수 400만원 + ④ 전수민 2,000만원(최우선변제금 2등) - 박민수와 김은미 확정일자부 임차권 기준(6,000만원 이하/2,000만원)
- **6순위** 박민수 7,500만원(확정일자부 우선변제금)
- **7순위** ① 전수민 500만원 + ② 김은미 2,500만원 + ③ 임지민 2,500만원(최우선변제금 3등) - 2011.12.29. 배분 시점으로 소액임차인(7,500만원 이하/2,500만원)
- **8순위** 서초세무서 57,708,813원(우선변제금 5등)(반포세무서가 법정기일이 빠르더라도 조세채권 상호간은 압류선착주의가 적용된다)으로 배분이 종결되나 선순위 유사공동채권자가 매각지분에 해당하는 채권만 배당받은 것이 아니라 채권전액을 배당받으므로 인해서 후순위채권자와 체납자(배철

수)는 전체지분이 동시 매각되어 배분되는 것보다 적게 배분받게 되므로 민법 제368조 제2항에 따라 선순위 유사공동채권자를 대위하여 다른 지분에 대해서 청구가 가능하다. 실무에서는 선순위 공동채권자가 전액 배분받는 경우에도 전부를 말소하는 것이 아니라 매각되는 지분에 대해서만 말소하고 나머지 다른 지분에 대해서 그대로 이기되므로 이 선순위 유사공동채권자를 대위하여 청구가 가능하도록 하고 있다.

그리고 이 사건에서 유의할 점은 205호 정민기 임차인(보증금 3,000만원), 302호 안민기(보증금 5,500만원) 등인데, 배분요구를 하였으나 대항요건을 갖추지 못해서 배분절차에서 배제되었다.

이들은 2분의 1 지분공매절차에서 배분받지는 못하나 다른 2분의 1지분권자(이미란)에게 채권불가분성에 따라 전액청구가 가능하고 보증금을 반환받지 못하면 전세보증금반환청구소송에 따른 강제경매를 신청 할 수 있다.

◆ 대위청구 가능 금액과 우선순위

대위청구에서 우선순위는 후순위채권자가 우선하고 그 다음 체납자(배철수) 순이 된다.

따라서 후순위 채권자들은 유사공동채권자 등이 매각지분 비율에 해당하는 금액에 대해서 배분 받은 것이 아니라 채권전체에 대해서 우선변제 받으므로 이 초과액 즉 김순미 750만원, 박정아 1,000만원, 구은수 1,000만원, 전철수 1,000만원, 신한은행 175,529,643원, 신동기 21,500,000원, 박민수 37,500,000원 등을 대위하여 청구가 가능하다.

후순위채권자의 대위청구금액 272,029,643원에서 서초세무서의 140,291,187원이 우선하고, 다음으로 반포세무서 35,518,000원, 김은미 10,000,000원[7,000만원×1/2=3,500만원-2,500만원(배당금)] 임지민 12,500,000원[7,500만원×1/2=3,750만원-2,500만원(배당금)]순이 된다. 이와 같이 후순위채권액이 모두 충당되고 잔액이 있으면 체납자의 대위순위 즉 체납자 73,720,456원의 대위가 이루어지게 된다. 그런데 체납자의 대위 청구금액은 73,720,456원이 아니다.

이 금액에서 배분요구하지 아니한 임차인의 임차보증금 중에서 체납자 지분에 해당하는 금액에 대해서는 이들의 몫이 되므로 이 금액을 공제한 금액이 될 것으로 판단된다.

그러나 실무에서는 이러한 사실 등을 정확하게 판단하고 청구하는 경우가 드물고 그에 따라 부당이득을 보게 되는 경우도 종종 발생되고 있다. 이러한 사실 등을 배당관계자가 판단하기 쉽지 않고 채권자 역시 판단이 어려운 관계로 간과하고 지나가기 때문에 그 상대방은 본의 아니게 부당이득을 보고 있다. 그리고 후순위 임차인으로 대위권을 행사하고도 미배당금은 다른 공유자가 공동채무자(공동임대인)로서 전액책임을 지게 된다.

◆ 배분요구 시기와 배분요구하지 아니한 임차인의 보증금 회수 여부

이 압류공매 매각절차는 배분요구 종기 제도가 없었던 시기로 배분계산서 작성 전까지(매수인이 잔금 납부 후 30일에 배분기일이 정해지는데 이 배분기일 14일 전까지 배분계산서를 작성함) 근저당권자, 임차인, 조세채권자 등은 배분요구를 할 수 있다.

이 제도는 2012년 1월 1일부터 첫 매각기간 이전에 정한 배분요구종기까지 배분요구를 할 수 있도록 국세징수법이 개정되어 시행되고 있다.

그래서 이 공매사건 당시에는 배분계산서 작성 전까지 배분요구를 할 수 있었는데, 이 기간까지 배분요구를 하지 않으면 임차보증금 반환채권은 누구의 책임으로 남게 되겠는가?

이 지분공매 절차에서 임차인 모두 대항력이 없으므로 매수인의 인수는 아니고 다른 지분권자의 책임으로 남게 되는데 그 책임은 2분의 1지분에 해당하는 금액만 인수하게 되는 것이 아니라 채권 전액을 인수하게 된다. 왜냐하면 공매지분에 대해서는 임차인이 대항력이 없지만 나머지 지분에 대해서는 대항력이 있기 때문이다.

지분물건이 압류재산 공매 또는 법원 경매로 매각되는 경우 말소기준 권리를 기준으로 선순위임차인은 대항력이 있고, 후순위임차인은 대항력이 없어서 소멸된다. 그러나 매매되지 않는 다른 지분에서는 임차인 모두 대항력이 있다. 그렇다고 하더라도 다른 지분 역시 압류재산 공매나 법원 경매로 매각되고, 후순위임차인이라면 대항력을 상실할 수도 있다. 이렇게 임차인을 분석하고 입찰하면 된다.

어쨌든, 이 지분공매 물건에 대해 앞에서와 같이 예상 배분계산서를 작성해 본 결과 임차인의 보증금 손실은 발생하지 않을 것으로 예상된다.

◆ 이 물건에 투자시 수익성분석과 기대 임대수익율은?

주변부동산 시세를 조사해 본 결과 대지면적당(평당) 2,500~3,000만원을 호가하고 있었다. 이 주택의 대지 면적이 80.223평(265.2m²) × 1/2=40평 × 2,500만원=10억원 정도이고 건물가격을 추가하면 12억 정도의 시세는 충분하게 예상되었는데 668,998,000원으로 낙찰받게 된다면 취득비용 20,000,000원을 포함해도 688,998,000원이 된다.

여기서 명도비용은 발생되지 않을 것이므로(왜냐하면 나머지 2분의 1 지분의 책임으로 남게 되므로) 시세 차익은 511,002,000원이 된다.

다만 세금절세를 위해서 단기 매도전략보다는 장기보유 전략 또는 다음과 같이 임대수익을 노린다면 성공적인 투자가 될 수 있다.

그리고 이번에는 기대 임대수익율을 계산해 보자!

임대수익을 목적으로 하는 경우에도 두 가지 투자전략이 예상된다.

첫 번째, 전액 현금투자방법인데 이 경우 임대수익율은 어떻게 될까!

19세대에서 보증금 및 월세를 2,000만원/60만원을 받는다고 가정하면 보증금이 3억8,000만원(19×2,000만원)×1/2=1억9,000만원 정도 예상되므로 실세 현금투자는 498,998,000원이 된다. 연 월세 수익률은 [11,400,000원(600,000원×19)×12]×1/2=68,400,000원이다.

따라서 현금투자대비 임대수익율은 68,400,000원/498,998,000원으로 13.70%가 예상된다.

두 번째, 낙찰가의 50%를 연 6%의 이자로 대출받아 임대사업을 하게 된다면 임대수익율은 어떻게 달라질까!

688,998,000원(총취득가)-334,499,000원(금융기관대출금)-190,000,000원(보증금합계)=164,499,000원이 현금 투자금액이다.

연 월세 수익률은 [11,400,000원(600,000원×19)×12]×1/2=68,400,000원인데 이 금액에서 334,499,000원(금융기관대출금)의 연 6%이자 20,069,940원을 공제하면 실제 수익금액은 48,330,060원이 된다.

따라서 현금투자대비 임대수익율은 48,330,060원/164,499,000원으로 29.38%가 예상된다.

전액 현금투자보다 연 임대소득은 적어지나 현금투자대비 임대수익율은 증가되는 것을 확인할 수 있는데 이러한 현상은 금융기관 등의 대출이자는 연 6%이나 월세 수익은 연12%를 차지하고 있다는 점에서 차이가 발생되는 것이다.

따라서 이러한 점을 잘 이용해서 세금이 절세가 되는 방향으로 기대수익율을 향상시키도록 투자전략을 강구해야 될 것이다.

◆ 공유자우선매수신청 여부와 매수 이후 어떻게 대응해야 하나?

(1) 공유자우선매수신청 여부

이 공매물건은 2분의 1 지분만의 공매절차로 다른 지분권자의 공유자우선매수신청이 예상된다. 압류공매절차에서 공유자우선매수신청은 매각결정 전까지 할 수 있다. 만일 공유자우선매수신청이 있다해도 차순위매수신고인의 지위를 포기하면 즉시 입찰보증금을 환급계좌로 반환받을 수 있으므로 공유자우선매수신청을 의식해서 미리 입찰참여의 기회를 포기할 필요는 없을 것이다.

(2) 매수이후 공유물의 관리행위와 보존행위

첫 번째, 관리행위를 위해서는 과반수 이상의 동의가 있어야 한다.

따라서 매수자 뿐만 아니라 다른 지분권자 모두 소수지분권자로 단독적으로 관리행위를 할 수 없다. 상호간의 협의 없이는 임대차계약의 체결이나 단독적으로 사용·수익을 할 수 없다.

두 번째 과반수 미만의 지분권자는 보존행위로서 자신의 지분에 대해서 권리를 행사할 수 있다.

<u>소수지분권자가 사용·수익(=점유)하는 경우</u> 과거 판례에서는 소수지분권자가 보존행위로 인도명령을 신청할 수 있었지만, 대법원 2020. 5. 21. 선고 2018다287522 전원합의체 판결 이후 현재는 인도명령 신청은 불가하고, 민법 제214조에 따른 방해배제 청구권만 행사할 수 있게 되었다.

<u>여기서 유의할 점은 소수지분권자와 계약한 임차인은</u> 지분권자가 점유하는 것과 달리 기존 판례대로 변경 없이 다른 소수지분권자가 보존행위로 인도명령을 신청할 수 있다는 점이다.

즉 지분공매에서 과반수 지분에 미치지 못하는 소수지분권자와 계약을 체결한 임차인은 민법 제265조에 따른 적법한 관리행위에 해당되지 못하여 주임법 또는 상임법으로 보호받을 수가 없어서 지분공매 절차에서 대항력과 우선변제권이 없다. 그래서 매수인은 물론이고, 다른 공유자가 소수지분권자라해도 보존행위로 인도명령 또는 명도청구 소송을 진행할 수 있다(99~105쪽과 36~41쪽 참조).

① 대법원2020. 5. 21. 선고2018다287522 전원합의체 판결

공유물의 소수지분권자가 다른 공유자와 협의 없이 공유물의 전부 또는 일부를 독점적으로 점유·사용하고 있는 경우, 다른 소수지분권자가 공유물의 보존행위로서 공유물의 인도를 청구할 수 있는지 여부(소극) 및 자신의 지분권에 기초하여 공유물에 대한 방해 상태를 세서하거나 공동 점유를 방해히는 행위의 금지 등을 청구할 수 있는지 여부(적극)

② 대법원1962. 4. 4. 선고62다1 판결

과반수공유자의 결의 없이 한 임대차계약은 무효이므로 결의에 참가하지 아니한 공유자의 보존행위로서의 명도청구는 적법하다.

③ 대법원 1994. 3. 22. 선고 93다9392,93다9408 전원합의체 판결

제3자가 정당한 권원 없이 공유물을 점유하고 있는 경우, 소수지분권자도 공유물의 보존행위로서 단독으로 공유물 전부의 인도를 청구할 수 있다.

(3) 지분공매 물건 매수 후 대응하는 방법

첫 번째, 매수한 지분을 다른 공유자에게 매각하여 수익을 올리는 방법이 있다.

두 번째, 다른 공유자의 지분을 매수하여 전체지분을 제3자에게 양도하거나 임대사업을 영위하여 임대소득을 얻을 수 있다.

세 번째, 협의하여 주택사용료(차임)를 청구하여 임대수익을 올리는 방법. 건물에 대한 임료(차임)청구권 역시 지료와 같이 합의하여 결정하는 것이 원칙이나 합의가 되지 못하면 법원에 건물임료청구소송을 월 단위로 청구하면 법원은 감정평가사로 하여금 평가하도록 하여 그 평가금액을 기준으로 5~7%의 임료를 결정하고 있다.

네 번째, 협의하여 임대사업을 공동으로 운영하는 방법이 있다.

이 경우 상호간의 약정에 의해서 임대소득을 나누게 되고 약정기간이 종료 시에는 어떻게 한다는 세부내용 등을 첨가하여 약정기간 내에 또는 약정기간 이후에 발생할 수도 있는 분쟁에 대비할 필요가 있다.

다섯 번째, 협의하여 매각하는 방법과 협의가 안 되는 경우 법원에 공유물분할청구소송을 제기하여 경매 등의 절차에서 매수하는가 아니면 매각대금에서 자기지분에 해당하는 비율만큼 배당받는 방법이 있다. 이 경우 자기지분도 경매 절차로 매각되는 것임을 유의해야 된다.

여섯 번째, 매수 이후 다른 공유지분이 경매 등으로 매각된다면 그 절차에서 공유자우선매수 신청을 해서 수익을 올릴 수 있는 방법이 있다. 이 방법이 가장 높은 수익을 올릴 수 있는 전략으로 입찰 전부터 이러한 내용 등을 주지하기 위해서 다른 공유자에 대한 종합적인 분석을 하고 투자해야 한다.

03 토지가 지분공매로 진행되고 그 지상에 법정지상권이 성립하는 건물이 존재하는 경우

◆ 토지 지분공매 입찰대상 물건분석표

KAMCO의 입찰정보내역과 감정평가서, 등기부등본, 건축물대장, 전입세대 열람 등을 통해서 물건분석표를 작성하면 다음과 같다.

주소	면적	공매가 및 진행과정	1) 임차인조사내역 2) 기타청구	등기부상의 권리관계
경기도 수원시 팔달구 매산로 3가 27-O번지 체납자 겸 소유자 : 박선미 지분압류공매 공매위임 관서 : 성북세무서 공매집행 기관 : 자산관리공사 (관리번호: 2009-15024-004) 이 물건은 필자가 낙찰 받았으나 공유자 우선 매수 신청으로 공유자에게 매각 결정됨.	대지 393m² 중 353.7m² 박선미 지분 압류공매 (10분의 9) 주변은 대로변 상가지대로서 북동측으로 "수원세무서", 남서측으로는 "매산동 사무소"가 위치하는 등 제반환경은 보통임	감정가 1,061,100,000원 최저가 1차 1,061,100,000원 유찰(10% 저감) (공매는 최초 감정가에서 10%씩 계속 저감한다) 2차(10% 저감) : 6차 530,550,000원 유찰 (총 6회의 매각 절차를 최초공고 시 일괄 공고하고 유찰 시 2~3개월 이내에 재공고 후 재공매) 7차 530,550,000원 : 12차(10% 저감) 265,275,000원 낙찰 285,110,000원 (2011.03.31.)	1) 임차인 토지만 매각된 경우로 임차인 없음 2) 기타청구 ① 성북세무서 (납세담보) 상속세와 양도 소득세 체납세액 117억원(가장 빠른 법정기일 1996.03.16.) 성북세무서의 압류는 전 소유자의 압류로 당해세를 포함 다른 조세보다 우선변제 받는다. 이 밖에도 납세담보로 당해세를 제외하고 우선변제 받게 되나 전 소유자의 압류에 해당되어 당해세보다도 우선변제 받음. 따라서 다른 조세채권의 법정기일과 체납세액은 생략함.	박선미 지분 9/10 정기만 지분 1/10 박선미 지분 압류 성북세무서 96.04.08. 박선미 지분이전 박민기 96.05.28. 박민기 지분 가등기 김대기 96.06.11. 박민기 지분 가압류 조인기 43,000,000원 96.07.05. 박민기 지분 강제경매 윤영미 97.01.06 박민기 지분 가압류 안미희 180,000,000원 98.12.07. 박민기 지분 압류 옥천군 99.01.12. 박민기 지분 압류 군산세무서 99.11.29. 박민기 지분 압류 권선구청 외 15개 기관에서 압류되어있음. 나머지 압류는 생략. 압류공매 : 성북세무서 청구 117억원 〈공매공고 2010.12.22〉

◈ 토지 지분공매 절차에서 공매물건의 위치와 주변 현황도

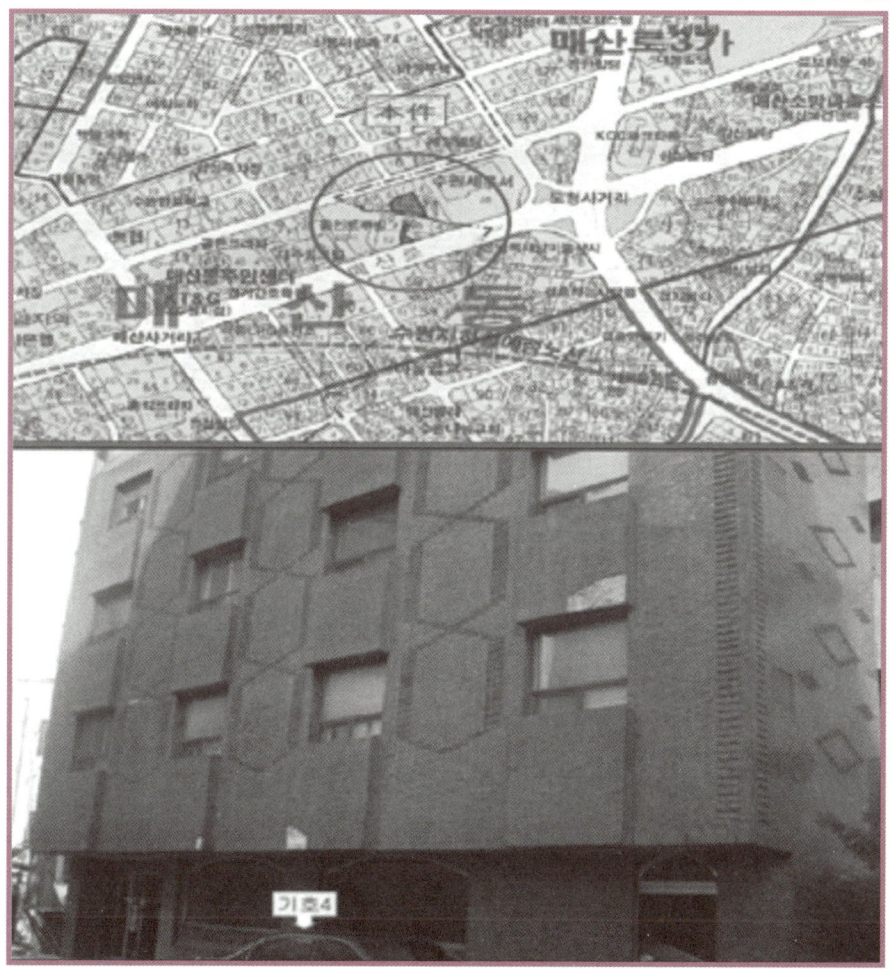

◈ 토지 지분공매에 대한 권리분석과 배분표 작성

이 공매물건은 토지 지분 중 10분의 9 지분만이 매각되는 공매로 그 지상에 다중주택이 존재하고 있는데 그 건물은 2인이 공유로 소유하고 있고 법정지상권이 성립한다.

따라서 낙찰자는 지상권 존속기간인 30년 동안 지료청구만 가능하고 지료를

2기 이상 지급하지 아니한 경우에 법정지상권 소멸청구가 가능하다. 그러나 입찰 전에 확인해 본 결과 건물에서 임대소득이 많은 관계로 건물을 매도할 의사가 전혀 없고 지료만을 지급하겠다는 의사를 전달 받았다(입찰 당시 지료청구). 지료를 예상해 보니 감정가 1,061,100,000원 대비 5.5%만 계산해도 58,360,500원으로 낙찰가 299,365,500원 + 14,255,500원(필요제경비) = 313,621,000원에 매수한다면 매수가 대비 지료를 통한 임대수익률은 58,360,500원/313,621,000원으로 18.60%가 기대되므로 지료청구만으로도 많은 투자수익이 발생되는 물건이다.

건물주들이 지료지급을 원했던 이유는 임대호수가 38호수로, 건물임대수익이 월별 650만원, 연 78,000,000원이 발생된다는 점을 그 이유로 들고 있었다. 따라서 지료를 지급하고도 수익이 발생된다고 본것이고, 수원세무서 인근에 위치해 있고, 주변이 상업지역과 업무중심지역으로 임대수요가 계속적으로 발생할 수 있는 지역이므로, 공실이 발생할 확률도 적은 좋은 입지의 물건을 포기하기는 아까웠을 것이다.

어쨌든 이는 매수 전의 이야기로 매수 후의 사정은 변경될 수 있다는 점을 고려해 보아도 토지를 시세의 4분의 1 가격으로 매수한다면 어떠한 경우도 상당한 수익이 예상되는 물건이다.

그러나 이 공매물건은 입찰자가 3명으로 최고액입찰가는 299,365,500원이었는데 10분의 1 지분공유자 정기만이 공유자우선매수신청을 하게 됨에 따라 공유자에게 매각결정을 하게 된 공매물건이다. 이 경우 당초 낙찰자는 차순위매수신고인의 지위에 놓이게 되고 매수인이 대금납부 전까지 입찰보증금을 반환 받지 못하거나 공유자에게 매각결정 전까지 최고액입찰자 지위포기신청서를 공매집행기관에 제출하면 차순위매수신고인의 지위를 벗어나고 입찰보증금을 즉시 반환받게 된다.

이 공매물건의 배분표를 작성해 보면 매각대금이 299,365,500원이고 공매비용이 8,980,965원이면 배분금액은 290,384,535원이 된다.
- **1순위** : 성북세무서 290,384,535원(전소유자의 압류로 다른 조세 및 일반 채권자에 우선하여 변제받게 된다).

◆ 전 소유자의 가압류와 압류채권자의 처분금지효력과 다른 채권 간의 우선순위

성북세무서의 압류는 전 소유자의 압류로 당해세를 포함한 다른 조세보다 우선변제 받을 수 있다.

전 소유자의 압류는 처분금지효력으로 압류 이후 제3취득자는 무효인데 우리나라는 절대적 무효가 아니라 개별상대적 무효(개별상대효)를 적용하고 있어서 압류채권금액에 대해서만 무효이고 나머지 부분에 대해서 제3취득자의 소유권 이전은 유효하다고 보고 있다.

따라서 현 소유자의 채권자들은 제3취득자의 권리 위에 존재하는 작은 권리로 제3취득자가 대항할 수 없는 전 소유자의 압류에 대해서 그 채권이 소액 임차인, 근로자의 최우선변제금, 당해세 등의 특별우선채권인 경우도 마찬가지로 우선변제 받지 못한다는 것이 대법원 판례의 입장이다.

이 밖에도 이 공매물건은 납세담보된 물건이므로 당해세를 제외하고 우선변제 받게 되나 앞에서 설명한 것과 같이 전 소유자의 압류에 해당되어 당해세보다도 우선변제 받을 수 있다.

따라서 다른 조세채권 등이 많았지만 이들은 배당절차에 참여할 수가 없어서 체납세액과 압류일자, 법정기일 등을 생략하였다.

04 봉천동의 연립주택 2분의 1을 공매로 낙찰받고 탈출하는 방법은?

◆ 연립주택 2분의 1 지분 온비드공매 입찰정보 내역

캠코공매물건

【물건명/소재지】: 서울 관악구 봉천동 63-1 제1층 제000호

기본정보
물건종류	부동산
처분방식	매각
물건상태	낙찰
조회수	489

기관정보
- 입찰집행기관 : 한국자산관리공사
- 담당자 : 서울지역본부 / 조세정리3팀
- 연락처 : 1588-5321

물건정보
소재지(지번)	서울 관악구 봉천동 63-1 제1층 제000호
물건관리번호	2015-06735-001
위임기관	
물건용도/세부용도	연립주택
면적	대 38㎡ 지분(총면적 523㎡), 건물 41.32㎡ 지분(총면적 82.64㎡)
배분요구종기	2015/10/12
재산종류	압류재산
입찰방식	
최초공고일자	2015/08/26

감정정보
감정평가금액	142,000,000 원
감정평가일자	2015/07/21
감정평가기관	(주)나라감정평가법인
위치 및 부근현황	본건은 관악구 봉천동 소재 봉천초등학교 서측 인근에 위치하며, 차량 접근 가능하고 인근에 버스 정류장 소재하여 대중교통 이용편익 보통.
이용현황	연립주택으로서 방3, 주방, 거실, 화장실, 다용도실, 현관으로 이용중임.
기타사항	조사일 현재 임대 없이 소유자가 거주중임.

임대차정보
임대차내용	이름	보증금	차임(월세)	환산보증금	확정(설정)일	전입일
전입세대주	김OO(체납자)	0 원	0 원	0 원		2010/09/07
전입세대주	배OO(체납자의 모친)	0 원	0 원	0 원		2012/07/02

등기사항증명서 주요 정보
순번	권리종류	권리자명	등기일	설정액(원)
1	위임기관	관악세무서		미표시
2	공유자	김병정(공유자)	2011/03/31	0 원
3	근저당권	주식회사국민은행(봉천중앙지점)	2011/05/04	30,000,000 원
4	압류	국민건강보험공단(관악지사-징수부)		미표시

입찰이력정보
입찰번호	처분방식	물건관리번호	개찰일시	최저입찰가	낙찰가	낙찰가율	입찰결과	입찰상세
201506735001	매각	2015-06735-001	2015/11/26 11:00	85,200,000	98,208,800	115.3%	낙찰	보기

◈ 토지 지분공매 절차에서 공매물건의 사진과 주변 현황도

Part 8 지분공매에서 낙찰받은 사례로 권리분석과 탈출하는 방법 283

◆ 지분공매 물건에 대한 권리분석과 배분표 작성

　이 공매물건은 소유자가 2명으로 각 1/2씩 공유지분으로 되어 있는데 그 중 1/2지분만 공매가 진행된 물건이다. 봉천동에 있는 이 연립주택은 지하철 2호선 서울대입구역에서 도보로 5분에서 6분 거리에 있고, 주변은 대형유통시설과 학교 등 학군이 발달되어 있는 지역이다.

　이 주택에는 임차인 등이 거주하고 있는 것이 아니라 체납자와 체납자의 모친이 거주하고 있어서 낙찰 받고 나서 인수할 권리는 없다.

　필자가 낙찰받고 나서 이 주택을 방문해 체납자의 모친과 협의하는 과정을 거쳤으나 협의가 이루어지지 않아서 다음과 같이 공유물분할청구 소송과 다른 지분권자에게 주택사용료를 원인으로 하는 채권가압류를 하게 되었다. 이 연립주택은 아버지 명의였는데 부친이 사망하자 협의분할로 장남과 차남으로 공유등기하게 되었고 그 이후에 차남 지분에 대해서 공매가 진행되었고 그 과정에서 필자가 낙찰 받았다. 필자는 낙찰 받은 이유는 이 주택이 35년 이상 되었고, 주변 부동산을 방문해 본 결과 재건축이 준비 중에 있어서 시세가 3억3,000만원을 형성하고 있었기 때문이다. 그러니 절반인 1억6,000만원은 갈 수 있다고 판단했다. 그리고 2분의 1지분을 9,800만원에 낙찰 받아 다음과 같이 부당이득을 원인으로 하는 채권가압류와 공유물분할청구소송을 하게 되면 그 소송과정에서 협의가 이루어질 것이라는 판단에서였다. 어쨌든 독자분들도 이러한 지분공매 물건이 나온다면 필자와 같이 투자하면 될 것이다.

◈ 매수 후 공유물분할청구 소장 작성 방법

소 장

원고 : 김동희
피고 : 김○○

공유물분할 청구의 소

목적물 가액 :   3,016,360원정
첨용인지액 :   15,000원정
송 달 료 :   106,500원정

서울중앙지방법원 귀중

〈과표 계산서〉

공시지가 : 2,434,000원   건축년도 : 1981년
구   조 : 연와조   용   도 : 연립주택
m^2당 가격 : 73,000원   면   적 : 82.64m^2
m^2당 가격 : 73,000원 × 82.64m^2 × 0.5 = 3,016,360원

소 장

원고 : 김동희
　　　서울시 서초구 00000 00(방배동)
　　　송달장소 : 서울시 서초구 사평대로52길 1, 302(서초동, 대경빌딩)
　　　전화 010-3735-0000
피고 : 김명섭
　　　충남 천안시 동남구 유량동 산 ○○-○○, ○○○아파트 ○○○동 ○○○호

공유물 분할등 청구의 소

청 구 취 지

1. 별지목록 기재 부동산을 부동산을 경매에 부쳐 그 매각대금 중에서 경매비용을 공제한 나머지 금액을 분할하여 별지목록 2 기재의 공유지분 비율에 따라 원고와 피고에게 분배한다.
2. 피고는 원고에게 2015부터 별지목록 1기재 부동산의 2분의 1에 대한 원고의 소유권 상실일 또는 피고가 원고에 인도할 때까지 월 1,000,000원의 비율에 의한 금원을 지급하라.

3. 소송비용은 피고가 부담한다.
4. 위 제2항은 가집행 할 수 있다 라는 판결을 구합니다.

청 구 원 인

1. 당사자 관계

가. 원고는 별지목록 1기재 부동산의 2분의 1을 전 공유자 소외 ○○○이 금천세무서에 부담하는 부가가치세 압류에 따른 공매절차 한국자산관리공사(관리번호 2015-66735-001호)에서 낙찰 받아 2015. 01. 08. 매각대금을 납부하여 별첨 부동산등기사항전부증명서(갑제1호증)과 같이 소유권을 취득한 자 입니다.

나. 피고는 위 부동산의 2분의 1 공유지분권자입니다.

2. 원고의 이 사건 공유물분할 청구소의 이익

가. 위와 같이 원 피고는 각 2분의 1 공유지분권자의 위치에 있으나 이 사건 연립주택의 각 2분의 1 공유자로서는 부동산을 현물로 분할할 수 없으며 현물 분할을 할 경우 그 경제적 가액이 현저히 감손될 염려가 있으므로 이를 현물로 분할하기보다는 경매에 부쳐 매득금을 각 공유자에게 분배함이 상당한 방법이라 할 것입니다.

3. 원고의 피고에 대한 임료상당 부당이득금 월 100만원 청구

가. 한편 피고는 원고가 위 공매대금을 납부하여 소유권을 취득한 시점부터 이 사건 부동산에 대한 원고지분 2분의 1을 부당이득하고 있다고 봄이 상당하므로

나. 별첨 공매 내역서(갑제2호증)과 같이 이 사건 2분의 1 부동산의 감정평가 금액이 142,000,000원이므로 그 부당이득의 액수는 후일 임료 상당액의 감정을 통해 특정하겠지만 우선 적어도 매월 100만원 이상이라 할 것입니다.

4. 결론

따라서 원고는 피고에게 청구 취지와 같은 판결을 구하기 위하여 부득이 이 건 청구에 이른 것입니다.

입증 및 첨부서류

1. 부동산등기사항전부증명서(갑제1호증) 1부
2. 공매 내역서 (갑제2호증) 1부
3. 토지대장 1부
4. 건축물 관리대장 1부
5. 부동산 목록, 공유지분목록 1부
6. 소장부본 1부

2016. 1. 15.
위 원고 김 동 희

서울중앙지방법원 귀중

[별지 목록 1]

1동의 건물의 표시

서울시 관악구 봉천동 OO-O
(도로명주소) 서울시 관악구 행운1길 OO-O
벽돌조 슬래지붕 위 시멘트 기와 지붕 2층 연립주택
1층 208.93m^2, 2층 208.93m^2, 지하실 208.93m^2

전유부분의 건물의 표시

건물번호 : 1-101, 구조 : 벽돌조
면적 : 75.04m^2[지하실 7.6m^2] 제1층 제101호 대지권의 목적인 토지의 표시
토지의 표시 : 서울시 관악구 봉천동 OO-O, 대 523m^2

대지권의 표시 : 소유권 대지권

대지권의 비율 : 523분의 76

[별지목록 2]

	성명	주소	공유지분	비고
1	김동희	서울시 서초구 OOOO, OO(방배동)	2분의 1	공유 지분권자
2	김명섭	충남 천안시 동남구 유량동 산 OO-OOO 아파트 OO동 OO호	2분의 1	공유 지분권자

◆ 점유자의 부당이득반환 채권을 보전하기 위한 채권가압류

부동산 가압류 명령 신청서

채권자 : 김 동 희
채무자 : ○○○

　　　　목적물가액 : 6,000,000원정
　　　　첨용인지액 :　　10,000원정
　　　　송 달 료 :　　　21,300원정

서울지방법원 귀중

부동산 가압류 명령 신청서

채권자 : 김동희
　　　　서울시 서초구 0000, 00(방배동)
　　　　송달장소 : 서울시 서초구 사평대로52길 1, 302(서초동, 대경빌딩)
　　　　전화 010-3735-0000
채무자 : 김○○
　　　　충남 천안시 동남구 유량동 산 00-000, ○○○아파트 000동 000호

1. 청구금액 : 6,000,000원정
1. 피보전권리의 요지 : 부당이득반환청구소송의 청구권 보전

신 청 취 지

채권자의 채권자에 대한 위 청구채권 표시 기재 채권의 집행보전을 위하여 채무자 소유 별지 목록 기재부동산을 가압류한다.
라는 재판을 구합니다.

신 청 원 인

1. 당사자관계
　가. 채권자는 별지목록 1기재 부동산의 2분의 1을 전 공유자 신청외 ○○○이 금천세무서에 부담하는 부가가치세 압류에 따른 공매절차 한국자산관리공사(관리번호 2015 - 66735 - 001호)에서 낙찰 받아 2015. 01. 08. 매각대금을 납부하여 별첨 부동산 등기사항전부증명서[갑제1호증]와 같이 소유권을 취득한 자이고,
　나. 채무자는 위 부동산의 2분의 1 공유지분권자입니다.

2. 채권자의 이 사건 공유물분할 청구소 제기
　가. 위와 같이 채권자, 채무자는 각 2분의 1 공유지분권자의 위치에 있으나 이 사건 연립주택의 각 2분의 1 공유자로서는 부동산을 현물로 분할할 수 없으며 현물 분할을 할 경우 그 경제적 가액이 현저히 감손될 염려가 있으므로 이를 현물로 분할하기보다는 경매에 부쳐 매득금을 각 공유자에게 분배함이 상당한 방법이라 할 것이므로,
　나. 채권자는 귀원 2016가단○○○○호로 공유물분할청구의 소 및 공유물분할청구 소송이 완료되기까지의 월 100만원씩×6개월 = 600만원의 부당이득반환청구를 제기, 현재 소송 중에 있습니다.

3. 채권자의 채무자에 대한 임료상당 부당이득금 월 100만원×6개월 = 600만원 청구
　가. 한편 채무자는 채권자가 위 공매대금을 납부하여 소유권을 취득한 시점부터 이 사건 부동산에 대한 원고지분 2분의 1을 부당이득하고 있다고 봄이 상당하므로,

나. 별첨 공매 내역서(갑제2호증)과 같이 이 사건 2분의 1 부동산의 감정평가 금액이 142,000,000원이므로 그 부당이득의 액수는 후일 임료 상당액의 감정을 통해 특정하겠지만 우선 적어도 매월 100만원 이상이라 할 것입니다.

다. 따라서, 이에 대한 6개월분 600만원으로 산정하여 부당이득을 함께 청구하였습니다.

4. 이 사건 가압류의 필요성

가. 그러나, 동 공유물분할 및 부당이득금 반환 청구 소송은 채무자의 그동안의 사정으로 보아 장시간을 요할 것으로 예상되는 반면 채무자는 달리 재산이 없으며 재산이라곤 오직 이 사건 채무자 소유 2분의 1지분 부동산만이 유일하므로, 채권자는 본안소송의 집행보전을 위하여 시급히 이 건 가압류 신청에 이른 것입니다.

나. 다만 이 건 가압류 신청에 따른 담보제공 방법은 보증보험과의 계약을 체결한 증권으로 대체할 수 있도록 허락하여 주시기 바랍니다.

압류 및 첨부서류

1. 부동산 등기사항전부증명서 (갑제1호증) ·················· 1부
2. 공매 내역서 (갑제2호증) ······························· 1부
3. 토지대장 ··· 1부
4. 건축물 관리대장 ····································· 1부
5. 가압류할 부동산 목록 ································ 1부
6. 가압류 진술서 ······································· 1부
7. 본안소장 및 접수증명원 ···························· 각 1부

2016. 1. 15.

위 채권자 김 동 희

서울지방법원 귀중

[별지 목록]

1동의 건물의 표시
서울시 관악구 봉천동 OO-O
(도로명주소) 서울시 관악구 행운1길 OO-O 벽돌조 슬래지붕 위 시맨트

기와 지붕 2층 연립주택
1층 208.93m^2, 2층 208.93m^2, 지하실 208.93m^2

전유부분의 건물의 표시
건물번호 : 1-101, 구조 : 벽돌조
면적 : 75.04m^2 [지하실 7.6m^2] 제1층 제101호
대지권의 목적인 토지의 표시
토지의 표시 : 서울시 관악구 봉천동 OO-O, 대 523m^2
대지권의 표시 : 소유권 대지권
대지권의 비율 : 523분의 76

05 3분의 1지분을 낙찰 받고 공유물분할 청구소송과 가처분을 신청한 사례

◆ 다세대주택 3분의 1 지분공매 입찰정보 내역

캠코공매물건

[물건명/소재지] : 서울 영등포구 대림동 1116-39 제1층 제000호

기본정보
- 물건종류 : 부동산
- 처분방식 : 매각
- 물건상태 : 낙찰
- 조회수 : 328

기관정보
- 입찰집행기관 : 한국자산관리공사
- 담당자 : 서울지역본부 / 조세정리3팀
- 연락처 : 1588-5321

물건정보

항목	내용	항목	내용
소재지(지번)	서울 영등포구 대림동 1116-39 제1층 제000호		
물건관리번호	2015-08952-001	재산종류	압류재산
위임기관	영등포구청		
물건용도/세부용도	다세대주택/다세대	입찰방식	
면적	대 6.866㎡ 지분(총면적 215.4㎡), 건물 18.24㎡ 지분(총면적 54.72㎡)		
배분요구종기	2015/10/12	최초공고일자	2015/08/26

감정정보

항목	내용	항목	내용	항목	내용
감정평가금액	53,600,000 원	감정평가일자	2015/07/27	감정평가기관	(주)삼창감정평가법인
위치 및 부근현황	대림역 남측인근에 위치, 주위는 다세대주택,근린생활시설등이 혼재, 차량 진.출입이 용이, 인근에 노선버스 정류장 및 지하철2,7호선 대림역소재 대중교통 보통				
이용현황	다세대주택				

임대차정보

임대차내용	이름	보증금	차임(월세)	환산보증금	확정(설정)일	전입일
감정서상 표시내용 또는 신고된 내용이 없습니다.						

등기사항증명서 주요 정보

순번	권리종류	권리자명	등기일	설정액(원)
1	위임기관	영등포구청	2007년11월28일	<KAMCO에 공매 위임한 관서>
2	압류	동작구청(세무1과)	2005년 3월 9일	미표시
3	압류	국민건강보험공단 동작지사	2005년5월 27일	미표시
4	가등기(순위보전)	우○○(공유자)	2011년3월8일	매각되지않은 3분의 2지분권자가 가등기했으나 후순위로소멸됨.

입찰이력정보

입찰번호	처분방식	물건관리번호	개찰일시	최저입찰가	낙찰가	낙찰가율	입찰결과	입찰상세
201508952001	매각	2015-08952-001	2015/11/19 11:00	37,520,000	40,080,800	106.8%	낙찰	보기

◈ 토지 지분공매 절차에서 공매물건의 사진과 주변 현황도

◈ 지분공매 물건에 대한 권리분석과 배분표 작성

이 공매물건은 소유자가 2명으로 현재 이 다세대주택은 3분의 2 지분을 가지고 있는 우○○와 그의 부친이 점유하고 있다. 그리고 점유하고 있는 우○○는 공매로 매각되는 체납자 이○○ 1/3 지분에 가등기로 소유권이전청구권을 보전하고 있었는데, 말소기준권리보다 가등기가 후순위로 소멸되는 권리이다. 따라서 낙찰자는 인수할 권리 없이 체납자 이○○ 1/3 지분을 공매로 낙찰 받을 수 있는 물건이다.

그래서 현장을 방문해서 다세대주택의 위치를 확인하고 주변부동산 4군데에서 시세와 전·월세 조사 등을 하였다. 시세는 2억 정도이고 전세 시세는 1억5천만원 정도이다. 그러니 3분의 1지분이라도 그 가격은 6,667만원으로 4,000만원에 낙찰 받으면 2,600만원의 시세 차익을 노릴 수 있어서 입찰에 참여해서 낙찰받았다.

낙찰 받고 나서 현재 거주하고 있는 우○○의 부친과 협의 과정에서 우○○의 부친은 다세대주택을 1억6,000만원으로 환산해서 3분의 1에 해당하는 금액 5,333만원에 팔라는 주장을 되풀이 했고 필자는 시세가 2억원 가니 그 금액이 아니더라도 1억8,000만원에 해당하는 금액의 3분의 1인 6,000만원에 팔겠다고 했다. 어쨌든 협의가 원만하게 이루어지지 않아 다음과 같이 공유물분할청구 소송과 가처분을 하고 그 소송 과정에서 조정이 성립되거나 성립이 안되어 공유물분할에 따른 형식적 경매가 진행되면 그 과정에서 직접 낙찰 받거나 배당 받기로 했다. 그러는 과정에서 점유자들의 협의가 오면 그 과정에서 협의하는 방법이 해결의 실마리를 쉽게 찾을 수 있었던 경험에서 선택한 방법이다. 그 과정에서 작성했던 소장과 가처분 신청서를 독자분들도 활용할 수 있도록 다음과 같이 기술해 놓았으니 참고하기 바란다.

◈ 매수 후 공유물분할청구 소장 작성 방법

소 장

원고 : 권○○
피고 : 우○○

공유물분할 청구의 소

목적물가액 : 1,571,680원정
첨용인지액 : 68,600원정
송 달 료 : 106,500원정

서울중앙지방법원 귀중

〈과표 계산서〉

공시지가 : 2,059,000원   건축년도 : 2001년
구   조 : 철근콘크리트조   용   도 : 다세대주택
m^2당 가격 : 517,000원   면   적 : 54.72m^2
m^2당 가격 : 517,000원 × 54.72m^2 × 0.5 × 1/3 × 1/3(원고지분) = 1,571,680원

소 장

원 고 : 권○○
　　　　서울시 강남구 삼성로4길 17, ○○○동 ○○○호(개포동 주공 아파트)
　　　송달장소 : 서울시 강남구 삼성로4길 17, ○○○동 ○○○호(개포동 주공아파트)
　　　전화 010-5212-0000
피 고 : 우○○
　　　　서울시 영등포구 도림천로 411, 000호(대림동)

공유물 분할 청구의 소

청 구 취 지

1. 별지목록 기재 부동산을 부동산을 경매에 부쳐 그 매각대금 중에서 경매비용을 공제한 나머지 금액을 분할하여 별지목록 2 기재의 공유지분 비율에 따라 원고와 피고에게 분배한다.

2. 소송비용은 피고가 부담한다 라는 판결을 구합니다.

청 구 원 인

1. 당사자관계

가. 원고는 별첨 등기사항전부증명서(갑제1호증)와 같이 이 사건 공유지분 1/3 부동산인 서울 영등포구 대림동 1116-39, ○○○호를 2015.12.29. 소외 이○○로부터 매수하여 2015.12.30. 서울남부지방법원 영등포 등기소 접수 제77417호로 소유권 이전 3분의 1지분을 한 자이고,

나. 피고는 위 부동산의 3분의 2지분을 소유하고 있는 공유지분권자입니다.

2. 원고의 이 사건 공유물분할 청구 소의 이익

가. 위와 같이 원 피고는 각 3분의 1, 3분의 2 공유지분권자의 위치에 있으나 이 사건 다세대 주택의 위 공유자로서는 부동산을 현물로 분할할 수 없으며 현물 분할을 할 경우 그 경제적 가액이 부쳐 매득금을 각 공유자에게 분배함이 상당한 방법이라 할 것입니다.

나. 따라서 이 사건은 공유물의 분할은 현물분할이 원칙이나 이 원칙이 적용되기 어렵다 할 것입니다.

3. 이에 원고는 피고에게 청구 취지와 같은 판결을 구하기 위하여 부득이 이 건 청구에 이른 것입니다.

입증 및 첨부서류

1. 부동산 등기사항전부증명서 (갑제1호증) ·················· 1부
2. 토지대장 ·················· 1부
3. 건축물 관리대장 ·················· 1부
4. 부동산 목록, 공유지분목록 ·················· 1부
5. 소장부본 ·················· 1부

2016. 1. 15.

위 원고 권 O O

서울중앙지방법원 귀중

[별지목록 1]

1동의 건물의 표시

서울시 영등포구 대림동 1116-39
(도로명주소) 서울시 영등포구 도림천로 411
철근콘크리트조 평스라브 지붕 4층
        1층 124.32m²
        2층 127.20m²
        3층 127.20m²
        4층 127.20m²
        지층 124.32m²

전유부분의 건물의 표시

건물번호 : 1-○○○, 구조 : 철근콘크리트조
면적 : 제1층 제 ○○○호 54.72m²

대지권의 목적인 토지의 표시

토지의 표시 : 서울시 영등포구 대림동 1116-39
대지권의 목적 : 소유권 대지권
대지권의 비율 : 215.4분의 20.6

[별지목록 2]

	성명	주소	공유지분	비고
1	권○○	서울시 강남구 삼성로4길 17, 504동 ○○○호(개포동 주공아파트)	3분의 1	공유 지분권자
2	우○○	서울시 영등포구 도림천로 411 ○○○호 (대림동)	3분의 2	공유 지분권자

◈ 점유자의 부동산 처분금지가처분 신청서 작성

부동산 처분금지 가처분 신청서

채권자 : 권○○
채무자 : 우○○

목적물가액 :　14,145,120원정
첨용인지액 :　　　68,600원정
송 달 료 :　　　106,500원정

서울중앙지방법원 귀중

〈과표 계산서〉

공시지가 : 2,059,000원　　　　건축년도 : 2001년
구　　조 : 철근콘크리트조　　용　　도 : 다세대주택
m^2당 가격 : 517,000원　　　　면　　적 : 54.72m^2
m^2당 가격 : 517,000원 × 54.72m^2 × 0.5 = 14,145,120원

부동산 처분금지 가처분 신청서

채권자 : 권○○
　　　　서울시 강남구 삼성로4길 17, 504동 ○○○호(개포동 주공 아파트)
　　　　송달장소 : 서울시 강남구 삼성로4길 17, 504동 ○○○호
　　　　(개포동 주공아파트) 전화 010-5212-○○○○
채무자 : 우○○
　　　　서울시 영등포구 도림천로 411, ○○○호(대림동)

1. 목적물가액 : 금 14,145,120원
1. 피보전 권리의 요지 : 1/3 공유지분에 기한 공유물 분할 청구권

신 청 취 지

채무자는 별지목록기재 부동산에 대한 2/3 지분에 관하여 양도, 증여, 저당권, 임차권의 설정 기타 일체의 처분 행위를 하여서는 아니된다 라는 재판을 구합니다.

신청원인

1. 당사자관계

가. 신청 채권자는 별첨 부동산등기사항전부증명서(갑제1호증)와 같이 이 사건 공유지분 1/3 부동산인 서울 영등포구 대림동 1116-39, 102호를 2015.12.29. 신청외 김○○로부터 매수하여 2015.12.30. 서울남부지방법원 영등포등기소 접수 제77417호로 소유권이전 3분의 1 지분을 한 자이고,

나. 채무자는 위 부동산의 3분의 2 지분을 소유하고 있는 공유지분권자입니다.

2. 채권자의 이 사건 가처분의 긴급성

가. 위와 같이 채권자, 채무자는 각 3분의 1, 3분의 2 공유지분권자의 위치에 있으나 이 사건 다세대 주택의 위 공유자로서는 부동산을 현물로 분할할 수 없으며 현물분할을 할 경우 그 경제적 가액에 비해 매각대금을 각 공유자에게 분배함이 상당한 방법이라 할 것입니다.

나. 따라서 이 사건 공유물의 분할은 현물분할이 원칙이나 이 원칙이 적용되기 어렵다 할 것입니다.

다. 이에 채권자 채무자에게 별첨 공유물 분할 청구의 소를 귀원 2016가단0000호로 2016.1. . 제기하여 현재 소송 계속 중에 있으나, 그 안에 채무자가 명의변경 등을 시도할 시 채권자는 본안소송의 실익이 없을 것이 분명하므로 본안소송의 집행보전을 위하여 시급히 이 건 가처분 신청에 이른 것입니다.

라. 다만, 이 건 가처분 신청에 따른 담보제공방법은 보증보험과의 계약을 체결한 증권으로 대체할 수 있도록 허락하여 주시기 바랍니다.

입증 및 첨부서류

1. 부동산등기사항전부증명서(갑제1호증) ························· 1부
2. 토지대장 ·· 1부
3. 건축물 관리대장 ··· 1부
4. 부동산 목록 ··· 1부

2016. 1. 15.

위 채권자 권 ○ ○

서울남부지방법원 귀중

[별지 목록]

1동의 건물의 표시

서울시 영등포구 대림동 1116-39
(도로명 주소) 서울시 영등포구 도림천로 411
철근콘크리트조 평스라브 지붕 4층
        1층 124.32m²
        2층 127.20m²
        3층 127.20m²
        4층 127.20m²
        지층 124.32m²

전유부분의 건물의 표시

건물번호 : 1-000
구조 : 철근콘크리트조
면적 : 제1층 제○○○호 54.72m²

대지권의 목적인 토지의 표시

대지의 표시 : 서울시 영등포구 대림동 1116-39, 대 215.4m²
대지권의 목적 : 소유권 대지권
대지권의 비율 : 215.4분의 20.6

(이상, 가처분할 지분 우○○ 지분 2/3 전부)

06 건물 전부와 대지 2분의 1을 공매로 낙찰 받아 성공한 사례

다가구주택에서 건물 전부와 대지 2분의 1만 공매로 매각되는 사례에서 필자가 낙찰 받아 성공한 사례이다. 이러한 사례에서는 낙찰 받지 못한 대지 2분의 1을 어떻게 처리하느냐가 성공의 지름길이 될 수 있다. 그 과정에서 잊지 말아야 할 내용은 건물의 법정지상권 성립 여부다. 만일 법정지상권이 성립되지 않는다면 건물이 철거의 위험 속에 빠질 수 있기 때문이다.

이 다가구주택은 건물은 전체가 매각되고, 토지는 2분의 1 지분만 공매로 매각되는 사례이다. 구로동에 있는 이 주택은 지하철 2호선 구로디지털역에서 도보로 8분 거리에 있다. 주변은 주거지역으로 대형 유통시설과 학군 등이 발전해 있다. 감정가 3억1,363만원인데 반해서 시세는 3억8,000만원(평당 1,700만원×22.55평)으로 감정평가가 낮게 평가된 것을 현장답사를 통해서 확인할 수 있었다. 이렇게 감정가가 낮게 평가된 물건을 찾아서 입찰에 참가하는 것, 역시 재테크에서 성공하는 지름길이다. 그런데 이 물건은 최저매각가가 250,907,000원으로 저감되었다. 아마도 건물은 전체이지만 토지가 2분의 1만 매각되는 관계로 건물이 법정지상권이 성립되지 않을 것을 염려해서, 즉 건물 철거의 위험 때문에 그랬을 것이라 판단했다. 어쨌든 필자가 257,080,000원으로 단독 입찰해서 낙찰 받고 체납자겸 소유자에게 팔아서 높은 수익을 올렸던 사례이다. 그래서 그 과정을 다음과 같이 독자 분들에게 소개하고자 한다.

◈ 다가구주택 공매물건의 사진과 주변 현황도

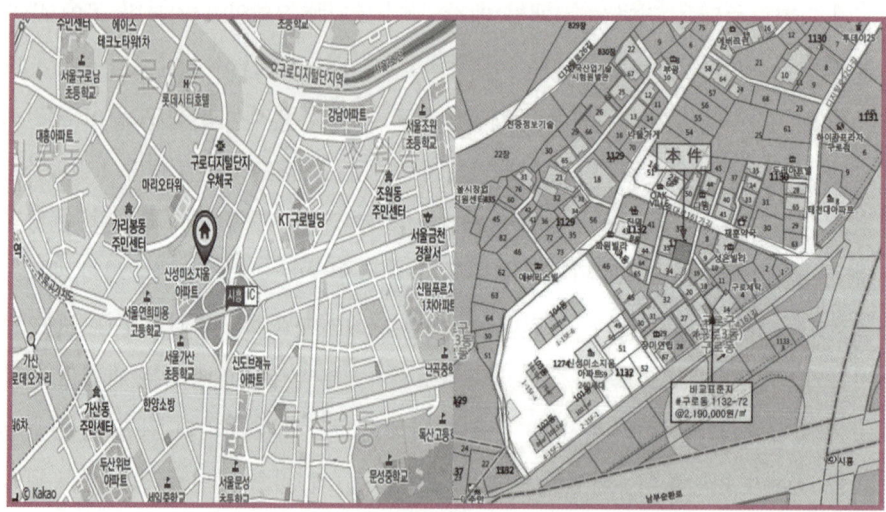

◆ 다가구주택 건물전부와 대지 2분의 1지분 온비드 입찰정보 내역

Part 8 지분공매에서 낙찰받은 사례로 권리분석과 탈출하는 방법

등기사항증명서 주요정보				
번호	권리종류	권리자명	설정일자	설정금액(원)
1	위임기관	동작세무서	-	미표시
2	근저당권	신길4동새마을금고	1997-01-10	49,000,000
3	가압류	이OO	1998-02-18	62,000,000
4	근저당권	옥산실업주식회사	1998-03-05	27,725,659
5	가압류	(주)기은상호신용금고	1999-01-11	45,000,000

■ 권리분석 기초정보 (권리분석 기초자료는 입찰시작 7일전부터 제공됩니다)　　권리분석 기초정보 인쇄
　• 배분요구 및 채권신고현황 (배분요구서를 기준으로 작성하였으며, 신고된 채권액은 변동될 수 있습니다.)

번호	권리종류	권리자명	설정일	설정금액(원)	배분요구일	배분요구채권액(원)	말소가능 여부	기타
:	:	<이하 내용은 지면상 생략했음>	:	:				

| 물건 세부 정보 | 압류재산 정보 | 입찰 정보 | 시세 및 낙찰 통계 | 물건 문의 | 부가정보 |

■ 회차별 입찰 정보

입찰번호	회차/차수	구분	대금납부/납부기한	입찰기간	개찰일시	개찰장소	매각결정일시	최저입찰가(원)
2201408612003	027/001	인터넷	일시불/낙찰금액별 구분	2015-07-06 10:00~ 2015-07-08 17:00	2015-07-09 11:00	전자자산처분시스템(www.onbid.co.kr) 공매재산명세	2015-07-13 10:00	250,907,000

◆ 건물전부와 대지 2분의 1 지분공매 물건에 대한 권리분석

이 다가구주택은 공동소유였는데 체납자겸 소유자인 신OO이 공유물분할청구 소송을 통해서 전체를 소유하게 되었다. 그런데 왜! 건물전체와 토지는 2분의 1만 나오게 된 것일까?

필자가 권리분석을 하는 과정에서 확인한 사항은 다음과 같다.

신OO이 공유물분할청구 소송을 진행하기 전에 공동소유자 김OO 지분에 가등기가 있었고, 그 가등기 있는 상태에서 신OO이 말소하지 않고 소유권을 가져 왔기 때문이다. 그러한 사정을 모르고 있는 동작세무서에선 가등기가 없는 토지 2분의 1과 건물 전체만 공매를 진행하게 된 것이다. 가등기에 기해 본등기를 하게 되면 매각절차가 무효가 되므로 그렇게 매각절차를 진행한 것이라는 사실을 낙찰 받고 확인할 수 있었다. 그리고 이 주택은 임차인 등이 거주하고 있어서 예

상배분표를 작성해보니 1순위로 ① 김영민 1,200만원 + ② 이정희 900만원 + ③ 박수하 1,200만원 + ④ 신미순 1,200만원을 최우선변제금으로 배분 받고, 2순위로 구로구청이 재산세 58만원을 당해세로 배분 받고, 3순위로 ① 가압류 이OO, ② 신길4동 새마을금고, ③ 김영민, ④ 동작세무서의 순서가 된다. 그러나 서로의 순위가 상호모순관계에서 있어서 순환흡수배분절차로 배분하게 되는데 이 과정에서 대항력 있는 임차인 김영민이 확정일자부 우선변제권으로 1,300만원을 배분 받게 되어 낙찰자가 인수할 금액은 없었다. 이러한 사실을 확인하고, 주택 시세 3억8,000만원(평당 1,700만원×22.55평)을 257,080,000원으로 단독으로 입찰해서 낙찰 받았다. 이 배분 절차에서는 현행법상 소액임차인도 순환흡수배분 절차에 참여시켜야 했는데도 불구하고 그러한 과정을 생략한 오류가 있었던 공매물건이다.

◆ 이 주택은 법정지상권이 성립한다. 그런데도 낙찰 받은 이유는?

이 주택은 말소기준권리를 기준으로 판단하면 토지가 체납자 신OO과 다른 공유자 김OO 두 사람 소유이고, 그 두 사람 중 일부지분이 공매로 매각되므로 법정지상권이 성립되지 않는다. 그렇지만 현재 체납자 신OO가 김OO 지분을 이OO의 가등기가 있는 상태에서 소유권을 가져왔기 때문에 체납자 신OO에 대해선 관습법상 법정지상권이 성립한다. 다만 가등기권자 이OO가 본등기를 하게 되면 관습법상 법정지상권이 성립되지 않을 뿐이다. 그런데 가등기가 형식적으로 소멸되지 않고 등기부에 등기된 권리이므로 본등기를 하고 건물을 철거를 하기란 어려울 것이라 판단했다.

필자는 그러한 상황에 대비해서 두 가지 대비책을 마련했었다!

첫 번째로 낙찰 받고 나서 김OO가 본등기해서 건물철거 소송을 하기 전에 토지만을 상대로 공유물분할청구 소송을 진행해서 그 과정에서 다른 지분을 매도청구하는 방법이다. 대법원 판례에 의하면 공유물분할청구 소송에서 다른 지분을 매노 청구하는 것 역시 현불분할로 인정해서 그에 따라야 한다고 판단하고 있다. 이 방법으로 매도청구하면 적정하고도 합리적인 가격은 종전 공매에서 매수할 당시 감정가가 될 것이다. 그런데 앞에서 설명한 바와 같이 감정가가 낮게 책정되어 있으니 그 가격으로 매수할 수 있다면 성공적이다.

두 번째로 본등기를 하고 건물철거 소송을 진행하더라도 그 과정에서 매도청구하면 법원은 건물철거를 판단하지 않고, 건물소유자에게 매수할 수 있도록 조정하는 것을 필자가 볼 수 있었다. 특히 이 사례는 토지 2분의 1과 건물 전체를 소유하고 있기 때문에 그렇게 판단하게 될 가능성이 높다.

◆ 필자가 다가구주택을 단독으로 받았다

■ 상세입찰결과

물건관리번호	2014-08612-003		
재산구분	압류재산(캠코)	담당부점	서울지역본부
물건명	서울 구로구 구로동 1132-OO		
공고번호	201504-01756-00	회차 / 차수	027 / 001
처분방식	매각	입찰방식/경쟁방식	최고가방식 / 일반경쟁
입찰기간	2015-07-06 10:00 ~ 2015-07-08 17:00	총액/단가	총액
개찰시작일시	2015-07-09 11:02	집행완료일시	2015-07-09 11:12
입찰자수	유효 1명 / 무효 2명(인터넷)		
입찰금액	257,080,800원		
개찰결과	낙찰	낙찰금액	257,080,800원
감정가 (최초 최저입찰가)	313,632,450원	최저입찰가	250,907,000원
낙찰가율 (감정가 대비)	81.97%	낙찰가율 (최저입찰가 대비)	102.46%

■ 대금납부 및 배분기일 정보

대금납부기한	2015-08-12	납부여부	납부
납부최고기한	2015-08-24	배분기일	2015-09-23

◆ 매수 이후의 대응 현황

낙찰 받고 나서 체납자 신OO과 협의하는 과정에서 체납자 신OO이 필자가 낙찰 받은 건물과 토지 2분의 1을 매수할 의사가 강력했다. 그래서 매매 계약서를 작성했다. 그런데 계약금 이외에 중도금과 잔금을 지급하지 못했다. 그 이유는 주택 전체에 대해서 금융기관에서 대출을 받아야 하는데 토지 2분의 1에 대해서 가등기가 있었기 때문이다. 그래서 가등기권자에게 말소를 의뢰하니 처음엔 2,000만원을 요구했다. 준다고 하니 4,000만원을 요구한다. 그래서 가등기말소청구 소송과 형사로 고소까지 했더니 고소취하 조건으로 가등기를 말소해서 대출을 받을 수 있었다. 그냥 2,000만원을 준다고 할 때 받았으면 돈을 벌 수 있었는데 고집부리다가 놓치게 된 사례이다. 어쨌든 필자는 금융기관 대출금으로 매매 잔금을 납부할 수 있었다. 이렇게 마무리가 되어 높은 수익을 올릴 수 있었던 사례이다.

07 중원빌라 4분의 3 지분 매수 후 나머지를 매수해서 성공한 사례

이 물건은 경기도 성남시 중원구 은행동 0000번지 중원빌라 제3층 제000호로 전용면적 총면적 48.21㎡(18평형) 중에서 4분의 3인 36.157㎡이 지분공매로 매각되는 사례이다. 이 주택은 은행1동 행정복지센터 북동측 인근에 위치하며, 주변은 다세대주택과 다가구주택 등이 밀집한 열악한 주거지역으로, 재개발사업이 예정되어 있다. 그래서 주택가격이 최근 들어 계속해서 상승하고 있다.

◈ **재개발 예상 중원빌라 사진과 내부 및 주변 현황도**

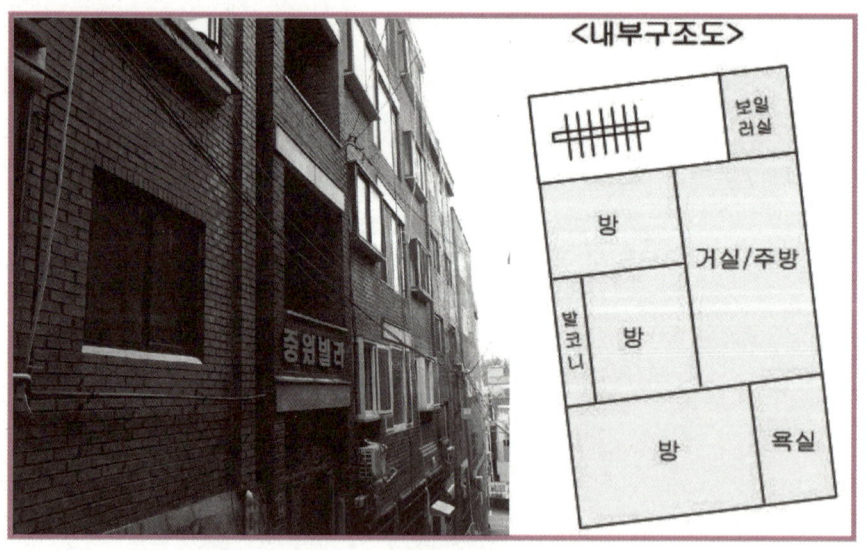

◈ 중원빌라 4분의 3 지분공매 입찰정보 내역

[주거용건물 / 다세대주택]
경기도 성남시 중원구 은행동 0000 제3층 제000호

처분방식 / 자산구분	매각 / 압류재산(캠코)
용도	다세대주택
면적	대 11.317㎡, 건물 36.157㎡
감정평가금액	109,000,000원
입찰방식	일반경쟁(최고가방식) / 총액
입찰기간 (회차/차수)	2020-05-18 10:00 ~ 2020-05-20 17:00 (018/001)
유찰횟수	3 회

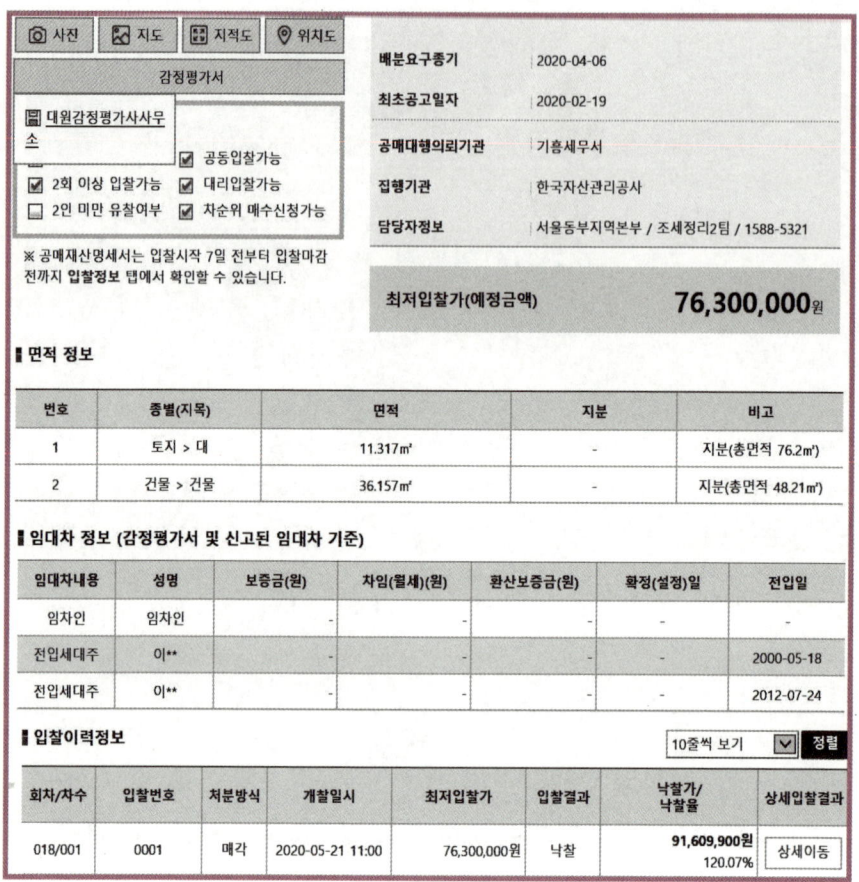

이 중원빌라 제3층 제000호는 전용면적 총면적 48.21㎡(18평형) 중에서 4분의 3인 36.157㎡이 지분공매로 매각되는 사례이다.

그래서 4분의 3지분을 매수 후 나머지 4분의 1지분까지 취득해야만 추후 재개발사업이 진행되면 조합원분양권까지 기대할 수 있다.

이 주택은 임차인이 거주하는 것이 아니라 4분의 1을 상속 받은 이OO가 거주하고 있어서 인수할 권리는 없다. 그리고 4분의 3만 매수해도 현재 거주 중인 4분의 1지분권자를 민법 제265조에 따른 관리행위로 주택인도를 청구할 수 있고, 새로운 임차인을 입주시키는 임대차 계약도 가능하다.

따라서 주변 개업공인중개사 등을 통해서 주택 시세를 확인해보니, 전체지분

48.21㎡(18평형)이 2억원 정도였고, 계속적으로 오를 것으로 예측하고 있었다. 그래서 4분의 3을 환산해보니 1억5,000만원(2억원×¾)이라 다음과 같이 91,609,900원으로 입찰했다.

◆ 박○○가 7대 1의 경쟁률을 뚫고 중원빌라를 낙찰 받았다!

상세입찰결과

물건관리번호	2019-00000-001		
재산구분	압류재산(캠코)	담당부점	서울동부지역본부
물건명	경기도 성남시 중원구 은행동 0000 제3층 제000호		
공고번호	202002-06158-00	회차 / 차수	018 / 001
처분방식	매각	입찰방식/경쟁방식	최고가방식 / 일반경쟁
입찰기간	2020-05-18 10:00 ~ 2020-05-20 17:00	총액/단가	총액
개찰시작일시	2020-05-21 11:01	집행완료일시	2020-05-21 11:11
입찰자수	유효 7명 / 무효 0명(인터넷)		
입찰금액	91,609,900원/ 85,800,000원/ 85,411,000원/ 80,888,880원/ 78,780,000원/ 78,685,680원/ 77,600,000원		
개찰결과	낙찰	낙찰금액	91,609,900원
감정가 (최초 최저입찰가)	109,000,000원	최저입찰가	76,300,000원
낙찰가율 (감정가 대비)	84.05%	낙찰가율 (최저입찰가 대비)	120.07%

대금납부 및 배분기일 정보

대금납부기한	2020-06-24	납부여부	미납

　박○○가 중원빌라 4분의 3을 낙찰 받고 필자와 함께 명도하러 주택을 방문했는데, 연로하신 분만 계셔서 연락처만 남기고 돌아왔다. 다음날 점유자로부터 전화가 왔다. 본인이 나머지 4분의 1 지분권자 이○○로 점유하고 있다. 본인 이외에 임차인이 없다고도 했다. 그래서 필자 사무실이 있는 강남역으로 방문해주길 부탁 드렸고, 흔쾌히 방문하겠다고 해서 만났다. 이 자리에서 본인의 4분의 1지분을 3,300만원에 팔겠다고 해서 다음과 같이 매매계약서를 작성하고 계약금으로 500

만원을 지급했다. 그리고 주택인도일 또는 7월 24일 중 빠른 날을 기준으로 수택인도와 동시이행으로 잔금을 지급하기로 계약서를 작성했다.

◈ 이○○의 4분의 1지분 매수 당시 작성했던 계약서

다세대주택 매매 계약서

매도인과 매수인 쌍방은 아래 표시 부동산에 관하여 다음과 같이 매매계약을 체결한다.

1. 부동산의 표시

소재지	경기도 성남시 중원구 은행동 0000 제3층 제000호					
토 지	지 목	대	대지권	소유권의 대지권	면 적	3,773㎡(총 76.2㎡ 중 15.09㎡의 4분의 1 지분)
건 물	구 조	철근콘크리트조	용 도	다세대주택	면 적	12.053㎡(총 48.21㎡ 중 4분의 1 지분)

2. 계약내용

제1조 [목적] 위 부동산의 매매에 있어 매도인과 매수인은 매매대금을 다음과 같이 지불키로 한다.

매매대금	금	삼천삼백만 원정(₩33,000,000)		
계약금	금	오백만 원정은 계약시 지불하고 영수함.	영수자 ○○○	(인)
중도금	금	〈없음〉 원정은 2020년 06월 05일에 지급한다.		
융자금	금	〈없음〉 원정은 승계하지 않고 말소하고, 그 내용은 특약사항란에 명기한다.		
임차보증금	금	〈없음〉 원정은 승계하고 그 내용은 특약사항란에 별도 명기한다.		
잔 금	금	이천팔백만 원정은 2020년 07월 24일에 지급한다.		

제2조 [소유권이전등] 매도인은 매매대금의 잔금을 수령함과 동시에 매수인에게 소유권이전등기에 필요한 모든 서류를 교부하고 등기절차에 협력하며, 위 부동산에 대하여 2020년 07월 24일 인도하기로 한다.

제3조에서 제9조 부동문자로 된 계약내용은 지면상 생략함.

3. 특약 사항 – 계약당사자간에 합의한 내용을 다음과 같이 특약으로 기재한다.

① 본 계약은 매수인이 매매대상 주택을 현장답사해서 이상이 없음을 직접 확인하고 현 시설상태로 매수하는 계약이다.

② 본 계약은 성남시 중원구 은행동 2008 제3층 중원빌라 제301호 전용면적 48.21㎡ 중 4분의 1 지분인 12.053㎡와 대지지분 3,773㎡(총 76.2㎡ 중 15.09㎡의 4분의 1 지분)을 매매하는 계약이다.

③ 매매대금 잔금일은 주택명도 즉시 또는 2020년 07월 24일 중 빠른 날이다. 이는 매도인이 위 주택

을 매도하고 매수인에게 인도를 원활하게 하고자 하는 조건으로 둘 중 빠른 날이 잔금일이다. 왜냐하면 위 주택 4분의 3지분(매매 계약에서 제외된 부분)을 매수인이 공매절차로 매수하고 그나머지 4분의 1지분을 매수하는 것으로 그 절차에서 매도인 가족분이 1,500만원 배분 받고, 주택을 인도하는 조건으로 매매 계약하는 계약이기 때문이다.

④ 위 기간까지 주택 전체를 인도하지 못할 시에는 위약금으로 2,000만원을 지급하기로 한다.

⑤ 주택인도 시기까지 제세공과금을 정산해서 매수인에게 중원빌라 301호 전체를 매수인에게 인도하기로 한다.

위 계약조건을 확실히 하고 훗일에 증하기 위하여 본 계약서를 작성하고 각 1통씩 보관한다.
2020년 06월 08일

매도인	주 소	경기도 성남시 중원구 은행로81번길 0-0, 000호 (은행동, 중원빌라)					
	주민등록번호	520903-0000000	전 화	010-0000-0000	성 명	이○○ (인)
	대리인	주민등록번호		전 화		성 명	
매수인	주 소	경기도 양주시 ○○38번길 00, 2층 0000호 (○○동)					
	주민등록번호	280211-0000000	전 화	010-0000-0000	성 명	박○○ (인)
	대리인	주민등록번호		전 화		성 명	

 이렇게 지분공매로 4분의 3을 낙찰 받고, 나머지 4분의 1을 매수함과 동시에 주택을 인도 받아서 재임대하는 방법으로 장기보유하다가 재개발사업이 진행되면, 조합원분양권을 받을 수가 있어서 높은 수익을 기대할 수 있는 물건이었다.

Part 09

공유자 또는 임차인이 점유하고 있는 명도대상과 인도명령 신청서 작성법

01 종전 공유자였던 채무자가 점유하고 있는 경우

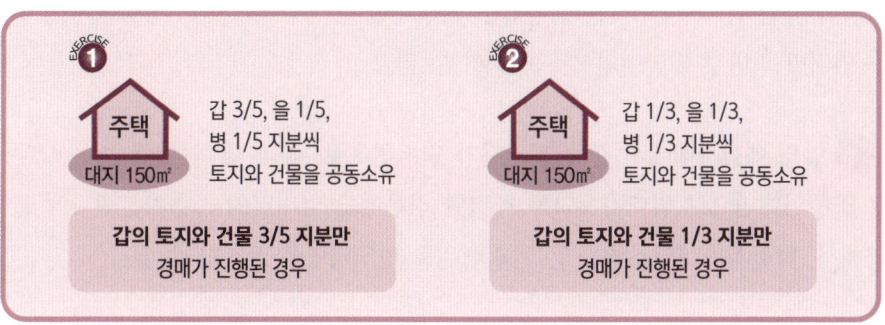

◆ **공유물의 지분경매절차에서 종전 공유자였던 채무자가 점유하고 있는 경우**

공유물의 점유 사용이 공유자인 지위에 기한 것이면 채무자는 경매로 그 지위를 상실하고 매수인이 그 지위를 승계하게 되므로 예1)의 지분경매물건의 매수인(3/5지분권자)은 과반수 이상의 지분권자로 보존행위 여부와 상관없이 관리행위로서 인도명령 신청이 가능하고(필자의 보충 의견: 관리행위와 보존행위 모두 가능), 예2)의 지분경매물건의 매수인(1/3지분권자)은 보존행위로서만 채무자를 상대로 인도명령 신청이 가능하다.

다만 다른 공유지분권자의 지분비율에 대해서는 부당이득을 보게 되는 것이므로 채무자와 특약이 있었던 경우에는 그 특약을 승계하면 되고, 특약이 없었던 경우에는 새로이 협의하여 주택을 사용·수익하지 않는 다른 공유자의 지분비율에 해당하는 부당이득에 대한 주택사용료(임료)를 지급해야 된다.

◆ **채무자가 점유하고 있는 경우에도 그 공유물의 임차권(용익권)에 의한 점유인 경우**

종전 공유자였던 채무자가 점유하고 있는 경우에도 그 공유물 사용·수익이 공유자의 지위로 점유하는 것이 아니라 그 목적물에 대한 임차권(용익권) 등에 의한 점유인 경우에는 채무자가 아닌 다른 공유자가 점유하고 있는 경우와 같이 처리하면 된다. 즉 매수지분이 과반수 이상이면 관리행위로 인도 명령을 청구할 수 있지만 과반수 미만이면 인도청구할 수 없다.

❶ 앞의 예1)사례에서 갑 지분권자가 임차인으로, 을과 병 중 일부 또는 모두를 공동임대인으로 임대차계약을 체결한 경우에도 임대인이 소수지분권자에 불과해서, 낙찰자(3/5지분권자)는 관리행위로 인도명령을 신청할 수 있다.

❷ 앞의 예2)사례에서 갑 지분권자가 임차인으로, 을과 병을 공동임대인으로 임대차계약을 체결한 경우 갑 지분을 상실해도 을과 병 지분의 임차권으로 대항력이 있어서 인도명령대상이 아니다(여기서 낙찰자에 대한 대항력은 과반수 지분권자와 계약한 임차권으로 사용·수익권만 인정되고, 을과 병 공동임대인과 같이 보증금 반환채권까지 인정되지 않는다).

그러나 병 동의 없이 을 3분의 1지분권자와 임대차 계약한 경우에는 계약서 작성 당시에는 자기지분을 포함해 과반수 이상으로 적법한 관리행위를 하였지만 경매로 매수지분을 상실하면 과반수 지분에 미치지 못한 을 3분의 1 지분권자와 계약한 임차권만 남아 있어서 대항력이 없다.

그래서 매수인이 소수지분권자라해도 보존행위로 인도명령을 신청할 수 있다.

02 채무자가 아닌 다른 공유자가 점유하고 있는 경우

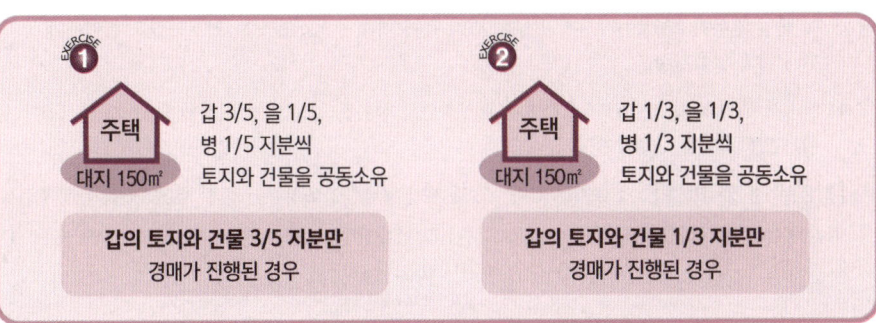

◆ 매수인이 취득한 공유지분이 과반수 이상이면 인도청구가 가능하다!

예1)에서 매수인이 취득한 공유지분이 과반수 이상이면 보존행위 여부와 상관없이 관리행위로서 인도명령 신청이 가능하고, 인도명령신청서 작성방법은 다음과 같다. 그리고 인지대 계산방법과 송달료방법 그리고 제출방법은 "건물매수 후 인도명령신청 및 건물명도청구소송"편을 참고하면 된다.

부동산 인도명령 신청서

사건번호 2019타경○○○○호
신청인(매수인) ○○○   ○○시 ○○구 ○○동 ○○(전화번호)
피신청인(점유자) ○○○   ○○시 ○○구 ○○동 ○○(전화번호)

신 청 취 지

○○지방법원 2021타경○○○○호 부동산강제경매사건에 관하여 피신청인은 신청인에게 별지목록 기재 부동산을 인도하라 라는 재판을 구합니다.

신 청 이 유

1. 신청인은 ○○지방법원 2021타경○○○○호 부동산강제경매사건의 경매절차에서 별지목록 기재 부동산을 과반수(3분의 2지분) 이상의 지분을 매수한 자로서 2022년 ○○월 ○○일에 매각대금을 전부 납부하여 소유권을 취득하였습니다.

2. 신청인은 위 경매절차에서 과반수 이상(3분의 2)의 지분을 매수한 자로서 민법 제265조의 공유물의 관리행위(아래 판례 및 법률 참조)를 적법하게 할 수 있는 자로서 소수지분에 기해 불법 점유하고 있는 피신청인에게 별지 목록 기재 부동산인도를 청구하였으나 이에 응하지 않고 있습니다.

3. 따라서 귀원 소속 집행관으로 하여금 피신청인의 점유를 풀고 이를 신청인에게 인도하도록 하는 인도명령을 신청합니다.

[참조판례 및 법률]: 공유지분 과반수 소유자의 공유물인도청구는 민법 제265조의 규정에 따라 공유물의 관리를 위하여 구하는 것으로서 그 상대방인 타 공유자는 민법 제263조의 공유물의 사용·수익권으로 이를 거부할 수 없다(대법 81다653).

첨 부 서 류

1. 부동산등기사항전부증명서   1부   2. 부동산 목록   1부
3. 낙찰대금 완납증명원   1부   4. 송달료납부서   1부

2022. ○○. ○○.

매수인(또는 채권자) ○ ○ ○

전화번호

○○○○지방법원 귀중

인도명령신청서 작성시 유의사항

1. 낙찰인은 대금완납 후 6개월 내에 채무자, 소유자 또는 부동산 점유자에 대하여 부동산을 매수인에게 인도할 것을 법원에 신청할 수 있다.
2. 신청서에는 1,000원의 인지를 붙이고 1통을 집행법원에 제출하며 인도명령정본 송달료(2회분)를 납부해야 한다.
   따라서 당사자의 수가 3명이면 송달료는 (3명X5,200원)×2회분 = 31,200원으로 총 비용은 32,200원이 소요된다.

◆ 매수인이 취득한 공유지분이 과반수 미만이면 인도청구가 불가하다!

앞의 예2)에서 과반수 미만이면 관리행위로서 인도명령을 신청할 수 없다.

이는 토지나 건물의 지분을 소유하고 있는 공유자는 다른 공유자와 협의 없이는 배타적으로 사용·수익할 수 없지만, 과반수 이상의 지분을 소유하거나 동의를 얻은 자는 관리행위로서 임대차계약을 체결하거나 계약의 해지 또는 인도명령 신청 등이 가능하다(자세한 내용은 36~41쪽과 99~105쪽 참조).

◆ 매수지분을 과반수 미만으로 점유하면 인도청구가 가능할까?

매수지분이 과반수 미만이고, 공유물을 점유하고 있는 다른 공유자 역시 과반수 미만인 경우, 과거 대법원 판례에서는 보존행위로 인도명령 신청을 할 수 있었지만, 최근 대법원 판례(대법원 2018다287522 판결)의 변경으로 소수지분권자는 보존행위로 인도명령신청이 불가하고, 민법 제214조에 의한 방해배제 청구권 행사만 가능하다. 그러나 유의할 점은 과반수 미만과 계약을 체결한 임차인이라면 매수인이 소수지분권자라해도 보존행위로서 인도명령을 신청할 수 있다(이 내용은 36~41쪽과 99~105쪽을 참고하면 된다).

1/2 지분권자가 점유하고 있는 경우 다른 1/2 지분권자가 인도청구할 수 있는지

공유물의 소수지분권자가 다른 공유자와 협의 없이 공유물의 전부 또는 일부를 독점적으로 점유·사용하고 있는 경우, 다른 소수지분권자가 공유물의 보존행위로서 공유물의 인도를 청구할 수 있는지 여부(소극) 및 자신의 지분권에 기초하여 공유물에 대한 방해 상태를 제거하거나 공동 점유를 방해하는 행위의 금지 등을 청구할 수 있는지 여부(적극) – [대법원 2020. 5. 21. 선고 2018다287522 전원합의체 판결]

03 남편 1/2과 부인 1/2로 공동소유 지분 중 부인지분만 경매된 경우

부부 등의 공동소유(부부나 형제 등이 1/2씩 소유하고 공동으로 점유하고 있는 경우)로 부인 또는 남편 2분의 1지분경매물건을 낙찰 받아 잔금을 납부했을 경우 채무자와 다른 지분권자에 대한 인도청구는 어떻게 처리하면 될까?

인도명령의 상대방은 채무자, 소유자(물상보증인), 제3점유자로 매수인에게 대항력이 없는 임차인 등의 당사자 뿐만 아니라 그의 가족구성원 모두가 포함되므로 채무자가 인도명령신청대상인 것만은 분명하다.

◆ 부부가 공동소유 주택에서 부인 1/2 지분만 경매된 경우 부인만의 인도청구

채무자는 인도명령 신청대상으로 인도명령 결정문이 날 수 있으나 실무에서는 강제집행의 실효성 문제로 기각하는 경우도 있으나 법의 논리대로만 본다면 인도명령 신청 또는 명도청구 소송의 대상이 됨은 틀림 없는 사실이다. 실제로 인도명령 결정문이 발급된 경매사건을 분석해 보자!

(1) 경매사건 내역

2011타경 00000		• 서울서부지방법원 본원		• 매각기일 : 2012.08.08(水) (10:00)		• 경매 2계(전화:02-3217-1322)		
소재지	서울특별시 은평구 갈현동 582-31, 현대유니빌 2층 000 도로명 주소검색							
물건종별	다세대(빌라)	감정가	100,000,000원	기일입찰	【입찰진행내용】			
대지권	12.595m²(3.81평)	최저가	(64%) 64,000,000원	구분	입찰기일	최저매각가격	결과
				1차	2012-05-30	100,000,000원	유찰
건물면적	30.08m²(9.099평)	보증금	(10%) 6,400,000원	2차	2012-07-04	80,000,000원	유찰
				3차	2012-09-08	64,000,000원	
매각물건	토지 및 건물 지분매각	소유자	이소민	낙찰 : 68,800,000원 (68.8%) 입찰 1명, 낙찰 : 수색동 매각결정기일 : 2012. 08. 14-매각허가결정 대금지급기한 : 2012. 09. 18 대금납부 2012. 09.03 / 배당기일 2012. 10.17				
사건접수	2011-12-01	채무자	이소민					
사건명	강제경매	채권자	삼성카드(주)					

• 등기부현황 （채권액합계 : 70,321,189원）

NO	접수	권리종류	권리자	채권금액	비고	소멸여부
1	2002. 10. 25	소유권이전(매매)	김철민, 이소민		각1/2지분 씩	
2	2002. 10. 25	근저당	국민은행(불광동지점)	58,500,000원	채무자 김철민	소멸
3	2010. 01. 19	이소민 지분 가압류	신한카드(주)	4,340,156원		소멸
4	2011. 01. 19	이소민 지분 가압류	대한생명보험(주)	7,481,033원		소멸
5	2011. 12. 02	이소민 지분 강제경매	삼성카드㈜	청구금액 : 8,939,946원		소멸

(2) 채무자만 인도명령을 신청한 인도명령 결정문

서울서부지방법원

결 정

사 건 2012타기1256 부동산인도명령
신 청 인 박 수 철
　　　　　서울시 은평구 ○○동 ○○번지
　　　　　송달장소 서울시 서초구 ○○동 ○○번지
피신청인 이 소 민
　　　　　서울시 은평구 갈현동 502-31, 현대유니빌 2층 ○○○호

주 문

피신청인은 신청인에게 별지 목록 기재부동산을 인도하라.

이 유

서울서부지방법원 2011타경○○○○ 부동산강제경매에 관하여 신청인의 인도명령 신청이 이유 있다고 인정되므로 주문과 같이 결정한다.

2012. 9. 7.

판사 민 ○ ○

그러나 채무자만을 상대로 인도명령 및 건물인도소송을 신청하여 집행권원을 득한 후 강제집행을 한다 하더라도 실질적으로는 건물명도가 불가능한 것이 현실이다. 그 이유는 아파트 1/2 지분의 채무자만을 상대로 점유부분을 특정하여 강제집행하기가 사실상 불가능하기 때문이다.

그리고 나머지 2분의 1지분권자의 제3자 이의의 소와 강제집행정지 신청이 예상되므로 실무상 강제집행 절차로 이어지는 것은 불가능하다고 보면 된다.

그렇다면 어떻게 하면 될까?

◆ 부부 공동주택에서 채무자와 다른 지분권자를 동시에 인도명령 신청한 경우

채무자뿐만 아니라, 다른 지분권자 역시 소수지분에 의해서 점유하게 되므로 낙찰자는 보존행위로 인도명령을 신청할 수 있다.

그러나 이러한 경우 실무에서는 간혹 인도명령이 받아들여지지 않는 경우가 있는데 그 이유는 인도명령 성격상 그 대상과 인도부분이 분명하고 다툼이 발생하지 않는 경우에 한하여 인도명령 결정을 내리기 때문이다.

앞에서와 같은 법리는 타당성이 있어서 건물인도(명도)청구 소송에서 그 법리를 바탕으로 건물 사용배제를 청구할 수 있고, 이 경우에는 집행권원을 얻어서 채무자와 다른 2분의 1 지분권자 모두를 상대로 강제 집행을 하면 될 것이다.

그러나 강제집행을 하더라도 상대방이 또다시 소수지분권자를 이유로 건물인도청구 소송을 하게 되는 상황이 되풀이 될 수 있어서 인도명령 또는 건물인도청구 소송은 채무자 또는 다른 지분권자에게 압박의 수단으로 이용되는 것이지 본질적인 문제의 해결책은 되지 못한다. <u>이런 문제점 때문에 다음 "꼭 알고 있어야 할 대법원 판례" 처럼 변경된 것이다.</u>

그래서 다음 단계로 부당이득을 청구하는 방법과 공유물분할 청구 소송을 통해서 실질적인 이득을 얻게 되는 절차가 기다리게 된다.

꼭 알고 있어야 할 대법원 판례

1/2 지분권자가 다른 1/2 지분권자에 대한 공유물 인도청구 가능 여부 판단

① 앞의 내용은 대법원 판례가 변경되기 전의 경매사건으로, 소수지분권자라해도 다른 소수지분권자가 민법 제265조를 위반해서 점유하는 경우 인도명령신청이 가능했었다[대법원 2002다57935 판결, 대법원 80다1280 판결]. 그러나 다음과 같이 대법원 판례가 변경되어 인도명령 신청이 채무자만 가능하고 다른 지분권자는 불가하다는 사실을 알고 있어야 한다.

② 대법원 2020. 5. 21. 선고 2018다287522 전원합의체 판결
공유물의 소수지분권자가 다른 공유자와 협의 없이 공유물의 전부 또는 일부를 독점적으로 점유·사용하고 있는 경우, 다른 소수지분권자가 공유물의 보존행위로서 공유물의 인도를 청구할 수 있는지 여부(소극) 및 자신의 지분권에 기초하여 공유물에 대한 방해 상태를 제거하거나 공동 점유를 방해하는 행위의 금지 등을 청구할 수 있는지 여부(적극)

04 임차인이 점유하고 있는 경우, 명도는 어떻게?

◈ **매수지분이 과반수 이상이면 임차인의 명도는?**

주택
대지 150㎡

갑 3/5, 을 1/5, 병 1/5 지분씩
토지와 건물을 공동소유

갑의 토지와 건물 3/5 지분만 경매가 진행된 경우

EXERCISE ❶ 근저당 → 임차인(보증금 5억원) → 임의경매 → 정 낙찰자

EXERCISE ❷ 임차인(보증금 5억원) → 근저당 → 임의경매 → 정 낙찰자

(1) 매수지분이 과반수 이상이고 임차인이 대항력이 없는 경우

매수인(= 낙찰자)의 지분이 과반수 이상이고 주택에 점유하고 있는 자가 매수인에게 대항력이 없는 경우(말소기준권리 이후에 대항요건을 갖춘 경우로 ①)의 사례이다)

공유자가 공유물을 타인에게 임대하는 행위 및 그 임대차계약을 해지하는 행위는 공유물의 관리행위에 해당하므로 민법 제265조 본문에 의하여 공유자의 지분의 과반수로써 결정하여야 한다. 상가건물임대차보호법이 적용되는 상가건물의 공유자인 임대인이 같은 법 제10조 제4항에 의하여 임차인에게 갱신 거절의 통지를 하는 행위는 실질적으로 임대차계약의 해지와 같이 공유물의 임대차를 종료시키는 것이므로 공유물의 관리행위에 해당하여 공유자의 지분의 과반수로써 결정하여야 한다(대법 2010다37905).

임대차계약의 해지 행위도 공유물의 관리행위로 공유자 지분의 과반수로 결정되기 때문에 인도명령을 청구할 수 있다.

상기 예제 1)의 갑의 5분 3 지분경매 절차에서 선순위 근저당권 이후에 대항요건을 갖춘 대항력 없는 임차인, 또는 Part 17의 1번 사례(507쪽~515쪽)로 하남시 아파트 3분의 2 지분경매로 매각될 때 가압류 이후에 대항요건을 갖춘 임차인은 대항력이 없어서 인도대상이라는 판결(대법원 2014라273 부동산인도명령)이 **Part 17의 1번 사례에** 기술되어 있으니 참고바란다. 이 사례는 필자가 만든 대법원 판례이다.

이 경우 매수인은 인도명령을 통한 강제집행절차에 의해 주택을 인도받고, 임차인은 미회수 임차보증금에 대해서 채권불가분성에 따라 보증금채권 전액을 나머지 공유지분권자(공동임대인)에 대해서 반환청구할 수 있고, 지급하지 않는 경우 임차보증금 지급명령 신청 또는 임차보증금 반환청구 소송을 통해서 경매신청을 하게 되는데 그 경매 절차에서 매수인이 공유자우선매수 신청을 하면 전체 공유지분을 낮은 가격으로 매수할 수 있다. 다음 부동산 인도명령 신청서는 Part 17의 1번 사례(507쪽~515쪽)로 작성한 것이다.

부동산 인도명령 신청서

사건번호 2019타경○○○○호
신청인(매수인) ○○○
　　　　○○시 ○○구 ○○동 ○○(전화번호)
피 신청인(임차인) ○○○
　　　　○○시 ○○구 ○○동 ○○(전화번호)

신 청 취 지

○○지방법원 2019타경○○○○호 부동산 임의경매사건에 관하여 피신청인은 신청인에게 별지목록 기재 부동산을 인도하라 라는 재판을 구합니다.

신 청 이 유

1. 신청인은 ○○지방법원 2019타경○○○○호 부동산강제경매사건의 경매절차에서 별지목록 기재 부동산을 과반수(3분의 2지분) 이상의 지분을 매수한 자로서 2019년 ○○월 ○○일에 매각대금을 전부 납부하여 소유권을 취득하였습니다.

2. 피신청인이 신청인에게 별지목록 부동산을 인도해야 하는 증거
    가. 임차인이 대항요건을 갖추고 나서 대항력이 발생한 이상 소유자가 변경되면 그 새로운 소유자에게 종전 임대차가 그대로 승계된다는 사실은 틀림없는 사실입니다(주택임대차보호법 제3조).
    나. 그러나 이 사건과 같이 대항력이 없는 임차인 즉 임차인보다 선순위로 등기된 ○○○ 근저당권(2017.10.20. 채권최고액 7,500만원)있는 상태에서 후순위로 대항요건을 갖춘 임차권은 선순위 근저당권 등의 처분권의 행사로 인하여 후순위 임차권이 소멸하게 됩니다(민사집행법 제91조 3항 지상권·지역권·전세권 및 등기된 임차권은 저당권·압류채권·가압류채권에 대항할 수 없는 경우에는 매각으로 소멸된다).
    다. 위와 같이 경매로 3분의 2지분이 매각되고, 그 지분에서 임차권이 소멸되면 더 이상 임차권은 새로이 취득한 신청인에게 대항할 수 없고, 이러한 경우 애당초 나머지 지분권자 즉 경매되지 않은 3분의 1 지분권자와 계약하고 대항요건을 갖춘 임차권에 불과하게 되어 과반수 이상의 지분을 취득한 매수인은 다음 2와 같이 건물인도를 구할 수 있다고 사료됩니다.

3. 신청인은 위 경매절차에서 과반수 이상(3분의 2)의 지분을 매수한 자로서 민법 제265조의 공유물의 관리행위(아래 판례 및 법률 참조)를 적법하게 할 수 있는 자로서 불법 점유하고 있는 피신청인(대항력 없는 임차인○○○)에게 별지 목록 기재 부동산인도를 청구하였으나 이에 응하지 않고 있습니다.

4. 따라서 귀원 소속 집행관으로 하여금 피신청인의 점유를 풀고 이를 신청인에게 인도하도록 하는 인도명령을 신청합니다.

[참조판례 및 법률]
1. 공유자가 공유물을 타인에게 임대하는 행위 및 그 임대차계약을 해지하는 행위는 공유물의 관리행위에 해당하므로 민법 제265조 본문에 의하여 공유자의 지분의 과반수로써 결정하여야 한다(대법 2010다37905).
2. 공유지분 과반수 소유자의 공유물인도청구는 민법 제265조의 규정에 따라 공유물의 관리를 위하여 구하는 것으로서 그 상대방인 타 공유자는 민법 제 263조의 공유물의 사용·수익권으로 이를 거부할 수 없다(대법 81다653).
3. 대법원 2014라273 부동산인도명령(1심 인도명령결정 사건번호 2013타기2459 부동산인도명령 항고심 결정 사건번호)에서 과반수 이상(61.58%)의 지분을 매수해서 민법 제265 조에 따라 관리행위로 대항력 없는 임차인(말소기준권리인 가압류등기 이후에 임대차계약 후 대항요건을 갖추었기 때문에 가압류의 처분금지 효력이 미치는 한도 내에서는 임대차계약이 무효가 되기 때문)에 대해 인도명령을 신청할 수 있다고 판단했다.

첨부서류

1. 부동산등기사항전부증명서·····················1부
2. 부동산목록······································1부
3. 낙찰대금 완납증명원···························1부
4. 송달료납부서··································1부

2019.○○.○○.

매수인(또는 채권자) ○ ○ ○ ㊞

전화번호

○○지방법원 귀중

(2) 매수지분이 과반수 이상이고 임차인이 대항력이 있는 경우

1) 매수지분이 과반수 이상이고 임차인이 대항력을 주장하는 경우

매수지분이 과반수 이상인(321쪽 예제2) 경우에도 매수인에게 대항력이 있는 임차인이 배당요구하지 않고 대항력을 주장하면 매수인은 임차인의 권리를 인수해야 한다. 이때 인수되는 임차인의 권리는 채권불가분성에 따라 보증금 5억

원 전액을 인수하게 된다. 그러나 5억원의 인수 범위를 채무자와 물상보증인의 담보책임으로 좀더 세부적으로 나누어 본다면 다음과 같다.

① 매수인 지분비율만큼(3억원=5억원×5분의 3지분)은 채무자(=임대인)로 인수하고, 나머지 다른 지분권자들의 지분만큼은 물상보증인의 담보책임으로 ② 을 5분의 1에 대한 물상보증인의 담보책임으로 1억원을 인수하고, ③ 병 5분의 1에 대한 물상보증인의 담보책임으로 1억원을 인수하게 된다. 그래서 다른 지분권자가 다른 채무가 없어서 자신의 지분비율만큼 인수 책임을 충분하게 질 수 있다면, 매수자는 입찰할 때 을 1억원과 병 1억원에 대한 물상보증인의 담보책임이 없으므로 자신의 임대인 책임 비율인 3억원만 인수한다고 분석하고 투자하면 된다. 그러나 대항력 있는 임차인으로부터 주택을 인도받기 위해서는 자신의 지분비율만큼 인수해서 인도를 청구할 수 있는 것이 아니라 전체 임차보증금을 지급해야만 주택인도를 청구할 수 있다.

이는 공동임대인이 임차인에 대하여 부담하는 임차보증금 반환의무는 불가분의 관계에 있기 때문이다(대법 67다328)(민법 제409조 불가분채권).

다만 매수인은 자기지분을 벗어나는 임차보증금에 대해서 나머지 다른 공유자에게 직접 구상권을 청구하거나 민법 제481조, 482조에 따른 물상보증인의 변제자 대위를 통해서 청구하면 된다.

2) 매수지분이 과반수 이상이고 임차인이 배당요구를 한 경우

배당절차에서 임차보증금 전체를 우선받게 되는데 미배당금이 발생하면 이미 배당받은 금액을 제외한 금액이 채무자(=임대인)로 인수하는 금액이다.

김선생 Tip 1

지분경매 매수인과 다른 지분권자가 인수하는 임차보증금 계산 방법

앞의 321쪽 예제 2) 사례와 같이 대항력 있는 임차인이 갑 5분의 3 지분경매 절차에서 보증금 5억원으로 배당요구해서 2억원을 배당 받았다면, 나머지 금액 3억원을 인수해야 하는데, 이때 인수 방법은 ① 채무자(=임대인)로 인수하는 금액이 1억원이고, ② 을 5분의 1에 대한 물상보증인의 담보책임으로 1억원을 인수하고, ③ 병 5분의 1에 대한 물상보증인의 담보책임으로 1억원을 인수하게 된다.

그러나 임차인이 4억원을 배당 받았다면 나머지 금액 1억원을 인수해야 하는데, 이때 인수 방법은 채무자(=임대인)로 인수하는 금액은 없고, 을 5분의 1에 대한 물상보증인의 담보책임으로 5,000만원을 인수하고, 병 5분의 1에 대한 물상보증인의 담보책임으로 5,000만원을 인수하게 된다. 유의할 점은 을과 병이 각각 5,000만원씩 부당이득을 보게 되는데, 이 금액은 지분경매 절차에서 채무자 갑이 을과 병을 대신해서 변제한 것으로, 을과 병에게 직접 구상권을 청구하거나 민법 제481조, 482조에 따른 물상보증인의 변제자 대위를 통해서 청구하면 된다.

◆ **매수지분이 과반수 미만이면 임차인의 명도는 어떻게 하나?**

(1) 매수지분이 과반수 미만이고 임차인이 과반수 이상과 계약을 체결한 경우

주택
대지 150㎡
갑 1/3, 을 1/3, 병 1/3 지분씩 토지와 건물을 공동소유

갑의 토지와 건물 1/3 지분만 경매가 진행되어 정이 낙찰받은 경우

매수지분이 과반수 미만이고, 임차인이 과반수 이상의 지분과 임대차계약을 체결한 경우 동의하지 않은 다른 공유자에게도 그 효력을 주장할 수 있어서 매수지분에 대해서 대항력이 있든 없든(말소기준보다 선순위든 후순위든) 간에 인도명령을 청구할 수 없다.

1) 임차인이 지분경매에서 매수인에게 대항력이 있는 경우

임차보증금을 인수하게 되는데 이때 인수범위는 매수지분 비율에 따라 결정된다. 이때 인수방법은 매수인 지분비율만큼은 채무자(=임대인)로 인수하고, 나머지 다른 지분권자들의 지분만큼은 물상보증인의 담보책임으로 인수하게 된다[326쪽 〈김선생 Tip 1〉 - 지분경매 매수인과 다른 지분권자가 인수하는 임차보증금 계산 방법 참조]. 그래서 다른 지분권자가 다른 채무가 없어서 자신의 지분비율만큼 인수책임을 충분하게 질 수 있다면, 매수자는 입찰할 때 매수인의 책임비율만큼만 인수한다고 분석하고 투자하면 된다.

선순위임차인이 배당요구해서 미배당금이 발생한 경우에도 매수한 지분비율만큼 인수해야 되는 것일까?

아니다. 보증금 전액에서 매수지분 비율에 해당하는 금액만 인수하고, 나머지 금액은 다른 지분권자가 책임을 지게된다.

김선생 Tip 2

공유물의 임차보증금을 지분경매 매수인과 다른 지분권자가 인수하는 방법 알아 두기

01 갑, 을, 병 공동임대인의 임차보증금이 3억원으로 대항력을 주장하는 경우 갑 지분경매 매수인이 채권불가불성에 따라 3억원을 인수하는 것이 원칙이지만, 매수인이 채무자로(=임대인으로) 인수하는 금액은 1억원이고, 을과 병의 물상보증인의 담보책임은 각 1억원씩 총 2억원이다. 그런데 을과 병이 자신의 지분비율에 따른 책임을 충분하게 질 수 있다면 매수인은 1억원만 책임지면 된다.

02 임차인이 배당요구해서 9,000만원을 배당 받았다면 채무자로 인수할 금액은 1,000만원이다. 이번에는 초과해서 배당 받은 경우 즉 2억원을 배당 받았다면 매수인이 채무자로 인수할 금액은 없고, 나머지 1억원은 을이 5,000만원, 병이 5,000만원을 인수하게 된다. 그러면 을과 병은 각 5,000만원씩 부당이득을 보게 된다. 이 부당이득금은 갑 지분경매절차에서 채무자인 갑이 물상보증인으로 대위변제한 것으로, 직접 을과 병에게 구상권을 청구하거나 민법 제481조, 482조에 따른 물상보증인의 변제자대위(임차인들의 보증금 반환채권을 법정대위하는 방법)를 청구하면 될 것이다.

2) 임차인이 매수인에게 대항력이 없는 경우에도 인도청구가 불가한 경우

임차인이 매수인에게 대항력이 없는 경우 매수지분에 대해서 소멸되는데, 위 사례와 같이 매수지분이 과반수 미만(갑 3분의 1지분)이고, 매각되지 아니한 다른 지분이 과반수 이상(을 1/3과 병 1/3의 공동임대인 또는 을 1/3을 임대인으로 하는 임대차에 병 1/3이 동의만 한 경우)이라면 인도명령을 청구할 수 없다.

임차인이 배당요구를 하지 않은 경우는 물론, 배당요구한 경우에도 미배당금은 매수인의 인수대상은 아니지만 다른 공유자들이 채권불가분성에 따라 임차보증금 전액을 부담하게 된다.

임차인이 대항력이 없어서 매수인은 매수 이후 매수지분 비율에 해당하는 부당이득금을 청구할 수 있는데, 부당이득금은 매수지분에 대해서 임차인에게 청구할 수 있다고 본다. 그런데 지분경매 절차에서 갑 채무자와 계약하지 않고, 을 3분의 1과 병 3분의 1을 공동임대인으로 계약했다면 부당이득반환 청구는 을과 병에게 청구하면 된다.

3) 임차인이 매수인에게 대항력이 없어서 인도청구가 가능한 경우

① 매수지분이 2분의 1지분(과반수 미만)이고 이 지분에 대해서 대항력이 없는 임차인은 매수지분에 대해서 임차인의 권리가 소멸되고 다른 지분권자(2분의 1지분)에 대해서만 임차인의 권리가 존속하게 되는데 다른 지분권자 역시 과반수에 도달하지 못하게 되므로 낙찰자는 관리행위에 의한 인도명령 신청이 불가하다. 다만 보존행위로서 임차인에게 인도명령을 신청할 수 있다. 과반수 미만과 계약을 체결한 임차인이라면 매수인이 소수지분권자라해도 보존행위로서 인도명령을 신청할 수 있다(이 내용은 36~41쪽과 99~105쪽을 참고하면 된다).

즉 2분의 1 지분에 등기된 채권에 의해서 경매처분되기 전 또는 일반매매로 거래 시에는 전체지분에 대해서 주임법상 대항력과 우선변제권이 있지만 경매처분 이후부터는 경매된 지분에 대해서 임차인의 권리가 소멸되므로 처음부터 다른 지분권자(경매된 지분 이외의 2분의 1)와 임대차계약을 체결한 것과 같아서 적법한 관리행위에 해당되지 못하여 훗날 다른 지분의 경매절차에서 주임법상 대항력과 확정일자부 우선변제의 권리를 주장할 수 없고 일반채권자의 지위에 놓이게 된다는 점에 유의해야 한다.

② 위 사례에서 매수지분이 갑의 3분의 1지분(과반수 미만)이고 이 지분에 대해서 대항력이 없는 임차인은 매수지분에 대해서 임차인의 권리가 소멸되고 다른 지분권자(임차인이 갑 1/3과 을 1/3을 공동 임대인으로 계약한 경우 또는 갑 1/3과 병 1/3을 공동 임대인으로 계약한 경우)에 대해서만 임차인의 권리가 존속하게 되는데, 다른 지분권자 역시 과반수에 도달하지 못하게 되므로(을 1/3지분 또는 병 1/3지분에만 임차권이 남아 있어서), 낙찰자는 관리행위에 의한 인도청구는 불가하지만 보존행위로서 임차인에게 인도명령을 신청할 수 있다.

물론 이 경우도 매각되지 아니한 다른 지분이 과반수 이상(을 1/3과 병 1/3의 공동임대인 또는 을 1/3을 임대인으로 하는 임대차에 병 1/3이 동의만 한 경우)이라면 인도명령을 청구할 수 없다.

③ 이러한 논리적 근거는 다음과 같다.

<u>소수지분권자가 사용·수익(=점유)하는 경우</u> 과거 판례에서는 소수지분권자가 보존행위로 인도명령을 신청할 수 있었지만, 대법원 2020. 5. 21. 선고 2018다287522 전원합의체 판결 이후 현재는 인도명령 신청은 불가하고, 민법 제214조에 따른 방해배제 청구권만 행사할 수 있게 되었다.

<u>여기서 유의할 점은 소수지분권자와 계약한 임차인</u>은 지분권자가 점유하는 것과 달리 기존 판례대로 변경 없이 다른 소수지분권자가 보존행위로 인도명령을 신청할 수 있다는 점이다.

즉 지분경매에서 과반수 지분에 미치지 못하는 소수지분권자와 계약을 체결한 임차인은 민법 제265조에 따른 적법한 관리행위에 해당되지 못하여 주임법 또는 상임법으로 보호 받을 수가 없어서 지분공매 절차에서 대항력과 우선변제권이 없다.

그래서 매수인은 물론이고, 다른 공유자기 소수지분권지리헤도 보존행위로 인도명령 또는 명도 소송을 진행할 수 있다(자세한 내용은 36~41쪽과 99~105쪽 참조).

㉮ 대법원2020. 5. 21. 선고2018다287522 전원합의체 판결
공유물의 소수지분권자가 다른 공유자와 협의 없이 공유물의 전부 또는 일부를 독점적으로 점유·사용하고 있는 경우, 다른 소수지분권자가 공유물의 보존행위로서 공유물의 인도를 청구할 수 있는지 여부(소극) 및 자신의 지분권에 기초하여 공유물에 대한 방해 상태를 제거하거나 공동 점유를 방해하는 행위의 금지 등을 청구할 수 있는지 여부(적극)

㉯ 대법원1962. 4. 4. 선고62다1 판결
과반수공유자의 결의 없이 한 임대차계약은 무효이므로 결의에 참가하지 아니한 공유자의 보존행위로서의 명도청구는 적법하다.

㉰ 소수지분권자의 임대행위로 다른 공유자에게 반환해야 될 부당이득 공유지분 과반수의 동의 없이 이루어진 것으로서 무효이므로~, 위 계약이 무효라는 점을 들어 임차인에게 건물명도를 구함을 별론으로 하더라도~(생략) (대법 91다23639).

㉱ 대법원 1994. 3. 22. 선고 93다9392,93다9408 전원합의체 판결
제3자가 정당한 권원 없이 공유물을 점유하고 있는 경우, 소수지분권자도 공유물의 보존행위로서 단독으로 공유물 전부의 인도를 청구할 수 있다.

경매의 핵심체크 포인트

매수지분이 과반수 미만인 경우도 임차인을 인도명령을 신청할 수 있는지

임차인이 매수인에게 대항력이 없는 경우에도 매수지분이 과반수 미만인 경우는 인도청구가 불가하고, 공유물의 임대차는 과반수 이상의 지분권자와 임대차계약서를 작성한 경우만 적법한 관리행위로 다른 지분권자에 대하여 대항력을 가지게 되지만, 앞의 사례 3)번에서와 같이 매각지분에 대항력이 없어서 2분의 1지분에서 임차권이 소멸하게 되면 애당초 2분의 1지분권자만을 상대로 임대차계약서를 작성한 것과 같은 효력이 발생하여 매수인은 인도명령을 신청할 수 있다.

인도명령의 상대방은 채무자, 소유자(물상보증인), 제3점유자로 매수인에게 대항력이 없는 임차인 등의 당사자뿐만 아니라 그의 가족구성원 모두가 포함되므로 대항력 없는 임차인은 물론이고 과반수 미만의 지분권자와 임대차계약을 한 임차인도 그 대상이 된다.

그러나 이러한 경우 실무에서는 심문을 하게 되는데 심문절차에서 다툼이 발생하거나 다툼이 발생할 것이라는 판단을 하게 되면 판사는 인도명령신청을 기각하게 된다. 그 이유는 인도명령 성격상 그 대상과 인도부분이 분명하고 다툼이 발생하지 않는 경우에 한하여 인도명령을 발하게 되기 때문이다. 임차인은 최초 계약 당시 적법한 관리행위를 하였다가 2분의 1지분에서 선순위 채권으로 임차권이 소멸되었기 때문에 다툼의 발생 여지가 있기 때문이다. 그렇다고 하더라도 앞의 ③번과 같은 논리는 타당성이 있어서 건물인도청구소송에서 그 논리를 바탕으로 건물사용배제를 청구할 수 있고 이 경우 집행권원을 얻어서 임차인을 상대로 강제집행을 할 수 있을 것이다.

그러나 대부분의 경우 임차인에 대해서 명도를 무기로 압박을 가해서 다른 지분권자에게 부당이득을 청구하거나 매수지분을 양도 또는 다른 지분을 매수하는 전략으로 가게 되고 그 방향이 뜻대로 이루어지지 않게 된다면 그 이후의 선택지는 임차인을 명도 또는 임차인이 전세보증금반환청구소송, 매수지분에 기한 공유물분할청구소송으로 분할하는 절차가 진행되므로 임차인을 명도하는 것은 초기전략으로 임차인을 압박해서 지분소유에서 탈출하기 위한 전략으로 이해하면 될 것이다.

(2) 매수지분이 과반수 미만이고 임차인이 과반수 미만과 계약을 체결한 경우

2분의 1 지분권자 또는 3분의 1지분권자와 임대차계약을 체결한 임차인(과반수 미만의 지분권자와의 임대차계약)은 주임법상 대항력이 없어서 그 임대차를 가지고 동의하지 않은 다른 지분권자에 대항할 수 없으므로, 소수지분권자라해도 보존행위로 인도명령을 신청할 수 있고, 지분경매 절차에서 임차인은 그 임대차계약서만 가지고 배당요구도 할 수 없다.

여기서 배당요구는 두 가지 관점에서 살펴보아야 될 것이다.

첫 번째로 전체지분이 매각되는 경우에는 임차인이 임대인(채무자) 지분에 별도 채권가압류를 하지 않는 한 배당요구가 불가하고, 가압류한 경우도 그 지분에서만 일반채권자와 동순위가 되지만, 과반수 지분권자와 계약한 임차인과 같은 우선변제권은 없다.

두 번째로 임대인이 아닌 다른 지분매각 절차에서는 배당요구 자체가 불가하다. 이는 과반수 미만의 임대차의 효력은 계약당사자에게만 미치고 다른 지분에 효력을 미치지 못하는 일반채권자에 불과하기 때문에 주임법 또는 상임법상의 대항력과 우선변제권이 발생되지 못하기 때문이다. 이러한 임대차에서 매수인이 전체지분을 매수한 경우, 임대인 지분만 매수한 경우, 다른 지분만 매수한 경우 모두 대항력이 인정되지 못하여 매수인은 인도명령을 신청할 수 있다.

소 장

원고 김○○
　　　○○시 ○○구 ○○○로 100, 105동 805호(○○동, ○○아파트)
피고 박○○
　　　○○시 ○○구 ○○○로 200, 101동 1004호(○○동, ○○아파트)

건물명도 등 청구의 소

청 구 취 지

피고들은 원고에게 별지 목록 기재 건물을 명도하고, 2017년 12월 22일부터 명도완료 시까지 공동하여 월 1,000,000원의 비율에 의한 차임을 지급하라.
소송비용은 피고들의 부담으로 한다.
위 제1항은 가집행할 수 있다 라는 판결을 구합니다.

청 구 원 인

1. 당사자 관계
　가. 원고는 별지목록1 기재 부동산의 2분의 1을 전 공유자 소외 박○○ 지분이 인천 남동구청에 부담하는 지방세 압류에 따른 한국자산관리공사(관리번호 2017-0000-001호)의 압류공매절차에서 낙찰 받아 2017년 12월 22일 매각대금을 납부하여, 별첨 부동산 등

기사항전부증명서(갑제1호증)와 같이 소유권을 취득한 자이고, 그로인해 건물소유현황 ~~은 별지목록과 같습니다.~~

나. 피고들은 원고 소유 위 부동산을 법률상 권원 없이 무단점유하고 있는 자들입니다.

2. 피신청인이 신청인에게 별지목록 부동산을 인도해야 하는 증거

가. 임차인이 대항요건을 갖추고 나서 대항력이 발생한 이상 소유자가 변경되면 그 새로운 소유자에게 종전 임대차가 그대로 승계된다는 사실은 틀림없는 사실입니다(주택임대차보호법 제3조).

나. 그러나 이 사건과 같이 대항력이 없는 임차인 즉 임차인보다 선순위로 등기된 ○○○ 근저당권(2017.10.20. 채권최고액 7,500만원)있는 상태에서 후순위로 대항요건을 갖춘 임차권은 선순위 근저당권 등의 처분권의 행사로 인하여 후순위 임차권이 소멸하게 됩니다(국세징수법 기본통칙 79-77···1 영 제77조에서 "매각에 수반하여 소멸되는 권리"에는 다음의 것이 있으며, 이들 권리는 매수인이 매수대금을 납부한 때에 소멸하는 것으로 한다. 1. 매각재산상에 설정된 저당권 등의 담보물권, 2. 전호의 소멸하는 담보권 등에 대항할 수 없는 용익물권, 등기된 임차권, 3. 기타 압류에 대항할 수 없는 권리).

다. 위와 같이 공매로 2분의 1지분이 매각되고, 그 지분에서 임차권이 소멸되면 더 이상 임차권은 새로이 취득한 신청인에게 대항할 수 없고, 이러한 경우 애당초 나머지 지분권자 즉 공매되지 않은 2분의 1 지분권자와 계약하고 대항요건을 갖춘 임차권에 불과하게 되어 매수인에게 대항력이 없습니다.

3. 원고는 위 공매절차에서 2분의 1지분을 매수한 자라고 해도 민법 제265조에 따른 관리행위로 명도를 구할 수는 없지만, 피고가 소수지분권자로 불법점유하고 있기 때문에 보존행위로 명도를 구할 수 있다는 사실을 다음 판례를 근거로 주장하는 바입니다.

가. 2분의 1 지분권자의 다른 2분의 1 지분권자에 대한 공유물인도청구(=적극) 물건을 공유자 양인이 각 1/2 지분씩 균분하여 공유하고 있는 경우 1/2 지분권자로서는 다른 1/2 지분권자와의 협의 없이는 이를 배타적으로 독점 사용할 수 없고, 나머지 지분권자는 공유물보존행위로서 그 배타적 사용의 배제, 즉 그 지상 건물의 철거와 토지의 인도 등 점유배제를 구할 권리가 있다(대법 2002다57935).

나. 소수지분권자 (3분의 1)의 다른 소수지분권자(3분의 1)에 대한 공유물인도청구(=적극) 공유물의 소수지분권자가 다른 공유자와의 협의 없이 자신의 지분 범위를 초과하여 공유물의 전부 또는 일부를 배타적으로 점유하고 있는 경우 다른 소수지분권자가 공유물의 보존행위로서 공유물의 인도나 명도를 청구할 수 있다(대법 93다9392판결).

다. 공유물의 2분지 1지분권자라 할지라도 나머지 2분지 1지분권자와의 협의 없이는 이를 배타적으로 독점 사용할 수 없으며 나머지 지분권자는 공유물 보존행위로서 그 배타적 사용의 배제를 구할 수 있다할 것이므로 같은 취지에서 원고에게 이 건 건물의 명도를 명한 원심의 조치는 정당하고 이 건 건물 신축 당시 원고가 소외 강해주로부터 이 건 건물을 인도받았다는 사실만으로 피고가 원고에게 이 건 건물에 대한 배타적, 독점적

사용수익권을 인정한 것이라고 볼 수 없으므로 논지는 이유 없다(대법80다1280판결).
라. 대법원 2014라273 부동산인도명령(항고심 결정 사건변호)
　　이 사건은 과반수 이상(61.58%)의 지분을 매수해서 민법 제265조에 따라 관리행위로 대항력 없는 임차인(말소기준권리인 가압류등기 이후에 임대차계약 후 대항요건을 갖추었기 때문에 가압류의 처분금지 효력이 미치는 한도 내에서는 임대차계약이 무효가 되기 때문)에 대해 인도명령을 신청할 수 있다.

4. 원고의 피고들에 대한 임료상당 부당이득금 월 1,000,000원 청구

가. 한편 피고는 원고가 위 공매대금을 납부하여 소유권을 취득한 시점부터 이 사건 부동산(건물 OOOm^2)에 대한 원고 2분의 1지분을 부당이득하고 있다고 봄이 상당하므로,
나. 별첨 공매 내역서(갑제2호증)와 같이 이 사건 2분의 1 부동산의 감정평가금액이 00,000,000원이므로 그 부당이득의 액수는 대강만 잡아도 연 12,000,000원(00,000,000원×0.07)이므로 후일 임료상당액의 감정을 통해 특정하겠지만 우선적으로 매월 1,000,000원 이상이라 할 것입니다.

5. 결론

따라서 원고는 피고에게 청구취지와 같은 판결을 구하기 위하여 부득이 이 건 청구에 이른 것입니다.

입증 및 첨부 서류

1. 부동산 등기사항전부증명서(갑제1호증) ································· 1부
2. 공매 입찰정보 내역서(갑제2호증) ····································· 1부
3. 공매대금 완납증명 영수증(갑제3호증) ·································· 1부
4. 건물감정평가표(갑제4호증) ··· 1부
5. 토지대장 ·· 1부
6. 건축물관리대장 ·· 1부
7. 부동산 목록: 별지목록1(명도대상 건물내역)과 별지목록2(명도할 건물 지분현황) ··· 각 1부
8. 소장 부본 ·· 1부

2018. 01. 15.

위 원고 김 ○ ○

인천지방법원 귀중

05 임대차 계약에서 임대인과 동의한 사람, 동의하지 않은 사람 간의 책임

질문

안녕하세요, 선생님…
다가구주택에서 다음과 같이 계약했다면 대항력과 우선변제권, 그리고 경매신청권에 대해서 어떻게 되는 지 궁금합니다.

> A: 1/3   B: 1/3   C: 1/3 씩 주택을 공동으로 소유한 경우
> (A는 임대인) (B는 임대차에 동의) (C는 임대차에 동의 안함)

위 공동소유주택에 선순위 임차인이 있는 경우,
사례 1. 대항력 : A B C ⇨ 모두에게 있고…
사례 2. 우선변제권 : A B C ⇨ A, B는 당연히 있고, 동의 안 한 C지분권자에게도 있습니다.
사례 3. 경매신청권 : A B C ⇨ A, B지분권자는 판결 받고, C지분권자에게는 전세보증금 반환을 청구할 수 없다.(임대인이 아니기에)

여기서 1번과 3번은 이해합니다. 2번에서 C지분권자는 동의도 안 했지만. 소수지분권자 이기에 보존행위만 할 수 있겠죠? 근데 C지분이 경매가 됐을 경우, 선순위 임차인은 배당요구 할 수 있다고 하셨는데요~
제 생각에는 C지분권자는 동의는 안 했지만, 선순위임차인이 C지분권자에게도 대항력이 있기 때문에 선순위보증금은 불가분채권이기에 C지분이 경매 나왔을 경우도 배당요구를 할 수 있다고 이해를 하면 될까요?
그리고 지분권자는 A, B지분권자의 보증금 일부를 대신 갚아줬기 때문에, C지분권자는 B, C지분권자에게 어떤 책임을 물으면 될까요?
(물상보증인은 아니지만, 물상보증인 성격으로…물상보증인변제자 대위로 판단해야 될까요?)

A 답변

필자의 사건은 사례 1에서 선순위 임차인의 대항력은 A, B, C 모두에게 있는데, 차이점은 대항력에서 A와 B는 보증금 반환채권까지 책임(A는 채무자, B는 물상보증인)이 있지만, C지분권자에게는 사용·수익권(=점유)만 인정되고, 보증금 반환채권에 대한 의무는 없습니다.

사례 2에서 선순위 임차인이 대항력을 포기하고 계약해지 의사를 밝히면서 우선변제권(최우선변제권과 확정일자부 우선변제권)으로 배당요구하면 A와 B지분의 경매에서 모두 우선변제를 받을 수 있는 것도 다툼이 없을 것입니다.

그러나 동의하지 않은 C지분 경매에서도 배당요구해서 우선해서 변제 받을 수 있는 우선변제권을 인정할 수 있을까요? 대항력은 과반수로 계약했기 때문에 소수지분권자가 사용·수익을 배제할 수는 없지만, 그렇다고 우선변제권까지 인정하기에는 법리적으로 맞지 않습니다. 실무에서는 동의하지 않은 지분경매에서도 임차인에게 배당을 하고 있고, C가 경매절차 밖에서 민법 제481조, 482조에 의한 물상보증인의 변제자 대위행사를 하고 있습니다. 이러한 사실은 법원이 동의하지 않은 사실을 정확하게 알 수 없고, 다툼이 발생할 수도 있기 때문일 것입니다. 그러나 다른 채권자가 임차인이 배당 받은 것에 대해서 배당이의 소송을 진행하게 되면 배당배제의 판결이 나올 것이라는 것이 필자의 사견입니다.

이러한 근거는 민법 제265조에 따라 과반수 지분권자가 관리행위로 임대차 계약을 체결하면 계약하지 않은 소수지분권자에게도 대항력이 인정되어 명도를 구할 수는 없고, 과반수 지분권자에게 부당이득만을 청구할 수 있기 때문입니다. 이렇게 과반수와 계약한 임차인은 소수지분권자에 대해서 대항력을 주장할 수 있지만, 과반수가 행한 계약에 대해서 전세보증금 반환채권까지 책임을 져야 하는 것은 아니기 때문입니다(법리적으로 배당요구가 불가하다고 판단해야 합니다). 결론적으로 C 지분의 경매절차에서 임차인이 배당요구할 수 있는 우선변제권은 없습니다.

사례 3에서 임차인이 전세금을 반환 받지 못해서 경매를 신청하는 경우에 먼저 법원에 지급명령을 신청하거나 전세보증금반환청구 소송을 진행해서 그 결정문 등(집행권원)으로 경매를 신청하게 됩니다. 그런데 그 소송과정에서 채무자(A)나 물상보증인(B)이 아닌 즉 동의하지 않은 C가 이의를 제기하게 되고 그에 따라 임차인의 청구가 C지분에서 기각되고, A와 B에 대해서만 경매를 신청하게 되므로 또다시 지분경매가 진행되는 것을 실무에서 찾아 볼 수 있습니다.

Part 10

공유물 관리와 보존행위에 따른 법률과 대법원 판례 핵심 정리

01 공유물 관리에 관한 법률과 대법원 판례 핵심 요약 정리

◆ 공유물의 관리와 각 공유자의 권리행사 방법

공유자는 그 지분을 자유로이 처분할 수 있고 공유물 전부를 자기지분의 비율로 사용·수익할 수 있다(민법263조).

① 공유자는 각자의 지분을 자유롭게 처분할 수 있지만, 공유물 전부의 처분이나 변경하는 행위는 다른 공유자 전원의 동의가 있어야 한다.

② 모든 공유자는 공유물 전부를 지분의 비율로 사용·수익할 수 있다(민법 제263조). 이는 공유물 관리에 관하여 공유자들 사이에 합의나 과반수 지분에 의한 결정(민법 제265조 본문)이 없는 경우에도 마찬가지이다. 민법 제263조는 이러한 사용·수익권이 소유권인 공유지분권의 내용을 구성하되, 1개의 소유권이 여러 공유자에게 나뉘어 귀속됨에 따라 소유권을 행사하는 데 일정한 제약이 따른다는 것을 뜻한다. 따라서 소수지분권자인 피고가 공유물을 독점적으로 점유하여 사용·수익하고 있더라도, 공유자 아닌 제3자가 공유물을 무단으로 점유하는 것과는 다르다. 피고가 다른 공유자를 배제하고 단독 소유자인 것처럼 공유물을 독점하는 것은 위법하지만, 피고는 적어도 자신의 지분 범위에서는 공유물 전부를 점유하여 사용·수익할 권한이 있으므로 피고의 점유는 그 지분비율을 초과하는 한도에서만 위법하다고 봐야 한다.

따라서 피고가 공유물을 독점적으로 점유하는 위법한 상태를 시정한다는 명목으로 원고의 인도청구를 허용한다면, 피고의 점유를 전면적으로 배제함으로써 위에서 본 바와 같이 피고가 적법하게 보유하는 '지분비율에 따른 사용·수익권'까지 근거 없이 박탈하는 부당한 결과를 가져온다고 판결했다(대법원 2020. 5. 21. 선고 2018다287522 전원합의체 판결).

◈ 공유물의 관리행위와 그 요건

공유물에서 과반수 지분 이상이면 민법 제265조에 따른 관리행위로 사용·수익(=점유)과 계약해지, 경매절차에서 인도명령을 신청할 수 있다[대법원 2016다245562 판결, 대법원 2010다37905 판결]. 과반수 미만으로는 즉 소수지분권자는 관리행위를 할 수 없고, 단지 보존행위만 할 수 있다[대법원 62다1 판결, 2012다43324 판결].

(1) 대법원 2019. 5. 30. 선고 2016다245562 판결

① 공유자 사이에 공유물을 사용·수익할 구체적인 방법을 정하는 것이 공유자의 지분의 과반수로 결정하여야 하는 공유물의 관리에 관한 사항인지 여부(적극) 및 과반수 지분의 공유자가 공유물의 특정 부분을 배타적으로 사용·수익하기로 정하는 것이 공유물의 관리방법으로서 적법한지 여부(적극)

② 공유자가 공유물을 타인에게 임대하는 행위 및 그 임대차계약을 해지하는 행위가 공유자의 지분의 과반수로 결정하여야 하는 공유물의 관리행위에 해당하는지 여부(적극)

(2) 대법원 2002. 5. 14. 선고 2002다9738 판결

① 과반수 지분의 공유자로부터 사용·수익을 허락 받은 점유자에 대하여 소수 지분의 공유자가 점유배제를 구할 수 있는지 여부(소극)

② 과반수 지분의 공유자로부터 공유물의 특정 부분의 사용·수익을 허락받은 점유자는 소수지분권자에 대하여 그 점유로 인하여 법률상 원인 없이 이득을 얻고 있다고 볼 수 있는지 여부(소극)

02 공유물의 처분, 변경과 보존행위에 따른 명도와 방해배제 청구

| 갑 1/3 지분소유 | 을 1/3 지분소유 | 병 1/3 지분소유 |

◆ **공유물에서 처분과 변경행위에 관한 핵심요약정리**

공유물의 처분, 변경은 다른 공유자의 동의 없이 처분하거나 변경할 수 없다(민법 264조).

공유자는 각자의 지분을 자유롭게 처분할 수 있지만, 공유물 전부의 처분이나 변경하는 행위는 다른 공유자 전원의 동의가 있어야 한다.

왜냐하면 공유자 1인이 공유물을 마음대로 처분하거나 변경하게 된다면 다른 공유자의 권리를 침해하게 되는 것이기 때문이다.

처분·변경 행위는 다음과 같은 의미로 해석하면 된다.

① 처분행위는 공유물을 양도하거나 물권을 설정하는 행위를 말한다. 공유자 1인이 공유물 전부를 처분한 경우 자기지분에 대해서는 유효하지만 다른 공유지분에 대해서는 타인의 물건을 처분한 것이 되어 무효가 된다.

② 변경행위는 공유물에 대한 사실상의 물리적인 변화를 가져오는 것을 말한다. 이때 다른 공유자는 그 변경행위에 대해서 금지를 요구할 수 있다.

이렇게 처분과 변경하는 행위를 하는 경우 소수지분권자라도 보존행위로 그 행위를 금지할 것을 요구할 수 있다.

◆ 공유물의 보존행위에 관한 대법원 판결

공유물은 과반수 이상이면 민법 제265조에 따른 관리행위로 사용·수익(=점유)과 계약해지, 인도명령을 신청 등을 할 수 있다. 과반수 미만인 경우에는 관리행위를 할 수 없다. 이렇게 관리행위는 계약을 체결하는 것에 끝나지 않고, 계약을 해지하거나 계약갱신을 거절하는 경우 역시 과반수 이상이어야만 권리를 행사할 수 있다.

따라서 소수지분권자는 관리행위를 할 수 없고, 보존행위만 할 수 있다.

소수지분권자가 사용·수익(=점유)하는 경우 과거 판례에서는 소수지분권자가 보존행위로 인도명령을 신청할 수 있었지만, 다음과 같이 판례의 변경 등으로서 현재는 인도명령 신청은 불가하고, 민법 제214조에 따른 방해배제 청구권만 행사할 수 있다. 여기서 유의할 점은 소수지분권자와 계약한 임차인은 지분권자가 점유하는 것과 달리 기존 판례대로 변경 없이 다른 소수지분권자가 보존행위로 인도명령을 신청할 수 있다는 점이다.

(1) 대법원 2020. 5. 21. 선고 2018다287522 전원합의체 판결

공유물의 소수지분권자가 다른 공유자와 협의 없이 공유물의 전부 또는 일부를 독점적으로 점유·사용하고 있는 경우, 다른 소수지분권자가 공유물의 보존행위로서 공유물의 인도를 청구할 수 있는지 여부(소극) 및 자신의 지분권에 기초하여 공유물에 대한 방해 상태를 제거하거나 공동 점유를 방해하는 행위의 금지 등을 청구할 수 있는지 여부(적극)

(2) 대법원 2020. 9. 7. 선고 2017다204810과 대법원 2020. 10. 15. 선고 2019다245822 판결

공유물의 소수지분권자가 다른 공유자와 협의 없이 공유물의 전부 또는 일부를 독점적으로 점유·사용하고 있는 경우, 다른 소수지분권자가 공유물의 보존행위로서 공유물의 인도를 청구할 수 있는지 여부(소극) 및 자신의 지분권에 기초하여 공유물에 대한 방해 상태를 제거하거나 공동 점유를 방해하는 행위의 금지 등을 청구할 수 있는지 여부(적극)

(3) 대법원 1962. 4. 4. 선고 62다1 판결

과반수공유자의 결의 없이 한 임대차계약은 무효이므로 결의에 참가하지 아니한 공유자의 보존행위로서의 명도청구는 적법하다.

(4) 대법원 1994. 3. 22. 선고 93다9392, 93다9408 전원합의체 판결

제3자가 정당한 권원 없이 공유물을 점유하고 있는 경우, 소수지분권자도 공유물의 보존행위로서 단독으로 공유물 전부의 인도를 청구할 수 있다.

(5) 대법원 2014. 5. 16. 선고 2012다43324 판결

제3자가 공유물의 사용을 방해하는 경우, 각 공유지분권자(소수 지분권자라도 상관 없음)는 보존행위를 단독으로 할 수 있다는 법리에 의해, 해당 지분에 기해 단독으로 제3자를 상대로 공유물의 반환으로서 토지인도 및 방해배제로서 건물철거 등을 청구할 수 있다.

◈ 공유물의 본질적 변화는 다수지분권자의 관리행위에 해당되지 않는다!

(1) 대법원 2001. 11. 27. 선고 2000다33638, 33645 판결

공유자 사이에 공유물을 사용·수익할 구체적인 방법을 정하는 것은 공유물의 관리에 관한 사항으로서 공유자 지분의 과반수로써 결정하여야 할 것이고, 과반수의 지분을 가진 공유자는 다른 공유자와 사이에 미리 공유물의 관리방법에 관한 협의가 없었다 하더라도 공유물의 관리에 관한 사항을 단독으로 결정할 수 있으므로, 과반수의 지분을 가진 공유자가 그 공유물의 특정 부분을 배타적으로 사용·수익하기로 정하는 것은 공유물의 관리방법으로서 적법하며, 다만 그 사용·수익의 내용이 공유물의 기존의 모습에 본질적 변화를 일으켜 '관리' 아닌 '처분'이나 '변경'의 정도에 이르는 것이어서는 안 될 것이고, 예컨대 다수지분권자라 하여 나대지에 새로이 건물을 건축한다든지 하는 것은 '관리'의 범위를 넘는 것이 될 것이다.

(2) 대법원 1993. 4. 13. 선고 92다55756 판결

토지공유자의 한 사람이 다른 공유자의 지분 과반수의 동의를 얻어 건물을 건축한 후 토지와 건물의 소유자가 달라진 경우 토지에 관하여 관습법상의 법정지상권이 성립되는 것으로 보게 되면 이는 토지공유자의 1인으로 하여금 자신의 지분을 제외한 다른 공유자의 지분에 대하여서까지 지상권설정의 처분행위를 허용하는 셈이 되어 부당하다.

(3) 대법원 2022. 6. 30. 선고 2021다276256 판결

건물 소유자가 건물의 소유를 통하여 타인 소유의 토지를 점유하고 있다고 하더라도 토지 소유자로서는 건물의 철거와 대지 부분의 인도를 청구할 수 있을 뿐, 자기 소유의 건물을 점유하고 있는 사람에 대하여 건물에서 퇴거할 것을 청구할 수 없다.

그 이유는 토지 소유자는 토지 소유권에 기한 방해배제청구권의 행사로써 그 지상 건물의 철거와 해당 토지의 인도를 구할 수 있을 뿐이고 건물의 점유 자체를 회복하거나 건물에 관한 공유자의 사용관계를 정할 권한이 없다. 토지 소유자로 하여금 그 지상 건물 공유자를 상대로 퇴거 청구를 할 수 있도록 허용한다면 토지 소유자가 건물의 점유 자체를 회복하도록 하거나 해당 건물에 관한 공유자의 사용관계를 임의로 정하게 하는 결과를 가져오게 된다.

(4) 대법원 2014. 9. 4. 선고 2011다73038,73045 판결

토지공유자 한사람이 다른 공유자 지분 과반수의 동의를 얻어 건물을 건축한 후 토지와 건물의 소유자가 달라진 경우, 관습법상의 법정지상권이 성립하는지 여부(소극) / 이러한 법리는 민법 제366조의 법정지상권의 경우 및 토지와 건물 모두가 각각 공유에 속한 때 토지에 관한 공유자 일부의 지분만을 목적으로 근저당권이 설정되었다가 경매로 그 지분을 제3자가 취득하게 된 경우에도 마찬가지인지 여부(적극)

위 대법원 판례에서 알수 있듯이 관리행위를 넘는경우, 즉 공유물의 처분이나 공유물을 변경하는 행위에 대해서는 과반수 지분권자의 관리행위를 초과하는 것으로 소수지분권자가 보존행위로 그 지상의 건물 등에 대해 철거 및 토지인도를 청구할 수 있다.

03 다수지분권자의 다른 소수지분권자에 대한 공유물 인도청구(= 적극)

| 갑 3/5 지분소유 | 을 1/5 지분소유 | 병 1/5 지분소유 |

◆ **다수지분권자의 소수지분권자에 대한 인도청구와 부당이득의 범위**

부동산에 관하여 과반수 공유지분을 가진 자(갑 3/5 지분)는 공유자 사이에 공유물의 관리방법에 관하여 협의가 미리 없었다 하더라도 공유물의 관리에 관한 사항을 단독으로 결정할 수 있으므로 공유토지에 관하여 과반수 지분권을 가진 자가 그 공유토지의 특정된 한 부분을 배타적으로 사용·수익할 것을 정하는 것은 공유물의 관리방법으로서 적법하다.

비록 그 특정된 한 부분이 자기의 지분비율에 상당하는 면적의 범위 내라 할지라도 다른 공유자들 중 지분은 있으나 사용·수익은 전혀 하고 있지 아니함으로써 손해를 입고 있는 자에 대하여는 과반수 지분권자를 포함한 모든 사용·수익을 하고 있는 공유자는 그자의 지분에 상응하는 부당이득을 하고 있다고 보아야 할 것인바 이는 보는 공유자는 공유물 전부를 지분의 비율로 사용·수익할 수 있기 때문이다(대법 88다카33855).

◈ 공유지분 과반수 소유자의 공유물인도청구

공유지분 과반수 소유자의 공유물인도청구는 민법 제265조의 규정에 따라 공유물의 관리를 위하여 구하는 것으로서 그 상대방인 타 공유자는 민법 제263조의 공유물의 사용·수익권으로 이를 거부할 수 없다(대법 81다653).

◈ 대법원 2021. 7. 8. 선고 2018다286642 판결

공유자 사이에 공유물을 사용·수익할 구체적인 방법을 정하는 것이 공유자의 지분의 과반수로 결정하여야 하는 공유물의 관리에 관한 사항인지 여부(적극) 및 과반수 지분의 공유자가 공유물의 특정 부분을 배타적으로 사용·수익하기로 정하는 것이 공유물의 관리방법으로서 적법한지 여부(적극) / 과반수 지분의 공유자가 공유물에 지분은 있으나 사용·수익하지 않고 있는 다른 공유자들에 대하여 그 자의 지분에 상응하는 임료 상당의 부당이득을 하고 있는지 여부(적극)

04 소수지분권자의 다른 소수지분권자에 대한 공유물 인도청구(= 적극)

소수지분권자 갑(1/3)이 점유하고 있는 경우 다른 소수지분권자 을(1/3)이 보존행위로서 인도청구를 할 수 있을까?

| 갑 1/3 지분소유 | 을 1/3 지분소유 | 병 1/3 지분소유 |

지분을 소유하고 있는 공유자나 그 지분에 관한 소유권이전등기청구권을 가지고 있는 자라고 할지라도 다른 공유자와의 협의 없이는 공유물을 배타적으로 점유하여 사용·수익할 수 없는 것이므로, 다른 공유권자는 자신이 소유하고 있는 지분이 과반수에 미달되더라도 공유물을 점유하고 있는 자에 대하여 공유물의 보존행위로서 공유물의 인도나 명도를 청구할 수 있다(대법 93다9392, 93다9408).

이렇게 과반수 지분권자가 아닌 소수지분권자(2분의 1지분권자 역시 과반수에 미치지 못해 소수지분권자와 같음)인 경우라면 과거 대법원 판례에서는 보존행위로 인도명령 신청을 할 수 있었지만, 다음 대법원 판례의 변경으로 소수지분권자는 보존행위로 인도명령신청이 불가하고, 민법 제214조에 의한 방해배제청구권 행사만 가능하다. 그렇지만 과반수 미만과 계약을 체결한 임차인이라면 매수인이 소수지분권자라해도 보존행위로서 인도명령을 신청할 수 있다(이 내용은 36~41쪽과 99~105쪽을 참고하면 된다).

(1) 대법원 2020. 5. 21. 선고 2018다287522 전원합의체 판결

공유물의 소수지분권자가 다른 공유자와 협의 없이 공유물의 전부 또는 일부를 독점적으로 점유·사용하고 있는 경우, 다른 소수지분권자가 공유물의 보존행위로서 공유물의 인도를 청구할 수 있는지 여부(소극) 및 자신의 지분권에 기초하여 공유물에 대한 방해 상태를 제거하거나 공동 점유를 방해하는 행위의 금지 등을 청구할 수 있는지 여부(적극)

(2) 대법원 2020. 9. 7. 선고 2017다204810과 대법원 2020. 10. 15. 선고 2019다245822 판결

공유물의 소수지분권자가 다른 공유자와 협의 없이 공유물의 전부 또는 일부를 독점적으로 점유·사용하고 있는 경우, 다른 소수지분권자가 공유물의 보존행위로서 공유물의 인도를 청구할 수 있는지 여부(소극) 및 자신의 지분권에 기초하여 공유물에 대한 방해 상태를 제거하거나 공동 점유를 방해하는 행위의 금지 등을 청구할 수 있는지 여부(적극)

05 1/2 지분권자의 다른 1/2 지분권자에 대한 공유물 인도청구(= 적극)

| 갑 1/2 지분소유 | 을 1/2 지분소유 |

    물건을 공유자 양인이 각 1/2 지분씩 균분하여 공유하고 있는 경우 1/2 지분권자로서는 다른 1/2 지분권자와의 협의 없이는 이를 배타적으로 독점 사용할 수 없고, 나머지 지분권자는 공유물 보존행위로서 그 배타적 사용의 배제, 즉 그 지상 건물의 철거와 토지의 인도 등 점유배제를 구할 권리가 있다(대법 2002다57935).

    한편 점유배제신청인 역시 공유물의 지분권자가 공유물의 보존행위로서 공유물의 일부를 독점적, 배타적으로 점유 사용하던 자를 배제하고 확정판결의 집행을 통하여 그 부분을 인도받았다고 하더라도 그러한 사실만으로 위 지분권자에게 이에 대한 독점적, 배타적 사용·수익권이 인정되는 것은 아니다(대법 92마290).

    2인 공유 가옥에 대하여 그 1인이 상대 공유자와의 결의 없이 한 임대차계약의 효력 과반수공유자의 결의 없이 한 임대차계약은 무효이므로 결의에 참가하지 아니한 공유자의 보존행위로서의 명도청구는 적법하다(대법 62다1).

    이렇게 과거 대법원 판례에서는 보존행위로 인도명령 신청을 할 수 있었지만, 앞의 04번 대법원 2020. 5. 21. 선고 2018다287522 전원합의체 판결의 변경으로 소수지분권자는 보존행위로 인도명령신청이 불가하고, 민법 제214조에 의한 방해배제 청구권 행사만 가능하다(이 내용은 앞의 04번과 36~41쪽과

99~105쪽을 참고하면 된다).

~~당시만 유의할 점은 과반수 미만과 계약을 체결한~~ 임차인이라면 앞의 대법원 62다1 판결처럼 매수인이 소수지분권자라해도 보존행위로서 인도명령을 신청할 수 있다.

06 과반수 지분권자와 계약한 임차인을 소수지분권자가 인도청구(= 소극)

(1) 과반수 지분공유자 갑(2/3) 과 체결한 임차인을 소수지분 공유자 을(1/3)이 공유물 인도청구를 할 수 없다.

갑 2/3 지분소유	을 1/3 지분소유

과반수 지분의 공유자(갑 2/3지분)가 그 공유물의 특정 부분을 배타적으로 사용·수익하기로 정하는 것은 공유물의 관리방법으로서 적법한 것이므로, 과반수 지분의 공유자로부터 사용·수익을 허락받은 점유자에 대하여 소수지분의 공유자(을 1/3지분)는 점유자가 사용·수익하는 건물의 철거나 퇴거 등 그 점유의 배제를 구할 수 없다(대법 2009다22235).

(2) 대법원 2019. 5. 30. 선고 2016다245562 판결

① 공유자 사이에 공유물을 사용·수익할 구체적인 방법을 정하는 것이 공유자의 지분의 과반수로 결정하여야 하는 공유물의 관리에 관한 사항인지 여부(적

극) 및 과반수 지분의 공유자가 공유물의 특정 부분을 배타적으로 사용·수익하기로 정하는 것이 공유물의 관리방법으로서 적법한지 여부(적극)

② 공유자가 공유물을 타인에게 임대하는 행위 및 그 임대차계약을 해지하는 행위가 공유자의 지분의 과반수로 결정하여야 하는 공유물의 관리행위에 해당하는지 여부(적극)

07 소수지분권자와 계약한 임차인은 소수지분권자가 인도청구(적극)

◆ 제3자가 정당한 권원 없이 공유물을 점유하고 있는 경우

  공유물을 제3자가 불법점유하고 있는 경우에 소수지분권자라고 하더라도 공유물의 보존행위로서 명도청구를 할 수 있다는 당원의 확립된 판례[이다](대법원 1994. 3. 22. 선고 93다9392, 93다9408 전원합의체 판결).
  예컨대, 소수지분권자가 다른 공유자들과의 협의 없이 제3자에게 공유물을 임대하였다면 이는 무효이므로, 임차인인 제3자는 정당한 권원 없이 공유물을 점유하는 것이 된다. 따라서, 각 공유자는 보존행위로서 제3자에게 공유물의 인도를 청구할 수 있는 것이다.

◈ 2분의 1지분권자와 계약한 임차인을 다른 지분권자가 명도청구한 사례

2인 공유 가옥에 대하여 그 1인이 상대 공유자와의 결의 없이 한 임대차계약의 효력은 과반수공유자의 결의 없이 한 임대차계약은 무효이므로, 결의에 참가하지 아니한 다른 공유자는 보존행위로 임차인에대해서 명도를 청구할 수 있다 (대법원 1962. 4. 4. 선고 62다1 판결).

◈ 대법원 2014. 5. 16. 선고 2012다43324 판결

① 공유물의 소수지분권자가, 다른 공유자와의 협의 없이 공유물을 배타적으로 점유하고 있는 다른 소수지분권자 등을 상대로 공유물의 보존행위로서 공유물의 인도를 청구할 수 있는지 여부(적극)

② 공유 토지의 소수지분권자인 갑 등이, 다른 소수지분권자들과의 토지임대차계약에 기하여 지상의 건물을 소유함으로써 토지를 배타적으로 점유·사용하고 있는 을 주식회사로부터 건물을 임차하여 점유·사용하고 있는 병 등을 상대로 각 점유 부분으로부터의 퇴거를 구한 사안에서, 갑 등은 을 회사를 상대로 공유물의 보존행위로서 건물 철거 및 토지 인도를 구할 수 있고, 병 등을 상대로 각 점유 부분으로부터의 퇴거도 구할 수 있다고 한 사례

08 계약 당시 전체소유에서 그후 다수지분이 매각 시 임차인의 대항력은?

　계약 당시 단독 소유자였으나 그 후 공유물로 나뉘게 된 경우 다수지분권자에 대해서 대항력을 가지지 못하게 된다.

| 단독 소유자인 갑과 을이 임대차 계약을 체결한 경우 |

| 갑 1/3 지분소유 | 병 2/3 지분소유 |

　단독으로 토지를 소유하고 있을 당시에 그 소유자로부터 토지에 대한 사용·수익권을 부여받았다 하더라도 그 후 그 토지에 다른 공유자(종전의 소유자 외)가 생겼을 경우 그 사용·수익이 지분 과반수로써 결정된 공유물의 관리 방법이 아닌 이상 그 사용·수익권을 가지고 새로이 지분을 취득한 다른 공유자에 대하여는 이를 주장할 수 없다(대법 65다2618, 89다카19665).

　즉 종전 소유자의 공유지분이 과반수 이상이면 새로운 공유자에게 대항할 수 있지만, 과반수 미만이면 새로운 공유자에게 대항할 수 없다.

　이 판례내용은 일반 민법상의 임대차계약(토지임대차계약)에 관한 사항이므로 그 임대차가 주택이나 상가로 주임법 또는 상임법의 적용을 받는 임차인이라면 대항력이 있다는 것을 유의해서 분석해야 된다.

09 공유자간 사용·수익·관리에 관한 특약의 승계 및 변경

　공유자 간의 공유물에 대한 사용·수익·관리에 관한 특약은 공유자의 특정승계인에 대하여도 당연히 승계된다고 할 것이나, 민법 제265조는 "공유물의 관리에 관한 사항은 공유자의 지분의 과반수로써 결정한다."라고 규정하고 있으므로, 위와 같은 특약 후에 공유자에 변경이 있고 특약을 변경할 만한 사정이 있는 경우에는 공유자의 지분의 과반수의 결정으로 기존 특약을 변경할 수 있다(대법 2005다1827).

　공유자 간의 공유물에 대한 사용·수익·관리에 관한 특약은 공유자의 특정승계인에 대하여도 당연히 승계된다고 할 것이나, 공유물에 관한 특약이 지분권자로서의 사용·수익권을 사실상 포기하는 등으로 공유지분권의 본질적 부분을 침해한다고 볼 수 있는 경우에는 특정승계인이 그러한 사실을 알고도 공유지분권을 취득하였다는 등의 특별한 사정이 없는 한 특정승계인에게 당연히 승계되는 것으로 볼 수는 없다(대법 2009다54294).

Part 11

지분경매에서 후순위 채권을 매입하면 꿩먹고 황금알을 낳는다!

01 상속된 상가주택에서 7분의 2 지분이 경매로 매각되는 경우

 이 물건은 아버지가 사망하게 되어 어머니에게 7분의 3지분, 아들 각 2명에게 각 7분의 2지분이 상속되었는데 그 중 아들지분 7분의 2지분이 경매절차로 매각된 사례이다.

◈ 입찰대상 물건 정보내역

2011타경 00000		• 서울동부지방법원 본원 • 매각기일: 2012.09.17(月) (10:00) • 경매 1계(전화:02-2204-2405)					
소재지	서울특별시 광진구 중곡동 000		도로명 주소검색		기일입찰	【입찰진행내용】	
물건종별	근린주택	감정가	406,678,000원		구분	입찰기일	최저매각가격	결과
토지면적	66.2㎡ (20.026평)	최저가	(51%) 208,219,000원		1차	2012-04-30	406,678,000원	유찰
건물면적	172㎡ (52.03평)	보증금	(10%) 20,830,000원		2차	2012-06-18	352,342,000원	유찰
매각물건	토지 및 건물 지분매각	소유자	김성수		3차	2012-08-06	260,274,000원	유찰
사건접수	2011-11-28	채무자	김성수			2012-09-17	208,219,000원	
사건명	임의경매	채권자	강미경					

● 매각토지, 건물 현황 (감정원 : 기훈감정평가 / 가격시점 : 2011. 12. 05 / 보존등기일 : 1993.01.13)

목록	지번	용도 / 구조 / 면적 / 토지이용계획		m²당	감정가	기타
토지	중곡동 000-00	도시지역, 제2종일반주거지역, 가축사육제한지역, 대공방어협조구역(위탁고도:77~257m), 과밀억제권역, 학교환경위생정화구역, (한강)폐기물매립시설 설치제한지역	대 66.2 m² (20,026평)	5,000,000원	331,000,000원	표준공시지가(m²) 2,460,000원 전체면적 231.7m²중 김성수 지분 2/7매각
건물	위 지상 철근콘크리트조 및 벽돌조 스라브 지붕	1	1층 근린생활시설 및 주택 32.99 m²(9.979평)		465,000원	15,340,350원	전체면적 115.46 m² 중 김성수 지분 2/7매각
		2	2층 근린생활시설 및 주택 32.99 m²(9.979평)		465,000원	15,340,350원	전체면적 115.46 m² 중 김성수 지분 2/7매각
		3	3층 근린생활시설 및 주택 32.99 m²(9.979평)		465,000원	15,340,350원	전체면적 115.46 m² 중 김성수 지분 2/7매각
		4	4층 근린생활시설 및 주택 28.47 m²(8.612평)		465,000원	13,238,550원	전체면적 99.64 m² 중 김성수 지분 2/7매각
		5	지하 근린생활시설(소매점) 30.59 m²(9.253평)		465,000원	14,224,350원	전체면적 107.06 m² 중 김성수 지분 2/7매각
			면적소계 : 158.03 m² (47,804평)		소계 : 73,483,950원		

● 임차인현황 (말소기준권리 : 2010. 02.22 / 배당요구종기일 : 2012. 02. 06)

임차인	점유부분	전입/확정/배당	보증금/차임	대항력	배당예상금액	기타
김미경	점포1층 일부 (피부만들기)	사업자등록 : 2006. 10. 31 확 정 일 : 미상 배당요구일 : 2012. 01. 17	보10,000,000원 월450,000원 환산 5,500만원	있음	낙찰자 인수	
김철수	점포1층 일부 (두꺼비공인중개사사무소)	사업자등록 : 2008. 02. 11 확 정 일 : 2008. 02. 11 배당요구일 : 2012. 01. 17	보10,000,000원 월400,000원 환산 5,000만원	있음	배당순위 있음	현황서상 차:45만원 현황서상 사:2006.10.31
신수미	주거용	전 입 일 : 1985. 05. 29 확 정 일 : 미상 배당요구일 : 없음	미상		배당금 없음	주민등록 등재자
유성식	주거용 2층 일부 (방3칸)	전 입 일 : 2011. 06. 30 확 정 일 : 2011. 06. 30 배당요구일 : 2012. 01. 25	보120,000,000원	없음	배당순위 있음	
유성철	주거용 2층 일부 (202호)(방2칸)	전 입 일 : 2011. 01. 12 확 정 일 : 2011. 01. 12 배당요구일 : 2012. 01. 06	보95,000,000원	없음	배당순위 있음	
윤철중	주거용 3층 일부 (방3칸)	전 입 일 : 2008. 10. 10 확 정 일 : 2008. 10. 10 배당요구일 : 2012. 01. 20	보110,000,000원	있음	예상배당표 참조	2차 확정:2010.11.05 (증액 1천만원)
윤미숙	주거용 3층 일부 (301호)	전 입 일 : 2008. 05.02 확 정 일 : 2008. 05.02 배당요구일 : 2012. 01. 25	보102,000,000원	있음	예상배당표 참조	2차 확정:2012.01.25 (증액 7백만원) 현황서상 보:1억2백만원
정수경	공장 지층	사업자등록 : 미상 확 정 일 : 미상 배당요구일 : 2012. 02. 03	보10,000,000원 월600,000원 환산 7,000만원		배당금 없음	
정수석	주거용 4층 일부	전 입 일 : 미상 확 정 일 : 미상 배당요구일 : 없음	보45,000,000원		배당금 없음	
	임차인 수 : 9명,	임차보증금 합계 : 502,000,000원,	월세 합계 : 1,450,000원			

● 건물등기부 (채권액합계 : 275,000,000원)

NO	접수	권리종류	권리자	채권금액	비고	소멸여부
1	2000. 10. 11	소유권이전(상속)	김성수 외2		재산상속, 신미자 3/7, 김성수와 김정수 2/7	소멸
2	2010. 02. 22	김성수 지분 전부근저당	강미경	75,000,000원	말소기준등기	소멸
3	2011. 06. 07	김성수 지분 전부근저당	최경수	200,000,000원		소멸
4	2011. 11. 29	김성수 지분 임의경매	강미경	청구금액 : 75,000,000원	2011타경00000	소멸

● 토지등기부 (채권액합계 : 275,000,000원)

NO	접수	권리종류	권리자	채권금액	비고	소멸여부
1	2000. 10. 11	소유권이전(상속)	김성수 외2		재산상속, 신미자 3/7, 김성수와 김정수 2/7	소멸
2	2010. 02. 22	김성수 지분 전부근저당	강미경	75,000,000원	말소기준등기	소멸
3	2011. 06. 07	김성수 지분 전부근저당	최경수	200,000,000원		소멸
4	2011. 11. 29	김성수 지분 임의경매	강미경	청구금액 : 75,000,000원		소멸
5	2011. 12. 09	김성수 지분 압류	서울특별시 광진구			소멸

주 의 사 항	특별매각조건 있음(공유자 우선매수신청 1회에 한함) 2012.05.08. 공유자 신미자, 공유자우선매수신고서 제출, 08.02. 공유자 김정수 공유자우선매수신고서 제출

◆ 지분경매 물건에 대한 권리분석과 배당표 작성

이 물건은 서울시 중곡동에 위치하고 있는 상가주택으로 주위는 점포 및 주택들이 형성되어 있는 주상복합지대로서 인근에 버스정류장과 지하철 7호선 중곡역이 소재하고 있어 대중교통이 양호하고 남서측으로 6m도로에 접하고 있어서 이 부동산의 가치는 평당 2,000만원에 형성되어 있었다.

그런데도 최저가가 208,219,000원으로 평당 1,000만원 대로 가격이 하락되어 투자가치가 높은 물건이다.

1층에 상가임차인 2명과 지층에 공장 임차인 1명, 2층 임차인 2명, 3층 임차인 2명, 4층은 임차인 1명과 소유자 신미자가 점유하고 있었다.

따라서 임차인의 수는 8명이고 임차보증금과 월세의 합계가 502,000,000원에 월세가 1,450,000원이다.

김성수 7분의 2지분이 243,209,000원에 매각되고 경매비용이 2,209,000원으로 실제 배당할 금액이 241,000,000원이라면 배당순서는 어떻게 되고 낙찰자에게 인수금액은 어떻게 되는가를 다음 "임차인이 다수인 주택에서 배당순위는 어떻게 결정하게 되나요"를 참고해서 작성하면

- **1순위** : 광진구청 재산세 35만원(당해세 우선변제금)
- **2순위** : 김철수 상가임차인 1,000만원(확정일자 우선변제금)
- **3순위** : 윤미숙 주택임차인 9,500만원(확정일자 우선변제금)
  윤미숙은 1차 계약시 9,500만원, 2차 증액시 102,000,000원(확정일자 2012.01.25.)
- **4순위** : 윤철중 주택임차인 1억원(확정일자 우선변제금)(1,000만원은 2차 증액 2010.11.05)
- **5순위** : 강미경 근저당 35,650,000원(근저당권 우선변제금)

따라서 대항력 있는 임차인 중에서 김미경 상가 임차인만 배당금이 없고 나머지는 전액 배당받게 되어 낙찰자는 김미경 임차보증금 10,000,000원 중에서 매각지분 7분의 2에 해당하는 2,857,143원을 인수하면 된다.

그런데 상가임차인이 배당요구했으나 배당받지 못하게 된 이유는 소액임차인도 아니고(소액임차인이 되기위해서는 환산보증금이 4,500만원 이하인 임차인만 1,350만원을 최우선변제금으로 받을 수 있는데 이 금액을 초과했기 때문이다). 확정일자도 없어서 배당에 참여할 수가 없었다.

그러므로 낙찰자의 총 취득금액은 낙찰받은 금액 243,209,000원+2,857,143원 = 246,066,143원이 된다.

이 물건의 매각절차에서 2012.5.8. 공유자인 어머니가 공유자우선매수신청했는데 매수자가 없어서 매수하지 않았고, 그 다음 매각절차에서 2012.2. 다른 공유자인 아들이 공유자우선매수신청을 했는데 매수자가 없어서 매수신청을 하지 않았던 사실을 보면 다른 지분권자들이 이 물건에 대한 애착심이 큰 것으로 볼 수 있다.

공유자우선매수신청은 1회에 한하므로 더 이상 공유자들의 우선매수신청권은 없으므로 이러한 물건을 낙찰받게 된다면 다른 지분권자들이 매수지분을 매수할 것으로 예상된다.

매수하지 않는 다면 매수지분에 해당하는 주택 사용료를 청구하거나 협의로 공동임대인으로서 임대소득의 증가를 가져올 수도 있고, 협의가 안될 때에는 공유물분할청구소송을 제기해서 그 매각대금을 가지고 지분비율대로 나눌 수도 있다.

어쨌든 이 상가주택은 수익성이 높으므로 경매로 매각된다고 해도 높은 가격에 매각될 것이 예상되므로 이러한 지분물건들을 찾아서 입찰에 참여하는 것이 지분투자에서 성공할 수 있는 것이다.

> **공유자우선매수 신청은 이렇게 하라!**
>
> 지분경매에서 다른 공유자의 공유자우선매수신청은 1회로 한정하고 있으므로 1회차에서 2회차(20% 저감된 금액)때까지는 입찰보증금을 가지고 법원 경매장에서 대기하다가 매수자가 없으면 매수하지 말고, 3회차부터(적당한 매수가격이라는 판단시) 매각기일 이전에 법원에 공유자우선매수신고서를 제출하면 공유자가 매수할 것으로 판단해서 입찰자들이 입찰을 회피하게 되고, 이러한 방법으로 지분을 낮은 가격으로 매수할 수 있다.

◆ 선순위저당권자가 전액 배당받게 되어 후순위저당권자가 적게 배당받는다

후순위저당권자의 대위금액은 얼마이고 대위행사방법은 어떻게 할 수 있는가를 살펴보면 전체지분이 동시에 매각되었다면 선순위 법정담보물권자인 임차인들은 각 지분별 경매대가를 기준으로 배당받게 되고 그에 따라 후순위채권자가 불이익을 보게 되지 않게 되나, 이 사례와 같이 일부지분이 먼저 매각되고 선순위 법정담보물권자가 전액 우선변제 받아가므로 인해서 후순위채권자가 동시매각절차에 비해 배당금이 적어졌다면 그만큼 다른지분에 남아 있는 법정담보물권자의 권리를 민법 제368조 제2항의 대위와 채무자의 민법 제481조에 기한 변제자대위을 할 수 있는데 다른 지분이 경매당하게 되면 대위권에 기한 배당요구로 간단하게 채권을 회수할 수 있지만 경매가 이루어지지 않는다면 선순위근저당권과 같이 부기등기로 물상대위가 가능한 담보물권을 부기등기로 물상대위하면 되는데, 이 사례와 같이 법정담보물권으로 등기되지 않은 임차권은 임차권을 대위해서 청구할 수밖에 없으므로 임차인이 반환을 청구할 수 있는 채권에 기해서 채권가압류 후 본안소송을 득한 후 강제경매절차를 진행해서 채권을 회수하면될 것이다.

후순위저당권자와 채무자가 대위할 수 있는 금액은 전체지분이 동시에 매각 시에 배당받을 수 있는 금액이므로 예를들어 전체지분이 7분의 2 지분으로 매각 시의 금액과 같은 비율로 저감되어 매각된 경우 동시 배당표는 다음과 같이 된다.

채권자별 배당순위	김성수(2/7) 241,000,000원	신미자(3/7) 361,500,000원	김정수(2/7) 241,000,000원
1 순위 재산세 각 35만원	35만원	35만원	35만원
2 순위 김철수 1,000만원	2,857,144원	4,285,713원	2,857,143원
3 순위 윤미숙 9,500만원	27,142,857원	40,714,286원	27,142,857원
4 순위 윤철중 1억원	28,571,428원	42,857,143원	28,571,429원
5 순위 김성수지분 강미경 근저당 7,500만원	7,500만원	×	×
배당잔여금 562,450,000원	107,078,571원 (19.0379%)	273,292,858원 (48.5897%)	182,078,571원 (32.3724%)
6 순위 윤철중 1,000만원	1,903,790원	4,858,970원	3,237,240원
7 순위 유성철 9,500만원	18,086,005원	46,160,215원	30,753,780원
8 순위 김성수지분 최경수 근저당 2억원	87,088,776원		
배당잔여금 370,361,224원	0	222,273,673원 (60.0015%)	148,087,551원 (39.9985%)
9 순위 유성식 1억2천만원	0	72,001,800원	47,998,200원
10 순위 윤미숙 700만원	0	4,200,105원	2,799,895원
배당잉여금	0	146,071,768원	97,289,456원
낙찰자 인수금액(선순위 김미경 임차보증금)	2,857,144원	4,285,713원	2,857,143원

따라서 동시매각 시 채무자인 김성수 지분에서는 배당잉여가 없으므로 민법 481조와 482조에 의한 물상보증인의 변제자대위 행사를 할 수 없으나, 민법 제368조 제2항에 따른 후순위저당권자의 법정대위 즉 5순위 강미경 근저당권자가 39,350,000원, 6순위 윤철중 확정일자 우선변제권 1,903,790원, 7순위 유성철 확정일자 우선변제권 18,086,005원, 8순위 최경수 근저당 87,088,776원을 신민자 7분의 3지분과 김정수 7분의 2지분에서 동시매각시 배당받을 수 있는 2순위에서 4순위 배당금을 대위할 수 있다.

여기서 1순위 재산세는 각 지분권자에게 부과된 세금으로 법정대위 대상이 아니다.

02 아파트와 농지가 채무자 소유인데 그 중 일부가 먼저 매각되면?

채무자가 자신의 채권을 담보하기 위해서 공동담보로 아파트와 농지에 공동근저당권을 설정하고 대출을 받은 경우인데 아파트의 후순위채권자 신한은행의 임의경매신청으로 아파트가 먼저 매각된 경우 이시매각절차로 이시배당 절차를 거치게 되는데 이때 선순위 공동근저당권자 국민은행은 선행된 아파트 매각대금에서 전액 우선변제 받게 되고 그에 따라 배당받지 못한 후순위 근저당권자 신한은행은 민법 제368조 제2항에 따라 농지로 변경 등기된 국민은행 근저당권을 대위하게 되고, 농지가 경매가 진행된다면 후순위근저당권자로 국민은행 근저당권을 물상대위해서 배당요구하고, 경매가 진행되지 않으면 부기등기해서 물상대위 할 수 있다.

아파트 (배당금 4,000만원) (채무자 소유)	농지 (배당금액 3,500만원) (채무자 소유)
11.03.10. 국민은행 공동근저당권	11.03.10. 국민은행 공동근저당권
5,000만원	5,000만원
11.07.10. 신한은행 근저당권	11.05.10. 새마을금고 근저당권
3,000만원	1,500만원

◆ **아파트가 먼저 경매로 매각된 경우 배당은?**

국민은행은 아파트에서 4,000만원 배당받고 1,000만원의 채권은 남아있고 신한은행은 배당금액이 없다.

이 사건에서 배당금은 경매비용을 공제한 금액이다.

◈ 아파트 후순위근저당권자인 신한은행의 농지에서 대위권은?

국민은행 공동근저당권자의 아파트와 농지가 동시매각 시 배당받게 되는 채권 안분액을 알아야만 농지에 대해서 그 채권안분액만큼 대위하여 행사할 수 있다. 따라서 국민은행의 아파트, 농지의 채권안분액을 계산하여 보면

1) 국민은행은 아파트에서 채권안분액 = 갑의 채권액 ×

$$\frac{\text{아파트 배당금액}}{(\text{아파트}+\text{농지})\text{배금액당}} = 5{,}000만 \times \frac{4{,}000만}{4{,}000만+3{,}500만} = 26{,}666{,}667원$$

2) 국민은행은 농지에서 채권안분액 = $5{,}000만 \times \frac{3{,}500만}{7{,}500만} = 23{,}333{,}333$[33]
 = 23,333,333원

따라서 아파트에서 국민은행이 26,666,667원을 초과하여 배당받은 13,333,333원을 국민은행 근저당권자를 물상대위할 수 있는 신한은행의 대위권이 인정된다.

◈ 아파트가 먼저 경매로 매각되고 나서 농지가 매각되는 경우

부기등기 없이도 농지가 매각되면 민법 제368조 제2항에 따라 후순위저당권자 신한은행은 농지로 변경등기된 공동저당권자를 물상대위해서 배당요구하면,

1) 국민은행은 농지의 채권안분액 23,333,333원 중에서 아파트에서 배당부족분 1,000만원을 먼저 배당받는다.

2) 신한은행은 국민은행의 농지의 채권안분액 23,333,333원-1,000만원(국민은행 배당금) = 13,333,333원을 국민은행 근저당권자를 대위행사하여 배당받는다.

3) 농지의 후순위 새마을금고 근저당권자는 농지매각대금 3,500만원-23,333,333원(국민은행 1,000만원+을 13,333,333원) = 11,666,667원을 배당받게 된다.

◆ **아파트만 매각되고 농지가 장기간 매각되지 않는다면 부기등기를 해놔라!**

이 경우 신속하게 농지의 선순위공동저당권에 대해서 민법 제368조 제2항의 후순위저당권자의 대위에 기한 부기등기를 다음과 같이하면 동시배당 시 배당받을 금액의 범위 내에서 국민은행 근저당권을 물상대위하게 되는데,

【을 구】(소유권 이외의 권리에 관한 사항) - 채무자 소유 농지				
순위번호	등기목적	접수	등기원인	권리자 및 기타사항
1	근저당권 설정	2011년 3월 10일 제13501호	2011년 3월 9일 설정계약	채권최고액 금 50,000,000원 채무자 ○○○ 서울시 송파구 방이동 ○○○번지 근저당권자 국민은행 700407-1234567 서울특별시 종로구 혜화동 ○○○번지 공동담보 서울시 강서구 화곡동 ○○번지 ○○아파트 ○○동 ○○○호
1-1	1번 근저당권 대위	2011년 11월 7일 제13673호	2011년 11월 4일 민법 제368조 제2항에 의한 대위	매각부동산 서울시 강서구 화곡동 ○○번지 ○○아파트 ○○동 ○○○호 매각대금 금 41,000,000원(경매비용포함) 변제액 금 40,000,000원 채권최고액 금 30,000,000원 채무자 ○○○ 서울시 송파구 방이동 ○○○번지 대위자 근저당권자 신한은행 740104-2000000 서울시 송파구 가락동 ○○번지

부기등기에 대한 자세한 내용은 다음 03번에서 [김선생 특강] 공동저당 대위등기에 관한 업무처리지침(제정 2011.10.12 등기예규 제1407호)을 참고해서 부기등기하면 된다.

다음으로 국민은행 근저당권을 물상대위해서 임의경매절차를 진행하면 되는데, 채무자의 채무이행 지체가 있어야 할수 있고 존속기간 내에서는 할 수 없지만 채권확보차원에서는 문제가 없을 것이다.

미리 알아두면 좋은 상식

민법 368에 의한 공동저당에서 차순위저당권자에 의한 경매신청

차순위 저당권자가 경매신청을 하려면 공동저당권자가 그 채권을 완제받은 경우라야 하므로 그 사실을 소명하여야 한다. 담보권이전의 부기등기 없이도 법률의 규정에 의하여 당연히 담보권이 이전되므로 경매를 신청할 수 있다. 따라서 대위변제사실을 증명하는 공정증서 또는 차순위저당권자로 기입된 등기부등본과 배당표등본을 첨부하여 경매신청을 할 수 있는데, 실무상으로는 담보권이전의 부기등기를 거쳐 경매를 신청하는 것이 관례로 되어 있다.

〈질의 & 응답〉

(질문) 후순위 근저당권자입니다. 선순위 공동 근저당권자의 일부 담보부동산에 대한 경매실행으로 배당금은 한푼도 받지 못하고 근저당권만 말소되었습니다. 본인이 구제받을 수 있는 방법은 있는지?

(답변) 공동근저당권의 경매에서 동시 배당하는 경우 각 부동산의 경매대가에 비례하여 그 채권의 분담을 하는데, 저당부동산 중 일부의 경매대가를 먼저 배당하게 되면 차순위 근저당권자가 불이익을 당하게 되는데, 이러한 경우 차순위 근저당권자는 동시 배당하는 경우 변제받을 수 있는 금액의 한도로 다른 부동산의 경매대가에서 선순위를 대위하여 저당권을 행사할 수 있으므로 차순위 저당권자로 기입된 등기부등본, 배당표등본, 공동근저당권자가 채권을 완제받은 사실을 소명하여 임의경매를 신청할 수 있습니다.

 김동희 핵심체크

민법 제368조 2항에서 대위가 가능한 차순위저당권자

① 차순위저당권자란 공동저당권자보다 후순위저당권자 뿐만 아니라 후순위담보자로 매각으로 그 권리가 소멸되는 자 전부를 포함한다. 차순위저당권자를 후순위저당권자 또는 후순위담보권자라 칭하기도 한다. 그리고 후순위권리자로 표현하기도 하나 이는 우선변제권이 없는 일반 채권자까지 포함하는 개념이므로 일반채권자는 이 규정에 의한 보호를 받지 못하므로 적절치 못한 표현이다.

즉 우선변제권이 없는 후순위 일반채권자 즉 가압류채권자, 집행권원에 의한 배당요구 참가 채권자 등은 이 규정에서의 차순위저당권에 포함된다고 볼 수 없다.

② 후순위저당권자의 범위에는 (구)저당권자 가등기담보권자 전세권자 확정일자부 임차권 등의 우선변제권을 가지고 있는 저당권부 채권자로 매각으로 소멸되는 자 전부가 후순위로서 이시배당 시 선순위 공동저당권자가 전액 우선변제받음으로 배당받지 못한 채권액을 다른 공동저당 물건 매각 시 대위행사를 청구할 수 있다.
③ 근저당권에 기한 물상대위권을 갖는 채권자가 그 물상대위권을 행사하여 우선변제를 받음에 있어, 그 권리실행방법은 민사소송법 제733조에 의하여 채권에 대한 강제집행절차를 준용하여 채권의 압류 및 전부명령을 신청할 수 있다고 할 것이나, 이는 어디까지나 담보권의 실행절차이므로 그 요건으로서 담보권의 존재를 증명하는 서류를 제출하여 개시하면 되는 것이고, 일반채권자로서 강제집행을 하는 것이 아니므로 채무명의를 필요로 하지 않는다(대법 92마380, 381 결정).

◆ 선행된 채무자의 후순위 채권에서 숨은 진주 NPL(부실채권)을 찾아라!

앞의 사례에서 신한은행은 채무자를 대신해서 납부한 경매신청비용만 0순위로 배당받고 나머지 채권은 배당받지 못했다. 이러한 경우 아파트에서 후순위 채권자들은 소멸되고 채무자의 농지에 대해서 변경등기된 국민은행 근저당권을 물상대위할 수 있는데, 절차가 복잡하다는 이유로 또는 하는 방법을 몰라서 포기해 버리는 경우가 허다하다. 이러한 후순위채권을 양도받아 대위권을 행사하게 된다면 독자 분들은 NPL 시장에서 고수가 될 수 있다.

왜냐하면 이보다 고수익을 만드는 NPL 물건을 찾기란 쉽지 않기 때문이다.

(1) 아파트가 먼저 매각되고 나서 농지가 매각된 경우 채권자들의 운명은 어떻게 달라질까?

아파트 (배당금 4,000만원) (채무자 소유)		농지 (배당금액 3,500만원) (채무자 소유)	
11.03.10. 갑 공동근저당권	5,000만원	11.03.10. 갑 공동근저당권	5,000만원
11.07.10. 을 근저당권	3,000만원	11.05.10. 병 근저당권	1,500만원
11.10.10. 정 가압류 채권	3,000만원		

(2) 을 근저당권사의 입장에서 살펴보면은?

을 근저당권은 동시매각 시 배당받을 수 있는 금액을 한도로 민법 제368조 제2항에 따른 후순위저당권자의 대위가 부기등기를 통한 대위가 가능하다.

그에 대한 권리에 대해서는 이미 앞에서 설명한대로 대위권의 권리를 갖게 된다.

(3) 정 가압류권자는 일반채권자로 대위가 불가하게 되는데 어쩌란 말인가!

정 가압류권자는 일반채권자로 대위가 불가하지만 매각되지 않은 농지가 채무자 소유이므로 농지를 별도로 채권가압류 등의 보전조치를 하면 되지만 순위 싸움에서 밀리게 되어 채권회수가 어렵고 간혹 가압류 비용만 날리게 되는 경우를 필자는 볼 수 있었다.

03 공동담보물이 채무자와 물상보증인 소유인데 채무자 소유부동산이 먼저 매각되면?

◆ **공동담보물이 채무자와 물상보증인 소유인데 채무자 소유부동산이 먼저 매각되면?**

(1) 공동담보물에서 채무자 소유 아파트가 먼저 매각되고 나서 물상보증인 소유 농지가 매각 시

공동담보물인 아파트(채무자 소유)와 농지(물상보증인 소유)에서 채무자 소유 아파트가 먼저 매각되면 후순위 저당권자와 채무자가 대위행사를 할 수 없다.

아파트		농지	
(배당금 4,000만원) (채무자 소유)		(배당금액 5,000만원) (물상보증인)	
11.04.15. 국민은행	공동근저당권 4,000만원	11.04.15. 국민은행	공동근저당권 4,000만원
11.07.10. 신한은행	근저당권 2,000만원	11.12.10. 대우캐피탈	근저당권 2,500만원

국민은행은 아파트 매각대금에서 1순위 : 4,000만원 배당받고, 신한은행은 배당금이 없어서 배당받지 못하고 소멸하게 되는데 물상보증인 소유농지에 대해서 선순위 국민은행 공동근저당권자를 대위해서 대위권을 행사할 수 없다. 이러한 이유는 채무자의 후순위저당권자의 대위권과 물상보증인의 변제자대위가 충돌하면 물상보증인의 변제자대위가 우선하기 때문이다.

(2) 선행된 채무자의 후순위 채권에서 NPL(부실채권)을 찾으면 정말로 부실 채권이 된다.

신한은행 근저당권은 동시매각 시 배당받을 수 있는 금액을 한도로 민법 제368조 제2항에 따른 후순위저당권자의 대위가 인정되지 못하므로 이 근저당권을 양도받으면 양수받은 채권은 채무자를 상대로 한 무담보채권이 되기 때문에 회수가 거의 불가한 실정이다. 왜냐하면 경매사건의 채무자에게 다른 부동산이 존재하기란 어려워서 채권추심이 불가하기 때문이다.

◆ 공동담보물이 채무자와 물상보증인 소유인데 물상보증인 소유부동산이 먼저 매각되면?

공동담보물인 아파트(채무자 소유)와 농지(물상보증인 소유)에서 물상보증인 소유 농지가 먼저 매각되면 후순위 저당권자와 물상보증인의 대위행사가 가능하다.

아파트 (배당금 4,000만원) (채무자 소유)	농지 (배당금액 5,000만원) (물상보증인 소유)
11.04.15. 국민은행　　공동근저당권 　　　　　　　　　　　　4,000만원 11.07.10. 신한은행　　　　근저당권 　　　　　　　　　　　　2,000만원	11.04.15. 국민은행　　공동근저당권 　　　　　　　　　　　　4,000만원 11.12.10. 대우캐피탈　　　근저당권 　　　　　　　　　　　　2,500만원

(1) 물상보증인 소유의 농지가 먼저 경매로 매각된 경우

국민은행은 농지 매각대금에서 1순위 : 4,000만원 배당받고, 대우캐피탈이 2순위로 1,000만원을 받아서 대우캐피탈은 미배당금 1,500만원이 있다.

(2) 농지(물상보증인 소유)가 먼저 매각되고 아파트(채무자 소유)가 매각되는 경우

국민은행은 아파트와 농지에 공동으로 설정된 공동근저당권 4,000만원인데, 농지에서 먼저 전액 배당받아서 아파트에는 채권이 남아 있지 않으므로, 농지의 후순위저당권자 대우캐피탈(민법 제368조 제2항)과 농지의 소유자(물상보증인)(민법 제481조, 482조에 따른 변제자대위)가 아파트(채무자 소유)의 매각절차에서 농지의 소유자(물상보증인)가 대위변제한 4,000만원 전액에 대해서 아파트의 국민은행 공동근저당권을 대위할 수 있다.

1) 부기등기 없이도 효력이 발생하므로 다음과 같이 민법 제368조 제2항에 기한 선순위 국민은행 공동근저당권자를 후순위 대우캐피탈 근저당권자가 물상대위할 수 있는데 그 범위는 물상보증인이 대위변제한 4,000만원 중에서 미배당금 1,500만원을 대위해서 배당요구하면 된다.

2) 앞에서와 같이 민법 제368조 제2항의 후순위저당권자의 물상대위로 배당요구하는 방법과 같이 물상보증인도 민법 제481조, 482조에 기한 변제자대위를 할 수 있는데 그 범위는 대위변제한 금액 4,000만원 중에서 후순위 대우캐피탈 근저당권자의 대위금액을 제외한 2,500만원을 선순위 국민은행 공동근저당권자를 물상대위해서 배당요구하면 된다.

배당요구신청

인지 500원
(붙임)

사건번호 : 2012타경○○○○호
채권자 : ○○○(경매신청채권자)
채무자 : ○○○
　　　　　서울시 양천구 신정동 ○○○번지
　　　　　서울시 송파구 방이동 ○○○번지
배당요구채권자 : 대우캐피탈(물상대위권자) 서울시 종로구 혜화동 ○○○번지

배당요구채권

1. 금 15,000,000원정

　선행된 ○○지방법원 2011타경 ○○○○호 부동산경매사건의 물상보증인 소유 농지의 매각절차에서 선순위공동저당권자 국민은행이 전액우선변제받음으로 인해서 배당받지 못하게 된 대우캐피탈 근저당권이 민법 제368조 제2항에 따라 국민은행 근저당권을 물상대위하여 채권액 15,000,000원,

1. 위 원금에 대한 년 월 일(배당기일) 이후 완제일까지 연 20%의 지연 손해금을 청구하는 바입니다.

신 청 원 인

　위 물상대위권자인 대우캐피탈 근저당권자는 선행된 ○○지방법원 2011타경○○○○호 부동산경매사건에서 선순위공동저당권자 국민은행이 자신의 채권전액을 우선변제 받음으로 인하여 동시매각 시보다 배당금이 적어지는 결과가 발생하게 되었고, 그에 따라 후순위 대우캐피탈 근저당권자는 민법 제368조 제2항에 기한 국민은행 근저당권을 물상대위한 채권자입니다.
　따라서 동시배당절차에서 배당받을 수 있는 금액을 한도로 2012타경○○○○호 배당절차에서 차순위저당권자의 물상대위권을 행사하기 위해서 배당요구신청을 합니다.
본인의 주장과 근거는 첨부된 내용을 참조해 주시고, 이 배당절차에서 갑 근저당권자를 물상대위해서 배당받을 수 있어서 동시매각절차보다 불리한 채권의 손실이 발생되지 않도록 해주시기 바랍니다.

〈첨부서류〉

1. 대우캐피탈의 물상대위청구금액에 대한 계산서 1부
2. 후순위저당권자가 물상대위할 수 있는 근거 법률 및 판례사례 1부
3. 선행된 매각절차의 배당표 사본 1부

2011년 08월 17일

위 배당요구채권자   손 태 승 (인)
연락처(☎)

○○지방법원 귀중

 알아두면 좋은 법률

후순위저당권자가 선순위공동저당권을 물상대위 할 수 있는 시기

민법 제368조 제2항에 따라 후순위저당권자가 선순위공동저당권자를 물상대위하는 경우에는 배당기일 전까지 그 원인 서류를 제출함으로 배당에 참여가 가능하고, 선순위공동저당권이 불법으로 말소되었거나 등기되지 않은 법정담보물권 등은 배당요구종기 시까지 그 원인서류와 함께 배당요구를 해야 해야 참여가 가능하다.

민법 제370조, 제342조에 의한 저당권자의 물상대위권의 행사는 구 민사소송법 제733조에 의하여 담보권의 존재를 증명하는 서류를 집행법원에 제출하여 채권압류 및 전부명령을 신청하거나 구 민사소송법 제580조에 의하여 배당요구를 하는 방법에 의하여 하는 것이고, 이는 늦어도 배당요구의 종기까지 하여야 하는 것으로 그 이후에는 물상대위권자로서의 우선변제권을 행사할 수 없다.

배당요구의 종기가 지난 후에 물상대위에 기한 채권압류 및 전부명령이 제3채무자에게 송달되었을 경우에는, 물상대위권자는 배당절차에서 우선변제를 받을 수 없다(대법 2002다13539).

물상보증인의 변제자 대위와 후순위저당권자의 대위

공동저당의 목적인 채무자 소유의 부동산과 물상보증인 소유의 부동산에 각각 채권자를 달리하는 후순위저당권이 설정되어 있는 경우에 있어서, 물상보증인 소유의 부동산에 대하여 먼저 경매가 이루어져 그 경매대금의 교부에 의하여 1번 저당권자가 변제를 받은 때에는 물상보증인은 채무자에 대하여 구상권을 취득함과 동시에, 민법 제481조, 제482조의 규정에 의한 변제자대위에 의하여 채무자 소유의 부동산에 대한 1번저당권을 취득한다고 봄이 상당한 바, 이는 물상보증인은 다른 공동담보물인 채무자 소유의 부동산의 담보력을 기대하고 자기의 부동산을 담보로 제공하였으므로, 그 후에 채무자 소유의 부동산에 후순위저당권이 설정되었다는 사정에 의하여 그 기대이익을 박탈할 수 없기 때문이라 할 것이다.

이 경우 물상보증인 소유의 부동산에 대한 후순위저당권자는 물상보증인에게 이전한 위 1번 저당권으로부터 우선하여 변제를 받을 수 있다고 봄이 상당한 바, 이는 물상보증인 소유의 부동산에 대한 후순위저당권자로서는 공동저당의 목적물 중 채무자 소유의 부동산의 담보가치 뿐만 아니라, 물상보증인 소유의 부동산의 담보가치도 고려하여 저당권을 설정했기 때문이다. 따라서 그 1번 저당권설정등기는 말소등기가 경료될 것이 아니라 위 물상보증인 앞으로 대위에 의한 저당권이전의 부기등기(부동산등기법 제148조)가 경료되어야 할 성질의 것이며, 따라서 아직 경매되지 아니한 공동저당물의 소유자로서는 위 1번 물상보증인의 변제자 대위와 후순위저당권자의 대위, 저당권자에 대한 피담보 채무가 소멸하였다는 사정만으로는 그 말소등기를 청구할 수 없다고 보아야 할 것이다(대법 93다25417판결참조).

위와 같이 말소된 소외 회사 명의의 1순위 근저당권설정등기의 회복을 구할 수 있다고 판단하였다. 이러한 원심의 사실인정과 판단은 정당하다(대법 2001다21854).

(3) 농지만 매각되고 아파트(채무자 소유)가 장기간 매각되지 않는다면 부기등기 하자!

농지의 후순위저당권자 대우캐피탈(민법 제368조 제2항)은 다른 부동산의 공동근저당권에 부기등기(등기의 목적은 "○번 저당권 대위"로, 등기원인은 "「민법」 제368조 제2항에 의한 대위"로, 그 연월일은 "선순위근저당권자에 대한 경매대가의 배당기일"로 표시)해 놓아야 하며, 농지의 소유자(물상보증인)(민법 제481조, 482조에 따른 변제자대위) 역시 부기등기(등기의 목적은 "○번 저당권

대위"로, 능기원인은 "「민법」 제481조, 482조에 의한 대위"로, 그 연월일은 "선순위저당권자에 대한 경매대가의 배당기일"로 표시)해 두어야 제3취득자에 대해서도 대항력을 갖게 된다.

  이때 공동저당권을 부기등기로 이전받은 후순위저당권자 또는 물상보증인은 공동저당권자와 같은 방법으로 그 권리를 행사할 수 있어서 임의경매를 신청할 수 있고 그 매각대금에 대해서 선순위로 우선변제 받을 수 있다.

【을 구】(소유권이외의 권리에 관한 사항) – 채무자 소유 아파트				
순위번호	등기목적	접수	등기원인	권리자 및 기타사항
1	근저당권 설정	2011년 4월 15일 제13603호	2011년 4월 14일 설정계약	채권최고액 금 40,000,000원 채무자 ○○○ 서울시 송파구 방이동 ○○○번지 근저당권자 국민은행 700407-1234567 서울특별시 종로구 혜화동 ○○○번지 공동담보토지 경기도 이천시 모발면 ○○번지
1-1	1번 근저당권 대위	2012년 7월 20일 제13774호	2012년 7월 10일 민법 제368조 제2항에 의한 대위	매각부동산 경기도 이천시 모발면 00번지 매각대금 금 51,000,000원(경매비용포함) 변제액 금 40,000,000원 채권최고액 금 25,000,000원 채무자 ○○○ 서울시 송파구 방이동 ○○○○번지 대위자 근저당권자 대우캐피탈 7440104-2000000 서울시 송파구 가락동 ○○번지
1-2	1번 근저당권 대위	2012년 7월 25일 제13775호	2012년 7월 10일 민법 제481조, 482조에 의한 대위	매각부동산 경기도 이천시 모발면 ○○번지 매각대금 금 51,000,000원(경매비용포함) 변제액 금 40,000,000원 채무자 ○○○ 서울시 송파구 방이동 ○○○번지 대위자 물상보증인 정다운 550211-1000000 서울시 송파구 가락동 ○○번지

◆ 선행된 물상보증인 소유 후순위채권에서 숨은 진주 NPL(부실채권)을 찾아라!

(1) 물상보증인 소유와 채무자 소유 중 물상보증인 것이 먼저 매각되면 후순위 채권자는?

1) 공동담보물인 물상보증인 소유 아파트와 채무자 소유 농지 중에서 물상보증인 소유 아파트가 먼저 매각 시 아파트의 후순위채권자들은 어떻게 대처하면 될 것인가!

	아파트 (물상보증인 소유) (배당금 1억만원)			농지 (채무자 소유) (배당금액 6,000만원)	
10.04.15.	갑 공동근저당권	6,000만원	10.04.15.	갑 공동근저당권	6,000만원
10.10.10.	을 근저당권	2,000만원			
10.10.15.	홍길동 전입/확정	5,000만원			
10.10.25.	병 가압류채권	2,000만원	10.12.10.	정 근저당권	2,500만원
11.01.17.	강서 세무서 압류	500만원	11.01.21.	마포세무서 압류	1,000만원
11.02.20.	을의 임의경매신청		11.03.10.	국민건강 압류	650만원
11.04.10.	무 배당요구(집행권원)	1,500만원			

조세와 공과금은 압류일자를 법정기일(납부기한)과 동일한 것으로 가정하고 배당하면 다음과 같다.

- **1순위**로 홍길동 2,000만원(최우선변제금 1)
- **2순위**로 갑 공동근저당권 6,000만원(우선변제금 1)
- **3순위**로 을 근저당권 2,000만원(우선변제금 2)으로 배당이 종결된다.

그런데 선순위 갑 공동근저당권이 물상보증인 소유 아파트에서 전액 변제받으므로 인해서 아파트의 후순위 채권자와 소유자가 동시매각 시보다 적게 배당받게되므로 동시배당 시 배당받을 수 있는 금액에 대해서 채무자 소유 농지의 갑 공동근저당권자를 물상대위할 수 있다. 유의할 점은 공동채무자 관계에서 동시

배당 시 채권안분액에 의해서 물상대위하는 것이 아니고, 물상보증인과 채무자 관계에서 물상보증인이 채무자를 대신해서 변제한 것이므로 변제한 6,000만원 전액에 대해서 갑 공동근저당권을 물상대위할 수 있다.

2) 물상대위는 농지가 경매절차가 진행된다면 부기등기 없이도 갑 공동근저당권자를 대위한 배당요구로 배당받을 수 있지만, 경매가 진행되지 않는다면 부기등기하여 물상대위하는 방법이 좋은데,

부기등기로 물상대위를 할 수 있는 채권자는 담보물권(근저당권, 담보가등기, 전세권)과 법정담보물권(주임법 및 상임법상 임차인의 우선변제권, 조세, 공과금, 임금 채권 등)이므로 홍길동 임차인의 확정일자부 우선변제권 3,000만원과 강서세무서 500만원은 민법 제368조 제2항에 기한 후순위저당권자의 대위로 부기등기를 해서 물상대위할 수 있고, 다음 나머지 금액에 대해서는 물상보증인의 민법 제481조, 제482조에 기한 변제자대위로 부기등기를 해서 물상대위 할 수 있다.

3) 우선변제권이 없는 후순위 일반채권자 즉 가압류채권자, 집행권원에 의한 배당요구 참가 채권자 등은 이 규정에서의 차순위저당권에 포함되지 못해서 대위권을 갖지 못하고 물상보증인 앞으로 부기등기된 갑 공동저당권에 채권가압류 또는 압류 및 전부명령, 압류 및 추심명령을 해야만 채권을 보장받게 된다.

(2) 물상보증인 소유 후순위채권에서 숨은 진주 NPL(부실채권) 찾기 게임

공동담보물 중에서 물상보증인 소유 아파트가 먼저 매각되고 채무자 소유 농지가 남아 있으므로 민법 제368조 제2항의 후순위저당권자의 대위와 민법 제481조, 482조에 기한 물상보증인의 변제자대위의 권리가 발생하는데, 그 대위금액은 변제자대위이기 때문에 대위변제한 금액 6,000만원 전액에 대해서 갑 공동근저당권을 물상대위할 수 있다. 이들 간의 우선순위는 후순위근저당권자가 물상보증인 보다 우선해서 대위할 수 있다.

1) 담보물권자의 민법 제368조에 기한 차순위저당권자의 대위

① 홍길동 임차인의 확정일자부 우선변제권 3,000만원(법정담보물권자)

② 강서 세무서 500만원(법정담보물권자)

이들은 민법 제368조 제2항에 기한 후순위저당권자의 대위로 부기등기를 해서 물상대위할 수 있는데, 따라서 이들 채권을 낮은 가격으로 양도받아 대위권을 행사하게 된다면 많은 수익이 예상된다.

2) 물상보증인의 민법 제481조, 482조에 기한 변제자대위

변제자 대위할 수 있는 금액은 6,000만원에서 법정담보물권자의 대위금액을 제외한 2,500만원이 된다. 물상보증인 역시 농지에서 갑 공동근저당권자를 부기등기로 물상대위할 수 있고 그에 따라 구상권 및 임의경매신청도 가능하게 된다.

따라서 물상보증인의 변제자대위 채권을 양도받아 그 권리행사를 해서 수익의 증가를 얻을 수 있다.

3) 병 가압류권자와 무 집행권원에 의한 배당요구한 채권자는 일반채권자로 대위가 불가하다.

병 가압류권자와 무 집행권원에 의한 배당요구한 채권자는 일반채권자로 대위가 불가하지만 매각되지 않은 농지에서 물상보증인이 변제자대위에 기한 국민은행 근저당권을 부기등기로 물상대위하면 그 다음 부기등기로 채권가압류 또는 채권압류 및 전부, 채권압류 및 추심명령이 가능하다.

그러나 물상보증인이 대위행사를 하지 않을 경우 채권자대위에 기해 국민은행 근저당권을 부기등기로 물상대위하고 그 다음 부기등기로 가압류 또는 압류 및 전부, 압류 및 추심명령절차를 진행해서 회수하면 되는데 그 범위는 물상보증인의 변제자대위금액을 한도로 하므로 2,500만원을 가지고 병 가압류권자와 무 배당요구권자가 동순위로 안분하게 된다.

따라서 이와 같이 후순위의 일반채권자도 예상배당표를 작성하고 수익이 발생할 수 있다면 채권양도양수 절차에 의해 또 다른 NPL(부실채권)에 접근하게 되는 것이다.

경매의 핵심체크 포인트

일반채권자가 대위권을 가지지 못하는 이유

일반채권자들은 먼저 매각된 부동산에서 배당을 받지 못하더라도, 후에 매각되는 부동산에 대해서 물상보증인이 구상권을 취득함과 동시에 변제자대위에 의하여 채무자 소유부동산의 1순위 공동저당권을 취득하게 되므로 이 권리에 대한 가압류 또는 압류하여 그로부터 배당받을 수 있고, 이와 같은 논리를 구성한다하여 일반채권자에 특히 불리하게 되는 것도 아니고 만일 대위행사를 인정하게 된다면 일반채권을 물권으로 전환시켜주는 것이 되어 부당한 결과를 초래하게 되기 때문이다.

알아두면 좋은 내용

물상보증인이 부기등기를 하지 않는다면 일반채권자가 직접 채권자대위를 해라.

물상보증인이 민법 제481조, 482조에 기한 변제자대위로서 채무자 소유 농지의 갑 공동저당권에 부기등기를 하지 않고 있다면 일반채권자가 직접 채권자대위를 통해서 물상보증인 앞으로 공동저당권을 부기로 대위등기하고 그 부기등기된 공동저당권에 보전조치를 하면 되는데,

① 일반채권자로서는 집행권원이 없는 경우에는 채무자가 다른 사람에게 근저당권 양도를 할 염려가 있으므로 양도하지 못하도록 부기등기된 근저당권에 근저당권부 채권가압류하고 본안소송을 제기하여 승소판결이 있을 경우 위 가압류를 본 압류로 전이하는 채권압류 및 전부명령이나 추심명령 신청을 하면 되고,

② 집행권원이 있는 경우에는 부기등기된 근저당권에 근저당권부 채권압류 및 전부명령 또는 압류 및 추심명령을 통해서 채권을 추심하면 되는데, 전부명령을 얻은 때에는 근저당권이 압류채권자에게로 이전되므로 압류채권자가 근저당권자로서 근저당권을 실행(임의경매)할 수 있다.

③ 경매절차에서 근저당권부 채권 가압류채권자 또는 집행권원을 가지고 있는 채권자가 근저당권자에게 배당된 배당금을 지급 받으려면 압류 및 추심명령이나 압류 및 전부명령을 통해서 집행법원에 청구해야하며, 추심명령이나 전부명령 없이 확정판결 등 집행권원만을 제출하여서는 배당금을 수령할 수 없다

김선생의 특별과외

채권자 대위와 채권자대위소송

채권자가 자신의 채권을 보전하기 위해서 채무자에게 속한 권리를 대신 행사할 수 있는 권리를 채권자대위권이라 하며 이에 기한 소송을 채권자 대위소송이라 한다.

민법 제404조의 채권자대위권은 채권자가 채무자에 대한 자기의 채권을 보전하기 위하여 필요한 경우에 채무자의 제3자에 대한 권리를 대위 행사할 수 있는 권리를 말하므로 그 보전되는 채권은 보전의 필요성이 인정되고 이행기가 도래한 것이면 되고, 채권의 발생 원인이 어떠하든 대위권을 행사함에는 아무런 방해가 되지 아니하며 채무자에 대한 채권이 제3채무자에게 대항할 수 있는 것임을 요하는 것도 아니므로, 채권자대 위권을 재판상 행사함에 있어서도 채권자인 원고는 그 채권의 존재와 보전의 필요성, 기한의 도래 등을 입증하면 충분하고 채권의 발생 원인이나 그 채권이 제3채무자인 피고에게 대항할 수 있는 채권이라는 사실까지 입증할 필요는 없다. 따라서 채권자가 채무자를 상대로 그 보전되는 청구권에 기한 이행청구의 소를 제기하여 승소판결이 확정되고 채권자가 그 확정판결에 기한 청구권을 피보전채권으로 하여 제3채무자를 상대로 채권자대위소송을 제기한 경우, 제3채무자는 채권자와 채무자 사이에 확정된 그 청구권의 존재를 다툴 수 없다(대법 2010다43597 판결).

◆ 선행된 물상보증인의 매각대금에서 공동저당권이 변제받고 채무자 소유에서 말소한 경우

(1) 물상보증인의 채무자에 대한 구상권 및 물상대위, 후순위저당권자의 물상대위

공동저당의 목적인 채무자 소유 부동산과 물상보증인 소유 부동산에 각각 채권자를 달리하는 후순위저당권이 설정되어 있는 경우, 물상보증인 소유 부동산에 먼저 경매가 이루어져 경매대금의 교부에 의하여 1번 저당권자가 변제를 받은 때에는 물상보증인은 채무자에 대하여 구상권을 취득함과 동시에 민법 제481조, 제482조의 규정에 의한 변제자대위에 의하여 채무자 소유 부동산에 대한 1번 저당권자가 취득하고, 이 경우 물상보증인 소유 부동산에 대한 후순위저당권자는 물상보증인에게 이전한 1번 저당권으로부터 우선하여 변제를 받을 수 있으며, 자기 소유 부동산이 먼저 경매되어 1번 저당권자에게 대위변제를 한 물상보증인은 1번 저당권을 대위취득하고, 물상보증인 소유 부동산의 후순위저당권자는 1번 저당권에 대하여 물상대위를 할 수 있다.

1번 저당권자가 물상보증인 소유부동산에서 채권의 만족을 얻었다고 하더라도 1번 저당권자의 미실행저당권을 포기하고 말소해주려면 물상보증인 소유 부동산의 후순위저당권자와 물상보증인의 동의를 얻어서 말소해야지 그렇지 않은 경우에는 불법 말소에 해당되어 손해배상책임의 대상이 될 수 있다(대법 2011다30666, 30673).

1) 물상보증인 소유 주택이 먼저 경매된 물건정보내역과 배당관계를 살펴보자!

① 물상보증인 소유물건의 경매정보내역

2006타경 00000		• 의정부 지법 본원		•매각기일: 2007.07.12(木) (10:30) • 경매 16계(전화:031-828-0336)			
소재지	경기도 가평군 청평면 상천리 000			도로명 주소검색			
물건종별	농 지		감정가	844,800,000원	기일입찰	【입찰진행내용】	
대지권	2816m² (851.84평)		최저가	(64%) 540,672,000원	구분	입찰기일	최저매각가격	결과
건물면적			보증금	(10%) 54,070,000원	1차	2007-05-03	844,800,000원	유찰
					2차	2007-06-07	675,840,000원	유찰
					3차	2007-07-12	540,672,000원	
매각물건	토지 매각		소유자	배구왕	낙찰: 612,350,000원 (72.4%)			
사건접수	2006-07-05		채무자	배구왕	입찰 4명, 낙찰: 성도령			
					매각결정기일: 2007.07.19-매각허가결정			
사건명	임의경매		채권자	하철수	대금납부 2007.08.20 / 배당기일 2007. 09. 21			

•등기부현황 (채권액합계 : 263,500,000원)						
NO	접수	권리종류	권리자	채권금액	비고	소멸여부
1	2003. 06. 24	근저당	국민은행 후곡지점	318,500,000원	말소기준등기	소멸
2	2003. 06. 24	지상권(토지의 전부)	국민은행		존속기간 : 2003.06.24~2033.06.24 30년	소멸
3	2003. 07. 02	소유권이전(매매)	배구왕			
4	2004. 10. 30	근저당	김한구	450,000,000원	채무자 : 배기선 물상보증인 : 배구왕	
5	2006. 03. 08	근저당	하철수	100,000,000원		소멸
6	2006. 07. 13	임의경매	하철수	청구금액 : 100,000,000원	2006타경00000	소멸
7	2006. 07. 13	가압류	하철수	50,000,000원		소멸
8	2006. 12. 18	임의경매	국민은행	청구금액 : 257,702,106원	2006타경00000	소멸

② 물상보증인 소유부동산이 먼저 경매되는 과정에서 배당관계는 다음과 같이 배당되었다.

매각대금 612,350,000원+매각대금이자 180,000원에서 집행비용을 빼고 나서 실제 배당할 금액은 608,507,142원이다.

- **1순위** : 국민은행 296,768,627원(경매신청채권액 257,702,106원+이자 39,066,521원)
- **2순위** : 김한구 근저당권 311,738,515원
- **3순위** : 하철수 근저당권 0원으로 종결되었다.

③ 민법 제368조 2항의 차순위 저당권자의 대위와 민법 제481조에 기한 물상대위의 범위

민법 제368조 2항의 차순위 저당권자의 대위의 범위는 물상보증인이 채무자를 대위해서 선순위 저당권자의 채무를 변제한 것이므로 변제금액 전액에 대해서 채무자에게 구상권을 취득함과 동시에 선순위 저당권자에 대해서 물상대위할 수 있는 권리를 갖게 되므로 물상보증인의 차순위 저당권자 역시 그 범위 내에서 민법 제368조 제2항에 따라서 선순위 저당권의 대위가 가능하고 이때 부기등기의 형식으로 등기가 가능하도록 공동저당 대위등기에 관한 업무처리지침(제정 2011.10.12 등기예규 제1407호)이 제정되었다. 어쨌든 후순위 저당권자인 하철수는 자기 채권액 1억원에 대해서 민법 제368조 제2항에 따른 물상대위가 가능하므로 부기등기를 할 수 있다.

④ **다른 후순위 담보물권자가 없으므로**

나머지 대위변제금액 211,738,515원은 물상보증인 배구왕은 민법 제481조, 482조에 기한 물상대위가 가능하므로 부기등기를 할 수 있다.

2) 채무자 소유 주택이 나중에 경매된 물건정보내역과 배당관계를 살펴보자.

① 채무자 소유물건의 경매정보내역

2009타경 00000		• 의정부 지법 고양지원	• 매각기일: 2009.12.17(木) (10:00) • 경매 6계(전화:031-920-6316)					
소재지	경기도 고양시 일산동구 장항동 000		도로명 주소검색					
물건종별	주 택	감정가	931,813,750원	기일입찰	【입찰진행내용】			
토지면적	217.7m²(65.854평)	최저가	(64%) 596,361,000원	구분	입찰기일	최저매각가격	결과
					1차	2009-10-15	931,813,750원	유찰
건물면적	303.61m²(91.842평)	보증금	(10%) 59,640,000원	2차	2009-11-19	745,451,000원	유찰
				3차	2009-12-17	596,361,000원	
매각물건	토지·건물 일괄 매각	소유자	백기선	낙찰: 728,999,000원 (78.23%)				
				입찰 7명, 낙찰: 이정기				
사건접수	2009-06-09	채무자	조남선	매각결정기일: 2009.12.24-매각허가결정				
사건명	임의경매	채권자	한국자산관리공사	대금납부 2010.01.27 / 배당기일 2010. 02. 26				

• 임차인현황 (말소기준권리 : 2008. 09. 10 / 배당요구종기일 : 2009. 08. 11)

임차인	점유부분	전입/확정/배당	보증금/차임	대항력	배당예상금액	기타
배철수	주거용 미상	전 입 일: 2009. 04.03 확 정 일: 미상 배당요구일: 없음	미상		배당금 없음	
백수진	주거용 1층 (방2칸)	전 입 일: 2009. 01.29 확 정 일: 2009. 02.03 배당요구일: 2009. 08.04	보35,000,000원	없음	소액임차인	
송골매	주거용 2층 (방2칸)	전 입 일: 2009. 04.23 확 정 일: 2009. 04.23 배당요구일: 2009. 08.04	보35,000,000원	없음	소액임차인	
조수미	주거용 미상	전 입 일: 2009. 05.07 확 정 일: 미상 배당요구일: 없음	미상		배당금 없음	
기타참고	임차인수: 4명, 임차보증금 합계: 70,000,000원 ▶ 조남선은 채무자인데 임차인인가가 의심스러우나 일단 만나지 못했기 때문에 임차인으로 등재하고, 각 점유, 보증금관계 미상. 채무자의 부인인 김정민의 전화통화에 의하면 자기는 잘 모르고 소유자와 통화만 해보라고 함.					

• 건물등기부 (채권액합계 : 1,030,000,000원)

NO	접수	권리종류	권리자	채권금액	비고	소멸여부
1	2002. 04. 30	소유권보존	백기선			
2	~~2004. 11. 1~~	~~근저당~~	~~김한구~~	450,000,000원	채무자 백기선 공동담보 경기도 고양시 일산구 장항동 000	
3	2008. 09. 10	근저당	한국자산관리공사	910,000,000원	채무자: 조남선 물상보증인: 백기선	
4	2008. 09. 12	근저당	차기정	120,000,000원	채무자: 백기선	소멸
5	2009. 06. 10	임의경매	한국자산관리공사	청구금액: 748,961,643원	2009타경00000	
6	2009. 06. 18	압류	고양시 일산 동구		세무과-12309	소멸

② 소유 부동산이 나중에 경매된 경우 배당관계는 다음과 같이 배당 되었다.

매각대금 728,999,000원+매각대금이자 180,000원에서 집행비용을 빼고 나서 실제 배당할 금액은 723,000,764원이다.

- **1순위** : 백수진 2,000만원 + 송골매 2,000만원(최우선변제금 1)
  - 소액임차인 결정기준은 한국자산관리공사 근저당권으로 6,000만원 이하인 경우 일정액 2,000만원을 최우선변제금으로 배당받게 된다.
- **2순위** : 고양시 일산 동구청 재산세 75만원(당해세 우선변제금 1)
- **3순위** : 자산관리공사 근저당권 682,250,764원이 된다.

여기서 유의할 점은 물상보증인 배구왕과 채무자 백기선을 공동담보한 선순위 김한구 근저당권이 불법 말소(김한구가 백기선으로부터 나머지 채권을 변제받고 말소)되고 새로운 근저당권이 설정됨에 따라 배당은 이와 같이 배당되었지만 실제로 물상대위의 권리를 가진 자가 김한구 근저당권에 대해서 말소되기 전에 또는 배당금이 지급되기 전에 대위행사를 통해서 그 권리를 행사하였다면 다음 ③과 같이 된다.

③ 민법 제368조 2항의 차순위 저당권자의 대위와 민법 제481조에 기한 물상대위의 범위

김한구 근저당권이 말소되지 않은 경우에는 다음과 같이 배당하게 된다. 실제 배당할 금액이 723,000,764원이므로

- **1순위** : 백수진 1,600만원 + 송골매 1,600만원(최우선변제금 1)
  김한구 근저당권을 기준으로 하는 소액보증금 중 일정액(4,000/1,600)
- **2순위** : 김한구 근저당 4억5천만원(우선변제금 1)
- **3순위** : 백수진 400만원 + 송골매 400만원(최우선변제금 2)
  자산관리공사를 기준으로 하는 소액보증금 중 일정액(6,000/2,000) 4순위 : 자산관리공사 근저당권 682,250,764원이 된다.

따라서 2순위에서 김한구 근저당에 배당된 금액 4억5천만원은 김한구 근저당이 선행된 물상보증인 배구왕 소유 부동산에서 이미 311,738,515원을 배당받아 미배당금 138,261,485원만을 먼저 배당받고 나머지 배당금액은 물상보증인의 대위변제금액이 되는데 이 대위변제금액에 대해서 후순위 저당권자인 하철수가 민법 제368조 제2항에 따라 후순위 저당권자의 대위가 가능한데 그 금액

은 1억원이고, 나머지 대위변제금액 211,738,515원은 물상보증인 배구왕이 민법 제481조, 482조에 기한 물상대위금액이 된다.

그러나 이 선순위 김한구 공동저당권이 불법으로 말소되어 후순위 저당권자와 물상보증인이 배당받지 못하는 손해가 발생하게 되었다.

(2) 불법행위로 인한 손해배상책임의 발생

물상보증인 배구왕 소유 부동산이 먼저 경매가 이루어져 공동근저당권자인 김한구가 우선변제를 받았는데, 배구왕 소유 후순위 저당권자 하철수가 배구왕(물상보증인) 명의로 대위의 부기등기를 하지않고 있는 동안 공동저당권자인 김한구가 임의로 채무자 백기선 소유 부동산에 설정되어있던 공동근저당권을 말소하였고, 그 후 채무자 백기선 소유 부동산에 한국자산관리공사(전 모아상호저축은행 근저당권양도) 명의의 근저당권이 설정되었다가 경매로 그 부동산이 제3자에게 매각되어 대금이 완납된 사안에서, 후순위저당권자 하철수가 매각대금 완납으로 더 이상 배구왕의 권리를 대위하여 공동근저당권설정등기의 회복등기절차 이행을 구하거나 경매절차에서 실제로 배당받은 자에 대하여 부당이득반환청구로서 배당금 한도 내에서 공동근저당권설정등기가 말소되지 않았더라면 배상받았을 금액의 지급을 구할 여지가 없으므로, 매각대금이 완납된 날 김한구의 공동근저당권 불법말소로 인한 하철수의 손해가 확정적으로 발생하였고, 배구왕(물상보증인) 소유 부동산의 매각대금으로 김한구가 배당을 받은 날과 공동근저당권이 말소된 날 사이에 하철수가 대위의 부기등기를 마치지 않은 사정만으로 김한구의 불법행위와 하철수의 손해 사이에 존재하는 인과관계가 단절된다고 할 수 없다고 한 사례.

배구왕 소유 부동산의 후순위 저당권자 하철수가 민법 제368조 제2항에 따라 김한구 근저당권에 부기등기로 물상대위를 하지않고 있는 동안 김한구가 임의로 채무자 백기선 소유부동산에 설정된 공동저당권을 말소하였고 그 후 백기선 소유 부동산에 자산관리공사 명의로 근저당권이 설정되었다가 경매로 매각된

사안에서 백기선과 하철수는 자산관리공사에 대항할 수 없다고 한 사례

이 사건은 다시 심리·판단하게 하기 위하여 원심법원에 환송된 사건으로 환송심사건 판결내용(2011. 2. 24. 서울고등법원 201나21308, 2010나30673)은 다음과 같다.

① 책임의 근거

앞에서 인정한 사실관계에 따라 물상보증인 배구왕 소유의 가평 논이 먼저 경매로 매각되어 그 매각대금에서 우선변제받은 근저당권자 김한구가 2007. 9. 21. 배당금 311,738,515원을 지급받은 때에 배구왕은 피고(채무자 백기선)에 대하여 구상권을 취득함과 동시에 민법 제481조, 482조의 규정에 의한 변제자대위에 기한 선순위 김한구 근저당권을 취득하고, 후순위 저당권자인 원고(하철수)는 이 근저당권에 대하여 물상대위할 수 있다.

원고가 미처 물상보증인 명의로 선순위 근저당권에 관한 부기등기를 마치지 못한 사이에 선순위근저당권을 말소할 권한이 없는 선순위공동저당권자 김한구와 피고인이자 채무자인 백기선이 이를 말소하였는바, 이는 원고에 대한 불법행위에 해당한다고 할 것이고, 새로이 권리를 취득한 제3취득자인 자산관리공사 근저당권과 차기정의 각 근저당권설정등기를 경료할 때까지 원고가 물상보증인 배구왕 명의로 선순위저당권에 관하여 대위의 부기등기를 마치지 아니하여 자산관리공사 근저당권에 대항할 수 없는 상태에서 또다시 경매가 진행되어 2010. 1. 27. 이정기가 낙찰받고 대금을 완납하였으므로, 원고는 더 이상 물상보증인 배구왕의 권리를 대위하여 근저당권설정등기의 회복등기 절차를 구하거나 그 경매절차에서 배당받은 자에 대해서 그 배당금의 한도 내에서 근저당권이 말소되지 않았다면 배당받았을 금액 상당을 부당이득반환으로 구할 여지가 없게 되었다 할 것이어서, 같은 날 피고와 김한구의 이 사건 근저당권에 대한 불법말소로 인한 원고의 손해는 확정적으로 발생하였으므로 원고가 부기등기를 경료하지 않은 사정만으로 피고와 김한구의 위 불법행위와 원고의 손해사이에 존재하는 인과관계가 단절된다고 할 수 없다.

② **책임의 제한**

다만 법률전문가가 아닌 피고가 이 사건 근저당권이 말소됨으로 물상보증인인 배구왕의 변제자 대위 및 후순위저당권자인 원고의 물상대위에 기한 권리가 침해된다는 사실을 알고서 이를 말소하였다고 보기는 어렵고, 원고로서도 상당 기간 선순위근저당권에 관한 부기등기를 경료하지 아니하는 등 스스로 자신의 권리보호를 위한 조치를 게을리 하였는바, 제반 사정을 모두 참작하면 피고의 책임을 공평의 원칙에 따라 원고의 손해액의 60%로 제한함이 상당하다.

③ **손해배상책임의 범위**

피고의 이 사건 근저당권 말소로 인한 원고의 손해액은 위 물상대위 한도액인 1억원이라 할 것이므로 6,000만원(1억원 × 60/100) 및 이에 대하여 원고가 구하는 바에 따라 2010. 12. 21.자 청구취지 및 청구원인변경신청서 부본 송달 다음 날임이 기록상 분명한 2011. 1. 1.부터 당심 판결 선고일인 2011. 12. 6.까지 민법에 정한 연 5%, 그 다음날로부터 다 갚는 날까지는 연 20%의 비율에 의한 금액을 지급할 의무가 있다 할 것이다.

(3) 채무자 소유부동산과 물상보증인 소유부동산이 동시에 매각된 경우에 배당은?

채무자 주택의 실제 배당할 금액이 723,000,764원이고, 물상보증인의 실제 배당할 금액은 608,507,142원이므로 동시 배당표를 작성하면 다음과 같이 된다. 여기서 유의할 점은 채무자와 물상보증인을 담보로 하는 공동저당권자에 대한 배당방법은 공동채무자에 대한 배당방법과 같이 경매대가를 기준으로 안분하는 것이 아니라 채무자의 배당금에서 우선 변제하고 부족한 경우만 물상보증인의 배당금에서 배당하게 된다는 사실이다.

순위번호	채무자 백기선 주택(723,000,764원)		물상보증인 배구왕 논(608,507,142원)	
1순위	① 백수진 : ② 송골매 :	16,000,000원 16,000,000원	국민은행 근저당 :	296,768,627원
2순위	김한구 :	450,000,000원	김한구근저당 :	0원
3순위	① 백수진 : ② 송골매 :	4,000,000원 4,000,000원	하철수 근저당 :	100,000,000원
4순위	자산관리공사 :	233,000,764원	하철수 가압류 :	50,000,000원
	배당잉여금 : 0원		배당잉여금 : 161,738,515원 배구왕에 배당한다.	

(4) 불법 말소된 근저당권의 손해배상청구에서 숨은 진주 NPL을 찾아라!

1) 이 재판은 후순위 저당권자 하철수만 불법말소로 인한 손해배상을 청구하여 원고 과실 40%를 제외한 6,000만원에 대해 손해배상으로 판결 받았는데,

2) 물상보증인 배구왕 역시 선순위공동저당권자 김한구와 피고인 채무자 백기선을 상대로 하철수 근저당권자와 같이 손해배상청구 소송을 진행하였다면 127,043,109원(211,738,515원 × 60%) 정도는 손해배상액으로 판결 받았을 것이라고 생각된다. 그런데 청구소송이 없어서 후순위 저당권자인 하철수만 보상을 받게 되었으므로 법에서는 자신의 권리를 주장하지 않으면 법원에서 알아서 해결하여 주지 못하니 스스로 자신의 권리를 찾도록 해야 한다는 교훈을 얻게 하는 판결 내용이다.

3) 다음으로 유의할 점은 하철수 근저당권이 채권최고액 1억을 초과하는 채권을 보전하기위해서 2006. 7. 13. 5,000만원을 채권가압류했는데 이 금액에 대해서 청구하는 것을 간과한 부분이 있다.

물론 우선변제권이 없는 후순위 일반채권자 즉 가압류채권자, 집행권원에 의한 배당요구 참가 채권자 등은 민법 제368조의 차순위 저당권에 포함된다고 볼 수가 없어서 후순위저당권자위 대위가 불가하겠지만, 상기에서 지적한 바와 같이 물상보증인이 변제자대위로서 대위권을 행사하지 않는 경우에는 물상보증인의 민법 제481조, 제482조의 규정에 의한 변제자대위에 기한 물상 대위를 채권

자대위로 통해서 할 수 있고 이 경우 127,043,109원(211,738,515원×60%)에서 5,000만원은 하철수 가압류권자가 보장받고 나머지 77,043,109원은 물상보증인 배구왕이 받을 수 있었을 것이다.

4) 불법 말소된 김한구 근저당권에 대한 손해배상청구권의 권리를 양도 받으면
① 물상보증인의 후순위 하철수 근저당권자의 손해배상청구권 1억원을 낮은 가격으로 양도 받아서 소송을 진행하게 된다면
② 물상보증인 배구왕의 변제자대위에 기한 손해배상청구권 211,738,515원을 낮은 가격으로 양도 받아서 소송을 진행하게 된다면 높은 수익이 예상된다.
③ 불법 말소된 김한구 근저당권을 새로운 소유자에게 변경되기 전까지만 말소회복청구를 통해서 회복시키고 물상대위가 이루어졌다면 311,738,515원의 범위 내에서 선순위 김한구 근저당권을 대위할 수 있으므로 하철수 후순위 저당권 대위 또는 배구왕의 변제자대위를 양도받는 경우 많은 수익이 예상된다.

경매의 핵심체크 포인트

담보권의 실행으로 부동산소유권을 상실한 물상보증인의 구상권

질문 저는 甲이 乙은행으로부터 대출을 받을 때, 저의 부동산에 乙은행을 채권자로 하는 근저당권을 설정하고 보증을 서주었습니다. 그런데 甲이 대출금을 갚지 않아 근저당권이 실행되면서 시가의 2/3의 가격으로 위 부동산이 경매처분 되었습니다. 그래서 저는 甲에게 구상권을 행사하려고 하는데, 그 범위를 위 대출금에 한정해야 하는지, 아니면 부동산시가대로 구상할 수도 있는지요.

답변 판례도 "경매목적물의 소유자가 경매로 인하여 입게 된 손해의 범위는 소유권을 상실할 당시의 그 목적물의 객관적인 교환가치이며, 비록 그 경매절차에서 경매신고인이 없어 2차에 걸쳐 최저경매가격이 저감된 후에야 경락되었다고 하더라도 제1차 경매기일에서의 평가액(최저경매가격)이 그 객관적인 교환가치이다."라고 하였습니다(대법원1996. 4. 23. 선고 95다42621 판결). 따라서 귀하는 甲으로부터 매각 당시의 시가(제1차 매각기일에서의 최저매각가격)와 매각대금간의 차액금과 매각대금 중 채권자 乙의 청구로 인한 변제 금액 및 변제로 인하여 면책된 날 이후의 총 변제금액에 대한 법정이자, 그리고 피할 수 없는 비용(집행 비용 등) 기타의 손해배상 등을 청구할 수 있다고 할 것입니다(민법 제441조 제2항, 제425조 제2항).

김선생의 특별과외

민법 368조 제2항에 따른 후순위저당권의 대위행사범위 및 청구금액에 관한 판례

(1) 대법원 2006.5.26. 선고 2003다18401 판결 【배당이의】
  1) 납세의무자 소유의 여러 부동산에 대하여 조세우선변제권이 행사된 경우, 공동저당권에 관한 민법 제368조가 유추 적용되는지 여부(적극)
  2) 공동저당의 목적인 여러 부동산이 동시에 경매된 경우, 차순위 저당권자의 대위권의 발생 시기(= 배당기일의 종료시)

(2) 납세의무자 소유의 수개의 부동산 중 일부가 먼저 경매되어 과세관청이 조세를 우선 변제받은 결과 그 경매부동산의 저당권자가 동시배당의 경우에 비하여 불이익을 받은 경우, 민법 제368조 제2항 후문을 유추 적용하여 저당권자가 조세채권자를 대위할 수 있는지 여부(적극) 및 그 대위권의 내용(대법 99다22311)

(3) 대법원 2000. 9. 29. 선고 2000다32475 판결
  1) 사용자 소유의 수 개의 부동산 중 일부가 먼저 경매되어 그 경매대가에서 선순위임금채권자들이 우선 변제를 받은 결과 그 경매 부동산의 저당권자가 임금채권이 동시 배당되는 경우보다 불이익을 받은 경우, 저당권자에게 민법 제368조 제2항 후문이 유추 적용되는지 여부(적극)
  2) 저당권자가 민법 제368조 제2항 후문에 의하여 선순위임금채권자를 대위하여 배당을 받기 위해서는 경락기일까지 배당요구를 하여야 하는지 여부(적극) 및 그러한 배당요구를 하지 아니하여 저당권자에게 배당되지 아니한 금원이 후순위채권자에게 배당된 경우, 그것이 법률 상 원인이 없는 것인지 여부(소극)
  3) 임금채권자를 대위하는 저당권자가 경매절차에서 경락기일까지 배당 요구를 하지 아니한 경우에도 경매목적 부동산에 대하여 임금채권자가 가압류를 한 경우 그 가압류채권액 한도 안에서 배당을 받을 수 있는지 여부(적극)(대법 2005다34391)

(4) 주택임대차보호법 제8조에 규정된 소액보증금반환청구권은 임차목적 주택에 대하여 저당권에 의하여 담보된 채권, 조세 등에 우선하여 변제 받을 수 있는 이른바 법정담보물권으로서, 주택임차인이 대지와 건물 모두로부터 배당을 받는 경우에는 마치 그 대지와 건물 전부에 대한 공동저당권자와 유사한 지위에 서게 되므로 대지와 건물이 동시에 매각되어 주택임차인에게 그 경매대가를 동시에 배당하는 때에는 민법 제368조 제1항을 유추 적용하여 대지와 건물의 경매대가에 비례하여 그 채권의 분담을 정하여야 한다(대법 2001다66291).

미리 알아두면 좋은 내용

근로복지공단의 임금채권보장법에 의한 체당금 지급과 변제자 대위

① 노동부장관은 사업주가 파산 등 대통령령이 정하는 사유에 해당하는 경우에 퇴직한 근로자가 지급받지 못한 임금 등에 대하여 지급을 청구하는 경우에는 민법 469조의 규정에 불구하고 그 근로자의 미지급임금 중 근로기준법 38조 2항 1호의 규정에 의한 최종 3개월분의 임금, 근로자퇴직 급여보장법 11조 2항의 규정에 의한 퇴직금 및 근로기준법 46조의 규정에 의한 휴업수당(최종 3월분에 한한다)을 사업주를 대신하여 지급하여야 하는데, 다만, 대통령령이 정하는 바에 따라 근로자의 퇴직 당시의 연령 등을 고려하여 그 상한액을 제한할 수 있다.

② 이 임금채권보장법 제6조에 따라 노동부장관이 대신 지급한 임금(체당금)에 대하여는 노동부장관이 당해 사업주에 대한 당해 근로자의 미지급 임금 등의 청구권을 대위하고, 근로기준법 제38조 2항의 규정에 의한 임금 채권우선변제권 및 근로자퇴직급여 보장법 제11조 2항의 규정에 의한 퇴직금 채권우선변제권은 1항의 규정에 의하여 대위되는 권리에 존속한다.

③ 한편 임금채권보장법 제6조의 규정에 의한 체당금의 지급과 같은 법 7조의 규정에 의한 청구권대위와 관련된 권한의 행사의 권한은 근로복지 공단에 위탁되어 있으므로 현재 체당금의 지급 및 그 지급에 의한 미지급 임금 등의 청구권대위는 근로복지공단의 업무로 되어 있다.

김선생의 특별과외

공동저당 대위등기에 관한 업무처리지침(제정 2011.10.12 등기예규 제1407호)

① 신청인(제2조)

　공동저당 대위등기는 선순위저당권자가 등기의무자로 되고 대위자(차순위저당권자)가 등기권리자로 되어 공동으로 신청하여야 한다.

② 신청정보(제3조)

　㉠ 공동저당의 대위등기를 신청할 때에는 규칙 제43조에서 정한 일반적인 신청정보 외에 매각부동산, 매각대금, 선순위저당권자가 변제받은 금액 및 매각 부동산 위에 존재하는 차순위저당권자의 피담보채권에 관한 사항을 신청정보의 내용으로 등기소에 제공하여야 한다.

　㉡ 등기의 목적은 "○번 저당권 대위"로, 등기원인은 "민법 제368조 제2항에 의한 대위"로, 그 연월일은 "선순위저당권자에 대한 경매대가의 배당기일"로 표시한다.

③ 첨부정보(제4조)

공동저당의 대위등기를 신청하는 경우에는 규칙 제46조에서 정한 일반적인 첨부정보 외에 집행법원에서 작성한 배당표 정보를 첨부정보로서 등기소에 제공하여야 한다.

④ 등록면허세(제5조)

공동저당의 대위등기를 신청할 때에는 매 1건당 3천원에 해당하는 등록면허세를 납부하고, 매 부동산별로 3천원에 해당하는 등기신청수수료를 납부하여야 한다. 공동저당의 대위등기를 신청하는 경우에는 국민주택 채권을 매입하지 아니한다.

⑤ 등기실행절차(제6조)

㉠ 공동저당 대위등기는 대위등기의 목적이 된 저당권등기에 부기등기로 한다.

㉡ 등기관이 공동저당 대위등기를 할 때에는 법 제48조의 일반적인 등기사항 외에 매각부동산 위에 존재하는 차순위 저당권자의 피담보채권에 관한 내용과 매각부동산, 매각대금, 선순위저당권자가 변제받은 금액을 기록하여야 한다.

⑥ 공동저당의 대위등기에 따른 등기 기록 례

【을 구】(소유권 이외의 권리에 관한 사항)				
순위번호	등기목적	접 수	등기원인	권리자 및 기타사항
1	근저당권 설정	2009년 10월 12일 제13578호	2009년 10월 11일 설정계약	채권최고액 금 300,000,000원 채무자 장동군 서울특별시 송파구 방이동 45 근저당권자 이병한 700407-1234567 서울특별시 종로구 혜화동 45 공동담보 토지 서울시 서초구 서초동 123
1-1	1번 근저당권 대위	2011년 11월 7일 제13673호	2011년 11월 4일 민법 제368조 제2항에 의한 대위	매각부동산 토지 서울시 서초구 서초동 123 매각대금 금 700,000,000원 변제액 금 250,000,000원 채권최고액 금 200,000,000원 채무자 장동군 서울시 송파구 올림픽대로45(방이동) 대위자 김희선 740104-2012345 서울특별시 송파구 송파대로 345(송파동)

공동저당의 대위등기 (부동산등기법 제80조)

등기관이 「민법」 제368조제2항 후단의 대위등기를 할 때에는 제48조에서 규정한 사항 외에 다음 각 호의 사항을 기록하여야 한다.
1. 매각 부동산(소유권 외의 권리가 저당권의 목적일 때에는 그 권리를 말한다)
2. 매각대금
3. 선순위저당권자가 변제받은 금액

04 채무자와 물상보증인 소유부동산이 동시에 매각될 때 잘못된 배당에 대한 이의소송

채무자 소유 부동산과 물상보증인 소유 부동산이 동시에 매각되는 실제 사례를 통해서 알아보자.

(1) 1심, 2심, 대법원의 판결 내용을 살펴보면 다음과 같다.

채권자 백마강은 채무자 김소라의 파주시 교하읍 교하리 100-39, 100-44 각 토지에 근저당권을 설정하면서 동시에 물상보증인 이만기 소유의 파주시 교하읍 100-8, 100-43 각 토지에 공동근저당권을 설정하였는데(한편, 이 사건 각 부동산 상에는 금촌농업협동조합 명의의 선순위근저당권이 개별적으로 설정되어 있었다), 그리고 채무자 김소라의 부동산에는 그 피고1 명의의 근저당권설정등기 및 피고 파주시 명의의 압류등기, 나머지 피고들 명의의 각 가압류등기가 경료되어 있었는데, 그 후 채권자 백마강에 의하여 의정부지방법원 고양지원

2005타경28088호로 임의경매절차가 진행되었고 채무자 김소라의 부동산과 물상보증인 이만기의 부동산이 매각되어, 경매법원이 이 사건 각 부동산의 경매대가에 비례하여 안분한 금액을 공동근저당권자인 백마강 근저당권자에게 배당한 후, 채무자 김소라의 부동산의 나머지 경매대가를 위 부동산에 관한 후순위권리자들인 피고들에게 순차로 배당하는 내용으로 배당표를 작성하게 되었다.

이에 원고 이만기(물상보증인)는 배당이의소송을 진행하게 되었는데, 제1심과 제2심에서는 원고는 근저당권자 백마강에게 대위변제된 345,920,840원이 민법 제481조, 제482조의 규정에 따라 물상보증인으로 대위변제한 원고에게 배당하여야 한다고 주장. 제1심 법원은 수개의 부동산에 대해 함께 경매가 이루어져 동시배당되는 경우에 아직 물상보증인 소유부동산의 경매대금에 의거 1번 저당권자가 변제받은 것이 아니어서 물상보증인은 채무자에 대해서 구상권을 취득하는 것도 아니고, 민법 제481조, 제482조의 변제자대위의 법리도 적용될 여지가 없고, 이러한 경우 민법 제368조 제1항에 따라 각 부동산의 경매대가에 비례하여 배당하면 족하다는 이유로 원고의 청구를 기각하였고, 제2심 법원 역시 제1심 법원 판결을 그대로 인용하여 원고의 항소를 기각하였다.

그러나 대법원의 판단은 다음과 같이 달라서 원심판결을 파기하고 원심법원으로 환송하게 되어 원심법원이 다시 판결하게 되있는데 그 내용은 다음과 같았다. 동시배당 시 물상보증인이 민법 제481조, 제482조의 규정에 의한 변제자대위에 의하여 채무자 소유 부동산에 대하여 담보권을 행사할 수 있는 지위에 있는 점 등을 고려할 때, ~민법 제368조 제1항은 적용되지 아니한다고 봄이 상당하다. 이 경우 경매법원으로서는 채무자 소유 부동산의 경매대가에서 공동저당권자에게 우선적으로 배당을 하고, 부족분이 있는 경우에 한하여 물상보증인 소유 부동산의 경매대가에서 추가로 배당을 하여야 한다(대법 2008다41475판결).

(2) 경매로 매각되기 전에 등기부상의 등기내용은

① 물상보증인 이만기 소유 토지 등기사항전부증명서 현황

(파주시 교하동 100-8번과 100-43번지 등기내역이 동일)

【을 구】 (소유권 이외의 권리에 관한 사항)
- 경기도 파주시 교하동 100-8 번지 등기부내역

순위번호	등기목적	접 수	등기원인	권리자 및 기타사항
9	갑구 5번 이만기 지분 전부 근저당권 설정	2003년 4월25일 제22874호	2003년 4월25일 설정계약	채권최고액 금 980,000,000원 채무자 이만기 파주시 조리읍 대원리 ○○○-○○○ 근저당권자 금촌농협 ○○○○○-○○○○ 파주시 금촌동 ○○○-○○○ 공동담보 토지 경기도 파주시 교하동 100-43
14	근저당권 설정	2004년 10월25일 제77271호	2004년 10월25일 설정계약	채권최고액 금 750,000,000원 채무자 김소라 파주시 교회읍 동패리 ○○○-○○○ 근저당권자 백마강 ○○○○○-○○○○ 경기도 부천시 원미구 중동 ○○○-○○○ 공동담보 토지 경기도 파주시 교하동 100-43 토지 경기도 파주시 교하동 100-39 토지 경기도 파주시 교하동 100-44

② 채무자 김소라 소유 토지 등기사항전부증명서 현황

(파주시 교하동 100-39번과 100-44번지 등기내역이 동일함)

【갑 구】 (소유권에 관한 사항)
- 경기도 파주시 교하동 100-39번지 등기부내역

순위번호	등기목적	접 수	등기원인	권리자 및 기타사항
6	가처분	2005년6월8일 제48803호	2005년5월3일 의정부지원 가처분결정 (2005카단3713)	피보전권리 소유권이전등기청구권 채권자 금촌 에너지 주식회사 경기도 파주시 교하읍 교하리 ○○○
7	가압류	2005년7월19일		청구금액 금 456,672,893원 채권자 주식회사국민은행 ×××××
8	가압류	2005년7월28일		청구금액 금 420,810,073원 채권자 농업협동조합중앙회 ×××××

9	가압류	2005년7월29일		청구금액 금 110,000,000원 채권자 신용보증기금 ××××××
10	가압류	2005년8월10일		청구금액 금 138,200,000원 채권자 대우캐피탈 ××××××
11	가압류	2005년9월5일		청구금액 금 390,300,000원 채권자 김철민 ××××××
12	가압류	2005년9월14일		청구금액 금 232,000,000원 채권자 기술신용보증기금 ××××××
14	가압류	2005년9월14일		청구금액 금 27,000,000원 채권자 박미숙
15	임의경매 개시결정	2005년11월24일 제98684호	2005년11월21일 고양지원(2005 타경○○○○호)	채권자 백마강 ×××××× 경기도 부천시 원미구 중동 ○○○-○○○
16	압류	2006년1월23일 제11540호		권리자 국 처분청 파주세무서

【을 구】(소유권 이외의 권리에 관한 사항)
– 경기도 파주시 교하동 100-39번지 등기부내역

순위번호	등기목적	접 수	등기원인	권리자 및 기타사항
1	갑구1번 김소라지분 전부 근저당권 설정	2003년 4월25일 제22873호	2003년 4월25일 설정계약	채권최고액 금 910,000,000원 채무자 김소라 파주시 조리읍 대원리 ○○○ 근저당권자 금촌농협 ○○○○-○○○ 파주시 금촌동 ○○○-○○○ 공동담보 토지 경기도 파주시 교하동 100-8
2	갑구2번 이만수지분 전부 근저당 권 설정	2003년 4월25일 제22874호	2003년 4월25일 설정계약	채권최고액 금 980,000,000원 채무자 이만기 파주시 조리읍 대원리 ○○○ 근저당권자 금촌농협 ○○○○-○○○ 파주시 금촌동 ○○○-○○○ 공동담보 토지 경기도 파주시 교하동 100-8
3	근저당권 설정	2004년 10월25일 제7727호	2004년 10월25일 설정계약	채권최고액 금 750,000,000원 채무자 김소라 파주시 교하읍 동패리 ○○○ 근저당권자 백마강 ○○○○-○○○ 경기도 부천시 원미구 중동 ○○○-○○○ 공동담보 토지 경기도 파주시 교하동 100-44 토지 경기도 파주시 교하동 100-08 토지 경기도 파주시 교하동 100-43

(3) 이 사건의 경매 진행내역을 살펴보면 다음과 같다.

2005타경 00000		• 의정부지법 고양지원		• 매각기일 : 2006.11.07(火) (10:00)		• 경매 1계(전화:031-920-6311)		
소재지	경기도 파주시 교하읍 교하리0000			도로명 주소검색				
물건종별	농 지		감정가	1,547,500,000원	기일입찰	【입찰진행내용】		
토지면적	4270m²(1291.675평)		최저가	(100%) 1,547,500,000원	구분	입찰기일	최저매각가격	결과
						2006-10-10	1,547,500,000원	변경
					1차	2006-11-07	1,547,500,000원	
건물면적			보증금	(10%) 154,750,000원	낙찰 : 2,755,050,000원 (178.03%)			
매각물건	토지매각		소유자	이만기	매각결정기일 : 2006. 11. 14 - 매각허가결정			
사건접수	2005-11-17		채무자	김소라	대금지급기한 : 2006. 12. 20			
					대금납부 2006. 12. 07			
사건명	임의경매		채권자	백마강	배당기일 2007. 01. 24			

● 매각토지 · 건물 현황 (감정원 : 한국감정평가 / 가격시점 : 2006. 02. 15)

목록		지 번	용도 / 구조 / 면적 / 토지이용계획		면적	m²당	감정가	기타
토 지	1	교하리 100-8 (이만기 소유)	관리지역 토지거래허가구역		전 1,000 m² (302.5평)	430,000원	430,000,000원	표준지 공시지가 : (m²) 140,000원
	2	교하리 100-39 (김소라 소유)	관리지역 토지거래허가구역		전 1,000 m² (302.5평)	550,000원	550,000,000원	
	3	교하리 100-43 (이만기 소유)	관리지역 토지거래허가구역		전 1,135 m² (343.338평)	250,000원	283,750,000원	
	4	교하리 100-44 (김소라 소유)	관리지역 토지거래허가구역		전 1,135 m² (343.338평)	250,000원	283,750,000원	
			면적소계 : 4270m²(1291.675평)			소계 : 1,547,500,000원		
감 정 가			토지 : 4270m²(1291.675평)			합계 : 1,547,500,000원		토지 매각

● 토지등기부 : 채권액합계 : 1,730,000,000원

NO	접수	권리종류	권리자	채권금액	비고	소멸여부
1	2003. 04. 25	이만기 지분 전부 근저당	금촌농협	980,000,000원	말소기준등기	소멸
2	2003. 04. 25	지상권(토지전부)	금촌농협		존속기간 : 2003.04.25~2032.04.25 만30년	소멸
3	2004. 03. 15	공유자 전원 지분이전	이만기		공유물 분할	
4	2004. 10. 25	근저당	백마강	750,000,000원		소멸
5	2005. 11. 24	임의경매	백마강	청구금액 : 640,200,000원	2005타경00000	소멸

(4) 위 매각절차에 배당표는 다음과 같이 작성되었다.

의정부고양지방법원 배당표

2005타경28○○○ 부동산임의경매

배당할 금액	금 2,761,395,832원
매각대금	금 2,755,050,000원
지연이자	금 0원
전경매보증금	금 0원
항고보증금	금 0원
매각대금이자	금 6,345,832원
집행비용	금 7,947,000원
실제 배당할 금액	금 2,753,448,832원
매각부동산	경기도 파주시 교하동 100-8번지 외 3필지

채권자		파주시	금촌농협(제22873)	금촌농협(제22874)	백마강	황소리	파주시
채권금액	원금	430,500원	749,946,122원	799,997,522원	500,000,000원	150,000,000원	14,116,760원
	이자	0원	79,842,383원	36,231,603원	461,250,000원	17,638,430원	0원
	비용	0원	0원	0원	0원	0원	0원
	계	430,500원	829,788,505원	836,229,125원	961,250,000원	167,638,430원	14,116,760원
배당순위		1	2	3	4	5	6
이유		당해세	근저당권자	근저당권자	경매신청 근저당권자	근저당권자	교부권자
채권최고액		430,500원	910,000,000원	980,000,000원	750,000,000원	150,000,000원	14,116,760원
배당액		430,500원	741,624,890원	634,884,276원	750,000,000원	150,000,000원	14,116,760원
잔여액		2,753,018,332원	2,011,393,442원	1,376,509,166원	626,509,166원	476,509,166원	462,392,406원
배당비율		100.00%	89.37%	75.92%	100.00%	100.00%	100.00%
공탁번호(공탁일)		금 제 호 (. .)	금 제 호 (. .)	금 제 호 (. .)	금 제 호 (. .)	금 제 호 (. .)	금 제 호 (. .)

→ 당해세 배당 후 이만기 1,269,769,139원 + 김소라 1,483,249,193원

채권자		국민은행	농협동조합중앙회	신용보증기금	기술신용보증기금	박미숙	금촌농업협동조합
채권금액	원금	456,672,893원	429,810,973원	111,943,986원	232,000,000원	27,000,000원	
	이자	0원	0원	20,241,926원	0원	0원	
	비용	0원	0원	0원	0원	0원	
	계	456,672,893원	429,810,973원	132,185,912원	232,000,000원	27,000,000원	
배당순위		7	7	7	7	7	8
이유		가압류권자	가압류권자	가압류권자	가압류권자	가압류권자	근저당권자
채권최고액		456,672,893원	429,810,973원	110,000,000원	232,000,000원	27,000,000원	
배당액		65,467,622원	61,616,757원	15,769,358원	33,259,011원	3,827,264원	282,452,394원
잔여액		396,924,784원	335,308,027원	319,538,669원	286,279,658원	282,452,394원	0원
배당비율		14.33%	14.33%	14.33%	14.33%	14.17%	
공탁번호(공탁일)		금 제 호 (. .)	금 제 호 (. .)	금 제 호 (. .)	금 제 호 (. .)	금 제 호 (. .)	금 제 호 (. .)

(5) 원고(물상보증인) 이만기의 배당이의 소송에서 승소하여 배당표는 다음과 같이 변경되었다.

대법 2008다41475 판결 원심판결을 파기하고 원심법원으로 환송하게 되어 원심법원이 다시 2010. 10. 20. (서울고등법원 2010나41418) 판결하게 되었는데, 그 내용은 다음과 같다.

수개의 부동산 중 일부는 채무자의 소유이고 일부는 물상보증인의 소유인 경우에는, 물상보증인이 민법 제481조, 제482조의 규정에 의한 변제자대위에 의하여 채무자 소유의 부동산에 대하여 담보권을 행사할 수 있는 지위에 있는 점 등을 고려할 때, 채무자 소유의 부동산에 관한 피담보채권액은 공동저당권의 피담보채권액 전액으로 봄이 상당하다(대법 2007다78234).

따라서 경매법원은 채무자 소유 부동산의 경매대가에서 공동저당권자에게 우선배당하고 부족분이 있으면 물상보증인 소유 부동산의 경매대가에서 추가로 배당하여야 한다.

그러므로 경매법원은 채무자 김소라 소유 토지 경매대가 중 배당잔액 741,663,139원에서 2순위 공동저당권자 백마강에게 우선배당하고 부족분 8,336,861원(= 750,000,000원 - 741,663,139원)에 한해서 물상보증인의 소유 토지의 경매대가에서 추가로 배당하여야 할 것이다. 즉 4순위 백마강 배당금을 채무자 지분에서 741,663,139원을 배당하고 부족분 8,336,861원만 물상보증인 이만기 지분에서 배당해야 한다.

따라서 황소리 배당액 150,000,000원, 파주시 배당액 14,116,760원, 국민은행 배당액 65,467,622원, 농업협동조합 배당액 61,616,757원, 신용보증기금 배당액 15,769,358원, 기술신용보증기금 배당액 33,259,011원, 박인수 배당액 3,827,264원을 각 삭제하고, 삭제된 배당금 344,056,772원을 원고 이만기(물상보증인)에게 배당하는 것으로 경정한다.

Part 12

법정지상권 성립 여부와 그 건물 임차인에 배당방법

01 법정지상권이란 어떠한 권리인가?

　법정지상권은 당사자 사이에 계약을 체결하지 않더라도 건물소유자가 법에서 정한 요건만 갖추고 있으면 법률적으로 당연히 지상권을 취득하는 것을 말하고, 관습법상 법정지상권은 관습에 의해서 성립되는 지상권이다.
　이들 모두 약정지상권과는 달리 등기부 상에 등기할 필요가 없다.

◆ 민법이 인정하는 법정지상권의 종류

(1) 건물전세권과 법정지상권

　대지와 건물이 동일한 소유자에게 속한 경우에 건물에 전세권을 설정한 때에는 그 대지 소유권의 특별승계인은 전세권설정자(건물소유자)에 대하여 지상권을 설정한 것으로 본다(민법 제305조제1항). 이는 건물에 전세권을 설정할 당시 건물과 대지가 동일인 소유였으나 그 후 토지소유자가 변경된 경우에는 건물소유자를 위하여 법정지상권이 성립된다. 이때 법정지상권자는 전세권자가 아니라 건물소유자가 취득하게 된다.

(2) 저당권과 법정지상권

　① 저당물의 경매로 인하여 토지와 그 지상건물이 다른 소유자에게 속한 경우에는 토지소유자는 건물소유자에 대하여 지상권을 설정한 것으로 본다(민법 제366조).

그러나 지료는 당사자의 청구에 의하여 법원이 이를 정한다. 또한 이 규정은 강행규정이므로 저당권 설정 당시 당사자의 특약으로 법정지상권 성립을 배제하는 것은 무효이다.

(3) 가등기 담보권과 법정지상권

① 토지 및 그 지상의 건물이 동일한 소유자에게 속하는 경우에 그 토지 또는 건물에 대하여 제4조 2항(청산금의 지급과 소유권의 취득)의 규정에 의한 소유권을 취득하거나 담보가등기에 기한 본등기가 행해진 경우에는 그 건물의 소유를 목적으로 그 토지 위에 지상권이 설정된 것으로 본다. 이 경우 그 존속 기간 및 지료는 당사자의 청구에 의하여 법원이 정한다(가담법 제10조).

② 담보가등기권리자는 그 선택에 따라 제3조에 따른 담보권을 실행하거나 담보목적부동산의 경매를 청구할 수 있다. 이 경우에도 민법 제366조의 법정지상권과 동일한 법리가 적용된다.

(4) 입목에 관한 법과 법정지상권

토지와 입목이 동일 소유자에게 속한 경우에 경매, 그 밖의 사유로 토지와 입목이 각각 다른 소유자에게 속하게 된 때에는 입목의 소유자가 법정지상권을 취득한다(입목법 제 6조1항).

여기서 입목이란 토지에 부착된 수목집단으로서 그 소유자가 이 법에 의해 소유권보존등기를 한 것(입목법 제2조1항). 입목은 이를 부동산으로 본다(입목법 제 3조1항). 따라서 입목등기된 수목만 법정지상권이 성립된다.

◆ 법정지상권의 성립 요건

(1) 토지와 건물의 소유자가 동일인이어야 한다.

① 관습법상의 법정지상권이 성립되기 위하여는 토지와 건물 중 어느 하나가 처분될 당시에 토지와 그 지상건물이 동일인의 소유에 속하였으면 족하고 원시적으로 동일인의 소유였을 필요는 없다(대법 95다9075).

② 가압류가 있고 그 가압류의 본 집행으로 강제경매가 진행된 경우에는, 애초 가압류가 효력을 발생하는 때를 기준으로 토지와 그 지상 건물이 동일인에 속하였는지를 판단해야 한다(대법 2010다52140 판결).

③ 가압류의 본압류로 강제경매가 진행돼 토지와 건물소유자가 달라졌더라도 그 가압류 이전에 근저당권이 있었다면 근저당권 설정 당시에 토지와 건물 소유자가 같았는지를 가지고 판단해야 한다(대법 2009다62059 판결).

(2) 토지에 저당권 설정 당시에 건물이 존재하여야 한다.

건물이란 미등기건물이든 무허가건물이든 즉(4개의 기둥과 벽, 지붕이 있고 이동이 용이하지 아니한 것으로 등기되었든 미등기이든 무허가건물이든) 모두가 인정된다.

(3) 단독저당인 경우에만 한한다.

토지나 건물 어느 한 쪽에만 저당권이 설정된 후에 경매를 통하여 토지소유자와 건물소유자가 달라졌을 것이어야 한다.
그러나 공동저당권 설정(건물과 토지에 함께 저당권 설정) 후 ⇨ 근저당 설정된 건물이 멸실되고 신축건물이 건축되었고 ⇨ 토지경매로 토지소유자와 건물소유자가 달라졌을 경우에는 법정지상권이 성립되지 않는다(대법 2009다66150 판결).

(4) 경매 등으로 인하여 토지와 건물소유자가 달라져야 한다.

◈ 법정지상권의 성립 시기

법정지상권의 성립 시기는 저당권자의 경매신청에 의해 토지와 건물의 소유자가 달라진 때로, 민사집행법 제135조는 낙찰대금을 완납과 동시에 경매에 의한 소유권을 취득한다. 따라서 법정지상권은 대금 완납과 동시에 발생하고 이 날이 지료 청구기준일이 된다. 법정지상권은 법률의 규정에 의해 당연히 취득하는 것으로 등기를 요하지 않는다(민법 제187조).

◈ 법정지상권의 존속기간

법정지상권의 존속기간은 약정지상권에서 존속기간의 정함이 없는 경우를 준용하게 되므로 다음 최단기간이 적용된다.

(1) 법정지상권의 최단존속기간(민법 제280조)

① 석조, 석회조, 연와조 또는 이와 유사한 견고한 건물이나 수목의 소유를 목적으로 하는 때에는 30년

② 전호 이외의 건물의 소유를 목적으로 하는 때에는 15년

③ 건물 이외의 공작물의 소유를 목적으로 하는 때에는 5년위 전항의 기간보다 단축한 기간을 정한 때에는 전항의 기간까지 연장한다.

(2) 존속기간을 약정하지 아니한 지상권(민법 제281조)

① 계약으로 지상권의 존속기간을 정하지 아니한 때에는 그 기간은 민법 제280조의 최단 존속기간으로 한다.

② 지상권 설정 당시에 공작물의 종류와 구조를 정하지 아니한 때는 지상권은 민법 제280조 제1항 제2호의 건물의 소유를 목적으로 한 것으로 본다.

③ 법정지상권의 존속기간 후 계약갱신청구권과 지상물매수청구권 법정지상권의 존속기간 경과 시 법정지상권자는 계약갱신청구권과 계약갱신을 원하지 않으면 지상물매수청구권을 행사할 수 있다.

◆ 법정지상권이 인정되는 범위

법정지상권자의 토지사용권의 범위는 건물의 대지에 한정되지 않고 건물의 유지와 사용에 필요한 범위 내에서 건물의 대지 이외의 주변토지까지 영향을 미친다.

민법 제366조 소정의 법정지상권이나 관습법상의 법정지상권이 성립한 후에 건물을 개축 또는 증축하는 경우는 물론 건물이 멸실되거나 철거된 후에 신축하는 경우에도 법정지상권은 성립하나, 다만 그 법정지상권의 범위는 구건물을 기준으로 하여 그 유지 또는 사용을 위하여 일반적으로 필요한 범위 내의 대지 부분에 한정된다(대법 96다40080).

◆ 지료청구 대상과 지료결정 방법

(1) 지료(地料)청구대상

토지 사용권원이 있는 경우(법정지상권이 성립되는 경우)는 물론 사용권원이 없더라도 협의에 의해서 지료를 청구할 수 있다.

① 타인 소유의 토지 위에 권원 없이 건물을 소유하고 있으나 실제로 이를 사용·수익하지 않고 있는 경우, 부당이득반환 의무의 유무(적극) (대법 98다2389 판결).

② 대지권이 없는 아파트 소유자가 아파트 부지를 불법 점유하는 것인지 여부(적극) 및 그 불법점유로 인한 부당이득의 범위(아파트의 대지권으로 등기되

어야 할 지분에 상응하는 면적에 대한 임료 상당의 부당이득을 얻고 있다(대법 91다40177 판결).

(2) 지료결정 방법

① 지료청구의 산정기준은 나대지 상태에서 판단하게 된다.

법원은 법정지상권자가 지급할 지료를 정함에 있어서 법정지상권이 설정된 건물이 건립되어 있음으로 인하여 토지의 소유권이 제한을 받는 사정은 이를 참작하여 평가하여서는 안 된다(대법 88다카18504 판결).

② 지료에 관하여서는 당사자 간의 합의에 의해서 정하는 것이 원칙이다.

당사자 간 합의가 안 되는 경우 법원에 지료청구소송을 제기(이때 지료청구는 토지소유자가 청구하는 것으로 7%선에서 청구하는 것이 보통이나 그 이상을 청구하기도 한다)

③ 그러나 법원이 지료를 결정할 때에는 감정평가를 통해서 평가된 금액을 기준으로 지료를 재산정하는 절차를 진행하게 된다(감정평가사가 대지가격을 나대지상태의 가격으로 산정하게 되는데 감정가액의 3~4% 정도가 된다).

④ 지료는 법정지상권이 성립한 날로부터 지급해야 된다.

⑤ 지료 연체로 인한 지연손해금은 지료청구가 확정판결 전까지는 연 5%, 이후에는 연 12%의 지연손해금 청구가 가능할 것으로 판단된다.

(2) 지료 2년분 이상 연체 시 법정지상권 소멸청구

① 협의 또는 법원에서 판결된 지료를 2년 이상 연체 시(이때 2년 연체는 연속해서가 아니라 2기분에 해당하는 금액 이상)에는 토지소유자는 법정지상권의 소멸을 청구할 수 있다.

법정지상권이 성립되고 그 지료액수가 판결에 의하여 정해진 경우에, 지상권자가 그 판결확정 후 지료의 청구를 받고도 그 책임 있는 사유로 상당한 기간 동안 지료의 지급을 지체한 때에는 그 지체된 지료가 판결확정의 전후에 걸쳐 2년분 이상일 경우에도 토지소유자는 민법 제287조에 의하여 지상권의 소멸을 청구할 수 있다 할 것이고, 위 판결확정일로부터 2년 이상 지료의 지급을 지체하여야만 지상권의 소멸을 청구할 수 있는 것은 아니다.

② 법정지상권이 소멸되면 토지소유자는 지상건물 철거 및 토지인도 청구소송을 제기하여 토지를 반환받을 수 있다. 이와 동시에 지료연체를 이유로 한 지료판결문을 갖고 지상건물에 대하여 강제경매를 청구할 수 있다.

③ 지료연체로 법정지상권이 소멸되면 법정지상권이 성립되었던 건물의 임차인이나 전세권자, 그리고 유치권자 등의 권리도 함께 없어지게 된다(대법 2010다43801 판결).

(3) 지료지급에 대한 약정이 없는 경우

당사자 사이에 지료에 관한 협의가 있었다거나, 법원에 의하여 지료가 결정되었다는 아무런 입증이 없고 법정지상권에 관한 지료가 결정된 바 없다면, 법정지상권자가 지료를 지급하지 않았다고 하더라도 지료지급을 지체한 것으로는 볼 수 없으므로, 법정지상권자가 2년 이상의 지료를 지급하지 아니하였음을 이유로 한 토지소유자의 지상권 소멸청구는 이유가 없다는 것이 당원의 견해이다(대판 93다52297 판결).

02 법정지상권이 성립되는 사례와 그 건물임차인에 대한 배당

◆ 토지에 저당권이 설정될 당시 그 지상에 건물이 존재한 경우

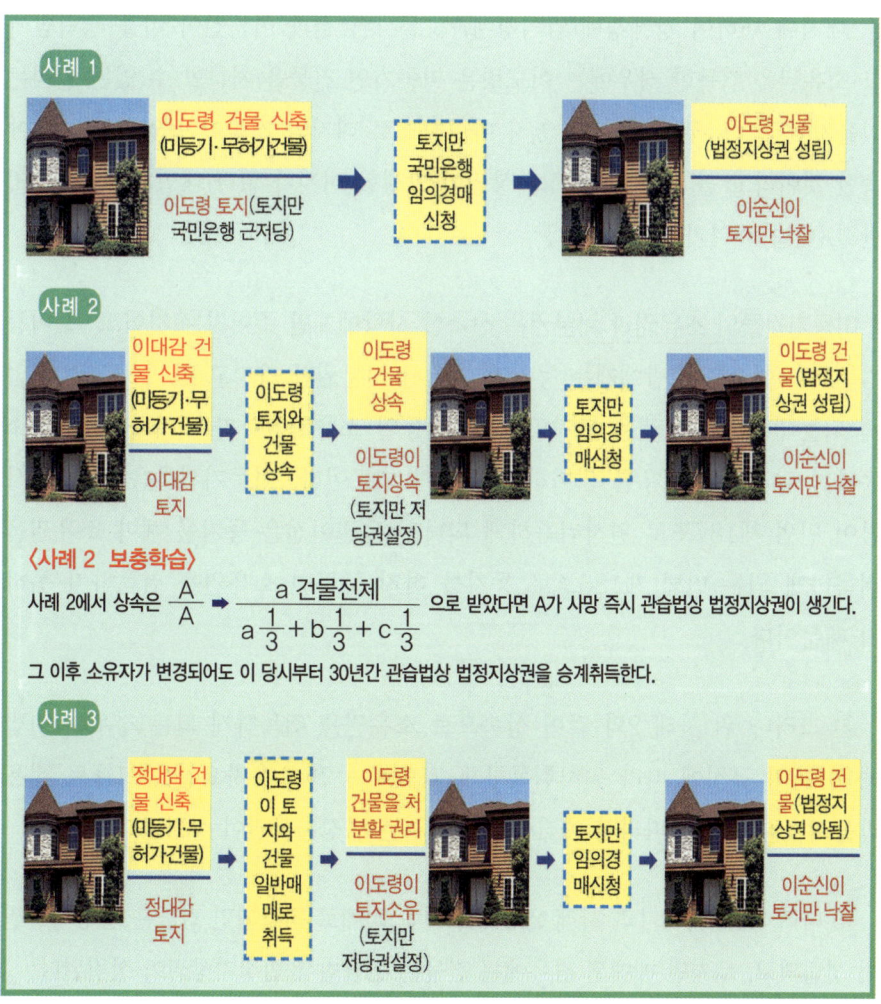

① 사례 1에서는 토지만 경매로 매각되면 이도령 건물은 법정지상권이 성립되고, 토지만 매매된 경우에는 이도령 건물은 관습법상 법정지상권이 성립된다.

그리고 **이도령 주택의 임차인** 등은 토지매각대금 중에서 소액보증금 중 일정액을 토지저당권자에 우선변제 받을 수 있음과 동시에 토지저당권자와 임차인의 확정일자의 우선순위에 따라서 우선변제도 받을 수 있다.

② 사례 3과 같이 정대감의 소유인 대지와 그 지상에 신축된 미등기건물을 이도령이 함께 일반매매로 취득 후 건물에 대하여는 미등기상태로 두고 있다가 이 중 대지에 대하여 강제경매(임의경매)가 실시된 결과 이순신이 이를 경락받아 그 소유권을 취득한 경우에는 이도령은 미등기인 건물을 처분할 수 있는 권리는 있을지언정 소유권은 가지고 있지 아니하므로 대지와 건물이 동일인의 소유에 속한 것이라고 볼 수 없어 법정지상권이 발생할 여지가 없다(대법 2002다9660 판결)(대법 88다카2592).

미등기건물의 소유권과 처분권은 신축한 사람에게만 주어지는 것이고 그 미등기주택을 매수한 사람에게는 등기가 없어서 처분권만 가지고 있고 소유권이 없게 되는데 법정지상권은 토지와 건물의 동일 소유자였다가 토지와 건물의 소유자가 달라지는 경우를 의미하는 것이기 때문이다. 미등기건물을 신축한 사람이 민법 제187조로 원시취득하게 되나 소유권이전은 등기를 해야 소유권을 취득하게 되는 민법 제186조로 등기를 하지 못하면 소유권을 취득하지 못하기 때문이다.

③ 그러나 위 사례 2와 같이 상속으로 소유권을 취득하게 되는 경우는 민법 제187조의 규정에 따라 원시취득하게 되므로 동일 소유자요건을 그대로 적용받을 수 있게 된다. 따라서 이러한 사례에서는 법정지상권이 성립된다.

④ 따라서 위 사례 1과 사례 2에서 토지만 경매로 매각되면 건물은 법정지상권이 성립되고, 토지만 매매된 경우에는 건물은 관습법상 법정지상권이 성립된다.

그리고 주택의 임차인 등은 토지매각대금 중에서 소액보증금 중 일정액을 토지저당권자에 우선변제 받을 수 있음과 동시에 토지저당권자와 임차인의 확정일자의 우선순위에 따라서 우선변제도 받을 수 있다.

◈ 신축 도중에 설정된 저당권으로 건물소유자가 변경된 경우

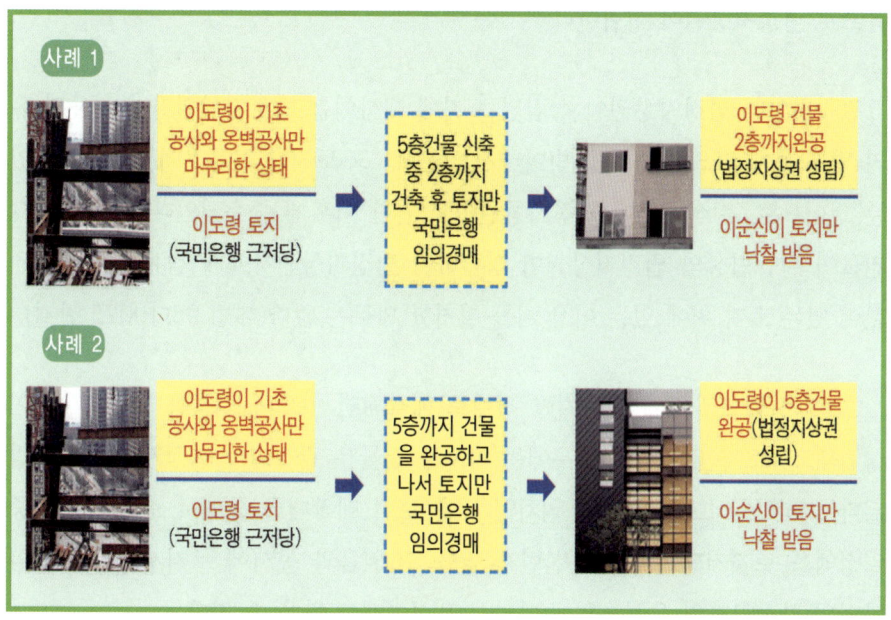

① 토지에 저당권이 설정될 당시 그 지상에 건물을 위 토지 소유자에 의하여 건축 중 이었고, 그것이 사회 관념상 독립된 건물로 볼 수 있는 정도에 이르지 않았다고 하더라도 건물의 규모, 종류가 외형상 예상할 수 있는 정도까지 건축이 진전되어 있는 경우(사례 1과 사례 2)에는, 저당권자는 완성될 건물을 예상할 수 있으므로 법정지상권을 인정하여도 불측의 손해를 입는 것이 아니며 사회경제적으로도 건물을 유지할 필요가 인정되기 때문에 법정지상권의 성립을 인정함이 상당하다(대법 92다7221 판결).

다만 토지저당권에 의해 실행된 경매절차에서 낙찰자가 대금을 납부하기 전까지 독립적인 건물형태를 갖추고 있어야 한다.

② 사례 1에서와 같이 2층까지 법정지상권이 성립되고 나서 사례 2와 같이 5층까지 완공하는 경우도 나머지 3층~5층 건물은 본래 건물(2층 건물)의 부합물에 해당되고, 저당권자 역시 5층까지 건물 신축을 예견하고 저당권을 설정하였음으로 법정지상권이 성립한다.

관습법상의 법정지상권이 성립된 토지에 대하여는 법정지상권자가 건물의 유지 및 사용에 필요한 범위를 벗어나지 않은 한 그 토지를 자유로이 사용할 수 있는 것이므로, 지상건물이 법정지상권이 성립한 이후에 증축되었다 하더라도 그 건물이 관습법상의 법정지상권이 성립하여 법정지상권자에게 점유·사용할 권한이 있는 토지 위에 있는 이상 이를 철거할 의무는 없다(대법 95다9075 판결).

③ 이 사례 1과 2에서 토지만 경매로 매각되면 이도령 건물은 법정지상권이 성립되고, 토지만 매매된 경우에는 이도령 건물은 관습법상 법정지상권이 성립된다. 그리고 **이도령 주택의 임차인** 등은 토지 매각대금 중에서 소액보증금 중 일정액을 토지저당권자에 우선변제 받을 수 있음과 동시에 토지저당권자와 임차인의 확정일자의 우선순위에 따라서 우선변제도 받을 수 있다.

◆ 법정지상권 성립 후, 증축, 개축 또는 신축된 경우에 법정지상권 성립여부

① 민법 제366조 (=저당물의 경매로 인하여 토지와 그 지상건물이 다른 소유자에 속한 경우에는 토지소유자는 건물소유자에 대하여 지상권을 설정한 것으로 본다. 그러나 지료는 당사자의 청구에 의하여 법원이 이를 정한다) 소정의 법정지상권이 성립하려면 저당권의 설정 당시 저당권의 목적이 되는 토지 위에 건물이 존재하여야 하는 것이고, 저당권 설정 당시 건물이 존재한 이상 그 이후 건물을 개축, 증축하는 경우는 물론이고 건물이 멸실되거나 철거된 후 재축, 신축하는 경우에도 법정지상권이 성립한다 할 것이며, 이 경우의 법정지상권의 내용인 존속기간 범위 등은 구 건물을 기준으로 하여 그 이용에 일반적으로 필요한 범위 내로 제한된다고 할 것이다(대법 90다카6399 판결)(대법 94다40080, 92다9388, 대법 92다20330, 대법 90다카6399 판결).

② 관습법상의 법정지상권이 성립된 토지에 대하여는 법정지상권자가 건물의 유지 및 사용에 필요한 범위를 벗어나지 않은 한 그 토지를 자유로이 사용할

수 있는 것이므로, 지상건물이 법정지상권이 성립한 이후에 증축되었다 하더라도 그 건물이 관습법상의 법정지상권이 성립하여 법정지상권자에게 점유·사용할 권한이 있는 토지 위에 있는 이상 이를 철거할 의무는 없다(대법 95다9075 판결).

③ 상기 사례에서도 법정지상권이 성립되고 <u>이도령 주택의 임차인</u> 등은 토지 매각대금 중에서 소액보증금 중 일정액을 토지저당권자에 우선변제 받을 수 있음과 동시에 토지저당권자와 임차인의 확정일자의 우선순위에 따라서 확정일자에 의한 우선변제도 받을 수 있다.

◆ **법정지상권이 있는 건물을 낙찰받을 경우 법정지상권의 승계 취득 여부(적극)**

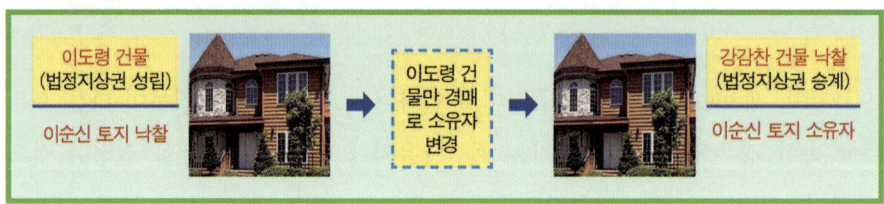

건물 소유를 위하여 법정지상권을 취득한 자로부터 경매에 의하여 그 건물의 소유권을 이전받은 경락인은 경락 후 건물을 철거한다는 등의 매각조건 하에서 경매되는 등 특별한 사정이 없는 한 건물의 경락취득과 함께 위 지상권도 당연히 취득한다(대법 84다카1578).

여기서 토지에 법정지상권을 가질 수 있음에도 법정지상권을 주장하지 않겠다고 협의하였을 경우 이는 당사자 간의 채권적 계약이므로 법정지상권을 배제한다는 특약은 그 효력이 없다.

◆ 공동근저당권이 설정되고 나서 그 건물과 토지소유자가 달라진 경우

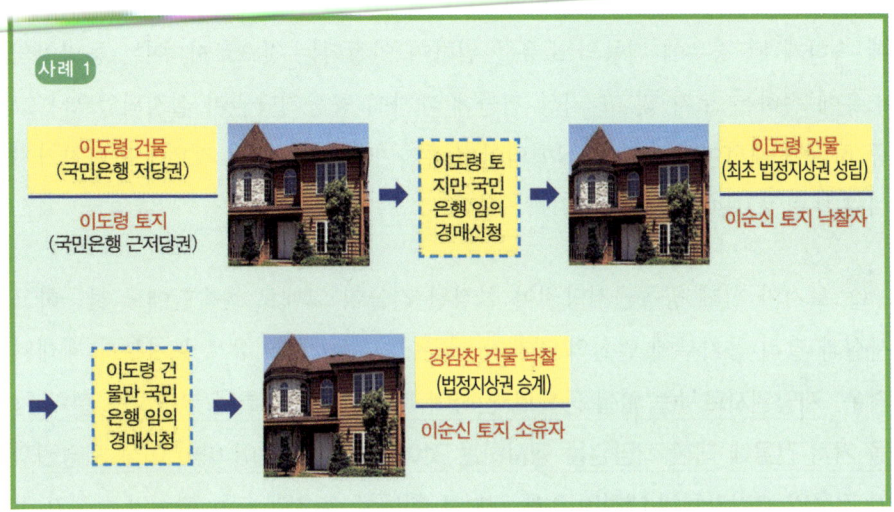

① 민법 제366조의 법정지상권은 저당권 설정 당시에 동일인의 소유에 속하는 토지와 건물이 저당권의 실행에 의한 경매로 인하여 각기 다른 사람의 소유에 속하게 된 경우에 건물의 소유를 위하여 인정되는 것으로서, 이는 동일인의 소유에 속하는 토지 및 그 지상 건물에 대하여 공동저당권이 설정되었으나 그 중 하나에 대하여만 경매가 실행되어 소유자가 달라지게 된 경우에도 마찬가지이다(대법 2012다108634 판결).

② 토지와 함께 공동근저당권이 설정된 건물이 그대로 존속함에도 불구하고 사실과 달리 등기부에 멸실의 기재가 이루어지고 이를 이유로 등기부가 폐쇄된 경우, 저당권자로서는 멸실 등으로 인하여 폐쇄된 등기기록을 부활하는 절차 등을 거쳐 건물에 대한 저당권을 행사하는 것이 불가능한 것이 아닌 이상 저당권자가 건물의 교환가치에 대하여 이를 담보로 취득할 수 없게 되는 불측의 손해가 발생한 것은 아니라고 보아야 하므로, 그 후 토지에 대하여만 경매절차가 진행된 결과 토지와 건물의 소유자가 달라지게 되었다면 그 건물을 위한 법정지상권은 성립한다 할 것이고, 단지 건물에 대한 등기부가 폐쇄되었다는 사정만으로 건물이 멸실된 경우와 동일하게 취급하여 법정지상권이 성립하지 아니한다고 할 수는 없다(대법 2012다108634 판결).

③ 강제경매의 목적이 된 토지 또는 그 지상 건물에 관하여 강제경매를 위한 압류나 그 압류에 선행한 가압류가 있기 이전에 저당권이 설정되어 있다가 그 후 강제경매로 인해 그 저당권이 소멸하는 경우에는, 그 저당권 설정 이후의 특정 시점을 기준으로 토지와 그 지상 건물이 동일인의 소유에 속하였는지 여부에 따라 관습법상 법정지상권의 성립 여부를 판단하게 되면, 저당권자로서는 저당권 설정 당시를 기준으로 그 토지나 지상 건물의 담보가치를 평가하였음에도 이후에 토지나 그 지상 건물의 소유자가 변경되었다는 외부의 우연한 사정으로 인하여 자신이 당초에 파악하고 있던 것보다 부당하게 높아지거나 떨어진 가치를

가진 담보를 취득하게 되는 예상하지 못한 이익을 얻거나 손해를 입게 되므로, 그 저당권 설정 당시를 기준으로 토지와 그 지상 건물이 동일인에게 속하였는지 여부에 따라 관습법상 법정지상권의 성립 여부를 판단해야 한다(대법 2009다62059 판결).

④ 그러나 공동저당권이 설정된 후 그 지상 건물이 철거되고 새로 건물이 신축되어 두 건물 사이의 동일성이 부정되는 결과 공동저당권자가 신축건물의 교환가치를 취득할 수 없게 되었다면, 공동저당권자의 불측의 손해를 방지하기 위하여, 특별한 사정이 없는 한 저당물의 경매로 인하여 토지와 그 신축건물이 다른 소유자에 속하게 되더라도 그 신축건물을 위한 법정지상권은 성립하지 않는다(대법 2012다108634 판결).

03 법정지상권이 성립되지 않는 사례와 그 건물임차인에 배당분석

◆ 나대지에 저당권이 설정되고 건물을 신축 후 토지만 경매된 경우

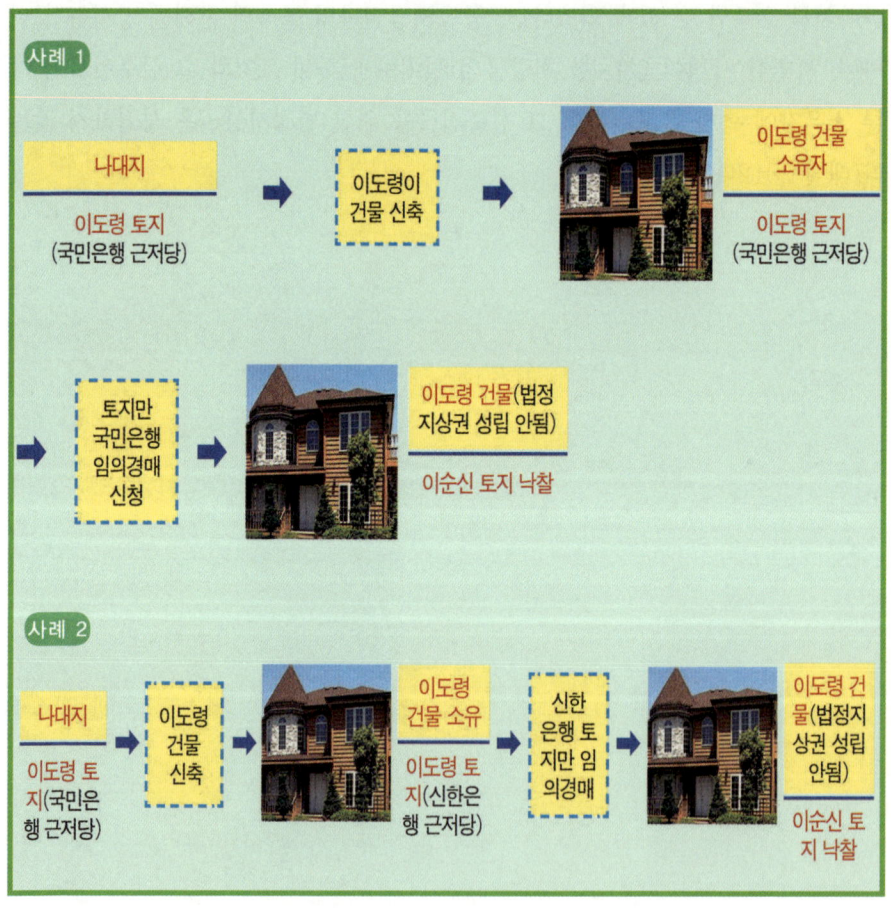

① 건물 없는 토지에 대하여 저당권이 설정된 후 저당권설정자가 그 위에 건물을 건축하였다가 담보권의 실행을 위한 경매절차에서 경매로 인하여 그 토지와 지상 건물이 소유자를 달리하였을 경우에는 법정지상권(민법 제366조)뿐만 아니라 관습법상 법정지상권도 인정되지 않는다(대법 95마1262, 78다630, 73다1485, 65다1404). 따라서 토지 낙찰자 이순신은 토지 인도 및 건물 철거를 주장할 수 있다.

② 나대지상(저당권 설정 당시 건물이 부존재)에서 토지만 저당권 설정 후 건물을 신축하였다면 토지저당권자의 경매신청에 의해서 토지가 매각되었다면 법정 지상권은 성립되지 아니하고 건물은 철거를 당할 수밖에 없다. 이는 건물소유자는 대지 저당권자 및 그 저당권 실행으로 낙찰받은 매수인에게 대항할 수가 없기 때문이다. 따라서 법정지상권이 성립하지 못하는 건물의 임차인 역시 저당권자에게 대항할 수 없다.
그리고 신축된 건물의 임차인은 토지저당권자에 우선하여 토지매각대금에서 소액보증금 중 일정액은 우선변제받지 못한다. ~생략, 저당권 설정 후에 비로소 건물이 신축된 경우에까지 공시방법이 불완전한 소액임차인에게 우선변제권을 인정한다면 저당권자가 예측할 수 없는 손해를 입게 되는 범위가 지나치게 확대되어 부당하므로, 이러한 경우에는 소액임차인은 대지의 환가대금에 대하여 우선변제를 받을 수 없다고 보아야 한다(대법 99다25532).
이 경우 토지저당권자가 토지매각대금에서 1차적으로 우선변제 받고난 다음의 경매대가(선순위채권을 공제한 배당잔여금)에서만 소액보증금 중 일정액과 확정일자 우선변제금을 받을 수 있다.

③ 사례 2에서 토지에 1번 저당권을 설정한 자가 건물을 축조하고 다시 2번 저당권을 설정한 후 저당권이 경매 실행된 경우에 법정지상권은 인정되지 않는다. 2번 저당권이 1번 저당권을 승계한다는 것이 판례의 입장이다. 1번 저당권을 승계하기 때문에 나대지 상태로 토지를 평가하기 위해서 법정지상권은 인정되지 않는다.

◆ 나대지에 저당권이 설정되고, 신축건물만 다른 저당권을 설정한 경우

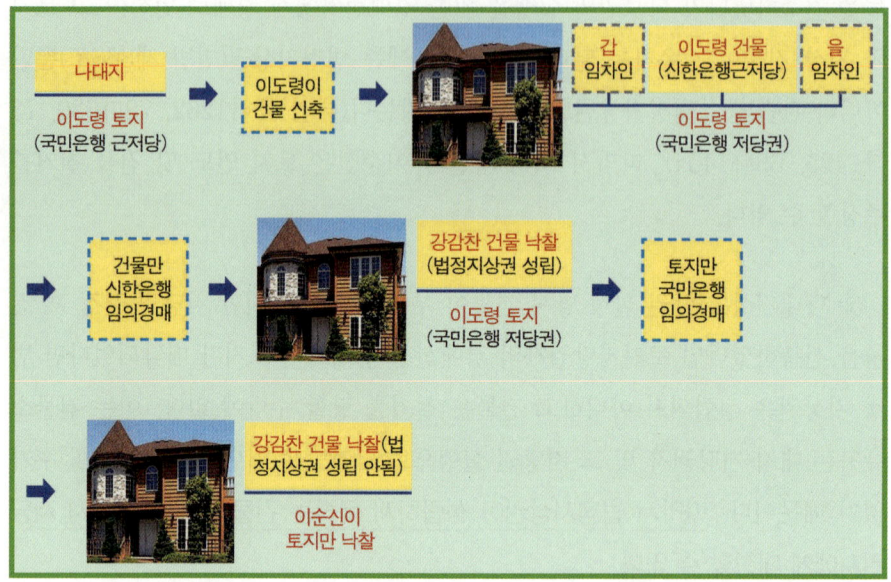

① 이 사례에서 강감찬 건물낙찰자와 이도령 토지소유자 간에 법정지상권 성립문제가 대두되는데 정 낙찰자는 건물에 저당권 설정 당시에 토지상에 건물이 존재했으므로 법정지상권이 성립된다.

② 그러나 추후 토지에 저당권이 실행되면 토지 낙찰자에게는 토지에 저당권 설정 당시에 건물이 존재하지 않았기 때문에 토지 낙찰자에게 건물에 대한 법정지상권을 주장할 수 없게 된다.

③ 건물 또는 토지만 경매가 이루어진 경우 임차인의 대항력과 우선변제권은 어떻게 될까? 임차인은 건물을 사용·수익 목적으로 계약한 것이므로, 대항력은 건물의 말소기준권리를 가지고 판단한다. 따라서 건물만 매각 시 갑은 대항력 있는 임차인이고 을은 대항력이 없다.

우선변제권도 소액임차인의 최우선변제금과 확정일자부 우선변제금을 배당받게 된다. 그러나 토지만 경매로 매각되는 경우 대항력이 없어서, 우선변제권으로 배당 받고 소멸되므로, 매수인은 임차인을 인수하지 않는다.

임차인이 소액임차인에 해당되어도 건물이 없는 빈땅에 설정된 토지저당권자에 우선하여 최우선변제금을 배당받을 수 없고 토지저당권자가 우선배당 받고 후순위로 배당받게 된다.

◆ 토지에 저당권이 설정될 당시 그 지상에 건물이 존재한 경우

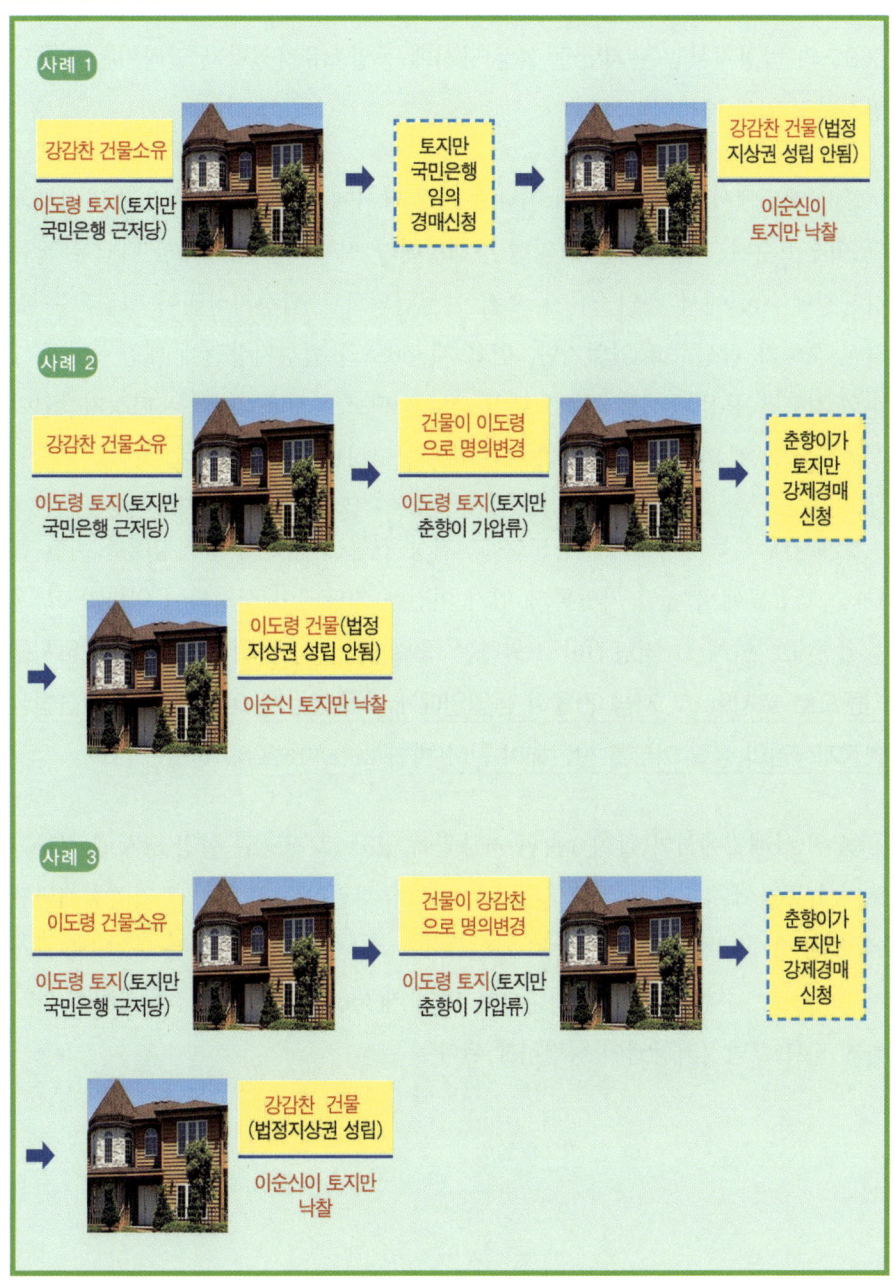

① 위 사례 1에서와 같이 저당권 설정 당시 건물소유자와 토지소유자가 다른 경우에는 민법 제366조의 법정지상권은 성립되지 않는다. 왜냐하면 민법 제366조의 법정지상권은 저당권 설정 당시에 동일소유자였다가 달라지는 경우만 인정하고 있기 때문이다.

② 사례 2에서와 같이 1순위 저당권 설정 당시에 건물과 토지소유자가 다르고 그 이후 2순위 가압류채권에 의해 강제경매가 진행되는 상황에서 가압류 또는 강제경매 시점에서 동일소유자 요건이 성립되므로 법정지상권이 성립되는 것 같이 오해가 발생하고 있었지만, 민법 제366조의 법정지상권에 대한 판단은 1순위 저당권 설정 당시를 기준으로 판단하게 되므로 사례 2에서는 법정지상권이 성립되는 않게 된다는 내용을 다음 판례를 참고하면 알 수 있다.

강제경매의 목적이 된 토지 또는 그 지상 건물에 관하여 강제경매를 위한 압류나 그 압류에 선행한 가압류가 있기 이전에 저당권이 설정되어 있다가 그 후 강제경매로 인해 그 저당권이 소멸하는 경우에는, **그 1순위 저당권 설정 당시를 기준으로 토지와 그 지상 건물이 동일인에게 속하였는지 여부에 따라 관습법상 법정지상권의 성립 여부를 판단해야 한다**(대법 2009다62059 판결).

③ 위 사례 3에서와 같이 1순위 저당권이 있고 그 저당권 설정 당시에 건물과 토지가 동일 소유자였는데 그 후 2순위 가압류채권이 등기되고 그 가압류채권자에 의해 강제경매가 될 때 2순위 가압류 또는 강제경매 당시에는 동일소유자가 아니더라도 1순위 저당권을 기준으로 민법 제366조에 기한 법정지상권을 판단하게 되므로 법정지상권이 성립하게 된다.

◆ 토지와 그 지상 미등기건물을 양수하였다가 토지만 매각 시 법정지상권은?

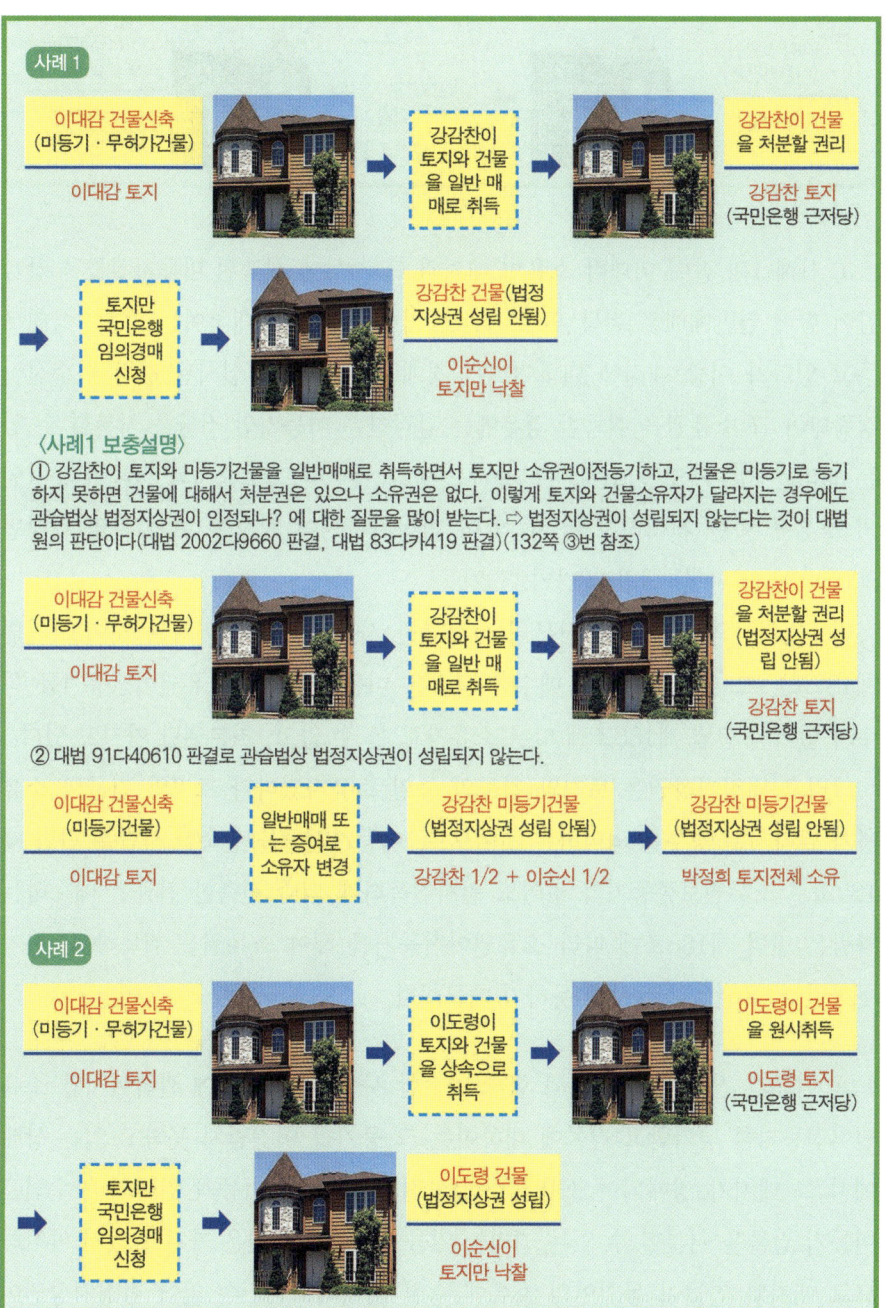

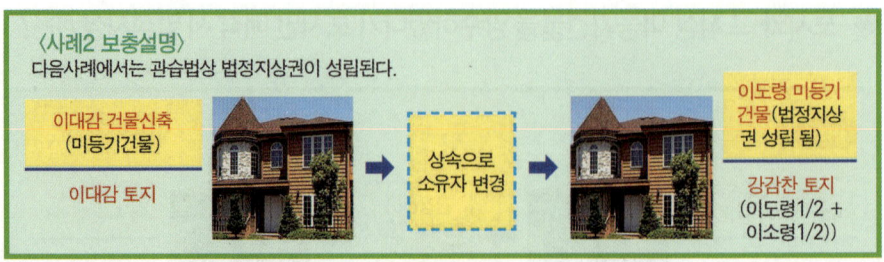

① 사례 1과 같이 이대감 소유인 대지와 그 지상에 신축된 미등기건물을 강감찬이 함께 일반매매로 취득 후 토지만 등기하고 건물에 대하여는 미등기상태로 두고 있다가 이중 대지에 대하여 임의경매(강제경매)가 실시된 결과 이순신이 경락받아 그 소유권을 취득한 경우에는 강감찬은 미등기인 건물을 처분할 수 있는 권리는 있을지언정 소유권은 가지고 있지 아니하므로 대지와 건물이 동일인의 소유에 속한 것이라고 볼 수 없어 법정지상권이 발생할 여지가 없다(대법 2002다9660 판결)(대법 88다카2592).

미등기건물의 소유권과 처분권은 신축한 사람에게만 주어지는 것이고(민법 제187조), 그 미등기주택을 매수한 사람은 미등기주택을 소유권이전등기를 할 수가 없어서 민법 제186조에 따른 소유자로 볼 수 없고, 처분권만 가지고 있다.

그리고 법정지상권은 토지와 건물의 동일 소유자였다가 토지와 건물의 소유자가 달라지는 경우를 의미하는 것이므로, 미등기건물을 신축한 사람은 민법 제187조로 소유권보존등기가 없어도 원시취득하게 되나 신축한 건물을 매수하는 사람은 민법 제186조에 따라 소유권이전등기를 해야 소유권을 취득하고, 하지 못하면 소유권을 취득하지 못하기 때문이다.

② 미등기 건물을 그 대지와 함께 양수한 사람이 그 대지에 관하여서만 소유권이전등기를 넘겨받고 건물에 대하여는 그 등기를 이전받지 못하고 있는 상태에서 그 대지가 경매되어 소유자가 달라진 경우에는, 미등기 건물의 양수인은 미등기 건물을 처분할 수 있는 권리는 있을지언정 소유권은 가지고 있지 아니하므로 대지와 건물이 동일인의 소유에 속한 것이라고 볼 수 없어 법정지상권이

발생할 수 없다(대법 98다4798)(대법 91다16730).

③ 원소유자로부터 대지와 지상건물을 모두 매수하고 대지에 관하여만 소유권이전등기를 경료함으로써 건물의 소유명의가 매도인에게 남아있게 된 경우라면 형식적으로는 대지와 건물의 소유명의자를 달리하게 된 것이라 하더라도 이는 대지와 건물중 어느 하나만이 매도된 것이 아니어서 관습에 의한 법정지상권은 인정될 수 없고 이 경우 대지와 건물의 점유사용문제는 매매계약 당사자 사이의 계약에 따라 해결할 것이다(대법 83다카419, 420).

④ 그러나 위 사례 2와 같이 상속으로 소유권을 취득하게 되는 경우는 민법 제187조의 규정에 따라 원시취득하게 되므로 동일 소유자 요건을 그대로 적용받을 수 있게 된다. 따라서 이러한 사례에서는 법정지상권이 성립된다.

김선생의 핵심정리

미등기·무허가건물에 대한 법정지상권성립 여부 판단

① 부동산물권변동에 관하여 민법에서 부동산에 관한 법률행위로 인한 물권의 득실변경은 등기하여야 그 효력이 생긴다고 규정하고(민법 제186조),

② 상속, 공용징수, 판결, 경매 기타 법률의 규정에 의한 부동산에 관한 물권취득은 등기를 요하지 아니하나, 등기를 하지 아니하면 이를 처분하지 못한다고 규정하고 있으며(민법 제187조), 건물신축에 의한 소유권의 원시취득은 민법 제187조의 법률의 규정에 의한 것으로서 그 등기가 없어도 효력이 있고(대법 65다113 판결), 이것은 미등기·무허가건물의 경우에도 동일하다.

③ 그런데 미등기·무허가건물을 위한 관습법상 법정지상권 취득이 가능한지 판례를 보면, 대지와 그 지상의 건물이 동일한 소유자에게 속하였다가 토지 또는 건물이 매매나 기타 원인으로 인하여 양자의 소유자가 다르게 된 때에는 그 건물을 철거하기로 하는 합의가 있었다는 등 특별한 사정이 없는 한 건물소유자는 대지소유자에 대하여 그 건물을 위한 관습상의 법정지상권을 취득하게 되고, 그 건물은 반드시 등기가 되어 있어야만 하는 것이 아니고 무허가건물이라고 하여도 상관이 없다(대법 91다16631 판결).

④ 그러나 이대감 소유인 대지와 그 지상에 신축된 미등기건물을 강감찬이 함께 양수한 후 건물에 대하여는 미등기상태로 두고 있다가 이중 대지에 대하여 강제경매가 실시된 결과 이순신이 이를 경락받아 그 소유권을 취득한 경우에는 강감찬은 미등기인 건물을 처분할 수 있는 권리는 있을지언정 소유권은 가지고 있지 아니하므로 대지와 건물이 동일인의 소유에 속한 것이라고 볼 수 없어 법정지상권이 발생할 여지가 없다.

미등기건물은 등기하지 않으면 처분할 수 없기 때문에(민법 187조) 미등기건물취득을 통해 법률상 또는 사실상 그 건물을 처분할 수 있는 지위를 득할 수는 있어도(대법원 1993.1.26. 선고 92다48963 판결) 이전등기하지 않은 이상 건물소유권을 취득할 수 없기 때문이다. 처분할 수 있는 권리는 있을지언정 소유권은 가지고 있지 아니하므로 대지와 건물이 동일인의 소유에 속한 것이라고 볼 수 없어 법정지상권이 발생할 여지가 없다.

◈ **토지와 건물에 공동저당권이 설정되고 나서 건물을 멸실하고 신축한 경우**

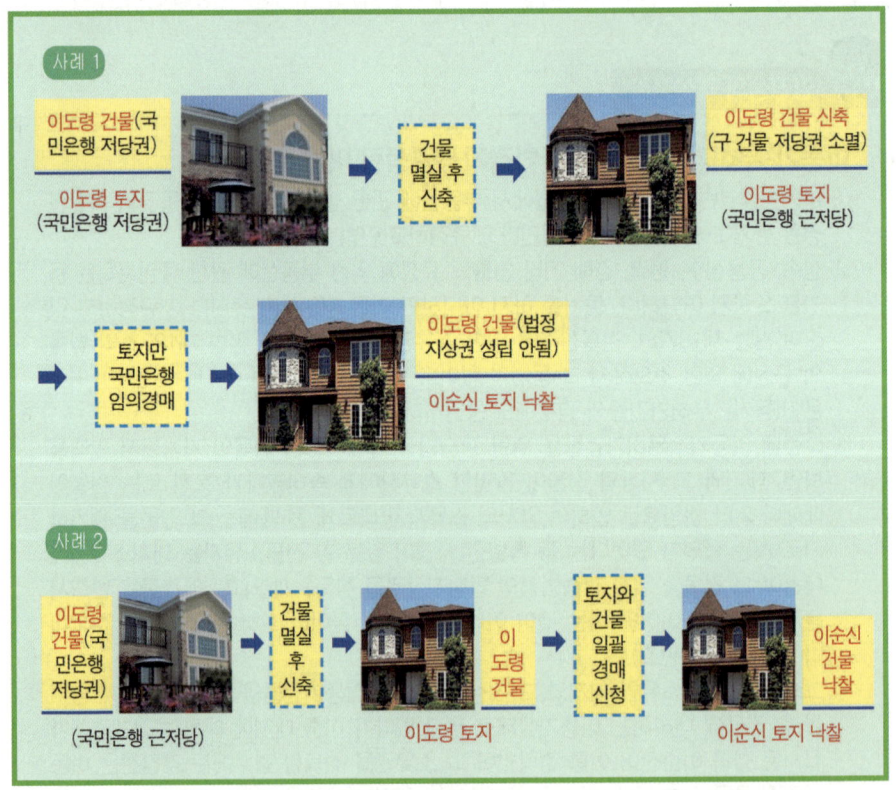

① 사례 1에서와 같이 공동저당권 설정(건물과 토지에 함께 저당권 설정) 후 근저당 설정된 건물이 멸실되고 신축건물이 건축되었고 다음과 같이 토지경매로 토지 소유자와 건물소유자가 달라졌을 경우에는 법정지상권이 성립되지 않는다.

② 그러나 **신축된 건물의 임차인** 등은 건물이 멸실되어 토지에만 설정되어 있는 토지 저당권자보다 소액보증금 일정액을 우선변제 받을 수 있다. 왜냐하면 구 건물과 대지에 대한 공동저당권자는 구 건물의 범위 내에서는 임차인의 소액보증금 중 일정액의 제한을 예견하고 저당권을 설정했기 때문에 구 건물이 멸실되고 신축되었다는 이유로 임차인의 우선변제권을 전혀 제한받지 않는다면 반대로 저당권자가 불측의 이득을 볼 수 있고 구 건물 멸실로 인한 손해는 구 건물과 대지소유자가 보아야 할 문제이므로 신축건물의 임차인은 소액보증금 중 일정액을 토지저당권자보다 우선변제 받을 수 있다(대법 98다43601, 2003다1359, 1366, 1373, 2009다66150, 서울지법 서부지원 97가단37992).

유의할 점은 구 건물과 상당히 다른 건축물일 경우는 그러하지 않다는 판결이 광주지방법원에서 최근에 나왔다는 사실이다(광주지법 2006가단49883).

③ 사례 2에서는 낙찰자는 토지와 건물 모두의 소유권을 취득하므로 법정지상권을 논할 가치가 없다. 낙찰자는 주택 양수인이 되기 때문에 대항력 있는 임차인의 보증금을 추가로 인수해야 한다. 이때 말소기준권리는 건물의 말소기준권리가 된다.

04 관습법상 법정지상권은 어떻게 분석하면 되나?

◆ **관습법상 법정지상권 성립요건**

(1) 본래 토지와 건물의 소유자가 동일인이어야 한다.

　동일인의 소유에 속하고 있던 토지와 그 지상 건물이 강제경매 또는 국세 징수법에 의한 공매 등으로 인하여 소유자가 다르게 된 경우에는 그 건물을 철거한다는 특약이 없는 한 건물소유자는 토지소유자에 대하여 그 건물의 소유를 위한 관습법상 법정지상권을 취득한다.

　<u>원래 관습법상 법정지상권이 성립하려면 토지와 그 지상 건물이 애초부터 원시적으로 동일인의 소유에 속하였을 필요는 없고, 그 소유권이 유효하게 변동될 당시에 동일인이 토지와 그 지상 건물을 소유하였던 것으로 족하다</u>(대법 2010다52140 판결).

　처음부터 타인의 토지에 세워진 건물은 관습법상 법정지상권이 성립되지 아니한다. 그리고 토지소유자의 사용승낙을 얻어 건축했더라도 관습법상의 법정지상권이 인정되지 않기는 마찬가지다.

(2) 토지와 건물중 어느 한쪽이 매매 등으로 소유자가 달라져야 한다.

　① 토지와 건물 중 어느 한쪽이 매매, 증여, 강제경매, 국세징수법에 의한 공매 등으로 처분되어 토지와 건물소유자가 각각 달라져야 한다.

　이때 주의할 점은 매매의 경우 계약체결과 잔금지급이 완료되면 실질적 소유권은 가져오게 되나 소유권이전등기는 하지 않았다면 그 기간 동안은 법정지상권이 성립되지 아니한다.

② 강제경매개시결정 이전에 가압류가 있는 경우에는, 그 가압류가 강제경매 개시결정으로 인하여 본압류로 이행되어 가압류집행이 본집행에 포섭됨으로써 당초부터 본집행이 있었던 것과 같은 효력이 있다. 따라서 경매의 목적이 된 부동산에 대하여 가압류가 있고 그것이 본압류로 이행되어 경매절차가 진행된 경우에는, 애초 가압류가 효력을 발생하는 때를 기준으로 토지와 그 지상 건물이 동일인에 속하였는지를 판단하여야 한다(대법 2010다52140 판결).

③ 가압류의 본압류로 강제경매가 진행돼 토지와 건물소유자가 달라졌더라도 그 가압류 이전에 근저당권이 있었다면 근저당권 설정 당시에 토지와 건물 소유자가 같았는 지를 가지고 판단해야 한다(대법 2009다62059 판결).

(3) 당사자 사이에 건물을 철거한다는 특약이 없어야 한다.

(4) 등기는 성립요건이 아니다. 그러나 처분하려면 등기해야 한다.
관습법상 법정지상권은 등기가 없어도 성립하지만 처분하려면 등기를 해야 한다. 등기 없이 처분한 때에는 건물의 취득자는 토지소유자에게 관습법상 법정지상권을 가지고 대항하지 못한다.

◆ 관습법상 법정지상권의 존속기간

관습법상 법정지상권의 존속기간에 있어서 존속기간을 약정하지 아니한 경우 지상 권을 준용하게 되므로 약정지상권의 최단기간이 적용된다.
① 석조, 석회조, 연와조 또는 이와 유사한 견고한 건물이나 수목의 소유를 목적으로 한 때에는 30년
② 전호 이외의 건물을 소유를 목적으로 하는 때에는 15년
③ 건물 이외에의 공작물의 소유를 목적으로 하는 때는 5년

◈ 토지사용의 범위(법정지상권과 동일하다)

① 법정지상권이 성립될 경우 법정지상권자의 토지사용권 범위는 건물의 대지에 한정되지 않고 건물의 유지 및 사용에 일반적으로 필요한 범위 내에서 건물의 대지 이외에도 미친다(대법 77다921).

② 그 건물의 기지만에 해당하는 것이 아니고 그 지상에 건물이 창고인 경우와 공장이 있는 경우는 그 본래의 용도인 창고와 공장으로 사용하는데 일반적으로 필요한 그 둘레의 기지에 영향을 미친다고 보아야 할 것이다.

◈ 지료산정 방법

당사자의 협의에 의해 결정되고 협의가 이루어지지 않을 시에는 민법 제366조 단서에 따라서 당사자의 청구에 의하여 법원에 청구하여 결정한다. 이에 산정기준은 건물이 없는 나대지 상태를 산정하여 지료를 계산한다.

◈ 지상권자의 갱신청구권, 매수청구권(민법 제283조)

이 내용은 법정지상권과 같으므로 생략함.

◈ 관습법상 법정지상권의 성립 여부에 대한 판단

(1) 가압류에 기한 강제경매로 건물과 토지소유자가 달라진 사례

가압류가 있고 그 가압류의 본 집행으로 강제경매가 진행된 경우에는, 애초 가압류가 효력을 발생하는 때를 기준으로 토지와 그 지상 건물이 동일인에 속하였는지를 판단해야 한다(대법 2010다52140 판결).

① 건물만 강제경매가 이루어진 입찰물건 및 매각결과

소재지	전라남도 해남군 황산면 우항리 OOO [도로명주소검색]						
물건종별	근린시설	감정가	27,018,000원	오늘조회: 1 2주누적: 0 2주평균: 0 [조회동향]			
토지면적	토지는 매각제외	최저가	(21%) 5,666,000원	구분	입찰기일	최저매각가격	결과
				1차	2005-06-13	27,018,000원	유찰
건물면적	158㎡(47.795평)	보증금	(10%) 570,000원	:	:	:	유찰
				8차	2006-05-22	5,666,000원	
매각물건	건물만 매각	소유자	박OO, 김OO	낙찰: 9,230,000원 (입찰자 2명)			
개시결정	2004-09-17	채무자	박OO, 김OO	매각결정기일: 2006.05.29 - 매각허가결정			
				대금지급기한: 2006.06.09 - 기한후납부			
사건명	강제경매	채권자	황산농협	배당기일: 2006.09.14			

- 매각토지.건물현황 (감정원: 나라감정평가 / 가격시점: 2004.12.15 / 보존등기일: 2003.01.03)

목록		지번	용도/구조/면적/토지이용계획		㎡당 단가	감정가	비고
건물	1	우항리 OOO 조립식판넬조 판넬	단층	근린생활시설 149㎡(45.073평)	171,000원	25,479,000원	
	2		단층	창고 9㎡(2.723평)	171,000원	1,539,000원	* 부속건물
			면적소계 158㎡(47.795평)			소계 27,018,000원	
감정가			건물:158㎡(47.795평)		합계	27,018,000원	건물만 매각

- 임차인현황 (말소기준권리: 2003.10.20 / 배당요구종기일: 2005.01.10)

임차인	점유부분	전입/확정/배당	보증금/차임	대항력	배당예상금액	기타
김OO(앵콜 단란주점)	점포 나),다)	사업자등록: 2004.11.09 확정일: 2004.11.11 배당요구일: 2004.11.11	보5,000,000원 월1,000,000원 환산10,500만원	없음		경매등기후 사업자등록

- 건물등기부 (채권액합계: 12,523,110원)

No	접수	권리종류	권리자	채권금액	비고	소멸여부
1	2003.01.03	소유권보존	박OO			
2	2003.10.20	가압류	황산농협	12,523,110원	말소기준등기	소멸
3	2003.10.20	압류	해남군			소멸
4	2004.09.18	강제경매	황산농협	청구금액: 14,323,945원	2004타경 7620	소멸
5	2006.06.09.	소유권이전(경매로 낙찰)	강OO			소멸

- 토지등기부 (채권액합계: 140,000,000원)

No	접수	권리종류	권리자	채권금액	비고	소멸여부
		※주의: 토지는 매각제외				
1	1989.06.12	소유권이전(매매)	이OO, 고OO		각각 지분 1/2	
2	1998.12.02	근저당	화원농협	140,000,000원		
3	1998.12.02	지상권(토지의 전부)	화원농협		존속기간: 1998.11.30~2028.11.29	
4	2005.11.30.	소유권이전(매매)	우OO			
5	2005.12.12.	소유권이전(매매)	박OO			

② 이 사건의 관습법상 법정지상권에 대한 대법원의 판단

앞서 살펴본 기초 사실관계에 따라, 이 사건 강제경매개시결정 이전에 황산농업협동조합의 가압류가 있었고 그 후 그 가압류가 본압류로 이행하였으므로, 위 경매절차상의 매수인인 피고가 관습법상 법정지상권을 취득하는지 하는 문제에 있어서 피고가 그 매각대금을 완납한 2006. 6. 9. 이 아니라 위 가압류가 효력을 발생한 2003. 10. 20.을 기준으로 이 사건 토지와 그 지상의 이 사건 건물이 동일인에게 속하였는지를 판단하여야 한다.

따라서 가압류가 효력을 발생한 2003. 10. 20.을 기준으로 판단하면 동일 소유자 요건을 갖추지 못 했으므로 이 건물은 관습법상 법정지상권이 성립하지 않는다. 그런데도 이 사건 건물의 강제경매로 건물을 위한 관습법상 법정지상권이 성립한다고 판단한 것에는 관습법상 법정지상권에 관한 법리를 오해하여 판결에 영향을 미친 위법이 있다.

(2) 가압류 이전에 저당권이 있었다면 그 저당권을 기준으로 판단

가압류의 본압류로 강제경매가 진행돼 토지와 건물소유자가 달라졌더라도 그 가압류 이전에 근저당권이 있었다면 근저당권 설정 당시에 토지와 건물 소유자가 같았는지를 가지고 판단해야 한다.

대법원은 강제경매개시결정 이전에 조흥은행 앞으로 근저당권이 설정되어 있었고, 위 근저당권이 설정될 당시에 이 사건 토지 소유자인 소외 1에 의하여 그 지상에 건물이 그 규모·종류를 외형상 예상할 수 있는 정도까지 건축이 진전되어 있었으며, 그 후 경매절차에서 매수인인 원고가 매각대금을 완납하기 이전인 2004. 10.경 독립된 부동산으로서 건물의 요건을 갖추었던 이상 이 사건 토지와 그 지상 건물은 저당권 설정 당시부터 모두 소외 1의 소유에 속하고 있었다고 봄이 상당하고, 그에 따라 이 사건 토지에 대하여는 저당권 설정 당시에 시행 중이던 신축공사의 완료로 인하여 건축된 이 사건 10 내지 13 건물을 위한 관습법상 법정지상권이 성립하므로, 이 사건 10, 12, 13 건물에 관하여는 매각대금 완납

당시의 위 각 건물 소유자인 소외 1이 관습법상 법정지상권을 취득하는 한편, 이 사건 11 건물에 대하여는 매각대금 완납 당시에 위 건물에 대하여 실체관계에 부합하는 유효한 소유권이전등기를 경료하고 있던 피고 3이 관습법상 법정지상권을 취득한다고 봄이 상당하다고 판결했다(대법 2009다62059 판결).

Part 13

공유물에서 법정지상권이 성립되는 사례와 성립되지 않는 사례분석

01 토지와 건물의 공유물에서 법정지상권이 성립되는 경우

◈ **토지가 갑의 단독소유이고, 건물은 갑·을·병의 공유인 사례**

(1) 갑 토지 전체에 설정된 저당권으로 경매가 되는 경우

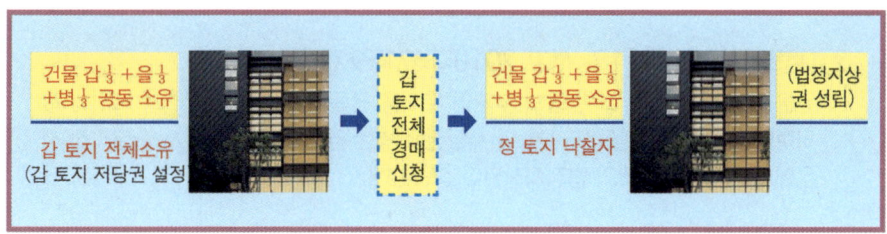

① 갑의 단독소유 토지상에 갑·을·병 공유건물이 있고, 갑의 토지에 설정된 저당권이 실행되는 경우 법정지상권이 성립된다.

건물공유자의 1인이 그 건물의 부지인 토지를 단독으로 소유하면서 그 토지에 관하여만 저당권을 설정하였다가 위 저당권에 의한 경매로 인하여 토지의 소유자가 달라진 경우에도, 위 토지소유자는 자기뿐만 아니라 다른 건물공유자들을 위하여도 위 토지의 이용을 인정하고 있었다고 할 것인 점, 저당권자로서도 저당권 설정 당시 법정지상권의 부담을 예상할 수 있었으므로 불측의 손해를 입는 것이 아닌 점, 건물의 철거로 인한 사회경제적 손실을 방지할 공익상의 필요성도 인정되는 점 등에 비추어 위 건물공유자들은 민법 제366조에 의하여 토지 전부에 관하여 건물의 존속을 위한 법정지상권을 취득한다고 보아야 한다(대법 2010다67159).

알아두면 좋은 법률

1. 대법원 1977. 7. 26. 선고 76다388 판결

대지소유자가 그 지상건물을 타인과 함께 공유하면서 그 단독소유의 대지만을 건물철거의 조건 없이 타에 매도한 경우에는 건물공유자들은 각기 건물을 위하여 대지 전부에 대하여 관습에 의한 법정지상권을 취득한다.

이러한 법률관계는 '본건 대지들'의 소유권이 위 소외 1로부터 피고에게 이전된 1968.5.13 당시를 기준으로 성립하는 것이라고 할 것인 바, 그 후에 본건 건물에 대한 위 소외 1의 지분권(7/10)이 원고에게 이전되어 '본건 건물'이 원고의 단독소유로 되었다가 다시 '본건 건물'의 일부지분권(7/10)이 소외 2에게 이전되었다고 하여 위 법률관계와 이론을 달리할 수는 없는 것이라고 할 것이다.

2. 대법원 2011. 1. 13. 선고 2010다67159 판결

건물공유자의 1인이 그 건물의 부지인 토지를 단독으로 소유하면서 그 토지에 관하여만 저당권을 설정하였다가 위 저당권에 의한 경매로 토지 소유자가 달라진 경우에도 민법 제366조의 법정지상권이 성립한다.

3. 대법원 2014. 9. 4. 선고 2011다73038, 73045 판결

토지공유자 중 한 사람이 다른 공유자 지분 과반수의 동의를 얻어 건물을 건축한 후 토지와 건물의 소유자가 달라진 경우, 관습법상의 법정지상권이 성립하는지 여부(소극) / 이러한 법리는 민법 제366조의 법정지상권의 경우 및 토지와 건물 모두가 각각 공유에 속한 때 토지에 관한 공유자 일부의 지분만을 목적으로 하는 근저당권이 설정되었다가 경매로 그 지분을 제3자가 취득하게 된 경우에도 마찬가지인지 여부(적극)

토지공유자 중 한 사람이 다른 공유자의 지분 과반수의 동의를 얻어 건물을 건축한 후 토지와 건물의 소유자가 달라진 경우 토지에 관하여 관습법상의 법정지상권이 성립되는 것으로 보게 되면 이는 토지공유자의 1인으로 하여금 자신의 지분을 제외한 다른 공유자의 지분에 대하여서까지 지상권설정의 처분행위를 허용하는 셈이 되어 부당하다.

4. 대법원 2004. 6. 11. 선고 2004다13533 판결

구분소유적 공유관계에 있는 토지의 공유자들이 그 토지 위에 각자 독자적으로 별개의 건물을 소유하면서 그 토지 전체에 대하여 저당권을 설정하였다가 그 저당권의 실행으로 토지와 건물의 소유자가 달라지게 된 경우, 법정지상권이 성립한다.

② 같은 법리로 갑 토지전체와 갑 건물 3분의 1 지분만에 저당권이 설정되고 이 저당권에 기해서 일괄경매가 진행되어 정이 토지전체와 건물의 3분의 1지분을 매수한 경우도 건물은 법정지상권이 성립된다.

(2) 갑 건물 지분만에 설정된 저당권으로 경매가 되는 경우

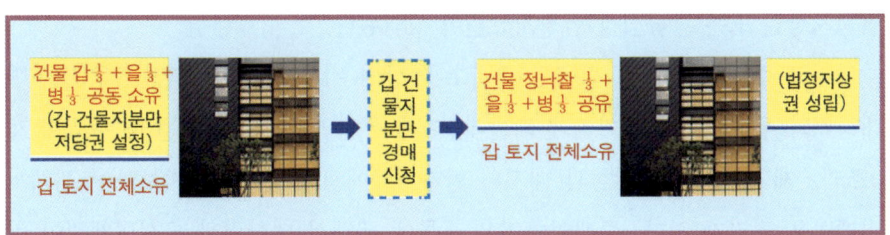

① 갑의 단독소유 토지상에 갑·을·병 공유건물이 었고, 갑의 건물지분에 설정된 저당권이 실행되는 경우 법정지상권이 성립된다.

갑의 건물지분에만 저당권이 설정되고, 이 저당권 설정 당시 갑이 토지를 단독소유하고 있었고, 건물은 을과 병과 공유하고 있다가 건물에 대한 갑 지분이 저당권의 실행으로 정에게 이전된 경우 건물소유자들에게 법정지상권이 인정된다(대법 2003다17651).

② 같은 법리로 갑·을·병의 건물지분 전체에 저당권을 설정하였다가 건물에 대한 경매로 정이 건물 전체를 취득한 경우에도 법정지상권이 성립한다.

(3) 갑 토지 전체를 지상건물 철거의 조건 없이 병에게 매수한 경우

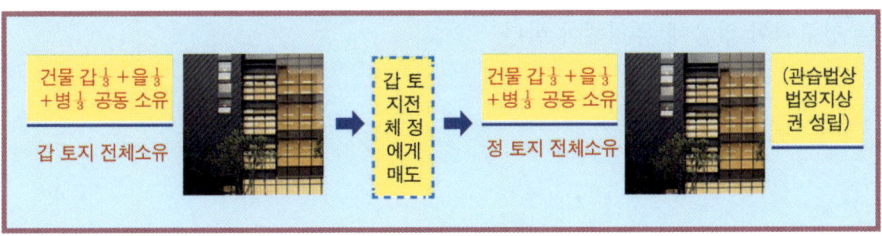

대지소유자가 그 지상건물을 타인과 공유하면서 그 단독소유의 대지만을 건물 철거의 조건 없이 타에 매도한 경우에는 건물공유자들은 각기 건물을 위하여 대지 전부에 대하여 관습에 의한 법정지상권을 취득한다(대법 76다388).

위 (1). (2). (3) 사례에서 정이 갑 소유 토지 전체를 취득한 경우뿐만 아니라, 정이 갑 건물지분을 취득한 경우, 정이 건물 전체를 취득한 경우에도 모두 법정지상권 또는 관습법상 법정지상권이 성립된다.

그리고 주택의 임차인 중에서 과반수 이상의 지분권자와 계약한 임차인이면 대항력과 우선변제권을 가지게 되는데, 이때 우선변제권은 경매될 때 주임법 제3조의2 제2항에 따라 건물과 대지의 환가대금에서 후순위권리자보다 우선해서 변제받을 권리가 있다. 주택임차인은 건물에 대해서 대항력과 우선변제권이 인정되는 반면 그 대지에 대해서는 대항력을 인정되지 않고 우선변제권만 인정하고 있다.

그래서 사견으로 갑+을+병의 공유지분에서 계약한 사람의 건물지분만(갑), 계약에 동의한 사람의 건물지분만(을), 매각되더라도 소액보증금 중 일정액과 확정일자부 우선변제금으로 배당받을 수 있지만, 동의하지 않은 사람의 건물지분(병)이 매각되면 배당요구할 수 있는 우선변제권이 없다는 것이다.

그러나 토지만 매각될 때에는 갑(임대인) 지분에 대해서는 배당참여가 가능하지만, 물상보증인(을)과 동의하지 않은 사람(병) 지분에 대해서는 배당참여가 불가하다는 것이다. 이러한 이유는 임차인이 건물에서만 대항력이 있고, 그 대항력이 미치는 범위는 건물에 한정해야 한다는 것이 개인적인 견해다. 그래서 이러한 주택에 임차할 때 임차인은 갑을 포함해서 과반수 이상의 지분권자와 임대차계약을 하면 대항력과 우선변제권이 주어지지만, 동의하지 아니한 지분에서는 청구권이 없음에 유의해야 한다.

◆ 토지가 갑·을·병의 공유이고, 건물도 갑·을·병의 공유인 사례

(1) 토지 전체에 설정된 저당권으로 경매가 되는 경우

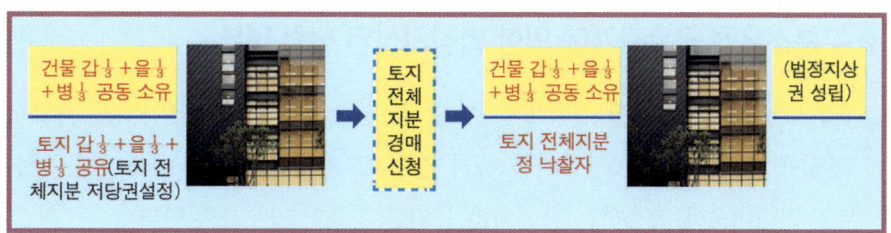

① 토지 전체지분에 설정된 저당권으로 경매가 진행되어 토지 전체지분을 정이 낙찰받은 경우에는 법정지상권이 성립된다.

② 토지 전체지분을 정에게 건물철거 특약 없이 매도한 경우에도 관습법상 법정지상권이 성립된다.

(2) 건물 전체지분에 설정된 저당권으로 경매가 되는 경우

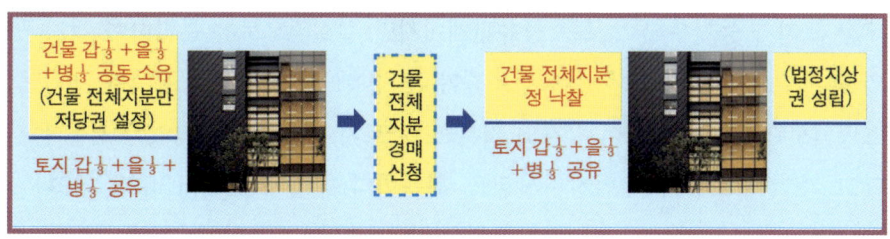

① 건물 전체지분에 설정된 저당권으로 경매가 진행되어 건물 전체지분을 정이 낙찰받은 경우에는 법정지상권이 성립된다.

② 건물 전체지분을 정에게 매도한 경우에도 관습법상 법정지상권 성립된다. 위 (1)과 (2)에서 주택임차인은 건물에서 과반수 지분권자와 계약했다면 동의하지 않은 건물지분에 대해서도 대항력과 우선변제권을 갖게 되지만, 토지에 대해

서는 계약한 사람의 지분에서만 배당참여가 가능하고 계약에 참여하지 않은 사람의 지분에 대해서는 우선변제권을 주장할 수 없다.

◈ 구분소유적 공유관계에 의한 법정지상권 성립 여부

구분소유적 공유란 1필지의 토지 중 위치, 평수가 특정된 일부를 양수하고서도 분필에 의한 소유권이전등기를 하지 않고 그 필지의 전체 평수에 대한 양수부분의 면적비율에 상응하는 공유지분 등기를 경료한 경우를 말한다.

한 필지의 토지 중 일부를 특정하여 매수하고 다만 그 소유권이전등기만은 한 필지 전체에 관하여 공유지분권이전등기를 한 경우에는 그 특정부분 이외의 부분에 관한 등기는 상호명의신탁을 하고 있는 것이라고 보아야 한다(대법 86다59, 86다카307).

구분소유적 공유지분에 설정된 근저당권의 실행에 의하여 공유지분을 취득한 경락인은 그 구분소유적 공유지분을 그대로 취득하는지 여부(적극)(대법 91다3703)

① 토지가 등기부 상으로는 공유관계이지만 실질적으로는 분할하여 각자 몫의 대지 위에 건물을 신축하여 점유하여 온 경우(구분소유적 공유관계 내지 상호명의신탁관계) 저당권이 각자의 지분 또는 토지 전체에 설정되었는 지를 묻지 않고 각 건물소유자는 법정지상권을 취득한다(대법 2004다13533, 89다카29094, 96다34665).

이는 구분소유적 공유관계에 있는 토지의 공유자들이 그 토지 위에 각자 독자적으로 별개의 건물을 소유하면서 그 토지 전체에 대하여 저당권을 설정하였다가 그 저당권의 실행으로 토지와 건물의 소유자가 달라진 경우에도 마찬가지라 할 것이다.

㉠ 구분소유적 공유관계에서 갑의 대지지분만 경매가 신청된 경우

㉡ 구분소유적 공유관계에서 갑·을의 대지전체지분이 경매가 신청된 경우

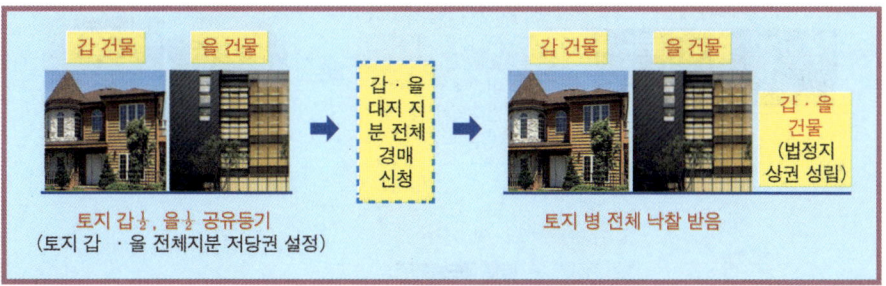

구분소유적 공유관계의 성립요건

구분소유적 공유관계는 어떤 토지에 관하여 그 위치와 면적을 특정하여 여러 사람이 구분소유하기로 하는 약정이 있어야만 적법하게 성립할 수 있고, 공유자들 사이에 그 공유물을 분할하기로 약정하고 그때부터 각자의 소유로 분할된 부분을 특정하여 각자 점유·사용하여 온 경우에도 구분소유적 공유관계가 성립할 수 있지만, 공유자들 사이에서 특정 부분을 각각의 공유자들에게 배타적으로 귀속시키려는 의사의 합치가 이루어지지 않은 경우에는 이러한 관계가 성립할 여지가 없다(대법 2004다71409).

② 토지에 관한 저당권 설정 당시 토지소유자에 의하여 그 지상에 건축 중이었던 경우 법정지상권 성립 여부(대법 2004다13533, 2003다29043)

토지에 관하여 저당권이 설정될 당시 토지소유자에 의하여 그 지상에 건물을 건축 중이었던 경우 그것이 사회관념상 독립된 건물로 볼 수 있는 정도에 이르지 않았다 하더라도 건물의 규모, 종류가 외형상 예상할 수 있는 정도까지 건축이 진전되어 있었고, 그 후 경매절차에서 매수인이 매각대금을 다 낼 때까지 최소한의 기둥과 지붕 그리고 주벽이 이루어지는 등 독립된 부동산으로서 건물의 요건을 갖추어야 법정지상권의 성립이 인정된다.

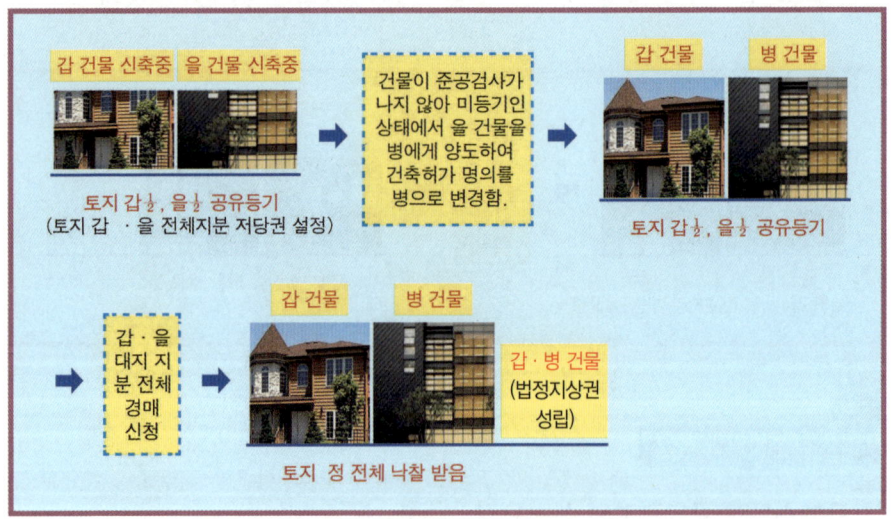

③ 구분소유적 공유관계에 있는 자가 자신의 특정 소유가 아닌 부분에 건물을 신축한 경우 관습법상 법정지상권의 성립 여부(대법 93다49871)

을은 위 대지 중 그가 매수하지 않은 부분에 관하여는 갑에게 그 소유권을 주장할 수 없어 위 대지 중 을이 매수하지 않은 부분 지상에 있는 을 소유의 건물 부분은 당초부터 건물과 토지의 소유자가 서로 다른 경우에 해당되어 그에 관하여는 관습법상 법정지상권이 성립될 여지가 없다.

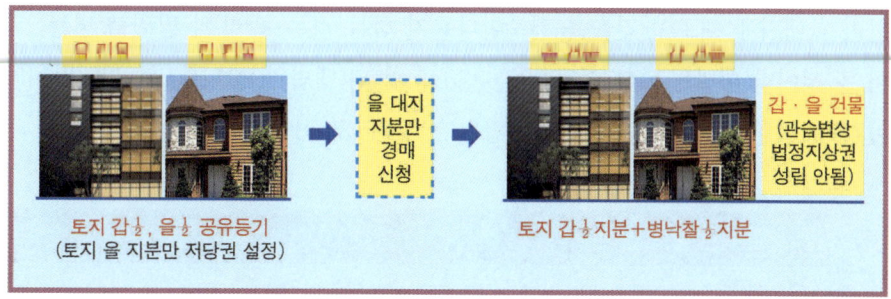

02 토지와 건물의 공유물에서 법정지상권이 성립되지 않는 경우

◆ 토지가 갑·을·병의 공유이고, 건물이 갑의 단독소유인 사례

　토지를 갑·을·병이 각 3분의 1씩 공동소유한 사례에서, 갑이 을·병 동의하에 그 지상에 건물을 신축했다면 그 건물은 갑 소유가 된다.

　이 사례에서 갑 소유 3분의 1 토지지분에 설정된 근저당권자의 경매신청으로 갑의 토지지분 3분의 1을 매수했더라도, 갑의 건물을 위한 법정지상권은 성립되지 않는다. 이뿐만 아니라 갑·을이 병 동의하에 그 지상에 건물을 신축하여 건물이 갑과 을의 공유물에서 갑 3분의 1지분이 달라진 경우에도 마찬가지이다.

　이러한 이유로 대법원은 다른 공유자의 이익을 침해하고, 갑 건물소유자에게 부당이득을 주게 된다는 점에서 법정지상권을 인정하지 않고 있다. 즉 그 사용·수익의 내용이 공유물의 기존의 모습에 본질적 변화를 일으켜 '관리 아닌 처분이나 변경'의 정도에 이르는 것이어서는 안 될 것이고, 예컨대 다수지분권자라

하여 나대지에 새로이 건물을 건축한다든지 하는 것은 '관리'의 범위를 넘는 것이 될 것이다(대법원 2000다33638, 33645 판결)(대법원 2011다73038, 73045 판결)(대법원 92다55756 판결) (대법원 2004다13533 판결).

 알아두면 좋은 판례

대법원 2014. 9. 4. 선고 2011다73038, 73045 판결
토지공유자의 한 사람이 다른 공유자의 지분 과반수의 동의를 얻어 건물을 건축한 후 토지와 건물의 소유자가 달라진 경우 토지에 관하여 관습법상의 법정지상권이 성립되는 것으로 보게 되면 이는 토지공유자의 1인으로 하여금 자신의 지분을 제외한 다른 공유자의 지분에 대하여서까지 지상권설정의 처분행위를 허용하는 셈이 되어 부당하다. 그리고 이러한 법리는 민법 제366조의 법정지상권의 경우에도 마찬가지로 적용되고, 나아가 토지와 건물 모두가 각각 공유에 속한 경우에 토지에 관한 공유자 일부의 지분만을 목적으로 하는 근저당권이 설정되었다가 경매로 인하여 그 지분을 제3자가 취득하게 된 경우에도 마찬가지로 적용된다.

(1) 갑 소유 토지 지분에 설정된 저당권으로 경매되는 경우

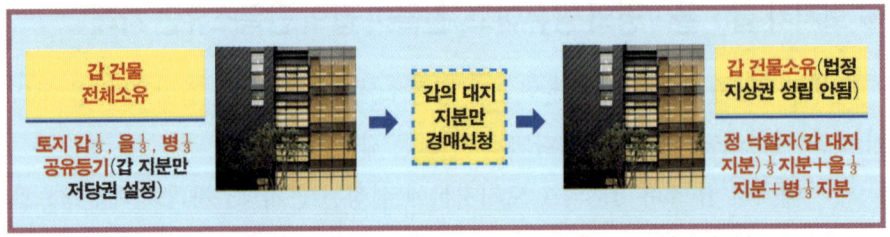

① 이 사례와 같이 정이 갑의 대지지분을 경매로 취득한 경우뿐만 아니라, 정이 갑·을·병의 대지지분 전체에 설정된 저당권의 실행으로 대지지분 전체를 낙찰받은 경우에도 모두 법정지상권이 성립되지 않는다.

② 같은 법리에서 갑 대지지분과 갑 건물전체에 대해서 저당권이 설정되고, 이에 기해서 일괄경매가 진행되어 정이 갑 대지지분과 갑 건물전체를 일괄해서

낙찰받은 경우에도 다른 공유자(을 1/3과 병 1/3)의 이익을 침해하고, 갑 건물 소유자에게 부당이득을 주게 된다는 점에서 법정지상권을 인정하지 않는다고 보아야 한다. 그리고 민법 제366조의 법정지상권이나 관습법상 법정지상권은 토지와 그 지상건물이 동일인의 소유로 있다가 그중 하나가 저당권의 실행이나 매매 등으로 그 소유자가 달라진 경우에 그 건물소유자에게 인정되는 것(대법 87다카869)이나 정이 갑의 대지지분과 갑의 건물을 일괄하여 취득한 경우는 민법 제366조에서 동일소유자로 있다가 달라지는 경우라 할 수 없고, 건물소유자가 대지 공유지분을 가지고 있으므로 법정지상권의 논의의 대상에서 제외해야 된다.

김선생의 좋은 판례

1. 대법원 2011. 1. 13. 선고 2010다67159 판결
건물공유자의 1인이 그 건물의 부지인 토지를 단독으로 소유하면서 그 토지에 관하여만 저당권을 설정하였다가 위 저당권에 의한 경매로 토지 소유자가 달라진 경우에도 민법 제366조의 법정지상권이 성립한다.

2. 대법원 2004. 6. 11. 선고 2004다13533 판결
구분소유적 공유관계에 있는 토지의 공유자들이 그 토지 위에 각자 독자적으로 별개의 건물을 소유하면서 그 토지 전체에 대하여 저당권을 설정하였다가 그 저당권의 실행으로 토지와 건물의 소유자가 달라지게 된 경우, 법정지상권이 성립한다.

(2) 갑 소유 건물전체에 설정된 저당권으로 경매가 되는 경우

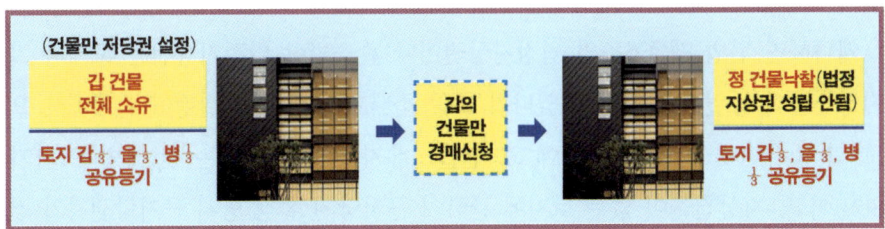

이와 같이 정이 건물에 설정된 저당권의 실행으로 건물을 낙찰받은 경우 모두 법정지상권이 성립되지 않는다.

(3) 갑 소유 토지 지분만 정이 일반 매매로 매수한 경우

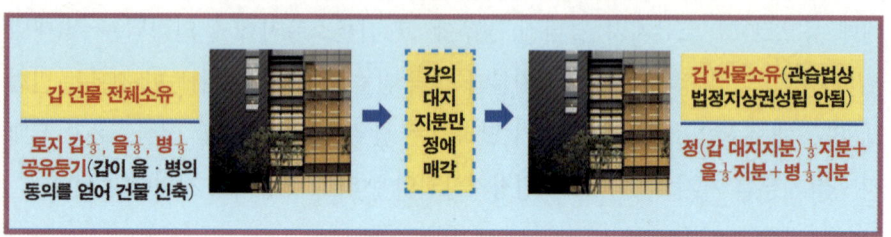

① 이 사례와 같이 정이 갑의 대지 지분을 일반 매매로 매수하는 경우에는 관습법상 법정지상권이 성립되지 않는다.

② 위 상황에서 정이 갑·을·병의 대지 지분 전부를 일반 매매로 매수하는 경우에도, 정이 건물을 취득한 경우에도 모두 관습법상 법정지상권이 성립되지 않는다.

③ 위 상황에서 정이 을의 대지지분을 취득한 경우와 병의 대지지분을 취득한 경우, 또는 정이 갑의 대지지분과 갑의 건물을 일괄하여 취득한 경우는 대지와 건물이 동일소유자로 였다가 달라지는 경우라 할 수 없고, 갑의 대지지분과 갑의 건물을 일괄하여 취득한 경우에는 건물소유자가 토지 공유지분을 가지고 있으므로 민법 제366조의 법정지상권 논의의 대상에서 제외시켜야 한다.

왜냐하면 민법 제366조의 법정지상권이나 관습법상 법정지상권은 토지와 그 지상건물이 동일인의 소유로 있다가 그중 하나가 저당권의 실행이나 매매 등으로 그 소유자가 달라진 경우에 그 건물소유자에게 인정되는 것(대법 87다카869)이고, 지상건물이 없는 토지에 관하여 근저당권 설정 당시 근저당권자가 건물의 건축에 동의한 경우 민법 제366조의 법정지상권의 성립을 부인(대법 2003다26051)하고 있다는 점에서 그렇다.

미리 알아두면 좋은 판례 TIPS

공유토지중 일부 지분만 양도 시 관습법상 법정지상권은 성립할까?

① 토지의 공유자 중 1인이 공유토지 위에 건물을 소유하고 있다가 토지지분만을 전매함으로써 단순히 토지공유자의 1인에 대하여 관습법상 법정지상권이 성립된 것으로 볼 사유가 발생하였다고 하더라도 당해 토지 자체에 관하여 건물의 소유를 위한 관습법상 법정지상권이 성립된 것으로 보게 된다면 이는 마치 토지공유자의 1인으로 하여금 다른 공유자의 지분에 대하여서까지 지상권 설정의 처분행위를 허용하는 셈이 되어 부당하다 할 것이므로 위와 같은 경우에 있어서는 당해 토지에 관하여 건물의 소유를 위한 관습법상 법정지상권이 성립될 수 없다(대법 86다카2188, 87다카140).

② 토지공유자의 한 사람이 다른 공유자의 지분 과반수의 동의를 얻어 건물을 건축한 후 토지와 건물의 소유자가 달라진 경우 토지에 관하여 관습법상 법정지상권이 성립되는 것으로 보게 되면 이는 토지공유자의 1인으로 하여금 자신의 지분을 제외한 다른 공유자의 지분에 대하여서까지 지상권 설정의 처분행위를 허용하는 셈이 되어 부당하다(대법 92다55756).

(4) 갑 주택임차인의 대항력과 우선변제권

위 (1), (2), (3)에서 갑 주택임차인은 건물에 대해서 대항력과 우선변제권을 가지게 되나 토지에 대해서는 갑의 3분의 1지분에 대해서만 우선변제권을 가지게 된다. 따라서 건물만 또는 건물과 갑 토지 지분이 일괄 매각될 때 배당 참여가 가능하지만, 토지의 을 지분 또는 병 지분만 매각될 때에는 배당참여가 불가능하다.

(5) 법정지상권이 성립되지 않아도 모두 철거가 가능한 것은 아니다.

위 (1), (2), (3) 사례는 모두 법정지상권이 성립되지 않는다.

우리들이 공식처럼 생각하는 것, 건물이 법정지상권이 성립하지 않으면 철거가 가능하다는 말, 모든 건물에서 그러한 사실들이 통할 수 있는 것은 아니다.

① 위 (1)과 (3) 사례에서 다음과 같은 사실도 함께 분석해야 한다.

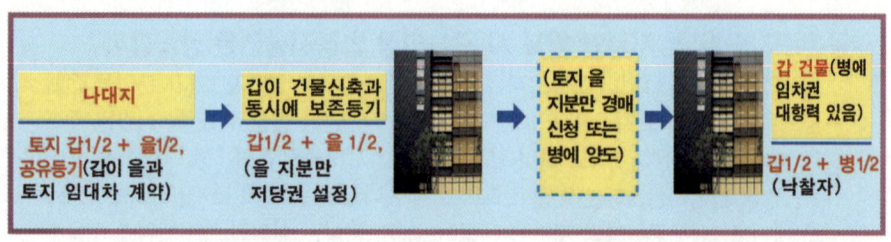

이 사례와 같이 토지를 갑이 2분의 1지분, 을이 2분의 1지분으로 공유하고 있는 경우인데 갑이 을과 토지임대차계약을 체결하고 그 지상에 건물을 신축과 동시에 보존등기를 한 경우 갑 건물은 을 토지 2분의 1지분이 제3자인 병에게 경매 또는 양도되면 법정지상권은 성립되지 않는다. 그래서 철거가 가능하다고 속단하는 경우가 있는데 민법 제622조 제1항에 따라 임대차의 효력을 주장할 수 있는 대항력을 가지게 되므로 철거할 수 없다는 것이 필자의 견해다. 왜냐하면 민법 제622조는 토지 전체를 임차해서 건물을 신축하는 것이지만 토지 일부 지분을 가지고 있는 사람이 나머지 지분을 임차해서 건물을 신축하는 경우도 마찬가지로 해석해야 한다(건물이 보존등기되고 나서 설정된 저당권이다).

그러나 갑이 건물을 소유권보존등기하기 전에 을 토지 지분에 저당권이 설정된 경우 또는 갑이 건물을 소유권보존등기하기 전에 을 토지 지분이 병에게 양도된 경우, 갑과 을의 토지임대차계약은 채권계약이므로 을 지분 매수인에 대해서 임대차의 효력을 주장할 수 없다.

그런데 갑이 을의 대지 지분을 무상으로 사용하는 무상특약으로 계약했다면 을 대지 지분을 낙찰 받은 병은 낭패를 보게 되는데 그러한 계약까지 승계해야 할까?

이 내용은 다음 〈미리 알아두면 좋은 판례 TIPS〉를 참고하면 알 수 있듯이 공유물의 사용·수익·관리에 관한 공유자 사이의 특약은 유효하며 그 특정 승계인에 대하여도 승계되지만, 그 특약이 지분권자로서의 사용·수익권을 사실상 포기하는 등으로 공유지분권의 본질적 부분을 침해하는 경우에는 특정 승계인이 그러한 사실을 알고도 공유지분권을 취득하였다는 등의 특별한 사정이 없다면 특정승계인에게 당연히 승계된다고 볼 수 없다(대법 2011다58701 판결).

따라서 낙찰받고 나서 협의 또는 법원판결을 통해서 토지사용료를 청구할 수 있다고 이해하면 된다.

미리 알아두면 좋은 판례 TIPS

무상사용 특약이나 영구 차임증액을 불가 특약은 변경할 수 있다
① 불공정 법률행위의 성립 요건
② 차임 불증액 특약이 있는 임대차에서 사정변경으로 인한 차임증액청구권이 인정되는지 여부(적극)
  임대차계약에 있어서 차임 불증액의 특약이 있더라도 그 약정 후 그 특약을 그대로 유지시키는 것이 신의칙에 반한다고 인정될 정도의 사정변경이 있다고 보여지는 경우에는 형평의 원칙상 임대인에게 차임 증액청구를 인정하여야 한다.
③ 당사자 사이에 실질적으로 임차물의 영구적 무상사용을 보장하기 위하여 '임대기간을 20년으로 하되, 기간 만료 시 10년간씩 기간을 연장하고, 임대차기간 존속 중에는 임료로 매년 1원을 지급받기로 하는' 내용의 차임 불증액 특약이 있는 임대차계약이 체결된 사안에서, 임대인의 불공정 법률 행위 주장 및 사정변경으로 인한 차임증액청구를 모두 배척한 사례(대법원 96다34061 판결).

② 그러나 위 (2) 사례에서는 다음과 같이 다르게 분석해야 한다.

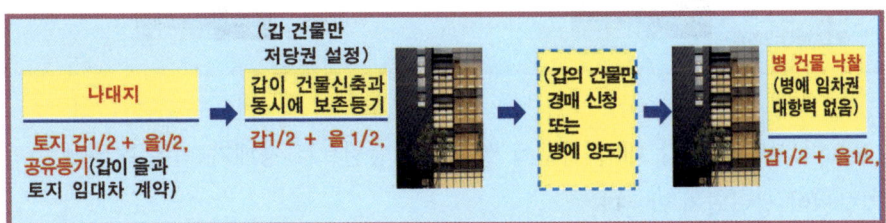

민법 제622조 제1항은 건물의 소유를 목적으로 한 토지 임대차는 이를 등기하지 아니한 경우에도 임차인이 그 지상건물을 등기한 때에는 토지에 관하여 권리를 취득한 제3자에 대하여 임대차의 효력을 주장할 수 있음을 규정한 것에 불

과할 뿐, 임차인으로부터 건물의 소유권과 함께 건물의 소유를 목적으로 한 토지의 임차권을 취득한 사람이 토지의 임대인에 대한 관계에서 임차권의 양도에 관한 그의 동의가 없어도 임차권의 취득을 대항할 수 있다는 것까지 규정한 것은 아닙니다(대법95다29345, 대법67다2126).

◆ 토지가 갑·을의 공유이고, 건물도 갑·을의 공유인 경우

갑이 그의 토지지분만을 병에게 이전할 당시 토지와 건물이 모두 갑·을의 각 공유관계에 있었던 사안(다음 (1) 사례)에서 이러한 경우 법정지상권의 성립을 인정하게 된다면, 다른 공유자인 을의 의사에 기하지 않은 채 을의 지분에 대해서까지 지상권 설정의 처분행위를 허용하는 셈이 되어 부당하다는 이유로 법정지상권의 성립을 부정하였고, ~(생략) (서울고법2001나1333, 대법2001다48002).

(1) 갑 토지 지분에 설정된 저당권으로 경매가 되는 경우

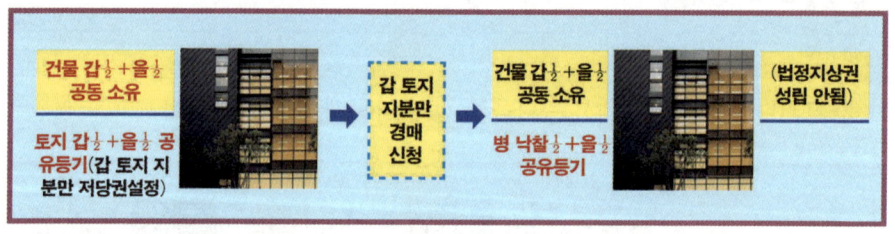

① 이 사례에서 갑 대지 지분에 설정된 저당권으로 경매가 되는 경우에 법정지상권이 성립되지 않는다.

② 갑 대지 지분만을 병에게 매도한 경우도 관습법상 법정지상권이 성립되지 않는다.

③ 그러나 토지 전체지분, 즉 갑·을 지분 전체에 저당권을 설정했다가 병이 낙찰받은 경우에는 법정지상권이 성립되고, 토지 전체지분을 병에게 양도한 경우에는 관습법상 법정지상권이 성립된다.

(2) 갑 건물 지분만에 설정된 저당권으로 경매가 되는 경우

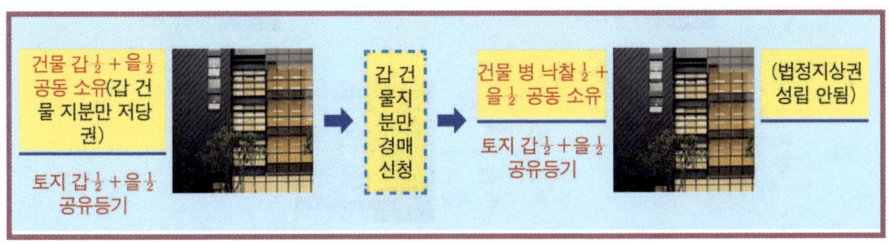

① 이 사례에서 갑 건물 지분만에 설정된 저당권으로 경매가 진행되어 병이 낙찰받은 경우 법정지상권이 성립되지 않는다.

② 이 사례에서 갑 건물 지분만을 병이 일반 매매로 매수한 경우도 관습법상 법정지상권이 성립되지 않는다.

③ 그러나 건물 전체지분, 즉 갑·을 지분 전체를 저당권 설정했다가 병이 낙찰받은 경우에는 법정지상권이 성립되고, 건물 전체지분을 병에게 매도한 경우에도 관습법상 법정지상권이 성립된다.

(3) 갑과 을 주택임차인의 대항력과 우선변제권

위 (1), (2)에서는 주택임차인이 대항력을 가지려면 과반수 지분권자와 계약해야 하므로 공동임대인이 될 수 밖에 없다. 따라서 갑과 을 주택의 임차인은 건물에서 대항력과 우선변제권을, 토지 매각대금에서도 배당참여가 가능하다.

◆ 토지가 갑·을의 공유이고, 건물은 갑·정의 공유인 경우

(1) 갑 토지 지분에 설정된 저당권으로 경매가 되는 경우

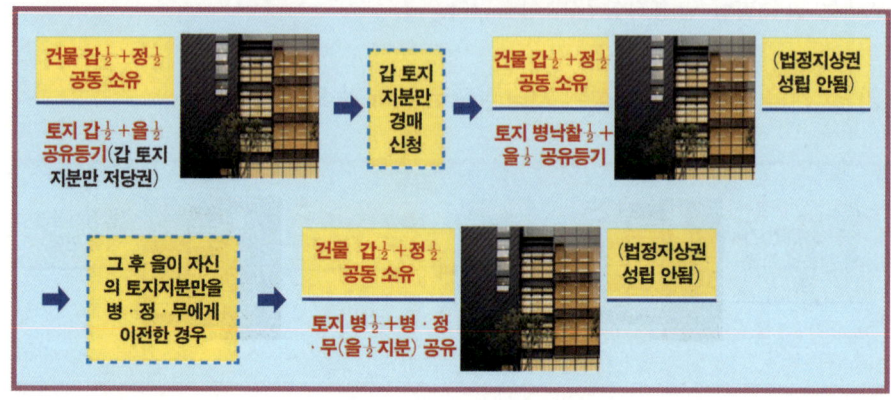

① 이 사례에서 갑 대지 지분에 설정된 저당권으로 경매가 진행되어 병이 낙찰받은 경우에도 법정지상권이 성립되지 않는다.

② 이 사례에서 갑 대지 지분만을 병에게 일반 매매로 매도한 경우에도 관습법상 법정지상권이 성립되지 않는다.

③ 대지 전체지분에 즉 갑·을 지분 전체에 근저당을 설정하였다가 경매가 실행되어 대지 전체지분을 병이 낙찰받은 경우에도 법정지상권이 성립되지 않고, 대지 전체지분을 병에게 매도하여 병이 취득한 경우에도 관습법상 법정지상권이 성립되지 않는다.

(2) 갑 건물 지분에 설정된 저당권으로 경매가 되는 경우

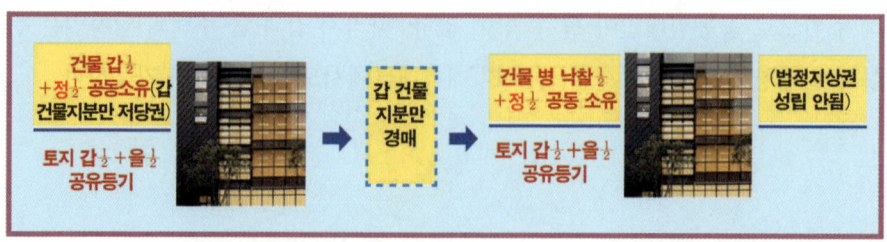

① 이 사례에서 갑 건물 지분에 설정된 저당권으로 경매가 진행되어 병이 낙찰받은 경우에 법정지상권은 성립되지 않는다.

② 이 사례에서 갑 건물 지분만을 병에게 일반 매매로 매도한 경우에도 관습법상 법정지상권이 성립되지 않는다.

③ 건물 전체지분, 즉 갑·정 지분 전체에 근저당을 설정하였다가 경매가 실행되어 건물 전체지분을 병이 낙찰받은 경우에도 법정지상권이 성립되지 않고, 건물 전체지분을 병에게 양도하여 병이 취득한 경우에도 관습법상 법정지상권이 성립되지 않는다.

Part 14

토지 또는 건물만 경매될 때 권리분석과 수익모델을 찾는 기법

01 주택에서 토지 또는 건물만 매각되면 이러한 물건을 선택해라!

(1) 주택이 현재가치와 미래가치가 있는 좋은 곳에 위치하고 있는가?

주택의 현재가치와 미래가치가 높은 부동산을 선택해라!

비록 그 주택의 일부를 공유하고 있더라도 즉 토지만 또는 건물만, 공유물 중 일부가 매각되더라도 그 가치는 변하지 않기 때문이다. 그래서 그 정확한 판단을 위해서 현장답사를 통해 주택시세와 임대시세, 대중교통 및 교육·문화 등의 편익시설을 먼저 고려하고 판단해야 한다. 필자는 가치가 적은 주택을 싸다는 이유만으로 경매로 낙찰받아 팔지 못하고 오랫동안 보유하다 취득한 금액으로 다시 파는 사례를 많이 보고 있다.

(2) 주택에서 높은 임대수익이 발생할 수 있는 물건을 찾아라.

현 임대상태로도, 기존 임대를 재임대하는 방법만으로도 투자금액을 확보할 수 있거나 리모델링 및 신축 등을 통해 임대수익을 높일 수 있는 주택이 있다. 이러한 임대수익의 증가가 그 주택의 가치를 증가시키게 된다.

(3) 주택에 소유자가 거주하는 경우 건물을 매수 또는 토지를 매각하는 협상이 수월하다.

주택소유자가 거주하는 경우 임차인과 지료청구 등으로 신속하게 해결하려는 모습을 보인다.

(4) 등기된 주택이 미등기주택보다 낫다.

등기된 주택은 지료청구와 임차인의 전세보증금 반환청구 등으로 경매를 쉽게 진행시킬수 있고, 그 경매절차에서 주택을 낮은 가격으로 취득할 수도 있다.

미등기건물에서는 건물소유를 위한 해결의 실마리를 찾는데 오랜시간이 소요된다. 채권자가 채권확보를 위해 미등기건물을 촉탁등기하고 강제경매를 신청해도 임차인 등이 모두 대항력이 있어서 무잉여(민사집행법 제102조)로 경매가 취소될 가능성이 높다.

(5) 대항력 있는 임차인이 적어야 수익성이 높고 건물매수 협상이 수월하다.

토지낙찰자는 건물을 매수해야만 주택에서 완전한 권리를 갖게 된다.

토지만의 매각절차에서 배당받지 못한 임차인은 건물에서 대항력을 주장하게 된다. 건물에서 대항력이 존재하면 그만큼 주택가격의 상승요인(주택낙찰가+인수 금액증가)이 되므로 투자수익도 그만큼 적어지고 건물소유자도 실익이 없어서 해결하지 않고 장기간 방치하는 경향이 있다.

그러므로 지상에 건물이 있는 토지가 경매되면 싸다고 무조건 입찰할 것이 아니라 그 지상건물의 임차인들이 토지매각절차에서 배당요구해서 전액 배당 받았는지, 배당요구를 하지 않았더라도 건물의 말소기준권리보다 빠른 대항력이 있는 임차인이 없거나 적은 주택을 찾아야 투자수익을 높일 수 었다.

(6) 주택에 법정지상권이 성립하는가를 봐라.

법정지상권이 성립되면 그 존속기간동안은 토지사용료(지료)밖에 청구할 수 없지만, 법정지상권이 성립되지 않으면 토지인도 및 건물철거소송과 임차인 퇴거명령 등으로 쉽게 해결의 실마리를 찾을 수 있다.

(7) 건물만 경매로 낙찰받으면 안되는 것일까?

① 주택의 대지가 국유지나 시유지로 그 토지사용료를 부담하고 있는 주택이라면 토지부분은 차임을 내고 산다고 생각하면 건물만 낙찰받는 것도 그리 나쁠 것도 없다.

② 주택에서 대지가 다른 사람 소유이고 건물이 법정지상권이 성립하는 경우 토지 사용료를 부담하고도 수익이 발생한다면 투자의 대상으로 삼아라!

③ 토지 사용료를 부담하면 수익이 적거나 없다면 피해야 한다. 왜냐하면 토지 사용료를 지급하지 않으면 토지소유자가 건물을 경매 신청하게 되고 그에 따라 건물을 잃게 될 수도 있다.

④ 법정지상권이 성립되지 않는 건물이라도 매수해서 거주하는 분들이 있다.

㉠ 법정지상권이 성립되지 않는 건물은 싸게 매각되니 온전한 주택을 구입할 수 없는 분들이 선택할 수 있는 방법이다.

토지를 낙찰받는 분들은 건물을 철거하기보다는 건물을 싸게 사서 이용하려는 목적이 있고, 어떤 건물은 철거해도 같은 건물로 건축하기가 어려운 물건도 많다. 이것이 토지 소유자의 고민이다.

그래서 건물만 일반 매매로 또는 경매로 낙찰받아서 선순위 채권을 만들면 토지 소유자가 토지 사용료로 건물을 강제경매신청해도 매각절차에서 남을 가망이 없어서 경매가 취소된다(민집법 제104조). 이러한 판단을 게을리한 토지 소유자는 건물을 철거하지도 못하고 토지사용료도 받지 못하고 장기간 재산세만 부담해야 하고 울며 겨자먹기식으로 건물 소유자에게 토지를 빼앗기기도 한다.

㉡ 지상에 건물이 집합건물이고 그 구분소유자들의 일부 구분호수의 대지지분이 매각될 때는 더욱 심각하다. 집합건물에서 일부 구분호수의 대지지분만 경매로 낙찰받으면 건물을 철거할 수 없고(다음 〈알아두면 좋은 내용〉 참고), 장기간 투자 원금도 회수하지 못하는 사례도 발생하니 앞에서 기술한 내용을 참고해서 현명한 투자자가 되어야 한다.

알아두면 좋은 내용

집합건물의 일부대지 지분만 낙찰받으면 건물을 철거할 수 없다.

집합건물에서 일부 구분호수의 대지 지분만 경매로 낙찰받으면 건물을 철거할 수 없다. 법원에서 철거 판결을 내주는 사례도 있지만 실무상 철거할 수 없어서 또다시 경매가 진행되는데 그러한 사례가 다음 Part 17의 06 대지만에 설정된 저당권을 사서 경매를 신청하면 성공과 실패?(547쪽)에 기술되어 있으니 참고하면 된다. 이곳에 가면 위와 같은 이유로 해서 집합 건물에서 대지 지분이 경매로 매각될 때 가격만 싸다고 낙찰받을 것이 아니라 두 가지 관점에서 유의해야 하고 그 유의해야 할 내용도 자세히 기술해놓았다.

(8) 결국 정리하자면 이렇게 투자해야 한다

주택의 현재 및 미래가치가 높고, 임대수익을 높일 수 있는 주택이고, 대항력 있는 임차인이 적고, 등기된 주택이면서 소유자가 거주하면 법정지상권이 성립하든 하지 않든 빠른 실마리를 찾을 수 있다.

그 다음에 법정지상권이 성립하느냐, 않느냐를 분석해서 법정지상권이 성립하지 않으면 토지사용료를 청구하기 전에 토지인도 및 건물철거 소송에 따른 처분금지 가처분을 하고, 토지사용료를 원인으로 하는 부당이득반환청구소송을 진행해 그 판결문으로 경매신청하면 건물을 싸게 취득할 수 있다.

02 나대지상에 기업은행이 근저당 설정 후 건물이 신축된 경우는 어떨까!

◆ **입찰대상물건 분석표**

주소	면적	공매가 및 진행과정	1) 임차인조사내역 2) 기타청구	등기부상의 권리관계	건물등기부상의 권리
서울시 강동구 천호동 ○○○ 번지 다가구주택 소유자겸 체납자 : 김철희 공매대행 기관 : 강동구청 공매집행 기관 : 자산관리 공사	대지 145㎡ 건물 1층 85㎡ 2층 85㎡ 3층 74㎡	감정가 200,000,000원 대지 120,998,800원 (60.4994%) 건물 79,001,200원 (39.5006%) 최저가 1차 200,000,000원 유찰 2차 180,000,000원 유찰(10% 저감) 3차 160,000,000원 유찰(10% 저감) 4차 140,000,000원 낙찰 146,500,000원 낙찰자 우선명 (공매비용 : 150만원)	1) 임차인 ① 김기수 　전입 94.08.10. 　확정 95.12.19 　배분 96.12.10 　보증 2,000만원 ② 이철희 　전입 93.08.10. 　확정 95.12.25. 　배분 96.12.15. 　보증 2,500만원 ③ 김동희 　전입 93.07.10. 　확정 95.12.21. 　배분 96.12.20. 　보증 3,000만원 ④ 김정렬 　전입 92.10.10. 　확정 95.12.24. 　배분 96.12.15. 　보증 1,600만원	소유자 김철희 근저당 기업은행 89.12.10. 27,500,000원 근저당 국민은행 95.12.10. 4,500만원 압류 강동구청 95.12.30. 압류공매 강동구청 청구금액:1,800만원 (취득세 법정기일: 95.05.10)	소유자 김철희 근저당 국민은행 95.12.10. 4,500만원 압류 강동구청 95.12.30. 압류공매 강동구청 청구금액:1,800만원 (취득세 법정기일 : 95.05.10) 〈공매의뢰 : 96.08.10〉 〈공매공고 : 96.10.10〉 (토지, 건물 일괄경매)

◆ 물건분석과 권리분석에 따른 배분표 작성

이 사건은 강동구청이 압류공매를 신청한 공매사건이다. 그런데 나대지 상태에서 기업은행이 토지에만 근저당권을 설정하고 나서 건물이 신축된 경우로 토지와 건물에 설정된 권리 등이 상이한 경우이다. 따라서 배분방법은 최초의 감정가격에서 건물과 토지의 비율을 계산하고 이 비율을 매각대금에 곱하여 건물과 토지 배분금을 계산하면 된다. 토지만의 매각대금에서 토지의 최선순위 저당권자의 채권금액을 우선변제하고 나머지 공매대가(토지 선순위채권을 공제한 금액)와 건물 최초공매대가에서 다시 비율을 정하여 후순위채권자 등의 채권액에 곱하여 건물과 토지에서 각각 배분금을 받게 된다.

다음으로 저당권이 대지에만 설정된 경우 소액임차인의 최우선변제금을 살펴보면

첫째 대지에 저당권 설정 당시에 이미 그 지상에 건물이 존재한 경우에 대지 저당권 실행으로 경매가 진행된 경우 대지환가대금에서 대지에 설정된 저당권보다 소액보증금을 우선변제받을 수 있다.

둘째 대지에 저당권 설정 후(나대지 상태에서)에 비로소 건물이 신축된 경우에는 소액임차인은 대지환가대금에서 대지에 설정된 저당권자보다 우선변제를 받을 수 없다(대판 99다25532).

따라서 위 사건의 배분표를 작성하기 위해서

배분금액은 (①토지 88,631,621원-907,491원) = 87,724,130원이고, (②건물 57,868,379원-592,509원) = 57,275,870원이다.

토지와 건물을 감정가액비율대비로 토지와 건물매각대금에서 구분하여 배분하여보자.

순위	배당채권자	대지 87,724,130원 (60.4994%)	건물 57,275,870원 (39.5006%)
1순위	기업은행	27,500,000원	0원
	※ 선순위 채권공제 후 대지와 건물의 공매대가를 다시 계산하여 보고 그에 따른 배분비율을 정하여 보면 잔여배분금 : 117,500,000원	대지공매대가 = 60,224,130원 배분비율 = 60,224,130원 ――――――― 117,500,000원 (51.25458%)	건물공매대가 = 57,275,870원 배분비율 = 57,275,870원 ――――――― 117,500,000원 (48.74542%)
2순위	① 김기수(최우선변제금)	6,150,550원	5,849,450원
	② 이철희(최우선변재금)	6,150,550원	5,849,450원
	③ 김동희(최우선변제금)	6,150,550원	5,849,450원
	④ 김정렬(최우선변제금)	6,150,550원	5,849,450원
3순위	강서구청 1,800만원	9,225,824원	8,774,176원
4순위	국민은행 4,500만원	23,064,561원	21,935,439원
5순위	김기수 800만원	3,331,545원	3,168,455원

이와 같이 배분이 종결된다. 여기서 주택임차인들이 대항력의 기준이 되는 말소기준권리는 토지만 설정된 기업은행이 아니라 주택에 설정된 근저당권으로 국민은행 95.12.10.이 된다.

단독·다가구주택에서 토지와 건물의 말소기준권리가 다른 경우 임차인의 대항력 기준은 토지와 건물에 설정된 말소기준권리 중 가장 빠른 날짜가 되는 것이 아니라 건물의 말소기준만을 가지고 판단하게 된다.

이는 임대차대상이 건물이고 임차인은 건물을 사용·수익을 목적으로 하기 때문이다.

임차인은 토지와 건물 전체에 대해서 우선변제권을 주장할 수는 있지만 대항력은 건물말소기준권리를 가지고 판단해야 되며 토지는 매각대금에서 우선 변제를 받을 수 있는 우선변제권만 갖게 된다고 보면 될 것이다. 따라서 김기수, 이철희, 김동희, 김정렬 등은 모두 선순위가 된다.

배분받지 못한 신순위 임차인 즉 김기수의 미배분금 150만원, 이철희의 미배분금 1,300만원, 김동희의 미배분금 1,800만원, 김정렬의 미배분금 400만원은 낙찰자가 인수해야 한다. 이 경우에도 법정지상권은 성립되지 않는다. 따라서 낙찰자의 실제 주택구입비는 146,500,000원+150만원+1,300만원+1,800만원+400만원으로 183,000,000원이 된다.

◈ 이 사례에서 토지만 매각되었다면 법정지상권 성립 여부

대법원 2009다62059 판결과 같이 ① 가압류의 본압류로 강제경매가 진행돼 토지와 건물소유자가 달라진 경우, ② 이 사례와 같이 강동구청 세금압류로 공매가 진행되어 토지와 건물소유자가 달라진 경우 그 가압류 또는 강동구청 압류 이전에 저당권이 있었다면 그 저당권 설정 당시에 토지와 건물 소유자가 같았는지를 가지고 판단해야 한다.

이 사례에서 저당권 설정 당시에 건물이 없었으므로 건물은 법정지상권이 성립하지 않는다.

어쨌든 이 사례에서는 일괄 매각된 것으로 낙찰자는 토지와 건물 모두 소유하게 되므로 법정지상권은 논의의 대상이 아니다.

03 공동저당권이 설정되고 나서 건물 멸실하고 신축한 경우

◆ 입찰대상물건 분석표

주소	면적	경매가 및 진행과정	1) 임차인 조사내역	등기부상의 권리관계

서울시 강서구 가양동 ○○○ 번지
 	
다가구주택
 	
〈토지·건물 일괄경매〉
	대지
	141㎡
	
	건물
	1층 86㎡
	2층 86㎡
	3층 75㎡
		감정가
		300,000,000원
		
		대지(70%)
		210,000,000원
		건물(30%)
		90,000,000원
		
		최저가
		1차
		300,000,000원
		유찰
		2차
		240,000,000원
		
		낙찰
		255,000,000원
		〈이대만〉
			1) 임차인
			① 이경진
			   전입 97.3.25.
			   확정 97.3.25.
			   배당 98.10.10.
			   보증 3,000만원
			
			② 김철희
			   전입 97.4.10.
			   확정 97.4.10.
			   배당 98.11.20.
			   보증 3,500만원
			
			③ 김민주
			   전입 97.5.30.
			   확정 97.5.30.
			   배당 98.11.21.
			   보증 2,500만원
			
			④ 이한국
			   전입 98.2.10.
			   확정 98.2.10.
			   배당 98.11.15.
			   보증 3,000만
				소유자 이영화
				근저당 국민은행
				96.5.30.
				1억 3,000만원
				건물멸실로 근저당권 소멸
				
				건물소유권보존등기
				이영화 97.3.30.
				근저당 새마을금고
				97.3.30.
				3,000만원
				가압류 이수진
				98.1.10.
				1,500만원
				〈건물등기부〉
				소유자 이영화
				근저당 국민은행
				96.5.30.
				1억 3,000만원
				가압류 이수진
				98.1.10.
				1,500만원
				〈토지등기부〉
				〈토지건물일괄경매신청〉
				임의경매 국민은행
				〈1998.7.30.〉

◆ 물건분석과 권리분석에 따른 배당방법

이 사건은 1996.5.30.에 토지와 건물이 공동저당되었으나 그 후 소유자가 건물을 멸실시키고 1997.3.30. 신축건물을 소유권 보존등기하여 새마을금고로부터 3,000만원을 대출받았다. 따라서 구 건물에 있었던 근저당권은 소멸된 경우이다. 토지에서 말소등기는 국민은행이고, 건물에서 말소기준권리는 새마을금고가 된다. 신축건물소유자와 토지소유자가 동일인이므로 국민은행이 일괄경매 신청하였다. 이처럼 토지와 건물의 말소기준권리가 상이할 경우 주택 임차인 인수 여부는 건물의 말소기준권리를 갖고 한다.

배당금액이(255,000,000원-집행비용 300만원) 252,000,000원이므로 배당표를 작성해보면 다음과 같다.

	채권순위 및 금액	토지 176,400,000원(70%)	건물 75,600,000원(30%)
1순위	① 이경진 : 1,200만원	8,400,000원	3,600,000원
	② 김민주 : 1,200만원	8,400,000원	3,600,000원
	③ 이한국 : 1,200만원	8,400,000원	3,600,000원
2순위	국민은행 1억3,000만원	130,000,000원	0원
	※ 선순위 채권공제 후 토지와 건물의 공매대가를 다시 계산하여 보고 그에 따른 배분비율을 정하여 보면 잔여배당금:86,000,000원	토지경매대가 = 21,200,000원 배당비율 = $\frac{21,200,000원}{86,000,000원}$ (24.651163%)	건물경매대가 = 64,800,000원 배당비율 = $\frac{64,800,000원}{86,000,000원}$ (75.348837%)
3순위	이경진 1,800만원	4,437,209원	13,562,791원
4순위	새마을금고 3,000만원	0원	30,000,000원
	선순위 채권공제 후 잔여배당금 : 3,800만원	토지경매대가 = 16,762,791원 배당비율 = $\frac{16,762,791원}{38,000,000원}$ (44.1126%)	건물경매대가 = 21,237,209원 배당비율 = $\frac{21,237,209원}{38,000,000원}$ (55.8874%)
5순위	김철희 3,500만원	15,439,410원	19,560,590원
6순위	김민희 1,300만원	1,323,381원	1,676,619원

이와 같이 배당표가 작성되었으나 대항력 있는 임차인 이경진이 건물말소기준권리인 새마을금고보다 전입이 빨라서 선순위이지만 전액 배당받고 소멸되어서 낙찰자에게 인수되는 권리 없이 모두 소멸된다. 이와 같이 공동저당권 설정 되었다가 건물이 멸실되고 신축된 경우에는 법정지상권이 성립되지 아니한다. 이 경우 토지저당권자는 토지매각대금에 대해서만 배당되고 건물채권자들은 건물매각대금에 대해서만 배당받는다.

앞의 사례에서 보았듯이 대지에 저당권 설정 당시에 이미 건물이 존재한 경우에 대지저당권 실행으로 경매가 진행된 경우 대지 환가대금에서 소액보증금 중 일정액을 우선변제 받을 수 있다.

그러나 나대지 상태에서 저당권 설정 후 신축하였다면 최우선변제금은 우선변제받을 수 없고 토지 저당권자가 먼저 배당받고 난 배당잔여금에 대해서만 우선변제받을 수 있을 뿐이다.

◈ 이 사례에서 토지만 매각되었다면 법정지상권 성립 여부

공동저당권을 설정 후 건물을 멸실하고 신축한 경우로 토지만 경매가 진행되었다면 법정지상권은 성립되지 않는다.

그러나 이 사건은 토지와 건물이 일괄 경매된 것으로 매수인은 토지와 건물 모두 소유하게 되므로 법정지상권을 논하는 것은 의미가 없다.

04 토지만 경매되는 경우 지상에 다가구주택이 존재한다!

◆ 입찰대상물건 정보내역

2011타경 ○○○○ · 서울남부지방법원 본원 · 매각기일 : 2012.11.13(火) (10:00) · 경매 6계(전화:02-2192-1336)

소재지	서울특별시 구로구 구로동 ○○○ 도로명주소검색						
물건종별	대지	감정가	695,980,000원	기일입찰	[입찰진행내용]		입찰 25일전
토지면적	178㎡(53.845평)	최저가	(51%) 356,342,000원	구분	입찰기일	최저매각가격	결과
				1차	2012-04-16	695,980,000원	유찰
건물면적	건물은 매각제외	보증금	(10%) 35,640,000원		2012-05-22	556,784,000원	변경
매각물건	토지만 매각	소유자	김정미	2차	2012-06-25	556,784,000원	유찰
					2012-07-25	445,427,000원	변경
사건접수	2011-12-21	채무자	김정미	3차	2012-10-10	445,427,000원	유찰
사건명	강제경매	채권자	김인기	4차	2012-11-13	356,342,000원	

· 매각토지.건물현황 (감정원 : 미노감정평가 / 가격시점 : 2012.01.10)

목록	지번	용도/구조/면적/토지이용계획	㎡당	감정가	비고
토지	구로동 543-9	도시지역,제2종일반주거지역(7층이하),가축사육제한구역<가축분뇨의관리및이용에관한법률>,대공방어협조구역(위탁고도:77-257m)<군사기지 및 군사시설 보호법>,과밀억제권역<수도권정비계획법>, 학교환경위생 정화구역<학교보건법>, 장애물제한표면구역(진입표면)<항공법>임	대 178㎡ (53.845평)	3,910,000원	695,980,000원	표준지공시지가:(㎡당)1,920,000원
감정가		토지:178㎡(53.845평)	합계	695,980,000원	토지만 매각

· 임차인현황 (배당요구종기일 : 2012.03.05)

===== 임차인이 없으며 전부를 소유자가 점유 사용합니다. =====

기타사항	☞건물에 '낙원수학교습소' 간판이 부착되어 있으나 소유자가 내부공개를 거부하고 진술 거부하여 임대차관계를 확인할수 없음

· 토지등기부 (채권액합계 : 5,000,000원)

No	접수	권리종류	권리자	채권금액	비고	소멸여부
1	1992.09.07	소유권이전(매매)	김정미			
2	2009.03.10	압류	서울특별시구로구		말소기준등기	소멸
3	2010.12.27	가압류	김인기	5,000,000원		소멸
4	2011.12.23	강제경매	김인기	청구금액:4,771,830원	2011타경 ○○○○	소멸

주의사항	☞제시외건물 매각제외도 법정지상권 성립여지있음

◈ 경매 물건에 대한 권리분석과 배당표 작성

　이 물건은 지하철 1호선 구로역과 7분 거리이고, 버스 등의 대중교통이 발달해 있는 교통여건이 좋은곳에 위치해 있다. 인근에는 애경백화점(입찰할 당시)과 재래시장, 그리고 우수한 학군이 위치해 주택수요가 많고 거래도 활발한 지역이다.

　이 경매사건은 다가구주택에서 건물은 매각에서 제외되고 대지만 매각되는 경우로 토지와 건물이 전체로 매각될 때보다 권리가 복잡한 관계로 최초매각 가격에서 51%로 떨어졌다.

　채권이 500만원에 불과해서 경매가 취소될 가능성이 있으나 취소되지 않고 소유권을 취득하게 된다면 높은 기대수익이 예상된다.

　왜냐하면 토지 시세가 평당 1,300~1,400만원을 호가하고 있는데 반해서 660만원으로 저감되어 이 가격으로 낙찰받아 지료를 1,300만원~1,400만원 정도로 청구할 수 있다.

　이 건물은 토지와 건물이 동일 소유자였다가 강제경매로 토지와 건물소유자가 달라지는 경우로 관습법상 법정지상권이 성립된다.

　따라서 건물소유자는 관습법상 법정지상권 존속기간동안 토지인도 및 건물철거소송을 할 수 없고 지료만 청구가 가능하다. 그런데 지료를 지급하지 않는 경우 토지 사용료(지료)를 원인으로 지상건물에 대해 채권 가압류 한 다음 지료청구소송을 진행해야 한다. 그러면 본안소송 전이라도 해결의 실마리를 찾을 수 있고, 해결되지 않아도 그 판결문을 가지고 강제경매를 신청하면 된다. 어쨌든 그 경매절차에서 건물을 낙찰받아 완전한 다가구주택으로 매각하면 된다.

그러면 이 주택에서 배당관계는 어떻게 될까?

　매각대금이 3억6천500만원이고 경매비용이 500만원이면 실제 배당할 금액은 3억6000만원이므로
- 1순위 : 구로구청 재산세 500,000원,
- 2순위 : 김삼용 가압류권자 4,771,830원으로 354,728,170원의 배당잉여금이 남게 되는데 이 배당잉여금은 채무자겸 소유자가 배당받게 되므로 매수 후 투자이익을 회수하는 시간이 예상보다 짧을 것으로 예상되는 물건이다.

05 토지를 낙찰받고 난 다음 토지사용료로 건물을 강제경매 신청한 사례

◈ 토지가 먼저 경매돼 이선수가 낙찰받았다

(1) 토지만 임의경매된 물건 현황 및 매각결과

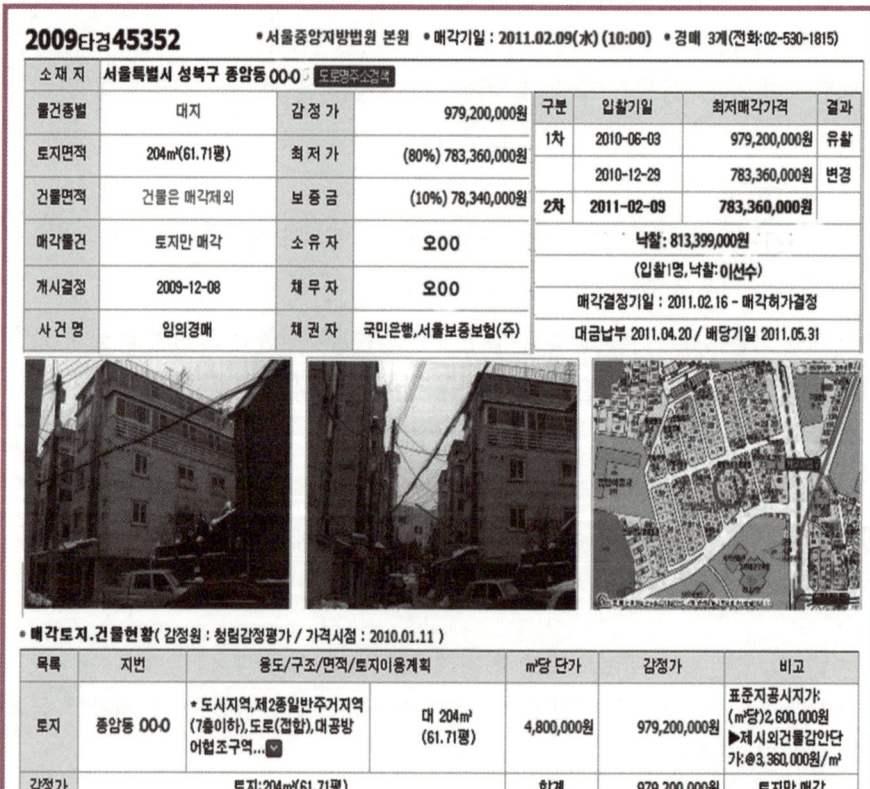

• 임차인현황 (배당요구종기일 : 2010.06.08)

임차인	점유부분	전입/확정/배당	보증금/차임	대항력	배당예상금액	기타
강OO	주거용 403호	전 입 일: 2009.04.03 확 정 일: 미상 배당요구일: 없음	미상			
강OO	주거용 403호	전 입 일: 2009.04.03 확 정 일: 미상 배당요구일: 없음	미상			
권OO	점포 1층전부 (오목대삼겹살)	사업자등록: 2005.11.17 확 정 일: 2005.11.17 배당요구일: 2009.09.03	보50,000,000원 월1,200,000원			현황조사서상 차임:100만원
김OO	주거용 205호	전 입 일: 2005.09.12 확 정 일: 미상 배당요구일: 없음	미상			
김OO	주거용 201호	전 입 일: 2008.04.01 확 정 일: 미상 배당요구일: 없음	미상			
김OO	주거용 501호	전 입 일: 2009.12.14 확 정 일: 미상 배당요구일: 없음	미상			
류OO	주거용 404호	전 입 일: 2009.12.07 확 정 일: 미상 배당요구일: 없음	미상			
서OO	주거용 미상	전 입 일: 2008.02.13 확 정 일: 미상 배당요구일: 없음	미상			
이OO	점포 3층일부	사업자등록: 미상 확 정 일: 미상 배당요구일: 없음	보60,000,000원			전세권등기자 배당요구없음
이OO	주거용 미상	전 입 일: 1989.01.27 확 정 일: 미상 배당요구일: 없음	미상			
정OO	주거용 404호	전 입 일: 2008.08.28 확 정 일: 미상 배당요구일: 2009.09.21	미상			
최OO	주거용 미상	전 입 일: 2008.01.31 확 정 일: 미상 배당요구일: 없음	미상			
한OO	주거용 미상	전 입 일: 1978.12.20 확 정 일: 미상 배당요구일: 없음	미상			
한OO	주거용 미상	전 입 일: 2007.11.07 확 정 일: 미상 배당요구일: 없음	미상			
황OO	주거용 미상	전 입 일: 2006.02.17 확 정 일: 미상 배당요구일: 없음	미상			
황OO	주거용 미상	전 입 일: 2006.09.19 확 정 일: 미상 배당요구일: 2009.09.14	미상			
기타사항	임차인수: 16명, 임차보증금합계: 110,000,000원, 월세합계: 1,200,000원 ☞조사외 소유자 점유 ☞지상에 등기부상 건물과는 다른 5층의 신축건물이 있는데 2005.8.30.에 새로 축조한 것인데 소유자는 한OO (이 사건 채무자의 아들)라고 함 / 이 사건 지상 건물은 2005.4.6.멸실됨(따라서 신.구건물사이의 동일성은 없음)					

• 건물등기부 (채권액합계 : 463,987,260원)

No	접수	※주의 : 건물은 매각제외		채권금액	비고	소멸여부
1	2005.08.30	소유권보존	한OO			
2	2007.09.17	근저당	이OO	120,000,000원		
3	2008.01.16	근저당	임OO	50,000,000원		
4	2008.01.16	근저당	이OO	50,000,000원		
5	2009.09.15	가압류	서울보증보험(주)	183,987,260원		
6	2009.10.05	전세권(3층일부)	이OO	60,000,000원	존속기간: ~2010.06.01	
7	2010.04.13	임의경매	이OO	청구금액: 120,000,000원	2010타경10680	

• 토지등기부 (채권액합계 : 1,797,077,803원)

No	접수	권리종류	권리자	채권금액	비고	소멸여부
1	1981.10.20	소유권이전(증여)	오OO			
2	1992.09.03	근저당	국민은행 (여신관리부)	104,000,000원	말소기준등기	소멸
3	2001.01.26	근저당	국민은행	124,000,000원		소멸
4	2005.11.04	가압류	이OO	100,000,000원		소멸
5	2006.11.08	가압류	서울보증보험(주)	767,377,000원		소멸
6	2006.12.18	가압류	전OO	300,000,000원		소멸
7	2007.04.12	가압류	신용보증기금	180,000,000원		소멸
8	2007.09.11	가압류	국민은행	37,713,543원		소멸
9	2009.07.03	강제경매	서울보증보험(주) (강북신용지원단)	청구금액: 753,391,240원	2009타경26023	소멸
10	2009.09.15	가압류	서울보증보험(주)	183,987,260원		소멸
11	2009.12.08	임의경매	국민은행 (경매소송관리센터)	청구금액: 228,000,000원	2009타경45352	소멸

등기부 분석 　☞토지만 매각주의(건물은 매각제외)

(2) 이 토지 대한 권리분석과 배당

　이 근린주택은 지하철 6호선 고려대역과 고려대학교 등이 위치하고 있어서 임대수요가 높은 곳이다. 이 토지 낙찰자 이선수도 그러한 판단하에 감정가 979,200,000원인데 813,399,000원에 낙찰받은 것으로 판단된다.

　왜냐하면 이 지상건물이 법정지상권이 성립되지 않기 때문에 협의가 안 될 때 법정지상권이 성립되지 않으므로 건물철거를 주장할 수 있기 때문이다. 법정지상권이 성립하려면 민법 제366조에 따라 토지와 건물소유자가 동일인이었다가 경매로 달라져야 하는데 이 건물 신축 당시부터 동일소유자가 아니었다.

　그런데 이러한 상황에 직면하게 되면 민법 제366조에 의한 법정지상권만 분석하고 성립이 안 되면 철거로 단정해 버리는 경향이 있다. 그러나 민법 제622조의 차지권의 대항력도 고려해야만 한다.

　차지권의 대항력은 토지에 별도로 등기를 하지 않고서도 토지임차인이 건물 신축 후 보존등기만 하면 그 이후 토지소유자가 일반 매매나 경매로 변경되더라도 매수인은 토지임차권을 승계해야 되기 때문이다.

　그러나 토지임차인이 건물을 보존등기하기 전에 토지소유자가 변경되거나 건물을 보존등기하기 전에 설정된 저당권이나 가압류(압류) 등에 의해 경매가 진행돼 토지소유자가 달라지는 경우는 새로운 토지소유자에게 차지권의 대항력을 주장할 수 없다.

이 근린주택은 건축하기 전인 1992. 09. 03. 국민은행 근저당권 채권최고액 104,000,000원으로 등기되어 있고 그 근저당권에 의해 임의경매가 진행돼 차지권의 대항력을 토지낙찰자에게 주장할 수 없다. 임차권이 후순위로 경매로 소멸되는 임차권에 불과하기 때문이다.

이 물건에 예상배당표를 작성하면 다음과 같다.

매각대금 813,399,000원에서 경매비용 6,399,000원을 공제하면 실제 배당할 금액은 8억700만원이다.

그런데 근린주택 임차인들 중 대부분이 배당요구를 하지 않은 사실을 알 수 있는데 그 이유는 토지와 건물소유자가 달라서 건물소유자와 임대차 계약한 임차인들은 토지에서 우선변제권이 없기 때문이다.

따라서 1순위로 국민은행 1억400만원, 2순위로 국민은행 1억2,400만원, 3순위로 나머지 배당금 5억7,900만원을 가지고 가압류채권자들과 강제경매신청 채권자들이 동순위로 안분배당하면서 배당은 종결된다.

(3) 토지를 낙찰받고 나서 건물에 대한 권리행사

이선수는 토지를 2011. 02. 09. 낙찰받고 2011. 04. 22. 잔금을 납부하고 소유권을 취득하였다.

그리고 건물이 법정지상권이 성립되지 않는다는 판단 하에 2011. 06. 29. 토지인도 및 건물철거소송을 원인으로 건물에 처분금지가처분을 하고 토지사용료에 따른 부당이득반환청구소송을 진행하였다. 그 과정에서 건물이 2012. 06. 07. 강제경매절차가 진행하게 되었다.

법정지상권이 성립하지 못하는 건물에 대해서 가처분하고 그 건물만 경매를 신청하게 되면 토지소유자가 아닌 다른 경쟁자들이 입찰에 참여하기가 어려운 것이 현실이다. 왜냐하면 건물을 낙찰 받더라도 건물이 법정지상권이 없기는 마찬가지이기 때문에 철거의 위험에 빠져 있기 때문이다.

◆ 건물만 경매가 진행돼 토지 소유자 이선수가 낙찰 받았다

(1) 건물만 강제경매된 물건 현황 및 매각결과

2012타경17746 · 서울중앙지방법원 본원 · 매각기일 : 2014.04.10(木) (10:00) · 경매 11계(전화:02-530-2715)

소재지	서울특별시 성북구 종암동 00-00 (도로명주소검색)			구분	입찰기일	최저매각가격	결과
물건종별	근린주택	감정가	440,948,520원	1차	2013-03-14	440,948,520원	유찰
토지면적	토지는 매각제외	최저가	(51%) 225,766,000원	:	:	:	유찰
				4차	2013-08-01	225,766,000원	낙찰
건물면적	548.17㎡(165.821평)	보증금	(20%) 45,160,000원	낙찰 2,978,000,000원(675.36%) / 3명 / 미납			
				5차	2013-11-21	225,766,000원	
매각물건	건물만 매각	소유자	한00	낙찰 305,080,000원 / 매각허가결정취소			
				6차	2014-04-10	225,766,000원	
개시결정	2012-06-07	채무자	한00	낙찰:225,800,000원			
사건명	강제경매	채권자	이00외 1	입찰1명,낙찰: 이선수			

● 매각토지.건물현황 (감정원 : 온누리감정평가 / 가격시점 : 2012.06.18 / 보존등기일 : 2005.08.30)

목록		지번		용도/구조/면적/토지이용계획	㎡당 단가	감정가	비고
건물	1	종암동 00-00 철근콘크리트구조 평스라브지붕	1층	근린생활시설(식당) 100.91㎡(30.525평)	792,000원	79,920,720원	* 사용승인:2005.07.28 * 도시가스 개별난방
	2		2층	원룸 4개호, 보일러실, 공용 다용도실 등 116.27㎡(35.172평)	880,000원	102,317,600원	* 사용승인:2005.07.28 * 도시가스 개별난방
	3		3층	원룸 2개호, 소유주 거주주택(방1, 화장실, 주방, 거실),보일러실 등 116.27㎡(35.172평)	880,000원	102,317,600원	* 사용승인:2005.07.28 * 도시가스 개별난방
	4		4층	원룸 4개호,보일러실, 공용 다용도실 등 92.11㎡(27.863평)	880,000원	81,056,800원	* 사용승인:2005.07.28 * 도시가스 개별난방
	5		5층	원룸 3개호,통로 등 62.41㎡(18.879평)	880,000원	54,920,800원	* 사용승인:2005.07.28 * 도시가스 개별난방
				면적소계 487.97㎡(147.611평)		소계 420,533,520원	
제시외건물	1	종암동 00-00 복합판넬조 판넬지붕	1층	주방 7.5㎡(2.269평)	200,000원	1,500,000원	매각포함
	2		1층	창고 3.2㎡(0.968평)	100,000원	320,000원	매각포함
	3		4층	보일러실 24.1㎡(7.29평)	350,000원	8,435,000원	매각포함
	4		5층	방일부 25.4㎡(7.684평)	400,000원	10,160,000원	매각포함
		제시외건물 포함 일괄매각		면적소계 60.2㎡(18.211평)		소계 20,415,000원	
감정가				건물:548.17㎡(165.821평)	합계	440,948,520원	건물만 매각

• 임차인현황 (말소기준권리 : 2010.11.30 / 배당요구종기일 : 2012.08.27)

임차인	점유부분	전입/확정/배당	보증금/차임	대항력	배당예상금액	기타
김소형	주거용 205호	전 입 일: 2005.09.12 확 정 일: 미상 배당요구일: 없음	미상		배당금 없음	
김인기	주거용 404호	전 입 일: 2011.07.20 확 정 일: 2011.07.20 배당요구일: 2012.08.21	보50,000,000원	없음	소액임차인	
김철민	주거용 401호	전 입 일: 2011.07.13 확 정 일: 2011.07.13 배당요구일: 2012.08.20	보50,000,000원	없음	소액임차인	
김대위	주거용 201호	전 입 일: 2011.07.04 확 정 일: 2011.07.04 배당요구일: 2012.08.20	보50,000,000원	없음	소액임차인	
김영민	주거용 202호	전 입 일: 2011.05.18 확 정 일: 미상 배당요구일: 없음	미상		배당금 없음	
김영기	주거용 301호	전 입 일: 2010.02.16 확 정 일: 2010.02.16 배당요구일: 2012.07.12	보50,000,000원	있음	소액임차인	
서동요	주거용 202호	전 입 일: 2012.07.20 확 정 일: 2012.07.20 배당요구일: 2012.08.22	보50,000,000원	없음	우선배당금없음	경매등기후 전입신고
오00 (토지전소유자)	주거용	전 입 일: 1978.12.20 확 정 일: 미상 배당요구일: 없음	미상		배당금 없음	
위기순	주거용 201호	전 입 일: 2008.04.01 확 정 일: 미상 배당요구일: 2012.08.24	보50,000,000원	있음	소액임차인	
이순희	주거용 501호	전 입 일: 2012.08.27 확 정 일: 2012.08.27 배당요구일: 2012.08.27	보50,000,000원	없음	우선배당금없음	경매등기후 전입신고
이정구	주거용 3층 중 서쪽 23.14m²	전 입 일: 미상 확 정 일: 미상 배당요구일: 2012.08.24	보60,000,000원		배당순위있음	선순위 전세권등기자, 경매신청인
이미영	주거용 402호	전 입 일: 2012.08.20 확 정 일: 2012.08.20 배당요구일: 2012.08.20	보50,000,000원	없음	우선배당금없음	경매등기후 전입신고
이정철	주거용	전 입 일: 1989.01.27 확 정 일: 미상 배당요구일: 없음	미상		배당금 없음	
임현미	주거용 401호	전 입 일: 2010.12.17 확 정 일: 미상 배당요구일: 없음	미상		배당금 없음	
장동구	주거용 203호	전 입 일: 2012.08.14 확 정 일: 2012.08.14 배당요구일: 2012.08.27	보40,000,000원 월 100,000원	없음	우선배당금없음	경매등기후 전입신고
장정민	주거용 302호	전 입 일: 2011.02.28 확 정 일: 2011.02.28 배당요구일: 2012.08.20	보50,000,000원	없음	소액임차인	
조정민	주거용 503호	전 입 일: 2010.08.22 확 정 일: 미상 배당요구일: 없음	미상		배당금 없음	
최숙희	점포 1층 전부 (장원)	사업자등록: 2011.05.09 확 정 일: 2012.08.21 배당요구일: 2012.08.22	보20,000,000원 월 1,700,000원 환산19,000만원	없음	배당순위있음	

임차인분석 임차인수: 18명, 임차보증금합계: 570,000,000원, 월세합계: 1,800,000원

• 건물등기부 (채권액합계 : 100,000,000원)

No	접수	권리종류	권리자	채권금액	비고	소멸여부
1	2005.08.30	소유권보존	한00			
2	2009.10.05	전세권(비주거용 건물 3층 중 서쪽 23.14m²)	이정구	60,000,000원	존속기간: ~2010.06.01	소멸
3	2010.11.30	근저당	이정구	40,000,000원	말소기준등기	소멸
4	2011.06.29	가처분	이선수		토지소유권으로 인한 건물철거 및 토지인도청구권 서울중앙지법 2011카합1516 가처분 내역보기	인수
5	2012.06.07	강제경매	이영준	청구금액: 200,000,000원	2012타경 17746	소멸
6	2012.09.06	임의경매	이정구	청구금액: 40,000,000원	2012타경 28802	소멸

• 토지등기부

No	접수	※주의 : 토지는 매각제외		채권금액	비고	소멸여부
1	1981.10.20	소유권이전(증여)	오00			
2	2011.05.16	소유권이전(매각)	이선수		임의경매로 인한 매각 2009타경45352	

(2) 이 근린주택에 대한 권리분석과 배당

이선수는 토지를 2011. 02. 09. 낙찰받아 2011. 04. 22. 소유권을 취득하였다. 그리고 건물은 법정지상권이 성립되지 않아서 건물철거소송을 원인으로 가처분을 하고 토지사용료에 따른 부당이득반환청구소송을 진행하였다. 그 과정에서 건물은 2012. 06. 07. 강제경매절차가 진행하게 되었다.

법정지상권이 성립하지 못하는 건물에 대해서 가처분하고 그 건물만 경매가 되면 건물을 저렴하게 낙찰받을 수 있다. 왜냐하면 건물 낙찰자 역시 법정지상권이 없기는 마찬가지이기 때문에 입찰 참여를 꺼리게 되기 때문이다.

그래서 그런지 이 근린주택은 감정가 440,948,520원인데 2억2,580만원에 이선수가 단독으로 낙찰받게 되었다.

이 사례에서 가격이 50% 정도로 하락하게 된 이유가 단지 법정지상권이 성립되지 않는 이유만 있을까?

대항력 있는 임차인을 인수해야 하는 것은 아닐까?

어쨌든 예상배당표를 작성해보면 그 이유를 알 수 있다.

매각대금이 2억2,580만원이고 경매비용을 280만원이라고 하면 실제 배당금은 2억2,300만원이므로 이 금액을 가지고 배당하면 다음과 같다.

- **1순위**로 임차인의 최우선변제금을 계산해야하는데 선순위 담보물권(근저당권, 담보가등기, 전세권)이 있어서 그 담보물권 설정 당시 소액임차인 인가를 확 인해야 한다. 담보권 중 1순위가 전세권이므로 2009. 10. 5.을 기준으로 소액 임차인을 결정하면 소액임차보증금은 6,000만원이 된다.

따라서 1순위 : ① 김민기 2,000만원+② 김철민 2,000만원+③ 김대위 2,000만원+④ 김병기 2,000만원+⑤ 위기순 2,000만원+⑥ 장정민 2,000만원으로 최우선변제금을 배당받게 될 것 같으나 최우선변제금은 매각대금의 2분의 1을 초과해선 안 되므로 2분의 1 범위 내의 배당금 1억1,150만원으로 안분배당하게 된다.

① 김민기 18,583,334원+② 김철민 18,583,334원+③ 김대위 18,583,333원+④ 김병기 18,583,333원+⑤ 위기순 18,583,333원+⑥ 장정민 18,583,333원-(최우선변제금 1)

- **2순위** : 2009. 10. 05. 이정구 전세권자 6,000만원이지만 2010. 11. 30. 근저당 4,000만원을 설정하고 임의경매를 신청한 사실을 보면 2,000만원은 임대인으로부터 회수하면서 퇴거와 동시에 근저당권을 설정한 것으로 판단된다. 이러한 경우도 선순위전세권은 담보물권으로 우선변제금이 있어서 전세권 설정시기를 기준으로 4,000만원을 배당받을 수 있다.
- **3순위** : 김병기 31,416,667원
- **4순위** : 장정민 31,416,667원
- **5순위** : 김대위 8,666,666원으로 종결된다.

따라서 대항력 있는 임차인 김병기는 전액 배당받아 인수금액이 없지만, 위기순 임차인은 미배당금 31,416,667원을 낙찰자가 인수해야 하므로 건물 총 취득가격은 257,216,667원이 된다.

(3) 건물까지 낙찰받아 이선수는 완전한 소유권을 취득했다

이선수가 먼저 감정가 979,200,000원 토지를 813,399,000원에 낙찰받았고, 그후 440,948,520원인 건물을 257,216,667원(인수금액포함)에 낙찰받았으므로 이 근린주택을 1,070,615,667원에 매수하게 된 셈이다.

(4) 앞에서와 같은 전략적인 투자로 이선수는 성공할 수 있었다

시세가 15억 정도 되는 근린주택을 1,070,615,667원에 매수했으니 일단 성공적이다. 만일 이 물건이 토지와 건물이 일괄 매각되었다면 아마도 13억 이하로 취득하기가 어려웠을 것이다. 왜냐하면 금융기관 등의 금리 인하로 유동자금이 임대수익이 높은 이러한 근린주택 등에 자금이 몰리고 있기 때문이다. 어쨌든 이 물건은 별도의 수선비용 없이도 재임대하는 형식으로 높은 임대수익을 예상할 수 있는 근린주택이다.

Part 15

토지별도등기가 있는 집합건물에 투자하는 비법

01 토지별도등기의 의미와 발생하게 되는 과정

◆ **토지별도등기란 어떠한 의미인가?**

  토지별도등기는 토지와 건물에 설정된 권리가 서로 다르다는 의미다.

  이는 아파트나 연립, 다세대 등의 집합건물인 경우에서 대부분 발생하고 있으나 간혹 단독, 다가구주택인 경우에도 법원이나 공매집행기관 등은 토지와 건물 설정 내용이 다른 경우 토지와 건물 설정내용이 다르다는 표시로 "토지 별도 등기 있음"으로 표시하고 있다.

◆ **재건축사업에서 대지권 정리과정과 토지별도등기 심화학습**

  나대지 3,000m²에 국민은행이 채권최고액 24억원의 근저당권을 설정하고 20억원을 대출받아서 아파트를 신축하는 경우를 살펴보자.

  이 자금을 이용해 아파트 100가구를 신축하고 분양해서 그 분양대금으로 이 채무금액을 상환하면서 아파트 신축공사는 마무리가 된다.

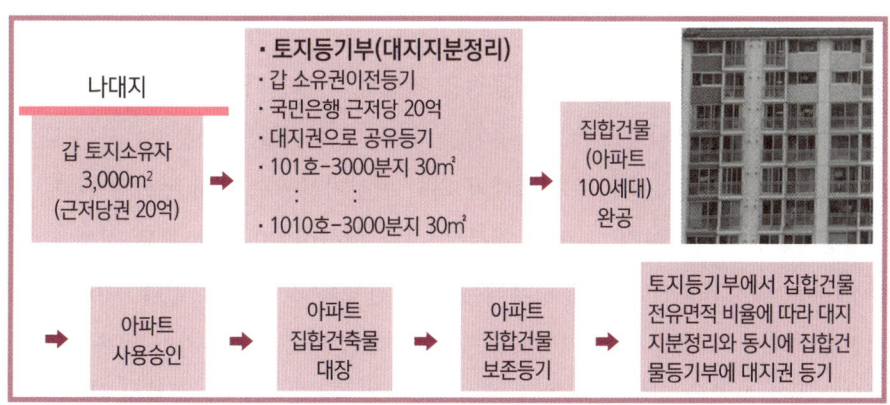

아파트 건립계획에 따라 건립세대 수와 건립세대별 전유면적이 결정이 되고 그 전유면적에 따라 안분된 대지 면적이 토지등기부에서 대지에 대한 소유권 및 소유지분 등으로 공유등기되고 나면 그 이후의 모든 권리관계는 집합건물등기부의 전유부분 표제부에 대지권으로 표시되고 건물과 일체가 되어 거래하게 되므로 토지만 별도로 거래할 수 없다.

그러나 건물을 짓기 전(집합건물의 대지사용권으로 성립되기 전)에 토지등기부에 소유권 제한에 관한 권리 및 채권(가처분, 예고등기, 가등기, 가압류 등) 또는 소유권 이외의 제한물권(저당권 등) 등이 있는 경우 토지와 건물의 권리관계가 일치하지 않으므로 이러한 사실 등을 표시하기 위하여 집합건물등기부의 표제부 대지권의 표시 오른편에 '토지별도등기 있음'을 등기하게 된다.

그리고 이 토지별도등기 채권자 등은 대지권으로 공유등기되기 전(대지사용권이 성립하기 전)에 등기된 채권이므로 각 대지권자에 대해서 공동저당권과 유사한 지위에 놓이게 된다.

실무에서는 토지별도 등기된 집합건물이 경매로 매각되는 경우 토지별도등기채권자로 하여금 대지권에 해당하는 비율만큼 배당요구하도록 하고 이 경우 배당받고 소멸된다.

그러나 토지별도등기가 있는 아파트가 일반 매매 또는 경매절차에서 배당 요구를 하지 않은 경우에는 매각으로 소멸되지 않을 수도 있다.

이 경우 추후 토지별도등기 채권자가 경매를 신청하게 되면 나대지 또는 구분소유권이 성립되기 전에 등기된 채권이므로 집합건물법 제20조에 따른 전유부분과 대지사용권 분리처분 금지규정을 적용받지 않는다. 따라서 분리처분이 가능하므로 토지 낙찰자가 토지소유자가 되고, 집합건물의 구분소유자는 대지사용권이 없어서 대지권 미등기 상태가 되고 법정지상권도 갖지 못하게 된다.

법정지상권이 성립되지 못하면 건물은 철거 대상이지만 집합건물 전체가 아닌 일부만 대지사용권이 없는 경우에는 건물 전체를 철거할 수 없다. 이러한 문제점을 해결하기 위해서 '대지사용권'을 가지지 않은 구분소유자가 있을 때, 그 전유부분의 철거를 청구할 권리를 가진 자는 그 구분소유자에 대하여 구분소유권을 시가(時價)로 매도할 것을 청구할 수 있다(집합법 제7조, 구분소유권매도 청구권)의 규정을 두고 있다.

02 경매절차에서 토지별도등기가 소멸, 또는 인수 여부?

◆ **토지별도등기는 경매로 소멸되는 것이 원칙이다.**

아파트 등의 집합건물이 경매로 매각될 때 매각물건명세서에서 특별매각 조건으로 토지별도등기를 인수조건 없이 매각되었다면 배당요구와 무관하게 토지별도등기 채권금액에 해당하는 금액을 공탁하고 말소시키는 것이 원칙이다. 그러나 돌다리도 두드려 가라는 선인의 말씀처럼 토지등기부를 확인해서 토지별도 등기된 채권자가 배당요구로 소멸되는 채권인지 확인해야 한다. 확인방법으로는 매각물건명세서에 토지별도등기채권자가 최선순위 설정일자에 기재되어 있고, 법원 경매사이트에서 문건/송달내역을 확인해서 토지별도등기채권자가 배당요구 했으면 소멸되는 것이 원칙이다. 이것으로 확인이 안되거나 쉽게 찾고자 한다면 경매법원 담당공무원에게 확인하는 방법도 있다.

어쨌든 다음 〈김선생의 도움말〉처럼 특별매각조건으로 인수조건 없이 매각되었다면 토지별도등기는 소멸되는 것이 원칙이고 이 판례와 다음 〈김선생의 알아두면 좋은 내용〉 판례 등의 등장으로 최근 들어 토지별도등기를 매수인의 부담으로 매각하는 경우는 거의 없다고 판단하면 될 것이다.

토지만 저당권 등(근저당권 및 가압류 등의 채권이 있는 경우)이 설정되어 있는 경우에도 배당요구한 경우라면 배당받고 나서 토지등기부에 근저당권일부 포기(근저당권 변경)를 하고 집합건물등기부등본에서 '토지별도등기 있음'을 말소하게 된다.

이 밖에 간혹 토지등기부에는 말소되어 있으나 집합건물등기부 표제부에서 토지별도등기를 말소시키지 않은 경우도 있는데, 이 경우는 언제든지 소유자의 신청에 의해서 토지별도등기를 말소시킬 수 있다.

그리고 말소되지 않는 경우에도 소유권행사 등에 아무런 지장이 없는 구분 지상권 등도 있다.

김선생의 도움말

토지별도등기도 아파트가 경매로 매각 시 소멸되는 것이 원칙
집합건물의 전유부분과 함께 그 대지사용권인 토지공유지분이 일체로서 경락되고 그 대금이 완납되면, 설사 대지권 성립 전부터 토지만에 관하여 별도등기로 설정되어 있던 근저당권이라 할지라도 경매과정에서 이를 존속시켜 **경락인이 인수하게 한다는 취지의 특별매각조건이 정하여져 있지 않았던 이상** 위 토지공유지분에 대한 범위에서는 매각부동산위의 저당권에 해당하여 **소멸한다**(대법 2005다15048). 만일 이러한 조건 없이 매각되었는데 소멸되지 않는 토지별도등기채권이 있다면 그 원인으로 매각허가 결정을 취소 신청할 수 있다.

알아두면 좋은 내용

대지권 평가 없이 전유부분만 돼도 대지권등기와 토지별도등기를 말소할 수도 있다.
전유부분에 설정된 저당권으로 경매가 진행돼 전유부분을 매수한 매수인은 대지지분에 대한 소유권을 함께 취득하고, 그 경매절차에서 대지에 관한 저당권을 존속시켜 매수인이 인수하게 한다는 특별매각조건이 정하여져 있지 않았던 이상 설사 대지사용권의 성립 이전에 대지에 관하여 설정된 저당권이라고 하더라도 대지지분의 범위에서는 소멸하는 것이며, 전유부분에 관한 경매절차에서 대지지분에 대한 평가액이 반영되지 않았다거나 대지의 저당권자가 배당받지 못하였다고 하더라도 달리 볼 것은 아니다(대법원 2013. 11. 28. 선고 2012다103325 판결).

◈ 토지별도등기를 인수조건으로 매각하면 매수인이 부담

집합건물에 토지별도등기가 있어서 그 원인을 찾기 위해 토지등기부를 확인해 보니 ㉠ 소유권을 제한하는 선순위가등기·선순위가처분·예고등기와 용익물권[지상권(구분지상권), 전세권 등] 등이 있는 경우 법원은 특별매각조건으로 매수인이 인수하는 조건으로 매각하게 된다.

그러나 토지별도등기가 ㉡ 근저당권 및 조세·공과금채권자·일반채권자(가압류 및 강제경매신청자 등)가 배당요구한 경우와 하지 않았더라도 배당하고 소멸하는 것이 원칙이지만 간혹 특별매각조건으로 토지별도등기를 매수인의 부담으로 매각했다면 그 토지저당권자는 말소되지 않고 다음 사례와 같이 낙찰자 인수가 될 수 있으나 최근 들어 인수조건으로 매각하는 사례는 찾아보기 어렵다.

토지별도등기 채권금액이 소액인 경우는 협의해서 구분건물소유자가 채권을 인수하면 되겠지만 채권금액이 많으면 경매가 진행될 수 밖에 없다. 토지채권자가 경매신청하여 매각되는 경우 구분건물소유자가 대지권을 낙찰받아서 완전한 권리 행사를 할 수 있지만, 제3자가 낙찰받은 경우라면 제3자(대지소유권자)의 선택에 따라 지료를 지급하든가 또는 구분소유권을 매도청구 당할 수도 있다. 그러나 집합건물에서는 법정지상권이 성립되지 않아도 집합건물에서 일부 구분소유자를 대상으로 철거판결을 받기란 쉽지 않고 받았다고 하더라도 집합건물을 철거할 수 없다고 생각해야 한다. 그래서 집합법에 제7조 규정을 두게 된 이유다.

이와 같은 내용은 법원기록(매각물건명세서 등)을 통해 1차적으로 확인하고, 2차적으로 집합건물등기부와 토지등기부를 발급받아서 확인해야 정확한 판단을 할 수 있고 이러한 판단 후에 배당표를 작성, 분석해 인수할 금액을 확인한 다음 입찰에 참여하면 된다.

03 토지별도등기가 있는 물건에 대한 권리분석과 대응전략

◆ 토지별도 등기된 경매물건 분석표

주소	면적	공매가 및 진행과정	1) 임차인조사내역 2) 기타청구	등기부상의 권리관계
서울시 강남구 논현동 ○○○번지 삼성빌라 4층 401호	대지 358분의 3.58m² 건물 전용면적 75.4m²	감정가 320,000,000원 대지 165,000,000원 (51.5625%) (토지별도 등기있음) 건물 155,000,000원 (48.4375%) 최저가 1차 320,000,000원 유찰 2차 256,000,000원 낙찰 285,000,000원 낙찰자 이재명 〈04.9.15.〉 소유권이전 04.10.23.	1) 임차인 ① 송철우 전입 03.2.9. 확정 03.4.1. 배당 04.6.10. 보증 70,000,000원 (401호 점유) ② 이기자 전입 03.9.10. 확정 03.9.10. 배당 04.6.15. 보증 10,000,000원 (옥탑방 1개) 2) 기타청구 ① 압류 강남구청 취득세 (법정 03.7.31.) 3,250,000원 ② 교부청구 서초세무서 부가세 (법정 03.4.25.) 350만원	소유자 김숙경 2003.2.10. 근저당 기업은행 2003.2.10. 1억 2,000만원 가압류 이승민 2003.5.10. 75,000,000원 근저당 유시민 2003.10.1. 30,000,000원 압류 서울시 강남구청 2003.10.10. 임의경매 기업은행 청구금액 115,400,000원 〈2004.2.10.〉 (집합건물등기부) 근저당 외환은행 1989.10.10. 36,000,000원 근저당 외환은행 1995.2.17. 48,000,000원 근저당 이철승 2000.5.10. 150,000,000원 (토지등기부)

◈ 토지별도 등기된 경매물건에 대한 권리분석

이 경매사건은 경매기록에 토지별도등기되어 있어서 집합건물등기부와 토지등기부를 열람해서 분석한 결과 소유자 김숙경이 소유하고 있던 토지에 근저당권을 설정하고 다세대주택을 건립해서 대지권으로 분할한 사례이다. 그런데 김숙경 소유 당시 근저당권 채무액과 건물 신축비용 근저당 채무액이 상환되지 않고 그대로 남아 있어서 토지별도등기된 경우이다.

이러한 사항을 정확히 이해하기 위해서 집합건물 등기사항전부증명서를 확인함과 동시에 토지 등기사항전부증명서를 발급받아서 분석해 보면 다음과 같다.

(1) 집합건물 등기사항전부증명서[첫 번째 표제부(1동의 건물표시) 생략]

【표 제 부】(전유부분의 건물의 표시)				
표시번호	접수번호	건물번호	건물내역	등기원인 및 기타사항
1	2003년 2월 10일	제4층 401호	철근콘크리트조 75.4m²	도면 편철장 제3책 48장
(대지권의 표시)				
표시번호	대지권의 종류	대지권의 비율	등기원인 및 기타사항	
2	소유권 대지권	358분의 35.8	2003년 1월 31일 대지권 2003년 2월 10일	
			별도등기 있음 1토지(을구 1 내지 3 근저당권 설정) 2003년 2월 10일	

【갑 구】(소유권에 관한 사항)				
순위번호	등기목적	접수	등기원인	권리 및 기타사항
1	소유권 보존	2003년 2월 10일		소유자 김숙경 481125-2XXXXXX 서울시 강남구 논현동 ○○○번지
10	가압류	2003년 5월 10일 제41145호	2003년 5월 8일 서울중앙지법가압류 (2003카단21141)	청구금액 금 75,000,000원 채권자 이승민
13	압류	2003년 10월 10일 제643211호	2003년 10월 7일 압류(세무과-5114)	권리자 서울시 강남구청
15	임의경매 개시결정	2004년 2월 10일 제644701호	2004년 3월 26일 서울중앙지법경매개시 (2004타경○○○호)	채권자 기업은행 서울시 강남구 논현동 ○○○

【을 구】(소유권 이외의 권리에 관한 사항)				
순위번호	등기목적	접수	등기원인	권리자 및 기타사항
1	근저당 설정	2003년 2월 10일 제11451호	2003년 2월 9일 설정계약	채권최고액 금 1억2,000만원 채무자 김숙경 서울시 강남구 논현동 ○○○번지 근저당권자 기업은행 서울시 강남구 논현동 ○○○
2	근저당 설정	2003년 10월 1일 제64321호	2003년 9월 30일 설정계약	채권최고액 금 30,000,000원 채무자 김숙경 서울시 강남구 논현동 ○○○번지 삼성빌라 4층 401호 근저당권자 유시민 서울시 강남구 논현동 ○○○

　이 같이 집합건물에 별도등기가 있는 경우 이러한 내용을 정확히 분석하기 위해서는 토지 등기사항전부증명서를 열람해 보고서 어떠한 문제점이 있는가를 확인한 후 입찰에 참여해야 한다. 따라서 토지 등기사항전부증명서를 열람해 보면, 다음과 같은 사항을 확인할 수 있다.

(2) 토지 등기사항전부증명서 열람(표제부 생략)

【갑 구】(소유권에 관한 사항)				
순위번호	등기목적	접수	등기원인	권리 및 기타사항
1	소유권 이전	1989년 10월 10일 제44879호	1989년 9월 11일 매매	소유자 김숙경 서울시 강남구 논현동 ○○○번지
2	가압류	~~1996년 3월 11일 제34336호~~	~~1996년 3월 7일 서울중앙지법가압류 (1996카단11456)~~	~~청구금액 금18,700,000원 채권자 김국거~~
3	소유권 대지권			건물의 표시 서울시 강남구 논현동 ○○○번지 4층 다세대주택 2003년 2월 10일 등기
4	2번 가압류 등기말소	2003년 2월 10일 제2114호	2003년 2월 10일 해제	

【을　구】(소유권 이외의 권리에 관한 사항)				
순위번호	등기목적	접수	등기원인	권리 및 기타사항
1	근저당권 설정	1989년 10월 10일 제 65479호	1989년 10월 7일 설정계약	채권최고액 금 36,000,000원 채무자 김숙경 근저당권자 외환은행
2	근저당권 설정	1995년 2월 17일 제 11479호	1995년 2월 14일 설정계약	채권최고액 금 48,000,000원 채무자 김숙경 근저당권자 외환은행
3	근저당권 설정	2002년 5월 10일 제 32479호	2002년 5월 9일 설정계약	채권최고액 금 1억5,000만원 채무자 김숙경 근저당권자 이철승

이 경매사건에서 법원기록을 확인한 결과 토지저당권자 모두가 배당을 신청하여 배당받고 소멸될 수 있고 임차인 송철우는 대항력이 있어서 배당받지 못한다면 낙찰자 인수해야 한다. 이때 임차인의 대항력 발생기준은 토지가 아니라 건물의 말소기준권리를 갖고 하게 된다.

◈ 토지별도등기된 저당권자 등이 배당요구 시 배당표 작성

① 토지저당권자 모두가 자신의 채권액 전액을 배당요구한 것이 아니고, 토지 전체 저당채권액에서 경매대상 전유부분의 대지권 지분비율만큼(10분의 1) 배당요구하고, 그 지분만큼은 근저당권을 일부 포기하기로 가정하고 예상배당표를 작성하면,

배당금액이(2억8,500만원-집행비용 250만원) = 2억8,250만원이므로 다음과 같이 배당된다.

여기서 중요한 점은 토지와 건물의 저당권자가 다른 경우의 배당절차이므로 1차적으로 토지와 건물 감정가액 비율을 계산하고 이를 배당금액에 곱하여 배당액을 토지와 건물로 분리한다. 분리된 금액을 갖고 토지상 선순위 채권자를 공제하고 난 후 토지 배당잔여금과 건물배당금을 합하여 다시 비율을 정하여 후순위 임차인, 저당권자들에게 순위에 따라서 건물과 토지 비율에 근거하여 다음과 같이 배당한다.

감정가액이 3억2,000만원, 토지 1억6,500만원(51.5625%)이고 건물 1억5,500만원(48.4375%)이다.

순위	채권자 및 배당금액		건물배당액 136,835,938원 (48.4375%)	토지배당액 145,664,062원 (51.5625%)
1순위	외환은행	3,600,000원 4,800,000원	0원 0원	3,600,000원 4,800,000원
2순위	이철승 (1, 2는 대지권비율만큼만 배당요구한 경우)	15,000,000원	0원	15,000,000원
배당 잔여금		259,100,000원	136,835,938 (52.812018%)	122,264,062 (47.187982%)
3순위	이기자(최우선변제금) 	10,000,000원	5,271,202원	4,718,798원
4순위	기업은행	115,400,000원	60,945,069원	54,454,931원
5순위	송철우	70,000,000원	36,968,413원	33,031,587원
6순위	강남구청	3,250,000원	1,716,391원	1,533,609원
			조세채권은 일반채권에 항상 우선하고, 압류된 조세채권은 교부된 조세에 우선한다(즉 서초세무서보다 우선, 압류선착주의가 적용된 사례임).	
7순위	서초세무서	3,500,000원	1,848,421원	1,651,579원
8순위	① 가압류 이승민 7,500만원 = ② 근저당 유시민 3,000만원이 동순위로 안분배당한다. 배당잔여금이 건물 30,076,442원 + 토지 26,873,558 = 56,950,000원이다.			

	① 가압류 이승민 = 56,950,000원×7,500만원/10,500원 = 40,678,571.42
	    = 40,678,571원
	② 유시민 = 56,950,000원×3,000만원/10,500만원 = 16,271,428.57
	    = 16,271,429원			

	따라서 ① 이승민 40,678,571원 ② 유시민 16,271,429원		21,483,174원 8,593,270원	19,195,397원 7,678,159원

이와 같이 배당이 종결되고 대항력 있는 임차인 송철우가 전액 배당받고 토지 채권자들이 배당 요구함으로 인하여 모두가 소멸 대상이다. 따라서 낙찰자는 토지·건물 모두의 소유권을 완전하게 획득하게 된다.

Part 16

대지권 미등기가 있는 집합건물에 투자하는 비법

01 왜! 대지권 미등기가 발생되고 언제 등기가 되나?

보통 아파트를 신축하거나 재건축 등을 하면서 수 필지를 합필하거나 분필하는 과정에서 기존 지번을 말소하고 새 아파트의 지번을 부여하면서 함께 환지작업을 하고 각 호수별로 대지권을 구분하게 된다. 그러나 이러한 작업에 많은 시간이 소요되는데 특히 대단지의 아파트인 경우에는 1~2년 이상이 소요되는 경우도 있다.

이런 작업이 늦어지게 되면 집합건물이 먼저 보존등기되고 대지권은 집합건물등기부상에서 미등기로 남게 되고 지분정리가 모두 이루어진 경우에 비로소 대지권이 집합건축물대장과 집합건물등기부등본에 대지권으로서 표시되게 된다. 이 기간 동안 대지권은 미등기 상태로 남게 된다.

① 대지권의 지분정리가 모두 이루어지면 토지등기부의 갑구 소유권에 관한 사항란에 "소유권대지권"이 공유등기된다. 이 등기가 완료되면 토지등기부용지에서 더 이상 소유권이전등기를 할 수 없다.

② 집합건물 등기사항전부증명서의 표제부에 대지권 표시

집합건물 등기사항전부증명서의 첫 번째 표제부(1동의 건물의 표시)에는 대지권의 목적인 토지의 소재 지번과 건물의 명칭 및 번호가 표시되고 건물내역 등이 표시되어 있다. 두 번째 표제부(전유부분의 건물의 표시)에는 그 전유부분에 속하는 건물번호와 건물내역 그리고 그 하단에 대지권의 표시가 이루어지는데 대지권의 종류와 대지권의 비율 등이 표시된다.

02 대지 지분이 있는데도 전유부분만 매각되는 이유?

① 대지권 정리 지연 등으로 대지권 미등기 상태인 경우가 많이 발생하게 되는데, 대지권이 집합건물등기부에 등기되기 전에 일반 매매 또는 경매 등으로 매각되면 집합건물만 소유권이전등기를 할 수 밖에 없다.

이러한 경우에도 대지사용권은 전유부분의 종된 권리에 불과해서(구분소유권 성립 이후) 전유부분과 분리해서 처분할 수 없다. 따라서 전유부분과 대지사용권이 일체가 되어 거래되므로 대지권이 등기되어 있든 미등기든 관계없이 전유부분만 매수해도 그 종된 권리인 대지사용권을 취득하는 데에는 문제가 없다.

② 집합건물이 사용승인을 거쳐 건축물대장이나 보존등기가 되기 전이라도 독립된 건물로만 완성되면 채권자에 의해 집합건물만 촉탁으로 보존등기를 할 수 있고 그에 따라 경매를 신청할 수 있다. 이 과정에서도 집합건물의 전유부분과 대지권을 분리 처분할 수 없다. 이러한 법리로 대지지분을 별도로 분리해서 전유부분과 일괄 매각하는 것도 불가능해서(토지 등기부에 대지 지분이 있어도 집합건물과 대지 지분을 일괄매각할 수 없다) 집합건물만 경매할 수 밖에 없는 이유가 되고 있다.

03 집합건물을 분양받았으나 대지권 미등기인 경우

◆ **대지지분까지 분양받았거나 대지권 미등기인 사례**

대지의 분·합필 및 환지절차의 지연, 각 세대당 지분비율 결정의 지연 등의 사정이 없었다면 당연히 전유부분의 등기와 동시에 대지지분의 등기가 이루어졌을 경우, 전유부분에 대하여만 소유권이전등기를 경료 받았으나 매수인의 지위에서 대지에 대하여 가지는 점유·사용권에 터 잡아 대지를 점유하고 있는 수분양자는 대지지분에 대한 소유권이전등기를 받기 전에 대지에 대하여 가지는 점유·사용권인 대지사용권을 전유부분과 분리 처분하지 못할 뿐만 아니라, 전유부분 및 장래 취득할 대지지분을 다른 사람에게 양도한 후 그 중 전유부분에 대한 소유권이전등기를 경료해 준 다음 사후에 취득한 대지지분도 전유부분의 소유권을 취득한 양수인이 아닌 제3자에게 분리 처분하지 못한다 할 것이고, 이를 위반한 대지지분의 처분행위는 그 효력이 없다(대법 98다45652 판결).

◆ **대지지분이 정리되고도 분양대금이나 등록비용을 미납 시**

① **지분정리가 모두 이루어졌더라도 등록비용 미납 시**

전유부분이 보존등기가 되고 지분정리가 모두 이루어졌는데 등록비용을 납부하지 않아서 미등기 상태로 남아 있는 경우라면 낙찰자가 등록비용을 지급하고 전유부분과 대지권 모두의 소유권을 취득할 수 있다.

② **일반분양권자가 분양대금을, 조합원이 청산금을 미납한 경우**

이러한 경우 조합이 분양대금 및 청산금을 납부할 때까지 집합건물의 전유부분의 보존등기를 해주지 않으니 집합건물등기부에서 대지권 미등기 문제는 발생하지 않는다. 뿐만 아니라 조합은 이 분양대금 등을 완납할 때까지 아파트를 인도하지 않고 점유하면서 유치권 행사를 하게 된다. 그런데 간혹 채권자들에 의해 집합건물 전유부분만 촉탁으로 보존등기하는 경우에도 대지권 미등기가 될 수 있는데 이때 유의할 점은 분양대금을 완납할 때까지 조합이나 시공사 등이 대지권등기에 대해서 동시이행 항변을 주장할 수 있다는 사실이다(이 내용은 다음 사례를 참고하면 된다).

◆ 대지권 미등기인 아파트를 낙찰 받았는데 수분양자가 분양대금을 미납했다면

수분양자가 그 분양대금을 완납하지 못한 경우에 그 양수인은 대지사용권 취득의 효과로서 분양자와 수분양자를 상대로 분양자로부터 수분양자를 거쳐 순차로 대지지분에 대한 소유권이전등기절차를 마쳐줄 것을 구하거나 분양자를 상대로 대지권변경등기절차를 마쳐줄 것을 구할 수 있다고 할 것이고, 분양자는 이에 대하여 수분양자의 분양대금 미지급을 이유로 한 동시이행 항변을 할 수 있을 뿐이다(대법 2004다58611 참조)(대법 2008다60742).

① 위 1심 2003가단5404 판결에서 피고 성남시는 피고 회사도 취득하지 못한 대지권을 원고가 경락받는다는 것은 있을 수 없는 일이며, 위 분양대금 중 미납된 39,505,200원(= 131,684,000원-92,178,800원) 및 그 약정이자 5,705,000원을 지급받기 전에는 위 등기절차에 협력할 수 없다라고 주장했다.

② 1심 법원의 판단은 경매과정에서 위 대지권도 입찰물건에 포함된 것으로 매각공고 되고 감정평가서에도 위 대지권의 가격이 반영된 사실을 인정할 수 있고 반증 없으나, 위 근저당 설정 시에는 위 대지권이 아직 미등기 상태였음에 비

추어 위와 같은 사정만으로는 피고가 위 대지권도 함께 낙찰받았다고 보기에 부족하고, 그 외 ㉠ 피고 회사가 위 근저당권의 설정 이후라도 위 대지권을 취득함으로써 위 전유부분과 대지권이 동일한 소유자에게 귀속되었다거나, 또는 그렇지 않더라도 ㉡ 피고 회사가 나머지 분양대금을 모두 납부함으로써 소유권 취득에 필요한 실질적인 요건은 모두 갖추었으나 다만 환지절차의 지연 등으로 등기만 미루던 중으로서 본래대로라면 전유부분의 등기 시 대지권의 등기도 함께 경료 되었으리라는 등의 추가적인 사정이 있는 경우라야만 위 전유부분에 대한 근저당권의 효력이 위 대지권에도 미쳐 양자가 함께 낙찰되었다고 해석할 수 있을 것인데, 본 건의 경우에는 위와 같은 추가적인 사정에 대한 아무런 입증이 없고, 또한 집합건물법 제20조 제2항과 관련하여 보더라도, 위 조항은 전유부분과 대지권이 동일인의 소유에 속함을 전제로 그 분리 처분을 최대한 억제하려는 규정에 불과하여 피고 회사조차도 아직 위 대지권을 취득하지 못한 것으로 보이는 본 건에 있어서는 그 적용이 없다 할 것이므로, 결국 원고는 위 대지권을 낙찰받지 못하였다고 판단했다.

③ 그러나 대법원에서는 1심과 2심 내용이 잘못됨을 지적하면서 대지권 미등기인 상태에서 아파트의 전유부분의 소유권을 취득하게 되면 대지사용권이 전유부분과 분리 처분할 수 없으므로 대지사용권도 취득하게 된다고 판단했고, 이는 수분양자가 그 분양대금을 완납하지 못한 경우에도 마찬가지다. 다만 분양자는 이에 대하여 수분양자의 분양대금 미지급을 이유로 한 동시이행 항변을 할 수 있을 뿐이다 라고 판결하면서 파기 환송했고 그 파기환송심에서 조정이 이루어진 사건이다.

04 대지권 비등기인 아파트가 대지가격을 포함해 매각되면

◆ 대지권 미등기 아파트도 대지가격이 감정평가돼 매각되면

대지권이 미등기된 상태이더라도 감정평가서 상에 대지권에 대한 평가가 이루어졌다면 그 대지권도 매각으로 취득할 수 있다고 볼 수 있지만, 정확한 판단을 위해 토지등기부를 열람해서 대지지분이 있는지를 확인하고 입찰하면 안전하다. 간혹 대지권이 평가되어 있었는데도 불구하고 대지권이 제3소유이기 때문에(구분소유권이 성립되기 전에 분리 또는 구분소유권이 성립되기 전의 저당권에 의해 분리된 경우) 대지권등기를 할 수 없는 경우도 발생하기 때문이다.

◆ 전유부분만 경매로 낙찰 받아도 대지권등기를 할 수 있다!

분양자가 지적정리 등의 지연으로 대지권에 대한 지분이전등기는 지적정리 후 해주기로 하는 약정 하에 우선 전유부분만에 관하여 소유권보존등기를 한 후 수분양자에게 소유권이전등기를 경료하였는데, 그 후 대지에 대한 소유권이전등기가 되지 아니한 상태에서 전유부분에 관한 경매절차가 진행되어 제3자가 전유부분을 경락받은 경우, 그 경락인은 본권으로서 집합건물의 소유 및 관리에 관한 법률 제2조 제6호 소정의 대지사용권을 취득한다(대법 98다45652, 45669 참조).

따라서 경락 후 경매법원의 등기촉탁 이전에 대지지분에 대하여 전유부분의 소유자 명의로 소유권이전등기가 경료되었다면 전유부분과 아울러 대지 지분에 대하여도 경매법원의 등기촉탁에 의하여 경락인 앞으로 소유권이전등기가 경료된다 할 것이나, 만일 등기촉탁 시까지 대지지분에 대한 소유권이전등기가 경료되어 있지 아니한 경우에는 경락인으로서는 전유부분에 대하여서만 등기촉탁의 방법으로 소유권이전등기를 경료할 수 있고, 그 대지권에 대하여는 분양자가 경락인을 위하여 부동산등기법시행규칙 제60조의2에 의한 대지권변경등기를 하거나 경락인이 분양자로부터 수분양자를 거쳐 순차로 대지의 지분 소유권이전등기를 경료한 후 전유부분의 대지권변경등기를 하는 방법에 의하여야 한다. 그리고 분양자가 전유부분의 소유자인 경락인을 위하여 하는 부동산등기법시행규칙 제60조의2에 의한 대지권변경등기는 그 형식은 건물의 표시변경등기이나 실질은 당해 전유부분의 최종 소유자가 그 등기에 의하여 분양자로부터 바로 대지권을 취득하게 되는 것이어서, 분양자로부터 전유부분의 현재의 최종 소유명의인에게 하는 토지에 관한 공유지분 이전 등기에 해당되고, 그 의사표시의 진술만 있으면 분양자와 중간소유자의 적극적인 협력이나 계속적인 행위가 없더라도 그 목적을 달성할 수 있으므로, 전유부분의 소유권자는 분양자로부터 직접 대지권을 이전받기 위하여 분양자를 상대로 대지권변경등기절차의 이행을 소구할 수 있다(대법 2002다40210 참조)(대법 2004다25338 판결).

05 대지권 평가없이 전유부분만 매각되도 대지권등기가 가능

◆ 전유부분만 매수해서 대지권 등기와 토지별도등기를 말소한 사례

(1) 이 사건에서 기초 사실관계

① 대한상호신용금고는 서울 강남구 역삼동(지번생략) 대 287.5㎡에 관하여 1991. 6. 19. 채권최고액이 750,000,000원인 근저당권 설정등기를 마쳤다.

② 그 후 이 사건 토지 지상에는 철근콘크리트조 슬라브 위 아스팔트 슁글 4층 다세대주택 1 내지 4층(지하 101호, 102호, 1층 101호, 2층 201호, 202호, 3층 301호, 302호, 4층 401호, 402호 9세대) 각 129.84㎡, 지하층 139.84㎡인 건물 1동이 건축되어, 1992. 1. 13. 소외 1 명의의 소유권보존등기가 마쳐졌고, 같은 날 이 사건 다세대주택의 대지권의 목적인 취지의 등기가 마쳐졌다.

③ 이 사건 다세대주택 중 ㉠ 지하 102호는 피고 1이 1994. 7. 19. 서울민사지방법원 93타경3420 강제경매절차에서 낙찰을 받아 1994. 10. 27. 소유권이전등기를 마쳤고, ㉡ 4층 401호는 피고 2가 1993. 5. 24. 서울민사지방법원 92타경22443 임의경매절차에서 낙찰을 받아 1993. 6. 28. 소유권이전등기를 마쳤으며, ㉢ 4층 402호는 피고 3이 1993. 9. 14. 서울민사지방법원 92타경40564 임의경매절차에서 낙찰을 받아 1998. 6. 20. 소유권이전등기를 마쳤다.

④ 이 사건 다세대주택 중 지하 102호, 4층 402호의 낙찰허가결정문에는 입찰가격에 대지권의 가격이 포함된 것으로 기재되어 있으나, 4층 401호의 낙찰허가결정문에는 그러한 기재가 없는 대신 "이 사건 등기부 표시란(대지권의 목적인 토

지의 표시)에 기재된 토지에 대한 별도등기(근저당권 1991. 6. 19. 제61762호 7억 5천만원)는 존속시켜 이를 경락인이 인수하도록 한다"는 특별매각조건이 부가되어 있다.

⑤ 대한상호신용금고는 1998. 10. 15 서울지방법원에 위 ①항 기재 근저당권에 기해 토지만을 임의경매를 신청하였다(98타경84146).

⑥ 2002. 6. 20. 위 임의경매절차에서 원고는 피고 1의 대지권 지분(287.5분의 27.37)과 피고 2의 대지권 지분(287.5분의 30.13)을, 선정자 2는 피고 3의 대지권 지분(287.5분의 27.37)을 각 낙찰받아 2002. 7. 29. 각 지분 소유권이전등기를 마쳤다.

⑦ 위 임의경매절차에서 지하 101호 소외 2의 대지권 지분(287.5분의 30.13), 2층 201호 소외 3의 대지권 지분(287.5분의 30.13), 3층 302호 소외 4의 대지권 지분(287.5분의 27.37)은 소외 5가 각 낙찰받아 2002. 7. 22. 지분소유권이전등기를 마쳤다.

⑧ 그러자 이 사건 토지에 대한 대지권 등기는 2002. 7. 22. 이 사건 다세대주택 중 1층 101호(287.5분의 57.5), 2층 202호(287.5분의 27.37), 3층 301호(287.5분의 30.13)만에 관한 대지권이라는 취지로 변경되었다.

(2) 이 사건 대법원 2005다15048 에서 피고 1과 3 청구에 관한 판단

집합건물에 있어서 구분소유자의 대지사용권은 전유부분과 분리처분이 가능하도록 규약으로 정하였다는 등의 특별한 사정이 없는 한 전유부분과 종속적 일체불가분성이 인정되므로(집합건물법 제20조 제1, 2항), **구분건물의 전유부분에 대한 저당권 또는 경매개시결정과 압류의 효력**은 당연히 종물 내지 종된 권리인 대지사용권에까지 미치고, 그에 터 잡아 진행된 경매절차에서 전유부분을 경락받은 자는 그 대지사용권도 함께 취득한다(대법 94다12722, 대법 97마814 참조). 그리고 구 민사소송법 제608조 제2항 및 현행 민사집행법 제91조 제2항에 의하면 매각부동산 위의 모든 저당권은 경락으로 인하여 소멸한다고 규정되어 있으므로, 위와 같은 이유로 전유부분과 함께 그 대지사용권인 토지공유지분이 일체로서 경락되고 그 대금이 완납되면, 설사 대지권 성립 전부터 토지만에 관하여 설정되어 있던 별도등기로서의 근저당권이라 할지라도 경매과정에서 이를 존속시켜 경락인이 인수하게 한다는 취지의 특별매각조건이 정하여져 있지 않았던 이상 위 토지공유지분에 대한 범위에서는 매각부동산 위의 저당권에 해당하여 소멸하게 되는 것이라 할 것이다(대법 2005다15048 판결).

그리고 피고2에 관한 판단에서는 대지지분의 분리처분을 인정하고 그 대지 지분으로 이득을 보는 피고2에 대해서 부당이득을 보고 있다고 판결했다는 사실도 함께 알고 있어야 한다.

◈ 대지권 평가 없이 전유부분만 매각되어도 대지권 등기가 가능

구분건물의 전유부분에 대한 소유권이전등기만 경료되고 대지지분에 대한 소유권이전등기가 경료되기 전에 전유부분만에 관하여 설정된 근저당권에 터 잡아 임의경매절차가 개시되었고, 집행법원이 구분건물에 대한 입찰명령을 함에 있어 대지지분에 관한 감정평가액을 반영하지 않은 상태에서 경매절차를 진행하였다고 하더라도, 전유부분에 대한 대지사용권을 분리 처분할 수 있도록 정한 규약이 존재한다는 등의 특별한 사정이 없는 한 낙찰인은 경매 목적물인 전유부분을 낙찰받음에 따라 종물 내지 종된 권리인 그 대지사용권에까지 그 효력이 미친다(대지지분도 함께 취득한다)(대법 94다12722, 대법 97마814 참조).

원심은 (1) 원고는 1996. 7. 3. 주식회사 우성건설로부터 이 사건 아파트를 그 대지와 함께 분양받고, 전유부분에 관하여는 1997. 9. 25. 소유권이전등기를 경료하였으나, 대지지분에 관하여는 당시 구획정리가 완료되지 아니하여 등기를 경료하지 못하였던 사실, (2) 원고는 대지지분에 관한 등기가 경료되지 않은 상태에서 1997. 11. 18. 교보생명보험 주식회사에게 전유부분에 관하여 근저당권을 설정하여 주었고, (3) 그 후 황영희의 신청에 의하여 1998. 4. 6. 인천지방법원 98타경45135호로 위 근저당권에 터 잡은 부동산 임의경매절차가 개시되었는데, 집행법원은 위 아파트 중 전유부분이 7천만원, 대지지분이 3천만원으로 각 감정평가 되자 대지지분을 제외한 전유부분에 대하여만 입찰명령을 하였고, 진행된 경매절차에서 1999. 1. 12. 피고가 그 경매목적물을 6,810만원에 낙찰받은 사실, (4) 그 후 피고에 대한 낙찰허가결정이 원고의 항고로 확정되지 못하고 있던 중 1999. 6. 25. 위 아파트에 관한 대지지분의 등기가 경료되었으며, 위 낙찰허가결정이 확정되자 피고는 1999. 10. 12. 낙찰대금을 완납하였고, 1999. 12. 8. 집행법원의 촉탁에 따라 전유부분 및 대지지분 모두에 관하여 피고 명의로 소유권이전등기가 경료된 사실을 각 인정한 다음, 비록 집행법원이 위 아파트에 대한 입찰명령을 함에 있어 대지 지분에 관한 감정평가액을 반영하지 않은 상태에서 전유부분에 관하여만 경매절차를 진행하였다고 하더라도, 전유부분에 대한 대지사용권을 분리처분할 수 있도록 정한 규약이 존재한다는 등의 특별한 사정에 관하여 아무런 주장·입증이 없는 이 사건에 있어서, 피고로서는 경매목적물인 전유부분을 낙찰 받음에 따라 종물 내지 종된 권리인 대지지분도 함께 취득하였다고 할 것이며, 피고가 대지지분에 관하여 대지권등기를 경료받은 것을 두고 법률상 원인 없이 이득을 얻은 것이라고 할 수 없다고 판단하여 원고의 부당이득반환 청구를 배척하였다.

    기록에 비추어 살펴보면, 원심의 사실인정과 판단은 앞에서 본 법리에 따른 것으로서 정당하다(대법 2001다22604 판결).

06 대지권이 본래부터 없는 경우 (아파트, 다세대, 연립 등)

　대지권이 본래부터 없는 경우에는 건물만 매각하는 것으로 낙찰자는 대지권의 소유권을 취득할 수 없다. 대지권 없는 아파트를 낙찰받았을 경우도 토지사용권원이 있는 경우(토지가 전세권, 임차권 등)와 토지사용권원이 없는 경우로 나누어 볼 수 있다. 토지사용권원이 있다면 토지사용료만 부담하면 되겠지만, 토지사용권원이 없다면 토지소유자가 집합건물의 구분소유권에 대해서 매도청구권을 행사하면 낙찰자는 건물의 소유권을 잃을 수 있다.

　토지소유자가 구분소유권 매도청구까지 하지 않더라도 토지사용에 대한 대가 즉 토지사용료인 지료를 지급해야 한다.

　이는 대지권이 없는 아파트 소유자가 아파트 부지를 불법 점유하는 것인지 여부(적극) 및 그 불법점유로 인한 부당이득의 범위는 아파트의 대지권으로 등기되어야 할 지분에 상응하는 면적에 대한 임료 상당의 부당이득을 얻고 있기 때문이다(대법91다 40177).

　실무에서는 건물낙찰자가 집합건물에서 완전한 권리행사를 위해서 대지지분을 매수하는 절차를 진행하게 되므로 입찰 전에 대지지분 매수 가능성 여부와 매수 시 예상되는 금액 등을 참고로 집합건물의 수익성을 계산한 다음 집합건물을 매수(입찰참여)해야 한다.

07 대지권 미등기인 집합건물이 경매로 매각된 사례분석

◆ **대지권 미등기(대지가 평가됨) 아파트에 입찰시 대응전략**

(1) 대지권 미등기 경매물건 분석표 작성

주소	면적	경매가 및 진행과정	1) 임차인조사내역 2) 기타청구	등기부 상의 권리관계
서울시 강서구 방화동 ○○○번지 삼성아파트 제○○○동 제○○○호	건물 전용면적 90㎡ (33평형) 대지권 미등기 (감정평가액에 포함되어있음, 대지 55.48㎡)	감정가 3억5,000만원 최저가 03.8.10. 3억5,000만원 유찰 03.9.9. 2차 2억8,000만원 낙찰 03.10.10. 2억9,140만원 〈이순철〉	1) 임차인 ① 송한기 　전입 02.6.10. 　확정 02.6.10. 　배당 03.4.20. 　보증 7,000만원 2) 기타청구 ① 교부청구 　강서구청재산세 　(법정 02.7.10.) 　287,000원	소유권 보존등기 (주)서해건설 02.2.11. 소유권이전 김철민 02.3.10. 근저당 기업은행 02.3.10. 227,500,000원 근저당 새마을금고 02.5.17. 65,000,000원 임의경매 기업은행 청구 217,350,000원 〈03.1.10.〉

(2) 집합건물등기부 상의 표제부와 갑구, 을구의 기재내용과 분석

【표 제 부】(1동의 건물의 표시)

표시번호	접수	소재지번 건물의 명칭 및 번호	건물내역	등기원인 및 기타사항
1	2002년 2월 11일	서울시 강서구 방화동 ○○○번지 삼성아파트 제101동	철근콘크리트조 경사지붕 8층 아파트 지1층 556.91㎡ 1층 58107㎡ 2층 58107㎡ 　：　　： 8층 58107㎡	도면 편철장 제286호

(대지권의 목적인 토지의 표시)

표시번호	소재지번	지목	면적	등기원인 및 기타사항
1	서울시 강서구 방화동 ○○○번지	대	985m²	2002년 2월 11일 부동산 등기법 제177조의6 제1항의 규정에 의하여 2002년 5월 10일 전산이기

【표 제 부】(전유부분의 건물의 표시)

표시번호	접수번호	건물번호	건물내역	등기원인 및 기타사항
1	2002년 2월 11일	제8층 802호	철근콘크리트조 90m²	도면 편철장 제286호

【갑 구】(소유권에 관한 사항)

표시번호	등기목적	접수	등기원인	권리 및 기타사항
1	소유권 보존	2002년 2월 11일 제43883호		소유자 (주)서해건설
2	소유권 이전	2002년 3월 10일 제44098호	2002년 2월 11일 매매	소유자 김철민
3	임의경매 개시결정	2003년 1월 10일 제2114호	2003년 1월 8일 남부지방법원의 경매개시 결정 (2003타경○○○○)	채권자 기업은행 ○○○○○○-○○○○○○○ 서울시 ○○구 ○○동 ○○번지 (여신관리팀)

【을 구】(소유권 이외의 권리에 관한 사항)

순위번호	등기목적	접수	등기원인	권리자 및 기타사항
1	근저당 설정	2002년 3월 10일 제31445호	2002년 3월 8일 설정계약	채권최고액 금 227,500,000원 채무자 김철민 근저당권자 기업은행
2	근저당 설정	2002년 5월 17일 제44547호	2002년 5월 13일 설정계약	채권최고액 금 65,000,000원 채무자 김철민 근저당권자 새마을금고

이 경매사건을 분석하기 위하여 집합건물등기부를 확인해 본 결과 앞에서와 같이 표제부상에 대지권이 등기되어 있지 않았다.

집합건물등기부의 첫 번째 표제부에는 1동 전체에 관한 건물의 표제부로 1동의 건물 전체에 관한 표시와 1동 전체의 대지권의 목적인 토지가 표시되어 있어야 하고, 두 번째 표제부에는 전유부분에 대한 표제부로 전유부분의 건물의 표시와 전유부분에 대한 대지권의 표시가 되어 있어야 한다.

그런데 앞의 집합건물등기부에는 전유부분에 대한 대지소유권이 등기되어 있지 않아서 대지권이 미등기인 사항을 알 수가 있었다.

이러한 경우 대지권이 감정평가되어 있는가가 중요한데 이 경매사건에서는 대지권이 감정평가액에 포함되어 있었다.

이러한 사유 등을 확인하기 위해서 입찰자는 토지등기부등본을 열람해야 정확한 내용을 이해할 수 있으므로 입찰 전에 다음과 같이 토지등기부등본을 열람해서 분석해 보았다.

(3) 토지 등기사항전부증명서 열람

【표 제 부】(토지의 표시)

표시번호	접수	소재지번	지목	면적	등기원인 및 기타사항
1	1985년 10월 8일	서울시 강서구 방화동 000	대지	985.85m²	부동산등기법 제177조의6제1항의 규정에 의하여 2001년 7월 30일 전산이기

【갑 구】(소유권에 관한 사항)

순위번호	등기목적	접 수	등기원인	권리 및 기타사항
1 : 10 :	소유권 이전 공유지분 일부이전	1985년 10월 8일 제54785호 1988년 5월 10일 제31485호	1985년 10월 4일 공유물 분할 1988년 3월 15일 매매	공유자지분 985.85분의 55.48 이동지 : 공유자지분 985.85분의 55.48 이종구
31 : :	갑구10번 이종구 지분 전부이전	2000년 7월 10일 제41447호	2000년 5월 11일 매매	공유자지분 985.85분의 55.48 (주)서해건설

(4) 대지권 미등기 경매물건에 대한 권리분석과 배당표 작성

토지등기부를 확인해 본 결과 (주)서해건설 공유지분이 있었는데 이는 건물구분등기가 먼저 이루어지고 대지권정리가 이루어지지 못한 결과이므로 구분건물을 낙찰받을 경우 대지권까지 이전받을 수 있다.

이 경매사건에서는 토지 감정가가 포함되어 있고 토지정리가 이루어지지 못한 상태이므로 대지권을 이전받을 수 있는데 설사 이전받지 못한다 해도 낙찰자는 토지에 대한 매각금액 감액을 청구하거나 매각허가에 대한 취소를 신청할 수 있다.

이 사건의 배당표를 작성하면 배당금이 (2억9,140만원−집행비용 250만원)=2억8,890만원이므로,

- 1순위 : 강서구청 287,000원(당해세우선변제금 1)
- 2순위 : 기업은행 217,350,000원(우선변제금 2)
- 3순위 : 새마을금고 65,000,000원(우선변제금 3)
- 4순위 : 송한기 6,263,000원(우선변제금 4)이 되고 낙찰자 인수금액이 없으나 임차인 송한기 배당금 부족으로 명도에서 어려움이 예상된다.

이 아파트는 감정가가 3억5,000만원인데, 아파트 시세는 3억8,000만원에 형성되어 있었다. 이 같이 실제 대지권이 있는데도 불구하고, 대지권정리가 이루어지지 못한 미등기인 경우에 경매 등으로 매수하는 경우 추후 대지권이 정리되면 집합건물등기부에 대지권을 등기할 수 있다.

(5) 매각 이후의 등기사항전부증명서 열람

① 매각 후 대지권 등기된 집합건물 등기사항전부증명서 열람
   [첫 번째 표제부는 생략]

【표 제 부】(전유부분의 건물의 표시)				
표시번호	접수번호	건물번호	건물내역	등기원인 및 기타사항
1	2002년 2월 11일	제8층 802호	철근콘크리트조 90m^2	도면 편철장 제286호
(대지권의 표시)				
표시번호	대지권의 종류		대지권 비율	등기원인 및 기타사항
1	1. 2. 소유권대지권		985.85분의 55.^{48}	2002년 2월 11일 대지권 2003년 11월 17일

【갑　구】(소유권에 관한 사항)				
순위번호	등기목적	접수	등기원인	권리자 및 기타사항
1	소유권 보존	2002년 2월 11일 제43883호		소유자 (주)서해건설
2	소유권 이전	2002년 3월 10일 제44098호	2002년 2월 11일 매매	소유자 김철민
3	임의경매 개시결정	2003년 1월 10일 제2114호	2003년 1월 8일 남부지방법원의 경매개시 결정 (2003타경○○○○)	채권자 기업은행 ○○○○○○-○○○○○○○ 서울시 ○○구 ○○동 00번지 (여신관리팀)
4	소유권 이전	2003년 1월 10일 제61336호	2003년 11월 17일 임의경매로 인한 매각	소유자 이순철

【을 구】(소유권 이외의 권리에 관한 사항)				
순위번호	등기목적	접수	등기원인	권리자 및 기타사항
1	근저당 설정	2002년 3월 10일 제31445호	2002년 3월 8일 설정계약	채권최고액 금 227,500,000원 채무자 김철민 근저당권자 기업은행
2	근저당 설정	2002년 5월 17일 제44547호	2002년 5월 13일 설정계약	채권최고액 금 65,000,000원 채무자 김철민 근저당권자 새마을금고
3	1번, 2번 근저당설정 등기말소	2003년 11월 17일 제000000호	2003년 11월 17일 임의경매로 인한 매각	
4	근저당설정	2003년 11월 17일 제000000호	2003년 11월 17일 설정계약	채권최고액 금 000,000,000원 채무자 이순철 근저당권자 ○○○은행

② 매각 이후 소유권대지권이 등기된 토지 등기사항전부증명서[표제부는 생략]

【갑 구】(소유권에 관한 사항)				
순위번호	등기목적	접 수	등기원인	권리 및 기타사항
1 : 10 :	소유권이전 공유지분 일부이전	1985년 10월 8일 제54785호 1988년 5월 10일 제31485호	1985년 10월 4일 공유물 분할 1988년 3월 15일 매매	공유지분 985.^{85}분의 55.^{48} 이동지 : 공유지분 985.^{85}분의 55.^{48} 이종구
31 : :	갑구10번 이종구 지분 전부이전	2000년 7월 10일 제41447호	2000년 5월 11일 매매	공유지분 985.^{85}분의 55.^{48} (주)서해건설
41	(주)서해건설 지분 전부이전	2003년 11월 17일 제61337호	2003년 11월 17일 임의경매로 인한 매각	공유지분 985.^{85}분의 55.^{48} 이순철

◆ 대지권 미등기(대지가 평가됨)아파트에 입찰해서 성공한 사례

(1) 대지권 미등기 경매물건 분석표 작성

2012타경12679 • 서울남부지방법원 본원 • 매각기일 : 2013.10.23(水) (10:00) • 경매 5계 (전화:02-2192-1335)

소재지	서울특별시 강서구 내발산동 756, 마곡수명산파크7단지 707동 2층 000호	도로명주소건색				
물건종별	아파트	감정가	400,000,000원	구분	입찰기일	최저매각가격	결과
대지권	미등기감정가격포함	최저가	(64%) 256,000,000원	1차	2013-04-30	400,000,000원	유찰
건물면적	84.82㎡(25.658평)	보증금	(20%) 51,200,000원	2차	2013-06-05	320,000,000원	낙찰
매각물건	토지·건물 일괄매각	소유자	주OO	낙찰 370,000,000원(92.5%) / 1명 / 미납			
				3차	2013-09-11	320,000,000원	유찰
개시결정	2012-05-14	채무자	주OO	4차	2013-10-23	256,000,000원	
사건명	임의경매	채권자	신한은행의 양수인 유에스제칠차유동화전문유한회사	낙찰:301,011,000원 입찰8명, 낙찰 강서구 OOO			

● 매각물건현황 (감정원 : 바른감정평가 / 가격시점 : 2012.06.04 / 보존등기일 : 2008.10.22)

목록	구분	사용승인	면적	이용상태	감정가격	기타
건물	13층중 2층	08.10.01	84.82㎡ (25.66평)	방3, 화장실2, 주방및식당, 거실 등	220,000,000원	*도시가스
토지	대지권		*대지권미등기이나 감정가격에 포함 평가됨		180,000,000원	

● 임차인현황 (말소기준권리 : 2008.11.17 / 배당요구종기일 : 2012.07.25)

임차인	점유부분	전입/확정/배당	보증금/차임	대항력	배당예상금액	기타
이순신	주거용 전부	전 입 일:2010.04.05 확 정 일:2010.04.05 배당요구일:2012.06.25	보120,000,000원	없음	배당순위있음	

● 등기부현황 (채권액합계 : 431,205,600원)

No	접수	권리종류	권리자	채권금액	비고	소멸여부
1	2008.11.17	소유권이전(매매)	주OO			
2	2008.11.17	근저당	신한은행 (발산동지점)	360,000,000원	말소기준등기	소멸
3	2010.07.05	압류	국민건강보험공단			소멸
4	2010.11.12	가압류	현대캐피탈(주)	8,205,600원		소멸
5	2010.12.07	가압류	박OO	63,000,000원		소멸
6	2011.01.27	압류	서울특별시중랑구			소멸
7	2012.05.14	임의경매	신한은행 (개인여신관리부)	청구금액: 321,360,995원	2012타경12679	소멸
8	2012.07.20	압류	서울특별시강서구			소멸

(2) 대지권 미등기 집합건물등기부상 표제부의 기재내용과 분석

```
등기사항전부증명서(말소사항 포함) - 집합건물
[집합건물] 서울특별시 강서구 내발산동 756 마곡수명산파크7단지 제707동 제2층 제202호    고유번호 2543-2005-010555

【 표   제   부 】  ( 1동의 건물의 표시 )
표시번호 | 접  수 | 소재지번,건물명칭 및 번호 | 건 물 내 역 | 등기원인 및 기타사항
3 | 2012년11월2일 | 서울특별시 강서구 내발산동 756 마곡수명산파크7단지 제707동 [도로명주소] 서울특별시 강서구 수명로2가길 22 | 철근콘크리트구조 (철근)콘크리트 평지붕 13층 아파트 지1층 25.56㎡ 1층 247.45㎡ 2층 420.56㎡ 3층 420.56㎡ 4층 420.56㎡ 5층 420.56㎡ 6층 420.56㎡ 7층 420.56㎡ 8층 420.56㎡ 9층 420.56㎡ 10층 420.56㎡ 11층 420.56㎡ 12층 420.56㎡ 13층 420.56㎡ | 지번변경

( 대지권의 목적인 토지의 표시 )
표시번호 | 소 재 지 번 | 지 목 | 면 적 | 등기원인 및 기타사항
1 | 1. 서울특별시 강서구 내발산동 756 | 대 | 27795.7㎡ | 2010년4월20일

【 표   제   부 】  ( 전유부분의 건물의 표시 )
표시번호 | 접 수 | 건물번호 | 건 물 내 역 | 등기원인 및 기타사항
1 | 2005년10월22일 | 제2층 제202호 | 철근콘크리트구조 84.52㎡ | 도면편철장 3책 187장
```

집합건물등기부를 확인해 보니 대지권 정리가 안돼 두 번째 표제부에서 대지권 표시가 등기가 이뤄지지 못하고 미등기 상태로 있지만 대지권이 감정평가가 이루어진 점과 토지등기부에 대지지분이 있는 점 등을 고려하면 이 아파트를 낙찰받으면 대지권까지 완전하게 소유권을 취득할 수 있다.

(3) 대지권 미등기 경매물건에 대한 권리분석과 배당표 작성

토지등기부를 확인해 본 결과 시공사인 에스에이공사 명의로 등기되어 있어서 지분 정리가 이뤄지면 토지등기부에서 각 대지 지분별로 공유등기가 이루어지고 집합건물에서 대지권이 표시된다. 물론 낙찰자도 대지권이 정리가 되면 대지권까지 이전받을 수 있다.

그리고 말소기준권리가 2008. 11. 17. 신한은행 근저당권으로 이순신 임차인은 대항력이 없는 임차인이라 배당금액에 상관없이 소멸된다.

이 사건의 배당표를 작성하면 배당금이 303,511,000원(306,011,000원-집행비용 250만원)이 된다.
　1순위로 신한은행 근저당권이 303,511,000원 전액 배당받고 이순신 임차인은 배당금이 없어서 명도에 어려움이 예상되지만 낙찰자가 인수할 금액이나 권리는 없다.
　감정가가 4억이지만 아파트 시세가 3억8,000만원 정도에 형성되어 있어서 낙찰자는 매수금액 대비 많은 시세차익을 볼 수 있는 물건이다.

◆ 대지권이 없는 아파트만 낙찰받은 경우 대응 사례분석

(1) 대지권이 없는 아파트 입찰내역과 입찰결과

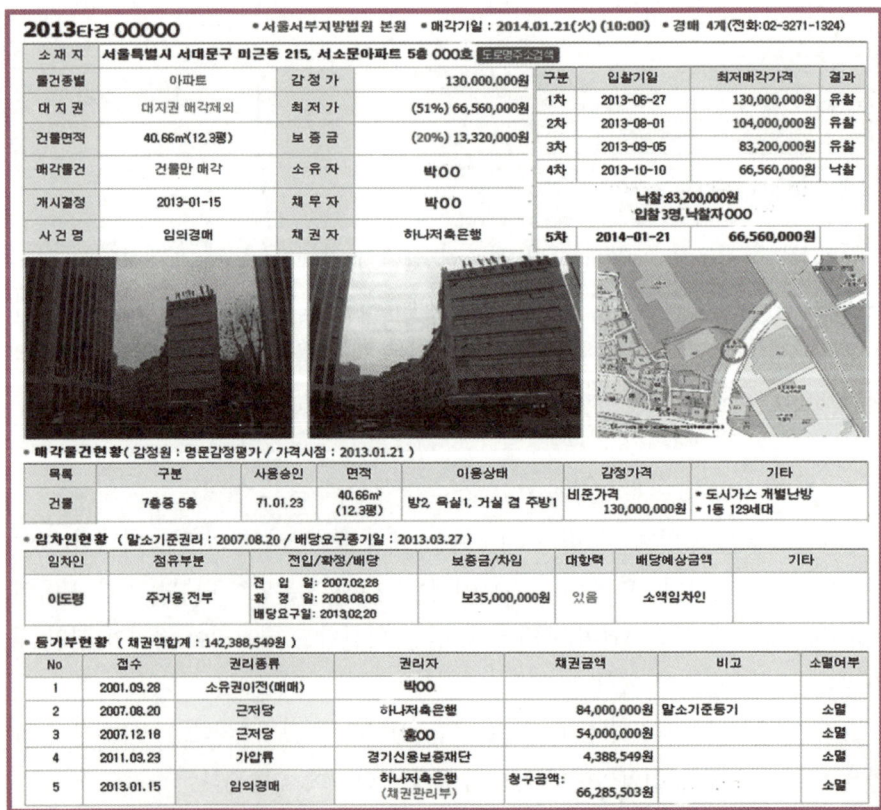

(2) 대지권이 없는 아파트 물건분석과 대응방법

이 물건은 매각조건에서 아파트 건물만 매각대상이고 대지권은 매각대상에서 제외되었다. 토지는 하천 복개천으로 구청에 매년 토지 사용료를 납부하고 있다. 그리고 말소기준권리가 2007. 08. 20. 하나저축은행 근저당권으로 이보다 먼저 대항요건을 갖춘 이도령은 대항력이 있는 임차인이나 확정일자가 늦어서 미배당금이 발생할 것으로 예상된다.

이렇게 대지권이 없는 아파트는 낙찰받으면 어떻게 대처해야 하나?

첫 번째로 대지권이 없는 아파트에 대한 문제다.

대지사용권은 없지만 구청에 토지 사용료만 납부하면 주변 아파트에 거주하는 것에 비해 상대적으로 적은 비용을 들이고 살 수 있다.

구청에 납부하는 토지 사용료가 개인 소유 토지에 비해 저렴하게 책정되고 있어서 매수 후 제3자에게 팔 때 또한 이러한 장점으로 시세 차익도 노려볼 수 있는 아파트다.

두 번째로 대항력 있는 임차인의 보증금 인수문제가 남는다. 임차인의 배당금을 확인하기 위해서 예상배당표를 작성해봐야 한다.

매각대금 8,320만원에서 경매비용 150만원을 제외하면 배당금은 8,170만원이므로 1순위로 이도령 1,600만원(최우선변제금 1), 2순위로 하나저축은행 6,570만원으로 배당이 종결되므로 대항력 있는 임차인에게 미배당금 1,900만원이 발생했고 이 금액은 낙찰자가 인수해야 되므로 실제 총 취득가는 1억220만원이 된다.

어쨌든 첫 번째로 얘기한 장점들을 상기하면서 입찰참여를 결정해야 하고 이 낙찰자 역시 그러한 점을 고려해서 입찰에 참여한 것으로 판단된다.

 김선생의 한마디

대지 사용권원이 없는 아파트를 낙찰받게 된다면
앞의 사례는 대지사용권원이 있어서 토지 사용료만 납부하면 되지만 대지 사용권원이 없다면 토지소유자가 구분소유권을 매도청구를 할 수도 있다는 점을 고려하라.

Part
17

집합건물에서 건물과 대지의 일부가 매각 시 대응방법

01 대지권미등기와 토지별도등기가 있는 아파트 2/3 지분을 낙찰받은 사례

◆ 경매 물건 현황과 매각결과

2012타경31293 • 수원지방법원 성남지원 • 매각기일 : 2013.11.25(月)(10:00) • 경매 4계(전화:031-737-1324)

소재지	경기도 하남시 덕풍동 369-4 외 5필지, 한솔파로스 101동 1층 000호 도로명주소검색							
물건종별	아파트	감정가	150,000,000원		오늘조회: 1 2주누적: 0 2주평균: 0 조회동향			
				구분	입찰기일	최저매각가격	결과
대지권	미등기감정가격포함	최저가	(51%) 76,800,000원	1차	2013-06-24	150,000,000원	유찰
				2차	2013-07-22	120,000,000원	유찰
				3차	2013-08-26	96,000,000원	낙찰
건물면적	50.25㎡(15.201평)	보증금	(20%) 15,360,000원	낙찰 120,000,000원(80%) / 1명 / 미납			
				4차	2013-10-28	96,000,000원	유찰
				5차	2013-11-25	76,800,000원	
매각물건	토지및건물 지분 매각	소유자	서OO	낙찰 : 90,130,000원 (60.09%)			
				<입찰1명 낙찰 강OO>			
개시결정	2013-01-03	채무자	서OO	매각결정기일 : 2013.12.02 - 매각허가결정			
				대금지급기한 : 2014.01.07			
사건명	강제경매	채권자	장OO외 2	대금납부 2013.12.20 / 배당기일 2014.01.16			
				배당종결 2014.01.16			

• 매각물건현황 (감정원 : 현진감정평가 / 가격시점 : 2013.01.11 / 보존등기일 : 2010.06.15)

목록	구분	사용승인	면적	이용상태	감정가격	기타
건1	덕풍동 369-4 (9층중1층)	10.03.05	50.2497㎡ (15.2평)	방3.거실,주방/식당 등	126,000,000원	☞ 전체면적 81.6㎡중 서OO 지분 26.96/43.78 매각 * 개별난방
토1	대지권		* 대지권미등기이나 감정가격에 포함 평가됨		24,000,000원	

현황 위치	* 하남우체국 남서측 인근에 위치, 부근은 주로 단독주택과 상가,점포 등 근린생활시설 등이 소재하고 있음 * 본건 인근에 버스정류장이 소재하고, 근거리에 국도43호선이 개설되어 있는 등 인근지역의 교통사정은 보통임 * 일단의 부정형 토지로서, 아파트용 건부지로 이용중임 * 본건 아파트단지 남동측으로 주출입구 소재하며, 소로에 접함
참고사항	▶본건낙찰 2013.08.26 / 낙찰가 120,000,000원 / 남양주시 퇴계원동 김OO / 1명 입찰 / 대금미납 *대지권 취득여부는 알 수 없고, 관리처분계획서상 본건 전유부분 81.6㎡에 해당하는 대지지분은 43.780이고 그 중 26.960이 채무자 겸 소유자 서OO의 지분임. * 외필지 : 덕풍동 369-5, 369-6, 369-7, 369-8, 369-18 ☞제시목록상 지목은 "답,전,대"이나 현황 "대"임

• 임차인현황 (말소기준권리 : 2010.07.01 / 배당요구종기일 : 2013.03.11)

임차인	점유부분	전입/확정/배당	보증금/차임	대항력	배당예상금액	기타
김OO	주거용 103호	전 입 일 : 2012.09.12 확 정 일 : 2012.09.18 배당요구일 : 2013.03.04	보100,000,000원	없음	배당순위있음	
기타사항	☞거주자가 폐문부재하여 동사무소에서 전입세대 열람내역서 및 주민등록등본을 발급					

• 등기부현황 (채권액합계 : 3,166,551,674원)

No	접수	권리종류	권리자	채권금액	비고	소멸여부
1	2010.06.15	소유권보존	서OO외 2명	지OO 지분 15.07/43.78, 김OO 지분 1.75/43.78	서OO 지분 26.96/43.78,	
2	2010.07.01	서OO,김OO 지분 가압류	장OO외 2명	1,450,000,000원	말소기준등기	소멸
3	2010.07.01	서OO 지분 가압류	송도재건축주택조합	1,716,551,674원		소멸
4	2013.01.03	서OO 지분 강제경매	장OO외 2명	청구금액: 176,432,143원	2012타경31293	소멸

◈ 위 경매물건에 대한 권리분석

이 경매 물건은 경기도 하남시에 위치한 아파트로 장기간 재건축 등으로 대지권이 미등기이고 토지별도등기까지 되어 있는 상태이다.

이 물건에서 유의해서 살펴볼 점은?

① 아파트가 3분의 2지분만 매각되므로 공유물의 관리행위와 보존행위에서 협의가 안 되고 다툼이 발생하면 소송으로 해결해야 한다는 사실.

② 대지 지분이 감정평가돼 매각되었지만 대지권등기는 매수인 책임으로 매각하는 조건이므로 낙찰받고 나서 별도로 대지권등기청구소송을 해야 한다는 사실.

③ 토지등기부를 확인해보니 토지별도등기인 가압류와 가처분이 있었다.

그렇다면 낙찰자가 대지권등기와 이 토지별도등기를 말소할 수 있는가가 문제가 될 수 있다. 만일 말소시키지 못하게 되면 대지 지분에 대한 권리를 잃게 될 수도 있기 때문이다.

어쨌든 이 물건은 대지권등기와 토지별도등기만 말소할 수 있다면 성공적인 투자가 될 수 있다. 왜냐하면 시세가 2억6,000만원으로 3분의 2지분으로 환산하면 1억7,300만원 정도로 많은 투자 이익이 발생하기 때문이다. 그러나 대지권등기를 할 수 없다면 그 반대로 손실이 예상되는 물건이다.

◆ 매수 이후에 임차인 명도와 토지별도등기 말소 및 대지권등기 청구

(1) 점유자에 대한 명도문제는 어떻게 할 수 있을까?

　과반수 이상(2/3)의 지분을 매수해서 민법 제265조에 따라 관리행위로 대항력이 없는 임차인에 대해 인도명령을 신청할 수 있다.

　경매법원에서 인도명령결정문을 받았는데 이의를 제기해서 재판이 열리게 되었는데 그 재판에서도 인도명령결정문을 인용하는 것으로 판결이 나왔다. 그러나 임차인의 항고심에서는 임차인은 임차보증금 전액을 변제 받을 때까지 대항력은 유지되므로 전액 변제하지 않으면 매수인은 명도를 구할 수 없다고 판단했다. 그래서 매수인이 재항고를 하게 되었고, 그 과정에서 대법원은 2010. 07. 01. 가압류등기가 있는 상태에서 2012. 09. 12. 김○○ 임차인이 임대차계약으로 대항요건까지 맞추었으나 이는 가압류의 처분금지효력이 범위 내에선 무효가 되므로 3분의 2지분이 무효가 된 이상, 임차인은 소수지분권자와 계약한 자로서 매수인에게 대항력을 주장할 수 없다고 다음과 같이 판단했다.

대법원 제3부 결정

사건 : 2014마546 부동산인도명령
신청인 : 재항고인 강○석, 피신청인, 상대방 김○○
원심결정 : 수원지방법원 2014. 3. 18.자 2014라273 결정

주 문

원심결정을 파기하고, 사건을 수원지방법원 합의부에 환송한다.

이 유

재항고 이유를 판단한다.
1. 지면상 생략

2. 기록에 의하면 다음의 사실을 알 수 있다.
　가. 이 사건 건물은 당초 서○○, 지○○, 김○○의 공유로서, ① 서○○은 43.78분의

26.96지분(61.58%)을, ② 지○○은 43.78분의 15.07지분(34.42%)을, ③ 김○○는 43.78분의 1.75지분(4%)을 각 소유하고 있었다.

나. 장○○ 장○○, 김○○은 2010. 6. 30. 이 사건 건물 중 ①, ③지분에 관하여 수원지방법원 성남지원 2010카단501781호로 가압류결정을 받아 2010. 7. 1. 가압류등기를 마쳤다.

다. 김○○은 2012. 9. 11. 서○○ 등으로부터 이 사건 건물을 임대차 보증금 1억원, 임대차기간 2012. 9.11.부터 2013. 9. 11. 까지로 정하여 임차한 다음 2012. 9. 12. 위 건물을 인도받아 전입신고를 마치고 그 무렵부터 현재까지 위 건물에 거주하고 있다.

라. 장○○ 등은 서울동부지방법원 2010가합16692 전부금 청구소송의 집행력 있는 판결정본에 기하여 수원지방법원 성남지원 2012타경31293호로 이 사건 건물 중 ①지분에 대한 강제경매 신청을 하였고, 2013. 1. 3. 위 법원의 경매개시결정으로 경매절차가 개시되었다.

마. 재항고인은 경매절차에서 2013. 12. 2. 최고가매수신고인으로 매각 허가결정을 받아 2013. 12. 20. 매각대금을 완납하고 이 사건 건물 중 ①지분에 관한 소유권을 취득한 후 2013. 12. 26. 이 사건 건물의 임차인인 김수민을 상대로 위 건물의 인도를 구하는 이 사건 부동산인도명령 신청을 하였다.

3. 위 인정사실을 앞서 본 법리에 비추어 살펴보면, 서○○과 김○○의 채권자들인 장○○ 등은 김○○의 임대차계약이 체결되기 전인 2010. 6. 30. 이 사건 건물 중 ①, ③지분에 관하여 가압류등기를 마쳤고, 재항고인은 위 가압류사건의 본안판결의 집행으로 이 사건 건물 중 ①지분을 취득하였으므로, 임차인 김○○은 가압류의 처분금지의 효력으로 인해 ①, ③지분에 대하여만 그 대항력을 주장할 수 있게 되었다. 그렇다면 임차인 김○○은 이 사건 경매절차에서 과반수의 지분을 취득한 재항고인의 인도명령을 거부할 수 없다.
그런데도 원심은 그 판시와 같은 이유를 들어 임차인이 재항고인에 대하여 사건 건물의 인도를 거부할 수 있는 정당한 권원이 있다고 보아 부동산 인도명령신청을 배척하고 말았으니, 이러한 원심결정에는 가압류의 처분금지의 효력과 주택임차인의 대항력에 관한 법리를 오해하여 재판에 영향을 미친 잘못이 있다.

4. 그러므로 원심결정을 파기하고, 사건을 다시 심리판단하게 하기 위하여 원심법원에 환송하기로 하여 관여 대법관의 일치된 의견으로 주문과 같이 결정한다.

2016. 2. 25.

재판장 : 대법관 박병대, 대법관 박보영, 주심 : 대법관 김 신, 대법관 권순일

◆ 대지권등기청구와 가압류, 가처분 등의 토지별도등기 말소청구소송

  3분의 2지분만 낙찰 받아도 3분의 2지분만이 아닌 전체 대지권등기를 신청할 수 있고, 매수한 3분의 2지분만에 등기 되어 있는 토지별도등기 즉 가압류와 가처분 등을 다음 〈김선생 도움말〉처럼 말소를 구할 수 있다. 이때 두 개 소송을 동시에 하는 것이 원칙이지만 지분을 낙찰받아 두 개의 소송을 진행할 때 소송이 복잡한 관계로 지연될 수도 있기 때문에 분리해서 대지권등기청구소송(전체 대지 지분)과 매수한 3분의 2지분만에 등기되어 있는 토지별도등기 말소청구소송을 하였는데 토지별도등기 말소청구소송에서 전유부분의 매각으로 그 종된 권리인 대지지분까지 취득하게 되므로 그 대지 지분에 등기된 토지별도등기가 말소돼야 한다는 점과 가압류, 가처분이 3년의 제소기간이 지났으므로 매수인이 취소를 구할 수 있다는 내용으로 말소를 구한 사건이다.

  법원에 이 모든 사실이 받아들여져 토지별도등기가 말소되고 대지권등기까지 하였고, 이제 협의해서 관리하거나 매각하는 방법, 협의가 안될 때 공유물 분할청구 소송을 하는 절차만 남아있으나 협의가 잘되어 매각해서 높은 수익을 올릴 수 있었던 사례이다.

김선생의 도움말

토지별도등기도 아파트가 경매로 매각 시 소멸되는 것이 원칙
집합건물의 전유부분과 함께 그 대지 사용권인 토지공유지분이 일체로서 경락되고 그 대금이 완납되면, 설사 대지권 성립 전부터 토지만에 관하여 별도등기로 설정되어 있던 근저당권이라 할지라도 경매과정에서 이를 존속시켜 경락인이 인수하게 한다는 취지의 특별매각조건이 정하여져 있지 않았던 이상 위 토지공유지분에 대한 범위에서는 매각부동산 위의 저당권에 해당하여 소멸한다[대법 2005다15048].
만일 이러한 조건 없이 매각되었는데 소멸되지 않는 토지별도등기채권이 있다면 그 원인으로 매각결정을 취소 신청할 수 있다.

(1) 대지권등기 이행청구의 소

소 장

원고(서○○의 대위청구인) : 강○○(640000-1000000)
　　　　　서울시 구로구 오리로 1306(궁동. 황실힐탑빌라) ☎ 010-0000-1331
피고 : 송도재건축주택조합(135771-0000000)
　　　　경기도 하남시 덕풍동 369-○ 조합장

대지권등기 이행청구의 소

청 구 취 지

1. 피고는 원고에게 별지목록 기재 부동산의 표시 중 대지권의 목적인 토지의 표시 1번 경기도 하남시 덕풍동 369-0, 대1572m^2 중 43.78분의 26.96 지분에 관하여 2013.12.20자 경락을 원인으로 한 대지권이전등기 절차를 이행하라.
2. 소송비용은 피고의 부담으로 한다.
　라는 판결을 구합니다.

청 구 원 인

1. 당사자 관계

　가. 원고는 별첨 귀원 2012타경31293호 부동산강제경매 사건의 매각허가결정(갑제1호증) 및 토지(덕풍동 369-0), 건물 부동산등기사항전부증명서(갑제2호증)의 1, 2와 같이 전 소유자(공유자)인 소외 서○○(371121-2000000) 소유 공유지분 43.78분의 26.96인 경기 하남시 덕풍동 369-0 외 소재 한솔파로스아파트 101동 000호(81.6m^2)를 2013.12.20 강제경매로 인한 매각을 원인으로 별첨 위 경매사건의 개시결정문(갑제3호증)과 같이 위 공유자 대지권지분 43.78분의 26.96^2 전부를 포함하여 낙찰받은 자이고,

　나. 피고는 위 아파트의 토지 중 경기도 하남시 덕풍동 369-0, 대1572m^2 중 위 서○○ 원지분 43.78분의 26.96m^2 전부를 정당한 이유없이 대위청구인에게 대지권지분이전등기를 해주지 않고 있는 자입니다.

2. 이 사건 대위청구인의 정당성

　가. 위 경매개시결정문(갑제3호증) 및 별첨 피고 조합의 주택재건축사업 관리처분계획인가(갑제4호증)에서도 넉넉히 짐작되는 바와 같이 위 서○○ 외 2인 소유 아파트(101동 000호) 토지는 가압류·가처분 등 제한물권으로 인해 각 아파트에 대한 대지권지분 등기가 등재되지 못한 바 있으나,

나. 이 사건 아파트의 분양계약서 및 분양방교에는 애당초부터 대시권포함의 분양가도 분양하는 대지권의 표시가 분명히 기재되어 있으므로 건물(아파트)에 대한 소유권보존등기 및 소유권이전등기 이후 대지권등기가 마땅히 기재되는 아파트인 것은 물론,

다. 이 사건 대위청구인과 같이 대지권이 등기되기 전 전유부분만에 터 잡아 경매절차가 진행되었고, 집행법원이 구분건물에 대한 입찰명령을 함에 있어 대지지분에 대한 감정평가액을 반영하지 않은 상태에서 경매절차를 진행하였다고 하더라도, 전유부분에 대한 대지사용권을 분리 처분할 수 있도록 정한 규약이 존재한다는 등의 특별한 사정이 없는 한 낙찰인은 경매목적물인 전유부분을 낙찰받음에 따라 종물 내지 종된 권리인 대지지분도 함께 취득하였다 할 것이므로, 구분건물이 대지지분 등기가 경료된 후 집행법원의 촉탁에 의하여 낙찰인이 대지지분에 관하여 소유권이전등기를 경료받은 것을 두고 법률상 원인없이 이득을 얻은 것이라고 할 수 없다(대법2001다22604)는 대법원 판결을 상기하더라도,

라. 대위청구인의 이 사건 청구는 지극히 당연한 일이라 할 것입니다.

3. 결론

따라서, 대위청구인인 원고는 위 토지(하남시 덕풍동 369-0, 대 1572m^2) 소유자인 피고로부터 위 서○○ 지분 43.78분의 26.98m^2에 대한 대지권을 이전받기 위하여 부득이 이 건 청구에 이른 것입니다.

입증 및 첨부서류

1. 귀원 2012타경31293호 부동산강제경매 사건의 매각허가결정(갑제1호증)	1부
1. 토지(덕풍동 369-0), 건물 부동산등기사항전부증명서(갑제2호증)	1부
1. 위 경매사건의 개시결정문(갑제3호증)	1부
1. 피고 조합의 주택재건축사업 관리처분계획인가(갑제4호증)	1부
1. 토지대장	1부
1. 건축물관리대장	1부
1. 부동산목록	1부
1. 소장 부본	1부
1. 피고 조합 등기부등본	1부

2014. 01. 22

원고(서○○ 의 대위청구인)

수원지방법원 성남지원 귀중

(2) 토지별도등기인 가처분과 가압류 취소 신청

① 사정변경에 따른 가처분결정 취소 신청

사정변경에 의한 가처분결정 취소 신청

신청인(채무자) : 서○○(300000-2000000)
　　　　　　　　경기 수원시 창훈로 66번길11-00(연무동)
대위신청인 : 강○○(600000-1000000)
　　　　　　　서울시 구로구 궁동 279-0, 황실힐탑빌라 ○○○호 ☎ 010-0000-1331
피신청인(채권자) : 송도재건축조합(135771-0000000)
　　　　　　　　　경기 하남시 덕풍동 369-0　　조합장

신 청 취 지

신청인(채무자)과 피신청인(채권자)간 별지목록기재 부동산에 관한 수원지방법원 성남지원 등기과 2008년 09월 30일 접수 제23412호로 경료한 원인 2008년 09월 26일자 수원지방법원 성남지원 2008카단6020 가처분결정은 이를 취소한다.
소송비용은 피신청인(채권자)의 부담으로 한다. 라는 재판을 구합니다.

신 청 원 인

1. 당사자 관계

　가. 대위신청인 강○○은 별첨 귀원 2012타경31293호 부동산강제경매 사건의 매각허가결정문(갑1제호증) 및 이 사건 토지 위에 건축된 별첨 경기 하남시 덕풍동 369-0외 한솔파로스아파트 101동 ○○○호 부동산등기사항전부증명서(갑제2호증)과 같이, 2013.12.20 강제경매로 인한 매각을 원인으로 2014.01.06 하남등기소 접수 제158호로 신청인(채무자) 서○○ 공유부동산인 위 아파트를 낙찰받은 현재의 소유자로서,

　나. 위 서○○의 미등기 대지권(43.78분의 26.96 전부)을 별첨 경매개시결정문(갑제3호증)과 같이 포함하여 낙찰받은 바 있으며,

　다. 피신청인(채권자)은 위 전소유자 서○○의 대지권 토지(갑제4호증-경기 하남시 덕풍동 369-0, 토지 등기사항증명서)를 순위번호 276번으로 순위번호 151번 서○○ 공유지분(1572분의 30.2)을 2008.09.26자에 피보전권리를 신탁을 원인으로 한 소유권이전등기청구권으로 하여 부동산처분금지 가처분 결정을 받아, 동년 09.30자에 하남등기소 접수 제23412호로 가처분기입 등기한 자입니다.

2. 이 사건 사정변경으로 인한 가처분 취소사유 충족

가. 그렇다면, 위 서○○의 대지권을 포함한 아파트(한솔파로스아파트 101동 ○○○호) 경매에 따라 위 서○○의 토지지분(대지권)도 대지권등기 여부와 상관없이 낙찰자인 대위신청인 강○○에게 낙찰되었으므로 이 사건 피신청인(채권자)의 이 사건 가처분은 취소되었다고 봄이 상당하고

나. 더 나아가, 가처분·가압류는 본안 소송이 3년 이내에 제기되지 않았을 경우(이 사건 가처분의 경우 2008.09.26 부터 3년인 2011.09.26 까지임)민사집행법에 따라 취소할 수 있음을 감안하더라도 피신청인(채권자)의 이 사건 가처분은 이래저래 취소됨이 마땅하다 할 것입니다.

3. 결론

따라서 서○○의 대위신청인 강○○은 신청취지와 같은 재판을 구하기 위하여 이 건 신청에 이른 것입니다.

입증 및 첨부서류

1. 귀원 2012타경31293호 부동산강제경매 사건의 매각허가결정문(갑제1호증)   1부
1. 경기 하남시 덕풍동 369-0 한솔파로스아파트 101동 ○○○호 부동산등기사항전부증명서 (갑제2호증)   1부
1. 위 경매사건의 대지권이 포함된 경매라는 취지의 경매개시 결정문(갑제3호증)   1부
1. 가처분결정 취소 신청서 부본   1부
1. 피신청인(채권자) 송도재건축주택조합 등기부등본   1부

2014. 01. 22

위 신청인(채무자) : 서○○

대위신청인 : ○○○

수원지방법원 성남지원 민사신청과 귀중

② 사정변경에 따른 가압류결정 취소 신청(생략)

02 재건축으로 종전 아파트가 철거돼 구분소유권이 소멸되면 분리처분이 가능하다

◆ 이 사건에 대한 기본적인 사실관계

① 피고(○○아파트 재건축조합)는 안양시 동안구 비산동 572, 573, 574 지상에 있는 ○○아파트(총 774세대)의 재건축사업을 추진하기 위하여 2002. 1. 8. 안양 시장으로부터 구 주택건설촉진법에 의하여 설립인가를 받아 설립된 재건축정비사업조합이다.

② 원고는 위 ○○아파트 2동 502호의 소유자로 피고 조합의 조합원이었는데, 신축되는 아파트에 대한 분양신청을 하지 아니하였고, 피고 조합은 2005. 4. 10.경 동·호수 추첨 총회를 개최한 후 조합규약에 따라 원고에게 신축하는 아파트의 7동 102호를 임의로 배정하였다.

③ 원고는 피고 조합이 이주기간의 만료일로 정한 2005. 1. 31.로부터 1년 이상 경과하여 이 사건 아파트를 피고 조합에게 인도하였는바, 피고는 원고를 포함한 19명의 조합원들이 각 소유 아파트를 늦게 인도하여 건물 철거 등 사업 시행에 지장을 초래하여 손해가 발생하였다고 주장하며 원고 등을 상대로 하여 수원지방법원 2005가합11865호로 손해배상청구 소송을 제기하였고, 위 법원은 2008. 7. 22. 원고 등은 각자 피고 조합에게 금 3억원을 지급하라는 원고(이 사건 피고 조합이다) 일부 승소판결(가집행선고부 판결이다)을 선고하였다. 피고 조합은 위 수원지방법원 2005가합11865 사건의 집행력 있는 판결정본에 기하여 부동산강제경매를 2008. 11. 26. 신청하여 수원지방법원 2009타경724호로 경매가 진행되었고, 피고 조합이 매각허가결정을 받아 2009. 7. 20. 매각대금을 완납하여 소유권이전등기를 마쳤다.

④ 그리고 위 ○○아파트는 2006. 11. 27. 경 철거가 완료되었고, 위 ○○아파트의 부지인 안양시 동안구 ○○동 572, 573, 574 토지에 관하여 2006. 12. 19. 대지권의 취지인 등기가 말소되었으며, 피고 조합의 재건축사업 시행으로 신축된 아파트는 2009. 11. 19. 사용검사를 마쳤다.

◆ 재건축이 진행중인 대지만 강제경매가 진행된 물건현황

◈ 이 사건 청구원인에 대한 법원의 판단

① 쟁점사항은 피고 조합이 이 사건 경매를 통하여 이 사건 부동산의 소유권을 취득한 것이 ① 집합건물의 전유부분과 대지사용권의 분리처분금지를 규정한 집합건물법 제20조에 위배되어 무효인지 여부, ② 신탁재산에 대한 강제집행 또는 경매를 금지한 신탁법 제21조에 위배되어 무효인지 여부이다.

② 법원의 판단은 이 사건 아파트는 이 사건 경매절차가 개시되기 전인 2006. 11. 27.경 이미 철거되어 구분소유권의 대상이 되는 전유부분이 존재하지 않게 되었고, 삼익아파트의 부지로서 이 사건 부동산이 포함된 안양시 동안구 ○○동 572, 573, 574에 관하여 2006. 12. 19. 대지권의 취지인 등기도 말소되었으므로, 이 사건 경매로 인하여 집합건물의 전유부분과 대지사용권의 분리 문제는 발생할 여지가 없다(이 사건 부동산을 그 지상에 신축 중인 아파트에 대한 대지권이라고 볼 수 없는 이상 그 지상에 아파트가 신축 중인 사정만으로는 위 결론을 좌우하지 못한다). 따라서 집합건물법 제20조 위반을 이유로 이 사건 소유권이전등기의 말소를 구하는 원고의 주장은 이유 없다(수원지방법원 2010나31959 판결).

03 구분소유자 간에 내지 지분 비율이 다를 때 투자방법

◆ **서울 청량리에 위치한 다세대주택의 현황은 다음과 같다**

① 허정수는 2006. 5. 10. 서울 동대문구 청량리동 000-000 대 512m²(이하 '이 사건 대지'라 한다)와 그 지상 연와조 슬래브지붕 2층 다세대주택(이하 '이 사건 다세대주택'이라 한다)에 관하여 2005. 4. 28. 매매를 원인으로 한 소유권 이전등기를 마쳤다.

② 그 후 허정수는 2006. 9. 26. 이 사건 다세대주택을 일반건축물에서 아래 [표1]와 같은 6세대의 집합건물로 전환시킨 다음, 같은 해 12. 5. 이 사건 대지를 대지권의 목적인 토지로, 이 사건 다세대주택 중 제지층 제01호에 대하여는 소유권 512분의 495지분을 대지권으로, 나머지 5세대에 대하여는 각 소유권 512분의 3.4지분을 대지권으로 하여 각 대지권의 등기를 마쳤다.

[표1] 구분	전유부분 내역	대지권의 표시	비 고
제지층 제01호	34.31㎡	소유권대지권 512분의 495	원 고
101호	66.87㎡	〃 512분의 3.4	피고 박○○
102호	61.5㎡	〃 512분의 3.4	피고 우○○
103호	49.2㎡	〃 512분의 3.4	피고 ○○ 주식회사
201호	52㎡	〃 512분의 3.4	피고 황○○
202호	60.72㎡	〃 512분의 3.4	피고 정○○

◈ 위 다세대주택이 경매로 다음과 같이 매각되었다

허정수는 위 다세대주택을 대지권 등기 이후에 각기 다른 사람들에게 매도하였는데, 원고(제지층 01호)와 피고들(101호, 102호, 103호, 201호, 202호 소유자)은 이 사건 대지 및 다세대주택에 대한 근저당권자인 김철민의 신청에 의한 서울북부지방법원 2009타경○○○○호 부동산임의경매 절차에서 위 [표1]의 비고란 기재와 같이 각 해당 세대를 매수한 다음 그 대금을 납부함으로써 각 소유권을 취득하였다.

그 경매물건에서 매각결과는 다음과 같다.

① 다세대주택 지층 01호 매각결과

2009타경3340 (1)							
소재지	서울특별시 동대문구 청량리동 000-000 다세대주택 지층 01호						
물건종별	다세대(빌라)	감정가	1,796,000,000원	구분	입찰일	최저매각가격	결과
대지권	495㎡(149.737평)	최저가	(41%) 735,642,000원	1차	2010-03-15	1,796,000,000원	유찰
건물면적	34.31㎡(10.379평)	보증금	(10%) 73,570,000원	2차	2010-04-19	1,436,800,000원	유찰
				3차	2010-05-17	1,149,440,000원	유찰
				4차	2010-06-21	919,552,000원	유찰
매각물건	토지·건물 일괄매각	소유자	허정수	5차	2010-07-19	735,642,000원	
				낙찰: 809,990,000원 (45.1%)			
				(입찰1명,낙찰: 황○○)			
개시결정	2009-02-13	채무자	허정수	매각결정기일: 2010.07.26 - 매각허가결정			
				대금지급기한: 2010.09.01 - 기한후납부			
사건명	임의경매	채권자	김철민	배당기일: 2010.10.12			
				배당종결 2010.10.12			

- 매각물건현황(감정원 : 한울감정평가 / 가격시점 : 2009.06.29)

목록	구분	사용승인	면적	이용상태	감정가격	기타
건물	2층중 지하	69.12.31	34.31㎡ (10.38평)	주거용	53,880,000원	총6세대
토지	대지권		512㎡ 중 495㎡ * 토지별도등기있음		1,742,120,000원	도시가스 개별난방

- 임차인현황 (말소기준권리 : 2005.04.08 / 배당요구종기일 : 2009.05.12)

임차인	점유부분	전입/확정/배당	보증금/차임	대항력	배당예상금액	기타
양○○	주거용 전부	전 입 일: 2009.02.12 확 정 일: 2009.02.12 배당요구일: 2009.05.11	보30,000,000원	없음	소액임차인	

- 등기부현황 (채권액합계 : 2,232,935,343원)

No	접수	권리종류	권리자	채권금액	비고	소멸여부
1	2004.10.07	소유권이전(상속)	이○○		협의분할에 의한 상속	
2	2005.04.08	근저당	한국자산관리공사	910,000,000원	말소기준등기	소멸
3	2005.07.25	가압류	국민은행	103,935,343원		소멸
4	2006.05.08	소유권일부(15분의2)가처분	조○○		협의분할로 인한 상속을 원인으로 한 양수한 행위의 취소권 서울북부지법 2006카단3264 가처분 내역보기	소멸
5	2006.05.10	소유권이전(매매)	허정수			
6	2006.09.22	근저당	김철민	260,000,000원		소멸
7	2006.12.20	압류	서울특별시동대문구		세무1과-19143	소멸
8	2008.11.20	근저당	마○○	400,000,000원		소멸
9	2008.12.10	근저당	장○○	191,100,000원		소멸
10	2008.12.10	근저당	은○○	182,000,000원		소멸
11	2008.12.10	근저당	권○○	185,900,000원		소멸
12	2009.02.13	임의경매	김철민	청구금액: 238,268,493원	2009타경3340	소멸

② 다세대주택 1층 101호 매각결과

2009타경3340 (2) • 서울북부지방법원 본원 • 매각기일: 2010.03.15(月)(10:00) • 경매 2계(전화:02-910-3672)

소재지	서울특별시 동대문구 청량리동 000-000 다세대주택 1층 101호 도로명주소검색						
물건종별	다세대(빌라)	감정가	90,000,000원	오늘조회: 1 2주누적: 0 2주평균: 0 조회동향			
대지권	3.4㎡(1.029평)	최저가	(100%) 90,000,000원	구분	입찰기일	최저매각가격	결과
건물면적	66.87㎡(20.228평)	보증금	(10%) 9,000,000원	1차	2010-03-15	90,000,000원	
매각물건	토지·건물 일괄매각	소유자	김인문	낙찰: 93,999,990원 (104.44%)			
개시결정	2009-02-13	채무자	허정수	(입찰6명, 낙찰: 박OO)			
사건명	임의경매	채권자	김철민	매각결정기일: 2010.03.22 - 매각허가결정			
				대금납부 2010.04.28 / 배당기일 2010.10.12			
				배당종결 2010.10.12			

• 매각물건현황(감정원: 한솔감정평가 / 가격시점: 2009.06.29)

목록	구분	사용승인	면적	이용상태	감정가격	기타
건물	2층중 1층	69.12.31	66.87㎡ (20.23평)	방2, 주방, 화장실 등	63,000,000원	* 총6세대
토지	대지권		512㎡ 중 3.4㎡ * 토지별도등기있음		27,000,000원	* 도시가스 개별난방

③ 다세대주택 1층 102호 매각결과

2009타경3340 (3) • 서울북부지방법원 본원 • 매각기일: 2010.03.15(月)(10:00) • 경매 2계(전화:02-910-3672)

소재지	서울특별시 동대문구 청량리동 000-000 다세대주택 1층 102호 도로명주소검색						
물건종별	다세대(빌라)	감정가	84,000,000원	오늘조회: 1 2주누적: 0 2주평균: 0 조회동향			
대지권	3.4㎡(1.029평)	최저가	(100%) 84,000,000원	구분	입찰기일	최저매각가격	결과
건물면적	61.5㎡(18.604평)	보증금	(10%) 8,400,000원	1차	2010-03-15	84,000,000원	
매각물건	토지·건물 일괄매각	소유자	권수영	낙찰: 88,000,000원 (104.76%)			
개시결정	2009-02-13	채무자	허정수	(입찰7명, 낙찰: 우OO)			
사건명	임의경매	채권자	김철민	매각결정기일: 2010.03.22 - 매각허가결정			
관련사건	서울북부지법 2006카단3264(가처분)			대금납부 2010.04.21 / 배당기일 2010.10.12			
				배당종결 2010.10.12			

• 매각물건현황(감정원: 한솔감정평가 / 가격시점: 2009.06.29)

목록	구분	사용승인	면적	이용상태	감정가격	기타
건물	2층중 1층	69.12.31	61.5㎡ (18.6평)	주거용	58,800,000원	* 총6세대
토지	대지권		512㎡ 중 3.4㎡ * 토지별도등기있음		25,200,000원	* 도시가스 개별난방

④ 다세대주택 1층 103호 매각결과

2009타경3340 (4)		• 서울북부지방법원 본원 • 매각기일 : 2010.03.15(月) (10:00) • 경매 2계(전화:02-910-3672)						
소재지	서울특별시 동대문구 청량리동 000-000 다세대주택 1층 103호 [도로명주소검색]							
물건종별	다세대(빌라)	감정가		67,000,000원	오늘조회: 1 2주누적: 0 2주평균: 0 [조회동향]			
대지권	3.4㎡(1.029평)	최저가		(100%) 67,000,000원	구분	입찰기일	최저매각가격	결과
건물면적	49.2㎡(14.883평)	보증금		(10%) 6,700,000원	1차	2010-03-15	67,000,000원	
매각물건	토지·건물 일괄매각	소유자		전기수	낙찰: 72,880,000원 (108.78%)			
개시결정	2009-02-13	채무자		허정수	(입찰6명, 낙찰:(주)화장)			
사건명	임의경매	채권자		김철민	매각결정기일 : 2010.03.22 - 매각허가결정			
					대금납부 2010.04.02 / 배당기일 2010.10.12			
					배당종결 2010.10.12			
• 매각물건현황(감정원 : 한울감정평가 / 가격시점 : 2009.06.29)								
목록	구분	사용승인	면적		이용상태	감정가격	기타	
건물	2층중 1층	69.12.31	49.2㎡ (14.88평)		방,주방,거실,화장실 등	46,900,000원	* 총6세대 * 도시가스 개별난방	
토지	대지권		512㎡ 중 3.4㎡ * 토지별도등기있음			20,100,000원		

⑤ 다세대주택 2층 201호 매각결과

2009타경3340 (5)		• 서울북부지방법원 본원 • 매각기일 : 2010.03.15(月) (10:00) • 경매 2계(전화:02-910-3672)						
소재지	서울특별시 동대문구 청량리동 000-000 다세대주택 2층 201호 [도로명주소검색]							
물건종별	다세대(빌라)	감정가		70,000,000원	오늘조회: 1 2주누적: 1 2주평균: 0 [조회동향]			
대지권	3.4㎡(1.029평)	최저가		(100%) 70,000,000원	구분	입찰기일	최저매각가격	결과
건물면적	52㎡(15.73평)	보증금		(10%) 7,000,000원	1차	2010-03-15	70,000,000원	
매각물건	토지·건물 일괄매각	소유자		강영미	낙찰: 81,880,000원 (116.97%)			
개시결정	2009-02-13	채무자		허정수	(입찰6명, 낙찰:황OO)			
사건명	임의경매	채권자		김철민	매각결정기일 : 2010.03.22 - 매각허가결정			
관련사건	서울북부지법 2006카단3264(가처분)				대금납부 2010.04.21 / 배당기일 2010.10.12			
					배당종결 2010.10.12			
• 매각물건현황(감정원 : 한울감정평가 / 가격시점 : 2009.06.29)								
목록	구분	사용승인	면적		이용상태	감정가격	기타	
건물	2층중 2층	69.12.31	52㎡ (15.73평)		주거용	49,000,000원	* 총6세대 * 도시가스 개별난방	
토지	대지권		512㎡ 중 3.4㎡ * 토지별도등기있음			21,000,000원		

⑥ 다세대주택 2층 202호 매각결과

2009타경 3340 (6)		• 서울북부지방법원 본원	• 매각기일 : 2010.03.15(月) (10:00)	• 경매 2계(전화:02-910-3672)	
소재지	서울특별시 동대문구 청량리동 000-000 다세대주택 2층 202호 도로명주소검색				
물건종별	다세대(빌라)	감정가	84,000,000원	오늘조회: 1 2주누적: 0 2주평균: 0 조회동향	
대지권	3.4㎡(1.029평)	최저가	(100%) 84,000,000원	구분	입찰기일	최저매각가격	결과
건물면적	60.72㎡(18.368평)	보증금	(10%) 8,400,000원	1차	2010-03-15	84,000,000원	
매각물건	토지·건물 일괄매각	소유자	이영수	낙찰: 87,399,990원 (104.05%) (입찰5명,낙찰: 정00)	
개시결정	2009-02-13	채무자	허정수	매각결정기일 : 2010.03.22 - 매각허가결정 대금납부 2010.04.28 / 배당기일 2010.10.12	
사건명	임의경매	채권자	김철민	배당종결 2010.10.12	

• 매각물건현황(감정원 : 한올감정평가 / 가격시점 : 2009.06.29)

목록	구분	사용승인	면적	이용상태	감정가격	기타
건물	2층중 2층	69.12.31	60.72㎡ (18.37평)	주거용	58,800,000원	• 총6세대
토지	대지권		512㎡ 중 3.4㎡ • 토지별도등기있음		25,200,000원	• 도시가스 개별난방

⑦ 앞의 ①~⑥ 경매물건 낙찰자 중에서 누가 성공하고 실패했을까?

앞의 경매물건에서 특이한 현상을 발견할 수 있다. ①번 경매물건 제지층 01호는 전유면적은 34.31㎡인데 대지분은 495㎡이고 감정가 1,796,000,000원인데 809,990,000원으로 낮은 금액에 매각되었다. 이에 반해서 ②~⑥번 물건은 1차에서 높은 금액으로 매각되었다.

이 차이점에 대해서 알고 넘어가야 한다. ①번 경매물건 낙찰자는 토지를 다른 지분권자에 비해 많이 가지고 있으므로 전체 토지를 가지고 전유면적 비율보다 적게 가지는 구분호수에 대해서 토지 사용료를 부당이득금으로 청구할 생각으로 낙찰 받은 사실을 다음 대법원 2009다76522 판결과 대법원 93다30144 판결 등에서 확인할 수 있다.

반면에 ②~⑥번 경매물건 낙찰자들은 부당이득으로 보지 않는다는 사실을 알고 낙찰 받았을지도 모른다. 알고 했든, 알지 못하고 했든 법리 싸움에서 ②~⑥번 낙찰자들이 그 건물이 재건축할 때까지는 일단 성공한 것으로 보인다. 그때까지는 전유부분에 비해 적게 가지고 있는 토지에 대해서 토지사용료를 부담하지 않아도 된다는 판결을 앞에서 거론했고 다음과 같이 이 다세대 주택에서 부당이득금 반환청구 소송에서도 ①번 경매물건 낙찰자가 패소했으니 말이다.

◈ 지층 01호 매수인 황○○의 부당이득금 반환청구 소송
(1) 서울북부지방법원 2010가단47954 방해배제 및 부당이득금

원고에게, 피고 박○○는 10,467,300원, 피고 우○○은 9,393,100원, 피고 ○○주식회사는 7,609,600원, 피고 황○○는 8,052,400원, 피고 정○○은 9,472,025원 및 위 각 금원에 대하여 2010. 9. 8.부터 이 사건 소장부본 최종 송달일까지는 연 5%, 그 다음날부터 다 갚는 날까지는 연 20%의 각 비율에 의한 금원을 각 지급하라

① 원고의 주장

피고들은 자신의 전유부분의 면적 비율대로 대지권 지분을 소유하여야 함에도 자신의 지분에 현저히 미달하는 1평 가량에 해당하는 대지권만을 소유한 채 점유·사용함으로써 원고의 대지권을 침해하고 있으므로, 그로인하여 얻은 임료 상당의 부당이득금을 원고에게 반환하여야 한다.

② 원고 주장에 대한 판단

1동의 건물의 구분소유자들이 그 건물의 대지를 공유하고 있는 경우, 각 구분소유자는 별도의 규약이 존재하는 등의 특별한 사정이 없는 한 그 대지에 대하여 가지는 공유지분의 비율에 관계없이 그 건물의 대지 전부를 용도에 따라 사용할 수 있는 적법한 권원을 가지는 것인 바(대법 93다60144 참조), 이 사건에 돌아와 보건대, 대지 사용에 관한 별도의 규약이 존재하는 등의 특별한 사정이 있음에 대한 아무런 입증이 없는 이 사건에서, 다세대주택의 구분소유자로서 이 사건 대지를 공유하는 피고들로서는 대지사용권을 가지는 이상 그 공유지분의 비율에 관계없이 이 사건 대지 전부를 용도에 따라 사용할 수 있다.

따라서, 비록 원고의 주장대로 피고들이 각 해당 전유부분의 면적 비율보다 현저히 낮은 대지에 대한 공유지분을 소유하고 있다고 하더라도 그러한 사정만

으로 피고들이 이 사건 대지 중 원고 소유의 지분을 적법한 권원 없이 점유하고 있다거나 이로 인하여 원고의 지분권을 침해하고 있다고 보기 어려우므로, 이를 전제로 한 원고의 주장은 더 나아가 살필 필요 없이 이유 없다.

(2) 항소판결 서울북부지원 2011나5538 방해배제 및 부당이득금

(1심과 중복부분 생략) ~피고들이 이 사건 대지 중 원고 소유의 지분을 적법한 권원 없이 점유하고 있다거나 원고의 지분권을 침해하고 있다고 보기 어려우므로, 원고가 이 사건 대지 중 512분의 495 지분의 소유권자들이라고 하더라도 이 사건 건물의 구분소유자들인 피고들에게 그 지분비율의 차이에 해당하는 만큼의 부당이득반환을 청구할 권리는 가지고 있지 않다.

그렇다면, 원고의 피고들에 대한 청구는 모두 이유 없어 이를 기각할 것인 바, 제1심 판결은 이와 결론을 같이하여 정당하므로 원고의 항소를 기각하기로 하여 주문과 같이 판결한다.

◆ 이러한 이유로 제지층 01호가 또 다시 경매가 진행되고 있다

이 물건에 대해서 앞에서와 같이 소송에서 패소한 제지층 01호는 더 이상 선택의 여지가 없었을 것이고 그로 인해 경매가 들어가는 것을 막을 수는 없었기 때문일 것이다. 낙찰자야 그렇다고 하더라도 그와 비슷한 경험을 함께 나누는 친구 즉 이 물건을 담보로 873,600,000원(채권최고액)을 대출한 금융기관의 심정은 어땠을까? 소유자가 이 물건을 포기하는 바람에 경매를 신청했으나 이러한 사실을 알게 된 사람들은 입찰을 꺼리게 되었고 그로인해 최저 매각예정금액이 최초감정가 12억에서 491,520,000원으로 저감되었고 금융기관은 더 이상 매각절차를 진행하지 않고 다음과 같이 매각기일을 변경했다가 6억원에 매각되었다.

(1) 새롭게 진행되는 경매물건 현황

2013타경5695		• 서울북부지방법원 본원	• 매각기일 : 2014.05.12 (月) (10:00)		• 경매 2계 (전화:02-910-3672)	
소재지	서울특별시 동대문구 청량리동 000-000 공동주택 지층 01호 토로명주소검색					
물건종별	다세대(빌라)	감정가	1,200,000,000원	오늘조회: 1 2주누적: 0 2주평균: 0 조회동향		
				구분	입찰기일	최저매각가격	결과
대지권	495㎡(149.737평)	최저가	(41%) 491,520,000원	1차	2013-08-26	1,200,000,000원	유찰
				2차	2013-09-30	960,000,000원	유찰
				3차	2013-11-04	768,000,000원	유찰
건물면적	34.31㎡(10.379평)	보증금	(10%) 49,160,000원		2013-12-09	614,400,000원	변경
				4차	2014-01-06	614,400,000원	유찰
매각물건	토지·건물 일괄매각	소유자	박OO, 홍OO		2014-03-03	491,520,000원	변경
				5차	2014-05-12	491,520,000원	
개시결정	2013-03-11	채무자	홍OO	낙찰 : 600,000,000원 (50%) (입찰1명, 낙찰:광진구 김병장)			
사건명	임의경매	채권자	수협중앙회의양수인우리에프앤아이제35차유동화전문유한회사	대금지급기한 : 2014.06.25 배당종결 2014.08.01			

• 등기부현황 (채권액합계 : 993,600,000원)

No	접수	권리종류	권리자	채권금액	비고	소멸여부
1	2010.09.08	소유권이전(매각)	황OO, 홍OO		임의경매로인한매각 2009타경3340 물번1, 각 지분1/2	
2	2010.09.08	근저당	수협중앙회(시울지점)	873,600,000원	말소기준등기	소멸
3	2010.10.27	황OO 지분전부이전	박OO		매매, 지분1/2	
4	2011.06.07	근저당	서울신용보증재단	120,000,000원		소멸
5	2013.03.12	임의경매	수협중앙회(수도권여신관리센터)	청구금액: 762,170,922원	2013타경5695	소멸
6	2013.03.19	홍OO 지분압류	국민건강보험공단			소멸
7	2013.05.01	홍OO 지분압류	서울특별시동대문구			소멸

(2) 이 사례와 대법 2009다76522 판결에서 알게 된 진실

가) 공유토지에 관하여 과반수지분권을 가진 자가 그 공유토지의 특정된 한 부분을 배타적으로 사용·수익할 것을 정하는 것은 공유물의 관리방법으로서 적법하다고 할 것이지만, 이 경우에 비록 그 특정한 부분이 자기의 지분비율에 상당하는 면적의 범위 내라 할지라도 다른 공유자들 중 지분은 있으나 사용·수익은 전혀 하고 있지 아니함으로써 손해를 입고 있는 자에 대하여는 과반수 지분권자를 포함한 모든 사용·수익을 하고 있는 공유자가 그 자의 지분에 상응하는 부당이득을 하고 있다고 보아야 한다. 왜냐하면 모든 공유자는 공유물 전부를 지분의 비율로 사용 수익할 수 있기 때문이다(대법원 1991. 9. 24. 선고 88다카33855 판결, 대법원 2002. 10. 11. 선고 2000다17803 판결 등 참조).

➪ [대법원 판례 변경] 앞의 내용은 대법원 2022. 8. 25. 선고 2017다257067 판결로 "집합건물에서 전유부분 면적 비율에 상응하는 적정 대지지분을 가진 구분소유자에 대해서는 부당이득 반환을 청구를 할 수 없고, 적정한 대지지분을 가지지 못한 구분소유자에 대해서만 부당이득 반환청구가 가능하다."고 변경되었다.

나) 1동의 건물의 구분소유자들이 당초 그 건물을 분양받을 당시의 대지 공유지분의 비율대로 그 건물의 대지를 공유하고 있는 경우 그 구분소유자들은 특별한 사정이 없는 한 그 대지에 대하여 가지는 공유지분의 비율에 관계없이 그 건물의 대지 전부를 용도에 따라 사용할 수 있는 적법한 권원을 가진다고 할 것이므로, <u>그 구분소유자들 상호간에는 특별한 사정이 없는 한 그 대지에 대하여 가지는 공유지분의 비율의 차이를 이유로 부당이득의 반환을 청구할 수 없다</u>(대법원 1995. 3. 14. 선고 93다60144 판결 등 참조).

이 대법원 2009다76522, 76539 판결에서 구분소유자들 상호 간에는 그 건물을 분양받을 당시의 대지 공유지분 비율대로 공유하고 있는 경우 공유지분의 비율에 관계없이 그 건물의 대지 전부를 용도에 따라 사용할 적법한 권원이 있으므로 그 구분소유자들 상호간에는 대지 공유지분 비율의 차이를 이유로 부당이득반환을 구할 수 없으나, 건물의 구분소유자 아닌 자가 경매절차 등에서 그 대지의 공유지분만을 취득하게 되어 대지에 대한 공유지분은 있으나 대지를 전혀 사용·수익하지 못하고 있는 경우에는 다른 특별한 사정이 없는 한 대지 공유지분권에 기한 부당이득반환청구를 할 수 있다고 판단하고 있다.

 알아두면 좋은 내용

대법원 014. 6. 26. 선고 2012다119870 판결
1동의 건물의 구분소유자가 분양 당시 전유부분 소유를 위하여 취득한 대지권과 별도로 구분소유자 이외의 대지에 관한 다른 공유자로부터 공유지분을 승계취득한 경우, 별도로 취득한 대지 공유지분권에 기초하여 다른 구분소유자들을 상대로 부당이득반환을 구할 수 있는지 여부(적극)

(3) 김 병장은 어떠한 판단으로 낙찰 받게 되었을까?

① 수협중앙회는 앞에서와 같은 사유로 매각되지 않고 유찰되자 어쩔 수 없이 NPL로 근저당권을 매각했고, 이 과정에서 김 병장이 채무인수 방식으로 근저당권을 매수하고 직접 낙찰받은 것으로 판단된다.

② 김 병장 역시 부당이득을 청구할 수 없다는 사실을 모르고 낙찰 받았다면 예측하지 못한 손실이 발생하게 된다. 그러나 이러한 사실을 알고 건물 구분소유자들에게 대지 지분별로 나누어서 매도하려는 계산 하에 낙찰 받았다면 높은 기대수익이 예상되는 물건이다.

왜냐하면 건물구분소유자들 역시 적정 대지 지분을 가지지 못하면 다세대주택을 시세보다 낮은 가격으로 팔 수 밖에 없기 때문이다.

04 구분소유자가 아닌 자만 구분소유자들에게 부당이득을 청구할 수 있다

◈ 이 사건에 대한 기본적인 사실관계

① 김○○는 1979년 경 자신의 소유인 서울 영등포구 여의도동(지번 생략) 대 3,739m^2 지상에 구분소유형태의 여의도 ○○상가건물을 신축한 다음, 1984. 4.10. 집합법이 제정됨에 따라 1987. 7. 27. 일부의 예외를 제외하고는 이 사건 건물의 구분소유권과 함께 대지권등기(3,557/3,739)를 하고 나머지 공유지분 (181.31/3,739)에 대해서는 대지권으로 등기되지 않고 자신이 그대로 보유하다

가 33.05/3,739 지분은 김수미 명의로, 132.23/3,739 지분은 김정희 명의로, 16.03/3,739 지분은 호기영 명의로 각 지분등기를 마쳤다.

② 피고들은 이 사건 건물의 구분소유자로서 다음과 같이 이 사건 건물 중 해당 전유부분에 관하여 등기를 마친 다음 위 전유부분의 소유를 통하여 이 사건 토지를 전부 사용·수익하고 있다.

〈피고들의 전유부분〉

소유자	동호수	전유면적(m²)	대지 공유지분
피고 이○주	제지하층 제6호	57.26	10/3,739
피고 진○호	제지하층 제7호 (1/2)	122.35	15/3,739
피고 이○준	제지하층 제7호 (1/2)	122.35	15/3,739
피고 최○석	제1층 제121호	47.74	15.82/3,739
피고 호○영	제1층 제130호	48.36	
피고 강○희	제2층 제223호	42.98	14.24/3,739
	제2층 제224호	42.98	14.24/3,739

③ 한편, 원고 및 선정자 한○○는 2005. 7. 19. 김정희 지분(132.23/3,739)을 공동으로 경락(서울남부지방법원 2004타경17792호)받아 각 1/2 지분인 66.115/3,739 지분에 관하여 2005. 7. 25. 그들 명의로 각 소유권이전등기를 마쳤고, 선정자 류○○는 2005. 10. 28. 김수미 지분(33.05/3,739)을 목○○와 공동으로 공매(관리번호 2004-29739-001호)를 통하여 취득한 후 그 중 1/2 지분인 16.525/3,739 지분에 관하여 2005. 11. 4. 그 명의로 소유권이전등기를 마쳤다.

④ 원고들의 공유지분에 대한 2005. 7. 19.부터 2008. 11. 30. 까지의 임료 및 2008. 12. 1.부터의 월 임료는 아래 기재와 같다.

임료산정기간	실질임료(원)	원고, 선정자 한○○지분 각 임료(원)	선정자 류○○ 지분 임료(원)
05.7.19. ~ 06.7.18.	110,298,924	54,023,779	2,251,366
06.7.19. ~ 07.7.18.	127,929,000	56,858,766	14,211,466
07.7.19. ~ 08.7.18.	146,523,000	65,122,974	16,277,050
08.7.19. ~ 08.11.30.	62,803,000	27,913,148	6,976,703
합계	447,553,924	203,918,667	39,716,585
08.12.1.부터 월임료	14,255,000	6,335,716	1,583,569

◆ 위 경매 물건과 공매물건 정보내역과 매각결과

① 위 경매 물건 정보내역

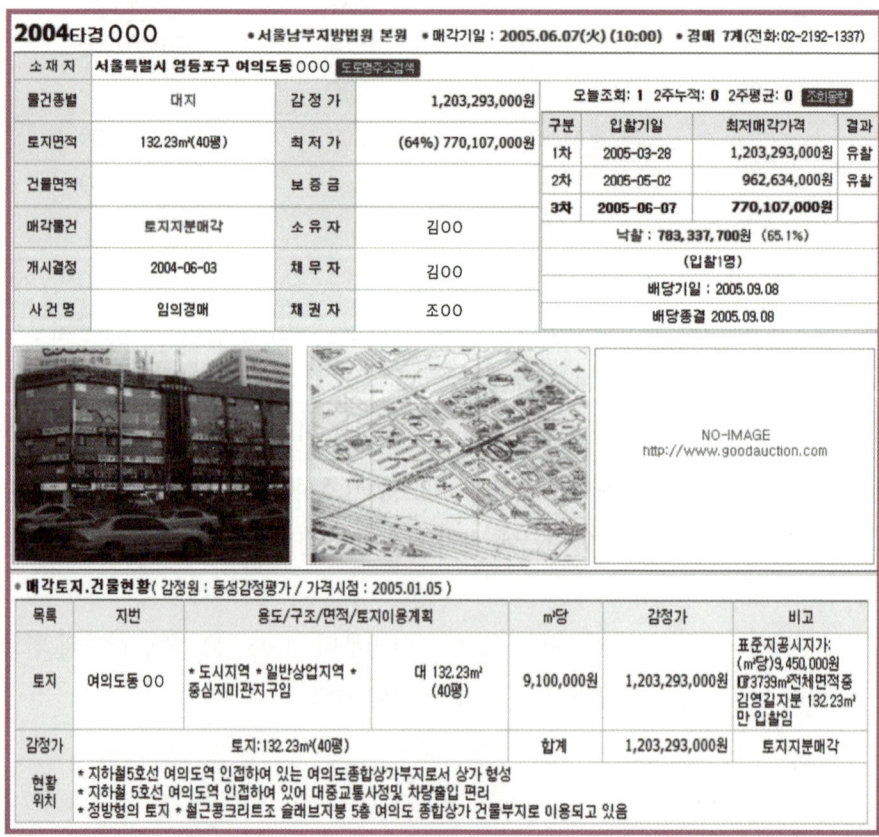

② 위 경매 물건 정보내역

조회수	617		

물건정보

소재지(지번)	서울 영등포구 여의도동 ○○-○○		
소재지(도로명)			
물건관리번호	2004-29739-001	재산종류	압류재산
위임기관	영등포구청		
물건용도/세부용도	대지	입찰방식	일반경쟁
면적	대지 33.05㎡ 지분(총면적:3,739.000㎡)		
배분요구종기		최초공고일자	2005/03/02

감정정보

감정평가금액	225,731,500 원	감정평가일자	2005/02/21	감정평가기관	부동산써브감정평가법인 감정평가서 >
위치및부근현황	본건은 영등포구 여의도동 소재 지하철5호선 "여의도역" 동측 인근에 위치하며, 제반 교통상황은 양호한 편임.				
이용현황	현재 상가 건부지로 이용중임.				

임대차정보

임대차내용	이름	보증금	차임(월세)	환산보증금	확정(설정)일	전입일
감정서상 표시내용 또는 신고된 내용이 없습니다.						

등기사항증명서 주요 정보

순번	권리종류	권리자명	등기일	설정액(원)
1	근저당권	김○○	1987/09/18	4,500,000 원
2	공유자	호○○		0 원
3	공유자	김○○		0 원
4	공유자	박○○		0 원

입찰이력정보

입찰번호	처분방식	물건관리번호	개찰일시	최저입찰가	낙찰가	낙찰가율	입찰결과	입찰상세
200429739001	매각	2004-29739-001	2005/09/01 11:00	112,866,000	126,000,000	111.6%	낙찰	보기

◆ 이 사건 2심 서울고등법원 2009나31873 판결내용 정리

 이 2심 판단에서는 대지지분이 없는 피고만을 대상으로 부당이득을 인정했고, 대지지분이 일부를 가지고 있는 피고들에 대해서는 부당이득을 얻고 있지 않고 있다고 판단했었다. 이 판결내용이 잘못되었다는 것으로 다음 대법원 판결로 파기 환송돼 다음 파기환송심 서울고등법원 2013나22449 판결하게 된 사건이다.

◆ 이 사건에 대한 대법원(대법 2011다58701 판결)의 판단

 ① 공유물의 관리에 관한 사항은 공유자지분의 과반수로써 결정된다(민법 제265조). 그리고 공유물의 사용·수익·관리에 관한 공유자 사이의 특약은 유효하며 그 특정승계인에 대하여도 승계된다고 할 것이지만, 그 특약이 지분권자로서의 사용·수익권을 사실상 포기하는 등으로 공유지분권의 본질적 부분을 침해하는 경우에는 특정승계인이 그러한 사실을 알고도 공유지분권을 취득하였다는 등의 특별한 사정이 없다면 특정승계인에게 당연히 승계된다고 볼 수 없다(대법 2009다54294 참조). 그리고 위와 같은 특약의 존재 및 그 특약을 알면서 공유지분권을 취득하였다는 등의 특별한 사정이 있는지에 관하여는 구체적인 공유물의 사용·수익·관리의 현황, 이에 이르게 된 경위 및 공유자들의 의사, 현황대로 사용·수익된 기간, 공유지분권의 취득 경위 및 그 과정에서 특약 등의 존재가 드러나 있었거나 이를 쉽게 알 수 있었는지 여부 등 여러 사정을 종합하여 판단하여야 한다.

 ② 1동의 건물의 구분소유자들이 당초 건물을 분양받을 당시 대지 공유지분 비율대로 그 건물의 대지를 공유하고 있는 경우에는 별도의 규약이 존재하는 등의 특별한 사정이 없는 한 각 구분소유자가 그 대지에 대하여 가지는 공유지분의 비율에 관계없이 그 대지 전부를 용도에 따라 사용할 수 있는 적법한 권원이

있으므로, 그 구분소유자들 사이에서는 대지 공유지분 비율의 차이를 이유로 부당이득반환을 구할 수 없다(대법 93다60144, 대법 2009다76522 참조). 그렇지만 그 대지에 관하여 구분소유자 외의 다른 공유자가 있는 경우에는 위에서 본 공유물에 관한 일반 법리에 따라 대지를 사용·수익·관리할 수 있다고 보아야 하므로, 다른 공유자가 자신의 공유지분권에 의한 사용·수익권을 포기하였다거나 그 포기에 관한 특약 등을 승계하였다고 볼 수 있는 사정 등이 있는 경우가 아니라면 구분소유자들이 무상으로 그 대지를 전부 사용·수익할 수 있는 권원을 가진다고 단정할 수 없고 다른 공유자는 그 대지 공유지분권에 기초하여 부당이득의 반환을 청구할 수 있다(대법 2010다108210 참조).

③ 기록에 의하면, ㉠ 소외 1이 1979년경 그 소유의 이 사건 토지 위에 구분소유 형태의 이 사건 건물을 신축한 후 일부의 예외를 제외하고는 이 사건 건물에 관한 구분소유권과 함께 이 사건 토지의 일부 공유지분을 이전하는 한편 나머지 공유지분은 자신이 그대로 보유하거나 구분소유자가 아닌 타인에게 양도하였고, ㉡ 이에 따라 집합건물법이 제정되고 부동산등기법상 대지권등기제도가 신설되어 구분소유의 이 사건 건물에 관하여 대지권의 표시 등기가 이루어지면서, 1987. 7. 27 경 이 사건 토지의 등기부에 위와 같이 이 사건 건물에 관한 구분소유권과 함께 이전되어 온 공유지분에 관하여 이 사건 건물의 전유부분의 대지권인 취지의 등기가 경료되었고, 181.31/3,739의 공유지분(이하 '이 사건 공유지분' 이라 한다)은 대지권인 취지의 등기가 경료되지 아니하고 그대로 남게 되었으며, ㉢ 그 후 원고(선정당사자, 이하 '원고'라고 한다)와 선정자 소외 2가 2005. 7. 19. 서울남부지방법원 2004타경17792호 임의경매 절차를 통하여 이 사건 공유지분 중 이 사건 건물의 구분소유자가 아닌 소외 3이 소유하는 132.23/3,739 지분을 공동으로 취득하고, 선정자 소외 4와 소외 5가 2005. 10. 28. 관리번호 2004-29739-001호 공매 절차를 통하여 이 사건 공유지분 중 이 사건 건물의 구분소유자가 아닌 소외 6이 소유하는 33.05/3,739 지분을 공동으로 취득하였는데, ㉣ 피고들이 원심판결 판시와 같이 이 사건 건물 중 해당 전유부분을 소유하며 이

사건 토지를 전부 사용·수익함에 따라, 원고와 선정자들은 자신들의 공유지분에 기초하여 이 사건 토지를 사용·수익하지 못하고 있는 것으로 보인다.

④ 사실관계가 위와 같다면, 임의경매 또는 공매 절차에서 이 사건 공유지분 중의 일부를 취득한 원고 및 선정자들이 그 공유지분에 의한 사용·수익권을 사실상 포기하거나 그와 같은 내용의 특약을 승계하는 등의 사정이 인정되지 아니한다면, 그들을 배제하고 이 사건 건물의 구분소유자들이 무상으로 이 사건 토지를 전부 사용·수익할 수 있는 권원이 있다고 보기는 어렵다. 그럼에도 이와 달리 원심은 위와 같은 사정이 있는지를 살피지 아니하고, 판시와 같이 피고들이 이 사건 토지에 대한 대지권 및 지분권을 가진 구분소유자라는 이유만으로 이 사건 토지에 대한 공유지분의 비율에 관계없이 이 사건 토지 전부를 사용할 수 있는 적법한 권원을 가진다고 보아, 원고 및 선정자들의 이 사건 부당이득반환청구를 배척하였다. 따라서 이러한 원심의 판단에는 공유물의 사용·수익권 및 집합건물의 대지사용권 등에 관한 법리를 오해하여 판결에 영향을 미친 위법이 있다. 그러므로 원심판결 중 피고들에 대한 부분을 파기하고, 이 부분 사건을 다시 심리·판단하게 하기 위하여 원심 법원에 환송하기로 하여 관여 대법관의 일치된 의견으로 주문과 같이 판결한다.

◈ 파기환송심 서울고등법원 2013나22449 판결내용

① 기초적인 사실관계

기초적인 사실관계는 앞에서 살펴본 바와 같으므로 여기서는 생략하기로 한다.

② 청구원인에 관한 판단

1동의 건물의 구분소유자들이 당초 건물을 분양받을 당시 대지 공유지분 비율대로 그 건물의 대지를 공유하고 있는 경우에는 별도의 규약이 존재하는 등의 특별한 사정이 없는 한 각 구분소유자가 그 대지에 대하여 가지는 공유지분의 비율에 관계없이 그 대지 전부를 용도에 따라 사용할 수 있는 적법한 권원이 있으므로, 그 구분소유자들 사이에서는 대지 공유지분 비율의 차이를 이유로 부당이득반환을 구할 수 없다(대법 93다60144, 대법 2009다76522 참조). 그렇지만 그 대지에 관하여 구분소유자 외의 다른 공유자가 있는 경우에는 위에서 본 공유물에 관한 일반 법리에 따라 대지를 사용·수익·관리할 수 있다고 보아야 하므로, 다른 공유자가 자신의 공유지분권에 의한 사용·수익권을 포기하였다거나 그 포기에 관한 특약 등을 승계하였다고 볼 수 있는 사정 등이 있는 경우가 아니라면 구분소유자들이 무상으로 그 대지를 전부 사용·수익할 수 있는 권원을 가진다고 단정할 수 없고 다른 공유자는 그 대지 공유지분권에 기초하여 부당이득의 반환을 청구할 수 있다(대법 2010다108210 참조).

위 기초 사실관계에 의하면 이 사건 건물의 구분소유자들인 피고들은 각 전유부분의 소유를 통한 이 사건 토지 전부를 점유·사용함으로써 원고들 공유지분 부분에 대해서 법률상 원인 없이 자신의 건물의 대지권으로 등기되어야 할 지분면적에 상응하는 비율에 따른 임료상당액의 이득을 얻고, 원고들에게 같은 액수만큼의 손해를 입히고 있다. 피고들은 특별한 사정이 없으면 원고들에게 이 사건 원고들 공유지분의 점유·사용으로 인한 이득액을 부당이득으로 반환할 의무가 있다.

③ 부당이득의 액수에 대한 판단

통상의 경우 부동산 점유·사용으로 인한 이득액은 그 부동산의 차임상당액이라 할 것인 바, 이 사건 원고들 공유지분에 대한 임료는 앞서 기초 사실관계에서 살펴본 바와 같고, 위 임료를 피고들이 소유한 건물면적 비율로 나누어 계산하면 결국, 피고들은 원고들에게 부당이득으로서 다음 인용표에 기재된 금액을 부당이득으로 반환할 의무가 있다.

〈인용표〉

피고들	인용금액 ①	인용금액 ②	인용금액 ③	인용금액 ④	인용금액 ⑤	인용금액 ⑥
피고 이○주	05.07.19.~08.11.30.		08.12.01.~13.03.31.		13.04.01.~13.12.31.	
	1,036,012	201,781	1,641,639	410,295	32,189	8,045
피고 진○호	06.12.26.~08.11.30.		08.12.01.~13.03.31.		13.04.01.~13.12.31.	
	1,267,000	268,000	3,507,729	876,741	68,779	17,191
피고 이○준	06.04.28.~07.08.21.					
	866,000	183,000	0	0	0	0
피고 최○석	05.07.19.~08.11.30.		08.12.01.~13.03.31.		13.04.01.~13.12.31.	
	863,765	168,233	1,368,687	342,108	26,837	6,708
피고 호○영	05.07.19.~08.11.30.		08.12.01.~13.03.31.		13.04.01.~13.12.31.	
	874,983	170,418	1,386,486	346,545	27,186	6,795
피고 강○희	05.07.19.~08.11.30.		08.12.01.~13.03.31.		13.04.01.~13.12.31.	
	777,642	151,459	1,232,211	307,989	24,161	6,039
	777,642	151,459	1,232,211	307,989	24,161	6,039

선정자 류○○에 대한 인용금액②는 05.10.28.~08.11.30.까지의 월임료산정액이다.

④ 피고들의 사용·수익권 포기 특약 승계주장에 관한 판단

㉠ 피고들은 김○○는 이사건 건물의 수분양자들과 이 사건 공유지분에 대한 사용·수익권을 포기한다는 내용의 특약을 하였고, 이는 김○○로부터 공유지분을 양수받은 특정승계인들에게도 순차적으로 승계되었으며, 원고들 역시 이 같은 사용·수익권을 포기 특약의 존재를 알면서도 공유지분을 취득하였으므로 피고들은 이 사건 토지 전부를 사용·수익할 수 있는 권원을 갖는 바, 원고들은 피고들에게 부당이득반환을 구할 수 없다고 주장한다.

㉡ 공유자는 공유물 전부를 지분의 비율로 사용·수익할 수 있으며(민법 제263조), 공유물의 관리에 관한 사항은 공유자의 지분의 과반수로써 결정된다(민법 제265조). 그리고 공유물의 사용·수익·관리에 관한 공유자 사이의 특약은 유효하며 그 특정승계인에 대하여도 승계된다고 할 것이지만, 그 특약이 지

분권자로서의 사용·수익권을 사실상 포기하는 등으로 공유지분권의 본질적 부분을 침해하는 경우에는 특정승계인이 그러한 사실을 알고도 공유지분권을 취득하였다는 등의 특별한 사정이 없다면 특정승계인에게 당연히 승계된다고 볼 수 없다(대법 2005다1827, 대법 2009다54294 판결 참조). 그리고 위와 같은 특약의 존재 및 그 특약을 알면서 공유지분권을 취득하였다는 등의 특별한 사정이 있는지에 관하여는 구체적인 공유물의 사용·수익·관리의 현황, 이에 이르게 된 경위 및 공유자들의 의사, 현황대로 사용·수익된 기간, 공유지분권의 취득 경위 및 그 과정에서 그 특약 등의 존재가 드러나 있었거나 이를 쉽게 알 수 있었는지 여부 등의 여러 사정을 종합하여 판단하여야 한다.

앞에서 본 기초사실 및 변론 전체의 취지를 종합해 보면 ⓐ 원고들은 김○○로부터 이 사건 토지에 대한 공유지분을 전전 양수받은 김정희, 김수미와의 직접 거래를 통해서 매수한 것이 아니라 임의경매와 공매절차를 통해서 매수하였다는 점, ⓑ 김정희, 김수미 지분의 경매와 관련한 감정평가서에 당해 소유권자가 당해 토지에 관한 사용·수익권을 포기하였다는 취지의 기재는 보이지 않는 점 등에 비추어 김○○가 이 사건 수분양자들과 사이에 사용·수익권을 포기한다는 내용의 특약을 하였다거나, 그러한 내용의 특약이 이 사건 공유지분을 양수받은 특정승계인에게도 순차적으로 승계되었고, 원고들 역시 그 무상특약의 존재를 알면서도 공유지분을 취득하였다는 점을 인정하기 부족하고, 달리 인정할 증거도 없다. 따라서 피고들의 위 주장은 이유 없다.

⑤ 피고들의 기타 주장에 대한 판단

㉠ 원고 등 명의의 토지 지분이전등기는 이미 다른 수분양자들 앞으로 분양된 토지 지분에 대한 것으로서 중복등기에 해당하거나 실체관계에 부합하지 아니한 등기이고, 상가분양자가 이미 처분한 토지 지분에 대하여 이중 매도하는 배임행위에 그 점을 알고 적극 가담한 결과로 취득한 것이어서 무효라는 취지로 주장하나, 이 주장은 이 사건 건물등기부상 대지권 지분의 합계와 이 사건 토지등기부상 대지권등기가 마쳐진 것으로 기재된 지분의 합계가 불일치하기는 하

나 이 사건 토지등기부상 토지 지분(181.31/3739)이 여전히 존재하는 점, 이 사건 토지의 면적은 이 사건 건물등기부상 대지권소유권의 합계보다 $126.99m^2$가 많은 점, 피고 호○영은 이 사건 토지에 관한 지분권이나 이 사건 건물에 대한 대지권을 취득한 바 없는 점 등에 비추어 보면, ~(중간생략), 피고들의 이 부분 주장은 이유 없다.

ⓒ 시효취득기간이 완성되었고, 원고 등은 시효취득기간 완성 후의 악의의 취득자에 해당하므로 피고들에게 등기를 말소해 주어야 할 입장인 바, ~(중간생략), 피고들의 이 주장은 더 나아가 살필 필요 없이 이유 없다.

ⓒ 구 집합건물법에 따라 원고 등이 그 전유부분과 분리하여 이 사건 토지 중 일부 지분의 소유권을 취득한 것은 무효라는 취지로 주장하나, 이 주장은~(중간생략), 피고들에 대하여는 구 집합건물법이 적용된다고 볼 수 없으므로, 이 부분 주장도 이유 없다.

⑥ 소결

그렇다면 원고들의 피고들에 대한 청구는 위 인정 범위 내에서 이유가 있어 이를 인용하고 나머지 청구는 이유 없어 이를 기각하여야 한다. 그런데 제1심 판결은 이와 결론을 일부 달리하여 부당하다. 따라서 원고들의 항소 일부를 받아들여 위에서 지급을 명하는 돈에 해당하는 원고들 패소부분을 취소하고 피고들에게 위 금원의 지급을 명하며, 원고들의 피고에 대한 나머지 항소는 이유 없어 모두 기각한다.

알아두면 좋은 tip

① 앞의 03번(519쪽)에서 집합건물의 구분소유자 상호간에는 대지지분 비율의 과다에 따라, 설령 과반수 이상의 지분을 가지고 있더라도, 대지지분을 가지고 있지 못한 다른 구분소유자에 대해서 부당이득 반환청구를 할 수 없다는 사실을 알려 주고 있다.

② 이번 04번(528쪽)에서 집합건물의 구분소유자가 아니고, 대지지분만을 소유한 자만 소유대지지분에 해당하는 부당이득 반환청구가 가능한데, 부당이득 대상도 과거 대법원 1991. 9. 24. 선고 88다카33855 판결, 대법원 2002. 10. 11. 선고 2000다17803 판결과 같이 집합건물의 구분소유자가 적정한 대지지분을 가지고 있더라도 구분소유권을 전혀 가지지 못한 자가 부당이득반환 청구를 할 수 있었다. 그러나 이 내용은 대법원 2022. 8. 25. 선고 2017다257067 판결로 "집합건물에서 전유부분 면적 비율에 상응하는 적정 대지지분을 가진 구분소유자에 대해서는 부당이득 반환을 청구를 할 수 없고, 적정한 대지지분을 가지지 못한 구분소유자에 대해서만 부당이득 반환청구가 가능하다."고 변경된 사실을 알 수 있다.

그래서 이제는 구분소유자가 아닌 자가 대지지분만 소유하더라도 대지지분을 전혀 소유하지 못한 자, 전유면적 비율에 해당하는 적정한 대지지분을 소유하지 못한 자에 대해서만 집합건물의 전유면적을 기준으로 부당이득반환청구를 할 수 있다. 그러나 집합건물의 구분소유자가 전유면적 비율에 해당하는 적정한 대지지분보다 초과해서 소유하거나 과반수이상의 대지지분을 소유하고 있더라도, 다른 구분소유자에 대해서 부당이득반환을 청구할 수 없다.

05 집합건물에서 건물 또는 대지만 낙찰받았다면 누가 성공했을까?

 김선생의 핵심정리

(1) 대지권 미등기(대지가 평가제외) 아파트가 경매로 매각 시
   ① 전유부분만 낙찰받아 대지권 성립 전의 저당권까지 소멸된다
   ② 이 사건에 대한 기본적인 사실
   ③ 제이트가 405호 아파트 전유부분만(대지권 매각제외) 낙찰받았다
(2) 대지지분만 별도 경매가 진행되어 최선수가 낙찰받았다
   ① 최선수가 낙찰받은 대지지분 물건현황
   ② 최선수가 낙찰받았고 이소령은 최선수로부터 그 지분을 매수
(3) 이소령의 지료청구 및 부당이득반환청구소송
(4) 집합건물 매수인과 대지 지분을 매수한 자 중에 누가 성공했나?
   ① 집합건물 405호 낙찰자 제이트시스템으로부터 매수한 박소령 승!
   ② 대지 지분을 낙찰받은 최선수로부터 매수한 이소령은 무효!

◆ 대지권 미등기(대지가 평가제외) 아파트가 경매로 매각 시

(1) 전유부분만 낙찰받아 대지권 성립 전의 저당권까지 소멸된다

　동일인의 소유에 속하는 전유부분과 토지공유지분(이하 '대지지분' 이라고 한다) 중 전유부분만에 관하여 설정된 저당권의 효력은 규약이나 공정증서로써 달리 정하는 등의 특별한 사정이 없는 한 종물 내지 종된 권리인 대지지분에까지 미치므로, 전유부분에 관하여 설정된 저당권에 기한 경매절차에서 전유부분을 매수한 매수인은 대지지분에 대한 소유권을 함께 취득하고, 그 경매 절차에서

대지에 관한 저당권을 존속시켜 매수인이 인수하게 한다는 특별매각조건이 정하여져 있지 않았던 이상 설사 대지사용권의 성립 이전에 대지에 관하여 설정된 저당권이라고 하더라도 대지지분의 범위에서는 민사집행법 제91조 제2항이 정한 '매각부동산 위의 저당권'에 해당하여 매각으로 소멸하는 것이며, 이러한 대지지분에 대한 소유권의 취득이나 대지에 설정된 저당권의 소멸은 전유부분에 관한 경매절차에서 대지지분에 대한 평가액이 반영되지 않았다거나 대지의 저당권자가 배당받지 못하였다고 하더라도 달리 볼 것은 아니다(대법 2005다15048 판결 참조).

 알아두면 좋은 내용

대지권 평가 없이 전유부분만 매각돼도 대지권등기와 토지별도등기를 말소할 수도 있다.
전유부분에 설정된 저당권으로 경매가 진행돼 전유부분을 매수한 매수인은 대지지분에 대한 소유권을 함께 취득하고, 그 경매절차에서 대지에 관한 저당권을 존속시켜 매수인이 인수하게 한다는 특별매각조건이 정하여져 있지 않았던 이상 설사 대지사용권의 성립 이전에 대지에 관하여 설정된 저당권이라고 하더라도 대지지분의 범위에서는 소멸하는 것이며, 전유부분에 관한 경매절차에서 대지지분에 대한 평가액이 반영되지 않았다거나 대지의 저당권자가 배당받지 못하였다고 하더라도 달리 볼 것은 아니다.
(대법원 2013. 11. 28. 선고 2012다103325 판결)

전유부분에 관하여만 감정평가가 실시되었고 최저매각가격에도 대지지분의 평가액은 반영되지 아니하였으며 매각허가결정의 부동산 표시에도 전유부분만 표시되었다.

(2) 제이트가 405호 아파트 전유부분만(대지권 매각제외) 낙찰받았다

① 제이트시스템이 낙찰받았던 아파트 405호 물건현황

2008타경33657		• 부산지방법원 본원	• 매각기일 : 2009.04.14(火) (10:00)	• 경매 7계 (전화:051-590-1819)			
소재지	부산광역시 부산진구 양정동 109-9 외 7필지, 가온누리 1동 4층 000호 도로명주소검색						
물건종별	아파트	감정가	100,000,000원	오늘조회: 1 2주누적: 0 2주평균: 0 조회동향			
대지권	대지권 매각제외	최저가	(64%) 64,000,000원	구분	입찰기일	최저매각가격	결과
				1차	2009-02-03	100,000,000원	유찰
건물면적	84.87㎡(25.673평)	보증금	(10%) 6,400,000원	2차	2009-03-10	80,000,000원	유찰
				3차	2009-04-14	64,000,000원	
매각물건	건물만 매각	소유자	이OO	낙찰: 65,320,000원			
개시결정	2008-08-18	채무자	이OO	(입찰2명, 낙찰:부산시 사상구 주례동 (주)J2시스템 / 2등입찰가 65,210,000원)			
사건명	임의경매	채권자	국민은행				

• 매각물건현황 (감정원 : 대한감정평가 / 가격시점 : 2008.09.01)

목록	구분	사용승인	면적	이용상태	감정가격	기타
건물	15층중 4층		84.87㎡ (25.67평)	주거용	100,000,000원	• 도시가스 난방
현황 위치	• 양정초교 동측 인근 위치, 주위는 중, 소규모의 공동, 단독주택등 형성 • 인근 지하철1호선 양정역이 소재함					
참고사항	• 외필지 109-8, 109-7, 109-6, 109-5, 109-4, 109-2, 109-1번지 지상 소재 • 건축법상 사용승인 받지 않은 건물이며 대지권등기 없는 집합건물임(대지권취득여부 불분명함)					

• 임차인현황 (말소기준권리 : 2007.09.11 / 배당요구종기일 : 2008.11.10)

임차인	점유부분	전입/확정/배당	보증금/차임	대항력	배당예상금액	기타
김OO	주거용 전부	전 입 일: 2007.01.29 확 정 일: 2007.06.12 배당요구일: 2008.08.22	보40,000,000원	있음	순위배당가능	
임차인분석	☞ 김OO 임대차계약서상 임대인 : 박OO(전소유자) ▶매수인에게 대항할 수 있는 임차인 있으며, 보증금이 전액 변제되지 아니하면 잔액을 매수인이 인수함					

• 등기부현황 (채권액합계 : 130,000,000원)

No	접수	권리종류	권리자	채권금액	비고	소멸여부
1	2006.03.03	소유권이전(매매)	이OO		2007년9월11일 가등기에 기한 본등기 이행	
2	2007.09.11	근저당	국민은행 (부산여신관리센터)	130,000,000원	말소기준등기	소멸
3	2008.08.18	임의경매	국민은행 (부산여신관리센터)	청구금액: 103,877,260원	2008타경33657	소멸

② 박소령(피고)은 제이트시스템으로 부터 이 사건 전유부분을 매수하여 2010. 2. 12. 전유부분만 소유권이전등기를 하고 대지권등기는 미등기로 남아 있었다.

◈ 대지지분만 별도 경매가 진행돼 최선수가 낙찰받았다

(1) 최선수가 낙찰받은 대지지분 물건현황

Part 17 집합건물에서 건물과 대지의 일부가 매각 시 대응방법

* 토지등기부 (채권액합계 : 8,184,910,832원)

No	접수	권리종류	권리자	채권금액	비고	소멸여부
1	2002.11.26	소유권이전(매매)	(주)OO개발			
2	2003.08.13	근저당	국민은행 (해운대기업금융팀)	2,080,000,000원	말소기준등기	소멸
3	2004.08.23	소유권이전 청구권가등기	김OO		매매예약	소멸
4	2004.08.23	근저당	김OO	600,000,000원		소멸
5	2005.08.02	근저당	이OO	2,500,000,000원		소멸
6	2005.08.05	압류	국민건강보험공단			소멸
7	2005.08.24	압류	동래세무서			소멸
8	2005.10.20	가압류	김OO	443,844,000원		소멸
9	2005.10.26	가압류	우OO	50,000,000원		소멸
10	2005.11.22	압류	부산광역시부산진구		구세과14440	소멸
11	2005.12.21	압류	부산광역시연제구		세무과15315	소멸
12	2006.01.19	가압류	윤OO	101,459,198원		소멸
13	2006.01.23	압류	국민연금관리공단			소멸
14	2006.05.01	가압류	이OO	131,106,440원		소멸
15	2007.04.13	가압류	한국주택금융공사	2,215,317,348원		소멸
16	2007.06.08	압류	부산광역시부산진구			소멸
17	2008.12.11	가압류	한국주택금융공사	63,183,846원		소멸
18	2009.03.06	강제경매	김OO	청구금액: 3,000,000,000원	2009타경9491	소멸
19	2009.06.01	임의경매	국민은행 (부산여신관리센터)	청구금액: 2,080,000,000원	2009타경24018	소멸

등기부 분석 ☞ 토지만 매각주의(건물은 매각제외) / ☞ 토지8) 전체면적 415.2㎡ 중 115.025/1210.2 매각주의 / ☞ 양정동 000-9 토지등기부상

(2) 최선수가 낙찰받았고 이소령은 최선수로부터 그 지분을 매수

대지권 성립이전부터 등기되어 있던 근저당권에 의해 토지만 경매가 진행돼 최선수가 낙찰받았고 이소령은 최선수로부터 그 지분을 매수하여 등기를 마쳤다.

① 이 사건 대지에 관하여, ○○개발 채권자의 신청에 따라 2009. 3. 5. 강제경매절차가 개시되고, 근저당권자인 국민은행의 신청에 따라 2009. 6. 1. 임의경매절차가 개시되었으며, 그중 선행하는 강제경매절차에 따라 경매가 진행되었다.

② 이 사건 대지에 관한 위 경매절차에서 최선수가 2010. 3. 31. 이 사건 대지 중 115.025/1,210.2 지분(그중 이 사건 전유부분에 해당하는 지분은 10.955/1,210.2 지분이다. 이하 10.955/1,210.2 지분을 '이 사건 대지지분'이라고 한다)을 매수하였고, 이소령은 최선수로부터 115.025/1,210.2 지분을 매수하여 2010. 4. 7. 그에 관한 소유권이전등기를 마쳤다.

◆ 이소령의 지료청구 및 부당이득반환청구소송

① 앞에서와 같은 사실관계에 따라, 대지사용권의 분리처분이 가능하도록 규약이나 공정증서로써 정하였다는 등의 특별한 사정을 찾아볼 수 없는 이 사건에서, 제이트시스템은 이 사건 대지지분에 관하여 이전등기를 마치지는 아니하였으나 이 사건 대지의 소유자로서 대지사용권을 가지고 있던 ○○개발로부터 이 사건 전유부분을 매수하여 그에 관한 소유권이전등기를 마침으로써 이 사건 대지지분에 대한 소유권도 취득하였고, 제이트시스템은 이 사건 전유부분에 관하여 설정된 근저당권에 기한 경매절차에서 전유부분을 매수함으로써, 박소령은 제이트시스템으로부터 이 사건 전유부분을 매수하여 그에 관한 소유권이전등기를 마침으로써 각 이 사건 대지지분에 대한 소유권을 순차로 취득하였다고 할 것이다.

② 한편 이 사건 대지에 관하여 진행된 강제경매는 이 사건 대지지분의 소유권이 강감찬(405호 전유부분 수분양자)에게 이전된(대지권이 성립되고나서 이므로 미등기라도 대지사용권을 취득했다) 후 집행채무자를 ○○개발로 하여 개시된 것으로서 타인 소유의 물건에 대한 강제집행에 해당하므로, 그 강제경매절차에서의 매수인인 최선수(소외 2)는 이 사건 대지지분에 대한 소유권을 취득할 수 없다. 나아가 이 사건 대지에 관하여는 후행경매로서 근저당권자 국민은행에 의한 임의경매 개시결정도 있었으나, 그에 앞서 진행되었던 이 사건 전유부분에 관한 경매절차에서 이 사건 대지에 대한 국민은행의 근저당권을 존속시켜 매수인이 인수하게 한다는 특별매각조건이 없었던 이상 제이트시스템(405호 전유부분 낙찰자)이 매각대금을 완납함으로써 국민은행의 위 근저당권은 이 사건 대지지분의 범위에서는 소멸하였다고 할 것이고, 소멸한 근저당권에 기한 경매절차에서는 매수인이 소유권을 취득할 수 없으므로, 최선수는 임의경매 절차에서의 매수인으로서도 이 사건 대지지분에 대한 소유권을 취득할 수 없다.

그럼에도 불구하고 원심은 그 판시와 같은 이유로, 최선수로부터 이 사건 대지지분을 매수한 이소령(원고)이 이 사건 대지지분에 대한 소유자이고 박소령(피고)은 이 사건 대지지분에 대한 소유권을 취득하지 못하였음을 전제로 원고의 청구를 일부 인용하였는 바, 이는 집합건물 전유부분의 취득, 처분 및 경매에 관한 법리를 오해하여 판단을 그르친 것이다.

③ 그러므로 원심판결을 파기하고, 사건을 다시 심리·판단하게 하기 위하여 원심법원에 환송하기로 하여, 관여 대법관의 일치된 의견으로 주문과 같이 판결한다.

◆ 집합건물 매수인과 대지 지분을 매수한 자 중에 누가 성공했나?

(1) 집합건물 405호 낙찰자 제이트시스템으로부터 매수한 박소령

제이트시스템은 이 사건 전유부분에 관하여 설정된 근저당권에 기한 경매절차에서 전유부분을 매수하고, 박소령은 제이트시스템으로부터 이 사건 전유부분을 매수하여 그에 관한 소유권이전등기를 마침으로써 각 이 사건 대지 지분에 대한 소유권을 순차로 취득하였다.

(2) 대지 지분을 낙찰받은 최선수로부터 매수한 이소령

전유부분만 낙찰받은 사람은 최초분양권자가 대지권을 취득한 이상 대지권이 미등기상태로 매각되었다고 하더라도 대지권을 취득하게 되고, 설령 구분소유권이 성립하기 전에 대지에만 설정된 저당권이라 할지라도 전유부분의 매각절차에서 인수조건으로 매각하지 않는 한 소멸되는 것이 원칙이므로 소멸되었다고 판단한 것이다. 소멸된 저당권에 기해 경매가 진행되어 그 과정에서 대지 지분을 낙찰받은 낙찰자는 무효가 되므로 부당이득을 주장할 수 없다는 판결이다. 따라서 부실채권을 매입하는 과정에서 대지권 평가 없이 전유부분만 매각되는 물건에서 가격이 상당히 저감되었다면 그 과정에서 금융기관과 협상이 쉽게 될 수 있고, 그러한 근저당권을 사서 낙찰받아 되파는 방법으로 높은 수익을 얻을 수 있다. 그러나 대지 지분에 설정된 저당권을 사서 경매를 신청하고 낙찰받아 소송을 진행하는 과정에서 이번 사례와 같이 무효가 된다면 투자이익은 커녕 투자 원금까지 날리게 된다는 사실에 유의해야 한다.

06 대지만에 설정된 저당권을 사서 경매를 신청하면 성공과 실패?

 김선생의 한마디

(1) 경매절차에서 토지별도등기는 소멸되는 것이 원칙이다
(2) 근저당권 설정 당시 대지사용권이 성립되지 못한 경우
(3) 압류 당시 대지사용권이 성립하지 않아 분리처분이 가능한 사례
(4) 원고의 건물철거, 토지인도 및 부당이득반환에 대한 판단
(5) 피고들의 주장 및 항변에 대한 판단
(6) 공매로 매수한 대지 지분이 또 다시 경매로 매각되고 있다

◆ 경매절차에서 토지별도등기는 소멸되는 것이 원칙이다

아파트 등의 집합건물이 경매로 매각될 때 매각물건명세서에서 특별매각조건으로 토지별도등기를 인수하는 조건 없이 매각되었다면 배당요구와 무관하게

토지별도등기 채권금액에 해당하는 금액을 공탁하고 말소시키는 것이 원칙이다.

그러나 돌다리도 두드려 가라는 선인의 말씀처럼 토지등기부를 확인해서 토지별도 등기된 채권이 배당요구로 소멸되는 채권인지 확인해야 한다. 확인방법으로는 매각물건명세서에 토지별도등기채권자가 최선순위 설정일자에 기재되어 있고, 법원 경매사이트에서 문건/송달내역을 확인해서 토지별도등기채권자가 배당요구했으면 소멸되는 것이 원칙이다. 이것으로 확인이 안되거나 쉽게 찾고자 한다면 경매법원 담당공무원에게 확인하는 방법도 있다.

 김선생의 도움말

토지별도등기도 아파트가 경매로 매각 시 소멸되는 것이 원칙!
집합건물의 전유부분과 함께 그 대지사용권인 토지공유지분이 일체로서 경락되고 그 대금이 완납되면, 설사 대지권 성립 전부터 토지만에 관하여 별도등기로 설정되어 있던 근저당권이라 할지라도 경매과정에서 이를 존속시켜 경락인이 인수하게 한다는 취지의 특별매각조건이 정하여져 있지 않았던 이상 위 토지공유지분에 대한 범위에서는 매각부동산 위의 저당권에 해당하여 소멸한다[대법 2005다15048].
만일 이러한 조건 없이 매각되었는데 소멸되지 않는 토지별도등기채권이 있다면 그 원인으로 매각결정을 취소 신청할 수 있다.

◆ 근저당권 설정 당시 대지사용권이 성립되지 못한 경우

(1) 제주지방법원 2010가단17931 판결의 기초 사실관계

① ○○건설 주식회사는 이 사건 토지에 관하여 1997. 2. 13. 주식회사 ○○은행 근저당권설정등기를 경료하였다. ② 그 후 ○○설은 이 사건 토지 지상에 지하 5층, 지상 17층 연면적 27,483.6m^2의 콘도시설(이하 '집합건물'이라 한다)을 신축하고 이 사건 토지에 관하여 2000. 6. 13.경 이 사건 집합건물에 대한 소유권대지권등기를 마쳤다. ③ 주식회사 ○○은행은 2000. 4. 20.경 ○○건설

로부터 이 사건 집합건물 중 21평형 총 32개실을 분양받고 이에 대하여 2000 5. 6. 각 소유권이전등기를 마쳤다. ④ ○○은행은 1998. 6. 29. ○○건설에 대하여 가지는 채권 일체를 ○○공사에 양도하였고, ○○공사는 1999. 12. 31. 회사 명칭을 한국자산관리공사(이하 '피고'라 한다)로 변경하였다. ⑤ 피고는 2010. 8. 26. 채무자인 ○○건설에 대한 채권에 대한 담보권의 실행을 위하여 2010. 8. 24. 이 사건 토지에 관하여 부동산임의경매신청(제주지방법원 2010 타경11615호)을 하였고, 이 법원은 2010. 8. 25. 부동산 임의경매개시 결정을 하였다.

(2) 경매가 진행된 내역과 매각결과

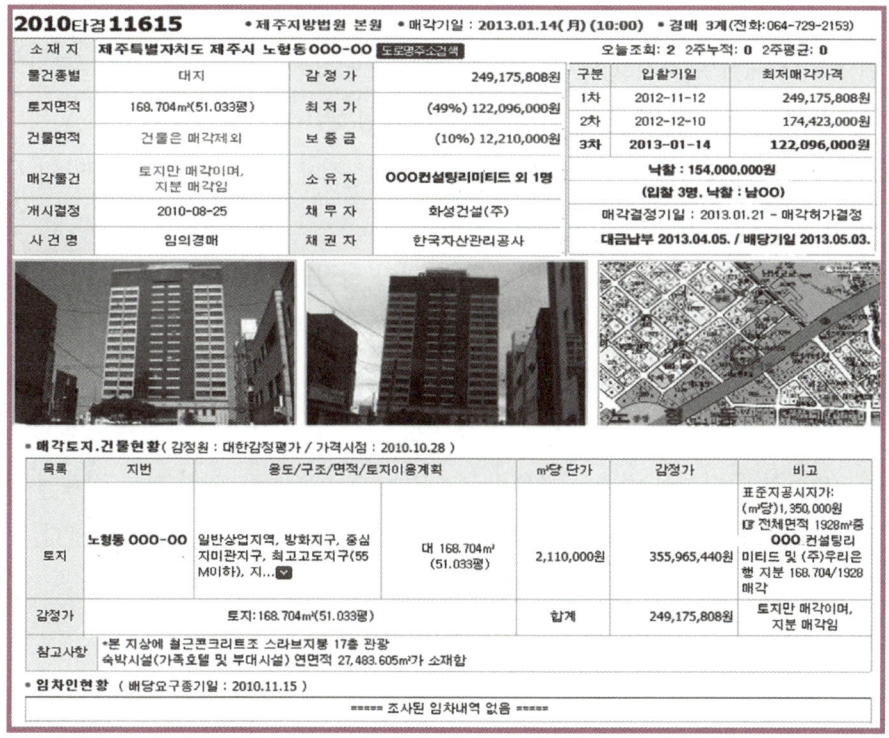

(3) 이 사건 원고 주장에 대한 법원의 판단

① 원고는, 이 사건 근저당권이 설정될 당시 이 사건 집합건물은 이미 구조상·이용상 독립성을 갖추고 있어 이 사건 집합건물에 대한 대지사용권 및 대지권이 성립된 상태였고, 따라서 이 사건 근저당권은 집합건물법 제20조가 규정하는 분리처분금지에 반하는 것으로서 그 효력이 없다고 할 것이므로 이 사건 근저당권에 기한 강제집행은 부적법하다고 주장했다.

② 이 사건 법원의 판단 집합건물법 제20조에 의하여 분리처분이 금지되는 같은 법상 대지사용권이란 구분소유자가 전유부분을 소유하기 위하여 건물의 대지에 대하여 가지는 권리이므로(같은 법 제2조 제6호 참조), 구분소유자 아닌 자가 집합건물의 건축 전부터 전유부분의 소유와 무관하게 집합건물의 대지로 된 토지에 대하여 가지고 있던 권리는 같은 법 제20조에 규정된 분리처분금지의 제한을 받는다고 할 수 없다고 할 것인 바(대법 2010다6017 참조), 이 법원의 현대건설 주식회사에 대한 사실조회결과에 변론 전체의 취지를 종합하면, 이 사건 집합 건물은 1995. 12. 27. 착공하여 1999. 5. 31. 완공되고 2000. 5. 6. 준공된 사실, 1997. 2. 13. 이 사건 근저당권이 설정될 무렵에는 이 사건 집합건물에 대한 공정률이 약 13%로 추정되고, 토목공사 완료 후 지하골조공사 준비 단계 상태에 있었던 사실을 인정할 수 있고, 위 인정사실에 의하면, 이 사건 집합건물은 이 사건 근저당권이 설정될 1997. 2. 13. 경 집합건물로서의 구조상·이용상 독립성을 갖춘 상태였다고 보기는 어려우므로, 이와 다른 전제에 서 있는 원고의 이 사건 청구는 더 나아가 살필 필요 없이 이유 없다고 판단했다.

(4) 이 사례에서 근저당권을 매입해서 경매를 신청하면 성공이다

앞의 사례에서와 같이 집합건물에서 구분소유권이 성립하기 전에 설정된 저당권을 싸게 사서 경매를 신청해서 낙찰받게 되면 투자이익을 높일 수 있다. 그러나 다음 사례에서는 실패가 예상된다.

◈ 압류 당시 대지사용권이 성립하지 않아 분리처분이 가능한 사례

(1) 이 사건에 대한 기본적인 사실관계

① 피고들과 제1심 공동 피고들 46인은 이 사건 토지 및 서울 마포구 성산동 ○○○번지 대 422m², ○○○번지 대 370m², ○○○번지 대 1,038평 등 4필지 위에 오피스텔을 건축하기로 하고 마포구청장의 건축허가를 받아 건축공사를 시행했다.

② 당초 이 사건 토지의 400/814 지분을 피고 ○○○가, 414/814 지분을 망 ○○○가 각 소유하고 있었는데 ○○○가 사망함에 따라 그 상속인들인 한○○○, 이○○, 이○○, 이○○가 2007. 3. 6. 이 사건 토지 지분에 관하여 상속을 원인으로 소유권이전등기를 경료했다.

③ 그리고 이 사건 토지 지분에 관하여 다음과 같이 공매가 진행되자 원고가 2008. 1. 3.에 낙찰받아 2008. 3. 19. 공매를 원인으로 하는 소유권이전등기를 마쳤다.

캠코공매물건				
[물건명/소재지] : 서울 마포구 성산동 ○○○-○○				

기본정보

물건종류	부동산
처분방식	매각
물건상태	낙찰
조회수	654

기관정보

- 입찰집행기관 : 한국자산관리공사
- 담당자 : 조세정리부 / 휴직
- 연락처 : 1588-5321

물건정보

소재지(지번)	서울 마포구 성산동 ○○○-○○		
물건관리번호	2007-02960-003	재산종류	압류재산
위임기관	서초세무서		
물건용도/세부용도	대지	입찰방식	일반경쟁
면적	대지 87.9877㎡ 지분(총면적 173㎡)		
배분요구종기		최초공고일자	2007/08/29

감정정보

감정평가금액	424,977,210 원	감정평가일자	2007/03/30	감정평가기관	(주)대일에셋 감정평가법인
위치및부근현황	성산동 소재 신복초교 동남측 직선거리, 성원초교 정북측 직선거리에 위치하며 제반 교통여건은 무난한 편임.				
이용현황	업무용 건물이 신축중에 있는 일단지 토지임.				

임대차정보

임대차내용	이름	보증금	차임(월세)	환산보증금	확정(설정)일	전입일
감정서상 표시내용 또는 신고된 내용이 없습니다.						

등기사항증명서 주요 정보

순번	권리종류	권리자명	등기일	설정액(원)
1	위임기관	서초세무서		미표시
2	공유자	강○○	1977/08/30	0 원
3	압류	중랑구청		미표시
4	압류	서울특별시		미표시

사진정보 / 위치도 > 지적도 > 지도 >

입찰이력정보

입찰번호	처분방식	물건관리번호	개찰일시	최저입찰가	낙찰가	낙찰가율	입찰결과	입찰상세
200702960003	매각	2007-02960-003	2008/01/03 11:00	212,489,000	231,810,000	109.1%	낙찰	보기

④ 이 사건 토지 등 4필지 위에 건축된 10층 아파트의 각 전유부분에 관하여 2009. 4. 9. 가처분등기의 촉탁으로 피고들 및 제1심 공동 피고들 명의의 소유권보존등기가 마쳐졌다(한○○의 지분은 3/414, 이○○, 이○○, 이○○의 지분은 각 2/414 이고, 피고들 및 나머지 제1심 공동 피고들 지분은 각 1/46 이다).

◆ 원고의 건물철거, 토지인도 및 부당이득반환에 대한 판단

① 앞서 인정한 사실에 의해 피고들은 이 사건 토지 위에 건물을 소유함으로써 그 부지인 이 사건 토지 중 다툼이 발생하는 부분을 점유하고 있음을 알 수 있다. 따라서 특별한 사정이 없는 한 피고들은 각자 원고에게 이 사건 다툼이 발생하는 부분 내 건물을 철거하고 이 사건 해당 토지를 인도하며, 위 토지에 해당하는 부당이득을 반환할 의무가 있다.

② 부당이득의 액수는 제1심 감정인 ○○○의 임료감정 결과에 의해 원고가 이 사건 토지 지분을 매수한 2008. 3. 14.부터 2009. 8. 13.까지의 이 사건 토지의 차임 합계액은 20,461,100원, 2009. 8. 14.부터 2010. 8. 13.까지의 차임은 월 1,069,950원인 사실이 인정되고, 그 이후의 차임도 같은 액수일 것으로 추인된다. 그러므로 피고들이 반환하여야 할 부당이득의 액수는 2008. 3. 14.부터 2010. 8. 13.까지는 20,461,100원 + 7,489,650원(1,069,950원 × 7개월)이고, 그 다음날부터는 토지를 인도할 때까지 월 1,069,650원의 비율에 의한 금원이 된다.

◆ 피고들의 주장 및 항변에 대한 판단

① 법정지상권이 성립한다는 주장에 대한 법원의 판단

피고들은 이 사건 토지의 소유자이던 ○○○가 이 사건 건물을 건축하여 그 소유권을 취득함으로써 토지와 건물이 동일인의 소유였는데, 그 후 원고가 ○○○의 토지지분을 취득하였으므로 관습법상의 법정지상권이 성립한다고 주장한다. 그러나 토지의 공유자 중의 1인이 공유토지 위에 건물을 소유하고 있다가 토지지분만을 전매함으로써 단순히 토지공유자의 1인에 대하여 관습법상의 법정지상권이 성립된 것으로 볼 사유가 발생하였다고 하더라도 당해 토지 자체에 관하여 건물의 소유를 위한 관습법상의 법정지상권이 성립된 것으로 보게 된다면 이는 마치 토지공유자의 1인으로 하여금 다른 공유자의 지분에 대하여서까지

지상권설정의 처분행위를 허용하는 셈이 되어 부당하다 할 것이므로 위와 같은 경우에 있어서는 당해 토지에 관하여 건물의 소유를 위한 관습법상의 법정지상권이 성립될 수 없다(대법 86다카2188 판결 참조).

따라서 설령 ○○○가 이 사건 건물을 취득하였더라도 이 사건 토지의 공유자 중 1인인 ○○○의 이 사건 토지 지분의 처분으로는 이 사건 건물의 소유를 위한 관습법상의 법정지상권이 성립될 수 없다.

② 권리남용에 대한 판단
③ 대지 무상사용권 항변에 대한 판단
④ 이 사건 건물 각 전유부분의 소유자가 아니라는 주장에 대한 판단에서 모두 피고들의 주장이 이유 없다고 판결했다.

◆ 공매로 매수한 대지 지분이 또 다시 경매로 매각되고 있다

2013타경00000	• 서울서부지방법원 본원	매각기일 : 2014.06.24(火)(10:00)	경매 1계(전화:02-3271-1321)
소재지	서울특별시 마포구 성산동 000-00 도로명주소검색		
물건종별	대지	감정가 432,910,800원	오늘조회: 1 2주누적: 0 2주평균: 0 조회동향
토지면적	87.99㎡(26.617평)	최저가 (41%) 177,320,000원	구분 / 입찰기일 / 최저매각가격 / 결과 1차 / 2014-02-04 / 432,910,800원 / 유찰 2차 / 2014-03-11 / 346,329,000원 / 유찰 3차 / 2014-04-15 / 277,063,200원 / 유찰 4차 / 2014-05-20 / 221,650,000원 / 유찰 5차 / 2014-06-24 / 177,320,000원 낙찰: 188,000,100원 (43.43%) (입찰1명,낙찰:광진구 홍○○) 매각결정기일 : 2014.07.01 - 매각허가결정 대금지급기한 : 2014.08.19 대금납부 2014.08.13 / 배당기일 2014.09.22 배당종결 2014.09.22
건물면적	건물은 매각제외	보증금 (10%) 17,740,000원	
매각물건	토지만 매각이며, 지분 매각임	소유자 (주)○○베스트	
개시결정	2013-07-19	채무자 (주)○○베스트	
사건명	임의경매	채권자 이○○	

• 매각토지.건물현황 (감정원 : 한국감정평가 / 가격시점 : 2013.07.24)

목록	지번	용도/구조/면적/토지이용계획	대 87.99㎡ (26.617평)	㎡당 단가 (공시지가)	감정가	비고
토지	성산동 000-00	제2종일반주거역, 가축사육제한구역<가축분뇨의 관리 및 이용에 관...	대 87.99㎡ (26.617평)	4,920,000원 (3,657,000원)	432,910,800원	표준지공시지가: (㎡당)3,700,000원 ☞ 전체면적 173㎡ 중 주식회사○○베스트 지분 414/814 매각 ▶소유권 행사에 제한 받는 가격:303,037,560원
감정가		토지:87.99㎡(26.617평)		합계	432,910,800원	토지만 매각이며, 지분 매각임

임차인현황	(말소기준권리 : 2008.08.13 / 배당요구종기일 : 2013.10.08)					
기타사항	☞ 이건 목적물(성산동 000-00)의 전입세대열람내역서 상 전입세대주는 없으며, 도로명 주소인 월드컵로 000-0(101동), 000-0(102동) 번지상 전입세대주는 각 수명 존재하나 관계인등을 만나지 못하여 점유관계등은 미상임					

● 토지등기부 (채권액합계 : 179,343,014원)

No	접수	권리종류	권리자	채권금액	비고	소멸여부
1(갑10)	2008.03.19	하OO, 이OO, 이OO, 이OO 지분전부이전	(주)OO베스트		공매,지분 414/814	
2(을1)	2008.08.13	(주)OO베스트 지분전부 근저당	이OO	85,000,000원	말소기준등기	소멸
3(갑12)	2012.10.31	(주)OO베스트 지분전부 압류	이OO	94,343,014원	2012카단52042	소멸
4(갑14)	2013.01.27	(주)OO베스트 지분전부 압류	서울특별시마포구			소멸
5(갑16)	2013.07.29	(주)OO베스트 지분전부 임의경매	이OO	청구금액: 85,000,000원	2013타경00000	소멸

건물등기부	※주의 : 건물은 매각제외	채권최고액	비고	소멸여부
	☞ 건물등기부는 전산발급이 되지않아 등재하지 못함.			
주의사항	▶채무자겸소유자는 이 사건 토지지분을 공매로 취득하였고, 위 지상건물의 소유자들에 대해 건물철거 등 소송을 제기하여 승소확정판결 받음(서울서부지법 2008가단104607, 서울고법 2010나121338, 대법원 2012다24064) 3. 위 서울고법 항소심판결의 판결이유에 의하면, "피고들을 포함한 건축주들이 구분소유자로서 각 전유부분을 소유하기 위해 대지사용권을 취득하였다고 보기 어렵다"고 함			

이러한 이유로 해서 집합건물에서 대지 지분이 경매로 매각될 때 가격만 싸다고 낙찰받을 것이 아니라 두 가지 관점에서 유의해야 한다.

첫 번째는 그 대지 지분에 해당하는 집합건물 소유자(구분소유자)가 누구인가(구분호수가 ○○○호)를 정확하게 파악하고, 두 번째로 그 집합건물에 소유자가 거주하면서 등기부에 등기된 채권이 없는지, 임차인이 거주하면서 등기된 채권 등이 많은 지를 분석해야 한다.

만일 대지지분에 해당하는 구분 호수를 알 수 없거나 알 수 있더라도 대항력 있는 임차인이 거주하고 등기부에 등기된 채권도 많다면 집합건물에서 건물철거가 어려운 점을 감안해서 경매를 신청할 수 밖에 없는데 해봐야 무잉여가 되기 때문에 낭패를 볼 수 밖에 없게 된다.

그렇다면 대지지분이 싸게 나온 물건에서 성공하려면 구분호수를 정확하게 파악하고 그 구분 호수에서 등기된 채권이나 임차인 등이 없는 물건을 선택해야 건물소유자와 협의로 해결을 빨리 볼 수 있고, 해결이 안 된다고 하더라도 부당이득을 원인으로 강제경매를 신청할 수 있어서 투자수익을 기대할 수 있다.

부실채권을 매입할 때도 이러한 판단을 제대로 해서 투자하면 이익이 발생하게 되지만 이 사례와 같이 잘못 판단해서 근저당권을 사게 된다면 근저당권 매도인이 손해볼 금액을 대신 보게 된다.

07 황장군이 토지를 낙찰받고 그 지료로 건물을 강제경매 신청한 사례

 김선생의 도움말

이 사례는 대전에 있는 주택에서 발생한 일이다. 황장군은 법정지상권이 성립되지 않아 철거의 위험 속에 빠진 건물을 경매로 낙찰받았다. 그래서 토지를 확인해보니 황장군이 토지를 먼저 경매로 낙찰받았고 그 부당이득을 원인으로 건물을 강제경매 신청했고 그 과정에서 건물을 낙찰받은 사실을 알 수 있었다.

◆ **황장군이 지상에 주택이 있는 토지만 경매로 낙찰받았다**

황장군은 토지를 낙찰받고 나서 그 지상주택소유자에게 토지사용료를 원인으로 하는 부당이득을 청구하거나 그 주택을 강제경매 신청해서 주택에서 완전하게 소유권을 취득하고 매도해서 시세차익을 노리려는 계산이다.

• 매각토지.건물현황 (감정원 : 자영감정평가 / 가격시점 : 2011.04.13)

목록	지번	용도/구조/면적/토지이용계획	㎡당 단가	감정가	비고
토지	갈마동 375-12	*제2종일반주거지역, 소로3류(접합), 가축사육제한구역, 상대정화구역	대 200.1㎡ (60.53평)	652,000원	130,465,200원	표준지공시지가: (㎡당)580,000원 ▶제시외건물감안가격:91,325,640원
감정가		토지:200.1㎡(60.53평)		합계	130,465,200원	토지만 매각

• 임차인현황 (배당요구종기일 : 2011.06.21)

임차인	점유부분	전입/확정/배당	보증금/차임	대항력	배당예상금액	기타
지OO	주거용 1층전부,2층일부	전 입 일: 2010.08.31 확 정 일: 미상 배당요구일: 없음	보50,000,000원			

• 토지등기부 (채권액합계 : 556,461,310원)

No	접수	권리종류	권리자	채권금액	비고	소멸여부
1	2008.01.29	소유권이전(매매)	전OO		거래가액 금102,000,000원	
2	2008.01.29	근저당	홍도동새마을금고	91,000,000원	말소기준등기	소멸
3	2008.01.29	지상권(전부)	홍도동새마을금고		존속기간: 2008.01.29~2038.01.29 30개년, 지 로 무료	소멸
4	2009.09.04	근저당	박OO, 장OO	180,000,000원		소멸
5	2010.05.03	가압류	동양메이저(주)	31,326,810원		소멸
6	2010.06.14	가압류	삼성엘리베이터(주)	24,500,000원		소멸
7	2010.07.29	가압류	국민은행	42,355,500원		소멸
11	2011.04.06	임의경매	홍도동새마을금고	청구금액: 70,765,570원	2011타경6816	소멸
12	2011.05.17	가압류	안OO	13,209,000원		소멸
건물등기부		※주의 : 건물은 매각제외		채권최고액	비고	소멸여부

◆ 황장군은 건물을 낙찰받아 주택에서 완전한 소유권을 취득하게 되었다

(1) 건물만 강제경매된 물건 현황 및 매각결과

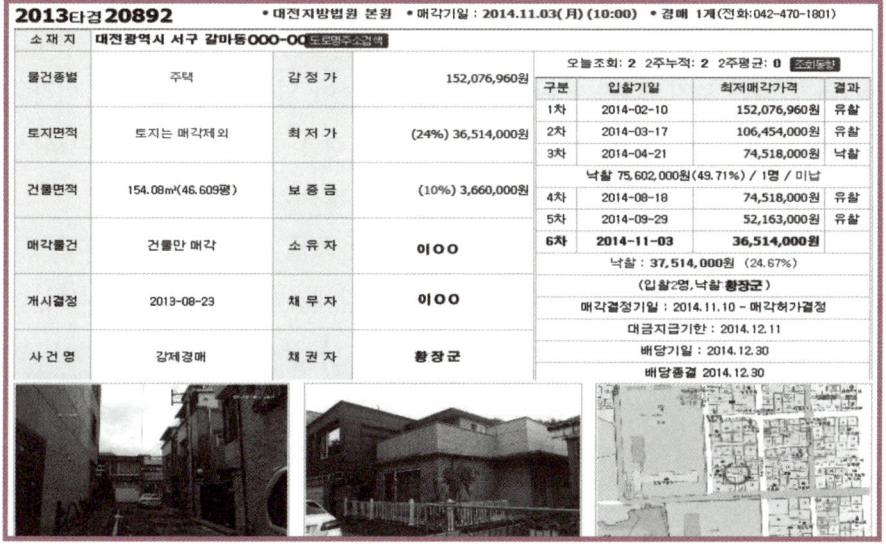

● 매각토지.건물현황 (감정원 : 중앙감정평가 / 가격시점 : 2013.10.10 / 보존등기일 : 2013.09.02)

목록		지번		용도/구조/면적/토지이용계획	m²당 단가	감정가	비고
건물	1	신갈마로141번길 40-6(갈마동 ○○○-○○)	1층	단독주택(방4,거실,주방겸식당,다용도실,화장실겸욕실2 등) 철근콘크리트조(철근)콘크리트지붕 74.28m²(22.47평)	987,000원	73,314,360원	* 사용승인:2010.08.27 * 도시가스
	2		2층	단독주택(방4,거실,주방겸식당,다용도실,화장실겸욕실2 등) 79.8m²(24.14평)	987,000원	78,762,600원	* 사용승인:2010.08.27 * 도시가스
				면적소계 154.08m²(46.609평)	소계	152,076,960원	
감정가			건물:154.08m²(46.609평)		합계	152,076,960원	건물만 매각

● 임차인현황 (말소기준권리 : 2013.09.02 / 배당요구종기일 : 2013.11.19)

임차인	점유부분	전입/확정/배당	보증금/차임	대항력	배당예상금액	기타
이○○	주거용 1층 전부, 2층 일부	전 입 일: 2011.11.10 확 정 일: 2014.05.12 배당요구일: 없음	보50,000,000원	있음	전액낙찰자인수	임차권등기자

● 건물등기부 (채권액합계 : 50,000,000원)

No	접수	권리종류	권리자	채권금액	비고	소멸여부
1(갑1)	2013.09.02	소유권보존	이○○			
2(갑2)	2013.09.02	강제경매	황장군	청구금액: 10,872,100원	말소기준등기 2013타경20892	소멸
3(을1)	2014.09.19	주택임차권(일부)	이○○	50,000,000원	전입:2011.11.10 확정:2014.05.12	

● 토지등기부

No	접수	권리종류	권리자	채권금액	비고	소멸여부
		※주의 : 토지는 매각제외				
1(갑1)	1983.05.19	소유권이전(매매)	김○○			
2(갑2)	2008.01.29	소유권이전(매매)	전○○		거래가액 금102,000,000원	
3(갑17)	2012.06.18	소유권이전(매각)	황장군		임의경매로 인한 매각 2011타경6816	

(2) 건물이 법정지상권 성립되는지 여부와 매수 이후 대응방법

  나대지 상태에서 홍도동 새마을금고가 근저당권을 설정하고 나서 건물을 신축하였기 때문에 법정지상권이 성립되지 않는다.

  법정지상권이 성립되지 못하는 건물에 대해서 가처분하고 그 건물만 경매를 신청하게 되면 토지소유자가 아닌 다른 경쟁자들이 입찰에 참여하기가 어려운 것이 현실이다. 왜냐하면 건물을 낙찰 받더라도 건물이 법정지상권이 성립되지 않기는 마찬가지이기 때문에 철거의 위험에 빠지게 되기 때문이다.

  그러나 황장군은 가처분을 하지 않고 토지사용료를 원인으로 하는 부당이득반환청구소송을 진행해 그 판결문으로 건물을 강제경매하게 되었고 건물이 법정지상권이 성립되지 않는 것을 안 입찰자들이 건물철거의 위험으로 인해서 황장군이 단독으로 낮은 가격으로 낙찰 받게 되었다.

  이제 황장군은 이 주택에서 토지와 건물을 모두 정복한 개선장군이다.

08 지상에 다세대주택이 있는데 그 대지만 매각되는 사례

◆ 입찰대상물건 정보내역과 매각결과

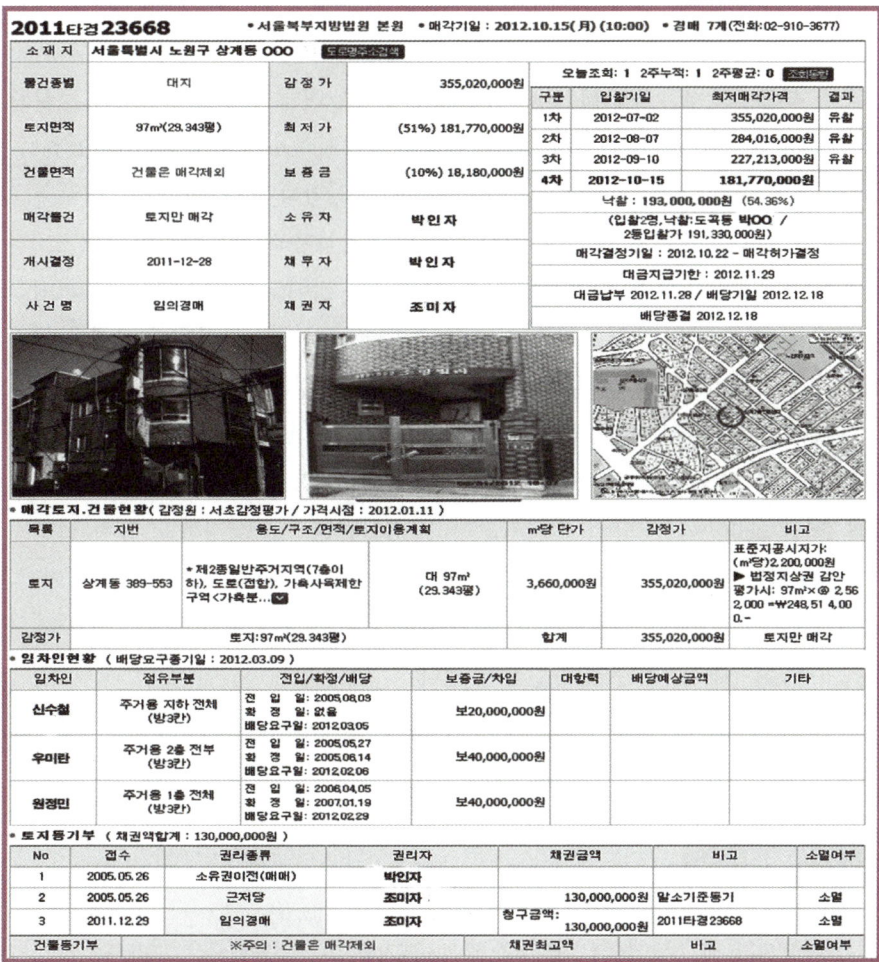

Part 17 집합건물에서 건물과 대지의 일부가 매각 시 대응방법

◈ 경매 물건에 대한 권리분석과 배당표 작성

이 다세대주택은 5분 거리에 지하철 4호선과 7호선 노원역이 교차하고, 버스 등의 대중교통이 발달해 있고, 인근에 상계초등학교와 온곡중학교 등의 우수한 학군이 형성되어 있어서 주택수요가 많은 지역이다.

이 경매사건에서는 토지만 경매로 매각되는 것으로 지상에 다세대주택은 매각대상이 아니다. 지상의 다세대주택은 사용승인 일자가 1998. 01. 16. 인 다가구주택에서, 2005. 05. 30. 집합건물로 전환된 분할 다세대주택으로 지하 1층 비01호 전유면적 $50.04m^2$, 지상 1층 101호 전유면적 $47.16m^2$, 지상 2층 201호 전유면적 $44.28m^2$ 총 건물 전유면적은 $141.48m^2$이다.

주변 부동산중개업소에 따르면 상계 재개발구역 내에 포함될 것이라는 소문으로 이 다가구주택을 다세대주택으로 전환해서 분양자격을 얻고자 했다고 한다.

그러나 이 구역은 상계재개발구역에 포함되지 않았다.

분할 다세대주택에서 대지는 집합건물의 대지사용권으로 되어야 하므로 집합건물로 구분등기되기 전의 근저당권에 의해서 경매로 매각 시에는 분리매각이 가능하지만, 만일 구분등기되고 나서 설정된 근저당권에 의해서 경매로 매각되었다면 구분소유권과 분리 매각되는 것이 무효가 된다.

집합건물로 구분등기되기 전 즉 다가구주택인 상태에서 박인자가 토지는 2005년 5월 26일, 건물은 2005년 4월 19일 소유권을 취득해서 토지만 2005년 5월 26일 조미자 근저당권 채권최고액 1억3천만원으로 설정하고 나서 집합건물인 다세대주택으로 2005년 6월 2일 구분등기가 이루어졌으므로 대지권이 성립되기 전 근저당권이 설정되었고, 이 근저당권에 의해서 매각되는 것이므로 구분소유자들은 대지사용권을 상실하게 된다.

그러나 문제는 다가구주택 당시 근저당권이 설정되었고 설정 당시 주택이 존재했으므로 법정지상권은 성립한다.

 김선생 Tip

주택에서 임차인의 대항력은 건물만 가지고 판단하고 대지에 대해서는 우선변제권만 가지게 된다. 즉 건물에서는 대항력과 우선변제권을, 대지에 대해서는 대항력을 주장하지 못하고 우선변제권 갖는다.

08. 재개발구역 상가주택 2분의 1을 공매로 낙찰받아 성공한 사례

　이 상가주택은 지하1층과 지상1~2층은 근린상가이고 3층만 주택이다. 그리고 이 상가주택은 소유자가 2명으로 각 1/2씩 공유지분으로 되어 있는데 그 중 1/2지분만 공매가 진행된 물건이다. 이 지역은 LH공사가 주관하고 대림산업이 시공하는 재개발구역으로 2017년 12월경에 4,800여 세대의 공동주택사업이 착공될 예정이다. 그래서 매수인은 다른 공유자와 협의해서 공동으로 분양을 신청하든가, 현금청산 받는 방법이 있는데 입찰 전에 확인해 본 결과 현금청산을 받더라도 감정가 정도가 예상되는 물건이었다.

　그렇게 판단하게 된 동기는 감정가가 6억700만원인데 반해서 시세는 6억8,000만원에서 7억원을 호가하고 있었기 때문이다. 따라서 3억4천만원에 공매낙찰 받아 감정가수준의 현금청산을 받을 경우 약 2억5천만원 정도의 수익이 예상되었다.

◈ **토지 지분공매 절차에서 공매물건의 사진과 주변 현황도**

◆ 낙찰받고 난 다음 대응방법

① 이 다세대주택은 법정지상권이 성립되므로 각 구분소유자에게 대지사용부분에 해당하는 지료를 청구할 수 있는데 각 구분소유자의 전유면적 비율로 안분해서 지료를 산정하면 된다.

지료는 나대지 상태에서 계산하게 되므로 경매감정보다 높게 평가될 수 있다.

왜냐하면 경매 감정가 시 건물이 존재하는 사유를 감안해 저감해서 평가하기 때문이다.

어쨌든 경매 감정가 355,020,000원을 기준으로 지료 청구소송에서 5%의 지료를 청구하면 예상 지료가

㉠ 비01호 = 355,020,000원 × 50.04/141.48 = 125,566,070원 × 5/100 = 6,278,303원(연간),

㉡ 101호 = 355,020,000원 × 47.16/141.48 = 118,340,000원 × 5/100 = 5,591,000원(연간),

㉢ 201호 = 355,020,000원 × 44.28/141.48 = 111,113,130원 × 5/100 = 5,555,656원(연간)을 각 세대별로 청구할 수 있을 것으로 예상되고, 지료는 1년 단위 후불로 청구하는 것이 원칙이지만, 주택을 사용하기 위한 대지권이므로 납부자의 부담을 덜어주기 위해서 지료청구 소장 작성 당시 월별로 분할납부하도록 청구취지와 청구원인을 작성하여 판결을 받아두면 월별로 받을 수 있다.

이 물건은 2억원을 투자해서 17,424,959원의 지료를 받게 되므로 연간 8.7%의 높은 투자수익이 발생한다.

② 앞의 방법으로 계산된 지료를 지급하지 않으면 지료 청구소송으로 득한 집행권원으로 강제경매를 신청할 수 있다.

이를 위해서 매수인은 잔금납부 즉시 지료 청구소송을 제기해서 판결문을 받아두어야 한다.

㉢ 구분수유자득에게 대지권이 없으므로, ①에서 대지를 분할한 면적비율에 따라 매각하는 방법도 예상된다.

　㉠ 비01호 = 97m²×50.04/141.48 = 34.30m² = 10.37평×1,200만원(시세)=124,440,000원

　㉡ 101호 = 97m²×47.16/141.48 = 32.34m² = 9.78평×1,200만원(시세)=117,360,000원

　㉢ 201호 = 97m²×44.2.8/141.48 = 30.36m² = 9.18평×1,200만원(시세)=110,160,000원

따라서 양도가격은 351,960,000원으로 취득가격을 2억으로 본다면 양도차익은 151,960,000원이 되므로 높은 투자이익이 발생하게 한다.

이 방법이 가장 쉽게 투자금을 회수하는 방법이면서 높은 수익을 낼 수 있다. 이런 생각을 해 봐라. 개발할 넓은 땅을 싸게 사서 분할해서 높은 가격으로 판다면 그 수익은 적지 않다.

　④ 구분소유자들이 구분소유권을 대지소유자에게 매각하게 된다면 적정한 가격으로 매수해서 대지권을 등기해 온전한 다세대주택으로 매각해서 투자수익을 높이는 방법도 있다.

　⑤ 다세대주택의 임차인들은 토지매각대금에서 변제받지 못한 금액이 있는 경우 건물에서만 권리가 있으므로 임차보증금 회수를 위해서 집합건물 구분소유권에 대해서 전세보증금반환청구소송을 통해 강제경매신청을 할 것으로 예상 되는데 이 과정에서 건물구분소유권을 낙찰받아 대지권을 등기한 후 제3자에게 매각하는 방법도 예상할 수 있다.

◆ **지분공매 물건에 대한 권리분석과 배분표 작성**

 이 공매물건에서 특이한 것은 말소기준권리인 문○○의 근저당권(채무자 이소령 가명)은 이 상가주택의 공유자이다. 이 상가주택에는 대항력 있는 임차인 등이 없어서 공매로 낙찰 받으면 인수할 권리가 없다. 그런데도 가격이 이렇게 떨어진 이유는 지분으로 매각되는 물건이면서 공매물건이라 그런 것으로 판단된다. 아마도 경매물건이있다면 더 많은 분들이 관심을 가졌을 것이고, 이 상가주택이 가치가 높은 것을 알 수 있었던 경쟁자들로 인해서 필자는 낙찰 받지 못했을 것이다. 그나마 이러한 물건이 공매로 매각된 것은 필자에게 행운이었다.

 이 1/2 지분공매 예상배분표를 작성하면 매각대금 345,000,000원 − 공매비용 10,022,400원으로 배분금액은 335,577,600원이 된다. 이 금액을 가지고 배분하면 다음과 같다.

- 1순위 : 성남시 중원구청 재산세 168만원(당해세 우선변제금)
- 2순위 : 문○○ 근저당 3억83만원(근저당권 우선변제금)
- 3순위 : 성남세무서 33,067,600원으로 배분절차가 종결된다.

◆ **지분공매에서 2대1의 경쟁률을 뚫고 상가주택을 낙찰 받았다**

■ 상세입찰결과

물건관리번호	2014-06209-003		
재산구분	압류재산(캠코)	담당부점	서울지역본부
물건명	경기 성남시 중원구 금광동 00		
공고번호	201505-02060-00	회차 / 차수	032 / 001
처분방식	매각	입찰방식/경쟁방식	최고가방식 / 일반경쟁
입찰기간	2015-08-10 10:00 ~ 2015-08-12 17:00	총액/단가	총액
개찰시작일시	2015-08-13 11:08	집행완료일시	2015-08-13 11:45
입찰자수	유효 2명 / 무효 0명(인터넷)		
입찰금액	345,600,000원/ 333,770,000원		
개찰결과	낙찰	낙찰금액	345,600,000원
감정가 (최초 최저입찰가)	607,546,800원	최저입찰가	303,774,000원
낙찰가율 (감정가 대비)	56.88%	낙찰가율 (최저입찰가 대비)	113.77%

■ 대금납부 및 배분기일 정보

대금납부기한	2015-09-16	납부여부	납부
납부최고기한	-	배분기일	2015-10-14

◆ **매수 이후의 대응 현황**

낙찰 받고 나서 명도하러 갔다가 알게 된 사실은 다른 공유자가 10년 전부터 알고 지내던 친구와 이 상가주택을 공동으로 매수하게 되었다고 한다. 친구가 자금이 부족해서 공유자 문○○가 자금을 빌려주면서 근저당권을 설정한 것이라고도 했다. 그리고 본인은 3층에 거주하고 지분공매된 체납자는 2층에 거주하고 있다는 사실을 알 수 있었다.

필자는 2층에 거주하고 있는 체납자를 명도하고 나서 공유자 문○○와 상의하여 체납자가 거주하고 있는 공간을 2억원에 전세를 놓았고, 분양 신청대신 현금청산을 선택했다. 입찰 전에도 분석한 바도 있지만 감정가 정도로 현금청산되면 매수인은 약 9천여만원 투자해서 2억5,000만원 정도의 시세차익을 보게 되므로 입찰에 참여할 때부터 양도세 절세를 목적으로 법인사업자 명의로 낙찰받았다.

매수인은 345,600,000원에 공매 입찰하여 낙찰 받은 후 잔금대출을 270,000,000원을 실행하여 매수인의 소요자금은 취등록세 포함하여 91,934,000원이 투자되었다.

매수인은 2017년 중순경 현금청산을 받을 것이라고 예상하고 투자하였으나, 2017년 1월 현금청산금을 받았다. 현금청산금 685,188,490원에서 본인투자금 (345,600,000원 + 취등록세 16,934,000원 + 대출이자 15,000,000원 = 377,534,000원)를 공제할 경우 총수익은 307,654,490원이 실현되었다. 여기서 매수인의 투입소요자금대비 연 수익률은 307,654,490원/106,934,000원 = 287.70%로 아주 성공적인 투자가 되었다. 이러한 금액은 노후생활자금에 보태면 아주 행복할 것 같다.

다음은 성남시 금광1구역 재개발사업에서 현금청산금을 받게 된 감정평가 금액과 공문서류를 첨부했으니 독자분들도 이러한 공매나 경매물건이 있으면 투자해서 성공의 기쁨을 맛보기 바란다.

◆ **재개발사업에서 분양자격은?**

　재개발사업 구역 내에서는 토지와 건물을 소유한 자, 또는 토지만, 건물만 소유한 모두 자동적으로 조합원의 지위를 갖는다. 이는 재건축에서 동의한 자만 조합원이 되는 것과 다른 점이다.

　<u>서울시 신조례 적용대상</u>(2010년 7월 16일 이후에 사업시행인가를 받은 재개개발사업)은 권리산정기준일 이전에 분리된 토지로 주거지역에서 90㎡ 이상이면 토지만의 소유로, 또는 권리산정기준일 이전에 분리된 건물소유자는 건물만으로도 분양대상자가 될 수 있다. 그러나 권리산정기준일 후에 분리된 경우라면 공동분양권자 또는 현금청산대상자가 되니 유의해야 한다. 이렇게 재개발사업 구역 내에서 분양자격은 재건축과 다르게 복잡하다. 따라서 재개발사업에서 분양자격은 다음 02번에 기술된 내용을 참고해서 판단하기 바란다.

02 재개발사업 분양대상 조합원과 현금청산자의 경우

◆ **단독·다가구주택 등에서 토지와 건물 전체 소유자**

　단독·다가구주택(기타 건축물 포함) 등에서 토지와 건물 전체를 소유한 자는 면적과 상관없이 분양대상자가 된다.

주택 등이 신축(준공) 단계부터 토지와 건물의 소유자가 같은 경우뿐만 아니라, 권리산정기준일 이전부터 같은 경우에도 하나의 분양자격이 주어진다. 다만 권리산정기준일 이전에 분리되었고, 토지 면적이 90㎡ 이상이면 각각 분양자격이 주어진다(구조례 적용대상은 2003년 12월 29일까지 분리된 경우만 각각 분양자격). 이 경우 건물소유자가 토지를 매수하거나 토지소유자가 건물을 매수하므로 인해서 종전자산의 권리가액의 증가를 가져와 대형평형을 분양 받거나 추가부담금을 줄일 수도 있다.

 알아두면좋은 내용

서울시 구조례와 신조례에 따른 시행 시기
① 서울시 구조례는 2003년 12월 30일부터 시행하므로 2003년 12월 30일 전(2003년 12월 29일까지) 나누어진 경우에 각각 분양자격이 주어진다.
② 서울시 신조례는 2010년 7월 15일 공포하고 시행 시기는 다음날로 정했다. 따라서 2010년 7월 16일 이후에 최초로 기본계획을 수립한 지역 및 지구단위계획이 결정·고시된 지역은 권리산정기준일 이전에 나눠졌다면 각각 분양자격이 주어진다.

◈ 타인의 토지 위에 건물만 소유한 경우

타인의 토지나 국·공유지에 주택 등을 소유한 자는 건물이 등기되었든, 무허가건물이든, 건물면적과 상관없이 분양권이 인정된다(그러나 건물이 없는 점유, 주차장, 판넬, 야적장 등은 안 된다).

다만 건물이 ① 서울시 구조례 적용대상이면 2003년 12월 30일 전에, ② 서울시 신조례 적용대상이면 권리산정기준일 이전에, 토지와 건물이 분리되어 있는 경우만 인정된다.

09 토지투자와 도로투자 어떻게 해야 성공하나?

◆ **건축을 목적으로 토지에 투자한다면 진입 도로가 중요하다!**

진입도로 유무는 건축행위 허가의 필수적인 요건이기 때문이다. 진입도로가 없는 소위 맹지나, 도로는 있되 건축법상 요건을 갖추지 못한 도로인 경우는 건축허가가 나지 않는다. 이러한 맹지 등에서 건축행위를 하려면 진입도로를 개설해야 하는데, 할 수 있다면 맹지 탈출로 고수익을 올릴 수 있는 투자 비법이지만, 이는 쉬운 일이 아니다. 어쨌든 많은 사람들은 건축을 목적으로 토지를 구입하기 때문에, 토지투자에서 건축허가를 받을 수 있는 진입도로가 붙어 있어야 한다.

이러한 진입도로는 현황도로와 지적상 도로, 건축법상 도로로 분류할 수 있다!

(1) 현황도로는 현재 사람들이 통행로로 사용하는 사실상의 도로

현황도로는 우선 도로법에 의해 지정된 국도나 지방도, 시도 군도 등을 비롯하여, 관습상 도로, 마을도로, 골목길, 농어촌도로, 농로 및 산지의 임도, 개인의 사설도로, 단지 내 도로, 공단도로 등 여러 가지 형태가 있다.

개별적인 현황도로 소유자는 등기부 등의 공적장부를 떼보기 전에는 알 수 없으며, 또 필지 지목도 도로로 되어 있지 않는 경우도 많다.

(2) 지적도상 도로 확인, 도로 폭과 도로 소유자 확인

지적도상 도로를 확인하기 위해서는 해당 지번의 지적도나 임야도를 확인해야 한다. 이렇게 지적도면에 나오는 도로를 지적도상 도로라 한다.

지적도상 도로가 현황도로와 일치하는가! 그리고 도로의 소유자가 누구인지와 도로 지정의 근거 및 도로 폭을 알아야 한다.

도로 폭은 건축법상 도로로 건축허가를 받을 수 있는가를 확인하는 중요한 기준이 되며, 도로의 소유자는 토지사용승낙이나 토지사용료 등의 문제가 남기 때문이다.

(3) 건축법에서 규정한 도로와 건축법상 도로

건축법 제2조 11호 "도로"란 보행과 자동차 통행이 가능한 너비 4미터 이상의 도로(지형적으로 자동차 통행이 불가능한 경우와 막다른 도로의 경우에는 대통령령으로 정하는 구조와 너비의 도로)로서 다음 각 목의 어느 하나에 해당하는 도로나 그 예정도로를 말한다.

가. 「국토의 계획 및 이용에 관한 법률」, 「도로법」, 「사도법」, 그 밖의 관계 법령에 따라 신설 또는 변경에 관한 고시가 된 도로

나. 건축허가 또는 신고 시에 특별시장·광역시장·특별자치시장·도지사·특별자치도지사 또는 시장·군수·구청장이 위치를 지정하여 공고한 도로

◆ 건축법상 도로(건축법 제2조 11호 나목)와 서울시 건축조례 (제27조)

(1) 건축법 제2조 11호 나목 등의 건축법상 도로인 경우

① 건축법 제2조 11호 나목은 "도로"란 보행과 자동차 통행이 가능한 너비 4미터 이상의 도로로서 건축허가 또는 신고 시에 특별시장·광역시장·특별자치시장·도지사·특별자치도지사 또는 시장·군수·구청장이 위치를 지정하여 공고한 도로나 그 예정도로를 말한다.

일 이전(구조례 적용대상은 2003년 12월 30일 전)부터 분할된 토지여야 한다. 권리산정기준일 후에 분할된 경우에는 하나의 분양대상자. 이 경우도 90㎡ 미만 소유자가 권리산정기준일 이전에 분할되거나 공유지분으로 등기된 지분을 매수해서 90㎡ 이상을 만들면 분양자격과 종전자산의 권리가액의 증가를 가져올 수 있다.

◆ 한 세대원이 한 재개발구역 내에서 여러 필지나 여러 주택을 소유한 경우

한 세대원이 한 재개발구역 내에서 조합설립인가일 이후에 여러 필지나 여러 주택을 소유하더라도 <u>한 개의 분양자격만 주어진다.</u>

조합설립인가일 전에 같은 세대원이 아닌 다른 세대원에게 매매, 양도하여야만 각각 분양대상이 된다. 조합설립인가일 이후에 매각하면 한세대원이 소유하고 있던 모든 주택을 합해서, 하나의 분양자격이 주어지니 공동분양권자가 되는 것이다.

◆ 다세대주택의 분양자격과 유의할 점은?

(1) 최초 다세대(원다세대)인 경우

신규 다세대주택(최초 다세대)은 평수와 상관없이 분양자격이 주어진다. 즉 준공 시부터 집합건물인 경우이다. 이러한 경우에는 재개발구역 내 조합원 수에 따라 변수는 있겠지만, 30평형대를 배정받을 수 있다.

(2) 기존건물을 철거 후 다세대주택을 신축한 경우

기존건물을 철거 후 신규 다세대주택(최초 다세대)은 평수와 상관없이 분양대상자가 되었다.

그러나 서울시는 2008년 7월부터 서울시내에서 새로 건축되는 전용면적 60㎡ 이하 다세대주택은 재개발할 때에 입주권을 주지 아니하고 현금청산되도록 조례를 개정하였다.

① 서울시에서는 건축허가를 2008. 7. 30. 이전에 받아서 다세대를 건축한 경우 60㎡ 미만이라도 온전한 아파트분양권 대상자가 될 수 있다. 2008. 7. 30. 후라면 60㎡ 미만으로 신축한 경우 수인의 분양신청자는 1인의 분양대상자로 제한한다.

② 그러나 2008. 7. 30. 후 신축다세대가 60㎡ 미만일지라도 재건축 신축아파트 최소분양평형이 신축다세대평형 미만일 경우는 분양권대상이 된다. 즉 신축다세대 전용면적 ≥ 재건축 신축아파트 최소분양평형일 경우 분양대상자격 제한의 예외를 두고 있다.

③ 조례개정일(서울시의 경우 2008. 7. 30, 경기도는 2008. 7. 25) 후에 기존의 단독·다가구주택 또는 비주거용 건물을 철거하고 공동주택을 신축하는 경우 1개동 전체 세대에 대하여 하나의 분양대상자격만 부여한다.

알아두면좋은 법률

서울시 도시 및 주거환경정비조례 제24조 제2항 제6호
다음의 경우에는 수인의 분양신청자를 1인의 분양대상자로 본다.
- 단독주택 또는 비주거용 건축물을 공동주택으로 신축한 경우(기존의 공동주택을 세대수를 늘려 신축한 경우를 포함한다). 다만, 해당 공동주택의 주거전용면적이 당해 정비사업으로 건립되는 분양용 공동주택의 최소 주거전용면적 이상인 경우에는 그러하지 아니한다(개정 2008.7.30).

자가 건축법상 도로에 붙어 있는 땅에 건축허가를 신청하는 경우에도 마찬가지로 도로소유자의 사용·승낙 없이도 가능하다.

유의할 점은 농지나 임야 등을 활용해서 건물 신축을 목적으로 하는 개발행위허가 절차에서 도로로 허가를 받았다고 하더라도 건물을 신축해서 준공허가가 나야만 건축법상 도로가 되는 것이지 그 전에는 건축법상 도로가 아니라는 것이다.

◆ 건축허가를 위한 진입도로 요건과 건축법상 도로를 확인하는 방법

① 건축허가를 위한 진입도로 요건 충족 여부를 확인하려면, 우선 위성 지도와 현장답사를 통해 부지에 접한 현황도로를 확인하고, 다음으로는 지적도(토지이용규제확인서)상 도로 유무를 본 다음, 도로 폭과 접도, 도로 사용 가능성(소유자의 동의 및 사용료) 등을 조사하여 최종 결정하는 절차를 밟아야 한다.

② 지자체 등이 건축허가 시 도로로 지정·공고 후 도로대장에까지 등재되어 있다면 도로대장을 확인하는 방법으로 간단하게 확인할 수 있다.

그런데 지자체 등이 도로로 지정·공고를 하지 않고 있는 경우도 많고 이러한 경우를 일반인이 확인하는 것은 쉽지 않다.

이러한 경우 지자체 등에 직접 확인하고, 도로로 지정·공고를 했어야 했는데 누락한 것인지를 확인해야 한다. 이렇게 지정·공고를 하지 않은 경우에도 건축법상 도로가 되므로, 이 도로에 붙어 있는 제3자의 토지에도 건축허가를 받을 수 있다.

10 재건축과 재개발구역 내의 도로에 투자해서 성공하는 비법!

◆ **재건축사업 내 도로를 사면 분양권, 또는 현금청산금을 받을 수 있을까?**

재건축사업 단지 내에서는 종전의 건축물 중 주택 및 그 부속토지를 모두 소유한 자(건물+토지 전부 소유해야 인정)에 한해서만 분양자격이 주어지고, 토지만 소유하거나 건물만 소유하게 되는 경우는 현금청산 대상자가 된다.

특히 도로인 경우 경매 등으로 90㎡ 이상을 매수하게 되는 경우도 분양대상자가 아니고, 현금청산대상이지만 투자매력이 있다.

왜냐하면 도로의 경우 그 주변 대지가격의 3분의 1로 감정평가 되어 경매로 매각되고, 낙찰가는 50% 이하의 가격으로 결정되는 경우가 대부분이어서 현금청산하게 되어도 높은 수익성을 기대할 수 있다.

최근에는 흥미로운 대법원 판결내용이 있다(대법2008다21549).

토지의 현황이 도로일지라도 재건축이 추진되면 아파트 단지의 일부가 되므로 대지로서 평가하되, 다만 그 형태(세장형 등 형태가 불량함), 면적, 단독토지로서의 효용가치 등 획지 조건의 열세와 기여도 등을 감안하여 감액 평가하는 방식으로 '재건축을 전제할 경우의 시가'를 산출하였다는 이유로, 위 감정인의 2006. 6. 27. 자 감정평가 결과를 채택하여 이 사건 각 토지의 매매시가를 결정하였다.

이 판례에 의해서 도로의 수익성을 계산한다면 도로는 경매로 매각되는 경우 경매 감정가의 2분의 1 가격으로 낙찰되므로 매수 당시 2배의 수익률과 현금청산 시 대지 보상가를 기준으로해서 감액감정(그 형태가 불량함, 면적, 단독토지 그렇더라도 지방자치단체 조례별로 다르게 규정하여 시행하고 있으니, 다른 지방자치단체 조례를 국가법령정보센터에서 확인해서 분양자격을 분석하거나 지방자치단체 도시정비과에 문의해서 분양자격 유무를 정확하게 확인하고 투자 여부를 결정해야 성공할 수 있다.

03 분양권을 경매로 사려면, 꼭 알고 있어야 할 내용

◆ 조합원분양권이 경매로 매각되는 경우

조합원이 분양 받을 평형대와 이 분양 평형대가 어느 정도 가격을 형성하고 있는가를 조사해야 한다. 그리고 조합원의 종전자산 평가액과 신축아파트 평가액의 차이로 발생하는 청산금(추가부담금)이 얼마이고, 조합원의 청산금 미납금액과 이에 따른 지연이자 등을 확인해서 실제 입주하기 위해 지급해야 하는 총 납부금액을 조합에서 확인하고 입찰에 참여해야 한다. 조합원분양권을 낙찰 받아 완전하게 소유권을 행사하기 위해서는 낙찰금액＋청산금 미납금액과 이에 따른 지연이자 등을 납부해야 한다. 미납금액이 있다면 납부할 때까지 조합의 유치권 행사로 아파트를 인도 받을 수 없기 때문이다.

🏠 일반분양권이 경매로 매각되는 경우

일반분양권자가 계약금, 중도금, 잔금 중 어느 정도까지 납부했고, 그에 따라서 미납금액에 대한 추가 부담할 금액과 미납금액에 대한 지연이자 및 기타비용 등을 조합에 문의해서 정확하게 분석하고 입찰해야 한다. 미납금액이 있다면 납부할 때까지 조합의 유치권 행사로 아파트를 인도 받을 수 없기 때문이다.

◆ 조합원분양권이나 일반분양권을 매수 후 수익분석

전체 납부할 금액이 구입가가 되고, 분양 받고 입주 후에 아파트 시세와의 차액이 수익이다. 그러나 구입 당시는 입주 전 2~3년, 빠르면 1~2년 사이에 분양권을 구입하게 되므로 신규아파트의 미래가치를 정확하게 판단하기가 쉽지 않다. 따라서 이를 위해서는 주변 같은 평형, 비슷한 학군, 교통과 단지 등을 비교하여 기존 같은 평형대의 아파트시세+신규아파트의 프리미엄을 계산하면 사전에 어느 정도의 수익성을 분석할 수 있다.

이 분석은 정확하다고 할 수는 없겠지만, 이러한 미래의 불확실성은 입찰희망자 모두에게 해당되는 것이므로 온전한 아파트보다 낮은 가격에 낙찰 받을 수 있어 성공적인 경매투자가 될 수 있다.

11 도로 지분으로 분양권을 선택한 사람과 현금청산금을 받은 사람들!

필자는 2019년 8월 16일에 노량진 재개발구역에서 두 개의 물건을 낙찰 받았다.

<u>하나는</u> 노량진 재개발1구역의 연립주택으로, 25평형 아파트를 추가부담금 없이 분양 받을 것이 예상되는 주택이다. 이 주택은 시세가 9억5,000만원인데 다음과 같이 786,609,800원에 낙찰 받았다.

▌상세입찰결과

물건관리번호	2019-04335-001		
재산구분	압류재산(캠코)	담당부점	서울서부지역본부
물건명	서울특별시 동작구 노량진동 000-0 외 1필지 제2층 제000호		
공고번호	201906-19472-00	회차 / 차수	031 / 001
처분방식	매각	입찰방식/경쟁방식	최고가방식 / 일반경쟁
입찰기간	2019-08-12 10:00 ~ 2019-08-14 17:00	총액/단가	총액
개찰시작일시	2019-08-16 11:02	집행완료일시	2019-08-16 11:20
입찰자수	유효 2명 / 무효 0명(인터넷)		
입찰금액	786,609,800원/ 784,300,000원		
개찰결과	낙찰	낙찰금액	786,609,800원
감정가 (최초 최저입찰가)	755,000,000원	최저입찰가	755,000,000원
낙찰가율 (감정가 대비)	104.19%	낙찰가율 (최저입찰가 대비)	104.19%

▌대금납부 및 배분기일 정보

대금납부기한	2019-09-18	납부여부	미납
납부최고기한	2019-09-30	배분기일	-

임차인현황 (말소기준일: 2008.06.09 / 배당요구종기일: 2011.09.08)
==== 조사된 임차내역 없음 ====
기타사항 ☞ 관할 동사무소에 주민등록등재자를 조사한 바,등재자 없음

■ 토지등기부 (채권액합계 : 284,650,000원)

No	접수	권리종류	권리자	채권금액	비고	소멸여부
1	1973.04.30	소유권이전	이OO			
2	2008.06.09	근저당	농협중앙회 (금호동지점)	104,650,000원	말소기준등기	소멸
3	2008.06.16	근저당	안OO	150,000,000원		소멸
4	2008.06.26	근저당	안OO	30,000,000원		소멸
5	2009.05.25	압류	서울특별시성동구			소멸
6	2010.06.23	임의경매	안OO	청구금액: 180,000,000원	2010타경9034	소멸
7	2010.11.24	소유권이전(상속)	이OO외 2명		이OO, 이OO, 이OO 각지분 1/3	
8	2011.04.22	이병우지분강제경매	고OO	청구금액: 35,000,000원	2011타경 0000	소멸
9	2011.08.24	이병우지분압류	고양세무서			소멸
10	2011.11.01	이병우지분압류	고양시일산서구			소멸
주의사항	▶ 본건은 공사중인 금호17구역 주택재개발 아파트 부지에 속한 토지이므로 정산관계 및 권리관계를 반드시 재개발조합에 확인요함

◆ 조합원분양권이 경매로 매각되는 물건에 대한 권리분석

이 물건은 다음 지도와 같이 5호선 신금호역이 도보로 3~5분 거리에 위치하고, 금호 17구역 주택재개발로 완공단계에 있고, 주변 입지 조건이 좋아서 많은 입찰자들이 선호하는 위치에 있는 조합원분양권이다.

수요가 높은 지역 임에도 계속적으로 가격이 떨어진 이유는 어디에 있을까?

그 이유는 이 조합원분양권을 낙찰 받으면 그 가격이 곧 아파트를 분양 받을 수 있는 총 취득가가 아니라 추가적으로 부담해야 할 금액이 많기 때문이다. 이 판단을 잘못해서 2012. 04. 16. 4억1,999만원에 낙찰 받았다가 포기하고, 2012. 09. 03. 3억5,177만원에 낙찰 받았다가 포기하는 사례가 발생했다.

이 사례는 필자가 5차 매각절차에서 청산금(추가부담금)의 미납금액과 지연이자 등을 계산해 본 결과 주변 아파트 시세를 초과했던 물건이다.

재건축으로 신축된 아파트를 매수하려면 얼마나 추가로 부담해야 하나?

재건축조합에 확인해 본 결과 조합원이 분양 받는 동·호수는 104동 605호 33평형이다. 이 신축아파트 분양가는 4억7,075만원이고, 종전자산의 권리가액이 296,401,287원(시유지매입금액 8,100만원 포함)으로 추가로 납부할 금액이 174,348,713원이 된다. 그런데 시유지 매입대금 중에서 계약금 836만원만 납부했고, 미납금 7,264만원도 추가로 납부해야 한다. 그러니 추가로 납부해야 할 금액이 246,988,713원이다. 그리고 장기간 미납으로 지연이자가 1억원에 상당했다.

2012. 09. 03. 3억5,177만원에 낙찰 받았다가 왜 포기했을까?

낙찰가 3억5,177만원 + 246,988,713원 + 수년간 미납으로 인한 지연이자가 1억 정도로 총 취득비용은 698,758,713원이다. 그런데 주변아파트 시세는 6억5천 ~ 7억 정도니 경매로 낙찰 받아서 수익을 내기보다는 손해가 발생하게 돼 입찰보증금을 포기한 것으로 분석된다.

2013. 06. 03. 1억7,500만원에 낙찰 받은 입찰자는 어떨까?

1억7,500만원 + 246,988,713원 + 수년간 미납으로 인한 지연이자가 1억 정도로 총 취득비용은 521,988,713원으로 주변 아파트 시세 6억원보다 저렴하다. 그리고 신규아파트의 프리미엄까지 생각하면 성공적인 투자로 볼 수 있다.

특히 이 아파트가 이미 준공된 상태로 낙찰 받고 나서 입주가 가능하다는 장점이 있어서 매수 후 투자금 회수도 가능할 것으로 분석된다.

이러한 경우 지연이자 부분만 조합과 상의해서 줄일 수만 있다면 해결의 실마리를 더 쉽게 찾을 수도 있으니 입찰하기 전에 그러한 사정을 확인하고 입찰에 참여해야 한다.

왜냐하면 조합원분양가로 신축 후 아파트를 취득해서 수익을 보기 위해서는 전체 납부할 금액이 구입가가 되고, 분양 받고 입주 후에 아파트 시세와의 차액이 수익이기 때문이다. 그러나 구입 당시는 입주 전 2~3년, 빠르면 1~2년 사이에 분양권을 구입하게 되므로 신규아파트의 미래가치를 판단하기란 쉽지 않다.

이러한 판단을 위해 같은 평형, 비슷한 학군, 교통과 단지 등을 비교하여 기존 같은 평형대의 아파트시세+신규아파트의 프리미엄을 계산하면 사전에 어느 정도의 수익성을 예측할 수 있다.

◆ 매각에서 제외된 건물분에 대한 권리분석은?

그리고 유의할 점은 이 재건축조합원분양권은 분양권자가 종전 건물과 대지로 분양을 신청했는데, 대지만 매각된 것으로 건물에 대한 권리를 주장하지 못하고, 공동분양권자가 될 수도 있다는 사실이다. 이러한 내용 등을 조합 사무실 등에서 확인하고 단독분양권자로 인정해 준다면 문제가 없겠지만, 필자가 분석한 것처럼 공동분양권자가 된다면 건물분에 대한 권리가액을 별도로 계산해서 분양권 총취득가에 포함시켜서 수익을 분석해야 한다.

어쨌든 실무에서는 다음 〈알아두면 좋은 내용〉과 같은 사례도 있으니 참고하기 바란다.

알아두면 좋은 내용

재건축사업에서 대지지분만 매각 시 조합원분양권 지위 승계가 가능할까?
① 이 금호동 재건축조합원의 대지지분만 경매로 매각된 사례에서도 전체분양대금과 지연이자 등을 대상으로 수익분석 후 입찰에 참여하는 과정을 분석했다. 물론 이 과정에서 종전 건물분에 대한 권리가액은 계산하지 않았지만, 그냥 넘어갈 것으로 판단해 봤다. 설령 건물분을 별도로 계산한다고 해도 그 금액이 높지 않을 것이라는 판단에서 이렇게 분석한 것이지만, 정확한 판단은 종전 건물 분을 계산하는 것이 올바른 판단이다.
② 조합원 지위양도(재건축 입주권 전매가능)가 투기 과열지구 내에서는 불가능하지만, 경매 또는 공매로 취득 시에는 조합원 지위양도가(재건축 입주권 전매가능) 2009년 8월 11일부터 가능하게 개정되었다(도정법 제39조 제2항 제5호). 그러니 현재 경매·공매로 취득하면 조합원의 지위를 승계할 수 있다.

05 재건축에서 건물이 멸실되어 토지만 경매로 낙찰 받은 경우

① 재건축사업구역 내에서 건물만, 토지만, 도로만 소유한 경우에는 분양을 신청할 수 없고(분양신청대상자가 아니라), 현금청산대상자가 된다는 것이 재개발사업과 다른 점이다.

② 이렇게 재건축은 분양신청단계에서 건물과 토지를 가지고 분양을 신청해야 조합원분양권을 취득할 수 있다. 그런데 조합원이 분양권을 신청한 상태에서

조합원분양권이 경매로 매각되면 청산금(분양대금 등) 미납금과 지연이자 등만 부담하면 신규분양권을 취득할 수 있다. 그러나 종전 조합원이 분양권을 신청한 상태에서 건물이 멸실되어 토지만 경매로 낙찰 받은 경우라면 멸실되어 소유권이전이 불가능한 건물에 대한 조합원의 권리를 넘겨받을 수 없다.

따라서 종전 건물 소유자인 자가 건물분 조합원의 권리를 포기할 가능성이 없고 당연히 그 주장을 하게 되어서 추후에 공동조합원이 될 수 있다. 이때 청산금 부담비율은 종전 건물권리가액과 종전 토지권리가액 비율로 부담하게 되고, 그 비율에 따라 신규아파트에서 공동소유자가 된다. 그러나 조합 측에서는 이러한 내용에 대해서 자세히 알 수가 없어서 토지만 낙찰 받은 사람이 전체 분양대금과 지연이자 등을 납부하게 되면 그를 조합원분양권을 승계한 자로 보고 신규아파트 전체지분을 소유권보존등기를 하게 된다. 실무에서는 이런 경우 토지만 낙찰 받아 조합원의 지위를 승계한 사람이 건물분에 대해서 부당이득을 보게 되는 사례가 있다. 그러므로 추후 종전 조합원이 건물분에 대해서 부당이득 반환을 청구할 수도 있다는 사실도 함께 알고 있어야 한다.

06 재개발로 건물이 철거되고 토지만 경매가 진행되는 경우

 김선생의 도움말

재개발지역에서 건물이 멸실되어 있어서 토지만 경매로 낙찰받은 경우 멸실되어 소유권이전이 불가능한 건물에 대한 조합원의 권리를 넘겨받을 수 없다. 따라서 종전 건물 소유자인 자가 건물분 조합원의 권리를 포기할 가능성이 없고 당연히 그 주장을 하게 되어서 추후에 공동조합원이 된다.

◆ 토지경매 입찰대상 물건분석표

주소	면적	공매가 및 진행과정	1) 임차인조사내역 2) 기타청구	등기부상의 권리관계
서울시 마포구 아현동 ○○○번지 단독주택 (건물멸실로 대지만 경매) 채무자겸 소유자 : 김윤식	대지 112m² (33.88평) 재개발로 건물이 멸실된 상태	감정가 1억3천만원 최저가 1차 130,000,000원 유찰 2차(20% 저감) 104,000,000원 유찰 3차(20% 저감) 83,200,000원 낙찰 93,550,000원	1) 임차인 임차인 없음 2) 기타청구 ① 마포구청 재산세 35만원 (법정기일 09.7.10.) ② 마포세무서 부가세 1,557만원 (법정기일 09.7.25.)	소유자 김윤식 근저당 고양새마을금고 2008.10.20. 6,500만 가압류 대전캐피탈 2009.3.15. 3,000만원 압류 마포세무서 2010.1.30. 임의경매 고양새마을금고 청구금액 6,500만원 〈경매신청 : 10.8.30.〉

🏠 재개발로 건물 철거 후 토지만 경매되는 물건에 대한 권리분석

이 지역은 마포구 아현 1지구 재개발구역으로 2,000세대를 건립하는 곳으로서 재개발지분이 경매로 나왔다. 이 아파트는 2014년 10월에 완공 예정이라 이 때에 입주가능하다.

여기서 말소기준권리는 근저당권 고양새마을금고 2008. 10. 20. 이다. 이 물건은 건물이 멸실되어 있어서 대항력 있는 임차인이나 후순위 임차인 등이 없어서 명도는 문제가 발생하지 않고, 재개발로 투자 가치가 높은 지역인데도 이렇게 낮은 가격으로 낙찰되는 이유는 무엇일까?

① 재개발지역에서 건물이 멸실되어서 토지만 경매가 진행된 경우에는 건물분에 대한 조합원의 권리를 넘겨받을 수 없다. 종전 건물소유자가 건물분 조합원의 권리를 포기할 가능성이 없기 때문에 추후에 공동조합원이 된다.

② 재개발구역의 관리처분가액은 토지지분에 대한 감정평가와 건물지분에 대한 감정평가를 분리하여 평가하게 되는데 이러한 토지·건물 평가금액 합계가 종전자산에 대한 평가금액이 되고, 이 종전자산 평가금액으로 새로운 아파트를 취득할 수 있는 자격을 얻게 된다. 따라서 정상적이라면, 신축아파트 등기 시에 관리처분 당시(재개발 당시) 종전의 토지지분과 건물지분의 감정평가금액의 비율로 공유등기가 된다.

그러나 조합이 이러한 사실을 간과하고 토지낙찰자를 분양대상자로 보고 이전고시를 하는 경우도 발생한다. 이 경우 건물소유자는 조합과 낙찰자를 상대로 건물분 만큼의 공유지분을 주장할 수 었다. 그런데 그 권리를 주장하지 못하는 사례도 있기 때문에 토지낙찰자가 부당이득을 보게 될 수도 있다.

어쨌든 정상적이라면 토지낙찰자는 추후에 건물분의 지분을 매입해야만 신축 아파트에서 제약을 받지 않고 완전한 권리행사를 할 수 있다.

이러한 문제는 건물 소유자 역시 마찬가지다.

◈ 배당표 작성방법과 분양대상 유무에 대한 판단

따라서 배당표를 작성 하면 매각금액 93,550,000원-경매 집행 비용 2,710,000원 = 배당금 90,840,000원이다.

- **1순위** : 마포구청 35만원(당해세 우선변제금 1)
- **2순위** : 고양새마을금고 6,500만원(우선변제금 2)
- **3순위** : 마포세무서 1,557만원(우선변제금 3)(조세채권은 공과금 및 기타 일반채권에 항상 우선한다)
- **4순위** : 가압류권자 대전캐피탈 9,920,000원(우선변제금 4)

이 토지만의 경매절차에서 분양대상에 대한 판단

토지는 낙찰받은 낙찰자의 몫이고, 건물은 소멸되어 권리가액만 남아 있는데 이는 종전 건물소유자에게 권리가 있다.

따라서 낙찰자는 대지지분만 소유권을 취득할 수 밖에 없어서 추후에 아파트가 신축되고 나면 경매낙찰자의 대지지분과 종전 건물소유자(채무자)는 종전 토지·건물지분의 감정평가액 비율로 공유지분등기가 된다.

도시 및 주거환경정비법의 규정에 의하여 조합원분의 종전 토지와 건물분은 재개발 후의 새로운 건물로 환권된 것으로 보기 때문이다.

공동조합원이 되더라도 토지에 대한 지분비율이 상당히 높게 평가될 것이므로 그를 예상하여 경매 등으로 토지가액을 낮게만 취득할 수 있다면 높은 투자수익이 예상된다.

토지를 낙찰받아 소유권을 확보한 후 처리방법은 건물지분을 매수하여 완전한 권리를 행사하는 방법과 새로운 아파트가 완공되고 나서 건물지분소유자와 협의하여 매수하든지 또는 제3자에 매각하여 지분비율대로 매각대금을 나누는 방법이 있을 수 있고, 협의가 이루어지지 않을 경우에는 법원에 공유물분할청구 소송을 통하여 경매 신청하는 방법도 있다.

07 지상에 다세대주택 14세대가 있는 토지만 공매로 낙찰받은 사례

◆ 한국자산관리공사(KAMCO)의 지분공매 입찰정보내역

캠코공매물건

[물건명/소재지] : 인천 부평구 산곡동 00-00

기본정보

물건종류	부동산
처분방식	매각
물건상태	낙찰
조회수	707

기관정보

- 입찰집행기관 : 한국자산관리공사
- 담당자 : 인천지역본부 / 조세정리팀
- 연락처 : 1588-5321

물건정보

소재지(지번)	인천 부평구 산곡동 00-00		
물건관리번호	2010-05491-001	재산종류	압류재산
위임기관	북인천세무서		
물건용도/세부용도	대지	입찰방식	일반경쟁
면적	대지 646㎡		
배분요구종기		최초공고일자	2010/06/30

감정정보

감정평가금액	729,980,000 원	감정평가일자	2010/06/07	감정평가기관	(주)감정평가법인 대일감정원 [감정평가서 >]
위치및부근현황	본건 부평구 산곡동소재. 마곡초등교 남동측 인근에 위치함. 차량접근 가능하며 제반대중교통 수단은 보통임.			
이용현황	다세대주택 부지로 이용중임.			
기타사항	평가의견란 참조.			

임대차정보

지상의 다세대주택14개 구분호수의 소유자와 임차인 전입세대 현황은 다음 "토지만 공매가 진행된 입찰대상 물건분석표" 하단을 참고하면 된다.

등기사항증명서 주요 정보

1	소유권이전	박경미(가명)	1992/07/02	
2	압류	북인천세무서	1993/05/17	
3	근저당권	북인천세무서(납세담보)	1993/07/09	2,600,000,000원(공동담보목록 제411호)
4	근저당권	최형식	1996/09/11	25,000,000 원

5	가압류	(주)서울은행(여신관리부)	1997/08/11	100,000,000 원
6	압류	남인천세무서	1999/07/09	미표시
7	압류	연수구청(세무과)	2003/01/17	미표시
8	압류	인천광역시(처분청:연수구청)	2003/01/17	미표시
:	:	:	:	:

입찰이력정보

입찰번호	처분방식	물건관리번호	개찰일시	최저입찰가	낙찰가	낙찰가율	입찰결과	입찰상세
201005491001	매각	2010-05491-001	2011/03/31 11:00	364,990,000	411,690,800	112.8%	낙찰	보기

◆ 입찰결과 상세 확인

입찰결과

물건관리번호	2010-05491-001	조회수	708
물건명	인천 부평구 산곡동 00-00		
입찰자수	유효 3명 / 무효 0명 (인터넷)		
입찰금액	411,690,800원, 383,899,000원, 372,400,000원		
개찰결과	낙찰 (해제)	낙찰금액	411,690,800원
물건누적상태	유찰 5회 / 취소 19회 입찰이력보기		
감정가격 (최초 최저입찰가)	729,980,000원	낙찰가율 (감정가격 대비)	56.4%
최저입찰가	364,990,000원	낙찰가율 (최저입찰가 대비)	112.8%

공매정보

자산구분	압류재산	담당부점	인천지역본부
회차/차수	012 - 001	개찰일시	2011/03/31 11:04
집행완료일시	2011/03/31 11:06		
입찰일시	2011/03/28 10:00 ~ 2011/03/30 17:00		

대금납부 및 배분기일 정보

대금납부기한	납부여부	납부최고일	납부여부	배분기일
2011-06-03	미납	2011-06-13	완납	2011-07-13

♦ 공매 입찰대상 물건 분석표

KAMCO의 입찰정보내역과 감정평가서, 등기부등본, 건축물대장, 전입세대 열람 등을 통해서 물건분석표를 작성하면 다음과 같다.

주 소	면 적	공매가 진행과정	1) 임차인조사내역 2) 기타청구	등기부상의 권리관계
인천시 부평구 산곡동 ○○-○ 체납자 겸 소유자 : 지선미 토지만 압류공매 공매위임 관서 : 북인천 세무서 공매집행 기관 : 자산관리공사 (관리번호: 2010-05491 -001) 압류공매 : 북인천세무서 청구 18,385만원 〈공매공고 10.12.22〉	대지 646㎡ (195.415평) 토지만 압류공매 (지상에 14세대의 다세대주택이 존재) 이 물건은 산곡동에 소재한 물건으로 마곡초등학교 남동측 인근에 위치 산곡재개발 6구역 내에 위치하고 있어서 재개발이 진행되는 경우 분양자격이 예상되는 물건이다.)	감정가 729,980,000원 (2010.06.07) 최저가 1차 729,980,000원 유찰(10% 저감) 2차 656,982,000원 유찰 3차(10% 저감) 583,984,000원 유찰 4차 510,986,000원 유찰 5차 437,988,000원 유찰 6차 364,990,000원 낙찰 411,690,800원 (2011.03.31.) (입찰자수 3명)	1) 임차인 토지만 매각된 경우로 임차인 없음 2) 기타청구 ① 북인천세무서 상속세 체납세액 183,850,000원 93.08.16. ② 부평구청 재산세 355만원 (법정 96~ 2011년분) 취득세 및 기타세금 4,800만원 96.07.20. ③ 남인천세무서 소득세 3,780만원 98.05.31. ④ 인천광역시 연수구청 취득세 3,580만원 02.07.31. ⑤ 국민건강보험 480만원 (납부기한 01~03년분)	소유권이전 박경미(가명) 92.07.02. 압류 북인천세무서 93.05.17. 근저당 북인천세무서 2,600,000,000원 공동담보목록 제411호 93.07.09. 근저당 최형식 25,000,000원 공동담보목록 제606호 96.09.11. 가압류 (주) 서울은행 1억. 97.08.11. 압류 남인천세무서 99.07.09. 압류 연수구청 03.01.17. 압류 국민건강 인천남부지사 04.03.18. 압류 부평구청 97.01.15. 토지전체 면적을 대지권으로 14세대에 14분의 1씩 공유지분 등. 2009.05.13. 대지권 지분에 대한 가처분 채권자 방민기외 10명

> 3) **지상건물내역은 다음과 같다**
> 지상에 존재하는 다세대주택은 미등기 상태로 있다가 채권자 임미정의 강제경매신청(인천지법2009-31415)으로 미등기 집합건물이 2009년 9월 18일에 각 구분소유자별로 보존등기되고 강제경매개시결정기입등기가 촉탁으로 등기되었다.
> 4) **대지권으로 공유지분등기 내역**
> 이진기(101호), 김현기(102호), 임인기(103호), 김윤기(104호), 김화기(201호), 엄시기(202호), 김미기(203호), 심자기(204호), 김인기(301호), 김영기(302호), 김단기(303호), 이문기(304호), 박지기(제비01호), 백남기(제비02호)의 대지권등기

◆ 토지만 공매가 진행된 물건에 대한 권리분석과 배분표 작성

 이 공매물건은 인천시 부평구 산곡동의 산곡재개발 6구역 내에 위치하고 있는 물건으로 그 지상에 14세대의 다세대주택이 존재하고 있는 물건이다. 그런데 중요한 것은 토지에 압류나 근저당권 설정 당시에 건물이 미등기 상태로 되어 있던 점 등을 고려할 때 관습법상 법정지상권이 성립된다. 그리고 토지에 압류나 근저당권 설정 당시에 미등기 건물이 존재했으므로 건물의 임차인 등은 토지만의 매각 절차에서도 구분소유권의 대지지분이 매각되는 부분에 대해서는 소액보증금 중 일정액과 확정일자 우선변제금으로 배당요구가 가능할 것으로 판단할 수 있는데 배분요구한 임차인 등이 없고 대부분 소유자들이 점유하고 있다는 점에서 임차인에 대한 고려 없이 배분표를 작성하도록 하였다.
 그리고 임차인이 있다고 하더라도 배분요구하지 않으면 배분 절차에서 배제되고, 토지만의 매각 절차이므로 매수인에게는 부담이 되지 않고, 보증금 인수 여부는 집합건물의 구분소유자들의 문제이기 때문이다.

배분표를 작성하면 다음과 같다

 매각대금이 411,690,800원이고 공매비용이 12,350,700원이면 실제 배분금은 399,340,100원이 된다.

- 1순위 : 북인천세무서 183,850,000원(상속세 우선변제 1)
- 2순위 : 부평구청 3,550,000원(재산세 우선변제 2)

1~2순위는 당해세에 해당되지만 동순위로 하지 않은 것은 다른 세금과의 관계에서는 압류하지 않은 경우도 당해세가 당연히 우선하지만 같은 당해세 간에 압류를 한 경우라면 압류선착주의에 따라 압류를 먼저 한 당해세가 우선하기 때문이다.

- **3순위** : 부평구청 취득세 4,800만원(우선변제 3)

3순위에서 북인천세무서의 근저당권을 배분하지 않은 것은 26억원은 공동 담보목록 제 411호에 의해서 공동담보된 채권이고, 북인천세무서가 183,850,000원만 교부청구한 것은 다른 공동담보물건의 매각절차에서 회수가 이루어지고, 교부청구된 체납세액만 남아 있기 때문이다.

- **4순위** : 최형식 2,500만원(우선변제 4)
- **5순위** : 남인천세무서 3,780만원(우선변제 5)
- **6순위** : 연수구청 3,580만원(우선변제 6)
- **7순위** : 국민건강보험 480만원(우선변제 7)

배분잔여금이 60,540,100원이 있어서 후순위 채권자가 있다면 배분참여가 가능하나 주식회사 서울은행의 가압류채권 등과 같은 일반채권은 이 당시에는 국세징수법상 진행되는 공매절차에서는 배분참여가 불가했다.

다만 저당권 등의 담보물권보다 선순위이거나 동순위인 경우만 배분참여가 가능하므로 이 공매사건에서는 배제될 수 밖에 없었다.

배분잔여금 60,540,100원은 체납자 겸 소유자에게 배분될 것이다.

따라서 가압류채권자 서울은행은 체납자의 배분금에 대해서 사법기관에 채권가압류하고 본안소송을 거쳐서 추심하는 절차를 진행한다.

그러나 <u>2011. 04. 04. 국세징수법의 개정으로 2012. 01. 01.부터 가압류채권자와 집행권원을 가지고 배분요구한 모든 채권자도 배분절차에 참여 가능하도록 개정되어 시행하게 되었으므로</u> 앞의 규정은 2011년 12월 31까지 최초공매공고한 공매물건에 대해서만 적용되고, 2012년 01월 01일부터 현재까지는 가압류 등의 일반채권자도 공매공고등기 이전에 등기되었다면 모두 배분 참여가 가능하다.

◆ 다세대주택의 사진과 주변현황

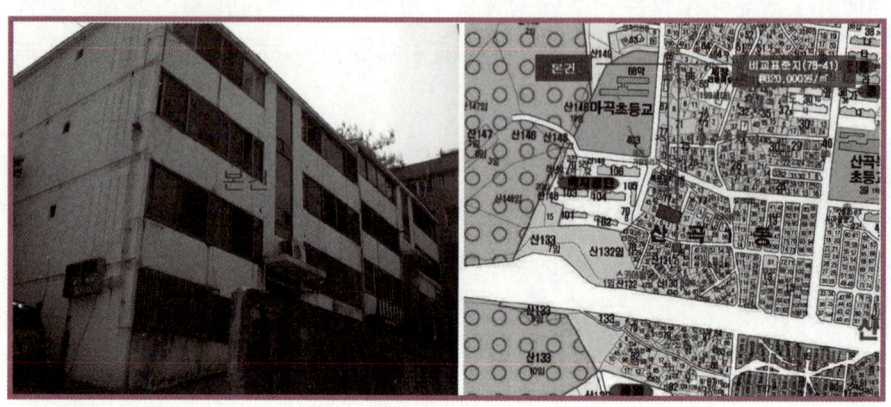

◆ 토지만 매수 시 분양자격 여부와 낙찰 받고 대응방법

(1) 토지를 공매로 낙찰 받는 경우 분양대상자가 될 수 있는가?

인천지역은 구역지정공람공고일 이전에 분할된 토지로 재개발구역 내에서 90m^2 이상이면 분양대상자가 될 수 있는데, 매수면적이 646m^2(195.415평)이므로 종전자산의 권리가액으로 대형 평형의 조합원입주권을 분양 받고서도 초과부분이 발생되어(종전 자산의 가치와 신축건물의 가치의 차액은 현금으로 청산되기 때문) 나머지 부분은 현금으로 청산 받을 수 있을 것이다.

(2) 낙찰받고 난 다음 대응방법

① 관습법상 법정지상권이 성립되므로 각 구분소유자에게 대지사용부분에 해당하는 지료를 청구할 수 있는데 각 구분소유자의 전유면적비율로 안분해서 지료를 산정하면 된다. 지료는 나대지 상태에서 계산하게 되므로 경매감정보다 높게 감정될 수 있다.

왜냐하면 경매감정은 건물이 존재하는 사유 등을 감안해서 저감해서 감정하는 경우가 대부분이고, 실제 현장을 방문하여 중개업소를 통한 시세조사에서도

600만원 대를 형성하고 있다는 점 등을 고려해 볼 때 감정가는 10억 정도로 예상되고 지료 청구소송에서 4~5%의 지료를 청구하면 높은 지료수익률을 얻을 수 있다.

10억에 대해서 연 5%의 지료를 받을 수 있다면 5,000만원이고 이는 실제 투자금액이 낙찰금액 411,690,800원과 필요 제경비 2,100만원을 합해서 432,690,800원으로 계산한다면 연 기대수익률(5,000원/432,690,800원)은 11.55%이 되어서 높은 수익률이 발생된다.

② 위 ①의 방법으로 계산된 지료를 지급하지 않으면 지료 청구소송으로 득한 집행권원으로 강제경매를 신청할 수 있다. 이를 위해 매수인은 잔금 납부 즉시 지료 청구소송을 제기해 판결문을 받아 놓아야 한다.

③ 집합건물의 구분소유자들은 대지사용권이 없어도 분양자격을 획득하는데에는 영향을 받지 않는다. 이는 건물소유자는 분양대상자가 되는데 인천지역은 구역지정공람공고일 이전에 분할된 토지와 건물은 토지와 별도로 분양자격이 주어지기 때문이다. 그렇다고 하더라도 종전자산의 가치가 적어서 그 재개발지역의 최소 평형보다 종전자산의 권리가액이 적은 경우라면 현금청산도 가능하다는 점도 고려해야 한다. 그러나 이 재개발구역은 조합원이 적어서 그런 문제는 발생되지 않겠지만 종전 자산의 권리가액(건물평가액)이 적어서 소형 평형을 배정받을 것으로 예상된다. 따라서 집합건물 구분소유자들은 대지지분을 매수하여 집합건물의 대지권등기를 해서 주택에서 온전한 권리를 행사함(재개발사업 전의 온전한 재산권행사)과 동시에 종전자산의 권리가액을 높여서 대형 평형을 받을 수 있는 권리와 지료지급에 대비(대지지분을 매수했으므로 지료지급이 발생되지 않는다)하고자 할 것이다.

이때 적당한 가격으로 대지지분을 매도하면 될 것이다.

④ 집합건물에 임차인 등이 있다면 건물에서만 권리가 있어서 임차보증금을 회수하는 문제점 등으로 집합건물에 대해서 전세보증금 반환청구소송을 통해서 판결문을 득해서 강제경매신청을 할 것으로 예상되는데 이 과정에서 건물구분소유권을 낙찰 받아서 대지권을 등기한 후 제3자에게 매각하면 보다 높은수익이 예상된다.

⑤ 이 집합건물의 구분소유권은 건물만으로도 분양대상자가 되므로 ②의 사례와 ⑤의 사례 등에서 구분소유권을 매수할 수만 있다면 대지권을 등기하여 온전한 주택으로 만들어서 제3자 등에게 매각하면 재개발구역이므로 조합원입주권을 희망하는 수요자에게 높은 가격으로 매각할 수 있다고 판단된다. 그리고 재개발까지 고려하지 않아도 그동안 대지권이 없어서 저평가되었던 집합건물을 대지권까지 등기하여 매각한다면 현 건물만의 가격보다 상대적으로 높은 가격으로 매도하여 높은 수익이 발생될 수 있다는 점에 대해서 이의를 제기하는 분들은 없을 것이다.

이렇게 주택의 대지만 경매로 매각되는 경우, 설령 건물에서 선순위 임차인으로 대항력 있는 임차인이더라도 대지 매각대금에서 임차인이 배당요구해서 미배당금이 발생해도 대지만 매수한 사람은 인수하지 않는다.

따라서 이 사례와 같이 대지만 매각되는 경우 그 지상의 다세대주택의 임차인들은 우선변제권으로 배당요구해서 최우선변제금과 확정일자부 우선변제권에 기해서 우선변제 받을 권리를 갖게 된다.

왜냐하면 근저당권 설정 당시 건물이 존재했으므로 근저당권을 기준으로 소액임차인에 해당하면 최우선변제금이 우선해서 배당받고 2순위로 근저당권자가 배당받게 된다.

따라서 배당순위는 다음과 같다.

매각대금이 193,000,000원이고 경매비용이 300만원이면 실제 배당금은 190,000,000원이 되므로

- **1순위** : ① 신수철 1,600만원 + ② 우미란 1,600만원 + ③ 원정민 1,600만원(최우선변제금 1)
- **2순위** : 조미자 1억3,000만원(근저당권 우선변제금 1)
- **3순위** : 우미란 1,200만원(확정일자부 우선변제금 2)으로 종결된다.

이렇게 배당되는 이유는 근저당권 설정 당시 다가구주택이 존재했고 다가구주택에서 다세대주택으로 분할등기된 소유자와 임대차계약서를 작성한 경우도 근저당권자는 주택에서 소액임차인이 발생할 것이라는 것을 예측할 수 있었으므로 이렇게 배당하더라도 근저당권자가 예측하지 못한 손실이 발생하지 않고 열악한 임차인을 보호한다는 취지에도 맞기 때문에 판례에서는 소액임차인이 최우선변제금을 우선하여 변제받아야 한다고 판단하고 있다.

2순위로 근저당권이 배당받고, 근저당권(낙찰자)에 대해서는 구분소유자가 대지사용권을 주장하지 못해도, 구분소유자들이 힘을 합쳐 경매절차에서 낙찰받거나 근저당권을 상환하게 된다면 적법한 대지사용권을 갖게 된다.

◆ 상가주택 2분의 1 지분 온비드공매 입찰정보 내역

필자는 345,600,000원에 입찰하여 낙찰 받았고, 차순위자가 333,770,000원에 입찰하였다.

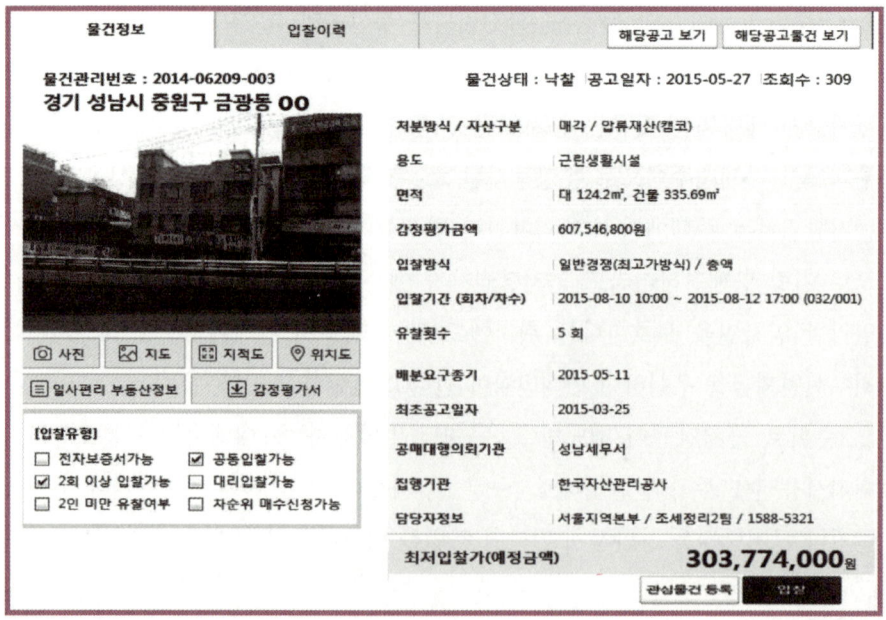

| 물건 세부 정보 | 압류재산 정보 | 입찰 정보 | 시세 및 낙찰 통계 | 물건 문의 | 부가정보 |

: : < 물건세부정보 내용은 위온비드화면에서 기본적인 내용을 확인할 수 있으므로 지면상 생략함> : :

| 물건 세부 정보 | 압류재산 정보 | 입찰 정보 | 시세 및 낙찰 통계 | 물건 문의 | 부가정보 |

■ 임대차 정보

임대차내용	성명	보증금(원)	차임(월세)(원)	환산보증금(원)	확정(설정)일	전입일
조회된 데이타가 없습니다.						

■ 등기사항증명서 주요정보

번호	권리종류	권리자명	설정일자	설정금액(원)
1	위임기관	성남세무서	-	미표시
2	근저당권	문OO	2000-07-26	351,000,000
3	근저당권	농업협동조합중앙회	2001-08-20	39,000,000
4	가압류	주식회사국민은행(안산서기업금융지점)	2004-05-27	123,516,791

■ 권리분석 기초정보 (권리분석 기초자료는 입찰시작 7일전부터 제공됩니다)   🖨 권리분석 기초정보 인쇄

■ 배분요구 및 채권신고현황 (배분요구서를 기준으로 작성하였으며, 신고된 채권액은 변동될 수 있습니다.)

번호	권리종류	권리자명	설정일	설정금액(원)	배분요구일	배분요구채권액(원)	말소가능 여부	기타
:	:	<이하 내용은 지면상 생략했음>	:	:				

| 물건 세부 정보 | 압류재산 정보 | 입찰 정보 | 시세 및 낙찰 통계 | 물건 문의 | 부가정보 |

■ 입찰 방법 및 입찰 제한 정보

전자보증서 사용여부	사용 불가능	차순위 매수신청 가능여부	신청 불가능
공동입찰 가능여부	공동입찰 가능	2인 미만 유찰여부	1인이 입찰하더라도 유효한 입찰로 성립
대리입찰 가능여부	대리입찰 불가능	2회 이상 입찰 가능여부	동일물건 2회 이상 입찰 가능

■ 회차별 입찰 정보

입찰번호	회차/차수	구분	대금납부/납부기한	입찰기간	개찰일시	개찰장소	매각결정일시	최저입찰가(원)
2201406209003	032/001	인터넷	일시불/낙찰금액별 구분	2015-08-10 10:00~ 2015-08-12 17:00	2015-08-13 11:00	전자자산처분시스템(www.onbid.co.kr) 공매재산명세	2015-08-17 10:00	303,774,000

Part
18

재건축과 재개발에서 지분투자로 성공하는 비법!

01 조합원분양권자가 현금청산자보다 훨씬 더 돈을 벌고 있다!

재건축과 재개발사업에 투자할 때 분양자격을 가지고 있느냐, 없어서 현금청산대상자가 되느냐가 성공의 지름길이 된다. 분양자격이 있어야만 성공하고, 현금청산자는 재건축사업으로 얻을 수 있는 수익이 반감될 수밖에 없다. 그래서 분양자격을 얻을 수 있는 물건에 투자해야 성공할 수 있다. 대부분의 사람들은 재건축, 재개발조합원이면 무조건 아파트 분양권을 받게 되는 것으로 알고 있지만, 받지 못하는 사례가 의외로 많다.

◆ 재건축사업에서 조합원 분양자격은?

재건축사업에서 조합원 분양자격은 재개발과 비교하면 단순하다.

재건축사업 단지 내에서 ① 종전의 건축물 중 주택 및 그 부속토지를 모두 소유한 자(건물+토지 전부 소유해야 인정)로, ② 재건축사업에 동의한 자이면서, ③ 분양신청자가 소유하고 있는 권리가액이 분양용 최소규모 공동주택 1가구의 추산액 이상인 자만 분양자격이 있다. 따라서 조합설립에 동의하지 않은 자와 건축물 중 토지 또는 건물만 소유한 자는 현금청산대상자로, 현금청산자가 되고 조합과 협의하여 매매를 하거나 또는 조합이 매도청구 소송을 통해 매수하게 된다. 이렇게 조합이 매수한 아파트 등은 일반분양 물건으로 분양하게 된다.

◆ 성남시 금광1구역 재개발사업에서 현금청산금으로 탈출한 사례

이 재개발구역내의 상가주택 2분의 1을 낙찰 받아 다음 한국토지주택공사의 현금청산 내역과 같이 현금청산금을 받고 탈출한 사례이다.

살기좋은 국토, 행복한 주거 From LH

한국토지주택공사

수신자 : 금광1구역 현금청산자 제위
(경유)
참　조 :
제　목 : 금광1구역 현금청산 시행 안내

　1. 귀하와 귀댁의 가정에 건강과 행복이 가득하시길 기원합니다.

　2. 금광1구역 주택재개발 정비사업 시행과 관련하여 「도시 및 주거환경정비법」 제47조 및 동법시행령 제48조에 의거 현금청산을 아래와 같이 시행하오니 붙임 안내문을 참고하여 구비서류 작성 및 지참하시어 기한 내 청산금 신청에 협조하여 주시기 바랍니다.

- 아　래 -

　□ 신청장소 : 금광1 재개발 현장사무소(수정구 신흥동　번지 아이에스빌딩 5층)
　□ 신청기간 : '16. 10. 5 ~ 11. 3(오전10:00~오후 4:00, 주말·공휴일 제외)

붙　임 : 1. 현금청산 내역서 1부.
　　　　2. 현금청산 안내문 1부.　끝.

한국토지주택공사 경기지역본부장

한국토지주택공사 경기지역본부

문서번호 :
수　　신 : 주식회사조이 귀하
제　　목 : 현금청산협의요청

　　　　에 편입된 귀 소유 토지 등에 대한 현금청산계획을 다음과 같이 정하고 「도시 및 주거환경정비법」 제47조 및 동법시행령 제48조에 따라 협의를 요청하오니 계약체결기간내에 협의에 응하여 주시기 바랍니다.

- 다　음 -

계약체결기간	2016.10.05~2016.11.03	협의 및 계약체결장소	금광1 재개발 현장사무소
계약 및 지급조건	['별첨'] 보상 안내문 참조]		
제출요구서류	['별첨'] 보상 안내문 참조]		

현금청산내역

구분	소재지	지번	지분면적(㎡)	물건의 종류	구조및규격	수량	보상액(원)	비고
토지	경기도 성남시 중원구 금광동	56	124.20				533,439,000	
물건	경기도 성남시 중원구 금광동	56		가옥-가외 3건	알씨및연와조,철근콘크리트조		151,749,490	

토지 현금청산명세

소유자 : 주식회사　　귀하　주소 : 경기도 성남시 중원구 희망로422번길　(금광동)

일련번호	소재지	지번	공부지목	편입면적(㎡)	지분	지분면적(㎡)	보상금액
1	경기도 성남시 중원구 금광동	56	대	248.40	1/2	124.20	533,439,000

물건 현금청산명세

소유자 : 주식회사　　귀하　주소 : 경기도 성남시 중원구 희망로422번길　(금광동)

일련번호	소재지	지번	물건의종류	구조 및 규격	수량(건)	단위	지분	보상금액
1	경기도 성남시 중원구 금광동	56	가옥-가	알씨및연와조,철근콘크리트조	671	㎡	1/2	150,984,240
2	경기도 성남시 중원구 금광동	56	기타지장물-창고	판넬조, 3.3*2.2	7	㎡	1/2	435,600
3	경기도 성남시 중원구 금광동	56	기타지장물-지하출입구	시멘트벽돌조, 1.1*2	2	㎡	1/2	254,650
4	경기도 성남시 중원구 금광동	56	기타지장물-대문	소	1	식	1/2	75,000

◆ 토지 90㎡ 이상을 단독 또는 공유지분으로 소유한 경우

 종전 토지의 면적이 90㎡ 이상이면서 권리산정기준일 이전(구조례 적용대상은 2003년 12월 30일 전)에 ① 단독으로 소유권이 분리되어 있거나 ② 공유지분으로 등기가 되어 있는 경우(지분면적이 90㎡ 이상)에는 분양대상자가 된다. 토지의 면적이 90㎡ 이상이면 지목과 상관없이, 즉 지목이 대지로 사용되는 경우는 물론이고, 지목과 현황 모두가 도로로 사용되는 경우에도 단독필지든, 공유지분이든 90㎡ 이상인 경우에는 모두 분양자격을 갖는다.

◆ 단독필지로 30㎡ 이상 ~ 90㎡ 미만인 토지소유자

 단독필지로 30㎡ 이상 ~ 90㎡ 미만인 토지소유자는 2003년 12월 30일 전에 소유권이 분리되고, ① 대지로 사용되는 경우에도 세대원 전원이 공사완료 고시일까지 무주택자이어야 한다. ② 도로로 사용되는 경우에는 지목과 현황이 모두 도로가 아니어야 하고(지목이 대지 또는 현황이 대지이면 분양대상), 사업시행인가 고시일부터 공사완료 고시일까지 세대원 전원이 무주택인 경우에는 분양대상자가 된다.

 이 ①과 ②내용은 구조례 적용대상 재개발 사업장에서만 적용되고, 2010년 7월 15일 서울시 도시 및 주거환경 정비조례가 개정되어 다음날인 2010년 7월 16일부터 시행된 신조례 적용대상 재개발사업구역에서는 90㎡ 미만인 토지소유자는 분양자격이 없다는 것에 유의해야 한다.

 결론적으로 30㎡ 이상~90㎡ 미만인 토지소유자는 신조례 적용대상에서는 현금청산자가 되고, 30㎡ 미만은 구조례와 신조례 적용대상 모두에서 현금청산자가 된다. 이렇게 <u>90㎡ 미만으로 현금청산 대상자라해도</u> 다른 사람의 지분을 매수해서 90㎡ 이상으로 만들면 분양대상자가 될 수 있다.

유의할 점은 권리산정기준일 이전(구조례 적용대상은 2003년 12월 30일 전)에 필지가 나누어져 있거나 공유지분으로 등기되어 있는 지분을 매수해서 90㎡ 이상을 만들면 분양자격과 종전자산의 권리가액을 증가시킬 수 있다. 그러나 권리산정기준일 후에 분할된 토지 등을 매수하면 권리가액에 포함되지 못하고, 현금청산 대상자가 된다.

◆ 권리가액이 분양용 최소규모 공동주택 1가구의 추산액 이상인 자

종전 토지면적이 90㎡ 미만이더라도 권리가액이 분양용 최소규모 공동주택 1가구의 추산액 이상인 자는 분양자격이 주어진다. 그리고 분양신청자가 동일한 세대인 경우의 권리가액은 세대원 전원의 가액을 합하여 산정할 수 있다.

◆ 1주택 또는 1필지의 토지를 여러 명이 소유하고 있는 경우

1주택 또는 1필지의 토지를 여러 명이 소유하고 있는 경우에는 하나의 분양자격을 갖는다. 다만, 권리산정기준일 이전(구조례 적용대상은 2003년 12월 30일 전)부터 공유로 소유한 토지의 지분이 총면적이 90㎡ 이상 또는 권리가액이 분양용 최소규모 공동주택 1가구의 추산액 이상인 자의 경우는 분양대상자가 될 수 있다.

◆ 수 필지나 대지 소유자 각자 90㎡ 이상인 경우

수 필지나 대지 소유자 각자 90㎡ 이상인 경우이고, 권리산정기준일 이전에 분할된 경우 각각 분양대상자가 된다. 수 필지를 합한 면적이 90㎡ 이상이거나 공유로 소유하고 있는 면적 중 단일지분이 90㎡ 이상인 경우에도 권리산정기준

건축법 상 도로의 요건

① 도로는 사람과 자동차가 통행할 수 있는 상태일 것
② 도로폭은 4m, 접도부분은 2m 이상일 것(원칙)
③ 건축허가 시에 진입도로로 지정 공고된 도로일 것
④ ③이 아니면 도로법 사도법 국토계획법 등에서 도로로 지정 고시된 도로
⑤ 도시계획예정도로도 가능하다

② **건축법 제45조(도로의 지정·폐지 또는 변경)**

제1항 허가권자는 제2조 제1항 제11호 나목에 따라 도로의 위치를 지정·공고하려면 국토해양부령으로 정하는 바에 따라 그 도로에 대한 이해관계인의 동의를 받아야 한다. 다만, 다음 각 호의 어느 하나에 해당하면 이해관계인의 동의를 받지 아니하고 건축위원회의 심의를 거쳐 도로를 지정할 수 있다고 규정한다.

1. 허가권자가 이해관계인이 해외에 거주하는 등의 사유로 이해관계인의 동의를 받기가 곤란하다고 인정하는 경우, 2. 주민이 오랫동안 통행로로 이용하고 있는 사실상의 통로로서 해당 지방자치단체의 조례로 정하는 것인 경우

제2항 허가권자는 제1항에 따라 지정한 도로를 폐지하거나 변경하려면 그 도로에 대한 이해관계인의 동의를 받아야 한다. 그 도로에 편입된 토지의 소유자, 건축주 등이 허가권자에게 제1항에 따라 지정된 도로의 폐지나 변경을 신청하는 경우 또한 같다.

제3항 허가권자는 제1항과 제2항에 따라 도로를 지정하거나 변경하면 국토교통부령으로 정하는 바에 따라 도로관리대장에 이를 적어서 관리하여야 한다.

(2) 서울특별시 건축조례 제27조(도로의 지정)

서울특별시 건축조례 제27조는 건축법 제45조 제1항에 따라 주민이 장기간 통행로로 이용하고 있는 사실상의 도로로서 허가권자가 이해관계인의 동의를 얻지 아니하고 위원회의 심의를 거쳐 도로로 지정할 수 있는 경우는 다음 각 호의 어느 하나와 같다.

1. 복개된 하천·구거(도랑)부지, 2. 제방도로, 3. 공원 내 도로, 4. 도로의 기능을 목적으로 분할된 사실상 도로, 5. <u>사실상 주민이 이용하고 있는 통행로를 도로로 인정하여 건축허가 또는 신고하였으나, 도로로 지정한 근거가 없는 통행로</u>

따라서 개인이 자기 땅에 건물 등의 신축을 목적으로 건축허가를 받을 때 사유지 일부를 도로로 개설하여 허가를 신청하는 경우, 허가권자(지자체장)는 국토교통부령으로 정하는 바에 따라 그 도로에 대한 이해관계인의 동의(동의를 받지 않아도 되는 도로는 제외)를 받아 지정·공고한다.

<u>이 도로를 건축법상 도로라 한다.</u> 그리고 서울특별시 건축조례 제27조에서 사실상의 도로로서 허가권자가 이해관계인의 동의를 얻지 아니하고 위원회의 심의만을 거쳐 도로 지정할 수 있는 도로로, 서울특별시 건축조례 제27조 5호 <u>사실상 주민이 이용하고 있는 통행로를 도로로 인정하여 건축허가 또는 신고하였으나, 도로로 지정한 근거가 없는 통행로도 건축법상 도로로 인정하고 있다.</u>

이렇게 사유지가 건축법상 도로로 지정·공고되거나 지정·공고가 되지 않았어도 사실상 건축법상 도로로 인정되는 도로에 붙어 있는 토지에다 제3자가 건물을 신축할 때 토지소유자의 동의 없이 건물을 신축할 수 있다.

◆ 건축법상 도로가 되면 이는 법정도로가 된다!

이렇게 법정도로가 되면 당연히 그 도로가 사유토지라고 하더라도 사권행사가 제한되고, 배타적 사용수익권이 없다. 따라서 건축법상 도로에 상·하수도 인입을 위한 공사 시에도 도로소유자의 사용·승낙은 불필요하다. 그리고 제3

◆ 단독주택 또는 다가구주택을 다세대주택으로 전환한 경우

권리산정기준일 이전(구조례 적용대상은 2003년 12월 30일 전)에 분리된 다세대(분할다세대인 경우)는 각각 분양자격이 주어지나 권리산정기준일 후에 분리된 다세대는 하나의 분양자격이 주어진다.

◆ 토지와 주택을 건축물 준공 이전, 이후 분리 소유한 경우

단독 또는 다가구주택의 경우 토지소유자와 주택소유자가 다른 경우가 있다. 이들은 둘 다 조합원이나 분양대상은 다르게 적용된다(도정법 제24조 제2항 5호).

① 토지와 건물 소유자가 준공 당시부터 분리되었다면 토지소유자와 주택의 소유자 각각 별도의 조합원번호가 부여되고 각각의 동의서로 산정되며, 분양대상자격도 각각 주어지게 된다.

② 토지와 건물 소유자가 준공 이후에 분리되었다면 토지와 주택소유자를 합쳐서 하나의 조합원번호가 부여되고 동의서는 두 사람 모두 제출해야하나 하나의 동의서로 간주된다(또는 양자 중 대표자를 선임해서 동의서 제출). 이러한 경우 수인의 분양신청자를 1인의 분양대상자로 보는 경우에 해당된다.

③ 토지와 건물의 소유자가 준공 이후 분리되었더라도 권리산정기준일 이전(구조례 적용대상은 2003년 12월 30일 전)에 토지와 주택이 각각 분리되었고, 토지의 규모가 건축조례 제25조 제1호의 규정에 의한 규모 이상인 경우(서울시의 경우 90㎡ 이상)에는 각각 분양자격이 주어진다(2006.1.1. 개정). 이 경우 토지소유자가 건물을 매수해서 종전자산의 권리가액의 증가를 가져와 대형평형을 분양받거나 추가부담금을 줄일 수도 있다.

◈ 재개발사업에서 현금청산 대상 조합원

(1) 나대지 단독필지로 30㎡ 미만 소유자

(2) 나대지 단독필지로 30㎡ 이상 ~ 90㎡ 미만 소유자로 유주택자

(3) 나대지 단독필지로 30㎡ 이상 ~ 90㎡ 미만 소유자로 무주택자

   2010년 7월 15일 서울시 도시 및 주거환경 정비조례가 개정되어 다음날인 2010년 7월 16일부터 시행된 신조례 적용대상 재개발사업구역에서는 90㎡ 미만인 토지소유자는 분양자격이 없어서, 현금청산대상자가 된다.

   그러나 서울시 구조례 적용대상으로 단독필지로 30㎡이상~90㎡ 미만인 토지소유자는 ① 2003년 12월 30일 전에 소유권이 분리되고, ② 지목과 현황이 모두 도로가 아니어야 하고, ③ 사업시행인가 고시일부터 공사완료 고시일까지 세대전원이 무주택인 경우에는 분양대상자가 된다.

(4) 나대지 공유지분이 90㎡ 미만 소유자

(5) 분양신청을 하지 않은 자

(6) 공유지분이나 분리된 필지 등이 분양대상에 해당되는 경우

   공유지분이나 분리된 필지 등이 분양대상에 해당되어도 분할시점이 권리산정 기준일 이후였다면 분양대상이 아니고, 현금청산대상이다.

   지금까지는 도시 및 주거 환경정비법과 서울시 조례를 가지고 서울시 분양자격과 현금청산자를 분석해 보았다. 이렇게 서울시를 기준으로 분석한 것은 서울시의 주택재개발사업이 가장 오래되었고, 다른 지역들의 경우도 서울시의 조례를 참고하여 만든 사례가 대부분이기 때문이다.

로서의 효용가치 등 획지 조건의 열세와 기여도 등)을 감안하여 보더라도 최소한 4배의 양도차익을 기대할 수 있게 된다.

◆ 재개발사업 내의 도로를 사면 분양권을 받을 수 있을까?

(1) 토지 90㎡ 이상을 단독 또는 공유지분으로 소유한 경우

종전 토지의 면적이 90㎡ 이상이면서 권리산정기준일 이전(서울시 구조례 적용대상은 2003년 12월 30일 전)에 ① 단독으로 소유권이 분리되어 있거나 ② 공유지분으로 등기가 되어 있는 경우(지분면적이 90㎡ 이상)에는 분양대상자가 된다.

따라서 토지의 면적이 90㎡ 이상이면 <u>지목과 상관없이, 즉 지목이 대지로 사용되는 경우는 물론이고, 지목과 현황모두가 도로로 사용되는 경우에도 단독필지든, 공유지분이든 90㎡ 이상인 경우에는 모두 분양자격</u>을 갖는다.

 알아두면 좋은 내용

서울시 구조례와 신조례에 따른 시행 시기
① 서울시 구조례는 2003년 12월 30일부터 시행하므로 2003년 12월 30일 전(2003년 12월 29일까지) 나누어진 경우에 각각 분양자격이 주어진다.
② 서울시 신조례는 2010년 7월 15일 공포하고 시행 시기는 다음날로 정했다. 따라서 2010년 7월 16일 이후에 최초로 기본계획이 수립되어 있는 지역 및 지구단위계획이 결정 · 고시된 지역은 권리산정기준일 이전에 나눠졌다면 각각 분양자격이 주어진다.

(2) 단독필지로 30㎡ 이상 ~ 90㎡ 미만인 토지소유자

단독필지로 30㎡ 이상 ~ 90㎡ 미만인 토지소유자는 2003년 12월 30일 전에 소유권이 분리되고, ① 대지로 사용되는 경우에도 세대원 전원이 공사완료 고시일까지 무주택자이어야 하다. ② 도로로 사용되는 경우에는 지목과 현황이 모두 도로가 아니어야 하고, 사업시행인가 고시일부터 공사완료 고시일까지 세대전원이 무주택인 경우에는 분양대상자가 된다.

이 ①과 ②내용은 구조례 적용대상 재개발 사업장에서만 적용되고, 2010년 7월 15일 서울시 도시 및 주거환경 정비조례가 개정되어 2010년 7월 16일 이후부터 시행된 신조례 적용대상 재개발사업구역에서는 이 규정이 삭제되어, 90㎡ 미만인 토지소유자는 분양자격이 없다는 것에 유의해야 한다.

이렇게 90㎡ 미만으로 현금청산 대상자라해도 다른 사람의 지분을 매수해서 90㎡ 이상으로 만들면 분양대상자가 될 수 있다.

유의할 점은 권리산정기준일 이전(구조례 적용대상은 2003년 12월 30일 전)에 필지가 나누어져 있거나 공유지분으로 등기되어 있는 지분을 매수해서 90㎡ 이상을 만들면 분양자격과 종전자산의 권리가액을 증가시킬 수 있다. 그러나 권리산정기준일 후에 분할된 토지 등을 매수하면 권리가액에 포함되지 못하고, 현금청산 대상자가 된다.

04 재건축 조합원분양권에서 대지만 경매될 때 실전투자 비법!

이 물건은 앞에서 설명한 조합원분양권과 일반분양권에 적용할 수 있는 사례이다.

◆ 입찰물건 정보내역과 입찰결과

2010타경0000		● 서울동부지방법원 본원		● 매각기일 : 2013.06.03(月) (10:00)		● 경매 5계 (전화:02-2204-2409)	
소재지	서울특별시 성동구 금호동2가 000						
물건종별	대지	감정가	600,000,000원	구분	입찰기일	최저매각가격	결과
				1차	2012-01-16	600,000,000원	유찰
				2차	2012-03-05	480,000,000원	유찰
토지면적	83.3㎡(25.198평)	최저가	(21%) 125,829,000원	3차	2012-04-16	384,000,000원	낙찰
				낙찰 419,990,000원(70%) / 1명 / 미납			
건물면적	건물은 매각제외	보증금	(20%) 25,170,000원	4차	2012-07-23	384,000,000원	유찰
				5차	2012-09-03	307,200,000원	낙찰
				낙찰 351,777,000원(58.63%) / 1명 / 미납			
				6차	2012-12-03	307,200,000원	유찰
매각물건	토지만 매각	소유자	망 이관국의 상속인 이병우 외 2명	7차	2013-01-21	245,760,000원	유찰
				8차	2013-03-11	196,608,000원	유찰
				9차	2013-04-22	157,286,000원	유찰
				10차	2013-06-03	125,829,000원	
개시결정	2010-06-22	채무자	이○○	낙찰 : 175,000,000원 (29.17%)			
				(입찰1명,낙찰:금호17차재개발구역)			
				매각결정기일 : 2013.06.10 - 매각허가결정			
사건명	임의경매	채권자	고○○, 안○○	대금지급기한 : 2013.07.18			
				대금납부 2013.07.02 / 배당기일 2013.08.09			
				배당종결 2013.08.09			

● 매각토지.건물현황 (감정원 : 프라임감정평가 / 가격시점 : 2011.05.17)

목록	지번	용도/구조/면적/토지이용계획	㎡당 단가	감정가	비고
토지	금호동2가 000	도시지역, 제3종일반주거지역, 대공방어협조구역(77-257m)< 군사기지...	대 83.3㎡ (25.198평)	600,000,000원	
감정가		토지:83.3㎡(25.198평)	합계	600,000,000원	토지만 매각

두 번째 물건은 노량진 재개발6구역과 5구역 두 곳의 지역에 걸쳐져 있는 도로 지분으로 총면적은 121㎡이고, 토지 분할 시점은 1978년도이다. 따라서 단독으로 90㎡ 이상의 도로 지분을 가지고 있으면 분양대상자가 될 수 있는 도로 지분이었다.

여기서 유의할 점 두 가지가 있다. 첫 번째는 재개발구역이 2개 구역에 걸쳐 있는 경우 분양신청은 6구역 또는 5구역을 선택해서 분양신청할 수 있다는 사실과 현금청산금을 받을 때도 두 개의 재개발구역에 걸쳐 있는 지분비율에 따라 각 재개발구역에서 현금청산금을 받게 된다는 것이다.

두 번째로, 이 재개발6구역과 5구역은 구조례 적용대상이지만, 이미 1978년도에 공유지분으로 분할되어 있어서 구조례(1980.12.30. 전에 분할), 신조례(권리산정기준일 이전에 분할)와 상관없이 90㎡ 이상의 도로지분을 단독, 또는 공유지분으로 소유하고 있으면 분양대상자가 될 수 있고, 90㎡ 미만은 현금청산자가 된다(지목과 현황 모두 도로이기 때문이다).

[토지] 서울특별시 동작구 노량진동 294-503

【 표 제 부 】 (토지의 표시)

표시번호	접 수	소 재 지 번	지 목	면 적	등기원인 및 기타사항
2		서울특별시 동작구 노량진동 294-503	도로	121㎡	1980년 4월 1일 행정구역변경으로 인하여 1999년8월2일 등기

【 갑 구 】 (소유권에 관한 사항)

순위번호	등 기 목 적	접수	등기원인	권리자 및 기타사항
1 (전 1)	소유권이전	1978년6월5일 제109080호	1978년7월26일 매매	공유자 지분 4분의 1 이○○ 서울 동작구 노량진동 000-0 지분 4분의 1 이○○ 서울 동작구 노량진동 000-00 지분 4분의 1 이○○ 서울 관악구 노량진동 00 지분 4분의 1 이○○ 서울 서대문구 대조동 000-0

이 도로지분은 1978년 8월 5일에 4명으로 공유등기되었다가 노량진 재개발6구역에서 분양신청하기 전에 이○○가 4분의 3을 일반 매매로 매수해 90.75㎡을 확보했고, 이 90.75㎡으로 분양까지 신청했다.

그리고 나머지 4분의 1은 ㈜채움○○이 낙찰 받았고, 압류재산공매 온비드 입찰물건 내역은 다음과 같다.

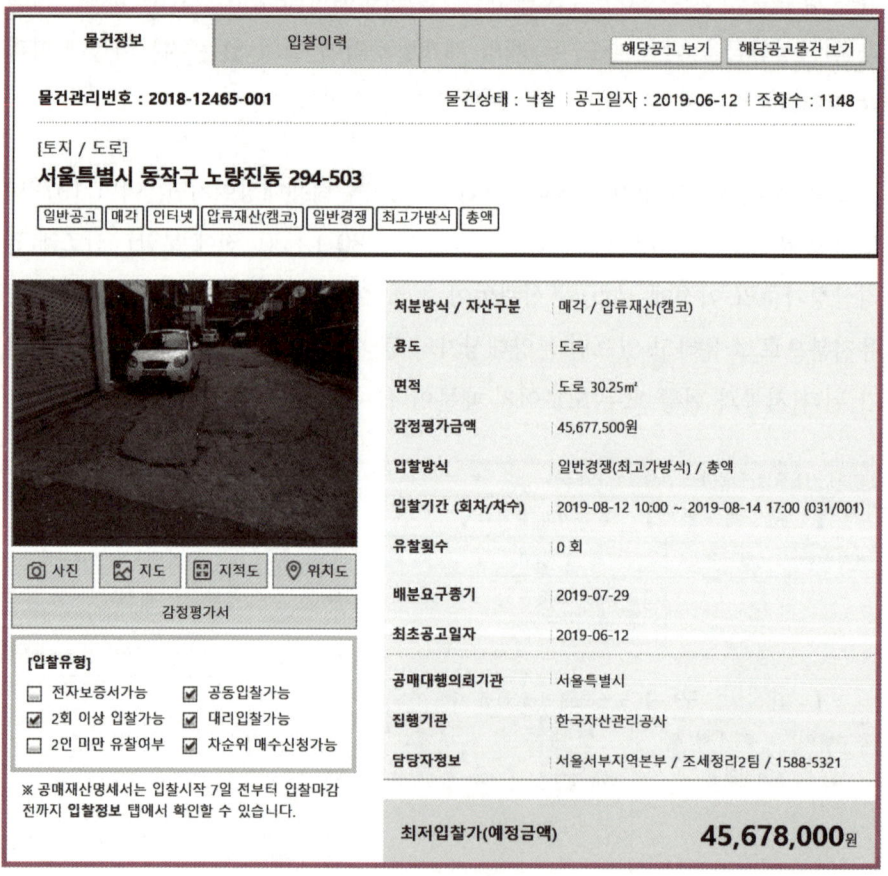

이 물건에 대한 권리분석은?

도로 4분의 1지분을 매수하면 단독분양권자가 될 수 없고 현금청산대상자가 되다(30.25㎡의 공유지분 두 로 이기 때문). 그렇더라도 권리가액에 포함되는 지분이기 때문에 추가로 지분을 매수해서 90㎡ 이상을 만들면 분양을 신청할 권리가 있다.

그런데, 이미 6구역에서는 분양까지 마친 상태이므로 현금청산을 선택할 수도 있지만, 5구역은 분양신청이 진행되지 않은 상태이므로 앞에서와 같이 추가로 지분을 매수해서 추후 분양신청이 가능한 상태였다. 이러한 사실을 동작구청과 6구역 및 5구역 조합사무실을 통해서 확인하고 입찰해서 다음과 같이 낙찰 받은 것이다.

입찰결과 확인 및 낙찰 후 대응 방법

■ 상세입찰결과

물건관리번호	2018-12465-001		
재산구분	압류재산(캠코)	담당부점	서울서부지역본부
물건명	서울특별시 동작구 노량진동 000-000		
공고번호	201906-19472-00	회차 / 차수	031 / 001
처분방식	매각	입찰방식/경쟁방식	최고가방식 / 일반경쟁
입찰기간	2019-08-12 10:00 ~ 2019-08-14 17:00	총액/단가	총액
개찰시작일시	2019-08-16 11:02	집행완료일시	2019-08-16 11:20
입찰자수	유효 4명 / 무효 0명(인터넷)		
입찰금액	53,609,900원 / 46,780,000원 / 46,150,000원 / 45,682,500원		
개찰결과	낙찰	낙찰금액	53,609,900원
감정가 (최초 최저입찰가)	45,677,500원	최저입찰가	45,678,000원
낙찰가율 (감정가 대비)	117.37%	낙찰가율 (최저입찰가 대비)	117.36%

■ 대금납부 및 배분기일 정보

대금납부기한	2019-09-18	납부여부	미납
납부최고기한	2019-09-30	배분기일	-

이 도로지분은 2020년 상반기에 노량진재개발6구역에서 현금청산대상이고, 5구역에서는 지분을 추가로 매수해서 분양을 신청할 수 있는 권리가 있다.

그래서 두 가지 전략을 세웠다.

첫 번째로, 추가지분을 매수해서 5구역에 분양신청을 하는 방법이다. 이때 6구역에서는 권리가액에 해당하는 권리를 5구역에 넘겨주기로 동작구청과 5구역 조합 등이 합의를 본 상태였다.

두 번째로, 현금청산금을 받는 방법이다. 이 방법도 그리 나쁘지 않았다. 6구역에서는 2020년 상반기에 현금청산금을 받을 수 있고, 5구역도 1년 이내에 현금청산금을 받을 수 있다. 그리고 이 재개발구역 내의 대지 시세가 평당 6,000만원 정도이므로, 대지가의 70~80% 선으로 현금청산금이 정해진다고 가정하면, 대지에 대한 현금청산금은 평당 4,200만원이 예상된다. 이에 반해서 도로는 대지가의 3분의 1 정도로 현금청산되고 있으니, 적어도 1,400만원이 예상되기 때문이다.

이보다 적게 잡아서 평당 1,100만원만 잡아도 1억원 정도 받을 수 있으니 5,000만원 정도 기대수익이 예상되는 물건이라 입찰해서 낙찰 받았다.

그리고 현재는 권리가액의 증가를 목적으로 추가로 매수하는 방법과 권리가액이 부족한 조합원에 파는 전략, 그리고 마지막으로 현금청산 받는 방법으로 접근하고 있다.

독자분들도 이러한 도로 지분이 경매나 공매 또는 일반 매물로 나왔다면 필자와 같은 매수해서 돈을 벌기 바란다.

Part
19

나 홀로 전자소송으로 공유물분할 청구소송과 가처분신청서를 작성 제출 방법?

01 공유물분할청구 소장을 작성하여 법원에 직접 제출하는 방법

기본적으로 소장은 표지부분, 소장부분, 별지부분으로 구성되는데, 표지부분은 인지를 첨부하기 위하여 관례적으로 붙이는 것이고, 별지부분은 별지가 필요한 경우만 붙이게 되는 것으로 소장에는 표지와 별지가 반드시 필요한 것은 아니다.

◆ 소장부분의 중요한 기재사항 및 순서

소장을 작성할 때 중요한 기재사항은 다음과 같다.

1) 표제 : 소장(소송을 제기하기 위해 작성한 소장 제목)
2) 당사자의 표시 : 원고와 피고의 성명, 주민등록번호, 주소 등을 기재
3) 소장의 제목 : 사건명을 기재
4) 청구취지 : 청구를 구하는 내용, 범위 등을 간결하게 표시
5) 청구원인 : 권리 또는 법률관계의 성립원인 사실을 기재
6) 입증방법 : 소장을 뒷받침할 수 있는 증거서류
7) 첨부서류 : 소장에 첨부하는 서류
8) 작성연월일 : 소장의 제출일자
9) 작성자의 기명날인 및 간인
10) 법원의 표시 : 소송을 관할하는 법원

◆ 공유물분할청구 소장 표지 작성 방법

소 장

원 고 : 안용민
피 고 : 정유자

공유물 분할 및 부당이득반환 청구의 소

목적물가액 : 40,575,360원정
첨용인지액 :   200,000원정
송 달 료 :   156,000원정

서울 중앙 지방 법원 귀중

< 목적물 가액 계산서 >

1. 공유물 분할 부분
   공시지가 : 9,139,000원
   건축연도 : 1987년
   구조 : 철근 콘크리트구조 슬래브 지붕
   용도 : 공동 주택(아파트)
   ㎡당 가액 : 392,000원
   면적 : 84.96㎡ × 1/2(원고지분)
   ㎡당 가액 : 392,000원 × 84.96㎡ × 0.5 × 1/3 × 1/2(원고지분) = 2,775,360원

2. 부당이득금 반환부분
   월 3,150,000 × 12개월 = 37,800,000원

   위 1 + 2 = 40,575,360원(2,775,360원+37,800,000원)

◆ 목적물 가액을 계산하는 방법

목적물가액을 계산하기 위해서는 1차적으로 ① 등기사항전부증명서와 ② 토지대장, ③ 건축물관리대장 등을 발급 받고 ⇨ 2차적으로 토지대장에서 공시지가를 확인(9,139,000원)한다. 그리고 건축물관리대장과 등기부에서 건축연도(1987년)와 구조(철근 콘크리트구조 슬래브 지붕), 용도(아파트) 등을 확인하고 ⇨ 3차적으로 부동산시가표준액 책을 구입해서 상단 지역번호에 있는 개별공시지가에 해당하는 구간(9,000,000원 초과~10,000,000원 이하)과 구조번호(철근콘크리트조)에 해당하는 쪽수(279쪽)를 찾아서 ⇨ 상단 가로 메뉴에서 아파트에 해당하는 용도지수 110과 좌측 세로 메뉴에서 아파트의 건축연도(1987년)가 교차하는 점에서 건축물 ㎡당 가액인 392,000원을 찾으면 된다. 그리고 그 가격을 위 〈목적물 가액 계산서〉에서 건축물 ㎡당 가액인 392,000원으로 기재하고 ⇨ ㎡당 가액 : 392,000원×84.96㎡×0.5×1/3×1/2(원고지분) = 2,775,360원으로 목적물가액을 산정하면 된다.

건물신축가격기준액 : 690,000원										구조번호 : 4 100 (철근콘크리트조, 라멘조, 석조, 프리캐스트 콘크리트조)										
지역번호 : 23 (개별공시지가 9,000,000원 초과 - 10,000,000원 이하)														위치지수 : 136						
용도별 (용도번호)	(50)	(31)	(47)	(3)	(39)	(46)	(38)	(37)	(39)	(3)	(12)	(26)	(29)	(36)	(17)	(8)	(22)	(24)	(11)	(5)	(40)
용도지수 / 건축년도	30	60	65	70	74	76	80	85	90	100	110	113	115	117	123	125	127	130	135	145	330
2018	281	563	609	656	694	713	750	797	844	938	1,032	1,060	1,079	1,097	1,154	1,173	1,191	1,219	1,266	1,360	3,096
2017	275	551	597	643	680	698	735	781	827	919	1,011	1,039	1,057	1,075	1,131	1,149	1,167	1,195	1,241	1,333	3,034
2016	270	540	585	630	666	684	720	765	810	900	990	1,017	1,035	1,054	1,108	1,126	1,144	1,171	1,216	1,306	2,972
2015	264	529	573	617	652	670	705	749	793	882	970	996	1,014	1,032	1,084	1,102	1,120	1,146	1,190	1,279	2,910
1988	112	225	243	262	277	285	300	319	337	375	412	424	431	439	461	469	476	487	506	544	1,238
1987	106	213	231	249	263	271	285	303	320	356	392	402	410	417	438	445	452	463	481	517	1,176
1986	101	202	219	236	249	256	270	287	304	337	371	381	388	395	415	422	429	439	456	489	1,114
1985	95	191	207	223	236	242	255	271	287	319	350	360	366	373	392	398	405	414	430	462	1,052
1984	90	180	195	210	222	228	240	255	270	300	330	339	345	351	369	375	381	390	405	435	990
1983	84	168	182	197	208	213	225	239	253	281	309	318	323	329	346	351	357	365	380	408	929
1982	78	157	170	183	194	199	210	223	236	262	289	296	302	307	323	328	333	341	354	380	867

🏠 송달료와 인지대 계산 방법

가. 민사 1심 단독, 합의사건에서 송달료(당사자 1인당 15회)

당사자가 원고 1인과 피고 1인으로 2인이면 송달료는 5,200원(2021. 9. 1.부터)×15회×2인 = 156,000원이 된다.

나. 인지대는 소가(청구금액)가 1,000만원 이상 ~ 1억원 미만인 경우

소송목적물의 값(=목적물 가액)×45/10,000+5,000원이 된다. 따라서 소송목적물의 값을 계산한 금액이 40,575,360원이면 ⇨ 인지대 = 40,575,360원×45/10,000+5,000원(단, 인지대는 100원 미만은 절삭하므로) = 200,000원이 된다.

◆ 소장부분(소장본문)을 작성하는 방법

소 장

원 고 안○○(000000-0000000)
       서울시 서대문구 ○○로 ○○길 ○○, ○○○동 ○○○○호(○○동 인왕산 ○○아파트),
       전화: 010-0000-0000

피 고 정○○(000000-0000000)
       서울시 서초구 서초중앙로 ○○길 ○○, ○○○동 ○○○○호(○○동, ○○○○아파트)

공유물 분할 및 부당 이득 반환 청구의 소

청 구 취 지

1. 별지 목록 기재 부동산을 경매에 부쳐 그 대금에서 경매 비용을 공제한 나머지 금액을 분할하여 원고, 피고 간 각 1/2 지분 비율에 따라 원고, 피고에게 각 배당한다.

2. 피고는 원고에게 2017년 10월 24일부터 별지 목록기재 부동산에 대하여 원고의 소유권이 소멸할 때까지 또는 피고가 원고에게 인도할 때까지 차임으로 매월 3,150,000원에 해당하는 돈을 지급하라!
3. 소송비용은 피고의 부담으로 한다.
4. 위 제 2항은 가집행할 수 있다.
라는 판결을 구합니다.

청 구 원 인

1. 원고의 이 사건 부동산(1/2지분)의 경매 취득

가. 원고는 이 사건 부동산(서울시 서초구 ○○동 ○○-○, ○○○○아파트 제○○동 ○○호)의 1/2지분을 별첨 부동산 등기사항전부증명서(갑제1호증) 및 서울중앙지방법원 2017타경3667호 경락 대금 완납 증명서를 포함한 등기권리증 일건 서류(갑제2호증)와 같이

나. 서울중앙지방법원 2017타경 3667호 부동산 임의경매를 통해 2017. 10. 24 서울중앙지방법원 등기국 접수 제202715호 원인 2017. 10. 19. 임의경매로 인한 매각으로 소유권 이전등기를 경료한 바 있습니다.

다. 그런데 위 부동산은 애당초 피고와 소외 조○○이 협의 분할에 의한 상속으로 각 1/2씩 소유권이전등기를 한 공유 형태였으나 위 공유자(1/2) 조○○ 지분이 경매가 진행되어 원고가 위 조○○지분 2분의 1을 낙찰 받게 된 것인데, 위 부동산에 관하여 공유자 사이에 분할하지 않는다는 특약을 한 바가 없습니다.

라. 그러나 동 공유물은 공유자간 협의가 사실상 어려운 지경에 있으며 원고, 피고 간 각 1/2 지분으로 인해 건물을 쪼개어 사용할 수도 없는 현실적인 문제로 인해 동 건물을 경매에 부쳐 경매 비용을 제외한 나머지 금원을 각 지분(1/2)별로 배당하는 방법 외에는 달리 방법이 없는 실정입니다.

마. 더 나아가 공유 재산의 분할은 현물 분할을 원칙으로 하며 현물로 분할할 수 없거나 분할로 인하여 그 가액이 현저히 감소할 염려가 있을 때에는 공유물을 경매하여 그 대금을 분할할 수 있습니다(민법 제269조 제2항).

2. 피고의 원고에 대한 임료 상당 부당 이득금

월 3,150,000원 상당 취득

가. 한편 피고는 원고가 그 소유권(1/2)을 취득한 2017. 10. 24. 시점부터 이 사건 부동산에 대한 원고 지분(1/2) 금액을 부당 이득하고 있다고 봄이 상당한 바,

나. 이 사건 원고의 지분 감정 평가 금액이 별첨 2017타경3667호 부동산 임의경매사건의 감정평가서(갑제4호증)에서와 같이 아무리 겸손히 산정하여도 535,500,000원이므로 그 부당 이득 액수는 후일 임료 상당의 감정을 통해 특정하겠지만 우선 적어도 매월 3,150,000원(535,500,000원 × 7%)원 정도라 할 것입니다.

3. 결론

가. 이 사건 부동산의 공유자인 원고와 피고 사이에 그 분할 방법에 관하여 협의가 이루어 지지 않고 있으므로 원고는 피고에 대하여 이 사건 부동산의 분할을 법원에 청구할 수 있다할 것이고,

나. 한편, 재판에 의한 공유물 분할 방법은 현물 분할의 방법이 원칙이고, 현물 분할이 불가능하거나 그것이 형식상 가능하다고 하더라도 그로 인하여 현저히 가격이 감소될 염려가 있을 때에는 공유물의 경매를 명하여 대금을 분할하는 이른바 대금 분할의 방법에 의하여야 할 것인 바,

다. 이 사건 부동산은 원고, 피고가 각 1/2씩이나 이를 물리적으로 분할하기가 곤란하고, 이 사건 부동산의 성질, 위치나 면적, 이용 상황, 분할 후의 사용 가치 등 제반 사정에 비추어 보아 원고와 피고의 각 지분 비율에 상응하면서 경제적 만족을 주는 적절한 현물 분할 방법을 찾기가 어려워 이 사건 부동산을 현물로 분할할 수 없거나 분할로 인하여 현저히 그 가액이 감소될 염려가 있는 경우에 해당한다고 할 것이므로 이 사건 부동산의 분할은 대금 분할에 의하는 것이 타당하다 할 것입니다.

라. 따라서 원고는 피고를 상대로 청구 취지와 같은 판결을 구하기 위하여 부득이 이 건 청구에 이른 것입니다.

입 증 방 법

1. 부동산 등기사항전부증명서(갑제1호증) 1부
2. 서울중앙지방 법원 2017타경3667호 부동산 임의경매사건의 매각대금 완납증명서 사본(갑제2호증) 1부
3. 공유지분 해소를 위한 협의를 요청한 내용증명서(갑제3호증) 1부
4. 위 경매사건 감정평가서(갑제4호증) 1부

첨 부 서 류

1. 위 입증 방법 각 1통
2. 소장 부본 1부(피고인 수대로 소장 부본을 첨부한다)
3. 토지 대장 1부
4. 건축물 관리대장 1부
5. 송달료 납부서 1부

2018. 01. 02

위 원고 안 ○○ (인)

서울 중앙 지방 법원 귀중

◆ 소장을 관할법원 종합 민원실을 방문해 직접 제출하는 방법

 소장이 완성되면 소장표지, 소장원본, 서증사본, 첨부서류의 순서대로 편철하고, 소장 부본은 별도로 피고인의 수만큼 만들면 되는데, 이 소장 부본에도 서증사본, 첨부서류를 편철한다. 그리고 소장, 서증사본, 첨부서류의 순서대로 편철된 장과 장 사이에 간인을 하고 그 간인한 도장을 원고의 이름 옆에 서명 날인하면 된다.

 위 서류와 도장, 그리고 소장을 접수할 때 인지대(20만원)와 송달료(15만6천원)도 같이 납부해야 되므로 납부할 돈을 준비해서 관할 법원의 은행에 납부하고 영수증을 붙힌 뒤에 종합민원실이나 민사과 내 접수계에 소장을 접수하면 된다.

 이렇게 소장을 접수하고 나면 사건번호를 알려주는데 그 사건번호가 앞으로 소송이 진행되는 나의 사건번호가 되는 것이므로 기억하고 있어야 한다.

02 나 홀로 대법원 전자소송으로 소장을 작성하여 제출하는 방법

이번에는 앞의 공유물분할청구 소장을 법원에 직접 방문해서 제출하는 것이 아니라 나 홀로 대법원 전자소송으로 소장을 작성하여 제출하는 방법이다.

◆ **대법원 전자소송 홈페이지에서 사용자 등록 후 소장 작성 방법**

대법원 전자소송 홈페이지(ecfs.scourt.go.kr)를 검색하여 사용자등록 후 로그인하면(로그인은 아이디와 공인인증서로) 다음과 같은 화면을 검색할 수 있다.

이 화면에서 상단 메뉴 서류제출을 선택 후 민사서류에서 민사 본안을 선택하면 다음과 같은 화면이 나타난다.

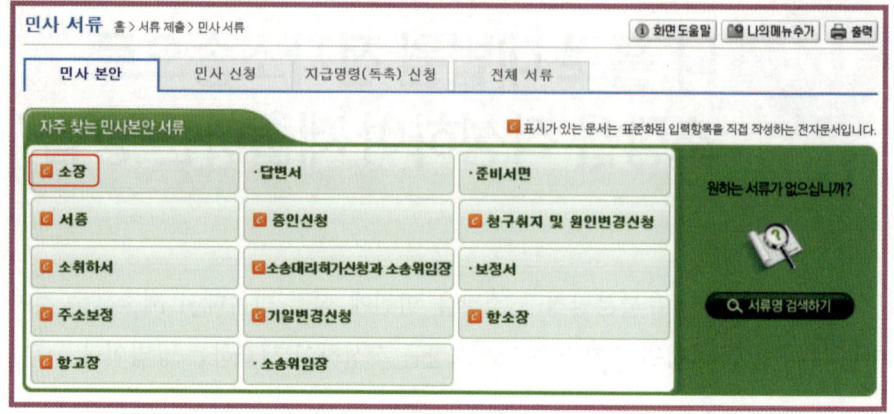

이 화면에서 소장을 선택하면 전자소송 동의 화면이 나타나는데 동의표시(☑) 후 하단의 당사자 작성을 검색하면 1단계 문서작성 화면이 나타난다.

◆ 전자소송에서 1단계로 문서를 작성하는 방법과 그 화면

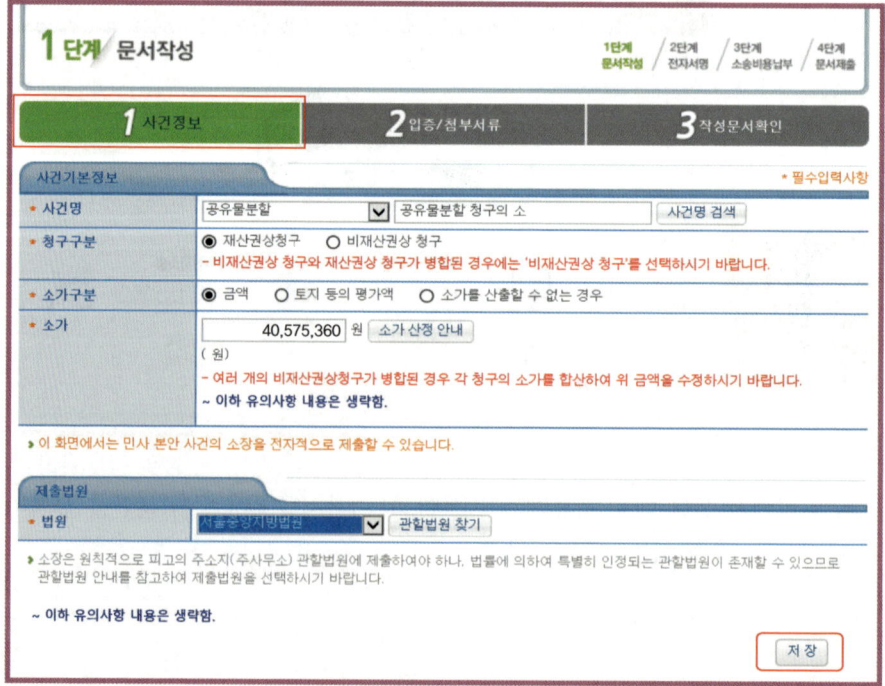

의 소가 표시된다. 2. 청구구분에 재산권청구를 선택하고, 3. 소가구분을 선택한 뒤 소가 금액을 입력하면 된다. 이때 소가(=목적물 가액)를 계산하는 방법은 앞의 01에서 목적물 가액을 계산하는 방법(616쪽~617쪽)을 참고해서 작성하면 된다. 4. 법원명(원칙적으로 피고의 주소지를 선택하게 되나, 부동산에 관한 소송은 부동산 소재지 관할 법원을 선택)을 기재하고 나서, 5. 우측하단 저장 란을 클릭하면 우측 나의 메뉴 ➡ 나의소송란에서 임시저장 1 숫자가 표시된다. 지금까지 작성했던 내용 등이 이곳에 저장된다. 그래서 추가로 확인하거나 수정할 내용은 이곳을 검색해서 확인하거나 수정하면 된다.

다음은 당사자목록을 입력하는 순서로 우측에 있는 ➡ 당사자입력을 클릭하면 다음과 같은 화면이 나타난다. 이 화면에서 먼저 원고의 정보를 입력한다.

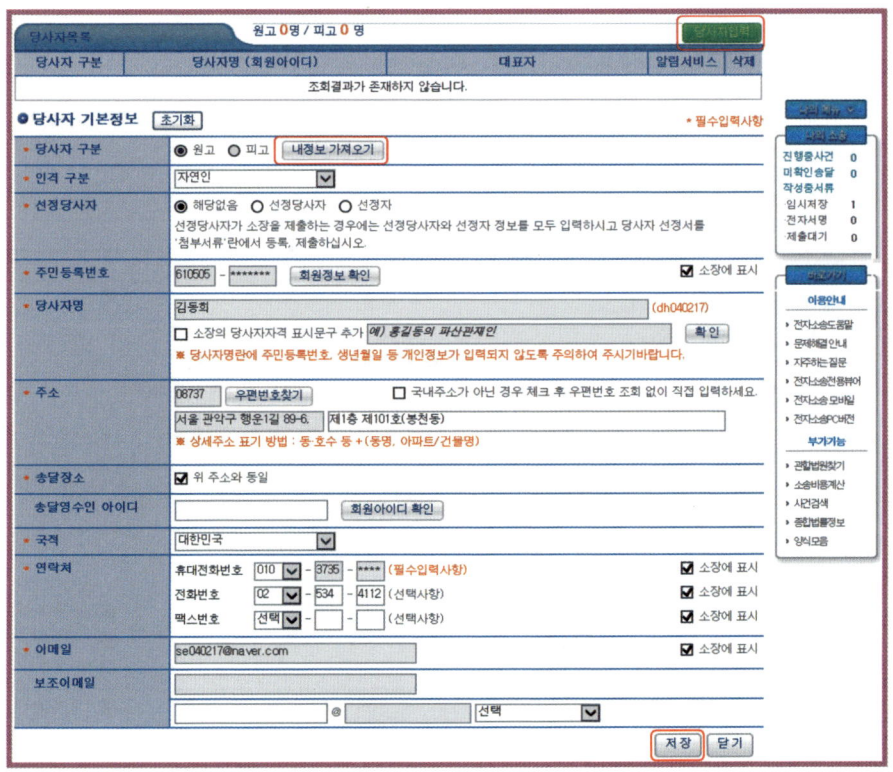

이 화면에서 당사자 구분에서 원고가 표시된 우측박스에 있는 내정보 가져오기를 선택하면 자동적으로 원고의 인적사항 등이 위와 같이 한 번에 표시된다.
➡ 표시된 내용에 이상이 없으면 하단에 있는 저장을 클릭하면 성공적으로 등록되었다는 문구가 표시된다.

다음은 피고의 정보를 입력하는 순서로 ➡ 우측하단 저장 옆에 있는 닫기를 클릭해서 열려 있던 원고의 정보 내용을 닫는다. ➡ 그리고 또다시 우측 상단에 있는 당사자입력을 클릭 후 당사자 구분 란에서 피고를 선택해서 피고의 인적사항을 아는 대로 기재한다.

➡ 표시된 내용에 이상이 없으면 하단에 있는 저장을 클릭하면 성공적으로 등록되었다는 문구가 표시된다. 그러면 다음과 같은 화면이 나타난다.

다음은, 청구취지와 청구원인을 입력하는 방법이다.

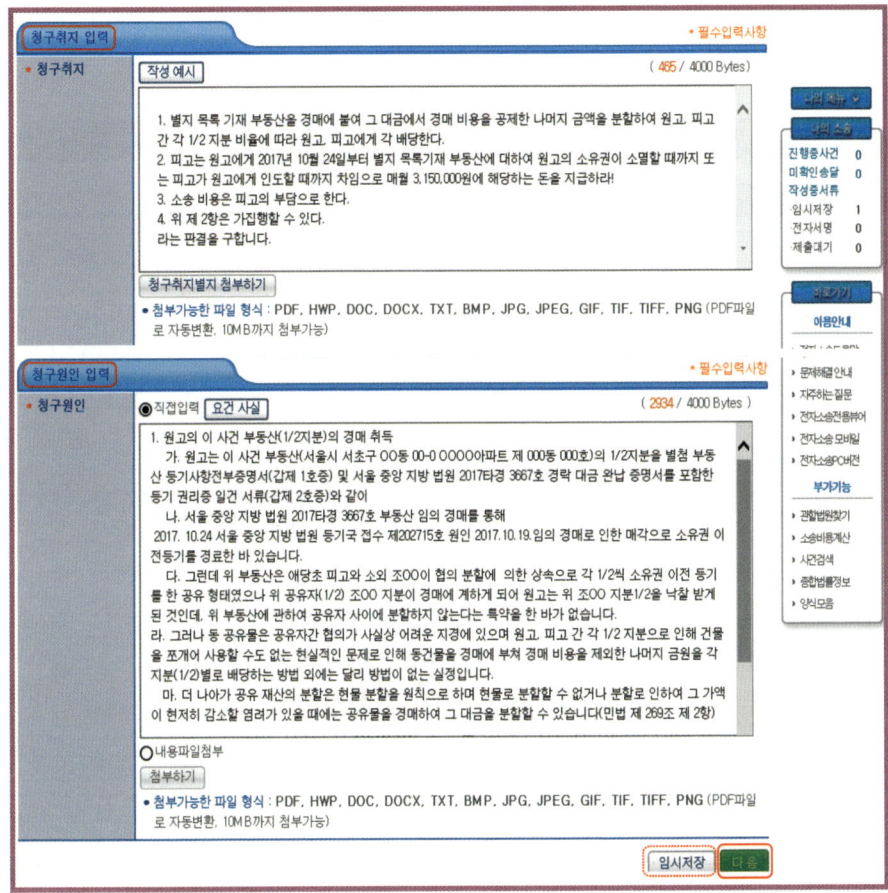

1. 청구취지와 청구원인을 입력하고 나서 임시저장을 클릭해서 저장하고, 다음 버튼을 선택하면 다음과 같이 2. 입증서류와 첨부서류 제출 화면이 나타난다.

◈ 전자소송에서 2단계로 입증서류와 첨부서류를 제출하는 방법과 그 화면

(1) 입증서류 제출 화면에서 ➡ 파일첨부를 선택해서 희망하는 입증서류를 첨부하고 ➡ 등록을 선택하면 첨부한 입증서류가 다음과 같이 자동적으로 등록된다.

(2) 첨부서류 제출화면에서 ➡ 파일명과 동일에 ☑하고 ➡ 파일첨부를 선택해서 희망하는 입증서류를 첨부하고 ➡ 등록을 선택하면 첨부한 서류가 다음과 같이 자동적으로 등록된다.

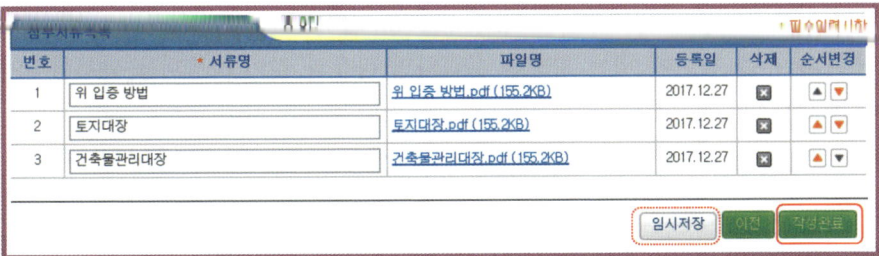

이렇게 입증서류와 첨부서류가 등록이 완료된 것을 확인하고 이상이 없으면
➡ 하단에 있는 임시저장을 클릭하여 지금까지 소장을 작성한 내용을 저장한 다음 ➡ 작성 완료 화면을 선택하면 다음과 같이 작성문서를 확인할 수 있다.

◆ 전자소송에서 3단계로 작성문서를 확인하는 방법과 그 화면

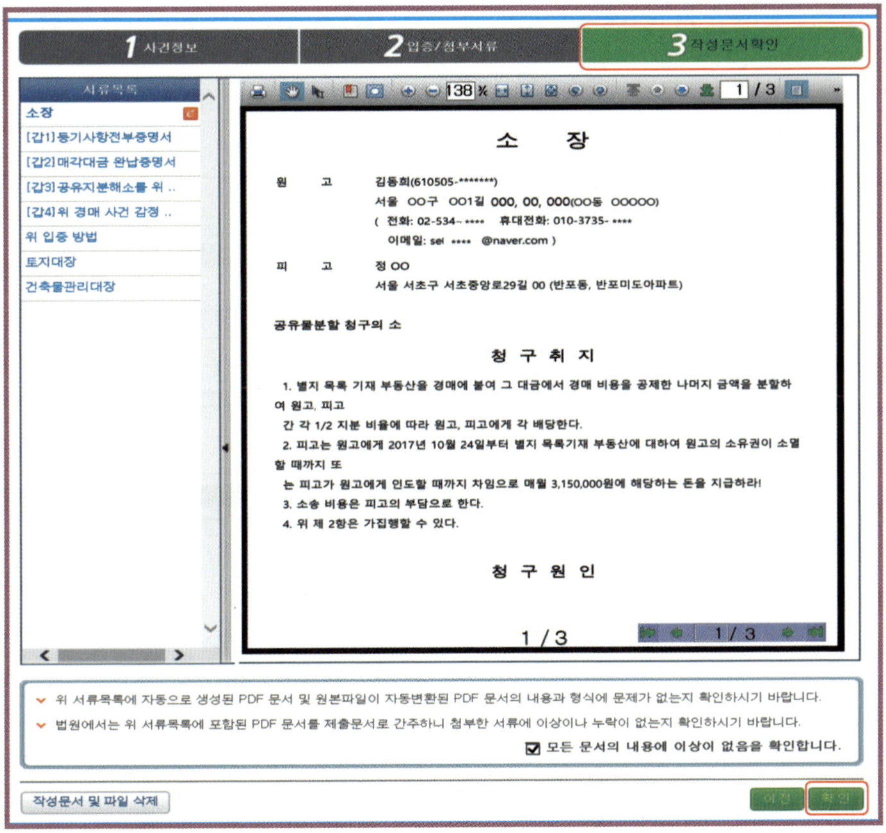

Part 19 나 홀로 전자소송으로 공유물분할 청구소송과 가처분신청서를 작성 제출 방법? 627

이 화면에서 지금까지 작성된 소장 내용을 전체적으로 확인하고 이상이 없는 경우 ➡ 우측 하단에 있는 확인을 클릭하면 다음과 같이 소송비용 납부화면이 나타난다.

이 화면에서 1. 납부방식에서 납부방법을 선택하고 ➡ 2. 납부정보에서 인지액 납부란의 납부당사자를 선택하고 환급계좌를 입력한 다음 ➡ 송달료 납부란에서 인지환급금 계좌와 동일함에 ✓하고 ➡ 3. 결제정보에서 가상계좌 납부은행을 선택 후 ➡ 우측하단 납부를 클릭하면 다음과 같이 문서제출 화면이 나타난다.

◈ 전자소송에서 4단계로 작성한 문서를 법원에 제출 방법과 그 화면

4 단계 / 문서제출

1단계 문서작성 / 2단계 전자서명 / 3단계 소송비용납부 / 4단계 문서제출

● 사건기본정보

법 원	서울중앙지방법원		
사 건 명	공유물분할 청구의 소	인 지 액	180,000 원
소 가	43,350,720 원	송 달 료	67,500 원
원 고	김동희	피 고	정 OO

● 제출서류

번호	구분	서류명	파일명	파일크기
1	소송문서	소장	소장(공유물분할 청구의 소).pdf	109.6KB
2	증거서류	등기사항전부증명서 (갑 제1호증)	등기사항전부증명서.pdf	185.6KB
3	증거서류	매각대금 완납증명서 (갑 제2호증)	매각대금 완납증명서.pdf	155.2KB
4	증거서류	공유지분해소를 위한 내용증명서 (갑 제3호증)	공유지분해소를 위한 내용증명서.pdf	155.2KB
5	증거서류	위 경매 사건 감정평가서 (갑 제4호증)	위 경매 사건 감정평가서.pdf	155.2KB
6	첨부서류	위 입증 방법	위 입증 방법.pdf	155.2KB
7	첨부서류	토지대장	토지대장.pdf	155.2KB
8	첨부서류	건축물관리대장	건축물관리대장.pdf	155.2KB

● 가상계좌요청정보

납부대상은행	요청자(회원아이디)	총납부금액	요청일자
신한은행	김동희(dh040217)	344,000원	2018. 01. 02.

▶ 귀하께서 사건분류를 위한 질문지를 성실하게 기재하여 주시면, 귀하의 사건이 더 신속하고 효율적으로 진행될 수 있습니다.

□ 사건분류 질문지를 작성합니다.
- 체크하지 않아도 된다.

이 화면에서 첨부한 서류가 맞는 가를 확인하고, 이상이 없다면 하단 가상계좌로 인지대와 송달료를 합한 금액 356,000원을 입금하면 된다. ➡ 다음으로 우측하단 접수신청서 생성을 클릭해서 접수증명서 신청서를 신청하고 ➡ 마지막으로 하단에 있는 사건분류질문지는 선택사항이라 생략하고, 바로 제출을 선택하면 ➡ 공인인증절차로 확인 후 법원에 소장서류가 제출되고 ➡ 다음과 같이 자동적으로 사건번호 화면이 나타난다. 이 사건번호가 소송 절차에서 나의 사건번호가 되는 것이다.

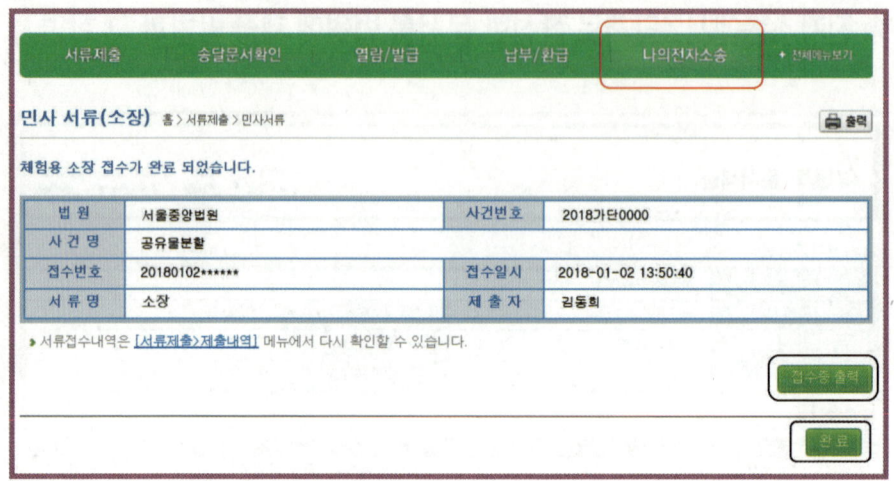

◈ 제출된 소장 확인과 법원에 준비서면 및 답변서를 제출하는 방법

(1) 소장 제출 후 제출된 소장서류를 확인하는 방법

전자소송 홈페이지에서 아이디와 공인인증서로 로그인하고 ➡ 나의전자소송에서 나의사건관리를 선택(또는 우측 나의사건메뉴에서 진행중 사건을 선택)하는 방법으로 해당 사건번호를 선택 후 사건기록 열람을 통해서 제출된 서류를 확인할 수 있다.

(2) 준비서면과 답변서를 제출하는 방법

나의전자소송에서 나의사건관리를 선택 후 사건번호를 입력 후 조회해서 사건 내역이 나오면 ➡ 해당사건목록 우측에 있는 이동을 클릭하면 사건기록 열람, 소송서류제출, 소송비용납부, … 등이 나타나고, 이곳에서 소송서류제출을 클릭하면 ➡ 소장, 답변서, 준비서면,… 등이 나타나고, 이곳에서 준비서면을 선택하거나 답변서를 선택 후 ➡ 원고의 준비서면 또는 법원이나 피고의 답변서를 제출하면 된다.

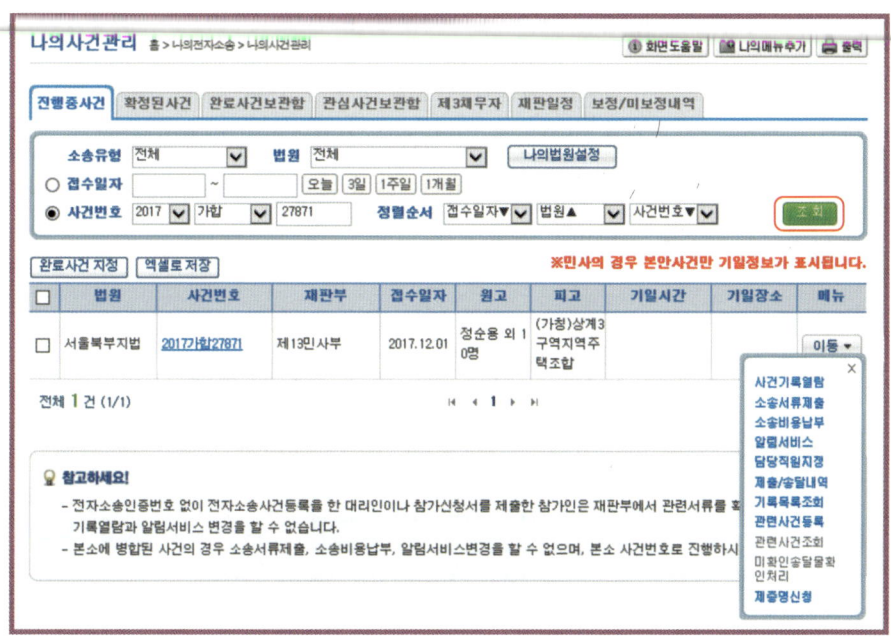

이 밖에도 홈페이지 상단 메뉴에서 서류제출을 선택 후 민사서류에서 민사 본안을 검색하면 다음과 같은 화면이 나타난다.

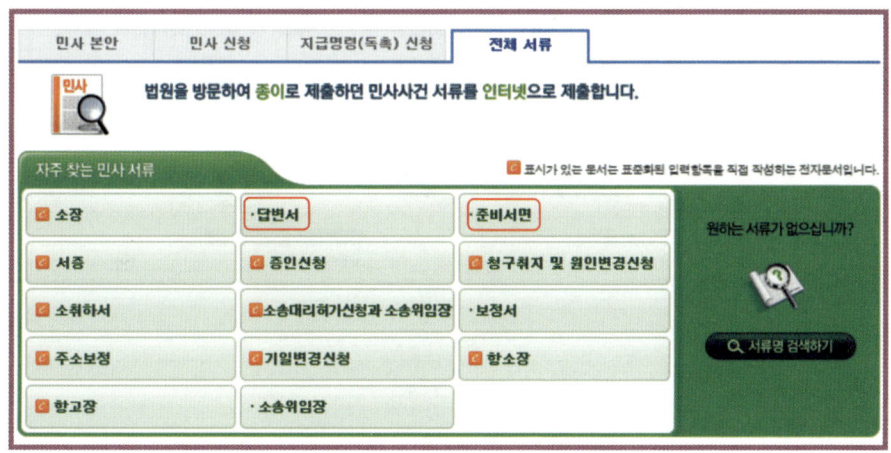

이 화면에서 준비서면 또는 답변서를 선택해서 소장 접수와 같은 방식으로 준비서면 또는 답변서를 제출하면 된다.

(3) 법원이나 피고의 답변서 등을 확인하는 방법

　우측 〈나의소송〉 메뉴에 미확인송달에 송달된 숫자가 표시된다. ➡ 이곳을 클릭해서 미확인송달 문서를 확인하면 된다(물론 전자소송회원 가입할 때 기재한 핸드폰으로 문자메시지도 온다) ➡ 확인 후 대처 방법은 위 2번과 같이 준비서면과 답변서를 제출하는 방법과 같이 하면 된다.

◆ 전자소송 전에 전자소송 체험하기를 통해서 실전 연습

(1) 대법원 전자소송 홈페이지 좌측하단 전자소송 체험하기 메뉴 선택

(2) 회원 가입 없이 체험하기긴단에 ☑ 한 다음

(3) 로그인하면 다음과 같이 전자소송 체험시스템 공인인증서가 생성된다.

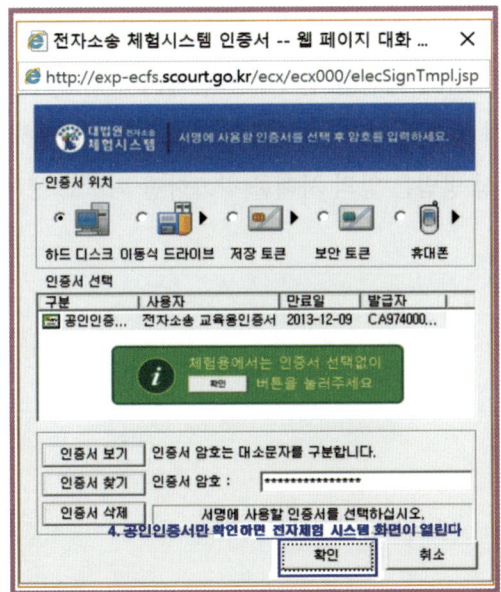

(4) 다음과 같이 공인인증서만 확인하면 전자체험 시스템 화면이 열린다

이 화면에서 앞에서 진행했던 전자소송처럼 실전연습을 자유롭게 연습할 수 있다. 따라서 독자분들도 대법원 전자소송 홈페이지 좌측하단 전자소송 체험하기 메뉴를 선택해서 연습을 하고 나서 실전 전자소송을 진행하면 된다.

이 후의 소장 작성 방법은 앞의 사례를 참고하면 되므로 생략했다.

03 상가주택(겸용주택)의 공유물 분할청구 소장 작성 방법

◈ 공유물분할청구 소장 표지와 목적물 가액 등을 계산하는 방법

(1) 공유물분할청구 소장 표지 작성 방법

소 장

원고 : 김○○
피고 : 이○○

공유물 분할 및 부당 이득 반환 청구의 소

목적물가액 : 54,172,397원정
첨용인지액 : 248,700원정
송 달 료 : 156,000원정

서울중앙지방법원 귀중

(2) 목적물 가액을 계산하는 방법

〈 목적물 가액 계산서 〉

1. 공유물 분할 부분

(1) 토지 목적물 가액

이 사건 토지에 대하여 원고 김○○의 지분은 7분의 2이고, 이 사건 토지의 개별공시지가는 1,530,000원이므로, 토지목적물의 가액 = 1,530,000원×352m^2×2/7(원고 지분비율)×0.5×1/3 = 25,645,714원

(2) 건물 목적물 가액

토지의 개별공시지가 : 1,530,000원

건축연도 : 1999년

구조 : 철근 콘크리트구조

용도 : 1층은 근린생활시설로 건물면적은 114.7m^2이고,
　　　2층은 주택으로 건물면적은 84.7m^2이다.

m^2당 가액 : 1층은 근린생활시설로 530,000원
　　　　　　2층은 주택으로 453,000원

※ 목적물가액을 계산하려면 ① 등기부와 ② 토지대장, ③ 건축물대장을 발급 받아서, 토지대장에서 공시지가를 확인(1,530,000원)하고 ➡ 건축물대장과 등기부에서 건축연도(1999년)와 구조(철근 콘크리트구조), 용도(근린생활시설부분 114.7m^2과 주택부분 84.7m^2)를 확인하고 ➡ 3차적으로 부동산시가표준액 책을 구입해서 상단 지역번호에 있는 개별공시지가에 해당하는 구간(120만원 초과 ~ 160만원 이하)과 구조번호(철근콘크리트조)에 해당하는 쪽수(169쪽)를 찾아서 ➡ 상단 가로 메뉴에서 건물용도별 지수(1층 근린생활시설은 용도지수 117, 2층 주택은 용도지수 100)와 좌측 세로 메뉴에서 건물의 건축연도(1987년)가 교차하는 점에서 건축물 m^2당 가액인 1층 530,000원, 2층 453,000원을 찾아야 한다.

따라서 건물의 목적물가액은 1층 건물의 목적물가액 = 530,000원×114.7m^2×0.5×1/3 = 10,131,833원과 2층 건물의 목적물가액 = 453,000원×84.7m^2×0.5×1/3 = 6,394,850원으로 합계가 16,526,683원이다.

2. 부당이득금 반환부분

1년 분의 임료는 1,000,000원×12개월 = 12,000,000원

위 1+2 = 54,172,397원(25,645,714원+16,526,683원+12,000,000원)

(3) 송달료와 인지대 계산 방법

가. 민사 1심 단독, 합의사건에서 송달료(당사자 1인당 15회)

당사자가 원고 1인과 피고 1인으로 2인이면 송달료는 5,200원(2021. 9. 1. 부터)×15회×2인 = 156,000원이 된다.

나. 인지대는 소가(청구금액)가 1,000만원 이상~1억원 미만인 경우

소송목적물의 값(=목적물 가액)×45/10,000+5,000원이 된다. 따라서 소송목적물의 값을 계산한 금액이 54,172,397원이면 ➡ 인지대 = 54,172,397원×45/10,000+5,000원(단, 인지대는 100원 미만은 절삭하므로) = 248,700원이 된다.

◆ 상가주택 소장부분을 작성하는 방법

소 장

원고 ○○○(주민번호) ○○시 ○○구 ○○동 ○○번지(우편번호) 연락처 :
피고 1. △△△(주민번호) ○○시 ○○구 ○○동 ○○번지(우편번호)
   2. △△△(주민번호) ○○시 ○○구 ○○동 ○○번지(우편번호)

공유물분할청구의 소

청 구 취 지

1. 별지1 기재의 부동산을 경매에 부쳐 그 매각대금 중에서 경매비용을 뺀 나머지 금액을 별지2 공유지분 목록 기재의 가 비율에 따라 원고 및 피고들에게 분배한다.

2. 피고들은 연대하여 원고에게 2017. 9. 1.부터 별지1 기재 부동산의 7의 2에 대한 원고의 소유권 상실일까지 또는 피고들이 원고에게 인도할 때까지 월 1,000,000원의 비율에 의한 금원을 지급하라.

3. 소송비용은 피고의 부담으로 한다.
   라는 판결을 구합니다.

청구원인

1. 원고의 소유권 취득

원고는 별지1 기재 부동산의 지분 7분의 2를 의정부지방법원 2016타경○○○○호 부동산 강제경매 절차에서 낙찰받아 2017. 9. 1. 매각대금을 납부하여 소유권을 취득하였습니다.
(갑 제1호증의 1-2 부동산 등기사항전부증명서, 갑 제2호증 매각대금완납증명원 참조)

2. 공유물분할의 청구

가. 매각대금을 납부하기 전 원고는 위 부동산을 방문하였으나 전 소유자 ○○○의 가족인 피고들이 부동산 전부를 사용하면서 거주하고 있어 원고의 사용수익이 어렵다고 판단되는 바, 위 부동산 전부를 다시 경매하여 그 매각대금을 공유지분비율에 따라 분할을 하는 것이 최선이라고 생각합니다.

나. 따라서 원고는 위 부동산을 경매에 부쳐서 그 매각대금 중에서 경매비용을 공제한 다음 공유지분 비율에 따라 원고와 피고들에게 배당되도록 하여 공유관계를 해소하고자 합니다.

3. 임료지급 청구

가. 피고 ○○○은 별지1 기재 부동산의 지분 7분의 3, 피고 ○○○은 지분 7분의 2를 소유한 공유자로 별지 기재 부동산 전부를 같이 사용하고 있습니다. 그러나 원고 소유 지분 7분의 2에 대해서는 아무런 근거 없이 점유하고 있는 것으로 원고에 대해서 부당이득을 얻고 있는 자들에 해당합니다.

나. 그 부당이득의 액수는 후일 임료 상당액의 감정을 통해 특정하겠지만 의정부지방법원 2017타경○○○○호의 경매절차에서 2017. 10. 1.자 감정평가금액이 204,629,550원(갑 제3호증 감정평가서 참조)이므로 적어도 매월 100만원 이상(204,629,550원 × 연 6% = 1,023,647원)이 된다고 사료되므로, 원고는 청구취지 기재와 같은 판결을 구하고자 이 사건 소송을 제기합니다.

입 증 방 법

1. 갑 제1호증의 1-2 각 부동산 등기사항전부증명서
1. 갑 제2호증 매각대금완납증명원
1. 갑 제3호증 감정평가서

첨 부 서 류

1. 위 입증방법	각 1통	1. 소장부본	2통
1. 법인등기부등본	1통	1. 토지대장	1통
1. 건축물대장	1통	1. 송달료납부서	1통

2018 . 00. 00.

위 원고 ○ ○ ○

○○○ 지방법원 귀중

[별 지 1]   부동산 목록

경기도 양주시 장흥면 삼상리 ○○○   대지 352m²
경기도 양주시 장흥면 삼상리 ○○○   지상
철근콘크리트조 및 조적조 철근콘크리트 슬라브지붕
근린생활시설 및 주택
1층 114.70m²(근린생활시설)
2층 84.07m²(주택)

- 이 상 -

[별 지 2]   공유지분 목록

공유자	공유지분
주식회사 ○○○○	7분의 2
김○○	7분의 3
백○○	7분의 2

◆ **대법원 전자소송 홈페이지에서 사용자 등록 후 소장 작성 방법**

 대법원 전자소송 홈페이지(ecfs.scourt.go.kr)를 검색하여 사용자등록 후 로그인하면(로그인은 아이디와 공인인증서로) 다음과 같은 화면을 검색할 수 있다.

➡ 이 화면에서 상단 메뉴 서류제출을 선택 후 민사서류에서 민사 본안을 선택하면 다음과 같은 화면이 나타난다.

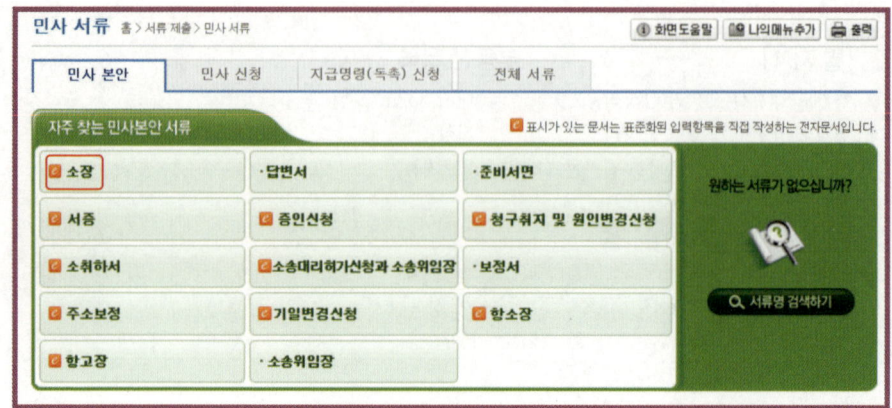

　이 화면에서 소장을 선택하면 전자소송 동의 화면이 나타나는데 동의표시(✓) 후 하단의 당사자 작성을 검색하면 1단계 문서작성 화면이 나타난다. ➡ 이후 소장 작성방법은 앞의 02 나 홀로 대법원 전자소송으로 소장을 작성하여 제출하는 방법(621쪽~634쪽)을 참고해서 작성하면 된다.

04 공유물에 대한 처분금지가처분 신청서 표지와 본문 작성방법

◈ 부동산 처분금지가처분 신청서 표지와 목적물 가액 계산

부동산 처분금지 가처분 신청서

채권자 : 안○○
채무자 : 정○○

목적물가액 : 16,652,160원정
첨용인지액 : 10,000원정
송 달 료 : 27,000원정

서울 중앙 지방 법원 귀중

〈 목적물 가액 계산서 〉

공시지가 : 9,139,000원
건축연도 : 1987년
구조 : 철근 콘크리트구조 슬래브 지붕
용도 : 공동 주택(아파트)
m^2당 가액 : 392,000원
면적 : 84.96m^2 × 1/2
m당 가액 : 392,000원 × 84.96m^2 × 0.5 = 16,652,160원

◆ 부동산 처분금지가처분 신청서 본문 작성방법

부동산 처분금지 가처분 신청서

채권자 안○○(000000-0000000)
　　　　서울시 서대문구 ○○로 ○○길 ○○, ○○○동 ○○○○호
　　　　(○○동 인왕산 ○○아파트), 전화 : 010-0000-0000
채무자 정○○(000000-0000000)
　　　　서울시 서초구 서초중앙로 ○○길 ○○, ○○○동 ○○○○호(○○동, ○○○○아파트)

1. **목적물가액** : 금 16,652,160원정
　　　　(내역은 별지와 같음)
2. **피보전 권리의 요지** : 공유물분할청구소송의 청구권보전
3. **가처분할 부동산의 표시** : 별지 목록 기재와 같음

신 청 취 지

채무자는 별지목록 기재 부동산에 관하여 매매, 양도, 저당권, 전세권, 임차권 등의 설정 기타 일체의 처분행위를 하여서는 아니 된다.
라는 재판을 구합니다.

신 청 원 인

1. **채권자의 이 사건 부동산(1/2 지분)의 경매 취득**
　가. 채권자는 이 사건 부동산(서울시 서초구 ○○동 ○○-○○○○ 아파트 제○○○동 ○○○호)의 1/2지분을 별첨 부동산 등기사항전부증명서(갑제1호증) 및 서울중앙지방법원 2017타경3667호 경락 대금 완납 증명서를 포함한 등기권리증 일건 서류(갑제2호증)와 같이
　나. 서울중앙지방법원 2017타경3667호 부동산 임의경매를 통해 2017. 10. 24 서울중앙지방법원 등기국 접수 제202715호 원인 2017. 10. 19.임의경매로 인한 매각으로 소유권이전등기를 경료한 바 있습니다.
　다. 그런데 위 부동산은 애당초 채무자와 신청외 조○○이 협의 분할에 의한 상속으로 각 1/2씩 소유권이전등기를 한 공유 형태였으나 위 공유자(1/2) 조○○ 경매가 진행되어 원고가 위 조○○지분 2분의 1을 낙찰 받게 된 것인데, 위 부동산에 관하여 공유자 사이에 분할하지 않는다는 특약을 한 바가 없습니다.
　라. 그러나 동 공유물은 공유자간 협의가 사실상 어려운 지경에 있으며 채권자, 채무자간 각 1/2 지분으로 인해 건물을 쪼개어 사용할 수도 없는 현실적인 문제로 인해 동 건물을 경매에 부쳐 경매비용을 제외한 나머지 금원을 각 지분(1/2)별로 배당하는 방법 외에는 달리 방법이 없는 실정입니다.
　마. 더 나아가 공유 재산의 분할은 현물 분할을 원칙으로 하며 현물로 분할할 수 없거나 분할로 인하여 그 가액이 현저히 감소할 염려가 있을 때에는 공유물을 경매하여 그 대금을 분할할 수 있습니다(민법 제269조 제2항).

2. 이 사건 가처분의 긴급성

가. 이 사건 부동산의 공유자인 채권자와 채무자 사이에 그 분할 방법에 관하여 협의가 이루어지지 않고 있으므로 채권자는 채무자에 대하여 이 사건 부동산의 분할을 법원에 청구할 수 있다할 것이고,

나. 한편, 재판에 의한 공유물 분할 방법은 현물 분할의 방법이 원칙이고, 현물 분할이 불가능하거나 그것이 형식상 가능하다고 하더라도 그로 인하여 현저히 가격이 감소될 염려가 있을 때에는 공유물의 경매를 명하여 대금을 분할하는 이른바 대금 분할의 방법에 의하여야 할 것인 바,

다. 이 사건 부동산은 채권자와 채무자가 각 1/2씩이나 이를 물리적으로 분할하기가 곤란하고, 이 사건 부동산의 성질, 위치나 면적, 이용 상황, 분할 후의 사용 가치 등 제반 사정에 비추어 보아 채권자와 채무자의 각 지분 비율에 상응하면서 경제적 만족을 주는 적절한 현물 분할 방법을 찾기가 어려워 이 사건 부동산을 현물로 분할할 수 없거나 분할로 인하여 현저히 그 가액이 감소될 염려가 있는 경우에 해당한다고 할 것이므로 이 사건 부동산의 분할은 대금 분할에 의하는 것이 타당하다 할 것입니다.

라. 따라서 채권자는 채무자를 상대로 공유물 분할청구의 본안 소송의 준비에 있으나 소송은 채무자의 저간의 사정으로 보아 장시간을 요할 것으로 예상되는 반면 그 안에 채무자가 명의 변경 등을 시도할 시 채권자는 회복할 수 없는 막대한 손해에 직면할 것임이 분명하므로 채권자는 본안 소송의 집행 보전을 위하여 시급히 이 건 가처분 신청에 이른 것입니다.

마. 단지 이 건 가처분 신청에 따른 담보제공 방법은 채무자로 인해 어려움에 처해 있는 채권자의 어려운 실정을 감안하시어 보증보험과의 계약을 체결한 증권으로 대체할 수 있도록 허락하여 주시기 바랍니다.

입 증 방 법

1. 부동산 등기사항전부증명서(갑제1호증) 1부
2. 서울중앙지방법원 2017타경3667호 부동산 임의경매사건의 매각대금 완납증명서 사본(갑제2호증) 1부
3. 공유지분 해소를 위한 협의를 요청한 내용증명서(갑제3호증) 1부
4. 위 경매사건 감정평가서와 굿옥션 경매정보지(갑제4호증) 1부

첨 부 서 류

1. 토지 대장 1부
2. 건축물 관리대장 1부
3. 가처분할 부동산 목록 6부

2018. 01. 02

위 채권자 ○ ○ ○ (인)

서울중앙지방법원 귀중

◈ **전자소송으로 처분금지가처분 신청서 작성하여 법원에 제출하는 방법**

대법원 전자소송 홈페이지(ecfs.scourt.go.kr)를 검색하여 사용자등록 후 로그인하여(로그인은 아이디와 공인인증서로) ➡ 이 화면에서 상단 메뉴 서류제출을 선택 후 민사서류에서 민사신청을 선택해서 ➡ 이 화면 중간부분에 있는 보전처분 관련 신청메뉴에서 민사가처분신청서를 선택하면 ➡ 사건 확인에서 본안사건 없음이 체크(✓)된 하단에 확인을 클릭하면 ➡ 전자소송 동의 화면이 나타난다. 이 화면에서 동의표시(✓) 한 다음 당사자 작성을 검색하면 1단계 문서작성 화면이 나타난다.

이후 가처분신청서 작성방법은 앞의 02 나 홀로 대법원 전자소송으로 소장을 작성하여 제출하는 방법(621쪽~634쪽)을 참고해서 작성하면 된다.

05 실제 작성했던 공유물분할청구 소장과 부동산 가처분 신청서

◆ **근린생활시설 중 일부지분에 경매된 경우 낙찰받고 나서 대응방법**

– PART 7의 05 에서

① 공유물분할청구소송을 위한 소장 작성(229쪽 참조)
② 공유물분할청구소송에서 부당이득까지 포함해 소장을 작성한 사례 (232쪽 참조)
③ 공유물에 대한 처분금지가처분 신청서 표지와 본문 작성 방법 (233~236쪽 참조)

◆ **공유자가 변경되어 공유물분할청구 소송 등을 다시 하게 된 사례**

– PART 7의 06 에서

① 공유물분할청구소송을 위한 소장 작성
② 공유물에 대한 처분금지가처분 신청서 작성 방법(239~240쪽 참조)

◆ **봉천동의 연립주택 2분의 1을 공매로 낙찰 받고 탈출하는 방법은?**

– PART 8의 04 에서

① 공유물분할청구소송을 위한 소장 작성(285~287쪽 참조)
② 점유자의 부당이득반환 채권을 보전하기 위한 채권가압류 신청서 작성 방법(288~289쪽 참조)

◆ 3분의 1지분을 낙찰 받고 공유물분할청구 소송과 가처분을 신청한 사례

– PART 8의 05 에서
　① 공유물분할청구소송을 위한 소장 작성 (293쪽 참조)
　② 점유자의 부동산 처분금지가처분 신정서 작성 방법 (296쪽 참조)

06 공유물분할을 위한 형식적 경매 신청서 작성방법

　공유물분할신청 소장을 법원에 제출해서 법원이 분할이 어렵다고 판단하면 경매로 매각해서 그 배당금에서 경매비용을 제외하고 각 지분비율에 해당하는 금액으로 나누어 갖도록 판결을 한다.
　판결결론의 일부내용은 "이 사건 토지와 건물을 분할하기 위해서는 이를 경매에 부쳐 그 대금에서 경매비용을 공제한 나머지 금액을 지분비율에 따라 원고와 피고에게 분배함이 상당하다"라는 판결을 해서 판결문이 만들어진다. 그러면 이 판결문을 가지고 다음과 같이 공유물 분할을 위한 부동산경매신청서를 제출하면 된다.

공유물분할을 위한 경매신청서

신청인 ○○○(주민번호) ○○시 ○○구 ○○동 ○○번지 (우편번호) 연락처 :
상대방 ○○○(주민번호) ○○시 ○○구 ○○동 ○○번지 (우편번호)
경매할 부동산의 표시 : 별지 목록기재와 같음
경매신청권의 표시 : ○○지방법원 ○○○○가합 ○○○○호 판결정본에 의한 공유물 분할

청 구 취 지

신청인은 귀원 ○○○○가합 ○○○○호 공유물분할청구사건에 대한 분배를 위하여 별지목록 기재 부동산에 대한 경매개시결정을 한다.
라는 재판을 구합니다.

청 구 원 인

별지목록 기재 부동산은 신청인과 상대방의 공유부동산이었던 바 귀원 ○○○○가합○○○호 공유물분할청구소송을 제기하여 판결주문과 같이 경매를 실시하여 각 1/2의 비율로 지분분배 하라는 판결이 확정되었으므로 신청인은 판결에 의한 경매개시의 절차를 구하기 위하여 본 신청에 이른 것입니다.

첨 부 서 류

1. 판 결 정 본   1통
2. 확정증명원   1통
3. 등기부등본   1통
4. 목   록   30통

2018. 00. 00.

위 채권자 ○ ○ ○ (인)
전화번호

○○○○지방법원 귀중

Part 20

공유물에 대한 부당이득반환청구소송, 권리배제 및 인도명령 신청

01 공유물 점유 또는 임대행위에 따른 부당이득의 범위

◆ 공유물의 지분권자 중 1인이 점유하고 있는 경우 부당이득의 범위

(1) 토지와 건물을 각 1/3씩 공유관계에서 1/3 지분권자가 전부를 점유하는 경우 부당이득금의 범위

| 갑 1/3 지분소유 | 을 1/3 지분소유 | 병 1/3 지분소유 |

1) 공유물의 구체적인 사용·수익의 방법에 관하여 공유자들 사이에 지분의 과반수의 합의 없이 공유자 중 1인이 이를 배타적으로 점유·사용하고 있는 경우, 다른 공유자에 대하여 그 지분에 상응하는 부당이득을 하고 있는 것인지 여부(적극)

2) 공동상속인 중의 1인이 상속재산인 건물에 거주함으로써 상속재산인 그 건물 부지를 사용·수익하고 있는 경우, 그 사용·수익이 공유지분 과반수의 결의에 기한 것이라는 등의 특별한 사정이 없다면, 위 공동상속인은 건물 뿐만 아니라 토지에 관하여도 다른 공동상속인의 공유지분에 해당하는 부분을 부당이득으로서 반환하여야 한다고 본 사례

이 사례는 토지와 건물을 3인이 각 1/3씩 공동상속한 공유관계로 그들 중 일부인 1/3 지분권자가 토지와 건물 전체를 점유하고 있는 경우 점유하지 않고 있는 다른 공유자에게 건물 뿐만 아니라 토지분에 대해서도 부당이득을 보고 있는 것에 해당되어 부당이득으로서 반환하여야 한다고 본 사례이다(대법 2006다49307, 49314).

(2) 여러 사람이 공동으로 타인의 재산을 사용한 경우의 부당이득 반환채무

여러 사람이 공동으로 법률상 원인 없이 타인의 재산을 사용한 경우의 부당이득 반환채무는 특별한 사정이 없는 한 불가분적 이득의 반환으로서 불가분 채무이고, 불가분채무는 각 채무자가 채무 전부를 이행할 의무가 있으며, 1인의 채무이행으로 다른 채무자도 그 의무를 면하게 된다(대법 2000다13948).

(3) 일부 공유자가 공유토지의 전부를 배타적으로 점유·사용하는 경우 부당이득 반환채무

일부 공유자가 공유토지의 전부를 배타적으로 점유·사용하고 있는 경우, 공유 토지를 전혀 사용·수익하지 않고 있는 다른 공유자에 대하여 그 지분에 상응하는 부당이득 반환의무가 있는지 여부(적극)(대법 2000다17803)

◆ 공유자 중 1인이 임대한 경우 다른 지분권자에 반환해야 될 부당이득

(1) 공유자 중 소수지분권자의 임대행위로 다른 공유자에 반환해야 될 부당이득

1/3 지분권자 갑이 정과 임대차계약을 체결한 경우 다른 공유자에게 반환해야 될 부당이득

갑 1/3 지분소유	을 1/3 지분소유	병 1/3 지분소유

1) 과반수 지분을 갖지 못한 공유자가 부동산을 임의로 타에 임대한 경우 타 공유자에 대한 부당이득 또는 불법행위의 성부(적극)

부동산의 1/7 지분 소유권자가 타 공유자의 동의 없이 그 부동산을 타에 임대하여 임대차보증금을 수령하였다면, 이로 인한 수익 중 자신의 지분을 초과하는 부분에 대하여는 법률상 원인 없이 취득한 부당이득이 되어 이를 반환할 의무가

있고, 또한 위 무단임대행위는 다른 공유지분권자의 사용·수익을 침해한 불법행위가 성립되어 그 손해를 배상할 의무가 있다.

2) 위 "1)"항의 경우 반환 또는 배상해야 할 범위는 위 부동산의 임대차로 인한 차임 상당액이라 할 것으로서 타 공유자는 그 임대보증금 자체에 대한 지분비율 상당액의 반환 또는 배상을 구할 수는 없다.
원고 공유지분비율에 상응하는 금액을 이득액 또는 손해액으로 보아야 한다는 것이나, 이는 독단적 견해로서 채용할 바 못 된다.
피고가 받은 전세보증금은 장차 입주자(임차인)에게 반환할 성질의 돈이어서 피고가 그 보증금 전액을 현실적으로 이득하고 있다 할 수도 없는 것이다.
위 "1)"항의 경우 보존행위를 하기 위한 전제로서 공유자가 수령한 임대차 보증금 중 자신의 지분비율 상당액의 지급을 구할 수 있는지 여부(소극)

3) 위 "1)"항의 경우 공유물의 보존행위란 공유물의 현상을 유지하기 위하여 이를 침해하는 제3자에게 그 배제를 구하는 행위를 말하므로 그 행위의 전제로서 공유자가 수령한 임대차보증금 중 자신의 지분비율 상당액의 지급을 구할 수 없다. 피고의 위 임대차계약은 공유지분 과반수의 동의 없이 이루어진 것으로서 무효이므로 위 임대차보증금 중 원고의 지분비율에 상응하는 위 금액을 부당이득 또는 불법행위로 인한 손해배상으로서 구할 수 있어야 한다는 것이나, 위 계약이 무효라는 점을 들어 임차인들에게 건물명도를 구함은 별론으로 하더라도, 이 사건에서 계약당사자가 아닌 원고가 공유자라는 이유만으로 자신의 공유지분에 해당하는 보증금액의 지급을 피고에게 구할 수는 없다 할 것이다[대법 91다23639].

(2) 공유자 중 1인이 다른 공유자의 동의 없이 임대한 경우 부당이득의 범위

1) 공유자 중 1인이 다른 공유자의 동의 없이 부동산을 임대한 경우, 반환하여야 할 부당이득의 범위

부동산의 공유자 중 1인이 타 공유자의 동의 없이 그 부동산을 타에 임대하였다면 이로 인한 수익 중 자신의 지분을 초과하는 부분에 대하여는 법률상 원인 없이 취득한 부당이득이 되어 이를 반환할 의무가 있고, 이 경우 반환하여야 할 범위는 그 부동산의 임대차로 인한 차임 상당액이며, 임대차의 내용이 미등기 전세이거나 보증금이 있는 경우에는 전세금이나 보증금의 이자 상당액이 차임에 해당되거나 차임에 보태어지는 것이다.

2) 임대차에 보증금이 있는 경우, 보증금에 대한 정기예금 이자율 상당의 금액을 차임 상당액으로 본 원심판결을 수긍한 사례

임대차에 보증금이 있는 경우 차임에 해당하는 이자 상당액의 계산에 있어서는 간주 임대료에 관한 세법의 규정(소득세법 제29조 제1항, 동법 시행령 제58조 등)을 그대로 적용 또는 준용할 수는 없을 것이지만, 임대차기간이 1년 이상인 경우에는 임대인의 특별한 재능이나 노력이 없더라도 시중 은행의 계약기간 1년의 정기예금 이자율에 의한 금액 정도는 당연히 취득할 수 있을 것이라는 이유로, 세법의 규정과 같이 계약기간 1년의 정기예금 이자율에 의하여 이자를 산정한 원심의 판단을 수긍한 사례[대법 94다15318].

02 제3자가 토지 또는 건물 사용시 권리배제 및 부당이득 반환청구는 어떻게 할까!

◈ 토지 사용에 대한 배제신청 및 부당이득반환(지료) 청구권

(1) 토지 사용에 대한 배제신청

공유물의 토지에서 과반수 미만의 지분권자가 단독적으로 토지전체를 사용하는 경우에는 민법 제 265조를 위반한 불법사용이 되므로 과반수 이상의 지분권자는 물론이고, 과반수 미만인 경우도 공유물 보존행위로서 그 배타적 사용의 배제, 즉 토지인도를 청구할 수 있다.

토지상에 건물소유자가 토지 사용권원이 없다면(법정지상권 등이 성립되지 아니하면) 토지인도 및 건물철거소송을 청구하여 그 배타적 사용의 배제를 시킬 수 있다.

(2) 토지 사용에 대한 부당이득 반환청구권(토지사용료, 지료청구)

1) 지료청구대상

토지 사용권원이 있는 경우(법정지상권이 성립되는 경우)는 물론 사용권원이 없더라도 협의에 의해서 지료를 청구할 수 있다. 타인 소유의 토지 위에 권원없이 건물을 소유하고 있으나 실제로 이를 사용·수익하지 않고 있는 경우, 부당이득 반환의무의 유무(적극)(대법 98다2389)

대지권이 없는 아파트 소유자가 아파트 부지를 불법 점유하는 것인지 여부(적극) 및 그 불법점유로 인한 부당이득의 범위(아파트의 대지권으로 등기되어야 할 지분에 상응하는 면적에 대한 임료 상당의 부당이득을 얻고 있다(대법 91다40177).

2) 지료결정 방법

① 지료청구의 산정기준은 나대지 상태에서 판단하게 된다.

법원은 법정지상권자가 지급할 지료를 정함에 있어서 법정지상권이 설정된 건물이 건립되어 있음으로 인하여 토지의 소유권이 제한을 받는 사정은 이를 참작하여 평가하여서는 안된다(대법 88다카18504).

② 지료에 관하여서는 당사자 간의 합의에 의해서 정하는 것이 원칙이다. 당사자 간 합의가 안 되는 경우 법원에 지료청구소송을 제기(이때 지료청구는 토지소유자가 청구하는 것으로 7%선에서 청구하는 것이 보통이나 그 이상을 청구하기도 한다)

③ 그러나 법원이 지료를 결정할 때에는 감정평가사를 통해서 평가된 금액을 기준으로 지료를 재 산정하는 절차를 진행하게 된다(감정평가사는 대지가격을 나 대지상태의 가격으로 산정하게 되는데 지료는 감정가액의 5~7% 정도가 된다).

지료를 토지감정평가금액의 7%로 결정한 바 있고(대법 88다카18504), 광주지법은 2005년 6월 1일 지료를 5%로 결정한 바도 있다(광주지법 2004나10097).

지료는 점차 현실화되어 감정가 또는 시세의 4~5%를 인정하는 추세이고 법원마다 다소 유연하게 결정되고 있으나 2013년 들어 4% 이하로 결정되는 법원이 증가하고 있다.

시세를 확인하기가 곤란하고 다툼이 예상되는 경우는 법원은 감정평가금액을 기준으로 지료를 판단하게 된다.

④ 지료는 법정지상권이 성립한 날로부터 지급해야 된다.

⑤ 지료 연체로 인한 지연손해금은 지료청구가 확정판결 전까지는 연 5%, 이후에는 연 12%의 지연손해금 청구가 가능할 것으로 판단된다.

⑥ 지료 연체시(법원 판결된 지료를 2년 이상 연체시(이때 2년 연체는 연속해서가 아니라 2회 이상))에는 토지소유자는 법정지상권의 소멸을 청구할 수 있다. 법정지상권이 성립되고 그 지료액수가 판결에 의하여 정해진 경우에, 지상권자가 그 판결확정 후 지료의 청구를 받고도 그 책임있는 사유로 상당한 기간 동안 지료의 지급을 지체한 때에는 그 지체된 지료가 판결확정의 전후에 걸쳐 2년분 이상일 경우에도 토지소유자는 민법 제287조에 의하여 지상권의 소멸을 청구할 수 있다 할 것이고, 위 판결확정일로부터 2년 이상 지료의 지급을 지체하여야만 지상권의 소멸을 청구할 수 있는 것은 아니다.

⑦ 법정지상권이 소멸되면 토지소유자는 지상건물철거 및 토지인도청구소송을 제기해 토지를 반환받는다(임차인이 있으면 퇴거명령과 함께 신청). 이와 동시에 지료연체를 이유로 한 지료판결문을 갖고 지상건물에 대하여 강제경매를 청구할 수 있다.

⑧ 지료연체로 법정지상권이 소멸되면 법정지상권이 성립되었던 건물의 임차인이나 전세권자, 그리고 유치권자 등의 권리도 함께 없어지게 된다(대법 2010다43801). 법정지상권의 소멸로 토지인도 및 건물철거소송과 점유자 퇴거명령을 함께 신청해서 판결이 확정되면, 건물에서 대항력 있는 전세자나 임차인 또는 유치권자라도 건물의 소유자에게 대항력을 행사할 수 있는 것이지, 토지소유자에게 대항력이 있는 것이 아니므로 토지소유자는 이들 권리자를 건물에서 명도하고 건물을 철거할 수 있다.

3) 지료지급에 대한 약정이 없는 경우

민법 제366조 단서의 규정에 의하여 법정지상권의 경우 그 지료는 당사자의 협의나 법원에 의하여 지료가 결정하도록 되어 있는데 당사자 사이에 지료에 관한 협의가 있었다거나, 법원에 의하여 지료가 결정되었다는 아무런 입증이 없고 법정지상권에 관한 지료가 결정된 바 없다면, 법정지상권자가 지료를 지급하지 않았다고 하더라도 지료지급을 지체한 것으로는 볼 수 없으므로, 법정지상권자가 2년 이상의 지료를 지급하지 아니하였음을 이유로 토지소유자의 지상권 소멸청구는 이유가 없다는 것이 당원의 견해이다(대판 1994. 12. 2. 선고 93다52297).

4) 사유토지를 포장하여 불특정 다수인이 통행하는 도로로 사용하는 경우

도로관리청이 토지사용에 부당이득 반환책임이 있음으로 도로관리청을 상대로 부당이득반환청구소송을 제기하면 감정평가를 실시하여 과거 5년분(공법상 부당이득반환청구권의 시효가 5년이므로)의 지료까지 청구할 수 있을 것이다.

통상 부당이득반환 판결이 나오면 도로관리청에서 매수보상을 하거나 다르게 처리하기도 한다.

5) 지료청구에 대한 판례

원고(토지소유자)는 감정평가액의 연 8%의 지료를 청구하였고, 법원은 1심에서 연 5%로 판결, 그러나 피고(법정지상권자)가 너무 높다고 항소했으나 항소심에서 5%로 재판상 화해조정으로 결정된 판결이다(광주지법 2004나10097).

그러나 2018년 이후부터는 4% 이하로 결정하고 있다.

6) 지료청구에 따른 수익률은 어떻게 되겠는가?

지상에 건물이 있는 토지만 경매로 매각된 경우 경매 토지 감정가는 건물이 있으므로 해서 나대지보다 저감하여 평가하게 되므로 토지매수 이후 재 감정을 통해서 지료를 산정하게 된다면 수익률은 높아지게 된다.

만일 지상에 건물이 있는 토지가 감정가 5억으로 이 금액을 최초가로 진행하게 된다면 지상에 건물이 존재하므로 반값 이하 즉 2억5천만원 이하로 매각될 수 있다. 이 경우 토지매수자가 지료 청구시 경매감정가로 4%를 법원이 결정한다해도 5억에 대한 4%는 2천만원이므로 매수시 금액 대비 연 8%의 수익률이 보장될 것으로 예상된다.

7) 구분건물에서 분리 처분된 토지공유지분과 특정 전유부분 사이의 상호관련성을 인정해내, 특정 전유부분 소유자는 위 토지공유지분을 분리 취득한 공유지분권자에게 그에 상응하는 임료 전부를 부당이득으로 반환해야 한다고 한 사례(대법 2005다15048).

피고 2는 이 사건 다세대주택 중 4층 401호의 소유자로서 법률상 원인 없이 이 사건 토지를 점유하면서 4층 401호의 소유에 필요한 대지권에 상응하는 공유지분에 관한 임료 상당의 부당이득을 얻고 있고, 이로 인하여 이 사건 경매 후에도 4층 401호를 위한 사용에 제공되고 있는 이 사건 공유지분을 소유하는 원고 1에 대하여 같은 금액 상당의 손해를 입혔다고 할 것이며, 원고 1이 위 공유지분을 취득한 2002. 6. 20.부터 위 원고가 구하는 2004. 6. 19.까지의 임료는 월 391,120원임이 인정되므로, 결국 피고 2는 원고 1에게 위 같은 기간 동안 월 391,120원의 비율에 의한 부당이득금을 지급할 의무가 있다 할 것이다.

(3) 지료청구 소장 작성 방법

1) 토지상에 제3자의 건물에 대한 지료청구의 소장 작성

소 장

원고 ○○○(주민번호   )
　　○○시 ○○구 ○○동 ○○번지(우편번호 ○○○○○)
연락처 :

피고 ○○○(주민번호   )
　　○○시 ○○구 ○○동 ○○번지(우편번호 ○○○○○)

지료청구의 소

청 구 취 지

1. 피고는 원고에게 금 15,000,000원 및 이에 대하여 이 사건 소장 부본 최종 송달 다음날부터 완제일까지 연 15%(2019.06.01. 부터 12%로 변경됨)의 비율에 의한 지연손해금과 2012. 00. 00.부터 위 토지를 원고에게 인도할 때까지 월 금 000원의 비율에 의해 계산한 돈을 지급하라.

2. 소송비용은 피고가 부담한다.
3. 제1항은 가집행할 수 있다. 라는 판결을 구함.

청 구 원 인

1. 원고의 토지 소유권 취득
원고는 ○○지방법원 2010타경○○○○호의 매각절차에서 서울시 서초구 서초동 ○○○번지의 토지를 2011년 00월 00일에 낙찰 받아 2011년 00월 00일에 소유권이전등기를 하였습니다.

2. 피고의 1항 소재지 토지사용 및 원고의 지료청구권
피고는 원고소유 1항 소재지 토지상에 건물을 소유하고 있는 사람으로서 피고가 원고 소유토지를 사용함으로서 원고가 토지를 사용하지 못하고 있고 이로 인해 재산상 손해가 발생하고 있으므로 원고는 피고에게 이에 대한 손해배상을 청구합니다.
그 손해액은 원고가 토지를 임대할 경우 받을 수 있는 임대료 상당액이라고 볼 수 있습니다.

3. 따라서 피고는 원고에게 원고가 위 토지의 소유권을 취득한 2011. 00. 00.부터 10개월이 되는 2012.00.00.까지의 위 토지에 대한 차임상당의 금 1,500만원(금 150만원×10개월) 및 이 사건 소장 부본 송달 다음날부터 다 갚는 날까지는 소송촉진 등에 관한 특례법에서 정한 연 15%의 비율에 의한 지연손해금과 2012. 00. 00.부터 위 토지를 원고에게 인도할 때까지 월 금 000원의 비율에 의한 돈을 지급할 의무가 있다고 할 것이므로 이를 구하기 위하여 이 사건 청구에 이른 것입니다.

입 증 방 법

1. 갑제1호증   2010타경0000호의 잔대금 완납증명서
1. 갑제2호증   토지등기사항전부증명서
1. 갑제3호증   건물등기사항전부증명서
1. 갑제4호증   건축물대장등본

첨 부 서 류

1. 소장부본   1통
1. 납부서   1통
1. 토지대장등본   1통
1. 개별공시지가확인서   1통

2011년 ○○월 ○○일

원 고 ○ ○ ○ (서명 또는 날인)

○○지방법원 귀중

2) 지료를 2기 이상 납부하지 않아 법정지상권의 소멸과 지료청구를 병행하는 경우

소 장

원고 ○○○(주민번호) ○○시 ○○구 ○○동 ○○번지(우편번호)연락처 :
피고 ○○○(주민번호) ○○시 ○○구 ○○동 ○○번지(우편번호)

지료청구의 소

청 구 취 지

1. 피고는 원고에게 금 0000원 및 이에 대한 2010. 00. 00.부터 이 사건 소장부본 송달일까지는 연 5%의, 그 다음날부터 다 갚는 날까지 연 15%(2019.06.01. 부터 12%로 변경됨)의 비율에 의한 지연손해금과 2010. 00. 00.부터 ○○시 ○○구 ○○동 ○○○ 대 151m²를 원고에게 인도할 때까지 매월 금 000원의 비율에 의한 돈을 지급하라.
2. 소송비용은 피고의 부담으로 한다.
3. 위 제1항은 가집행 할 수 있다.
   라는 판결을 원합니다.

청 구 원 인

1. 원고는 2010. 00. 00. 피고소유인 ○○시 ○○구 ○○동 ○○ 대 151m²(다음부터 위 토지라고 함)를 소외 ◆◆◆가 신청한 근저당권실행을 위한 경매절차에서 매수하여 매수대금을 모두 납부하고 위 토지에 대한 소유권을 취득하였습니다.

2. 그런데 위 토지의 지상에는 피고가 건축하여 원시적으로 소유권을 취득한 철근콘크리트조 슬래브지붕 단층주택 107.6m²(다음부터 위 건물이라고 함)가 있는데, 위 건물은 미등기건물로서 소외 ◆◆◆가 근저당권을 설정받지 못하였고 위 건물을 제외한 위 토지에 대하여서만 경매를 신청하였으므로 원고는 위 경매절차에서 위 건물은 매수하지 못하였습니다.

3. 그러므로 피고는 민법 제366조에 의하여 위 토지에 대하여 위 건물의 사용을 위한 법정지상권을 취득하였다고 할 것이지만, 법정지상권자라 할지라도 대지 소유자에게 지료를 지급할 의무는 있는 것이므로, 원고는 피고에게 원고가 위 토지에 대한 소유권을 취득한 때로부터 임차료상당의 지료를 지급할 것을 요구하였으나 피고는 2년이 지나도록 단 한 푼의 지료도 지급하지 않고 있습니다.

4. 따라서 피고는 원고에게 원고가 위 토지의 소유권을 취득한 2010. 00. 00.부터 24개월이 되는 2012. 00. 00.까지의 위 토지에 대한 차임상당의 금 0000원(금 000원×24개월) 및 이 사건 소장부본 송달 다음날부터 다 갚는 날까지는 소송촉진 등에 관한 특례법에서 정한 연 15%의 비율에 의한 지연손해금 2010. 00. 00.부터 위 토지를 원고에게 인도할 때까지 월 금 000원의 비율에 의한 돈을 지급할 의무가 있다고 할 것이므로 이를 구하기 위하여 이 사건 청구에 이른 것입니다.

입증방법

1. 갑 제1호증의 1, 2   각 부동산등기사항전부증명서(토지, 건물)
1. 갑 제2호증   토지대장등본
1. 갑 제3호증   건축물대장등본
1. 갑 제4호증   매각허가결정문사본
1. 갑 제5호증   매각대금납입영수증
1. 갑 제6호증   통고서(내용증명우편)

첨부서류

1. 위 입증방법   각 1통
1. 소장부본   1통
1. 송달료납부서   1통

2012년   월   일

위 원고 ○ ○ ○ (서명 또는 날인)

○○○○지방법원 귀중

3) 지료청구 소장을 법원에 제출하는 방법

소장이 완성되면 소장표지, 소장원본, 서증사본, 첨부서류의 순서대로 편철하고, 소장 부본은 별도로 피고인의 수만큼 만들면 되는데 이 소장 부본에도 서증사본, 첨부서류를 편철한다. 소장, 서증사본, 첨부서류의 순서대로 편철된 장과 장 사이에 간인을 하고 그 간인한 도장을 원고의 이름 옆에 서명 날인하면 된다.

위 서류와 도장, 그리고 소장을 접수할 때 인지대와 송달료도 같이 납부해야 되므로 납부할 돈을 준비해서 관할 법원의 종합접수실이나 민사과 내 접수계에 소장을 접수하면 된다. 소장을 접수하고 나면 사건번호를 알려주는데 그 사건번호가 앞으로 소송이 진행되는 사건번호가 되는 것이므로 기억하고 있어야 한다.

① 소장 작성

소상원부 1부, 소장 부본은 피고인의 수 만큼 만들면 되는데 만약 채권자와 채무자가 각 1인이면 소장원부 1부와 소장 부본 1부를 작성하면 된다.

이 소장원본과 부본에도 서증(거래대장, 사업자등록증사본, 차용증, 영수증)과 첨부서류를 첨부한다.

② 소장 및 서증, 첨부서류에 간인 및 날인(증빙서류까지 간인)

③ 송달료 및 인지대 납부

법원 구내 은행에 납부하면 되는데,

㉠ 민사 1심 단독, 합의사건 : 당사자 1인당 15회이므로 당사자가 원고 1인, 피고1인으로 2명이면 송달료는 5,200원(2021. 9. 1. 부터)×30회(1인당 15회이므로 총 30회) = 156,000원

㉡ 인지대는 소가(청구금액)가 1,000만원 이상~1억원 미만이면 소송목적의 값×45/10,000+5,000원이 된다.

예를 들어 지료청구금액이 1,500만원이면, 인지대 = 1,500만원×45/10,000 + 5,000원[단 인지료는 100원 미만은 절삭되므로] = 72,500원이 된다.

④ 납부한 송달료 156,000원, 인지료 72,500원의 영수증을 첨부하여 법원 종합민원실에 제출하면 된다.

◆ 건물 사용에 대한 배제신청 및 부당이득반환(임료)청구권

(1) 건물 점유사용에 대한 배제신청

공유물의 건물에서 과반수 미만의 지분권자가 단독직으로 건물전체를 배타적으로 점유·사용하는 경우에는 과반수 이상의 소유자는 관리행위로 건물인도(점유사용배제신청)를 청구할 수 있고, 과반수 미만이라면 보존행위로 건물의 점유·사용배제 즉 건물인도를 청구할 수 있다.

(2) 건물 사용료에 대한 부당이득 청구권(임료 또는 차임청구)

1) 토지사용료는 1년 단위로 청구하는 경우가 대부분인데, 건물은 월 단위로 건물사용료에 대한 임료(차임)청구 소송을 진행하여 판결문을 득하고 있다.

2) 주택은 2기, 상가는 3기 이상 차임을 지급하지 않을 경우 계약을 해지할 수 있다. 과반수 이상의 지분을 가진 자라 해도 2기 이상의 차임을 연체 시 소수지분권자도 보존행위로서 건물인도청구가 가능하다고 보면 된다.

3) 건물에 대한 임료(차임)청구권 역시 지료와 같이 합의하여 결정하는 것이 원칙이나 합의가 되지 못하면 법원에 건물임료청구소송을 월 단위로 청구하면 법원은 감정평가사로 하여금 평가하도록 하여 그 평가금액을 기준으로 5~7%의 임료를 결정하고 있다.

4) 실무에서는 임료 결정방법을 당사자 간 합의에 의해서도 많이 결정하게 되는데 이때 기준이 되는 금액은 전세보증금이다.

예를 들면 시세 10억인 아파트의 전세보증금이 4억인 경우라면 보증금을 월세로 환산시 적용되는 비율 즉 주택은 연 4.75%(2019년 10월16일 한국기준금리 1.25%+3.5) 상가는 연 5.625%(2019년 10월16일 한국기준금리 1.25%×4.5)를 적용하면 될 것이다.

부동산 실무에서 지역에 따라 편차는 있으나 전세를 월세로 전환 시 연 5%를 적용하고 있으므로 이 비율을 적용하면 상대방과 합의가 쉽게 성립될 수 있을 것이다. 왜냐하면 누구라도 그 건물의 전세시세는 쉽게 판단할 수가 있어서 다툼이 적다는 것이 장점이다.

그러나 합의가 이루어지지 못한 경우 법원에 청구할 수 밖에 없는데 이 경우 앞에서와 같이 감정가를 기준으로 하게 된다.

어쨌든 전세보증금을 월세로 환산하는 방법은 법원으로 가지 않고 쉽게 합의를 도출할 수 있는데 이 방법은 다음과 같이 계산하면 될 것이다.

시세 10억인 아파트의 전세보증금이 4억인 경우 4억에 연 5%이면 20,000,000원이 된다. 20,000,000원÷365일 = 54,794원(1일당 차임).

따라서 54,794원에 건물사용일수를 곱하면 건물임료를 계산할 수 있다. 그러나 아파트의 2분의 1 지분만 낙찰 받고 나머지 2분의 1지분권자가 점유시로 점유기간이 70일 이라면 다음과 같이 계산하면 될 것이다.

[54,794원(1일당 차임)×70일]×1/2 = 1,917,790원이 된다.

이러한 근거를 가지고 다른 공유자와 협의하면 법원의 소송절차까지 가지 않고 합의가 이루어질 수 있다. 이 금액 역시 법원의 임료결정과 비교해 보아도 차이가 별로 없다.

그리고 합의가 이루어져서 임료가 결정되었다면 임료는 월 단위로 언제 어떻게 지급할 것인가 등을 약정하여 추후 분쟁에 대비해야 한다.

(3) 주택 및 건물에 대한 부당이득반환(임료)청구 신청서 작성방법

주택 및 건물에 대한 부당이득반환(임료)청구 신청서 작성방법은 다음과 같이 작성하면 되고 법원에 소장 제출방법은 앞에서 지료청구 소장을 법원에 제출하는 방법과 같이 하면 된다.

소 장

원고 ○○○(주민번호) ○○시 ○○구 ○○동 ○○번지(우편번호) 연락처 :
피고 ○○○(주민번호) ○○시 ○○구 ○○동 ○○번지(우편번호)

부당이득금반환청구의 소

청구취지

1. 피고는 원고에게 금 5,833,331원 및 이에 대한 2012. 8. 10.부터 이 사건 소장 부본 송달일까지는 연 5%의, 그 다음날부터 다 갚을 때까지는 연 15%(2019.06.01.부터 12%로 변경됨)의 각 비율에 의한 돈을 지급하라.
2. 2012. 8.10.부터는 별지목록 부동산을 원고에게 인도할 때까지 매월 금 833,333원의 부당이득금을 지급하라.

3. 소송비용은 피고의 부담으로 한다.
4. 위 제1항은 가집행 할 수 있다. 라는 판결을 구합니다.

청구원인

1. 원고는 ○○지방법원 2012타경○○○○호 부동산강제경매사건의 경매절차에서 별지목록 기재 부동산의 3분의 1 지분(토지 105m^2 중 35m^2과 건물 145m^2 중 48.33m^2)을 매수한 자로서 2012년 00월 00일에 매각대금을 전부 납부하여 소유권을 취득하였습니다.

2. 피고는 별지목록 기재 부동산의 3분의 2 지분권자로 민법 제265조(공유물의 관리행위는 과반수로 결정) 규정에 따라 그 부동산 전부를 점유하여 사용하고 있어서, 원고가 원고의 3분의 1 지분(토지 105m^2 중 35m^2과 건물 145m^2 중 48.33m^2)을 사용하지 못하고 있고 이로 인해 손해가 발생하고 있으므로, 원고는 피고에게 원고 지분에 해당하는 임차료 상당액에 해당하는 부당이득의 반환을 청구하는 것이며, 그 금액은 원고가 부동산을 임대할 경우 받을 수 있는 임대료 상당액이라고 볼 수 있습니다.

3. 따라서 부동산 시세가 5억이고 이 부동산을 임대할 경우 받을 수 있는 임차료가 월 금 250만원이 예상되므로 이를 기준하여 원고 3분의 1 지분에 해당하는 임차료 833,333원(250만원×1/3)을 피고가 부당이득을 보게 되는 금액이 되므로 원고가 매수한 2012. 1. 10.부터 2012. 8. 9.까지 임차료에 상당하는 부당이득금 5,833,331(833,333원×7개월) 및 이에 대하여 2012. 8. 10.부터 이 사건 소장 부본 송달일까지는 민법에서 정한 연 5%의, 그 다음날부터 다 갚을 때까지는 소송촉진 등에 관한 특례법에서 정한 연 15%의 각 비율에 의한 지연손해금을 청구하고,

4. 그리고 2012. 8. 10.부터 별지목록 기재 부동산을 원고에게 인도할 때까지 매월 금 83,333원의 부당이득금의 지급을 청구하고자 이 사건 소송을 제기하오니 원고의 청구를 인용해 주시기 바랍니다.

입 증 방 법

1. 갑제1호증 2010타경○○○○호의 잔대금 완납증명서
1. 갑제2호증 토지등기사항전부증명서
1. 갑제3호증 건물등기사항전부증명서
1. 갑제4호증 건축물대장등본

첨 부 서 류

1. 소장부본	1통	1. 납부서	1통
1. 토지대장등본	1통	1. 개별공시지가확인서	1통

2012. ○○. ○○

위 원고 ○ ○ ○ (인)

전화번호

○○○○지 방 법 원 귀중

03 지분매수 후 인도명령 신청서를 작성하는 방법

◈ 2/3 지분을 매수 후 1/3 지분권자를 상대로 작성한 인도명령신청서

　이 내용은 315쪽의 작성 사례를 참고하면 된다.

◈ 2/3 지분을 매수 후 대항력 없는 임차인을 상대로 작성한 인도명령 신청서

　이 내용은 323쪽의 작성 사례를 참고하면 된다.

◈ 1/2 지분을 공매로 낙찰 받고 대항력 없는 임차인을 상대로 작성한 건물명도 청구의 소장

　— 이 내용은 332~334쪽의 작성 사례를 참고하면 된다.

◈ 과반수 미만인 경우도 인도명령을 신청할 수 있는지?

　— 이 내용은 326~330쪽의 작성 사례를 참고하면 된다.

김동희 소개 글과 저자가 출간한 도서 안내

◆ 주식회사 채움과 사람들 소개

우리 회사는 부동산 전문 도서를 출간하는 출판사이자 부동산 재테크 시장에서 전문적인 투자와 투자회사로서 오랜기간 그 역량을 펼치고 있다.

이 회사의 출발은 2004년 04월 25일 (주)대산투자와 삼성중개법인을 모태로 발전해 왔다. 그리고 최근 들어 2012년 10월 29일 채움 회사에서 사람과 더불어 살아가자고 다짐하면서 (주)채움과 사람들로 회사명을 변경했다.

◆ 김동희 소개 글

부동산 중개업부터 부동산 중개법인, 부동산 투자법인을 운영해왔고, 경매·공매를 비롯하여 재건축·재개발, 계약서 작성의 비밀, 부동산 임대차상식, 부동산 세금에 이르기까지 부동산 전문가로, 그동안 경매와 공매, 그리고 주택과 상가건물 임대차계약에 관해서 연구의 결과물로 35권의 저서를 출간한 바 있다.

전화 : 02) 534-4112~3, 팩스 : 02) 534-4117
주소 : 서울시 서초구 사평대로 52길 1, 3층 (서초동, 대경빌딩)

▶ 네이버카페 https://cafe.naver.com/pauction (김동희 교수의 부사모)

▶ 홈페이지 kdh114.com

▶ 인터넷 방송 "부동산 채움tv"(유튜브·아프리카tv·네이버tv)

◇ 제2 인생, 인터넷방송 "부동산 채움tv" 을 시작하니!

▶ 인터넷 방송 ・ 유튜브 ・ 네이버tv ⇨ 부동산 채움tv
▶ 카페 https://cafe.naver.com/pauction(김동희 교수의 부사모)
▶ 홈페이지 kdh114.com

◇ 김동희 저자가 출간한 도서 안내

재건축・재개발 리모델링 투자의 비밀	법정지상권 투자 비법	돈 되는 아파트 상가・오피스텔 살 때와 팔 때	계약서 작성의 비밀

736쪽 / 50,000원	424쪽 / 29,000원	560쪽 / 32,000원	1008쪽 / 55,000원

온비드 공매 투자의 비밀	상가・오피스텔 투자와 임대차 Q&A 230	한 권으로 끝내는 배당의 정석	재건축・재개발 아파트 리모델링 투자의 비밀

640쪽 / 38,000원	384쪽 / 24,000원	992쪽 / 80,000원	560쪽 / 35,000원

신탁공매 투자의 비밀

544쪽 / 38,000원

주택상가 임대차계약상식사전

592쪽 / 30,000원

지분경매 실전투자의 비밀

672쪽 / 43,000원

부동산 초보도 한 권으로 끝내는 경매투자의 정석

806쪽 / 38,000원

지분경매 완성과 NPL 투자비법

620쪽 / 33,000원

나는 적금보다 10배 더 버는 부동산이 좋다

352쪽 / 18,000원

손에 잡히는 공매투자의 정석

620쪽 / 32,000원

경매투자 핵심강의노트

446쪽 / 25,000원

법정지상권과 집합건물 투자의 비밀

624쪽 / 35,000원

아파트 살 때와 팔 때

366쪽 / 18,000원

배당표 작성과 배당이의 실무

616쪽 / 45,000원

경매 배당금의 비밀

512쪽 / 33,000원

이제 지분경매와 특수물건에서 NPL을 찾아라

632쪽 / 33,000원

전세금 안전하게 지키는 비법

352쪽 / 17,000원

부동산 재테크 Q&A

560쪽 / 20,000원

연봉 2배 올리는 공매투자이야기

576쪽 / 28,000원

나는 경매로 평생직장을 찾았다

400쪽 / 18,000원

경매 실전 투자 비법

548쪽 / 26,000원

임대차 상식사전

479쪽 / 19,500원

지분경매의 완성

496쪽 / 23,000원

특수물건 투자의 비밀

604쪽 / 27,000원

남들 경매할 때 나는 공매한다

592쪽 / 25,000원

지분경매의 비밀

464쪽 / 20,000원

판사님 배당에 이의가 있습니다

784쪽 / 42,000원

실전공매 완전정복   공매·경매와 부동산 투자분석

862쪽 / 40,000원   1,758쪽 75,000원